纪念北京物资学院建校四十周年

中国流通经济理论与实践

主　编　翁心刚　郝玉柱

中国财富出版社有限公司

图书在版编目（CIP）数据

中国流通经济理论与实践 / 翁心刚，郝玉柱主编．—北京：中国财富出版社有限公司，2020.9
ISBN 978－7－5047－7235－0

Ⅰ．①中…　Ⅱ．①翁…　②郝…　Ⅲ．①流通经济学—文集　Ⅳ．①F014.3－53

中国版本图书馆 CIP 数据核字（2020）第 172846 号

策划编辑　张　茜　郑欣怡　　**责任编辑**　邢有涛　赵雅馨
责任印制　梁　凡　　**责任校对**　杨小静　　**责任发行**　敬　东

出版发行　中国财富出版社有限公司
社　　址　北京市丰台区南四环西路 188 号 5 区 20 楼　　**邮政编码**　100070
电　　话　010－52227588 转 2098（发行部）　　010－52227588 转 321（总编室）
　　　　　010－52227588 转 100（读者服务部）　　010－52227588 转 305（质检部）
网　　址　http：//www.cfpress.com.cn　　**排　　版**　宝蕾元
经　　销　新华书店　　**印　　刷**　天津市仁浩印刷有限公司
书　　号　ISBN 978－7－5047－7235－0/F·3212
开　　本　880mm×1230mm　1/16　　**版　　次**　2020 年 10 月第 1 版
印　　张　23.25　　**印　　次**　2020 年 10 月第 1 次印刷
字　　数　736 千字　　**定　　价**　118.00 元

中国流通业的改革与发展需要理论创新

丁俊发

为了纪念北京物资学院成立四十周年，中国流通经济杂志社决定从近十年刊登的稿件中，优选论文，出版一本文集，这件事很有意义。《中国流通经济》是全国流通理论界有广泛影响力的一个刊物，是中国流通理论发展的一个缩影。我衷心祝愿《中国流通经济》越办越好。

改革开放以来，中国流通理论百花齐放，有了一个长足的进步，也涌现出不少流通理论突出贡献人物。但从宏观层面讲，中国流通理论有三次飞跃。第一次创新或第一次飞跃是邓小平同志提出“市场流通论”。邓小平同志正本清源，提出社会主义也可以搞市场经济，市场也可以为社会主义服务。“计划多一点还是市场多一点，不是社会主义与资本主义的本质区别。计划经济不等于社会主义，资本主义也有计划；市场经济不等于资本主义，社会主义也有市场。计划和市场都是经济手段。”这是提出新的经济体制设想的根本出发点，是对马克思主义政治经济学理论的重大创新，是改革开放后中国流通业大发展的指导思想。第二次创新或第二次飞跃是中央新的领导集体提出了“流通决定论”。具有代表性的是2002年2月，江泽民同志在中共中央举办的省部级主要领导干部国际形势与世贸组织专题研究班上指出：“是消费通过流通来决定生产，只有现代的流通方式才能带动现代化的生产，只有大规模的流通方式才能带动大规模生产”。但这一理论创新没有得到认真贯彻，受益大的是现代流通方式得到快速发展。第三次突破或第三次飞跃是中共十八大以来党中央提出的“流通先导论”。习近平同志十分重视市场化改革，2012年8月3日，国务院发布了《国务院关于深化流通体制改革加快流通产业发展的意见》，明确指出，流通产业已经成为国民经济的基础性和先导性产业。要求加快推进大流通、大市场建设，建立起统一开放、竞争有序、安全高效、城乡一体的现代流通体系，流通产业现代化水平大幅提升，对国民经济社会发展的贡献进一步增强。“流通先导论”的提出，对中国经济转型发展，进一步深化改革开放，起到巨大作用，流通业正酝酿着一场新的革命。

改革开放以来，中国流通业发生了翻天覆地的变化。中国是世界第一大进出口贸易国、第一大物流市场国、第二大消费国、第一互联网应用大国、第一移动支付大国，基本形成了多种所有制、多业态、多功能，城乡一体，内外贸一体的流通总格局，2015年，国家发展改革委宣布，中国97%以上的商品与服务价格已经由市场来形成。但我们必须承认，中国是一个流通业大国，并不是流通业强国，正如《国务院关于深化流通体制改革加快流通产业发展的意见》中指出的那样：“但总的看，我国流通产业仍处于粗放型发展阶段，网络布局不合理，城乡发展不均衡，集中度偏低，信息化、标准化、国际化程度不高，效率低、成本高问题日益突出”。要解决这些问题，必须多措并举，但最根本的是要靠理论创新。比如，如何进一步坚持与丰富大流通理论，把流通业融入国民经济全局去求生存、求发展；如何发现新的流通经济规律，并与经济规律与自然规律相一致；如何总结有中国特色的供给侧结构性流通改革；如何阐明社会主义市场经济体制下的市场配置理论；如何认识互联网时代的流通革命；如何在主要矛盾发生变化的条件下，流通业坚持以生产建设和人民生活为中心，等等。

2017年10月召开的中共十九大，确立了习近平新时代中国特色社会主义思想，这是马克思主义中国化的又一次新的飞跃。习近平新时代中国特色社会主义思想围绕“新时代坚持和发展什么样的中国特色社会主义、怎样坚持和发展中国特色社会主义”这一重大时代课题，提出了人类社会发展规律、社会主义建设规律、共产党执政规律等前沿理论，特别是新时代中国特色社会主义的总目标、总任务、总体布局和发展方向、发展方式、发展动力、战略步骤、外部条件、政治保证等基本问题。习近平新时代中国特色社会主义思想是在世界格局出现大变化、经济全球化出现大曲折、互联网技术出现大突破、中国改革开放出现新课题，中华民族从站起来经过富起来迈向强起来的大背景下产生的，国内外的新格局、新矛盾是中华人民共和国成立以来或者说是改革开放以来首次遇到的，是这一时代的产物。面对新时期的到来，流通业作为国民经济的基础性、先导性产业，如何运作，任重而道远。两个百年的宏伟目标，流通业作何担当？经济从数量型向质量型转变，流通业怎么走？构建全球经济命运共同体，流通业的路径何在？可以肯定，今后中国流通业的发展，路上会有急风暴雨，更会有山花烂漫。百舸争流，山外有山，天外有天，让我们一起去拥抱新时代。

前　言

2020 年，北京物资学院迎来四十周年华诞。这四十年，正是我国由计划经济体制向市场经济体制迈进的关键时期。

由北京物资学院主办的《中国流通经济》，从创刊至今出版发行了 300 多期。《中国流通经济》生逢其时，几乎经历了中国改革开放的全过程，是我国经济社会尤其是流通经济领域改革开放的亲历者、见证者甚至是推动者，流通经济领域中几乎所有重要的变化都能在《中国流通经济》中得到反映。同时，作为一本学术研究刊物，《中国流通经济》在发展过程中始终得到众多专家、学者的厚爱，见证了一批原本青涩的研究人员逐步成长为各领域的知名学者。

原名《中国物资》的《中国流通经济》创刊于 1987 年，当时中国已经非常明确要进行改革开放，但依然处于摸着石头过河的阶段，各个领域都在探索着向前迈进。而作为最活跃的流通经济领域，很自然地成为改革开放的先行领域，许多改革措施都是在流通经济领域率先推出的，《中国流通经济》对这种先行先试给予了及时反映。在初创的 1987 年和 1988 年，生产资料市场、物资管理体制、物资企业等现在看来已经略显历史感的词语，是当时刊物中出现频率非常高的主题词，对当时物资系统员工培训和考试的参与，对物资系统员工素质的提高以及日后转型都是一种不可或缺的助力，反映了《中国流通经济》从诞生之时就密切关注流通经济领域的改革动态，这种风格与特色一直延续到目前对“一带一路”倡议、京津冀协同发展、新零售、跨境电商、中美贸易摩擦以及区块链等方面的密切跟踪研究。

与实践紧密结合，是《中国流通经济》始终坚持的一个原则，并且在坚持这个原则的同时，密切关注流通经济领域中的最新动态，尤其是对那些能反映流通经济未来发展趋势的实践，即使处于萌芽状态，《中国流通经济》也会倾注心血，将此类学术研究早日刊发，这种做法长期坚持下去，就赋予了《中国流通经济》的学术引领性。在大部分国人尚以物资流通、商品流通等之名进行研究的 1987 年，《中国流通经济》就开始发表物流方面的文章，尤其注重介绍国外物流发展动态，刊发现代物流方面的研究成果，并对物流标准化等问题进行探讨；在互联网尚未普及，其作用尚未被大众普遍认识的 1998 年，《中国流通经济》已经刊发了网络营销和电子商务等方面的学术论文，开创了国内研究成果的先河；2000 年，《中国流通经济》已经刊发了供应链方面的学术论文，是国内最早发表供应链研究成果的平台；2003 年进一步提出第三方物流以及大流通、大物流的概念，拓宽了流通经济和物流研究的视野，将流通经济与物流的研究推向新的高度；2003 年，《中国流通经济》发表生鲜农产品流通方面的论文，是最早关注和研究国内生鲜农产品流通的刊物；而在 2015 年以后对“新零售”研究的关注和推动，更是将我国“新零售”的学术研究带向高潮。可以说，在我国流通经济的每一个关键节点、每一个历史性时刻，均能看到《中国流通经济》的参与、推动甚至引领，铸就《中国流通经济》学术引领性的同时，将《中国流通经济》打造成了国内流通经济、物流领域研究者的首选学术刊物。

站在新的历史起点，在回首走过的路以及取得成绩的基础上，必须清醒地认识到新时代面临的新形势，清楚其在学术刊物中的位置，确定未来努力的方向。

新时代《中国流通经济》所面临的环境至少发生了以下变化。

一是社会实践更为复杂。改革开放初期，《中国流通经济》面临的社会实践相对简单，即向市场化转型，一切有利于市场化改革的实践都是《中国流通经济》积极探索的内容，一切立足于市场化改革实践的学术研究成果都是《中国流通经济》积极刊发的对象。但是目前社会实践越来越复杂，尤其是《中国流通经济》所面临的社会实践始终是经济生活中最活跃的流通经济领域，在该领域，新鲜事物多，变化快。国内国外、线上线下、现实与虚拟、平台与网络、共享与垄断、自营与联营、智慧零售、新零售、无人店铺、便利店、社区零售、移动支付、数字经济等，层出不穷，日新月异，其中自然有能够代表行业发展趋势的创新，也有鱼目混珠式的一时喧闹。如何在这种复杂的社会实践中确定出有流通规律意义的内容，并加以密切关注和重点反映，考验着《中国流通经济》同人的智慧。

二是竞争者越来越多，水平越来越高。伴随着改革开放的进行，国内学术刊物的种类越来越多。与《中国流通经济》相关的商业类、贸易类刊物种类众多，《中国流通经济》如何把知名作者好的成果及时发表出来，面临的压力也越来越大；经济类、管理类刊物是《中国流通经济》的间接竞争者，能对《中国流通经济》形成很大程度上的替代；此外，很多大学学报和社科类综合性学术刊物也时时刊登流通经济领域的学术文章，可在一定程度上对《中国流通经济》形成替代。因此，目前《中国流通经济》仅直接竞争者就有20多种刊物，间接竞争者可达上百种刊物。在这些竞争性刊物中，不乏背靠学术力量雄厚资源、办刊经验丰富、稳定且有高水平作者队伍的刊物。如何在与这些实力强劲刊物竞争中既保持自己的特色，又维持高学术水平，是《中国流通经济》在今后较长时期面临的任务。

三是作者的要求越来越高。《中国流通经济》的作者主要分布于高等院校、政府研究机构以及企业研究机构，大部分作者面临着这样或那样的考核任务，作者只能将文章发表在影响力大、学术水平高的刊物中才能满足考核要求。在这种考核机制下，《中国流通经济》的学术水平越高、影响力越大，能够吸引的作者数量也就越大，其所拥有的研究水平也会越高。面对来自作者的压力，如何建立稳定的作者队伍，且探索出不断吸引有潜力学者的机制，是《中国流通经济》提高学术影响力的根本。

新时代，新要求，需要《中国流通经济》注入新动力，但无论如何，来自作者的支持始终是不可或缺的。为了庆祝北京物资学院迎来建校四十周年，我们将近年来部分优秀成果结集出版，以飨读者。中国流通经济杂志社的全体人员将秉承初心，继续为广大作者和读者搭建高水平流通经济研究交流的平台，更好地促进中国流通经济理论与实践的繁荣和发展。

中国流通经济杂志社社长　翁心刚
2020 年 8 月

目　录

专家视点

流通现代化

现代物流

供应链管理

电子商务

市场分析

经贸论坛

经济法学

他山之石

专家视点

后危机时代流通体制变革的新思考[*]

陈文玲[**]

（国务院研究室综合研究司，北京市 100017）

摘　要：国际金融危机之后，在新的世界经济形势下，必须用国际的视野、世界的眼光、全球性的战略思维考虑流通的战略定位。美国的核心竞争力主要表现在它的现代流通竞争力上。中国要从经济大国向经济强国迈进，必须提高流通竞争力，使流通竞争力成为国家的核心竞争力，成为国家的软实力。现代流通是囊括有形要素禀赋与无形要素禀赋的流通，是面向全球市场、全开放的流通，是涵盖生产、流通全过程的流通，是以消费为起点、周而复始的社会化大生产过程，而物流越来越成为流通中的决定性力量。必须从内外贸分割、国内外分割、城乡分割、部门分割的误区中走出来，用全新的视角来诠释现代流通理论。文章提出，随着整个世界经济格局的变化、我国经济政策的调整、宏观经济形势的变化，未来流通体制必将产生根本性的变化，不断向国内外流通一体化、区域流通一体化、城乡流通一体化、制造业与流通业一体化、现代流通立体化和混沌化方向发展。现代流通将成为引领我国转变经济运行方式和经济增长方式的重要力量；资本流通方式、商品流通方式、服务流通方式等都将实现整体的再造；整个流通理论也将产生整体创新，引领整个流通领域健康发展。

关键词：金融危机；现代流通；流通体制；流通理论

一、新时期必须用国际的视野、世界的眼光、全球性的战略思维考虑流通的战略定位

国际金融危机之后，整个世界的经济形势、经济格局对经济学理论、对各国的经济运行模式、对大国之间的经济关系提出了新的挑战，也提出了许多重大的亟待研究的课题。这些课题实际上不仅关系到世界的未来，也关系到中国的未来。

回顾中华人民共和国成立以来的历程，回顾流通领域60年发展的历程，可以说我国目前正处在一个非常重要的转型时期。改革开放30多年来，我国从计划经济转向市场经济；未来30年，我国将从经济大国走向经济强国。目前，我国正处在这样的转型期。毫无疑问，我国已经成为一个经济大国，在2007—2009年全球经济危机中我国表现得很出色，国际地位得以迅速提高，世界也对中国给予了更高的期望。

世界经济形势的变化对流通理论和流通格局提出了新的挑战和要求，需要对一些重大基础理论问题进行重新思考。从世界看，还没有一门成熟的现代流通经济学。西方经济学有宏观经济学，有微观经济学，还有各种门类的经济学，但是却没有一整

* 本文系作者在“2009（首届）中国流通发展与改革高峰论坛”上的演讲，根据速记整理，小标题为编者所加，未经作者审阅。

** 陈文玲（1953—），女，河北人，经济学家，国务院研究室综合研究司司长，研究员，经济学博士，博士生导师，中国物流学会副会长，中国商业经济学会副会长，中国市场学会副会长，中国太平洋学会副会长，主要从事现代流通、现代物流、现代商业的理论、实证和政策研究，发表论文、研究报告200多篇，出版著作、译著15部，多次参与中央经济工作会议、历届全国人大《政府工作报告》和国务院领导讲话等一些重要文件的起草工作。

套的现代流通经济学。

从世界发展的进程来看，制造业的发展先于流通业的发展。改革开放30多年来，我国已经成为一个制造业大国，制造业产值已经占到世界生产总值的10%，但我国流通领域的发展严重滞后，流通能力还相对比较落后。大家知道，尽管发生了金融危机，尽管美国面临着巨大的经济风险和不确定性，但毫无疑问的是，美国目前仍然是第一经济大国。本人认为，美国经济的绝对优势不仅表现为它的军事力量、政治力量、经济力量，它还有一个很突出或者说非常突出的核心竞争力——现代流通竞争力。现代流通竞争力是一个国家的核心竞争力，或者说是软竞争力。目前，美国制造业占全球制造业总值的比重是25%，但其流通中的货币占世界货币储备量的60%以上，占世界贸易结算货币分布的60%以上，其资本市场的市值加上期货市场的市值，再加上债券市场的市值也占全球的60%以上。由此可以看出，美国的商流、物流、信息流、资金流在国际上仍然具有最大的优势。大宗商品价格上涨的时候，美元就会贬值；石油价格上涨的时候，美元就会贬值；而美元价格上涨的时候，石油就会贬值。控制美元货币币值以及期货市场价格形成机制的是哪个国家呢？本人认为是美国。

因此，在经济方面美国的核心竞争力绝对不仅表现在它的GDP和生产制造总值上，而是表现在它的现代流通竞争力上，也就是说表现为美国在全球商流、物流、信息流、资金流等流通资源配置领域的组织能力和流通的现代竞争力方面。因此，本人认为，我国要从经济大国迈向经济强国，如果不能解决流通竞争力落后的问题，不能解决现代流通软竞争力的问题，那么这个目标是根本不可能实现的。

我国可以成为制造业大国，我国的GDP总量可以达到世界第三位，我国的进出口总量可以达到世界第三位，我国的外汇储备量可以达到世界第一位(2007年4月就达到了世界第一位)，我国有规模的优势，我国有总量的优势，我国有数字的优势，但我们的这种优势是积累起来的，是静态的，是一种基本上不流动的量的改变，而不是快速流通的概念，不是在流通中产生增值的概念。比如，我国的外汇储备2007年4月超过日本，成为世界第一位，现在我国外汇储备是2.2万亿美元，但这种外汇储备是一种货币结算的存量。

本人曾到美国进行社会信用体系调研，调查过美国财政部的数据，其中有一项数据叫作整个社会资本的总周转，美国社会资本的总周转量是很高的。而货币流转速度越快，流转次数越多，产生的增量货币就越多，这就是流通的力量。在新的时期，我们必须用国际的视野、世界的眼光、全球性的战略思维考虑流通的战略定位。我国要从一个经济大国迈向经济强国，必须提高流通竞争力，并努力使流通竞争力成为国家的核心竞争力，成为国家的软实力。这是我国向经济强国迈进的战略选择，是国家战略必须作出的选择，而不仅仅是要不要发展流通、要不要发展交易的问题。

二、现代流通的特点

在新的世界经济形势下，经济的全球化在各个方面对传统流通理论提出了根本性的挑战，要求我们从全新的视角出发来认识现代流通的本质，诠释现代流通理论。首先我们要从内外贸分割、国内外分割、城乡分割、部门分割这样的误区中真正走出来，不能就国内市场谈国内市场，不能就部门谈流通，不能就单个产业来看待商业。现代流通理论有以下几个基本特点。

第一，现代流通是囊括有形要素禀赋与无形要素禀赋的流通。我们过去研究的是有形的、刚性的物的流动。这表现在哪些方面呢？表现在我们研究的主要是有形商品的流通和有形资产的流通。现在越来越多的无形要素进入流通，对此我们缺乏研究。比如，更多无形的、柔性的、没有物质形态的要素的进入，它们在流通中所起的作用是引领性的，还是爆炸式几何级增长的状态。再比如，就贸易来说，有形商品我们有货物贸易，无形商品我们有服务贸易，但无形的服务贸易的增长速度和数量都比有形的货物贸易快得多。

所以，我们的贸易转型就是要发展服务贸易，服务贸易带给我们的附加值比货物贸易更多，发达国家就在服务贸易上获取了更多的利益。比如，无形货币的流通比有形货币的流通快得多。马克思曾经讲过，有形货币经过商业资本到货币资本，通过生产过程产生形态的变化。现在，世界上越来越多的无形货币以资本的形态、股权的形态、债券的形态进入流通，产生的是从货币到货币的流通过程。美国之所以会发生金融危机，主要原因就在于其数量远远高于实物商品的流通规模。再比如，过去工厂、厂房都是固定的，现在无形资产进入了流通，证券进入了流通，是一个流动的过程，厂房仍然存在，企业仍然存在，但产权关系会随着交易而发生变化。

第二，现代流通是面向全球市场、全开放的流通。过去的流通受世界容量、密度、规模和速度的限制，而现代流通通过高科技化、高智能化、网络化、现代化、电子化把几乎所有的国家、所有的交易都纳入了国际化的大范畴，并由此形成了全开放的流通。比如，波音飞机，有将近200个国家为之进行零部件生产，它在美国西雅图完成的只是组装过程，其生产过程已经并且开始了流通的过程。

第三，现代流通是涵盖生产、流通全过程的流通。过去传统的流通边界日益模糊，日益一体化，生产过程就是流通过程。本人曾对日本丰田汽车公司本部进行过考察，丰田汽车公司近几年最大的革命就是生产流程改造，其中最主要的就是用现代流通来改造生产流程，把整个组装车间变成物流的供应链。目前丰田汽车公司在中国的生产组装车间，汽车与零部件通过两条传送带进行匹配。通过利用物流技术改造生产流程，使丰田汽车所有的规格品种都可以同时在组装车间下线。本人曾到上海通用汽车公司进行过考察，它采用的是柔性生产线，这个生产线可以生产组合各种汽车，但只能在一种汽车组合完成之后才能更换另一种模型，组装另一款汽车。而日本丰田汽车公司本部利用现代流通改造生产流程，现在可以同时下线不同款式的汽车。生产与流通的边界日益模糊，日益一体化。

第四，现代流通是以消费为起点的周而复始的社会化大生产过程。现代流通的起点是消费过程，而且是日益增长的物质和文化消费需求，消费需求是流通的基本动力，是现代流通的起点。从这个意义上讲，本人认为流通是经济运行的先导性力量，这就彻底颠覆了传统的经济学，以生产为起点的政治经济学，也颠覆了西方经济学中的某些理论。比如西方经济学讲边际理论、均衡理论，但现代流通受需求决定论影响，恰恰使经济产生了不均衡发展，不均衡成为一种常态，而均衡只是一个点上的一种状态。边际理论讲的是，在边际投资成本与管理成本相交的边界点上，投资得越多，边际效应递减得越厉害。现代流通催生了许多现代新型业态，如连锁经营模式就突破了边际理论，因为它可以输出管理模式，可以输出品牌，可以输出管理文本，其品牌输出的过程就是收取费用的过程，它的品牌可以变现，它的品牌可以卖钱，加盟是需要交品牌费用的。这个品牌的费用需要一次性支付，也有些可以分年度支付。这就突破了边际理论，品牌扩张越快，连锁店铺越多，寿命越长，投资收益越大，而不是导致投资成本加大。

第五，物流是现代流通的决定性力量。随着现代科技的发展，商流的过程可以不断缩短，商流的成本可以不断节约，甚至可以消失。信息流成本，比如过去经济学讲的搜寻不对称信息的成本极大减少。这是因为在信息化社会，信息成本大大降低，而且许多信息是公共信息，公共信息有一个特点，就是其使用价值不是随着使用频率的增加递减，而是递增，使用频率越高，信息的价值越大。

因此，商流的成本、信息流的成本以及资金流的成本都可以降低，资金的支付方式可通过电子支付、无纸化支付瞬间完成，唯有物在物理意义上的移动不能被消灭，只能被设计，其流程需要合理设计，物流方式需要合理设计。因此，现代流通的商流、物流、现金流、资本流，再加上人的流动，最主要的成本支付就变成了物流成本。

从这个意义上讲，成本是决定流通成本、流通速度、流通效益的一种决定性力量。现代流通是决定经济运行的先导性力量，而现代流通的决定性力量就是物流。物流的流程需要合理设计，只有信息流先行，借助信息流改造整个流程，才能达到合理设计的目标，降低物流成本。

三、未来流通体制可能发生的根本性变化

随着世界经济格局的变化、大国关系的变化、国内经济政策的调整、宏观经济形势的变化，未来流通体制可能会发生以下八个方面的根本性变化。

1. 国内与国际流通的一体化，即国内外流通的一体化。这种变化其实已经发生了，也正是基于这个原因，本人反对就内贸谈内贸，就外贸谈外贸，而是应当内外贸一体化发展。改革开放30年来，国外跨国公司特别是流通企业，基本上都进入了中国市场，而中国的流通企业到目前为止，仍然没有像跨国公司等大流通组织那样进入全世界，成为全球性的大型流通跨国集团。当然这与我们的眼界有关系，与我国现代流通业的落后有关系。随着我国“走出去”战略的实施，随着中国经济实力的不断壮大和许多重大战略的调整，流通企业走出国门，实现国际化，成为在全球范围内配置优质资源的现代流通组织，将成为一种必然趋势。

2. 区域流通一体化。我国区域经济格局也发生了重大的变化。我国已经形成了完整的沿海经济带，从最南端的北部湾到珠江三角洲，到海峡西岸，到长江三角洲，到江苏沿海一带，再到黄河三角洲，然后到环渤海经济圈，到辽宁的新经济带。与此同时，我国内地也形成了一些经济带、经济圈或者经济走廊，比如武汉的“1+8”城市经济圈，湖南的长沙、株洲、湘潭城市群，河南的中原经济带等，这些新的经济带、产业经济区就是未来流通的经济圈。在这些新的区域战略布局中，流通能力特别是跨行政区的流通能力一体化设计非常重要。这些区域一体化的流通能力或者整体的流通能力，将决定这些区域的整体竞争力。以前，我们经常讲一个城市与另一个城市的比较，而今后将是一个经济区与另一个经济区整体经济的比较，其中流通能力是决定性的力量。

3. 城乡流通一体化。今后的流通是城乡一体化的流通，十七届三中全会提出五个“一体化”，其中也包括市场一体化。以前的流通是以城市为核心的，城乡是基本分割的，今后我们这种城乡一体化的流通和市场就是中心城市多功能的、极具竞争力的市场向农村延伸的过程、向农村拓展的过程、与农村需求相连接的过程，这将成为一种发展的趋势。

4. 制造业与流通业的融合，也就是制造业与流通业的一体化。制造业与流通业融合发展的需要十分迫切，用“微笑曲线”来分析目前我国的制造业，两端分别是品牌设计、营销渠道，或者说处于价值链高端的是流通能力、品牌流通能力、能不能在流通中变现、有没有渠道。现在我们没有渠道，渠道实际上掌握在了国外经销商手中。本人曾到浙江义乌市场进行调研，它在212个国家进行采购，其小商品指数是世界小商品市场的最低点。我们现在没有渠道，我们只是在生产产品，我国的浙江义乌市场就是一个批发市场，价格最低。所以，中国的制造业与流通业还没有实现融合，没有实现低端和高端的一体化，这样的话中国制造业的附加值是不可能得到提高的。

5. 现代流通将是立体化、混沌化的流通。过去传统的流通是一个平面的流通，是伴随着物的流动过程中其他流的分流或者合并而进行的，而未来的流通是商流、物流、信息流、资金流，它们是相对分离的，是只在一定时点上集结的流动。因此，有些时候有形市场和无形市场的关系会发生变化，单体经营和连锁经营的关系会发生变化，企业内部流程和社会化流程的连接会发生变化，独立产业与其他产业融合的产业形态会发生变化。从物流的角度来讲，会形成立体化的物流体系，其中包括信息流、物流的各种运输方式，包括空中的、海洋的、陆地的、管道的，也是立体化的、混沌的。在这种情况下，如何提高流通速度，降低流通成本，对于流通业的未来发展至关重要。

6. 现代流通将成为我国转变经济运行方式，转变经济增长方式的重大战略选择。国务院出台的十大振兴产业中就包括现代物流业，下一步需要研究的是现代旅游业的发展。毫无疑问，从人的流动、商品的流动、信息化等各个方面推动现代流通将成为我国的战略选择，只有改变我国目前的经济运行方式，使现代流通成为引领性的力量，才能促使我国真正从价值链的低端走出来，以新的形式参与世界财富分配。

7. 流通整体再造。这一点也非常重要，是大国在新一轮竞争中新的选择。要成为一个经济强国，必须进行流通的整体再造。这里所讲的流通整体再造指的不仅仅是商务，资本的流通方式、商品的流通方式、无形的服务流通方式等，都需要进行整体的再造。比如资本流通，我国目前的流通方式是不是可以呢？我们的制造业资本周转速度一年不到两次，我们的商业资本周转速度一年不到三次，资金利用效率非常低。此外，我们大量的外汇实际上也在流动。马克思曾经讲过，资本在流通中增值，由于我们的资本没有流通起来，是静态的，是存量的，因此难以实现增值。所以，需要对整个流通进行整体再造。

8. 流通理论的整体创新。我们面临着整个流通理论的创新，既要学习和借鉴国外的经济学理论，也要研究世界新经济，研究中国改革开放以来出现的诸多我们自己的新经验，要形成新的现代流通新理论，以引领整个流通领域健康发展。

原载于《中国流通经济》2010年第1期

发展流通产业要计划和市场两种手段并用

刘国光*

（中国社会科学院，北京市 100731）

摘　要：流通业肩负着扩大内需的重大任务，对扩大内需起着先导作用。发展流通产业，实现结构升级，既要发挥市场机制的作用，又要用好宏观计划调控的手段。发展流通产业，不仅要在实践中切实贯彻中共十七大方针，而且要在理论宣传中重新强调社会主义市场经济的计划性。现在的计划不再是行政指令性的，而是指导性的、战略性的、预测性的，具有明确的导向作用。

关键词：流通产业；计划调控；市场机制；宏观管理

一、改革开放以来我国流通领域发生的重大变化

我国经济体制改革从一开始就是市场取向的改革，逐步要实现从传统的计划经济体制向社会主义市场经济体制的转轨。经过30多年的改革开放，我国流通领域发生了翻天覆地的变化，主要有以下几个方面的重大变化。

首先，流通规模快速增长。改革开放以来，全国社会商品零售总额以年均两位数增长，由1978年的1.5万亿元增加到2009年的12.5万亿元，增长了73倍，跃居世界第三位。生产资料销售额由1980年的449亿元增加到2009年的28.5万亿元，增加了634倍。

其次，流通网络基本形成。不论在城市还是在农村，我国基本形成了四通八达的商品流通网络，各类商品市场空前发展，彻底改变了过去经营模式比较单一的状况，形成了多层次、少环节、开放式的竞争发展新格局。

再次，多种经营业态并存。我国用20年时间完成了西方发达国家用近百年时间创造的各种业态。现在有有店铺业态、无店铺业态30多种，并不断有创新的批发、零售业态出现。流通体制由单一的国有转变为国有控股、股份制、民营、中外合资、中外合作、外商独资等多种经济成分并存，共同推动了我国流通业的持续发展。

最后，流通现代化相继显现。连锁经营、现代物流、电子商务等现代化流通快速发展。现代信息技术广泛采用，电子化信息、采购、运输、储存、运营等管理已经在城市普及。

这些和其他一些可喜的变化，再加上流通企业数量和规模快速增长与扩大，吸纳了大批农村剩余

* 刘国光（1923—），男，江苏省南京市人，著名经济学家，中国社会科学院特邀顾问，全国人民代表大会第八届常务委员会委员，兼任北京大学、浙江大学等大学教授，曾任中国社会科学院副院长、中国共产党第十二届和第十三届中央委员会候补委员、国家学位委员会委员、中国城市发展研究会理事长、中国生态经济学会会长等职，1988年被波兰科学院院士大会选为该院外国院士，2001年被俄罗斯科学院院士大会选为该院荣誉博士，其开创性贡献主要集中于马克思主义经济理论、宏观经济管理、中国经济发展、经济体制改革等方面，被视为“改革宽松学派”的主要代表人物，其学术贡献主要体现在社会主义经济中计划与市场的关系、对社会主义市场经济理论的深刻认识、“双向协同，稳中求进”、从“两重模式转换”到“两个根本性转变”、论“软着陆”等方面，主要代表作有《社会主义再生产问题》《论经济改革与经济调整》《中国经济大变动与马克思主义经济理论的发展》《改革、稳定、发展》《刘国光经济文选》《中国经济改革和发展的新阶段》《中国经济走向——宏观经济运行与微观经济改革》《中国经济运行与发展》《刘国光自选集》《中国宏观经济问题》等。

劳动力和城镇待业人员，缓解了社会就业压力，这都是流通领域广大工作人员在党的领导下所取得的成就，是值得我们大书特书的。

二、社会主义市场经济下，流通业的基础和先导作用凸显

十几年前，在原国家内贸局举办的流通体制改革开放20周年座谈会上，本人提出商业在国民经济中的地位将从末端行业提升为先导行业，现在这个提法还有意义。改革开放以来，随着我国消费者主体整体向上位移，过去是生产者主体现在是消费者权利向上位移，买方市场已经形成。消费者主权地位的确立，流通业在作为启动市场经济运行的起点并将其转化为周而复始的新起点，也就是把不断的即期需求、潜在的需求转化为消费行为的过程中，流通业已上升为社会主义市场经济体制下的一个先导行业。过去我们的经济叫资源约束型的经济，现在是市场约束型的经济；过去是供给约束型的经济，现在变为需求约束型的经济，流通业的地位就提高了，应该由末端地位升为先导地位。还应该认识到，在经济全球化背景下，流通是反映一个国家经济发展与社会繁荣程度的窗口之一，是观察一个国家综合国力和人民生活水平的“晴雨表”，是不断启动市场、促进需求和消费不断升位的一个助推器。随着社会主义市场经济的完善和产业结构的调整，消费对经济增长的贡献越来越大，要看到，面对这次世界金融危机和世界经济危机形势的蔓延及深化，我国政府采取了积极的、扩张性的财政政策与适当的货币政策来扩大内需，加大投资拉动经济的力度，是十分必要的。

但是，启动需求仅仅依靠投资需求是不够的，因为它还要依靠最终需求。没有最终的消费需求，投资需求也是不能实现的，最后会导致多余生产力并增加积压库存，为增加积压库存而生产是没有必要的。不能仅仅限于投资需求，要着手多方面开拓消费需求，特别是潜力巨大的农村市场需求。因此，我国流通业面临着把投资乘数效应所产生的有效需求转化为消费的任务，还必须多方面开拓消费需求，总之，流通业承担着扩大内需的重大任务，其基础和先导作用日益凸显。

三、发展流通产业，实现结构升级，要健全宏观管理机制，市场与计划两种手段都要用

改革开放以来，我们在建立社会主义市场经济体制中取得了巨大的进步，逐渐学会了在国家宏观调控下让市场在资源配置中起基础性作用。现在市场经济在我国已实行将近二十年，计划离我们渐行渐远。由于历史原因，我们过去过于相信传统的计划经济，时过境迁，一些同志从迷信计划变成迷信市场，从一个极端走向另一个极端。在理论观念上计划几乎成了一个禁区。在宏观调控工作中，国家计划对宏观经济的指导作用明显减弱；计划本身多是政策汇编，很少有约束性、问责性的指标任务；中央计划与地方计划脱节，前者控制不了后者追求国内生产总值（GDP）的情结；计划的要求与实际完成的数字相距甚远，完全失去了导向的意义。所有这些，影响到宏观经济管理的实效，造成社会经济发展中的许多失衡问题。

在这样的情况下，重申社会主义市场经济也有“计划性”很有必要。2008年中共十七大重新提出“发展国家规划、计划、产业政策在宏观调控中的导向作用”，就是针对我国经济实践中计划工作削弱和思想意识中计划观念淡化、边缘化而提出的。涉及发展流通产业的产业政策也属于计划导向作用的范畴。我们不仅要在实践中切实贯彻中共十七大这一方针，而且要在理论宣传工作中重新强调社会主义市场经济的计划性。发展流通产业，既要强调发挥市场机制的作用，又要用好宏观计划调控的手段。

1985年在巴山轮会议上，匈牙利经济学家科尔奈提出，中国建立宏观调控下的市场经济并非社会主义国家经济体制独自的特点，资本主义国家也有。那么，我们社会主义国家宏观调控下的市场经济怎么区别于资本主义国家呢？除基本经济制度外，就在于社会主义市场经济还有计划性，还有国家计划指导。少数市场经济国家如日、韩、法也设有企划厅之类的机构，编有零星的预测性计划。英美等多数市场经济国家只有财政、货币政策等手段，没有采取计划手段来调控经济。但我们是公有制经济为

主体的社会主义国家，有必要也有可能在宏观调控中采取几种手段，最重要的是计划、财政、货币三者。中共十四大报告特别指出“国家计划是宏观调控的重要手段”，没有指财政、货币政策。不是说财政、货币政策不重要，而是财政、货币政策是由国家宏观计划来导向的。所以，国家计划与宏观调控不可分，是宏观调控的主心骨。宏观调控下的市场经济也可称为国家宏观计划调控下的市场经济，这就是社会主义有计划的市场经济不同于资本主义在宏观调控下的市场经济的地方。

国家计划在宏观调控中的导向作用，不同于“传统计划经济”。现在我们在理论上说明了社会主义市场经济是有计划性的，实践上中共十七大又重新强调国家计划在宏观调控中的导向作用，这是不是如同某些人责难所说的“又要回到传统的计划经济去呢”？我认为不是这样的，这是计划与市场在改革更高层次上的结合。

第一，现在的国家计划不是既管宏观又管微观、无所不包的计划，而是主要管宏观，微观的事情主要由市场去管。第二，现在资源配置的基础性手段是市场，计划是弥补市场缺陷不足的必要手段。第三，现在的计划主要不再是行政指令性的，而是指导性的、战略性的、预测性的计划，同时必须有导向作用和必要的约束、问责功能。就是说，也要有一定的指令内容，不是编制了以后放在一边不闻不问了。

“十二五”规划是中共十七大后第一次编制和执行的中长期计划，对扭转我国发展方式和社会关系存在的问题有十分重大的意义。要在规划的制定和执行过程中，真正落实中共十七大精神，努力改进国家计划和宏观调控工作，使其名副其实地对国民经济社会发展起指导作用。

在“十二五”期间，我们要在转变发展方式的前提下保持经济的适度增长；在巩固社会主义基本经济制度的前提下促进公私经济的发展；在更加重视社会公平的原则下扭转贫富差距两极分化的趋势，实现这些目标，单靠市场经济是做不到的，要借助于国家宏观计划调控。流通产业的发展也是这样。宏观计划调控的权力必须集中在中央手里，地方计划必须服从全国统一计划。笔者赞成一些同志的建议，地方不再制订以国内生产总值牵头、无所不包的地方国民经济计划，而以地方财力和中央转移支付的财力为主，编制地方经济社会建设计划，加强地方政府的市场监督、社会管理、公共服务的功能。政府配置资源的作用仍要有，尤其是重大的结构包括产业结构的调整、重大基础建设等。资本主义国家在危机时刻，也不排除暂时实行所谓“社会主义的政策”（如国有化），何况社会主义国家，更不能一切交给市场，还要讲市场与计划两种手段相结合。

原载于《中国流通经济》2011 年第 2 期

快递行业建设相关问题思考

王之泰*

（北京物资学院，北京市 101149）

摘　要：改革开放以来，随着物流概念被引入中国并广为接受，物流凭借其安全、快速的特点，成为我国国民经济发展非常快速的一个领域。随着我国经济的不断发展，随着现代社会与政治运行压力的增大，随着人民日常生活与工作节奏的加快，消费者对快速物流的需求越来越旺盛。正是现代社会对"快速"的需求催生了快递，快递行业的出现是现代经济社会发展和不断探索的必然产物。当然，"快速"亦是现代物流所追求的目标。可以说，现代物流最为重要的特征就是"快速"，这一直是物流本身的内在要求。随着物流的迅速发展，快递已经从几年前不被承认的形态发展成了当今被广泛认可的物流服务方式，从一个新兴的增值服务业态发展成了一个普遍服务业态，走进了人们的日常生活和工作之中。专门或主要从事快运快递的企业大量出现，可以说快递行业单独立业的时机已经成熟甚至已经成形。但是，从系统角度看，快递行业的"快速"，并不是仅仅依靠运输就能够达成的，目前运输的"快速"问题或者说干线物流的"快速"问题已成功解决，而"送达""递交"成为决定快递速度的主要矛盾，成为这个系统的核心。从快递行业长远发展考虑，为更好地推动快递行业的成长、成熟以及进一步发展，一要严格快递行业边界和准入标准，根据现阶段我国经济发展与管理实际，建立必要的准入制度，为快递行业创造更好的发展环境；二要重视快递行业形象，准入制度一旦确立并为社会所接受，在发展初期就要专门设计和谋划行业形象；三要重视快递物流平台，从快递运行层面、快递平台层面、基础层面入手进行构建，以更好地支持高水平快递运作。

关键词：快递；行业边界；准入制度；行业形象；物流平台

一、遍地可见的快递

当前，快递作为一种非常重要的物流方式，已经广为人知，广为人用，成为物流这个庞大而复杂的体系中发展势头非常迅猛的一个分支，一大批著名的快递企业如雨后春笋般发展起来。街头巷尾，经常能够看到快递穿梭的身影，甚至可以说"遍地可见"。

对国民经济而言，在历史的长河中，物流本来就是一个新生事物，快递作为物流一个快速发展的分支，无疑更是新生事物。提到快递是个新生事物，接下来的事例能够很好地说明这一点。我国2006年发布的国家标准GB/T 18354—2006《物流术语》，几乎包罗了所有的物流术语，但其中没有收入"快递物流"这个条目。这表明，尽管当时快递在国内已经成形，且邮政领域的快递已经形成了一定的规模，却并没有得到物流标准术语制定者的认同。

* 王之泰（1939—），男，辽宁省葫芦岛市人，北京物资学院教授，著名物流学家，国际物流与运输学会院士，享受国务院政府特殊津贴，主要研究方向为现代物流。

有一种观点认为，快递是邮政的一种表现形态，是邮政的衍生品，因此没有把快递与物流联系起来。这种观点似乎有一定的道理，而且现实中确实有一些国家和地区仍然认为快递是邮政的一种表现形态，特别是在我国，对快递的管理是纳入中国邮政系统的。不过，物流界人士对此并不认同。这是因为，在现实中，快递在国内已经成为一种非常重要的物流形态，与邮政之间的区别太大了，将快递纳入邮政系统显然非常不妥。现在的快递，已经远远脱离了邮政的范畴，成为一种全新的、独立的业态。这个业态所依托的劳动手段是物流，所做的工作是服务，是现代人所需要的重要的物流服务，事实上与物流更加贴近一些。现在，有些人发牢骚的时候会说："满大街都是快递!"这说明，快递已经融入了人们的日常生活，成为人们生活的一部分，说明快递已经为社会广泛接受。在大部分人的意识中，快递是市场的选择，是现代市场的一部分，这一点与邮政完全不同。

然而，尽管快递"遍地可见"，但实际上对于这个新生事物我们认识得还远远不够，还需要进行更加深入的探究。当前，对于快递管理中存在的一系列问题，新闻媒体给予了极大的关注，电视节目中曾经播出过相关专题，专门针对快递管理进行了追踪。对此，笔者也有一些自己的看法，特成此文。

二、从物流进入中国谈起

为更好地研究和探讨关于快递的方方面面，还是要从物流谈起。

物流进入中国，是我国改革开放同期或之后的事情，笔者本人也曾亲身经历过。

1918 年，也就是大约一百年前，已经进入工业化时代的英国开始出现了与物流相关的概念——"即时送货"。它的提出者不仅建立了这个概念，而且将之付诸实践，成立了即时送货股份有限公司，其宗旨是在英国范围内把商品及时送到批发商、零售商以及用户的手中。接下来的几十年中，美国、日本接受了这个概念，并对此给出了各种具有不同称谓和内涵的表述，曾先后用过"后勤"（Logistic）、"传统物流"（Physical Distribution）、"物的流通"等词汇。21 世纪初，我国也明确了"物流"这个概念。国家标准 GB/T 18354—2006《物流术语》给出了相应的定义：物流是物品从供应地向接受地的实体流动过程。根据实际需要，将运输、储存、装卸、搬运、包装、流通加工、配送、信息处理等基本功能实施有机结合。

物流这个概念为社会普遍接受后，很快就有两个问题进入了人们的视野：一是安全问题；二是快速问题。有了这两个方面的保障，物流就成为我国国民经济发展非常迅速的一个领域。

毫无疑问，物流需要快速，快速是物流这种经济形态刚刚崭露头角时人们就赋予其的内涵。回顾大约一百年前英国的"即时送货"，其中的"即时"一词就充分表达了快速的含义。不过，一旦物流成为一种社会广泛接受和普及的经济形态，快速就变成了一般化的要求。随着社会需求的逐步提升，人们要求"快上加快"，快递就这样应运而生了。当然，不同时期，人们对快速的要求不同，其速度能达到何种程度不具有可比性。这一点在称谓上也有所表现，如快运快递、捷运、快递等称谓混用了很长一段时间，直到现在才开始趋向于使用"快递"这个词汇。

三、现代社会对"快速"的需求催生了快递

现代社会，人们对物流速度的要求可以说是越来越高，这种要求的提高与人们生活和工作节奏的加快是分不开的。但是，一个更加重要的方面是，导致这种需求形成与增长的主要原因，应当还是来自现代社会经济运行以及政治方面的压力。简要来讲主要包括以下五点。

第一，生产节奏加快，自然要求物流进行快速反应；

第二，成本的压力，指向库存的保障作用，而为了进一步减少对静态库存保证的依赖，必然要求及时和快速的物流来实现动态的供应保障，而不是滞留在仓库中；

第三，随着市场竞争的日益激烈，为抢先占领市场，更加需要快速物流的支持；

第四，国际化与远程供应链，需要用时间弥补空间，用速度战胜距离，在这样的情况下，快速就

成了决定供应链胜负的重要因素；

第五，现代政府要求以人为本，其日常运作，特别是在应对突发事件的时候，对快速的要求是不可缺少的，是政府工作效能的体现。

如此种种，难以尽述，这些都是导致快速物流需求增长的非常重要的时代原因。

从物流本身来讲，快速也是其自身的内在要求，快速体现了物流自身的水平和效率。这是因为，节省时间就可以相对降低人力、物力、财力以及其他各方面资源的消耗，快速是现代物流所追求的目标。

可以这样讲，快速是现代物流非常重要的特征，甚至是第一特征。在整个物流领域，所有物流服务都要求快速，都要求把“快”字放到重要而恰当的位置，即使那些并不特别强调速度的一般物流服务，也是如此。

因此，快速物流的发展可以看成是现代经济和社会发展的必然产物，是不断探索的产物，不属于新的发明，更不是某些人的创造。有关快速物流的探索尽管时间不长，却出现了很多有关业态的称谓，如“快运”“快递”“快运快递”“特快专递”“速递”“捷运”等，此外还有一些取自服务承诺的称谓，如“准时送达”等。其中，具有代表性的就是快运、快递两种称谓，也经常连称为快运快递。本质上，快运、快递两者属于同一种物流方式，也同样面对高端客户与高端物流对象，但进行详细分类时，给予两种不同的称谓，形成两个有所区别的行业也未尝不可。然而，一般而言，“运”的范围要大一些，指的是一个过程，强调的是数量、速度和距离；而“递”的范围则处于末端，更强调送达和服务。笔者认为，对前面提到的“遍地可见”的服务，用“快运”来描述不够准确，而称为“快递”则基本上能够反映这个行业的特点和内涵，因此一律称为“快递”更好。

四、快递从不被承认到上升为单独立业

国家标准 GB/T 18354—2006《物流术语》中没有列出快递物流这个物流用语，这在一定程度上说明，近十年之前，快递还没有为物流界所承认，当然也就没能更进一步跨入经济界。至于具体原因，观点很多，但关键在于，当时还没有形成独立的性格和独立的经济形态。前文已经提到，笔者在与相关人士进行探讨时提出了这样一种看法，认为其主要原因是，当时的快递还是一种邮政的服务形态，并没有进入到更广阔的服务领域之中。长期以来，美国的联合包裹速递服务公司（UPS）和我国的邮政特快专递（EMS）主要由邮政系统经营，因此没有收录到物流用语中。本文不打算在这个问题上进行太多评论，仅想借此说明，当前已经得到广泛认可的非常重要的一种物流形态——快递，几年之前尚未得到国家标准制定者与发布者的认可，而现在已经成为一种为社会广泛承认的物流形态，已经普遍走进了人们的生活与工作中。从这一点来看，快递是一种新的面向广泛的物流服务方式，并不仅仅局限于某个经济领域，快递单独立业的时机已经成熟。

目前，在我国经济领域，通常不会单独提到“快递”这个称谓，而是使用“快运快递”这个组合词。关于这一点，前面已经提过，快运、快递实质上是同一种物流方式，可以不作区分。但需要注意的是，快运快递与物流的一项主要功能——运输是有区别的，快运快递实际上是快递，而不是运输。“快运快递”中的“运”字所表达的是快递的手段，“递”字所表达的是其物流系统服务的结果。也就是说，“运”代表的是操作，是过程；“递”代表的是最终的落脚点，是结果。因此，“快运快递”可以视为这种经济形态比较复杂的称呼，而“快递”则是简称，是这种经济形态的核心。然而，以上两者的主体内涵是相同的，而且非常简单，就是“快速”。

有关部门对物流产业的分类，是一个笼统的分类（运输型物流企业、保管型物流企业、综合型物流企业），而快运所讲的就是运输，当然属于运输型物流企业。

然而，从系统角度看，快速并不是仅仅依靠运输就能够达成的，其问题经常出在末端，快运再加上快递，才能构成快速的全部。快速是现代经济社会发展的必然要求，是需求导致的结果。若干年来，我们对快速的关注以及为此在经济领域的投入，主要集中在干线运输领域，如高速公路、高速铁路、航空网络等，并取得了非常好的成效。可以说，运输的快速问题已经成功解决，因为从物流的角度看，

经过多年的努力，干线物流的快速问题已经解决。但是，干线并不代表一切，从系统的角度看，这个系统还有一个“短板”，即末端的送达与递交。对于这种状态，民间流传着这样一个说法：“两头慢，中间快”，十分恰当地反映了当前的实际情况。运输毕竟只是过程，只是中间状态，只有完成了送达、递交，才算完成了使命。因此，送达、递交已经成为当前决定速度的主要矛盾，成为这个系统的核心，尽管其采用的手段依然是运输。很显然，这已经远远超出了运输的范畴，不宜再用“运”字表述。

五、物流的新理念与新的发展态势：从增值服务到普遍服务

在不是很长的一段时间内，快递的内涵和地位发生了非常重要的改变。

快递的出现，带有非常强的增值服务色彩，也是物流领域实现增值服务的一种重要形式。但是，随着社会的不断进步，一旦下面三个方面的条件得到满足，快速就会逐渐成为经济领域的一种普遍需求，快递服务就会逐渐由增值服务转化成普遍服务。这三个方面的条件，一是快递需求形成大的经济规模，普遍涉及各经济领域；二是快递低成本的平台支持广泛化，使得这种方式能够广泛扩展；三是用户可以轻易接受这种增值服务所增加的成本。

现代社会，上述三个条件的满足是显而易见的。快递在得到经济界认可后，是以增值服务的面貌出现的，但随着物流业的迅速发展，几年之后，已经从一个新兴的增值服务业态转变为普遍服务业态。这样的改变对快递在经济界的地位会产生何种影响？快递的地位是上升还是下降？根据传统认识，增值服务的地位高于普遍的一般服务。然而，实际情况是，由于快递在经济领域所起的作用普遍而广泛，由增值服务变成了增值的普遍服务。大家可以自行判断，它的地位是上升了还是下降了。我们的结论是，快递的地位上升了，上升到了增值的普遍服务业态。

现如今，社会化、专业化、专门或主要从事快递的企业已经大量出现，这些企业集群已经能够构筑出一个大的行业了。就我国来看，快递行业可以说已经成形，我们今后的工作就是要推动快递行业的成长、成熟和进一步发展。

六、快递行业边界和准入制度

在推动快递行业发展的过程中，要特别重视准入制度建设。快递在很多方面要优于中国邮政的邮递服务，但由于没有严格的准入条件，缺乏必要的准入制度，吸引了大量的企业跟风炒作，曾经一度导致物流领域实际上出现了快递行业的过热和泡沫现象。

快递属于高端物流，在现代物流产业中居于非常重要的地位，一定要特别珍惜，但这种“高端”是需要约束条件限制的。根据社会学心理分析，“高端”是多数人追求的目标，但只有少数人才能够获取，因此一定会有相当数量的追求者被排斥在外。那么，应当如何对快递企业进行筛选呢？当然，我们可以通过市场淘汰来作出选择，这是市场经济的规律。不过，如果我们在遵循市场规律的前提下，事先采取措施加以限制和规范，就可以在不给市场带来太多压力和困惑的同时解决好这个问题，这是比较理想的做法。因此，在我国现阶段的经济发展和管理条件下，要通过建立必要的准入制度，严格确定和明晰快递行业边界，只有如此才能为快递行业创造更好的政策与发展环境。

目前，我国快递行业存在的一个非常严重的问题就是缺乏准入制度，也即“门槛”过低。快递行业为什么会出现这种“遍地可见”的现象呢？其中非常重要的一点就在于，无论是大企业还是小企业，无论是公有还是私有，都想涉足快递业务，因为进入太容易了。

总之，一旦快递行业“热”起来，又能获得有力的政策支持，却没有必要的准入制度限制的话，就会导致大量不合格的企业进入快递行业。一定要特别防止这种情况出现，因为尽管在旧的发展观看来，快递业如此快速的增长是很大的成绩，但以科学发展观考量，则无疑是对发展的损害。

七、快递行业形象

准入制度一旦确立并为社会所接受，接下来就要考虑行业形象问题了。

对于一个新兴的行业，在其发展初期设计并谋划行业形象是非常重要的一个问题。在这方面，邮政系统可以说是一个先行者，绿色成为邮政形象重要的组成部分，并为人们所熟知。如果新兴的快递行业也拥有一个能够反映自身行业形象的设计，把“遍地可见”的快递变成一道美丽的风景线，将极大地改变长期以来快递给人们留下的混乱和嘈杂的印象，不仅会受到大家的欢迎，也是快递行业的长久发展之道。

对于快递行业形象设计应当遵循的原则，笔者有如下几点思考。

一要与邮政有一些关联。毕竟，无论从历史的角度还是从现实的角度看，都可以找到快递与邮政之间千丝万缕的联系，“递”这类行为，是快递和邮政共同的行为。

二要与邮政有所区别。关联不代表雷同，而是更要防止混淆，快递与邮政最主要的区别在于是市场行为还是政府行为，这一点应当在形象设计中有所体现，有所反映。

三要在颜色上体现这种关联与区别。从世界范围看，各国在邮政标志的颜色选择上是不同的，如美国用的是灰色，英国用的是红色，法国用的是黄色，中国用的是绿色。以绿色作为中国邮政专用标志的颜色，是第一次全国邮政会议作出的决定，并一直沿用至今，已经深入人心。我国快递标志颜色的选取如何体现两者间的关联与区别，值得认真思考。

四要体现现代服务快速的特点。对于这种特点，应当用颜色还是用图案来表现，需要进行专门的设计和思考。

八、打造快递物流平台

快递行业的构造主要包括三个层面，即快递运行层面、快递平台层面和快递基础层面，其中与快递运行直接相关的是前两个层面。快递行业构造三个层面的内涵及关系如图 1 所示。

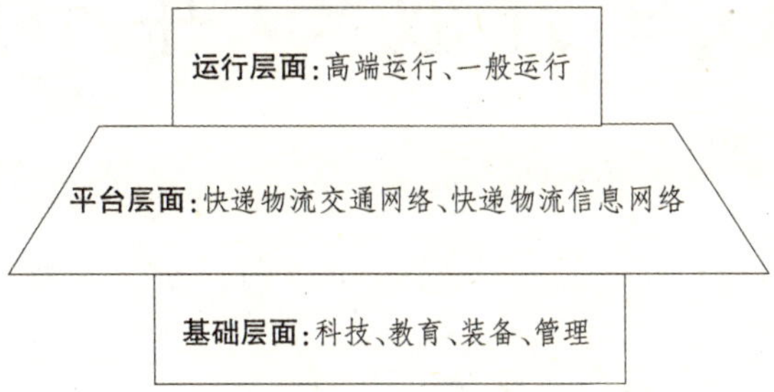

图 1　快递行业构造三个层面的内涵及关系

处于最上层的快递运行层面是直接面向用户的快递企业。与一般物流相比，快递物流总体上属于高端物流，但由于一个比较复杂的物流体系，其本身也有高端和一般之分，因此快递实际上也有高端运行与一般运行之分。

处于中层的是快递平台层面，这个层面直接支持快递的运行。快递平台由网络系统构筑，大面积覆盖的网络由能够支持快递运行的交通网络和信息网络构成。与一般的起直接支持作用的具有很强专业性的平台不同，快递平台仅仅带有一定的专业性。需要特别强调的是，快递平台不是具有完全的专业性，而是具有一定的专业性，它在支持快递这种高端运行的同时，也能支持一般的物流运作。至于处于下部的快递基础层面，则更是如此。

平台支持对快递运作企业而言不可或缺，物流平台水平不够，就没有办法进行高水平的快递运作。

当前，我国快递行业正处于生命周期的上升阶段，有着大量现实和潜在的社会需求，一定要认真思考快递行业建设问题。

原载于《中国流通经济》2016 年第 1 期

改革开放40年中国物流业发展与展望

丁俊发*

（中国物流与采购联合会，北京市 100045）

摘　要：中华人民共和国成立以来我国物流业的发展可简单划分为两大阶段：一是1949—1978年计划经济体制下的物流，这个阶段是高度集权、分割管理、政府定价、政企不分、大而全和小而全的发展阶段；二是1978年至今即改革开放40年来社会主义市场经济体制下的发展阶段。其中，改革开放40年来我国的物流业又可进一步划分为探索和起步阶段（1978—2001年）、快速发展阶段（2002—2012年）、转型升级阶段（2013—2020年），这三个阶段反映了我国现代物流业从学习、引进、借鉴到自主创新发展，从物流弱国到物流大国再到物流强国，从传统物流向现代物流演化的历史。新时期，中共十九大描绘了我国“两个一百年”的宏伟蓝图，而根据《物流业发展中长期规划（2014—2020年）》的部署，到2020年我国要基本建立起一个布局合理、技术先进、便捷高效、绿色环保、安全有序的现代物流服务体系。也就是说，“十三五”期间，我国要夯实物流基础，实现物流业转型升级，使物流总费用占GDP比重下降到13%左右，基本达到发达国家工业化中后期水平；到2035年，要把我国建成名副其实的物流大国，向物流强国迈进，使物流总费用占GDP比重下降到10%以内，在许多方面居于世界中心位置；到2050年，要把我国建成世界一流物流强国，物流总费用占GDP比重处于国际领先水平，成为世界供应链创新中心。面对新时期我国物流业面临的机遇和挑战，为更好地推动我国物流业顺利健康发展，实现成为物流强国的目标，必须重点抓好以下工作：一是重新认识物流和供应链，以信息化、现代物流、现代供应链改造提升传统产业，提高物流与供应链的全民意识；二是树立创新、协调、绿色、开放、共享新发展理念，并将之贯彻到我国物流业发展实践中，以此指导我国物流业发展；三是在供给侧结构性改革中提升、完善、强化物流功能，推动物流业转型升级；四是正确处理市场、政府、行业组织、企业之间关系，借助市场力量推动我国物流业发展；五是以供应链作为供给侧结构性改革的重要抓手和引领全球化、提升竞争力的重要载体，使之成为我国经济和社会转型升级下一个大的“风口”。

关键词：改革开放40年；中国物流业；改革与发展；机遇与挑战

一、前言

在原始社会，随着猎物和农作物剩余的出现，部落之间产生了原始的实物交换，也就产生了原始的物流，即实物在时间与空间上发生转移，从一地转移到另一地使用，从一个时间转移到另一个时间消费。随着历史的推进以及商品经济和技术的发展进步，物流的内涵不断拓展，物流规模不断扩大，物流组织方式不断改变，物流技术和装备不断更新。

* 丁俊发（1940—），男，江苏省张家港市人，原国内贸易部党组成员、总经济师，中国物流与采购联合会原常务副会长，享受国务院政府特殊津贴专家，教授，研究员，主要研究方向为流通经济学、消费经济学、物流经济学。

原始社会的物流形态经过奴隶社会、封建社会进入资本主义社会的物流形态，然后又产生了不同社会形态的市场经济，现代物流也从实物配送物流经过综合物流迈向供应链物流。现代物流与现代供应链是社会经济发展以及分工深化和技术进步的必然产物，每个国家都会经历，只是由于所处时期不同，所在国家不同，其特色不同。

中华文明历经五千年，从古代物流的辉煌发展到当今现代物流新的辉煌。1949 年中华人民共和国成立后，一步步“站起来”“富起来”“强起来”，正在实现中华民族伟大复兴的中国梦。

在总结改革开放 40 年来我国物流业发展的历程之前，有必要回顾我国古代物流的辉煌以及中华人民共和国成立后物流业发展所取得的进步和面临的困境。

回顾世界历史，古代的中国与巴比伦、埃及、印度一起被称为四大文明古国，对推动世界社会经济文化发展起到了非常重要的作用。英国经济历史学家麦迪森在《世界经济千年史》一书中指出，中国 GDP 总量在历史上长期居世界第一位，直到 1820 年仍占世界总量的 32.9%。著名史学家休·昂纳在《中国风：遗失在西方 800 年的中国元素》一书中记载了 11 世纪至 17 世纪中国对西方产生的巨大影响。

回顾世界物流史，中国古代物流的厚重、深沉与辉煌令中国当代物流人为之振奋。比如，曾经对中国乃至世界产生深远影响的丝绸之路，这是一条国际物流通道。广义上的丝绸之路包括陆上丝绸之路和海上丝绸之路。其中，陆上丝绸之路始于西汉时期，繁盛于汉唐时期，结束于 12 世纪。陆上丝绸之路以西安为起点，向南通往印度，向北通往中亚各国，向西通往地中海和北非地区。海上丝绸之路始于秦汉，兴起于隋唐，繁荣于宋元，鼎盛于明朝初期，受海禁影响衰落于明朝中叶。海上丝绸之路的东洋航线通往朝鲜和日本，南洋航线通往东南亚各国，西洋航线通往南亚、阿拉伯以及东非沿岸各国。依靠丝绸之路，促进了当时沿途 36 个国家的商品和文化交流。

此外，还有国内的物流通道——京杭大运河。自隋唐开始，以当时世界著名的经济文化中心洛阳为起点，开凿的这条东达大海、南下苏杭、西到关陇、北至幽燕、全长 1800 多千米的大运河，贯通海河、黄河、淮河、长江、钱塘江五大水系，满足了当时粮、盐和工程物资跨区域物流的需要。

值得我们骄傲的，除了丝绸之路和大运河之外，还有当时世界上最先进的运载工具和物流组织、物流布局。明代郑和下西洋，曾率领 62 艘大船和 2.7 万人纵横太平洋和印度洋。自隋朝开始，历代都非常重视漕运。明代从事漕运的有 12 万人，1 万多艘商船，说明当时的造船技术、航海技术达到了顶峰。从汉代开始，仓储建设兴起，隋朝有义仓，宋朝有惠民仓、广惠仓，明朝有预备仓，在全国布局，“积于不涸之仓，藏于不竭之府”，俗称“天下之大命”。

中国古代物流之所以如此发达，主要与四个方面的因素有关：一是商品经济的发展，公元前 1 世纪到 12 世纪，随着中国封建社会经济的繁荣，产生了与其他国家进行商品交换与文化交流的需要；二是商人的出现；三是货币开始充当交易的媒介；四是交通工具的不断进化，特别是造船业的发展。当时的晋商、徽商、闽商、广商、宁波商、洞庭商已经具备了“货通天下”的观念。

不过到了近代，中国就开始落伍了。西方一些国家先后揭开了人类工业化、现代化的大幕，而中国则持续徘徊在农业社会的生产力水平上，最终陷入了半封建半殖民地的悲惨境地，后来经过艰苦卓绝的奋斗，才又重新崛起。

根据《关于建国以来党的若干历史问题的决议》，可将中华人民共和国成立以来的这段时间大致划分为四个阶段：一是 1949—1956 年基本完成社会主义改造的七年；二是 1956—1966 年开始全面建设社会主义的十年；三是 1966—1976 年“文化大革命”的十年；四是 1976 年粉碎“四人帮”特别是 1978 年十一届三中全会召开以来改革开放的伟大转折时期。而中华人民共和国成立以来的物流史，可简单划分为两个大的阶段：一是 1949—1978 年计划经济体制下的物流；二是 1978 年改革开放以来社会主义市场经济体制下的物流。

从 1949 年中华人民共和国成立到 1978 年改革开放之前的这段时间，我国根据当时的国内外形势，对如何进行社会主义建设进行了积极探索，实行计划经济体制。这对刚刚取得革命胜利的贫困落后的中国而言，曾在推动社会经济发展方面起过非常重要的作用，但长期坚持不变却对我国经济发展构成了严重的束缚。

在这样的大背景下，中国的物流业特别是交通运输业得以恢复并开始大规模建设，初步建立了以铁路和水运为骨干，由铁路、公路、海运、内河航运和管道构成的运输体系。对铁路运输的16种主要物资进行合理化运作，开展以城市为中心的物资储存与调拨，取得了明显成效，确保了经济恢复与社会主义建设特别是抗美援朝对物流的需要。但从总体上讲，这一时期中国的物流是非常落后的，其主要特点如下所示。

一是高度集权。当时国家指令性计划内的物资包括1200多种，统一计划、统一生产、统一分配、统一安排物流。计划部门管指标，物资部门管调拨，交通部门管送达。所有企业均无权生产计划外产品或进行物资调运和产品交易。

二是分割管理。计划经济是一种短缺经济，实行城市与农村、内贸与外贸、生活资料与生产资料分割管理。原商业部负责生活资料，原物资部负责生产资料，原外贸部负责进出口贸易，原供销合作总社负责农业生产资料和农副产品。货物运输也分别由交通、铁路、邮电、民航等部门分别管理，铁路警察各管一段。所有物资均按国家指令和地方指令分配，设一级物资储备站和二级物资储备站。分割管理是计划经济体制的一个基本特点。

三是政府定价。在社会消费品零售总额、生产资料销售总额和农产品收购总额中，政府定价的比重分别为97%、100%和94.4%。运输和仓储价格也均由政府确定，价格是一种政府行为，价格与价值是分离的。

四是政企不分。物流各环节所设立的运输、仓储、装卸、包装、货代等企业均是清一色的公有制企业。

五是大而全、小而全的商业运作模式。当时我国是从小农经济社会走过来的，又借鉴了苏联的计划经济模式，无论工业还是服务业，均是大而全、小而全模式，社会化程度低，每个企业都自己设库，建车队，只要自己能干的就不会外购、外包。

这一时期，我国物流业发展陷入了前所未有的困境，远远落在了发达国家的后面。

二、改革开放40年来中国物流业的腾飞

从1978年改革开放到2018年的40年，从中国现代物流业的发展来看，可划分为三个阶段，即探索和起步阶段（1978—2001年）、快速发展阶段（2002—2012年）、转型升级阶段（2013—2020年）。这三个阶段客观反映了我国现代物流业从学习、引进、借鉴到自主创新发展，从物流弱国到物流大国再到物流强国，从传统物流到现代物流发展的历史过程。

（一）探索和起步阶段（1978—2001年）

1978年12月18日到22日召开的十一届三中全会彻底纠正了“文化大革命”以阶级斗争为纲的左倾路线，邓小平同志提出了“解放思想、实事求是、团结一致向前看”的重要命题，揭开了我国改革开放的序幕。正如邓小平同志所指出的那样，1949年中国结束了屈辱的历史，中华民族站起来了。1978年以来，我们开辟了建设有中国特色社会主义的全新事业[1]。1987年10月，中共第十三次全国代表大会召开，提出了中国处于社会主义初级阶段的理论，提出了一个中心、两个基本点的基本路线，提出了三步走的经济发展目标。对于经济体制，1982年提出中国的经济体制仍然是以计划经济为主，以市场经济为辅；1984年提出社会主义经济是公有制基础上有计划的商品经济；1987年提出社会主义有计划的商品经济体制是计划与市场内在统一的体制；1990年又提出经济体制改革的基本原则是计划经济与市场调节相结合；直到1992年邓小平同志南方谈话后，才将中国经济体制改革目标确立为建立社会主义市场经济体制。这是我国物流业发展的大背景。

1978年11月，原国家物资总局组团赴日本考察，1979年又组团赴日本参加第二届国际物流会议。物流概念开始进入中国，并在中央支持下开启了我国现代物流业探索与实践的征程。1978年到2001年的二十多年间，中国物流业发生了哪些变化呢？

1. 从学习、借鉴、研究起步

在与日本初步交流的过程中，大家一致认为，

要把对中国物流的研究组织起来。经过一段时间的筹备，1984 年 8 月 21 日到 25 日，中国物流研究会成立大会在北京召开，选举原国家计划委员会时任副主任柳随年为会长，高博为秘书长。这是中国历史上第一个全国性的物流组织，其组织成员一开始就是复合型的，包括原国家计划委员会、原商业部、原轻工业部、原国家物资总局、原冶金部、原煤炭工业部、原外贸部、原总后勤部以及相关研究部门、高校和企业。柳随年指出，物流作为一门比较年轻的学科，无论在理论和实践方面还是在技术和组织方面都处于探索和发展阶段。

1988 年，全国人民代表大会决定恢复设立物资部，柳随年任部长。1990 年 7 月，中国物流研究会与成立于 1980 年的中国物资经济学会合并为中国物资流通学会，柳随年任会长，胡俊明任秘书长。中国物资流通学会下面设有物流技术经济委员会（后改设到成立于 1995 年的中国物资流通协会下面），徐寿波、王之泰先后任主任，吴润涛任秘书长，直到 2001 年中国物流与采购联合会成立。在这段时间里，进行了一系列重点调研，完成了物流社会化与合理化研究、口岸物流与煤炭物流研究、大中型物流企业深化改革与物流发展远景研究，创办了物流专业刊物，翻译出版了相关书籍。从 1984 年开始，在政府支持下，在北京的几所高校开设物流本科与研究生方向。组织承办了亚太国际物流会议（1997 年 5 月）、常州与天津物流会议，对行业物流及物流各环节进行初步探讨。

2. 物流发展引起了政府与党和国家领导人的关注

通过学习、引进、借鉴国外物流先进理念、先进技术、先进模式，我国逐步认识到了物流的重要性。1984 年提出了物资管理科学化、现代化的概念[2]，1992 年提出要试办期货市场和为企业服务的原材料配送中心，1997 年提出物资业要发展代理制和配送制，建立新型工商关系，更好地为经济建设服务[2]。1995 年 9 月 28 日通过的《中共中央关于制定国民经济和社会发展“九五”计划和 2010 年远景目标的建议》和 2000 年 10 月 11 日通过的《中共中央关于制定国民经济和社会发展第十个五年计划的建议》明确提出，要积极发展配送中心，重点发展商贸流通、交通运输、市政服务等行业，推动连锁经营、物流配送、多式联运、网上销售等组织形式和服务方式发展，提高服务质量和经济效益。1999 年 11 月，原国家经济贸易委员会与世界银行在北京举办现代物流发展国际研讨会，时任国务院副总理吴邦国同志在讲话中指出，现代物流作为一种先进的组织方式和管理技术，是企业除降低物资消耗、提高劳动生产率之外一个非常重要的利润来源，对国民经济和社会发展具有举足轻重的作用。现代物流对优化资源配置、提高经济运行质量、促进企业改革发展、转变中国经济体制与增长方式具有非常重要的影响，现代物流业必将成为 21 世纪我国经济发展的重要产业和新的经济增长点，相关部委一定要抓紧研究制定相关政策措施，这体现了国家领导人对物流新的认识[2]。

3. 采取实际行动，物流有了初步发展

设立于 1988 年的原物资部成为主管物流的行政管理部门，开始切实推进物资配送行动。借鉴发达国家经验，基于大量实地调研提出了通过物资配送发展社会化大流通的设想并获得肯定，由财政部设立物资配送专项基金。同年，原物资部与原国家经济体制改革委员会决定开展物资流通综合改革试点，在原物资部党组领导下设立城市配送领导小组，丁俊发任组长。当时主要是通过物资配送来达到降低生产企业库存、加快资金周转速度、从整体上提高社会生产效益的目的。无论是成立于 1993 年的原国家内贸部还是成立于 1998 年的原国家内贸局，均把物流配送作为工作重点，1996 年还草拟了《物流配送中心建设规划》。2000 年 10 月，原国家内贸局与联合国开发计划署联合举办现代物流与电子商务国际研讨会，物资配送作为当时中国推进物流业发展的第一个大规模行动，取得了一定成效，但由于国家仍属于短缺经济，体制约束严重，并未取得圆满成功。

2001 年 3 月 1 日，原国家经济贸易委员会联合六部委发布《关于加快我国现代物流发展的若干意见》，成为我国政府发出的第一个物流文件，并开始在全国范围内布局和运作。2001 年 11 月 27 日召开的中央经济工作会议提出，对连锁经营、物流配送等现代营销方式要加以广泛推广。2002 年的《政府工作报告》提出，对连锁经营、物流配送、代理制、电子商务等组织形式和服务方式要逐步加以实施。2003年10月14日十六届三中全会通过的《中共中央关于完善社会主义市场经济体制若干问题的决定》把物流纳入全国市场并明确指出，建设现代市场体系一定要强化市场的统一性，加快全国统一市场建设，大力推进市场对内对外开放，促进要素价格市场化以及电子商务、连锁经营、物流配送等现代流通方式发展，在全国范围内推动商品以及各种要素的自由流动与充分竞争。至此，电子商务、连锁经营、物流配送并列成为我国现代流通的三大方式，而“物流配送”则成为当时物流业的代名词。

20世纪末，上海、天津、深圳等城市开始把物流列为支柱产业或新兴产业，并开始起步。青岛海尔、深圳华为、天津天汽、中远、中外运、中储、上海联华、广州宝供、深圳中海、上海大众等一批企业开始物流的起步并取得实效。丹麦马士基、美国总统轮船公司等国际物流企业开始试探性地进入中国物流市场。

2001年，中国国内生产总值从1978年的3678.7亿元上升到110863.1亿元，增加了29倍；社会消费品零售总额从1558.6亿元上升到43055.4亿元，增加了26.6倍；进出口货物贸易额从355亿元上升到42183.6亿元，增加了118倍；货运总量从31.9万吨上升到140.2万吨，增加了3.4倍，货物周转量增加了3.8倍。物流基础设施建设也增加了投入。2001年，铁路营业里程7.01万千米，公路里程169.8万千米，内河航道12.15万千米，定期航班航线155.36万千米，输油（气）管道2.76万千米。不过，根据原国家经济贸易委员会数据，当时我国物流业仍然十分落后。1999年，我国独立核算工业企业流动资金占用31042亿元，资本周转次数为1.2次，而发达国家周转次数为15~18次，如果中国达到发达国家水平，那么3万亿元的流动资金就能作为45万亿元使用。2000年，我国全社会支出流通费用17880亿元，占GDP的比重约为20%，而发达国家仅为10%，如果全国流通费用降低一个百分点，就可以节约资金178.8亿元[2]。

物流业是我国经济发展中一块尚未开发的黑土地，具有广阔的市场空间。2001年年底我国正式加入世界贸易组织，成为中国加快物流业发展的助推器。

（二）快速发展阶段（2002—2012年）

我们经常讲，加入世界贸易组织后，我国迎来了经济发展的黄金十年。但本人认为，这是我国改革开放后充分把握经济全球化战略机遇的结果。这十年，我国国内生产总值年均增速达到10.45%，高于1997—2016年9.6%、1991—2016年9.8%和2001—2016年9.5%的年均增速。2010年，我国GDP达到61006亿美元，超过日本的57001亿美元，成为世界第二大经济体。正式加入世界贸易组织，这是我国对外开放的一个新阶段，或者说是部分沿海城市和区域开放的第二个阶段。在经济全球化的推动下，我国充分把握国际产业分工大调整的战略机遇，进一步与国际接轨，使外企和外资看到了我国改革开放的巨大红利，纷纷将一些劳动密集型和资本密集型产业转移到我国。2012年，中国制造业产值超过美、德、日，成为全球制造业中心，实际利用外资9112.9亿美元，超过1979—2001年实际利用外资的总和5715亿美元。世界500强企业大部分进入中国，中国进出口贸易额已经从2002年的5.1万亿元增加到2012年的24.4万亿元，增长了3.75倍；外汇储备从2002年的2864亿美元增加到2012年的33115.8亿美元，增长了10.56倍。

在这样的大背景下，中国的物流业发生了以下变化。

1. 政府加大推动力度

当时中国物流业的发展面临四大难关：一是理念上，大家习惯于大而全、小而全的商业运作模式，物流需求释放受到影响；二是物流服务商缺乏，传统运输、仓储、货代等企业不知如何转型，外资制造与流通企业进入缺乏国内物流服务商跟进；三是物流人才短缺严重，根据当时的估算，到2010年管理与工程人员缺口达30万人；四是体制机制约束，市场如何构造、环境如何优化、政府如何监管等一系列问题亟待解决。

在前一阶段探索与起步的基础上，政府对物流重要性的认识逐步提升，推动力度逐步加大。

2001年11月10日中国正式加入世界贸易组织之前，党中央和国务院充分认识到了分销业和物流业对外开放的重要性，考虑到物流业刚刚起步，分销业存在一些薄弱环节，在许多领域规定了三年的过渡期，以避免造成不必要的过度冲击。

江泽民同志当时指出，要适应我国加入世界贸易组织的新形势，充分利用国内外两种资源、两个市场，努力形成我国参与国际市场竞争的新优势[3]。2002年2月25日，江泽民同志指出，只有现代流通方式才能带动现代化生产，只有大规模流通方式才能带动大规模生产，一定要下大力气支持连锁经营、集中配送等现代流通方式发展，提高竞争力。

2003年下半年，全国政协经济委员会针对全国物流业组织专题调研，调研报告得到了国家领导人的批示。2004年8月，国家发展改革委等九部委发布《关于促进我国现代物流业发展的意见》。2005年2月，国家发展改革委牵头成立全国现代物流工作部际联席会议，协调全国物流业发展。

2006年3月14日第十届全国人大四次会议通过的《中华人民共和国国民经济和社会发展第十一个五年规划纲要》在第十六章"拓展生产性服务业"中专门设立了"大力发展现代物流业"一节，物流业第一次被列入五年规划，其作为国民经济一个产业的地位得以确立，这是一个历史性突破。

后来，历年《政府工作报告》均把物流业作为服务业与其他服务业并列。比如，2006年的《政府工作报告》指出，要加快服务业特别是信息、金融、保险、物流、旅游与社区服务业发展；2007年的《政府工作报告》强调，要发展物流、金融、信息、咨询、旅游、社区服务等现代服务业，物流业被放到了现代服务业的第一位；2009年的《政府工作报告》提到了"现代物流"一词。

全球金融危机爆发后的2009年，我国采取了怎样的对策呢？为缓解国际金融危机对我国实体经济的冲击，我国制定了包括物流业在内的十大产业振兴规划。其中，《物流业调整和振兴规划》明确提出了十项主要任务、九大工程和九项保障措施，要求到2011年初步建立起布局合理、技术先进、节能环保、便捷高效、安全有序并具有一定国际竞争力的现代物流服务体系。文件发出后，各地区各部委积极响应，在我国物流业快速发展中发挥了非常重要的推动作用，出现了物流业发展的大好局面。

2011年3月第十一届全国人民代表大会通过的《中华人民共和国国民经济和社会发展第十二个五年规划纲要》第四篇"营造环境推动服务业大发展"的第十五章专门设置了"大力发展现代物流业"一节。2011年8月，根据各地出现的问题，国务院办公厅出台了《国务院办公厅关于促进物流业健康发展政策措施的意见》。为营造物流业发展良好环境，政府对市场准入、财政税务、土地使用、学历教育、标准制定、统计制度、企业评估、科技进步等进行了规定，对物流园区、城市配送、食品冷链、信息化、应急物流、多式联运、物联网等进行了专项规划。

面对严峻的全球经济形势，我国在2011年11月的亚太经合组织第十九次领导人非正式会议上明确指出，要加强全球供应链合作。在2012年9月8日的亚太经合组织第二十次领导人非正式会议上，我国再次提出了构建可靠供应链的倡议，即提高供应链的连通性和便利性，充分发挥基础设施效用，持续推进《亚太经合组织供应链联接行动计划》，化解供应链限制因素，解除货物流通与服务流通障碍；推动物流网络建设，精简海关程序；便利商务人员流动，从信息获取、跨境合作、能力建设等方面着手为中小物流企业提供支持。这是我国第一次在国际会议上提出要积极参与全球供应链合作。

综观全球，很多国家特别是日本、新加坡、德国等都对物流业发展采用了政府推动的办法，但中国可以说是世界上政府推动力度最大的国家。

2. 现代物流业快速发展

由表1可以清楚地看到这十年我国物流业的飞速发展。这十年，我国社会物流总额、社会物流总费用、物流业增加值的年增长速度均在20%左右，远远超过了GDP的增长速度。中国正处于工业化的中后期，随着经济的高速发展、城市化的加速、新农村建设的推进以及进出口贸易的扩大，物流需求量大增。这十年是数量扩张的十年。

3. 基本形成了一支庞大的物流服务大军

这十年，物流企业由少到多，由小到大，由分散到集中，物流市场由无序逐步走向有序，物流服务水平日益提高。在其中的前三年，形成了国有、民营、外资三足鼎立的格局。

2001年，在中国即将加入世界贸易组织之际，世界著名咨询公司麦肯锡和摩根士丹利经过调查研究，分别发表了《中国物流市场白皮书》和《中国物流报告》，并得出了同样的结论：中国物流市场很大，是一个尚待开发的市场；中国物流业刚刚起步，尚处于初级阶段，加入世界贸易组织将加速这一进程；跨国公司对中国物流市场必须实行“抢滩战略”；现代物流业将在中国经济发展中发挥关键作用，其未来十年的增长率将超过20%。

表1　2002年和2012年我国物流业发展情况

年份	主要指标								
	社会物流总额/万亿元	社会物流总费用/万亿元	物流业增加值/万亿元	物流业固定资产投资/万亿元	货物运输总量/亿吨	货运周转量/万亿吨公里	社会消费品零售总额/万亿元	货物进出口/万亿元	生产资料销售总额/万亿元
2002	23.30	2.2（占GDP比重18.9%）	0.7（占GDP 6%左右；占服务业18%）	0.48	148.30	5.00	4.80	5.13	6.68
2012	177.30	9.4（占GDP比重18%）	3.5（占GDP 6.9%；占服务业15.3%）	4.00	412.10	17.30	21.40	24.40	50.10
增长倍数	6.61	3.27	4.00	7.33	1.78	2.46	3.46	3.76	6.50

跨国物流公司如丹麦马士基、美国总统轮船、英国英运、荷兰天地、日本日通、联邦快递、联合包裹、德国邮政、普洛斯等，以及我国港澳台资的和记黄埔、嘉里物流、台湾长荣、大荣等纷纷进入我国大陆地区物流市场，凭借其资产实力、先进模式、国际化视野、信息化技术和人才优势，在物流领域处于领先地位。

国有物流企业体量大，占有大量物流基础设施，与需求企业存在不可分割的联系，中远、中外运、中海、中邮、中铁、中储、招商局集团等在物流界具有举足轻重的地位。

民营物流企业异军突起，尽管以中小型企业为主，但具有市场适应性强、机制灵活、学习新事物快、成本相对较低等优势，如广州宝供、南方物流、天津大田、北京宅急送、华宇、远成、锦成等。

经过十年的激烈竞争与兼并、重组、上市、跨界整合，物流各行业领军企业基本形成，如海尔、华为、上海大众等一批制造企业，顺丰、德邦、卡行天下、安能等快运物流，“三通一达”等快递物流，传化、林安、苏州工业园等园区物流，河南鲜易、上海荣庆等冷链物流，上药、九州通等医药物流，昆船、中集、北京自动化所等装备物流。在此期间，还有两支队伍异军突起：一是互联网企业，特别是电子商务网购平台进入物流，如阿里巴巴、京东、苏宁等；二是供应链企业快速登场，以优异的业绩得到普遍好评，如怡亚通、深发展（后进入平安银行）、嘉诚等。

经过十年的发展，物流企业散、小、差的状况大有改观，在始于2004年的中国物流50强排序中，入围企业从2004年的2亿元发展到2012年的20.3亿元，已经基本形成了包含不同所有制、不同经营规模、不同功能、不同服务模式、不同特色物流服务企业的集群。2010年至2011年进行全国第二次经济普查时，物流企业有13万多家，再加上一些表面并未冠以物流名称而实际却在从事物流运作的企业，有20多万家。

4. 中国物流服务系统基本完善

物流是一项系统工程，有两层含义：一是由物流基础设施、物流技术与装备、物流运作主体、物流行政管理和行业自律等部分组成；二是由物流的包装、运输、搬运、装卸、仓储、货代、流通加工、配送、信息处理等众多功能构成。上述两个系统非常重要，改革开放40年来，中国物流就是在打造这两个系统。

从交通运输方面看，这十年国家对物流基础设施进行了大量投入，取得了巨大进步（见表2）。

表 2　　**2002 年和 2012 年我国交通运输基础设施建设情况**　　单位：万千米

年份	主要指标					
	铁路营业里程	公路里程	高速公路里程	内河航线里程	定期航线里程	输油（气）管道
2002	7.19	169.8	1.94	12.15	155.36	2.98
2012	9.76	423.75	9.62	12.5	328.01	9.16
10 年新增	2.57	253.95	7.68	0.35	172.65	6.18

此外，物流园区、交通枢纽、港口、机场、冷链基地、公共配送中心、信息平台等建设均有新的突破。

随着互联网时代的到来以及中国制造业的进步，物流技术与装备也发生了巨大的变化，如运输工具中的集装箱、箱式挂车、特种运输，现代仓库尤其是配送中心的系统集成、单元化物流、自动识别系统，透明化管理与信息追溯，智能机器人，特别是互联网、物联网技术的大量应用等。

物流的运作主体不仅包括第三方物流企业、第四方物流企业，而且包括许多制造企业（通过延伸发展制造服务业进军物流业）和服务企业（通过延伸发展其他产业进军物流业）。一开始主要是工业物流，这十年来农产品物流也开始受到关注，物流正在从生产性服务业向生活性服务业迈进。

物流行政管理迈进了一大步。物流业自《中华人民共和国国民经济和社会发展第十一个五年规划纲要》发布以来才确立了自身的产业地位，过去基本没有专门部门管理，谁来管，如何管，都需要一个摸索的过程。尽管这十年中并没有完全理顺，但应当由政府负责的规划、监管、协调、教育、标准、科研等均已具备，正逐步从无序走向有序。

在中国物流业发展中，行业协会特别是中国物流与采购联合会起到了不可替代的作用。中国物流与采购联合会自 2001 年经国务院批准成立以来，就成为中国物流业发展的助推器，通过积极参与制定规划，实施物流企业分类与评估指标体系，启动物流人才教育工程，申请批准设立全国物流科技进步奖与全国物流劳模评选，提出建立采购经理人指数并进行社会物流统计，反映行业诉求，为政府提供政策建议，开展国内外系列重大活动，在中国物流发展史上留下了光辉的一页。

5. 物流市场化程度有所提高

物流资源市场化是现代物流整合社会资源、进行多功能一体化运作的重要基础和前提，即所有企业特别是物流企业可基于等价交换从市场上获得相关资源的使用权，进而选择最合理的路线、运载工具和时间，采用最安全的措施为用户提供服务。《物流业调整和振兴规划》指出，市场化、专业化、社会化发展道路是我国物流业的必然选择，一定要充分利用市场在资源优化配置方面的作用，打破各部门各地区相互分割相互封锁的状态，公平竞争，实现物流服务的社会化和资源的市场化。

目前，尚缺乏十年间我国物流业市场化程度的准确数据，估计会超过 90%。对物流市场化程度的测度，主要参照三个方面的标准：一是物流资源是不是通过市场交易；二是物流服务价格是不是根据市场供需情况确定；三是物流服务运作主体是不是自负盈亏的法人实体。从我国的实践看，除《中华人民共和国邮政法》规定的公务文件以及部分铁路、管道和航空资源外，其他资源全部通过市场进行交易；除比较重要的邮政、铁路货运、管道运输、航空货运服务项目依然执行国家规定的指导价外，其余全部实行自由定价。国家发展改革委发布的数据表明，2016 年已经有超过 97% 的商品和服务价格通过市场确定，物流服务运作主体全部实现了公司化，铁路企业则是最后一个走向市场化的。

这十年间，中国物流专业化分工加速，推动了细分市场的发展，钢材、油品、汽车、煤炭、农产品、建材、危化品等产品物流，快运、冷链、电商、应急、配送、金融、货代等功能物流，物流技术与装备物流，会展、培训、研讨会等服务物流得到充分发展。

（三）转型升级阶段（2013—2020 年）

2012 年 11 月 8 日，中共十八大召开，从这时起，中国经济社会发展进入了一个新的时期。一方面，自国际金融危机爆发以来，国际形势错综复杂，世界政治、经济、军事、金融深度调整，综合国力竞争加剧；另一方面，国内经济发展不平衡、不协调、不可持续问题依然突出，动能转换缺乏应对措施，国际经济增长下行对中国造成巨大压力。改革进入深水区，“三期叠加”，矛盾重重。在这样的情况下，全党面临如何巩固并进一步推进中国特色社会主义建设的问题。以习近平同志为核心的党中央审时度势，科学决策，指出中国经济进入了新常态，中国特色社会主义建设进入了新时期。2013年2月26日在十八届二中全会上，习近平同志提出，要深入研究全面深化体制改革的顶层设计和总体规划，要坚持以加快经济发展方式转变为主线。在2013年11月9日到12日召开的十八届三中全会上，习近平同志提出，中华民族伟大复兴的中国梦需要我们在新的历史起点上进行全面深化改革，2020年要在重要领域和关键环节取得决定性成果。在2015年10月29日举行的十八届五中全会上，习近平同志提出了包括创新、协调、绿色、开放、共享在内的五大发展新理念，同年11月10日又在参加中央财经领导小组第十一次会议时提出了在适度扩大总需求基础上着力加强供给侧结构性改革的建议，指出要通过提高供给体系质量和效率，增强经济持续增长动力，推动我国社会生产力实现质的飞跃。在2017年10月18日召开的中共第十九次全国代表大会上，习近平同志全面论述了新时代我国的宏伟蓝图。中国特色社会主义经过几十年的建设取得了辉煌的成就，中国已经成为世界第二大经济体，2008年全球金融危机爆发以来，中国对全球经济增长的贡献率超过30%，1979—2016年国内生产总值年均增长速度达到9.6%，综合国力大幅提升。但综合国内外客观实际，中国特色社会主义进入新时代，面对新的世界格局，中国必须积极参与世界治理，打造人类命运共同体。目前，我国的主要矛盾已经不再是人民日益增长的物质文化需求与落后的生产之间的矛盾，而是转化成了人民日益增长的美好生活需要与不平衡不充分发展之间的矛盾。中国经济已经从高速增长阶段转变到高质量增长阶段。从中共十九大到中共二十大，是“两个一百年”奋斗目标的历史交汇期。在这段时期，我国要在全面建成小康社会、实现第一个百年奋斗目标的基础之上，迈向第二个百年奋斗目标，踏上全面建设社会主义现代化国家的新征程。在2020—2035年的十五年时间里，我国要在全面建成小康社会的基础上继续前行，基本实现社会主义现代化；在2035年到21世纪中叶的十五年时间里，我国要在基本实现社会主义现代化的基础上继续奋进，最终实现建设富强民主文明和谐美丽的社会主义现代化强国的目标。

习近平同志新时代中国特色社会主义思想作为指引航向的一面旗帜，与毛泽东思想、邓小平理论一样，也是马克思主义中国化的表现。

在这样的大背景下，我国物流业发生了哪些变化呢？

1. 我国物流业发展的主要矛盾发生了变化

改革开放初期我国面临的主要矛盾是经济快速发展下物流需求与物流服务供给不足之间的矛盾，解决问题的关键在于发展物流企业与企业物流，而现在的主要矛盾已经演变为经济高质量高效率发展对物流的需求与物流发展不充分、不协调、不平衡、不可持续之间的矛盾。2012年，受经济下行影响，所有物流宏观指标均比上一年回落3～5个百分点，这是正常的。不过我们也要看到，2012年社会物流总费用占GDP的比重仍然很高，比发达国家高出一倍。2012年我国企业物流费用占比为8.6%（其中工业为9.2%，批发零售业为7.8%），而日本2011年只有4.9%。在社会物流总费用中，管理费用占社会物流总费用的12.3%，而西方发达国家只占3%～5%。规模以上工业企业库存率（存货占销售总值比重）高达10%，比发达国家高出一倍。此外，我国物流发展环境也存在很多问题，高成本时代的到来以及高税收、乱收费、乱罚款现象的存在，导致不少物流企业难以为继。这足以说明，受经济发展方式粗放、产业结构不合理等影响，物流业同样存在发展方式粗放、结构不合理、区域与行业发展不平衡、与实体经济融合度差、创新力不足、集中度偏低、全球供应链国际竞争力不强等问题，物流业并没有真正发挥推动国民经济降本增效的作用，必须转型发展，从追求规模速度的粗放式增长转变为追求质量和效率的集约式增长，从外延扩张向内涵增值深度调整，从要素、投资驱动向创新、科技驱动转化，实现动能转换。

2. 政府继续加大推动力度

2013年，我国经济进入“三期叠加”时期，而经济的转型发展更需要物流业发挥作用。2014年9月12日，《物流业发展中长期规划（2014—2020年）》出台，物流业被确定为支撑国民经济发展的基础性和战略性产业。其中，物流业的基础性主要表现在其对国民经济发展的贡献方面；物流业的战略性主要表现在其对国民经济发展的引领和扩展方面。《物流业发展中长期规划（2014—2020年）》作为继《物流业调整和振兴规划》之后的又一个纲领性文件，要求到2020年基本建立布局合理、技术先进、便捷高效、绿色环保、安全有序的现代物流服务体系，并提出了三大发展重点、七项主要任务、十二项重点工程和九项保障措施，成为新常态下物流业发展的顶层设计。文件发布后，对物流业的支持力度加大，法制环境逐步改善。

2015年7月1日，《国务院关于积极推进“互联网+”行动的指导意见》发布，“互联网+高效物流”被列入重点工程。

2016年，全国人民代表大会通过《中华人民共和国国民经济和社会发展第十三个五年规划纲要》，对现代物流业的要求进一步提高。

为适应电子商务特别是网络购物迅猛发展的需要，2015年10月国务院印发《国务院关于促进快递业发展的若干意见》，2017年快递业务总规模已经达到401亿件。

国务院办公厅2017年8月7日发布《国务院办公厅关于进一步推进物流降本增效促进实体经济发展的意见》，2017年10月5日发布《国务院办公厅关于积极推进供应链创新与应用的指导意见》，供应链被提升到国家层面，成为我国物流业发展的新起点，标志着物流业进入新时代，将对我国社会经济发展产生不可估量的影响。2016年的《政府工作报告》提出，要以信息网络等现代技术推动生产、管理与营销模式变革，通过重塑产业链、供应链和价值链，改造提升传统动能，促使其焕发新的生机和活力。

习近平同志非常关心物流业发展情况，曾先后专程到河南、山东等地调研，并从国际国内大局着眼看待现代物流与现代供应链问题。2013年9月和10月，习近平同志赴中亚和东南亚国家访问期间，先后提出了推动共建丝绸之路经济带和21世纪海上丝绸之路的愿景与倡议。“一带一路”倡议下的互联互通、合作共赢、打造全球经济命运共同体，必将成为构建全球供应链的全新途径。2014年11月8日，习近平同志参加亚太经合组织会议时提出，要根据各国战略和规划，基于优先领域和项目，发挥比较优势，集中资源，联合推进，降低物流成本，创造需求与就业，提高综合竞争力，占据全球供应链、产业链、价值链的有利位置，打造强劲、可持续、平衡增长的亚洲发展新气象。2014年12月5日，习近平同志在中央政治局第29次集体学习时指出，一定要敢于和善于在全世界范围内配置资源。在2016年年底的中央经济工作会议上，习近平同志强调，要构建大中小企业专业化分工协作的网络体系，形成高效完整的产业供应链。在中共第十九次全国代表大会上，习近平同志将现代供应链提升为经济发展的新动能和新的经济增长点。

3. 物流业稳步增长，基本保证了国民经济发展对物流业的需求

（1）从宏观数字看，我国社会物流总额从2013年的197.8万亿元增加到2017年的252万亿元，年均增长7.2%；社会物流总费用从2013年的10.2万亿元增加到2017年的12.1万亿元，年均增长6.2%，物流费用占GDP的比重从2013的18%逐年下降为16.6%、16%、14.9%，2017年为14.6%；全年货运总量从2013年的459亿吨增加到2017年的479亿吨。中国已经成为全球最大的物流市场，物流业总收入从2013年的3.9万亿元增加到2017年的8.8万亿元。工业企业和批发零售企业物流费用占比从2013年的8.4%略有下降，降到了2016年的8.1%（其中工业为8.6%，批发零售业为7.4%）。物流业景气指数从2013年的53.1%上升到2017年的55.3%，发展平稳。物流业作为国民经济基础性、战略性产业的地位进一步显现，在供给侧结构性改革中的作用日益明显。

（2）物流业发展方式由粗放到集约，上了一个新台阶。不同领域在上一个十年形成的领军企业进一步强化，并出现了一批新的领军企业，如运满满、货车帮、物润船联、中储智运等。企业兼并重组加速，如中远与中海重组、招商局集团与中外运长航重组、普洛斯股权重构等，2017年有8家在主板上市，5家在境外上市，45家在新三板上市。2017年，A级物流企业达到4938家，其中5A级企业273家。综合运输体系加速推进，空间覆盖率大大提高。

物流基础设施投入从2013年的3.6万亿元增加到2017年的6.1万亿元，铁路营业里程12.7万千米，其中高铁2.5万千米，占世界总量的66.3%；公路总里程477.15万千米，其中高速公路里程13.6万千米；港口万吨级以上泊位2713个；民航运输机场229个。

（3）供应链平台企业异军突起。各产业都涌现出了一批优秀的样板企业，如海尔、华为、中兴、平安银行、京东商城、鲜易、创捷、上汽、国药、怡亚通、川山甲、九好等，形成了生产型供应链、商贸交易型供应链、服务型供应链、平台型供应链、生态型供应链五种新模式。在深圳百强企业中，入围的供应链企业由2016年的9家增加到2017年的11家。

（4）高科技成为创新驱动新动能，“互联网+高效物流”初见成效。运输革命、仓储革命、码头革命、管理革命一浪高过一浪，物联网、大数据、云计算、人工智能得到有效应用。

（5）物流业结构进一步完善。中西部物流、农村物流、国际物流、生活物流有所加强。新时期，消费进入个性化、体验式阶段，电子商务与电商物流发展迅速。我国电子商务市场交易规模从2013年的9.9万亿元迅速增加到2017年的29.2万亿元，增长了1.95倍，2020年将超过35万亿元。其中，网络购物交易额从2013年的1.85万亿元迅速增加到2017年的7.1万亿元，增长了2.8倍。电子商务的迅猛发展带动了快递业的超高速发展，快递业务量由2013年的61.1亿件增加到2017年的401亿件，超过美国，跃居世界第一位。2017年《政府工作报告》强调，要发展物流快递，推动电子商务、物流快递等新业态快速成长，大力降低流通成本。

（6）物流人才红利显现。人才是我国物流业发展最重要的资源。自2002年开始实施中国物流人才教育工程到2017年年底，我国开设物流专业的本科院校达到551所，高职高专院校达到965所，中职学校达到800多所，在校学生超过100万人，累计培养本科生50多万人，大专生170多万人，中专生30多万人。自2003年以来，培训物流师超过50万人次。这些为新时期我国物流业的发展奠定了坚实的人才基础，为物流企业补充了大量的中高级管理人才，使人才红利得以有效释放。

三、新时期我国物流业面临的新机遇新挑战

中共十九大为中国描绘了“两个一百年”的宏伟蓝图。那么，我国物流业应当如何跟进呢？可以2020年、2035年、2050年为期设立三个目标。根据《物流业发展中长期规划（2014—2020年）》的部署，到2020年我国要基本构建起一个布局合理、技术先进、便捷高效、绿色环保、安全有序的现代物流服务体系。也就是说，要在“十三五”的五年时间里实现中国物流业转型升级，夯实物流基础，物流总费用占GDP的比重下降到13%左右，基本达到发达国家工业化中后期的水平；再奋斗十五年，到2035年把中国建成名副其实的物流大国，向物流强国迈进，物流总费用占GDP的比重下降到10%以内，在许多方面居于世界中心位置；继续努力十五年，到2050年建成世界一流物流强国，物流总费用占GDP的比重处于国际领先水平，成为世界供应链创新中心。

物流总费用占GDP的比重作为国际上衡量国家之间物流与供应链竞争力的主要标准，是反映一国经济结构与物流服务水平的综合指标。根据中国物流与采购联合会的测算，我国第三产业增加值占GDP的比重每提高1个百分点，物流总费用占GDP的比重就会下降0.5个百分点。2017年，我国第三产业占比达到51.6%，并有望进一步提高，再加之物流业转型升级，社会物流总费用占比将出现明显下降。

新时期在为我国物流业发展提供巨大空间的同时，也对其顺利健康发展提出了严峻的挑战。重点需要抓好以下几项工作。

（一）重新认识物流与供应链

现代物流业是国民经济的基础性和战略性产业，现代供应链是国民经济和社会发展新的组织方式和商业模式，要借助信息化、现代物流、现代供应链来改造和提升传统产业。世界因互联网而变，也因供应链而变。目前，尽管对每个人、每个单位而言，物流与供应链无时不在，无处不在，但尚未真正转化成全民意识和全民行动。

马克思曾在《资本论》中指出，运输与仓储等物流，即商品在空间和时间上的流动，是“追加生

产过程”和“流通过程内的继续”[4]，只有通过物流才能实现商品价值并创造自身价值。国民经济的一端是供给，另一端是消费，中间是分配和流通，而流通就是以物流为中心的。国内外经济学家一致认为，物流和供应链是尚待开发的处女地，它们能够实现降本增效，成为新动能、新增长点。厉以宁认为，随着现代物流业的发展，产业结构将重新洗牌。[2]魏杰认为，中国经济结构的深度调整离不开供应链管理，供应链管理是改变中国经济发展方式的必然选择。[5]吴敬琏认为，现代物流与现代供应链是近30年全世界发生的一场革命性变化。[6]樊纲认为，现代物流是国民经济发展的加速器，物流与供应链是一个国家综合国力与竞争力的重要标志。[7]

思想是行动的指南，必须重新认识现代物流与现代供应链的重要作用，提高对物流与供应链的全民意识。

（二）以创新、协调、开放、绿色、共享的新发展理念指导物流业发展

2015年10月，习近平同志在十八届五中全会上提出，一定要树立创新、协调、绿色、开放、共享五大发展理念。新时期我国物流业发展也要积极贯彻这样的发展理念。

1. 创新是新时期中国物流业发展的基本动力

创新是牵动经济社会发展全局的关键。物流业需要进行以下五个方面的创新。

（1）战略创新。物流业是国民经济的基础性、战略性产业，一定要从大局出发进行顶层设计，推动我国由物流大国向物流强国迈进，特别是充分响应“一带一路”倡议，夯实我国全球供应链战略，经过十年的努力，使我国全球供应链绩效指数排名从2016年的27位上升到前10位。中国应当具有自己的大国担当。

（2）技术创新。随着以信息技术为核心的新一轮科技革命的孕育和兴起，互联网成为驱动创新发展的先导力量，使人们的生产生活方式发生了天翻地覆的变化，有力推动了社会经济的发展。随着信息技术水平的提高，供应链已经发展到了与互联网、物联网深度融合的智慧供应链新阶段。科技是第一生产力，新技术日新月异，互联网引发的科技、文化、消费以及产业革命正在改变经济运行方式并重组供应链结构，物联网将逐步替代互联网。数字经济已经席卷全球，数字化转型将成为人类历史上一次伟大的转型，使人类经过蒸汽时代、电气时代、信息时代进入数字智能时代，经过工业经济、IT经济、互联网经济进入数字经济。物流业也是如此，即将进入数字物流与数字供应链时代，我们必须面对这一挑战。

（3）模式创新。供应链是一种商业模式，是一种组织方式，它需要我们具有新理念、新模式、新技术。物流作为供应链的一部分，其本身就是一个供应链系统，也要应用供应链思维。现代物流有两个核心：一是供应链；二是互联网。

2018年将成为中国现代供应链的元年。2017年10月，国务院办公厅发布《国务院办公厅关于积极推进供应链创新与应用的指导意见》，供应链被提升为国家战略，成为落实新发展理念的重要举措，供给侧结构性改革的重要抓手以及引领全球化、提升竞争力的重要载体。供应链主要在四个层面展开，其中企业供应链是基础，国家供应链是根本，产业供应链和城市供应链是重点。为此，需要进一步提升资源整合度、产业融合度、企业集中度。而所谓资源整合度，就是要放眼全局，提高对物质资源与非物质资源、内部资源与外部资源的整合能力，这是一种综合竞争力；所谓融合度，就是指物流业与其他产业的融合程度，你中有我，我中有你，融合度差是当前我国物流业的软肋；所谓集中度，就是指物流本身的集约化程度，要拥有一批在国内外有影响力的领军企业。

（4）制度创新。要努力营造法制营商环境，加强市场监管，推动诚信体系建设，充分发挥市场在资源配置中的决定性作用，最大限度地发挥政府宏观调控作用，促进公共资源自由流动，提高物流行业全要素生产率。

（5）文化创新。习近平同志在中共十九大上指出，文化是一个国家、一个民族的灵魂。文化兴则国运兴，文化强则民族强。只有具备高度的文化自信，才能推动文化繁荣，才能实现中华民族伟大复兴的中国梦。一定要始终坚持中国特色社会主义文化发展道路，激发全民族文化创新与创造活力，建设社会主义文化强国。一定要在这样的前提下来创新物流企业人本文化，以“两个一百年”宏伟目标

和振兴中华的中国梦来坚定理想信念，激发广大企业和职工的创造力。

2. 协调是新时期推动我国物流业发展的基本手段

推动物流业顺利发展，一定要协调好城乡物流、区域物流、国内外物流、实体物流与虚拟物流、生产性物流与生活性物流之间的关系，协调好物流需求与物流供给之间的关系，在供给侧结构性改革中发挥作用；一定要协调好物流市场中基础设施、装备与技术、运作主体、行业自律与行政管理之间的关系，协调好物流运行中循环、绿色、生态之间的关系，协调好商流、物流、资金流、信息流之间的关系。

3. 绿色是新时期我国物流业发展的基本要求

地球是人类的家园，地球上的环境与每个人、每个国家都息息相关，绿色物流和绿色供应链是可持续发展的必然要求。绿色生产、绿色消费要求绿色物流。互联网技术带来了生产和流通方式的改变，特别是网购既快捷又便利，但大量的包裹和退货物流也会带来新的污染，因此物流业一定要积极参与新能源革命。

4. 开放是新时期我国物流业发展的基本途径

要推动商品和生产要素自由流动，反对各种形式的地方保护主义和行业垄断行为。提高政府管理的透明度，实行简政放权。要继续提高我国物流市场化水平，推动我国物流企业“走出去”，准确把握全球经济战略机遇，积极响应“一带一路”倡议，依靠自由贸易区、自由贸易港等开放战略，互联互通，取长补短，创建全球物流命运共同体。

5. 共享是新时期我国物流业发展的主要目标

物流业是一个资产密集型和劳动密集型产业，自加入世界贸易组织以来，我国物流业经过多年的高速发展，已经具备了雄厚的物质基础。物流业要实现从高速度向高质量、高效率的转型，必须从外向扩张向内涵提升转变，其中一个非常重要的途径就是共享，共享资本、共享货车、共享仓库、共享人才、共享市场，发展物流平台经济，发展供应链金融，发展无车承运，发展共同配送，发展物流咨询，发展产业基金等。共享意味着整合，意味着优化，意味着透明，意味着公平公正，意味着共赢。

（三）在供给侧结构性改革中提升、完善、强化物流功能

2018 年是贯彻中共十九大宏伟蓝图的第一年。中央经济工作会议明确提出，2020 年之前要抓住以下三个重点：一个总要求，即中国经济已由高速增长阶段转向高质量发展阶段；一条主线，即要以推进供给侧结构性改革为主线；打好三大攻坚战，即防范化解重大风险、精准扶贫、污染防治。对中国物流业来讲，也要紧紧围绕这一战略展开，可将上述重点浓缩到供给侧结构性改革中来。供给侧结构性改革的最终目的是满足需求，主攻方向是提高供给质量，根本途径是深化改革。

物流业作为向其他产业提供服务的供给方，既是生产性服务业，也是生活性服务业。在物流的需求端和供给端，其总量应基本平衡，然而实践中却面临有效需求与有效供给双不足的困境。这一方面需要转换理念，深化改革，推动供应链创新与应用以释放需求；另一方面需要从物流供给端着手，增加供给品种，提高供给质量和供给水平。当前，物流外包比重不断提高，物流服务个性化需求不断增加，物流专业化、标准化、智能化水平不断提高，而物流业本身却很难根据市场需要提供有效供给，物流供给结构性矛盾突出。《物流业发展中长期规划（2014—2020 年）》明确提出，目前我国物流业发展总体水平仍然不高，物流业发展方式仍然粗放。这种粗放主要表现在三个方面：一是成本高，效率低，物流与产业融合度不足，企业自营物流占比高，物流企业集中度低，在先进技术推广与标准化方面存在差距，迂回运输、空载、绿色物流问题突出；二是物流服务在供给结构、供给质量、供给效率方面存在许多短板，基础设施相对落后，现代仓储、多式联运转运设施不足，物流园区布局不尽合理，功能不尽完善，综合交通运输网络尚不健全，物流基础设施之间衔接配套问题比较严重，难以满足我国现代物流发展的需要；三是仍然存在影响物流业发展的体制机制问题，政府管理成本过高，政策法规体系不够完善，市场秩序不够规范，税费过高，乱收费、乱罚款问题依然存在，信用体系建设滞后，从业人员素质有待进一步提高。

美国物流咨询公司的研究表明，对企业而言，

如果仅仅简单地用第三方物流替代自营物流，可以降低5%的成本；如果能够利用第三方网络优势进行资源整合，对原有物流流程加以调整和改造，可以降低5% ~10% 的物流成本；如果能够根据需要对物流流程进行重组，将第三方物流扩展到整个供应链，可以降低10% ~20% 的成本。我国物流业降本增效的空间十分巨大，可以大有作为。物流业作为服务业的重要组成部分，要真正融入供给侧结构性改革，通过供给侧结构性改革来提升、完善、强化物流功能，推动自身转型升级。

（四）正确处理市场与政府的关系

2013 年 11 月 9 日到 12 日，十八届三中全会通过《中共中央关于全面深化改革若干重大问题的决定》，这是我国经济发展进入新阶段的一个重要标志。该文件明确指出，改革开放是新时期党带领全国各族人民进行的新的伟大革命，是党和人民事业大踏步赶上时代步伐的重要法宝。全面建成小康社会，建设富强民主文明和谐美丽的社会主义现代化国家，实现中华民族伟大复兴的中国梦，需要在新的历史起点上坚持全面深化改革。经济体制改革作为全面深化改革的重点内容，其关键在于处理好政府与市场的关系，让市场在资源配置中起决定性作用，使政府作用得到更好的发挥。市场在资源配置中起决定性作用的前提是拥有统一开放、竞争有序的市场体系，因此一定要加快构建企业自主经营、公平竞争，消费者自由选择、自主消费，商品和要素自由流动、平等交换的现代市场体系。

回顾改革开放 40 年来我国物流业发展的历程，可将其发展模式概括为：市场导向、政府推动、行业自律、企业运作。换句话讲，就是要处理好市场、政府、行业组织和企业四者之间的关系。如果四者间关系处理得好，就能够产生正能量；如果四者间关系处理得不好，就会产生负能量。

1. 市场导向

我国物流业是一个完全开放的竞争性行业，属于市场导向型产业。全球现代物流业的快速发展与三个方面的因素有关：一是随着经济的全球化发展，形成了全球采购、全球生产、全球流通、全球消费的格局；二是随着社会分工的进一步细化，商品和服务交易成本上升，推动非核心竞争力外包，为物流业快速发展创造了条件；三是随着信息网络技术的发展，现代物流业特别是供应链管理的发展有了重要支撑。由此可见，现代物流业的发展本质上是市场需求的产物。自 1978 年我国开始实施改革开放政策以来，特别是 2001 年加入世界贸易组织以来，市场成为我国物流业发展最主要的推动力，一定要通过市场来实现对资源的配置、整合、重组，进而形成新的市场格局。

2. 政府推动

在政府推动方面，我国是力度最大的国家。由于我国物流业起步较晚，依靠政府力量是明智的选择。政府的作用主要体现在三个方面：一是制定规划，出台政策，营造物流业发展良好的外部环境；二是建立统一高效的物流业行政管理体制，降低物流管理成本；三是培养人才，为物流业发展提供支持。本人认为，尽管我国政府在推动物流业发展方面做了大量卓有成效的开创性工作，但存在的问题也非常明显，提高政府物流管理能力、降低物流管理成本仍然是一个难题。

3. 行业自律

政府治理结构的改革必然会形成小政府、大社会、大市场的格局，政府对物流业的管理不可能很细，主要通过协会、商会来进行行业自律管理，互不越位。国际上，行业组织处于不可或缺的地位，既能积极反映企业诉求，为政府建言献策，又能制定行规行约，规范行业行为，是政府与企业沟通的桥梁。

4. 企业运作

物流企业和企业物流是我国物流业运作的主体，是衡量我国物流业发展水平和实力的标准，一定要强化企业的市场主体地位。目前，中国物流与采购联合会的“中国物流企业 50 强”和中国交通运输协会的“中国物流企业 100 强”排序已经建立，浙江物产、天津物产、中国五矿等物流企业均进入了世界 500 强行列，此外还有不少上市公司，只是其国内外影响力仍然不够。根据《国务院办公厅关于积极推进供应链创新与应用的指导意见》要求，要培育全球供应链领先企业 100 家左右，要使重点产业供应链竞争力进入世界前列，要使中国成为全球供应链创新与应用的中心，这是一项光荣而艰巨的任务。

（五）让供应链成为中国经济下一个大的"风口"

供应链是以客户需求为导向，以提高产品质量和效率为目标，以整合资源为手段，实现产品设计、采购、生产、销售、服务等全过程高效协同的组织形态。这里的"客户"并不仅仅局限于企业，而是指需方，这个需方既包括企业、事业单位，也包括产业、城市、国家；这里的"产品"既包括实物产品，也包括服务产品，因为供应链已经渗透到了社会经济发展的各个领域；这里的"资源"既包括物质资源，也包括非物质资源；这里的"全过程"既包括横向和纵向，也包括内部和外部；这里的"组织形态"指运作模式和制度创新。

供应链是西方发达国家20世纪80年代提出的概念。随着社会分工的不断深入和信息技术的不断进步，特别是互联网和物联网的普及应用，供应链逐渐演化为产业和经济的组织形态，并进一步从产业供应链演进到跨产业的平台供应链以及跨产业、跨区域的供应链生态圈。在近半个世纪的反复实践中，供应链的发展经历了资源整合、流程优化、价值协同、智慧生态四个阶段。具体如下所示。

1.0阶段：内部资源整合。供应链集成，流程优化，多功能一体化运作。

2.0阶段：内部资源与外部资源整合。产业链延伸，业务协同，形成"微笑曲线"，构建核心竞争力，实现"双赢"或"多赢"。

3.0阶段：价值链协作。借助互联网、物联网、大数据、云计算、电子商务等技术，对上下游客户进行纵向与横向一体化整合，对产业进行深度融合，构建价值链网络，追求系统最优化。

4.0阶段：智慧供应链。供应链与互联网、物联网实现深度融合，以基于大数据的人工智能应用为重要特征，其组织形态日益扁平化，虚拟生产、区块链、云制造等应用日益普及，技术与管理有效整合，最终形成了更加高效、智能和人性化的供应链生态圈。

此外，供应链可划分为国家供应链、产业供应链、城市供应链、企业供应链四个层面。其中，企业供应链是基础，产业供应链和城市供应链是重点，国家供应链是根本。

2012年美国前总统奥巴马曾经提出美国全球供应链国家安全战略，其核心一是安全，二是效率。当时，美国计划在工业、科技、金融、军事、文化五大板块进行全球供应链深度整合，以保证美国能够始终居于世界前列。

当前，很多国家都在全球范围进行空间布局，依托某些优势产业打造"微笑曲线"，构建从战略资源、金融资本到制造生产再到销售与服务市场的全产业链和价值链。

在互联网和物联网时代，人们开始研究和打造智慧城市，具体包括城市群、大湾区、自由贸易港等。这实际上涉及整个城市的管理，涉及商流、物流、信息流、资金流、人文流等各种资源的优化组合，最终实现发展模式、产业结构、空间布局、运作流程的最优化。

在西方，供应链开始于企业特别是制造企业，企业逐渐由单个企业生产和销售活动的组织者转变为整个链条的组织者和集成商，企业之间的竞争演变为供应链之间的竞争。

供应链是落实创新、协同、开放、绿色、共享新发展理念的重要抓手，是供给侧结构性改革的重要依托，是引领全球化提升竞争力的重要载体，是中国经济与社会发展的重要战略，是实现"两个一百年"目标的重要保证。供应链必将成为中国经济与社会发展下一个大的"风口"。

参考文献：

［1］邓小平．邓小平文选：第2卷［M］．北京：人民出版社，1994：269.

［2］丁俊发．中国物流［M］．北京：中国物资出版社，2007：28，111－112，116，294，317.

［3］中共中央文献研究室．十五大以来重要文献选编：中册［M］．北京：人民出版社，1900：1443.

［4］马克思．资本论：第2卷［M］．北京：人民出版社，1975：167，170.

［5］丁俊发．中国供应链管理蓝皮书（2014）［M］．北京：中国财富出版社，2014：2.

［6］丁俊发．中国供应链管理蓝皮书（2013）［M］．北京：中国财富出版社，2013：2.

［7］丁俊发．中国供应链管理蓝皮书（2011）［M］．北京：中国财富出版社，2011：2.

原载于《中国流通经济》2018年第4期

推进物流业高质量发展面临的若干问题

何黎明*

（中国物流与采购联合会，北京市100045）

摘　要：随着我国经济由高速增长阶段转向高质量发展阶段，物流业作为支撑国民经济发展的基础性、战略性、先导性产业，亦进入了向高质量发展转型的关键期。适应国内外经济发展形势，我国物流业积极调整变革，在保持总体运行平稳的前提下取得了一系列可喜成绩：供需结构调整升级，新旧动能转换释放活力，物流基础设施初具规模，物流政策环境持续优化。然而，我们也要清醒地认识到，当前我国物流运行质量和效率与人民日益增长的对美好生活的需要仍然存在很大差距，我国物流能力结构性过剩依然严重，制度性交易成本依然偏高，制约创新驱动的制度性障碍依然存在，物流基础设施短板依然明显，环保压力依然严峻。为更好地支撑现代化经济体系高质量发展，全面提升我国物流业竞争力，建设新时代现代化物流强国，必须全面深化改革，加快结构调整、动能转换和转型升级。具体来讲，就是要稳步推进运输结构调整，解决物流能力结构性过剩问题；深入推进物流领域简政减税降费改革，降低制度性交易成本；大力发展智慧物流，克服制约物流领域新一轮创新驱动和赶超发展的制度性障碍；加强物流基础设施网络规划建设，补齐物流基础设施短板；加快物流绿色化转型，适应污染防治与环境保护需要。

关键词：物流业；高质量发展；结构性过剩；制度性成本；制度性障碍

中共十九大明确提出，我国经济已经由高速增长阶段转向高质量发展阶段，这是对新时代我国经济发展阶段的重要论断。物流业作为支撑国民经济发展的基础性、战略性、先导性产业，正处在向高质量发展转型的关口。新的形势下，我国物流业基本面出现了一些新的变化，推进物流业高质量发展还面临若干问题，需要我们加以重视并积极应对。

一、稳中有变：我国物流业发展的基本态势

当前，我国物流业运行总体平稳，已经成为世界“物流大国”。面对国内外经济形势的变化，我国物流业正在发生一系列深刻变化。

（一）物流规模增速持续放缓

2017年，我国社会物流总费用12.1万亿元，已经成为全球最大的物流市场（2017年美国为9.4万亿元）。全国货运量479亿吨，其中铁路货运量、公路货运量及周转量、港口货物吞吐量和集装箱吞吐量、快递业务量均位居世界第一位。物流业从业人员超过5000万人，是吸纳就业的重要服务行业之一。

2018年上半年，社会物流总费用6.1万亿元，同比增长9%；完成货运量232.1亿吨，同比增长6.9%，与2017年相比分别回落1.2个百分点和3.1个百分点。2018年8月，中国物流与采购联合会重点监测的系列指数与2017年相比全面回落。物流业

* 何黎明（1954—），男，黑龙江省哈尔滨市人，中国物流与采购联合会会长，中国物流学会会长，主要研究方向为物流管理。

景气指数为50.7%，较2017年同期回落2.8个百分点；仓储指数为50.1%，回落1.5个百分点；公路物流运价指数为95.7，回落8.3个百分点；电商物流运行指数为112.2，回落8.2个百分点；快递物流指数为101.1，回落1.1个百分点。排除季节因素，以上指数"全线回落"，预示着物流规模增速放缓的趋势。

（二）供需结构调整升级

2017年，我国社会物流总额为252万亿元，同比增长6.7%，近五年年均增速为6.3%。2018年上半年，社会物流总额131.1万亿元，同比增长6.9%。社会物流需求逐渐企稳回升，进入换挡平台期。

1. 需求结构调整升级。随着居民消费水平的提高，消费品物流需求保持较快增长。2018年上半年，单位与居民物品物流总额3.1万亿元，同比增长29.3%，五年来年均增长38.7%，保持较高增长速度。食品、家电、化妆品、日用品等与民生相关的物流需求持续增加，网上零售带动快递快运等行业延续高速增长态势。工业品物流保持稳定增长，2018年上半年工业品物流总额119万亿元，同比增长6.7%，五年来年均增长6.6%。其中，高技术产业和装备制造业物流需求2018年上半年分别增长11.6%和9.2%，中高端物流需求增势良好。

2. 企业结构更加集中。目前，我国物流相关法人单位约40万家，是重要的服务产业之一。近年来，国有企业推进混合所有制改革，民营企业加快兼并重组，外资准入进一步放宽，社会资本加速进入物流领域，物流市场主体集中化趋势加快。"中国物流企业50强"主营业务收入达8300亿元，进入门槛提高到28.5亿元。快递、冷链物流、电商物流、汽车物流、国际航运、零担快运等细分市场集中度显著提升，八大快递企业市场集中度近80%。目前，全国A级物流企业达到5355家，其中5A级企业293家，一批综合实力强、能够引领行业发展的物流标杆企业加快涌现。当然，这也对我国大量中小微物流企业的生存和发展提出了严峻挑战。

（三）新旧动能转换释放活力

1. 智慧物流创新引领变革。"十三五"以来，国务院积极推进"互联网+"行动。经国务院同意，国家发展改革委会同有关部门制定了《"互联网+"高效物流实施意见》，交通运输部、商务部、工业和信息化部等有关部门部署推进"互联网+"物流相关工作，为智慧物流发展营造了良好的政策环境。物联网、云计算、大数据、人工智能等新一代信息技术加快在物流领域应用，全面连接的物流互联网加快形成，推动物流数字化发展。依托阿里云公司建设的"智慧城市大脑"成为国家四大新一代人工智能开放创新平台之一，下一步有望在雄安新区落地，与物联网、云计算、大数据等先进技术和无人车、无人仓、配送机器人等先进设施相结合，打造智慧化的未来之城。"互联网+"高效运输、智能仓储、便捷配送等新兴物流模式改变传统产业模式，互联网与传统物流产业深化融合。继消费互联网之后，产业互联网以再造"价值"为特征，改变了整个产业的生态体系，推动传统物流产业平台化变革。运营数字化、企业平台化、产业生态化成为智慧物流的重要特征。

2. 供应链物流创新释放新动能。中共十九大提出，要培育现代供应链新增长点，形成新动能。国务院办公厅围绕"供应链创新与应用"专题发文，商务部、工业和信息化部与中国物流与采购联合会等八部门开展试点工作，试点城市和试点企业申报已经进入评审阶段。现代供应链既是衡量一国经济竞争力的重要指标，也是物流业迈向价值链中高端的重要选择。随着客户需求和服务能力的提升，物流业与上下游制造企业、商贸企业深度融合，加快延伸产业链，优化供应链，提升价值链。通过聚焦整合资源、优化流程、协同创新，创造供应链新价值，迎来了向供应链转型的热潮。随着互联网与供应链的深度融合，供应链服务模式正在由链主主导型向平台服务型、生态协同型转变，供应链数字化、可视化、智能化加快发展，有望形成一批上下游协同、智能化连接、面向全球的智慧供应链示范企业和服务平台。

（四）物流基础设施初具规模

中共十九大报告提出，要加强物流等基础设施网络建设，并将物流基础设施提高到与公路、铁路一样高的地位。国家发展改革委会同有关部门组织编制了《全国物流园区发展规划》，开展示范物流园区工作，交通运输部开展货运枢纽补助工作，商务部鼓励城乡配送设施建设，国家邮政局鼓励快递货运枢纽建设。中国物流与采购联合会《第五次全国物流园区（基地）调查报告（2018）》显示，我国物流园区总数已经超过1600家。为推进基础设施网络化发展，国家发展改革委正在研究制定国家物流枢纽布局建设规划。物流基础设施之间的联系日益紧密，逐渐由单点发展向网络协同转变。物流设施网络与区域产业集群联动发展日益明显，释放区域经济发展潜力。此外，数字物流基础设施受到关注，推动线下资源全面数字化、智能化、网络化。阿里巴巴与菜鸟网络计划建设国家智能物流骨干网，打造国内24小时、全球72小时物流必达网络体系。数字基础设施与实体基础设施相辅相成，集聚优势与网络效应相互叠加，加速物流资源集中集聚，引导社会资源协同共享，物流基础设施网络化、数字化、平台化趋势初步显现。

（五）产业政策聚焦物流降成本

2017年，我国社会物流总费用与GDP的比率为14.6%，较2012年的18%下降了3.4个百分点，实现了“五连降”。2018年上半年，社会物流总费用6.1万亿元，同比增长9%，较2017年回落1.2个百分点，社会物流总费用与GDP的比率进一步降为14.5%，物流降成本效果持续显现。

近年来，降低物流成本成为供给侧结构性改革的重要组成部分，国务院和有关部门连续两年出台推进物流降本增效的政策措施，2018年上半年国务院常务会议对推进物流降本增效作出部署。各有关部门积极推动落实，一批行业关心的税收、交通、土地、监管等问题逐步得到解决。最近国务院大督察也将降低物流成本作为2018年督察工作的重点，确保降成本工作落到实处。中国物流与采购联合会作为行业社团组织，充分发挥桥梁和纽带作用，积极反映行业诉求，参与政府决策，促进物流政策环境持续优化。

二、变中求进：我国物流业高质量发展面临的若干问题及对策

总体来看，我国物流业已经成为世界“物流大国”。但是，我们也要清醒地认识到，我国物流运行质量和效率与人民日益增长的对美好生活的需要还存在不小的差距，依靠传统的要素投入发展方式将难以为继。下一阶段，面对稳中有变的基本态势，关键是要走高质量发展之路，通过进一步深化改革，加快结构调整、动能转换和转型升级，全面提升国家物流竞争力，建设新时代“物流强国”，支撑现代化经济体系高质量发展。

接下来，对当前制约我国物流业高质量发展的主要问题进行分析并提供相关建议。

（一）物流能力存在结构性过剩

当前，我国物流领域能力过剩问题较为突出。在公路货运市场，“车多货少”成为常态。截至2017年年底，我国营运货车达到1368.6万辆。2017年新增货车363.3万辆，同比增长16.9%，而公路货运量仅增长10.1%。随着经济结构的调整，货运量增速放缓是大概率事件。

2016年，交通运输部、公安部等多部门联合开展治理公路货车超限超载专项行动，基本遏制了车辆超重问题，但超长超宽的超限问题依然严重。过剩运力无法出清，导致“劣币驱逐良币”，出现了全行业违规风险。近年来，国家调整运输结构，通过多种手段推进“公转铁”，提高铁路货运比重，公路“车多货少”的情况将更加严重。公路货运市场上的绝大多数车辆为个体所有，一辆车就是一个家庭的生计来源。如何在不引起社会震荡的前提下妥善解决退出问题，对政府治理能力提出了严峻考验。

下一步要稳步推进运输结构调整，一是要按照“宜水则水，宜铁则铁，宜公则公”的原则，借助市场化手段调节不同运输方式的比较优势，提高铁路运输在大宗货物、长途运输、集装箱运输中的比重；二是要深化公路超限超载治理，尽快公布下一步车辆超限治理方案，通过规范治理调整公路运输的比较价格；三是要深入推进铁路货运改革，引入社会资本和市场竞争机制，进一步放开铁路货运市场；四是要推进发展多式联运，研究制定“一次托运、一次收费、一单到底”的运作机制和保障措施。

（二）制度性交易成本依然偏高

物流领域供给侧结构性改革的重要内容就是降

低制度性交易成本。目前，行业企业反映的主要问题仍然集中于“两高三难”。“两高”：一是税负高。物流各环节税率不统一，不利于物流一体化运作，也提高了税收征管成本。相当一部分个体司机无法为上游企业提供增值税发票，企业进项抵扣不足，导致税负“不降反升”。二是收费高。目前，公路通行费占物流企业运输成本的1/3左右。部分高速公路开展分时段差异化收费试点，但覆盖面不广，力度不大，一些高速公路存在超期收费问题。“三难”：一是通行难。各地货车限行范围越来越广，限行时间越来越长，大大增加了城市内部配送成本，难以有效保障城市生活消费需要。二是用地难。各地普遍限制物流用地，存量用地减少与新增用地不足同时存在，导致市场“一库难求”，物流企业被迫向城市周边甚至更远的地区扩散，不仅导致物流成本增加，而且影响物流服务质量。三是审批难。大部分个体司机难以登记注册为个体工商户和个体运输业户，行业管理出现“真空地带”。物流企业普遍存在网络化经营特点，各地非法人分支机构设立存在诸多困难。

下一步要深化物流领域简政减税降费改革，一是重点推进收费公路改革，扩大分时段差异化收费政策覆盖面；二是统一物流各环节增值税税率，推广电子货运发票；三是制定城市配送车辆通行管理办法，便利城市货车通行停靠和装卸；四是针对物流行业主体分散的特点，重点推广“互联网+”政务服务模式，推行网上注册、网上审批、网上注销等便民服务，实现“不跑腿”“零上门”。

（三）创新驱动面临制度性障碍

近年来，国家支持“互联网+高效物流”发展。交通运输部推进无车承运试点工作，积累了大量试点经验。试点中暴露出来的问题主要是大量存在的个体车辆挂靠经营问题，挂靠经营人难以取得合理税票，导致物流企业进项税额抵扣不足。目前，一些地方通过互联网平台进行税收改革试点，但这个本质问题仍然没有得到真正解决。一些平台企业没有按照“三流合一”的要求代开发票，存在虚开发票风险。经过几年的快速发展，物流互联网平台越发显现出“赢者通吃”的局面。平台做大之后如何发挥自身数字化优势，主动承担社会责任，参与行业治理和规范自律，需要引起足够重视。近年来，无人化成为行业应用热点，无人驾驶飞机、无人配送小车、无人驾驶货车正处于商业化应用阶段。但是，现行管理制度难以有效覆盖这些新业态，制约了物流领域新一轮的创新驱动和赶超发展。

下一步要把智慧物流作为创新驱动的关键，一是要开展平台数字化治理，加强事中事后管理和行业规范自律，探索政府监管平台、平台监管企业等监管方式创新；二是要推动物流平台信息互联与政务信息开放，研究制定物流数字资产使用与监管规则；三是要制定智慧物流专项规划，编制智能物流技术装备路线图，开展重大智能技术装备科技攻关；四是要出台财税引导政策，设立专项研发基金，引导企业加大投入；五是要推动智慧物流模式创新，研究解决无人机、配送机器人等无人驾驶装备的制空权和路权通行问题。

（四）物流基础设施亟待补短板

目前，我国物流基础设施网络建设任务远未完成。其主要原因，一是物流基础设施空间布局不均衡，东部地区物流设施初具规模，中西部地区依然较为分散，特别是铁路运能和内河航道受限严重；二是大中型城市周边缺乏公共型的物流园区配套保障，城市物流末端网络缺位，没有配套建设装卸作业场地，马路分拣、暴力分拣现象较为普遍；三是基础设施连接不充分，物流园区与铁路、港口、机场、产业园区无法有效连接，存在“最后一公里”问题，多式联运存在衔接困难；四是物流基础设施与产业融合度不够，物流集聚区与产业集群缺乏有机联系，对区域经济的支撑作用有待加强。此外，数字物流基础设施尚未纳入规划范围，线上线下设施资源有待深化融合与协同共享。

下一步要加强物流基础设施网络规划建设，一是要科学规划国家物流枢纽建设布局，加大中西部内陆地区、大中型消费城市、重点制造产业集群设施配套；二是要合理规划城市物流设施和末端网点布局，建设公共型城市配送中心，将末端网点纳入城市公共服务设施；三是要促进物流园区互联互通，推动铁路入港入园入企，引导物流集聚区与产业集群联动融合；四是要加强数字物流基础设施建设，促进物流基础设施线上线下融合发展。

（五）环保压力倒逼绿色化转型

中共十九大报告将污染防治作为决胜小康社会的三大攻坚战之一。日益严峻的环保要求倒逼物流绿色化转型。一些地方出台政策鼓励新能源电动物流车替代燃油车，放宽新能源物流车城市通行限制。随着煤炭集疏港禁止柴油车运输，柴油货车污染治理行动启动，柴油货车退出亟待财税等政策保障。托盘循环共用、集装箱、挂车共享租赁等绿色装备共享共用机制有待建立。此外，绿色包装正在形成一个产业，亟待加强研究、应用和推广。

下一步要加快物流绿色化发展，一是要鼓励清洁车辆在物流领域的应用，放开符合标准的新能源物流车和符合“国六”排放标准的配送车进城通行；二是要科学制订柴油货车污染治理方案，分阶段分步骤引导不达标车辆退出市场，切忌“一刀切”；三是要进一步研究绿色物流技术，开展重大技术联合攻关，鼓励托盘循环共用、集装箱多式联运、挂车共享租赁等装备设施共享，协调解决行业绿色化面临的政策障碍。

总体来看，推进行业高质量发展离不开基础工作的支撑保障。要研究制定物流高质量发展的指标体系、政策体系、标准体系、统计体系、绩效评价体系。要加强调查研究，发挥行业智库作用，吸引社会企业参与，加强重大课题特别是新业态规制研究，探索新时代物流业新课题。要丰富行业指数，科学评价行业发展水平，为政府决策、企业经营提供参考和指导。要强化标准治理，推进国家标准、行业标准实施，做好车辆外廓尺寸、物流基础模数等重要标准，规范约束行业企业行为。由行业协会牵头，协调相关市场主体，协商制定团体标准，形成规范自律新机制。要推进诚信建设，实施诚信结果互联互认，制定守信激励与失信惩戒措施。要做好教育培训，开发符合行业需要的课程体系和培训方案，提高物流人才素质。

当前，我国物流业正处在向高质量发展转型的关键期，顺利跨越关口仍然需要依靠全面深化改革。要通过进一步深化机构改革和职能调整，理顺行政管理职能，优化行业管理规制，引导行业企业、社会团体、研究机构等利益相关方参与行业管理，促进社会协同治理，充分发挥市场配置资源的作用和政府宏观管理的作用，统筹推进现代物流治理能力与治理体系现代化，共同谋划物流业高质量发展新方略，全面建设新时代现代化物流强国。

原载于《中国流通经济》2018 年第 10 期

流通现代化

我国城乡流通业协调发展初探

洪　涛*

（北京工商大学经济学院，北京市 100048）

摘　要： 建立城乡流通产业一体化格局是理论和认识的重大突破，意味着我国旧的城乡关系向新型城乡关系的转变，通过对我国城乡流通体系模式的回顾与总结，研究存在的问题，探讨我国城乡流通体系协调发展的途径，本文对我国城乡流通体系进行系统研究，提出了城乡流通一体化的基本设想，在遵循城乡流通一体化基本原则的基础上，提出了推进城乡流通产业协调发展的基本路径。

关键词： 城乡居民；流通产业；协调发展

一、问题的提出

由于历史上形成的城乡之间隔离发展，国内各种经济社会矛盾出现，城乡一体化思想逐渐受到重视。我国是典型的二元经济结构，农村人口占大多数，农业经济发展滞后于城市工业经济。从经济发展规律角度出发，城乡一体化是现代经济中农业和工业联系日益增强的客观要求。伴随流通体制的改革，流通产业已成为引导我国国民经济发展的先导产业，在促进城乡协调发展方面作出了积极贡献，城乡之间多角度、多环节的联系越来越依靠商品流通的组织模式、管理渠道、基础设施现代化的流通。

改革开放以来，我国城乡流通体系在流通网络、组织渠道多样化、流通方式多样化、市场模式多样化、国家扶持力度、家电下乡（以及以旧换新、节能惠民工程）等 8 个方面发生了巨变。2008 年以来，受国际金融危机的影响，我国出口下降甚至出现连续 10 多个月的负增长；2004 年以来粮食连续 6 年丰收，同时也带来相对供过于求的困境；许多产业结构趋同出现的产能过剩等都需要进一步开拓国内市场，城乡统筹，城乡互动促进城乡经济的发展。

虽然 2009 年农村社会消费品零售总额迅速增长，并且增长速度超过城市速度，但 1997—2007 年，中国城乡收入差距在不断拉大并已突破 1 万元的关口，据 2008 年统计，城乡居民人均收入比为 3.31∶1，社会消费品零售总额比为 2.12∶1；2009 年城乡居民收入比扩大到 3.33∶1，绝对差距由 2008 年的 11020 元扩大到 12022 元，农村内部收入差距也在不断扩大，目前仍有 4007 万农村人口尚未脱贫。2009 年，城乡社会消费品零售总额比为 2.11∶1，2010 年 1—2 月春节期间城乡消费市场比为 4.82∶1，城乡流通过程中出现的商品进不来、出不去的“围城”现象仍然十分严重，需要认真研究城乡流通体系创新，协调发展城乡流通产业。

* 洪涛（1957—），男，湖北省天门市人，北京工商大学经济学院贸易系主任，教授，商业经济研究所所长，中国商业经济学会副秘书长，全国高校教学研究会副秘书长，中国物流学会副秘书长，中国市场指导委员会副会长，商务部市场运行调控专家，主要研究方向为流通经济。

二、文献综述

1. 城乡农产品流通体系研究

早期杜润生[1]、段应碧[2]、万典武[3]、吴硕[4]、陈锡文[5]、宋则[6]等人研究了农产品宏观调控下的自由流通体制的目标，许多研究人员对不同农产品的流通体制进行了研究，如粮油流通体制改革、棉花流通体制改革、果蔬流通体制改革、肉类流通体制改革、农产品物流体制改革、农产品市场体制改革。夏春玉等[7]对农村流通体制改革进行了系统性研究。

2. 城乡生产资料流通体系研究

高铁生、郭冬乐等[8]对我国化肥流通体制进行了认真研究，在河北、浙江、海南等地以及美国、巴西等国进行调研和考察的基础上，从国内化肥市场出现的主要问题方面进行了探讨，即化肥的生产、流通、消费及相应的价格和政府调节控制问题。此外，赵海燕、易法海，[9]张颢译、陈晓明，[10]陈建梅，[11]刘导波[12]对我国农业生产资料流通进行了研究。

3. 城乡日用工业品流通体系研究

万典武、贾履让、乔刚[13]较早对我国日用工业品批发企业进行了研究，侯新华[14]对城乡一体连锁经营进行了研究，张国藩、熊敦华[15]对日用工业品批发商业改革进行了分析与论述。

4. 城乡统筹理论研究

城乡关系理论主要分为城乡不平衡发展理论和城乡统筹协调发展理论两大类型。城乡不平衡发展理论又分为城市偏向论和乡村偏向论。城市偏向论代表人物有弗朗索瓦·佩鲁、布德维尔、缪尔达尔、赫希曼和弗里德曼，主要观点分为两类，一类是基于对刘易斯模型的反思而发展的乔根森模型和托达罗模型，另一类是以增长极和“核心—边缘”关系为代表的城乡空间极化发展理论模型。弗里德曼和道格拉斯首次提出乡村城市发展战略，20 世纪 80 年代，受依附理论和新马克思主义发展思潮的影响，施特尔和泰勒提出了自下而上的“选择性空间封闭”发展理论。

国内学者在研究城乡发展时也先后提出了城乡协调、城乡一体化、城乡融合、乡村城市化、自下而上城市化等概念，这些概念之间虽有本质区别，又有内在的联系，但核心思想就是把城市和乡村纳入统一的社会经济发展大系统中，改变城乡分割局面，建立新型城乡关系，改善城乡功能和结构，实现城乡生产要素合理配置，逐步消除城乡二元结构。

我国处理城乡关系比较典型的模式有：义乌——城市发展主导下的以城带乡模式，龙港——以乡镇企业带动城乡发展模式，嘉兴——整体推进的城乡发展模式。

5. 城乡流通产业一体化研究

我国关于城乡流通产业一体化的研究目前较少，林素娟[16]和周爱华、王艳[17]的研究成果比较有代表性。还有一些文章从各省市的实际情况出发，通过理论研究与实证研究，分析城乡流通一体化的困难、目标、实施路径等。

三、回顾新中国城乡流通体系的发展

1978—1984 年，家庭联产承包责任制以后，农村流通体制改革主要是价格改革，体现在几次的农产品提价，以大幅度连续的农产品提价来提高农民收入，这是城乡流通联动初期。

1985—2001 年，这一阶段最重要的是 1985 年取消了 30 多年的统购和派购，如粮食的统购统销、生猪的派购等指令性生产和指令性收购，改革的重点由生产领域转变为流通领域，由农村的改革转变为城市的改革，这是城乡联动的发展时期。

2001—2004 年，2001 年我国加入世界贸易组织（WTO），农产品对外关税大幅度下降，国外大量农产品进入我国市场，国内大量农产品也走出国门，这是城乡、国内外联动时期。

2004 年至今，我国全面对外开放以后，其中也包括农产品市场的全面开放，对我国农业、农村、农民产生了很多积极的影响，但也有一些消极的影响，这是城乡国内外联动的深化时期。[18]

四、城乡流通体系现状与问题

1. 体制性障碍问题

原因之一是特大城市、大中城市之间、城市与农村之间存在许多体制性障碍，严重阻碍了城乡一体化的发展。主要表现在“分灶吃饭”的体制下，不少地方虽然建立了城乡合作共赢的思维模式，但是协同性较差，具体表现在市场流通效率不高、城市要素市场对农业化带动不强、农产品对城市居民的满足程度低、农民增收困难等。

2. 农产品进项税政策执行中存在的问题

国家制定了农副产品采购实行进项抵扣制度，对营业执照中有收购业务的增值税，一般纳税人直接以现金形式零星小额收购农业生产者个人自产的免税农产品，允许其自行开具由税务机关提供的"收购发票"依13%的扣除率（2001年12月31日前为10%）扣除进项税额。该项政策的实施，减轻了农产品收购企业的税收负担，促进了农产品的流转和农业经济的发展。但在实际操作过程中，税务机关采取的一些诸如凭身份证复印件、自产自销证明抵扣、本人签字等一些管理措施来认定收购发票的真实性，则在客观上加大了农产品收购企业取得合法收购发票的难度。另外，根据现行政策规定，准予按13%抵扣率计算抵扣进项税额的农产品是指种植业、养殖业、林业、牧业、水产业的各种植物、动物的初级产品。财政部、国家税务总局专门就初级农产品的范围进行了明确。但在实际执行中有几个问题：一是对一些农业产品是否属于初级农产品难以把握，争议较大；二是一些初级农产品经过简单加工后，不再属于初级农产品，按17%税率征税，造成高征低扣，企业负担较重，也不尽合理，并且与国家大力提倡发展效益农业、加快推动农业产业化进程的宏观政策相背离。

3. 城乡龙头市场的牵引、辐射作用不强

至今全国有600多个城市，尽管城乡流通一体化取得了长足发展，但从总体上看，城乡流通龙头企业总量不大、结构不优、水平不高、竞争力不强、发展不够充分等。具体表现为：大型专业市场规模小、组织分散和辐射力不强；流通企业规模偏小，组织化程度低，现代化水平不高，市场体系不够完善，未能培育出竞争力强、走向全国的流通企业；缺少专门原材料和产品的大型无形交易市场。

由于缺乏流通龙头企业的带动，流通企业间在物流园区、配送中心、网点布局上存在无序竞争、各自为政、重复投资、重复建设、资源浪费严重等问题。特别是在城乡交界地、插花地和农副产品、建材、生猪市场等方面，重复建设比较突出。另外，市场集群机制尚未形成，如纺织服装市场、面料市场等未形成关联市场结构。在消费品市场上，网点过密和布点过疏的问题并存。

4. 基础设施建设的一体化存在问题

城市圈的交通、通信网络体系尚不健全，大城市、各城市与农村之间的高等级公路有部分工程尚未完工，存在不少断头路和"瓶颈"路。整个城市圈的公路缺乏网络功能，城市之间高等级公路尚未成网，各城市与中心城市的联系基本实现高速化，但相互之间的高速连通大多需绕道大城市，农村的公路明显缺乏网络功能。公路收费站卡林立，加重了物流成本。信息网络尚未完全互联互通，信息资源的开发、共享不够，缺乏平台支撑。交通装备水平和服务质量不高，管理手段落后，保障系统不完善，公共运输信息传输慢，导致商贸物流配套体系也不够健全，运转效率低。

5. 资源要素流动和农村劳动力转移失衡

20世纪90年代后，随着我国工业化和城市化进程的加快，乡村资源要素加速向城市流动。与此同时，农村剩余劳动力进入非农产业领域就业难和大量的农民被排斥在城市化之外使工农关系、城乡关系变得越来越尖锐。

6. 仓储物流企业的总体实力仍需提高

农产品仓储在近年来发展较快，但仓储、物流的管理与技术水平同国际先进水平相比还有较大差距，多数物流主体的专业化程度不高，工作效率低，甚至有些仓库设施落后，服务质量满足不了农产品流通的服务要求，这在一定程度上制约了城乡流通产业一体化的发展。

五、城乡流通一体化的基本设想

1. 城乡流通规划一体化

在城乡已有的批发零售业、服务业、物流业发展规划及商业网点规划的基础上，根据城乡发展规划和总体方案，按照现代化流通网络体系要求，对流通业进行统一布局，形成城乡日用工业品流通体系、生产资料流通体系、农产品流通体系、再生资源流通体系、居民服务体系、信息服务体系6大体系，避免重复建设。

2. 城乡流通政策一体化

清理、取消阻碍一体化的政策规定，消除城乡间市场壁垒，统一城乡各城市流通业发展政策，形成圈内各城市间相互支持、相互融通的政策支持体系，使流通企业在圈内各城市能享受同城待遇。统筹政策协调，在城乡之间建立均衡增长的良性互动机制，推动城乡市场主体之间联合、重组和经营网络的跨地区、跨城乡延伸。

3. 城乡流通基础设施建设一体化

按照城乡流通一体化规划，统一制订流通业基础设施建设专项规划，统一流通基础设施布局，对涉及流通发展相关的铁路、公路、水路、航空、管道以及园区、物流配送中心、大型市场、超市、电子商务等项目建设进行统一规划，并与城乡交通一体化和基础设施一体化相衔接。

4. 城乡流通物流一体化

统一商品配送是现代商业和物流业发展的基本要求，也是节省物流成本、防止假冒伪劣、净化市场秩序、保障消费安全的重要举措。应在现有物流企业、物流园区、企业物流等多渠道商品配送的基础上，建立分层物流配送中心和商业企业联合配送中心，逐步实现配送一体化。

5. 城乡流通信息一体化

建立城乡流通信息报送制度，建立城乡流通信息平台，实现流通企业、商品供求、商品流向、物流园区、商业网点、“万村千乡工程”“双百市场工程”“信福工程”“百百万万工程”“家电下乡、以旧换新、节能惠民工程”等流通业发展政策信息共享。城乡流通领域信息工作的重点应放在完善流通领域服务体系、丰富服务手段、培养专业人才、加强专业人才培训等方面，促进流通信息在产品生产经营、产品推广营销、市场流通和人民生活消费等领域的应用，以此推动整个流通业健康发展。

六、城乡流通一体化的基本原则

城乡流通一体化既是长远目标，又是一个长期过程，应按下列原则持之以恒推进。

1. 改革创新，规划先行

城乡流通一体化是对传统流通模式和体制的改革，应把改革创新放在第一位，坚持用流通一体化所要求的新理念、新业态、新体制、新消费模式来推动流通业的改革与创新，用改革创新促产业发展；一体化的关键是规划一体化，应在各市规划的基础上，率先研究和制定城乡流通发展规划，用有权威性、指导性、可操作性的规划推动一体化目标的逐步实现。

2. 政府引导、市场调节

推进一体化应正确处理好政府与市场的关系，科学确定政府与市场在一体化中的功能定位。政府的主要职责是用目标和规划来引导和推动一体化，用良好的政策环境、经营环境、体制环境和高效运行机制保障一体化进程加速推进。市场是推进一体化的主导力量，应充分发挥市场调节的作用，依靠市场力量，实现城乡流通资源在城市圈内的自由流动和优化组合。

3. 统筹兼顾，重点推进

统筹各城市间、城乡间、业态间、企业间发展，统筹城乡间流通信息交流与基础设施建设；重点推进城市商贸中心、大型商业企业、重点物流园区发展，以城市间互动项目为重点，大力推进大型流通企业到周边城市发展，加强农副土特产品与大型超市的对接。

4. 企业主体，合作共赢

企业是市场主体，也是推动城乡流通一体化的主体。在改革、规划等各项工作中，应突出企业主体作用，创造各种条件，充分调动国有企业、民营企业、外资企业参与一体化建设的积极性，让城乡各类流通企业在一体化进程中竞相发展，以企业的扩张推动一体化发展；合作是一体化的基础，圈内各城市间、企业间应加强合作，形成一体化的合作机制，实现城市间合作共赢。

5. 技术先进、注重效益

按照城乡一体化要求，逐步建设培育大型粮食、食用油、果品、蔬菜、水产品和鲜活农产品批发市场等，积极采用先进、适用、成熟的交易模式和技术。注重项目建设前的可行性调研，保证投资效益。努力探索传统交易方式与现代交易方式相结合的办法，充实、完善协商成交、竞价拍卖、委托代办等多种方式，并积极试办电子商务、网上交易。

七、推进城乡流通一体化的思路

1. 扶持一批大型流通企业做大做强

借鉴跨国零售商、批发商的经验，形成一批具有较强竞争力的大企业，形成统一的商业标识、商品采购、商品配送、服务标准和信息管理；支持大型流通企业在城乡发展多层次商业网点，通过延伸式发展做大做强本土商贸企业。鼓励和支持一些有条件的流通企业探索农超对接等多种模式，探索ASP基础上的农产品协议流通模式等。

2. 支持一批特色商品交易市场集群发展

发挥城乡区位、交通、市场等优势，按照“合理布局、提升功能、服务发展、扩大辐射”的要求，支持一批专业商品交易市场集群扩大规模，加快发展。

（1）巩固和发展一批大型批发市场，增强其带动消费、服务生产的功能。主要是支持一批交易额过百亿元、管理水平较高、区域性的大型农产品批发市场、日用工业品批发市场、生产资料批发市场，进一步增强其辐射能力。

（2）选择性地支持和发展一批特色消费品市场。按照“特色鲜明、功能完备、提档升级、方便消费”的要求，根据当地发展规划和消费需求现状，发展特色市场。

（3）依托龙头市场优势，形成市场带动市场、市场带动生产的良性发展。如依托商品市场优势，整合城市圈内同类产品市场，带动相关产业发展，不断延伸产业链和产品价值链。

（4）发展和规划一批特色产业带，建设一批农产品交易市场、日用工业品交易市场和生产资料交易市场。

（5）积极培育和发展新的消费热点。推动生产、服务企业调整产品和服务结构，开发在农村适销对路的商品，开展“名品进名店”“品牌到乡村”等活动，拓展城市、乡村旅游、农业观光、文娱体育、教育培训、电子通信产品等热点消费，倡导个性化、时尚化、品牌化趋势，引导农民消费结构升级。

3. 发展一批规模大、标准化、有品牌的农副产品生产基地

流通企业带动农业发展已成为许多城乡经济良性发展趋势，对城乡一体化发展和完善以城带乡有着重要作用。农超对接实现了流通企业的优势与农业的优势的互补共赢，应作为农业产业化重要模式来抓，把接纳农产品的超市类商业企业作为农业产业化龙头企业给予扶持。应发挥大型流通企业、地方政府、农产品协会、农业产业化龙头企业等各方面的积极性，建设一批满足市场需求的农副产品生产基地。

4. 建设一批现代化的物流园区

大力发展农产品和生活必需品的仓储、物流配送企业，加快建设已经规划的公共物流区，逐步扩大零售企业集中统一配送商品的比重，整合相关的物流资源。培育大型仓储、物流企业，发展专业化、社会化的仓储和物流。通过提升仓储、物流企业的管理机械化、自动化和信息化水平，大力提高商品流通效率。现代物流业发展状况是决定一个地方的流通产业水平高低的重要标准，推进城乡流通一体化，必须高度重视物流园区规划和建设，发挥城市物流节点作用，重点建设以城市为中心的圈内各城市的1小时物流服务圈，积极发展面向城市及周边的3～6小时物流服务圈和面向全国城市的8～10小时物流服务圈，形成许多区域乃至全国的物流中心区。

5. 积极推进流通主体参与网上交易，完善绿色流通环境

通过网络开展农产品企业对企业（Business To Business）的交易方式，建立“农产品网络交易平台”，在农产品信息网站上丰富并及时更新市场研究专栏，聘请经济专家及时对农产品信息进行整合和分析，普及营销知识，有效指导市场行为，繁荣农产品的网上交易。在发挥传统流通职能的同时，彰显绿色经济的优势，将传统农业与现代流通技术相结合，实现农产品销售中的食品绿色化，通过绿色流通这一崭新目标打造特色，寻找新增长点，提高信息的利用率，以信息促流通。

6. 健全社会信用体系，建立良好的市场秩序

一是建立信用的社会评价机制；二是政府建立以法律、制度为手段的信用保障机制；三是建立交易主体之间的相互制约机制。打破市场垄断局面，形成竞争氛围，使诚信成为一种商业价值。

城乡经济社会协调发展问题关键在于打通城乡壁垒，坚持城乡互动原则，走“以城带乡、以乡促城、城乡结合、优势互补、共同发展”的城乡一体化道路，这是全面建设小康社会的有效途径，对深入贯彻实施科学发展观有重要的现实意义。构建城

乡一体化的现代流通体系是农村劳动力转移，发展农村经济，增加农民收入的重要载体，是实现三大产业互动、城乡经济相融的关键环节，对统筹城乡发展，推进建立在城乡空间布局高度融合、城乡功能结构高度互补、城乡生态环境高度协调、城乡基础设施高度共享基础上的城乡流通产业协调发展具有重要意义。

参考文献：

[1] 杜润生．农村形势与流通问题［J］．商业经济研究，1986（8）：2－7.

[2] 段应碧．改革农产品统派购制度把农村经济进一步搞活［J］．农业经济问题，1985（3）：40－43.

[3]、[13] 万典武，贾履让，乔刚．市场经济下的批发商业［M］．北京：经济管理出版社，1993.

[4] 吴硕．中国粮食购销政策的演变及评价［J］．中国农村观察，1995（6）：35－43.

[5] 陈锡文．农村经济结构调整的历史机会［J］．农村经济丛刊，1985（3）：40－46.

[6] 李晓西，宋则．从双轨制到市场化——经济体制改革总思路的调整［J］．财贸经济，1987（12）：1－6.

[7] 夏春玉，张闯，梁守砚．城乡互动的双向流通系统：互动机制与建立路径［J］．财贸经济，2009（10）：106－112.

[8] 高铁生，郭冬乐．中国化肥市场改革与发展报告［M］．北京：中国市场出版社，2006.

[9] 赵海燕，易法海．当前我国农业生产资料市场的问题与对策［J］．华中农业大学学报（社会科学版），1999（4）：3－5.

[10] 张颢译，陈晓明．农业生产资料价格对农民收入增长的影响——基于动态 VAR 模型的解释［J］．财贸研究，2006（6）：19－24.

[11] 陈建梅．我国农业生产资料市场特点、问题与对策［J］．农场经济管理，2007（3）：9－11.

[12] 刘导波．稳定农业生产资料价格的对策研究［J］．商场现代化，2006（12）：144－145.

[14] 侯新华．城乡一体连锁经营——开拓农村供销社日用工业品经营新路子［J］．合作经济与科技，2002（8）：25.

[15] 张国藩，熊敦华．日用工业品批发商业改革的若干问题［J］．财贸经济，1983（12）：39－40，57.

[16] 林素娟．新农村建设背景下西南地区城乡流通一体化体系构建［J］．商业时代，2008（13）：91－92.

[17] 周爱华，王艳．流通带动型城乡一体化发展研究［J］．南昌大学学报（人文社会科学版），2008（6）：60－64.

[18] 洪涛．中国流通产业改革 30 年——实践与理论创新［M］．北京：经济管理出版社，2009：40－54.

原载于《中国流通经济》2010 年第 7 期

我国重要农产品流通体系建设与管理创新*

王德章　周　丹**

（哈尔滨商业大学，黑龙江 哈尔滨 150028）

摘　要：我国重要农产品流通体系建设主要解决价高伤民、谷贱伤农和调控市场供求的问题，包括四个环节，即基地建设和生产加工、产销地批发市场和大中间商、城乡消费者、市场调控和监管。目前我国重要农产品流通体系建设存在两个认识误区，即市场调节和政府调控的关系、竞争和垄断的关系，且市场调控和监管的力度不足，流通成本涨幅高于生产成本。对此，应加强市场调控和监管，加强对城乡低收入群体的保护，促进农民增收，提升产销一体化模式的比重，加强市场法规和相关机制的建设。

关键词：重要农产品；流通体系；调控；流通成本

重要农产品流通的状况关系到城乡居民用于食品支出的情况和生活的稳定，也关系到农民增收，是一项重要的民生和惠农工程。中共十八大提出要更加重视民生工程和“三农”发展，重视城乡居民生活水平和质量的提高，这就要求进一步加强农产品流通体系建设，使其对民生工程和“三农”发展作出更多贡献。

一、重要农产品流通体系建设是关系到民生和惠农的工程

1. 重要农产品流通体系建设要解决的三个主要问题

重要农产品流通体系是指从生产、加工、流通到消费的全过程。重要农产品（粮食、果菜、肉蛋食品等）流通体系建设是一项关系到社会稳定与和谐发展的民生和惠农工程。它要解决三个主要问题：一是价高伤民问题。价高伤民是在价格居高难下的情况下，城乡居民用于此项的开支过大，在收入一定时，影响到其他商品的消费，或者是通过减少消费维持生计，在供不应求时这种情况时常发生。二是谷贱伤农问题。这是在供过于求的情况下时常发生的，由于信息不对称和农户生产规模小，商品多与少的问题时常发生，而当供给大于需求时，农户的利益就可能会受到损害。三是近年来，我国重要农产品流通在交替出现上述两个问题的同时，还时常出现“两头叫、中间笑”的现象，即农民受价格波幅过大、城乡居民受涨价过高侵害的同时，中间环节（大加工企业和中间商）的利润偏高侵蚀了两头的利益。因此，搞好重要农产品流通体系建设、调控好市场供求基本平衡和价格稳定至关重要。

2. 重要农产品流通体系建设的四个环节及主要任务

重要农产品流通体系建设主要有四个环节（见图 1）。

* 本文受黑龙江省自然科学基金项目“黑龙江省产业结构优化升级与创新宏观管理研究”（项目编号：G200814）的资助。

** 王德章（1951—），男，黑龙江省哈尔滨市人，哈尔滨商业大学市场与流通经济研究中心教授，博导，主要研究方向为市场理论与产业发展政策；周丹（1974—），男，黑龙江省大庆市人，哈尔滨商业大学博士生，大庆师范学院经济管理学院副院长，副教授，主要研究方向为产业经济。

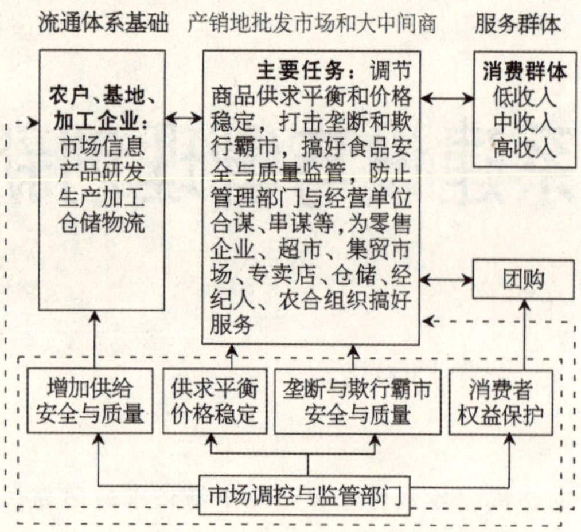

图1　重要农产品流通体系建设的四个环节

（1）搞好基地建设和生产加工是实现供求平衡的基础。

农户、基地和加工企业依据市场供求与价格信息，通过生产、加工、仓储、物流等环节，为农产品流通提供有序运行的基础，生产基地和加工、运输企业在生产、加工和运输成本方面要为稳定价格奠定基础。在这个环节中，保证供求平衡和价格稳定、促进农民增收、企业增效、质量安全是基本目标。

（2）抓好重点和难点是关键。

把产销地批发市场和大中间商作为重要农产品流通体系建设与监控的重点主要是基于以下原因。一是产销地批发市场和大中间商是影响供求平衡与价格稳定的主要因素，近年来市场供求出现的不平衡及价格的波幅过大在很大程度上是在这个环节产生的；二是这是容易产生垄断和欺行霸市的主要环节，是近年来出现的“蒜你狠”“姜你军”等的主要影响因素；三是物流成本居高难下是因为生产基地偏远以及运输成本偏高造成的；四是该环节也是工商、交通、卫生食品检验等部门容易和相关经营单位发生合谋的环节；五是该环节在上连流通体系基础、下连服务对象过程中，起着举足轻重的作用。

（3）明确低收入消费群体是被保护的对象。

消费群体可按高、中、低收入划分为三类，这是流通体系建设和服务的对象。重要农产品流通体系建设要在保障城乡居民吃上安全食品的基础上，让低收入群体在价格高时能够得到一定补贴，使生活水平不至于下降，使中高收入群体在保证食品安全的基础上，营养、健康的需求得到满足。但近年来消费者在重要农产品市场上，时常处在买方市场大环境中小的卖方市场的劣势地位。价格的涨幅侵蚀了收入增长的较大部分，尤其是低收入群体消费者的权益得不到合理、合法的保护，在价格偏高和面临需求层次的选择中，时常有“吉芬”现象发生。

（4）调控与监管好市场是保障。

在由计划经济向市场经济转轨中，调控和监管好重要农产品流通体系的建设与运行，关系到民生和惠农工程，也关系到生产经营企业的收益，是新形势下所面临的全社会关注的难点和热点问题。在一般情况下，农产品流通的供求与价格关系较稳定，即供求决定价格，价格影响供求；在存在垄断与欺行霸市的情况下，供求与价格的关系被人为扭曲，即有可能在供过于求的情况下，价格没有下降，或在供求平衡的情况下，价格有所上升。因此，在流通体系建设中，事前的市场调控和监管十分必要，需要加强。

二、我国重要农产品流通体系建设存在的主要问题

1. 两个误区

（1）市场调节和政府调控的关系问题。

在对农产品特别是关系国计民生的重要农产品市场的发展问题上，较长时期以来，在发挥市场调节作用和政府干预程度上一直有一个管理与操作层面的误区，即实行市场经济，是要让市场调节发挥更多作用，忽视和弱化了对市场的调控，特别是忽视了对农民增收和城乡消费者权益的保护。重要农产品的生产、流通和消费关系到农民增收与民生工程，在相当长的时期内都要发挥市场调节和政府调控两方面的作用，特别是要加强和改善政府调控手段。在这方面可以借鉴调控房地产市场的做法，把保护低收入群体的利益和促进农民增收作为重要目标之一。一种意见认为要发挥好市场调节的基础作用，当市场失灵时政府再调控。本文认为应加强和改善事先的调控，针对时常出现的市场失灵，搞好事先调控，主要是采取行之有效的手段调控供求平

衡和价格稳定。

（2）关于竞争和垄断的问题。

一般而言，农产品市场是接近完全竞争的市场，但是对于重要农产品市场而言，要根据所处的流通环节具体分析。若将重要农产品流通划分为三个环节，即农民—中间商—消费者，那么从农民到中间商这一环节就具有买方垄断特征，产业链下游中间商的力量要明显强于产业链上游的农民群体；而在中间商到消费者这一环节又具有一定的卖方垄断特征，产业链终端的消费者处于劣势地位。近年来重要农产品市场出现的垄断，有的是在竞争过程中形成的，有的是人为的。大中间商在利益的驱动下，在市场总需求不变的情况下，可以通过控制商品供应量来影响市场，抬高产品价格，牟取巨额利润。由于我国农产品市场上的矛盾是大市场与小生产的矛盾，在这个过程中应更多鼓励竞争，并为形成有效竞争创造条件。换句话说，在市场集中度偏低的情况下，已经产生了垄断，也正是这种垄断的市场行为，放大了供求和价格的波幅。因此，要高度重视市场上的垄断，防止和打击垄断。

2. 市场调控和监管的力度不足

（1）对产销地批发市场和大中间商监管不力。

从这几年重要农产品市场供求与价格的波幅变化看，背后有垄断势力人为操控并影响市场价格，或借助市场临时的供求关系变化囤积居奇、哄抬物价等现象存在。因此，产销地批发市场和大中间商应当成为调控与监管的重点。一是产销地批发市场和大批发商关系到产销基本平衡与价格相对稳定，近年来重要农产品市场的价格波幅过大就主要发生在这一环节；二是大量中小企业和经营者的业务来自这一环节，批发价格直接影响到零售价格；三是物流成本居高难下也发生在这个环节；四是垄断和欺行霸市的源头在这一环节；五是这个环节还关系到产销一体化的程度。

（2）对流通体系基础的支持不足。

对重要农产品流通体系基础的支持，一是调控好供需之间的基本平衡和价格的基本稳定，具体体现在产销地批发市场业务往来的稳定，价格的波幅（要通过国内外市场调剂余缺）控制在一定范围内；二是建设好大型生产基地，这是食品安全、质量稳定提高的基础，并促进生产基地和大中间商的对接与合作；三是推进重要农产品产销一体化进程，这是增加农民收入、提高企业效益、实现消费者可追溯体系建设的重要途径；四是促进农合组织市场集中度的提高及市场谈判能力的增强；五是推进大基地、大农协、大市场、大超市、大社区的合作与融合。中央政府和各级政府都应加大对流通体系基础的支持力度。

（3）对城乡居民权益和农民增收的保护不够。

在重要农产品流通体系建设中，保护城乡居民权益，尤其是保护低收入者在价格上涨时能够得到一定程度的补贴，使其生活水平不至于下降具有重要意义。但近年来，重要农产品价格涨幅偏高，使城乡居民用于这方面的支出增加，影响到生活水平。在价格居高不下的情况下，他们只有通过减少其他支出以维持正常生活水平。在市场价格高时要给予中低收入者一定补贴，或通过补贴平价店使中低收入者能够买到低于市场价格的商品。对农民增收的权益保护主要体现为通过订单农业保护农民收益稳定，并由价格保护转向收入保护。

（4）食品不安全问题时有发生。

解决食品安全问题，可从生产、流通和消费等领域共同开展。但是，当前对流通领域和消费领域监管做得不够，市场上时常发生食品安全问题，相关可追溯体系建设尚不健全，消费者在发现问题时投诉较难；在生产领域，对食品安全、质量、标准的监管也不够，甚至有时会出现监管部门降低食品安全标准的情况。

3. 价格涨幅过大增加了城乡消费者负担

表1表明，在所考察的期间，我国重要农产品价格呈现涨幅过高现象。大米、面粉、鸡蛋、鲜猪肉和白砂糖的价格分别上涨35.75%、23.65%、30.75%、22.01%和58.78%。其中，粮食价格稳定上涨是属于正常情况，主要是由粮食生产成本和人工、土地使用费用上涨所致，但涨幅高于城乡居民收入增长的幅度，这说明城乡居民收入增长的一部分被粮食价格上涨所侵蚀；猪肉的价格波幅过大（先涨后跌），给养猪户带来风险；白砂糖价格上涨的幅度超过了城镇居民可支配收入（涨幅为25%）和农村居民纯收入（涨幅为32%）；[①]而白菜价格的跌幅达到21.85%，损害了菜农利益。

表1　2010—2012 年我国部分农产品价格变化情况

单位：元/千克

日期	大米	面粉	鸡蛋	鲜猪肉	白砂糖	白菜
2010.01.01	4.56	4.27	7.74	17.08	6.72	1.19
2010.04.02	4.65	4.30	7.65	14.55	6.98	2.32
2010.07.02	4.77	4.38	7.67	14.95	7.12	1.07
2010.10.01	4.94	4.49	8.78	17.52	7.62	1.33
2011.01.07	5.23	4.73	9.32	18.90	8.59	0.96
2011.04.01	5.51	4.88	9.09	20.41	9.16	0.87
2011.07.01	5.70	5.02	9.67	25.51	9.64	2.01
2011.09.30	5.91	5.14	10.45	26.26	10.21	1.60
2012.01.06	5.96	5.12	9.79	23.86	10.35	0.84
2012.04.06	5.97	5.14	9.05	21.41	10.37	1.68
2012.06.29	6.02	5.18	9.41	20.09	10.45	1.39
2012.10.05	6.16	5.25	10.31	20.81	10.66	1.37
2012.11.23	6.19	5.28	10.12	20.84	10.67	0.93
涨幅（%）	35.75	23.65	30.75	22.01	58.78	-21.85

资料来源：中华人民共和国商务部网站。

4. 流通成本，尤其是物流成本的涨幅高于生产成本

农产品流通成本②高是推动重要农产品价格高的长期因素，我国整个物流成本占生产成本的40%～60%。③虽然目前农产品已经免交过路费，但是流通环节的人工费用、油价等成本增长较快，助推运输成本④上涨。我国大多数重要农产品物流都是远距离输送，导致运输成本居高不下。同时我国重要农产品物流环节的损耗平均比例是30%，而美国、日本等发达国家仅为3%，甚至更低，加上“最后一公里”中批发、集贸市场收取的摊位费、装卸费、认证费、广告费等的增加，对农产品高物流成本起到推波助澜作用。以蔬菜为例，蔬菜在进入销区批发市场到零售市场的流通环节中，市场管理费和摊位费占总流通成本的44.75%，接近一半。

三、加强我国重要农产品流通体系建设与管理创新的几点思考

1. 加强市场调控和监管

（1）调控好重点环节。

在重要农产品流通体系运行中，重点是调控好产销地批发市场、大中间商，主要任务是调控产销平衡和稳定价格。要通过大中间商和产销地批发市场与大基地、大农协、大加工企业建立起稳定的产销关系；针对市场上时常出现的“今年多，明年少，后年再多”的问题，建立重要农产品储备制度和主要领导负责制；提高产销一体化的比重，这是调控好产销平衡和价格稳定的重点环节。一是对流通成本的涨幅加以调控，主要是减免道桥费和缩短产销地距离；二是对垄断和欺行霸市行为严厉打击，特别是市场监管部门个别人员与市场垄断行为的合谋应成为监管重点；三是在一个城市建立至少两家重要农产品产销地批发市场（防止垄断和欺行霸市）。

（2）进一步搞好流通体系基础建设。

一要建立专项基金。在建设大基地和发展订单农业中，加工企业和中间商与农户、农合组织签订供销合同，掌握足以平衡市场的货源，专项基金中的一部分主要用于这方面。二要提高产销一体化的比重，让农户从两方面受益（出租土地和打工收入），也为可追溯体系建设打下基础。三要稳定提高农合组织的规模和市场谈判能力。

2. 加强对城乡低收入群体的保护

（1）要加强对平价店的支持。

从消费群体与对应的零售渠道的关系看，低收入群体追求安全、健康，主要购买渠道应以平价店为主；中高收入者追求安全、健康和营养，对应的购买渠道较多（见图2）。平价店（如黑龙江省大庆、牡丹江的果菜平价店）是针对城乡低收入群体建立的，在市场价格较高时通过平价店向低收入群体提供平价商品，使这部分消费群体的利益不受到损害。暂时还没有条件建立平价店的地方要在市场价格较高时，对低收入群体给予一定补贴，用于补偿价格过高给其带来的损害。在零售中，农产品平价店（直销店）销售的蔬菜价格比市场均价低20%，其他农产品低10%左右，销售的品种、数量、质量、价格水平等都能得到有效保证，并可根据不同季节适时调整。政府可按照“先控后补”的原则，以奖代补的形式，给予一定经济奖励。

（2）扩大农超对接的范围。

农超对接既对农合组织有利，又有利于减少流通环节，降低商品价格，能使城乡消费者受益。通过农合组织和超市对接既可实现农民增收，又可为“农商对接”牵线搭桥，有助于实现从农田到餐桌

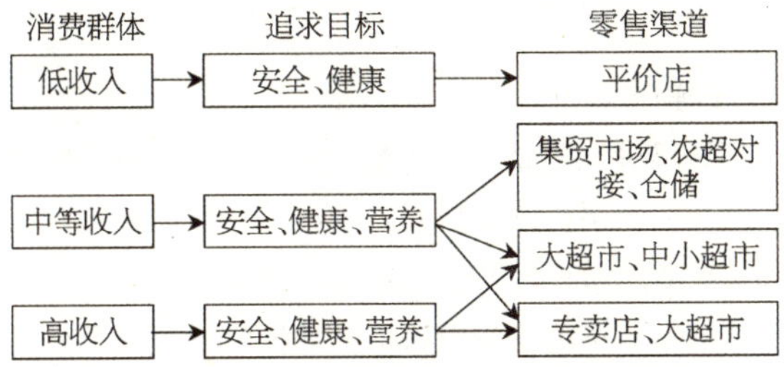

图 2　适合不同消费群体的主要零售渠道

的全过程农产品质量控制。因此，要扩大农超对接的范围。支持生产基地、农民专业合作社在城市社区增加直供直销网点，推进批发市场与农业生产基地和农民专业合作组织对接，推动批发市场与社区零售终端对接，开设社区市场、便民店、周末早市、流动直通车。

3. 把促进农民增收作为主要目标之一

从 2013 年到 2020 年是农民增收有较大难度的期间，所以应将促进农民增收作为农产品流通体系建设的主要目标之一。实现农民增收，一要通过提高农合组织的组织化程度；二要通过建立和稳定提高专项农业补贴，提高粮食直补、良种补贴、农机具购买补贴等政策，不断扩大农业补贴范围，促使农民转移性收入不断增长；三要通过推进城镇化，减少农业人口，让较少的人分享较多的农业成果；四要提高农民素质、提高农业科技创新，实现农民增收。

4. 提升产销一体化模式的比重

重要农产品流通分为产销分离模式和产销一体化模式。在产销分离模式中，农户负责生产，加工企业负责加工，销售企业或市场承担销售任务，在这种情况下，比较容易出现假冒伪劣的市场现象；在产销一体化模式中，由农产品加工、商业企业为龙头，通过与农户或协会签订合同，经过加工后到市场上销售。产销一体化模式有利于建立新的调控机制，抑制市场波动，保证市场供应，稳定市场物价，有利于增加农民收入，其实质是风险共担、利益均沾、同兴衰、共命运，核心是利益机制。

根据对黑龙江省五常市大米市场的调研，我们发现产销一体化模式对增加农民收入、保障供应有重要作用。分析表 2 可知，第一阶段（2004—2006 年），水稻种植面积年均增长 6.67%，水稻产量年均增长 7.51%，水稻产值从 17.5 亿元增加到 21.3 亿元，年均增长 10.32%，农民人均纯收入年均增长达到 8.16%。第二阶段（2007—2009 年），水稻种植面积年均增长 0.96%，水稻产量年均增长 10.91%，水稻产值从 26.0 亿元增加到 50.0 亿元，年均增长 38.68%，农民人均纯收入年均增长达到 15.65%，增速是第一阶段的近两倍。第三阶段（2010—2012 年）水稻种植面积年均增长 3.15%，水稻产量年均增长 6.49%，水稻产值年均增长 26.90%，农民人均纯收入年均增长达到 16.69%。

表 2　产销不同阶段五常市稻米产业发展及农户增收的情况

年份	耕地（万亩）	水稻种植面积（万亩）	水稻产量（万吨）	水稻产值（亿元）	农民人均纯收入（元）
2004	372.89	145.00	82.19	17.5	3899.00
2005	372.89	160.00	90.00	20.3	4340.30
2006	372.89	165.00	95.00	21.3	4561.00
2004—2006 年均增长（%）	0.00	6.67	7.51	10.32	8.16
2007	387.54	175.50	100.00	26.0	5385.00
2008	387.95	175.70	117.00	35.9	6098.00
2009	387.95	178.90	123.00	50.0	7202.00
2007—2009 年均增长（%）	0.05	0.96	10.91	38.68	15.65
2010	388.75	180.78	136.40	69.34	8496.00
2011	395.57	188.00	139.00	86.38 *	10195.00
2012	399.25	192.35 *	154.67 *	111.67	11569.57 *
2010—2012 年均增长（%）	1.34	3.15	6.49	26.90	16.69

资料来源：《哈尔滨统计年鉴 2005—2010》，其中水稻产量及产值数据来源于五常市人大常委会、哈尔滨中小企业局。带 * 的数据是通过 GM（1，1）模型预测。

5. 加强市场法规和相关机制建设

在重要农产品流通体系建设的框架下，应高度重视满足消费者的市场需求和保护其合法权益，应通过农产品安全法规保护消费者的利益不受侵害。一是建立健全食品安全监管法规，从法制上完善对重要农产品流通体系的监管。二是建立和完善治理重要农产品垄断的相关法规。三是建立和完善农产品价格上涨的应急处理机制。包括重要农产品保护价和专项储备制度、农产品价格调节基金制度、建立农业社会服务体系，保证重要农产品市场的健康、有序运行。四是针对食品安全要加强基层监管覆盖范围，加大质量失信惩戒力度，改变以罚代管的局面，切实保障消费者的监督权，这既要保障消费者对商品和服务进行监督的权利，又要对消费者权益保护工作进行监督，尤其是当合法权益受到侵害时能有投诉的地方并得到及时解决。五是要加大对农资市场的监管力度，保持农资价格的基本稳定，保证农资市场供应，防止农业生产资料价格过快上涨，减少农民家庭生产费用的支出，降低农业生产经营成本，使农民在享受政策优惠的同时，收入得到实实在在的提高。

注释：

①2013 年《经济蓝皮书》，预计 2012 年农村居民人均纯收入增长率将达到新高，增长 12.0%，城镇居民人均可支配收入增长 9.5%。

②流通成本是商品市场销售价格与生产成本之间的差值，包含了所有中间环节的税费、利润与成本，甚至包括采购与管理环节的成本。

③中国农产品物流环节损耗是美国、日本的 10 倍，参见中国新闻网，2011 - 06 - 30。

④运输成本是指运输企业单位运输工作量所分摊的运输支出。对于公路货运来说，运输成本主要由燃油成本、通行费成本和人工成本等组成。

原载于《中国流通经济》2013 年第 2 期

全球流通发展新态势下的中国流通产业发展方式转变*

袁平红[1、2**]

（1. 安徽财经大学商学院，安徽 蚌埠 233041；
2. 中国社会科学院财经战略研究院，北京市 100836）

摘　要： 进入21世纪后，国际流通产业发展呈现三个基本趋势，即产业集中度提高并且发达国家居于主导地位，流通产业从市场参与者向市场创造者转变，电子商务引领全球流通产业发展新潮流并引发新的流通革命。在新的国际流通产业发展态势下，中国流通产业的发展突破了产业自身范畴，已经上升到关系中国经济发展方式能否转变和经济强国战略能否有效实施的高度。本文立足于全球流通发展态势的大背景，在国际横向比较的基础上对中国流通产业发展现状进行分析，指出中国流通产业发展存在的具体问题，并从流通产业发展战略重新定义、电子商务与传统流通产业升级、提高流通产业服务国内市场效能和拓展国际发展空间等角度，提出全球流通发展新态势下促进中国流通产业发展方式转变的对策建议。

关键词： 流通产业；产业链；市场创造者；电子商务；发展方式

一、引言

流通产业具有实现国民经济良性循环的重要功能，在促进经济增长、[1]保障国民经济正常运转中具有重要作用。尤其是2008年金融危机爆发后，流通产业肩负着消除内外不均衡、保持经济持续发展的历史重任。[2]降低流通成本、提高流通效率、实现发展方式转变成为流通产业迫切需要解决的问题。刘向东等[3]通过将中国和美国、日本、法国、英国的投入产出表进行比较研究后指出，要推动商业发展方式转变，现阶段的重要工作是明确商业的先导产业地位并优先发展，使其真正成为国民经济发展的带动力量。黄国雄[4]从流通产业的市场实现功能、社会效益、有效供给等多方面，提出流通产业发展方式转变的对策建议。荆林波[5]利用2004—2011年行业数据对中国流通产业效率进行分析后指出，应该通过体制、机制和模式创新促进中国流通产业发展方式转变。已有研究均表明，流通产业发展方式转变不仅关系到产业自身，更关系到中国经济发展方式的转变。本文将在已有研究的基础上，结合21世纪全球流通产业发展新趋势，重点从产业层面对

* 本文系中国博士后科学基金面上资助项目“流通服务驱动我国制造业升级研究”（项目编号：2012M520511）的阶段性研究成果，同时感谢教育部人文社会科学研究项目“未来二十年中国流通产业发展战略——若干重大问题及政策研究”（项目编号：10JD790023）的资助。

** 袁平红（1978—），女，湖南省长沙市人，安徽财经大学商学院副教授，博士，硕士生导师，中国社会科学院财经战略研究院博士后，主要研究方向为流通经济、产业经济。

中国流通产业发展现状进行分析，结合国际横向比较，提出全球流通发展新态势下促进中国流通产业发展方式转变的对策建议。

二、21世纪全球流通产业发展趋势

1. 流通产业集中度提高，发达国家居于主导地位

如果说20世纪是制造业为王的世纪，那么从20世纪末期开始，以沃尔玛为代表的跨国零售商逐步挑战制造业的全球霸主地位。1996年全球500强中名列第12位的沃尔玛排名迅速上升，从1999年的第四名升至2000年的第二名，首次进入全球500强前三名，并在接下来的13年间保持全球500强前三名地位。财富中文网站数据显示，除了2001年、2006年、2013年排名第二以及2009年排名第三以外，2000—2013年的其余年份沃尔玛均排名全球500强之首。沃尔玛不仅营业收入全球领先，而且成为雇员人数最多的全球500强企业，雇员人数在2011年已达220万人。作为全球流通产业发展的一个缩影，以沃尔玛为代表的国际流通企业在全球500强中地位的提升，表明流通产业在国际经济中的话语权在逐步提高。

如同先进制造业主要集中于美国、日本、德国等发达国家，全球流通业也呈现出产业集中度逐步提高而且发达国家占据主导地位的特征。从表1可以看出，在2007财年、2009财年、2011财年，包括沃尔玛、家乐福、乐购、麦德龙等在内的全球零售业前10强收入之和分别占全球零售250强全部收入的29.6%、30%、29%。它们不仅提供了全球零售250强约1/3的零售额，而且远远超过全球零售250强的平均业务拓展能力，具体表现在前10强能够为更多的国家和地区提供服务。如2011财年国际零售前10强平均在16.7个国家和地区提供零售服务，远高于全球零售250强的平均水平（9个）。从国别来看，前10强中5家来自美国、3家来自德国，英国和法国各占1家。在2007财年、2009财年、2011财年，美国、日本、法国、德国和英国为代表的发达国家入围零售企业数量维持在64%的比例以上，收入总额占零售250强全部收入的比重超过75%。以2011财年为例，美国、日本、法国、德国、英国5个国家入围全球零售250强的企业总数为162个，占全部企业总数的64.8%，其中来自美国的76家企业创造了全球零售250强约2/5（40.40%）的收入，仅沃尔玛一家企业就创造了全球零售250强约1/10的零售收入，凸显了发达国家为主导、美国为核心的全球流通产业结构特征。

表1　全球零售250强构成

财年	国家或企业	入围企业数量	入围企业数量所占比重	入围企业收入之和占全部收入的比重
2007	美国	87	34.8%	42.1%
	日本	24	9.6%	6.1%
	法国	13	5.2%	10.0%
	德国	21	8.4%	11.7%
	英国	21	8.4%	8.5%
	合计	166	66.4%	78.4%
	前10强	10	4%	29.6%
	沃尔玛	1	0.4%	10.35%
	中国	4	1.6%	1.18%
2009	美国	84	33.60%	42.1%
	日本	32	12.8%	7.9%
	法国	13	5.2%	9.9%
	德国	19	7.6%	11.6%
	英国	15	6.0%	6.9%
	合计	163	65.2%	78.4%
	前10强	10	4%	30.0%
	沃尔玛	1	0.4%	10.76%
	中国	5	2%	1.26%
2011	美国	76	30.40%	40.40%
	日本	40	16.0%	9.0%
	法国	13	5.2%	9.3%
	德国	18	7.2%	10.5%
	英国	15	6.0%	6.4%
	合计	162	64.8%	75.6%
	前10强	10	4%	29.0%
	沃尔玛	1	0.4%	10.46%
	中国	6	2.40%	1.78%

数据来源：《全球零售势力报告》，作者整理。

2. 流通商从市场参与者向市场创造者转变，主导产业链能力增强

在全球制造业进入鼎盛时期而买方势力逐步凸

显的21世纪，在产品大批量生产和消费个性化张扬的时代，市场并不会自发形成。以沃尔玛为代表的跨国流通商通过发挥全球需求和全球供给之间的匹配功能，逐步成为世界范围内消费者和供应商之间的市场主导者。即使在经济最发达的国家美国，也离不开沃尔玛的市场创造能力。沃尔玛不仅是迪士尼的客户，同时是宝洁和露华浓、吉列等美国著名品牌制造商的客户，是美国最大的DVD销售商和杂货、玩具、珠宝、服装、狗粮、珠宝、运动产品、牙膏等的销售商，许多产业的真正市场位于阿肯色州——沃尔玛的总部。[6]以沃尔玛为代表的美国零售商不仅在美国创造市场，同时通过减少全球主要供应商数量等方式，加强全球价值链并且形成了全球50强的全球联盟。零售商的参与不仅加速了制造业海外转移的步伐，而且其主导的全球商品链正对全球制造业产业转移的区位产生决定性作用。[7]以沃尔玛为代表的美国零售商试图通过主导亚洲制造商产业链的方式，对全球经济格局进行重构，[8]中国也不例外，大型零售商主导的产业链已经成为中国产业升级的新方向。[9]

3. 电子商务引领全球流通产业发展新潮流，引发新的流通革命

随着连锁超市等传统零售业态的日趋成熟以及其在发达国家市场的日趋饱和，20世纪末期电子商务的兴起，催生了新的商业模式，引发新的流通革命。在经济最发达的美国，电子商务代表着流通产业发展的新趋势，表现为规模迅速扩张、在零售总额中比重日益提高。

1998年的美国电子商务实现的零售额只有4988百万美元，2009年已经达到145214百万美元，增长了28倍。电子商务实现的零售额占美国零售总额的比重从1998年的不足0.2%（实际只有0.19%）提高到2009年的3.99%。如果具体到特定的产品种类，电子商务在零售中的地位更不容忽视。美国商务部的网络零售数据显示，在书籍杂志、服装和配饰（含鞋类）、计算机硬件和软件、药品和美容化妆用品、电子产品和配件、食品、啤酒和饮料、家具和家居、办公设备和办公用品、运动产品、玩具和休闲产品等商品种类上，电子商务零售额从2003年的40407百万美元增加到2009年的112791百万美元，电子商务实现的零售额占这些商品种类零售总额的比重从2003年的30.8%提高到2009年的48.06%。2009年通过电子商务实现的零售额中，80.3%来自无店铺零售商（Non - store Retailers），这些无店铺零售商77.7%的零售额通过网络购物和邮购公司实现。①

随着移动设备、电子传媒以及安装有网购的通信设备尤其是智能手机的逐步推广，移动终端将在全球范围内掀起新的消费革命。在美国，64%的移动电话用户拥有一部智能手机，②美国智能手机用户数量将从2010年的8200万人增加到2015年的15900万人。据预测，2016年美国移动终端实现的零售额为6280亿～7520亿美元，美国移动终端实现的零售额占整个网络零售额的比重也将从目前的5.1%提高到17%～21%。③在英国，通过智能手机网访问网络零售网站的比例从2010年的2.6%提高到2011年的8.2%，通过移动终端实现的零售额占整个网络零售额的比重则从2009年第三季度的0.4%提高到2011年第四季度的5.3%。④

电子商务全球范围的迅速发展，颠覆了传统的零售范式，给传统零售业态带来挑战。如何通过所有渠道给顾客提供更加刺激和满意的体验，而不是简单地在特定的商品上提供最低的价格；如何从促使与消费者进行联系的单一实体店铺形式向实体和电子渠道相结合的方式转变，通过实体店和在线技术将虚拟世界与零售世界实现无缝对接，使自己可以通过所有的渠道与顾客创造和维护有意义并且有诚意的联系，在满足顾客需求的同时，能够灵活地随着消费者的兴趣和预期进行演化是全球零售业界面临的严峻挑战，新的流通革命正在进行。

三、中国流通产业发展现状——基于国际横向比较分析

1. 发展规模扩大，在国民经济中的地位有待提升

伴随着经济总量的扩张，中国流通产业发展规模不断扩大。1993—2012年，中国批发零售业增加值在不断提高，从1993年的2816.6亿元逐年增加到2012年的49394亿元，增长了16.5倍。但是1993—2012年，批发零售业增加值在中国国内生产总值（GDP）中的比重并没有明显提高，即使在比

重最高的年份（2012 年），批发零售业增加值占国内生产总值（GDP）的比重也只有 9.68%，不到 10%，⑤而美国和日本早在 20 世纪 50 年代批发零售业增加值占 GDP 的比重就已经超过 15%。

批发零售业在第三产业中的相对比重也不高。1993 年中国批发零售业增加值占第三产业比重为 23.64%。尽管在 1996 年达到最高值 24%，但是从 1996 年以后该比重逐步下降。2003—2009 年的 7 年间，该比重持续低于 20%，2010 年后才逐步回升。但是批发零售业增加值占第三产业比重在 2012 年也只有 21.35%。相比较而言，工业增加值占 GDP 的比重和工业增加值占第二产业的比重相对来说比较平稳，工业增加值占 GDP 的比重一直保持在 80% 以上的水平，工业增加值占第二产业的比重也维持在 40% 左右。由于批发零售业相对落后于中国工业发展，使得批发零售业目前难以支撑、引领中国制造业发展，限制了批发零售业对中国经济先导性作用的发挥。[10]

2. 网络零售发展迅速，传统流通业迫切需要转型

在中国，尽管电子商务发展起步较晚，但是发展速度很快，电子商务通过推动组织方式变革、优化区域经济结构、增加就业改善民生等方式，正成为中国经济发展的新引擎。[11]中国网络零售市场规模从 2003 年的 16.2 亿元迅速增加到 2012 年的 13205 亿元，占社会消费品零售总额的比重从 2003 年的 0.03% 提高到 2012 年的 6.28%。⑥在快速发展的网络零售背后，涌现出以京东商城、天猫等为代表的电商，其中天猫、京东商城、苏宁分别位列亚洲电商 500 强第 1、第 3 和第 5，⑦成为中国流通产业发展的生力军。以 2012 年零售百强为例，天猫、京东商城、腾讯 B2C、亚马逊中国、当当网、唯品会、1 号店、凡客诚品 8 家网上零售业进入中国零售业百强，总销售规模占百强的 14.5%，平均销售额增速达到 134.1%，比百强整体销售额增速高出 113.9 个百分点。⑧目前，在天猫上有 50000 个店铺经营着 70000 个品牌。苏宁计划在 2013 年内吸引不少于 10000 个，到 2015 年不少于 50000 个第三方卖家在其网站上进行销售，2015 年以后准备集中吸收在中国尚未销售的海外品牌加盟。尽管在苏宁和天猫网站上销售的商品都要交所售商品价值 2% ~5% 的费用，而在天猫上开店的商户同时必须缴纳 50000 ~ 150000 元的保证金并且交 30000 元或 60000 元的年费，但这并没有抵挡众多卖家加盟的热情。

随着中国网民数量的逐步增加，智能手机和移动终端的逐步推广，网络零售规模仍将逐步扩大，网络零售在中国零售业中的份额也会逐步提高，将对主要靠出租柜台或者赚取出厂价格和最终零售价格之间的价差作为主要利润来源的传统零售业带来冲击。传统的零售店铺如何从主导商品购买行为的主体，演变为消费者和某零售品牌之间许多潜在联系的重要节点，创新盈利模式，在新的流通革命中生存下来，是中国传统流通产业面临的重大现实问题。

3. 参与外贸积极性提高，但进出口功能有待增强

在积极服务国内市场的同时，中国批发零售企业也积极参与进出口业务。从表 2 可以看出，2005—2011 年，中国批发零售业进口额在中国进口总额中的比重逐步提高，并在 2011 年达到历史最高水平，占全国进口总额的 24.06%，其中 22.43% 通过批发商来完成，不到 2% 的进口功能通过零售业实现。在出口上，2005—2011 年，批发商品和零售商在中国出口总额中的比重大约为 1/7。尽管该比重在逐年提高，但是和美国（见表 3）相比差距明显。虽然制造商是美国出口的主体，但是美国批发商出口额大约占美国全部出口总额 1/5 的份额。相比较之下，中国批发零售业在出口中的功能较弱。以 2011 年为例，中国批发业出口额为 17746.6 亿元，比美国同时期的批发业出口额少 1775.6 亿元（按 2011 年人民币对美元平均汇率计算）。2011 年中国批发商出口额在中国出口总额中比重为 14.4%，比同期美国批发商出口额在美国出口总额中的比重低 8.5 个百分点。

表 2　　中国流通产业进出口情况

单位：亿元、%

年份	中国出口总额	批发零售业出口所占比重	批发商出口所占比重	零售商出口所占比重
2005	62648.1	13.56	13.51	0.05
2006	77594.6	12.33	12.29	0.04
2007	93563.6	11.92	11.86	0.06

续表

年份	中国出口总额	批发零售业出口所占比重	批发商出口所占比重	零售商出口所占比重
2008	100394.9	13.78	13.76	0.02
2009	82029.7	13.62	13.6	0.02
2010	107022.8	13.48	13.44	0.04
2011	123240.6	14.44	14.4	0.04
年份	中国进口总额	批发零售业进口所占比重	批发商进口所占比重	零售商进口所占比重
2005	54273.7	13.01	12.59	0.42
2006	63376.9	11.75	11.30	0.45
2007	73300.1	12.10	11.55	0.55
2008	79526.5	18.20	17.62	0.58
2009	68618.4	19.39	18.51	0.88
2010	94699.3	20.70	19.5	1.20
2011	113161.4	24.06	22.43	1.63

数据来源：依据《中国统计年鉴》历年数据计算整理所得。

表3　　美国批发商进出口情况

单位：10亿美元、%

年份	美国出口总额	制造商出口所占比重	批发商出口所占比重	其他出口所占比重
2005	784.5	64.5	21.7	13.4
2006	915.7	63.4	22.3	13.6
2007	1034.0	65.3	19.8	14.3
2008	1150.9	61.8	21.7	16.0
2009	938.8	59.9	23.2	16.4
2010	1140.4	60.0	23.6	15.9
2011	1319.9	59.7	22.9	16.9
年份	美国进口总额	制造商进口所占比重	批发商进口所占比重	其他进口所占比重
2008	1763.8	49.5	29.4	20.6
2009	1350.4	44.5	33.4	21.6
2010	1679.5	45.2	32.8	21.5
2011	1945.3	44.3	31.4	23.8

资料来源：作者根据美国商务部统计数据整理所得。

4. 尚未建立跨境流通服务机构，流通产业国际竞争力不强

流通产业国际竞争力可以借助于全球零售250强中入围企业数量、入围企业在全球零售总额中的相对比重等指标进行反映。从表1可以看出，中国进入全球零售250强的企业已从2007财年的4家逐步增加到2011财年的6家，尽管数量在增加，但是中国零售行业的国际竞争力较弱，具体表现为：①入围企业数量不仅少，而且规模偏小。全球零售250强（2013）报告显示，2011年中国6家企业中只有3家超过了全球零售250强企业的平均规模（17085百万美元）。6家企业占全球零售250强总数量的2.4%，收入总额占全球零售250强收入总额的1.78%。而美国在2011财年，仅沃尔玛1家企业就创造了全球零售250强10.46%的销售收入，中国入围的6家企业收入总额只有沃尔玛2011财年收入总额的16.99%。②入围的中国流通企业主要局限于在中国市场提供流通服务。2011财年全球零售250强平均收入的23.8%来自海外市场，营运业务涉及的国家和地区平均数量为9个。[⑨]中国入围企业主要在中国内地经营，运营国家和地区数量平均只有1.6个（其中香港和澳门被视为单独的地区），即使在中国内地以外提供零售服务，目前也只进入了香港和澳门地区。相比较之下，沃尔玛、家乐福、乐购、麦德龙等发达国家的零售服务都拓展到了中国市场。从表4可以看出，除了青海、西藏和甘肃，我国其他省、自治区、直辖市都有外资零售商提供服务。它们不仅在中国的一、二线城市与本土零售企业进行竞争，同时开始抢占中国的三、四线城市，如家乐福2012年年底将店开进了安徽蒙城县，沃尔玛的惠选超市也开到了湖南永州道县。由此可见，中国流通产业既面临国际市场拓展乏力的困境，在国内市场开拓中又面临来自外资零售业的激烈竞争，如何在稳步开拓国内市场的同时开拓国际市场是中国流通产业发展面临的又一大挑战。

表4　部分国际零售商中国店铺分布　单位：家

零售商 / 所在地	沃尔玛		家乐福	乐购		麦德龙
	购物广场	会员店	超市	超市	快捷超市	超市
北京	12	2	18	5	0	3
天津	2	0	5	5	0	1
河北	6	0	9	4	0	0
山西	5	0	2	0	0	0
内蒙古	1	0	1	0	0	0
辽宁	12	0	18	19	0	2

续表

零售商 所在地	沃尔玛		家乐福超市	乐购		麦德龙超市
	购物广场	会员店		超市	快捷超市	
吉林	5	0	2	0	0	0
黑龙江	7	0	9	0	0	1
上海	19	1	24	26	14	5
江苏	28	0	29	18	0	15
浙江	26	0	7	19	0	5
安徽	18	0	7	4	0	1
福建	27	1	5	5	0	5
江西	10	0	2	0	0	2
山东	8	0	4	6	0	5
河南	9	0	6	0	0	1
湖北	15	0	8	0	0	3
湖南	12	0	4	0	0	1
广东	57	2	21	11	0	13
广西	5	0	0	0	0	0
海南	0	0	3	0	0	0
重庆	13	0	6	0	0	1
四川	18	0	19	0	0	1
贵州	6	0	1	0	0	0
云南	14	0	10	0	0	1
西藏	0	0	0	0	0	0
陕西	6	0	0	0	0	2
甘肃	0	0	0	0	0	0
青海	0	0	0	0	0	0
宁夏	0	0	0	0	0	1
新疆	0	0	3	0	0	0
合计	341	6	223	122	14	69

数据来源：根据沃尔玛、家乐福、乐购中国官方网站数据统计整理。

四、顺应全球发展态势，推动中国流通产业发展方式转变的对策建议

1. 将流通产业发展提高到国家战略层面，实施流通兴国方针

从全球流通产业发展趋势来看，流通产业的发展不仅仅关系到流通商与制造商关系的重新定义，而且关系到一个国家和地区产业转型升级的方向，关系到全球新的经济格局形成。然而，中国流通产业无论其在国民经济中的相对比重，还是进出口功能以及国际市场开拓能力上，均落后于以美国为代表的发达国家。正如日本学者石原武政等所说，“没有流通的全面发展，就没有中国经济的全面发展”。[12] “没有强大的流通产业，既成不了经济大国，也造就不了经济强国”。[13]因此，本文认为，如同20世纪80年代工业化战略被视为国家发展战略一样，中国政府在21世纪应该将流通产业的发展提高到国家战略层面，全面提升流通产业的竞争力，使其成为国家竞争力的重要组成元素，实施流通兴国方针。

要实现这个目标，不仅需要提高中国流通产业增加值在GDP中的比重，即争取到“十二五”期末实现流通产业增加值占GDP的15%～20%，[14]更重要的是协调好流通战略与其他国家战略之间的关系，协调好流通产业与其他产业如工业发展之间的关系。包括商务部、财政部、工业和信息化部、国家发展改革委等国家部委要从理顺流通管理体制、保障流通产业发展的宏观环境入手，尤其要剔除体制性成本、确保流通领域畅通，[15]为流通产业先导性功能的发挥奠定基础。在电子商务发展初期阶段，当前政府的工作重心要放在维护有序竞争秩序、稳定发展环境、促进电子商务规模扩大、支持电商实力增强等方面，将本土电商培养成为具有主导国内市场功能同时能有效开拓国际市场的重要竞争主体，切不可因为发展中出现的一些问题就盲目对该行业征税或者进行严格管制。⑩

2. 以电子商务发展为契机，推动中国流通产业发展方式转变

电子商务无论对全球流通产业还是中国流通产业来说都是新鲜事物。中国应该顺应这一潮流，大力发展电子商务，通过电子商务促进中国流通产业尤其是传统流通产业发展方式的转变。

对于传统流通产业来说，首先，需要接纳电子商务技术，接受新技术并且及早在企业管理实践中使用。流通企业要认识到在电子商务背景下，不能再以生产者和最终消费者价格之间的价格差或者场地出租、铺面出租费用等作为主要的利润来源。在知识经济背景下，在服务主导逻辑下，竞争本身就是知识创造和运用的过程，盈利模式和服务提供的

竞争优势有关，因此，无论是实体零售商还是网络零售商都要从简单的中间商向金融服务、物流服务以及数据服务等服务集成者转变。[16]其次，重新给员工进行定位。在电子商务发展背景下，员工不仅承担产品销售工作，而且具有企业品牌形象大使的身份。员工和顾客的关系不能止步于一对多销售任务的完成和货款结算，而要拓展至顾客的实体和虚拟生活空间。借助于对顾客数据的分析，让员工通过QQ（即时通信）、飞信、微信等社交网络工具，与顾客保持联系，实行点对点服务。除重要节假日进行促销外，要加强对实时数据的分析，及时进行相关的实时促销，帮助顾客实现个性化销售体验。再次，对实体店铺和虚拟空间进行整合，通过虚拟环境让顾客在任何时间任何地点都可以接触到零售品牌。同时要对实体店铺进行装修和改造，让店铺从单一的交易空间转变为顾客进行购物体验缺一不可的实体空间。除此以外，中国流通产业的转型离不开高效的物流体系和金融领域的创新。无论是电商运营中心还是分销仓库的建立，无论是网络搜索技术的提高还是数据挖掘能力的增强，都需要大量的资金和技术支持，对于为数众多的中小流通企业来说，迫切需要一个公益性的物流平台、信息平台和融资平台作为企业转型的重要支撑。

3. 通过优化产业空间布局和组织重构，提高为国内市场服务的效能

2008年金融危机以后，拓展内需、促进消费成为中国经济发展的重要战略，连接生产者和消费者的流通产业应当抓住这一机遇，通过优化产业空间布局和组织重构，搞活流通促进消费，[17]提高为国内市场服务的效能。要优化产业空间布局，首先，要高度重视商业网点规划。在中央和地方城镇化战略实施中应将商业网点规划纳入进来，既要考虑商业网点的经济效应，同时要考虑商业基础设施（如便利店、专业店以及菜场等专业市场）的公益性，在区域规划和城市规划中为商业网点预留空间。对于老城区，则要盘活商业用地存量资源，切实做到商业网点规划与城镇建设或者老城区改造同步。其次，在优化网点空间布局的基础上，鼓励流通组织重构，尤其是盈利模式创新和商业生态系统构建，在稳步提高和调整城市商业网点密度的同时，要将流通渠道逐步下沉至三、四线城市尤其是县城，改变城乡二元流通结构，使城乡居民都能享受到高效、便捷、安全、放心的流通服务。

4. 鼓励跨国流通业务开展，实施中国流通企业走出去战略

本着立足国内市场、面向国际市场的基本出发点，中国政府要鼓励国内成功的流通企业尤其是已经进入全球零售250强或者亚洲网络零售500强的企业走出国门，在海外构建流通渠道，拓展中国流通产业的发展空间。要实现中国流通产业走出去，需要中国政府和流通企业的紧密合作。对于中国政府来说，当前最为紧迫的工作就是在已经签署的自由贸易协定基础上，进一步加大自由贸易协定的实施工作，加强和发达国家、地区的服务贸易方面的谈判和相互开放方面的合作，为中国流通产业进入国际市场铺平道路。对于流通企业来说，由于流通服务的提供属于服务贸易范畴，因此需要做好如下几方面的工作。首先，需要了解目标国对于外国流通服务提供的规制。如在经合组织（OECD）成员国中，商业地产和功能区是提供零售服务的主要障碍之一。即使在经济相对自由的美国，要成为零售行业的新进入者，商业网点的获得仍旧是主要的外在障碍。[18]其次，要充分了解目标国的流通服务供给情况。如日本，尽管批发和零售企业的规模总体来说都比较小，但是日本国内的生产者、批发商和零售商之间却形成了强有力的联系，外国流通商不太容易渗透日本市场。[19]再次，加强对目标国市场消费者文化和行为的研究。技术收敛和收入差距的缩小并不会导致消费者行为的趋同，相反，文化差异使得消费者行为具有异质性。[20]对准备走向国际市场的中国企业来说，需要在对上述情况充分了解的基础上，寻找目标国的市场空隙，为当地消费者提供个性化服务，通过先向周边国家和地区渗透，进而向全球拓展的方式在全球布局流通网络，让中国流通企业真正走向国际市场。

注释：

①数据来源于美国商务部，作者整理。

② http：//www. internetretailer. com/mobile/2013/09/19/most－consumers－own－smartphones－and－use－them－access－web.

③《全球零售势力报告》（2013）。

④ http：//www. internetretailer. com/mobile/2012/03/

01/smartphone - adoption - soars - 46 - february.

⑤数据来源于中经网统计数据库。

⑥作者根据网络资料整理。

⑦ http://www.internetretailer.com/mobile/2013/09/19/chinese - retail - chain - steps - its - e - commerce - game?list_ type = cat&cat = e - retailers&ordered = 1& index = 0.

⑧ http://www.linkshop.com.cn/web/archives/2013/253479.shtml.

⑨2011 财年美国流通企业平均开展业务国家和地区数量为 8.7 个。

⑩Ahmed 和 Wirjanto 对加拿大征收销售税对网络商业发展所产生的影响进行实证研究的结果表明，如果对加拿大所有的网络销售征收 14% 的平均销售税的话，将导致在线购买者数量减少 44%。参见 AHMED S, T S WIRJANTO. The Impact of Sales Taxation on Internet Commerce—An Empirical Analysis [J]. Economics Letters, 2008, 99 (3): 557 - 560.

参考文献：

[1] 徐从才. 流通经济学 [M]. 北京：中国人民大学出版社，2006.

[2] 荆林波. 流通业担纲中国经济"血脉" [J]. 中国商贸，2008 (6): 39 - 40.

[3] 刘向东，石杰慎. 我国商业的产业关联分析及国际比较 [J]. 中国软科学，2009 (4): 42 - 49.

[4] 黄国雄. 论流通发展方式的转变 [J]. 北京工商大学学报（社会科学版），2010 (3): 1 - 6.

[5] 荆林波. 中国流通业效率实证分析和创新方向 [J]. 中国流通经济，2013 (6): 13 - 17.

[6] JERRY USEEM, JULIE SCHLOSSER, HELEN KIM. One Nation Under Wal - Mart [J]. Fortune, 2003 (4): 65 - 72.

[7] BASKER EMEK, PHAM HOANG VAN. Putting a Smiley Face on the Dragon: Wal - Mart as Catalyst to US - China Trade [R]. NBER Working Paper, 2005.

[8] HAMILTON G, PETROVIC M, FEENSTRA R C. Remaking the Global Economy: US Retailers and Asian Manufacturers [R]. Prepared statement presented to the US - China Economic and Security Review Commission in a Hearing on "China and the Future of Globalization", May, 2005.

[9] 徐从才，盛朝迅. 大型零售商主导产业链：中国产业转型升级新方向 [J]. 财贸经济，2012 (1): 71 - 77.

[10] 杨龙志. 流通产业在国民经济中起到先导性作用了吗——基于 VAR 格兰杰因果的实证研究 [J]. 财贸经济，2013 (5): 62 - 70.

[11] 中国社科院财经战略研究院课题组，荆林波. 电子商务：中国经济发展的新引擎 [J]. 求是，2013 (11): 15 - 17.

[12] 石原武政，加藤司. 商品流通 [M]. 吴小丁，译. 北京：中国人民大学出版社，2004.

[13] 黄国雄. 论流通产业是基础产业 [J]. 财贸经济，2005 (4): 61 - 65, 97.

[14] 依绍华. 流通体制改革战略思路与对策研究 [J]. 财贸经济，2013 (5): 71 - 75, 46.

[15] 宋则. 确保流通领域畅通须剔除体制性成本 [J]. 中国商贸，2012 (23): 4 - 5.

[16] ROBERT F LUSCH, STEPHEN L VARGO, MATTHEW O'BRIEN. Competing through Service: Insights from Service - Dominant Logic [J]. Journal of Retailing, 2007 (1): 5 - 18.

[17] 姜增伟. 搞活流通和促进消费 [J]. 上海商业，2012 (4): 6 - 7.

[18] MA BOBLAUD O, NICOLETTI G. Regulatory Reform in Retail Distribution [J]. OECD Economic Studies, 2001 (1): 253 - 274.

[19] ITO M. The Japanese Distribution System and Access to the Japanese Market. In Trade with Japan: Has the Door Opened Wider? [M]. Chicago University of Chicago Press, 1991: 175 - 190.

[20] MARIEKE DE MOOIJ, GEERT HOFSTEDE. Convergence and Divergence in Consumer Behavior: Implications for International Retailing [J]. Journal of Retailing, 2002 (78): 61 - 69.

原载于《中国流通经济》2014 年第 2 期

论农产品批发市场的公益性

——基于公共财政视角

张德勇*

（中国社会科学院财经战略研究院，北京市 100045）

摘　要：近年来，农产品批发市场的公益性越来越受到认可和重视，不少学者借用公共产品理论阐释农产品批发市场的公益性，这为从理论上界定并从实践上促进农产品批发市场的公益性提供了一种思路。本文从公共产品的两个基本特征出发，认为公益性产品可以是公共产品，也可以是私人产品。通过竞争性和排他性的分析，指出农产品批发市场的经济性质是私人产品，但由于其具有较大的正外部性，能够满足社会公共利益，所以也是一种公益性产品。在此基础上，本文从公共财政的视角，提出了促进农产品批发市场公益性发展的政策建议。

关键词：农产品批发市场；公益性产品；公共产品；公共财政

近年来，公益性产品成为国内学术界和实务界常常论及的主题，意在解决它的生产或提供问题，许多专家就此深入研究了农产品批发市场的公益性问题。赵尔烈、[1]刘雯和安玉发、[2]梁键[3]等从准公共产品角度指出农产品批发市场具有公益性；由此公益性出发，徐柏园、[4]安玉发、[5]马增俊[6]等着重阐述了政府扶持农产品批发市场建设的必要性和一些措施。农产品批发市场具有公益性已成为一种共识，但这种公益性的理论依据，即由公共产品理论推导出农产品批发市场的公益性，却值得深入探讨。

一、区分公益性产品与公共产品

按照一般的理解，公益是指公共利益。简而推之，公益性产品或服务就是指能够实现或满足公共利益的产品或服务。①

1. 公益性产品难等同于公共产品

为了解决公益性产品的理论问题，不少学者借用了公共产品理论。公共产品理论最早可追溯至1954年萨缪尔森给出的公共产品的经典定义。他认为，所谓公共产品是“每个人对这种产品的消费，并不能减少任何他人也对于该产品的消费”。[7]后来，马斯格雷夫等在萨缪尔森的启发下，进一步对公共产品的定义做了阐释：“一旦它被提供给某些社会成员，就使得排除他人的消费成为不可能或无效率”。[8]由此，在萨缪尔森、马斯格雷夫等人的努力下，形成了经典的公共产品定义，即公共产品是指具有消费或使用上的非竞争性和受益上的非排他性的产品。因此，判断某种产品是否为公共产品的基本标准有两个：一为是否排他性，二为是否竞争性。只有具备了非排他性和非竞争性的产品，才被认为是公共产品。尽管以后的学者从不同角度对公共产品定义或标准进行了再阐释，如奥斯特罗姆夫妇将消费上的排他性和共同性作为判断公共产品的标准，曼瑟尔·奥尔森从非排他性来论述公共产品，认为“那些没有购买任何公共或集体物品的人不能

* 张德勇（1969—），男，山东省青岛市人，中国社会科学院财经战略研究院财政研究室副主任，副研究员，经济学博士，主要研究方向为财税理论与政策。

被排除在对这种物品的消费之外，而对于非集体物品是能够做到这一点的”。[9]但总体而言，非排他性和非竞争性成为公共产品的基本特征，也是区分公共产品和私人产品时常用到的两个基本标准。

公共产品可具体划分为纯公共产品和准公共产品两种形式。一般情况下，纯公共产品的非竞争性和非排他性特征，决定了竞争性的市场机制不适合提供纯公共产品，而应由政府提供；②对多数准公共产品，为了提高使用效率，并为了一定程度上减轻政府负担，则采取混合提供方式，如政府授权经营、政府参股、政府补贴等。无论哪种形式的公共产品，如国防、外交之类的纯公共产品以及道路、桥梁之类的准公共产品，一般都是符合公共利益的，且具有正的外部性，这就为政府干预提供了理由。

对公益性产品，有些研究者认为它具有非营利性的特点，即使有一定“盈利”，也是不以“营利”为目的。因此，“只有‘公共产品’才具有‘社会公益性’，‘公共产品’是由‘公益性组织’或不以营利为目的的运营形式提供的，以营利为目的所运营的任何产品都不是‘公共产品’，也都不具有社会公益性。”[10]故而，这类公益性产品只能由政府或非营利性组织来生产或提供，否则，就很难满足社会公共需要、符合社会公共利益。这样，就把公益性产品与公共产品密切联系起来，并以公共产品理论来指导公益性产品的生产或提供。客观而言，公益性产品与公共产品的确有着高度的相关性，但这并不意味着由此就可以把公共产品理论移植到公益性产品的生产或提供上，否则，何不直接用公共产品来代替公益性产品的提法？

在理论层面上，一种概念须有明确的界定，然后在此基础上进行理论的发展，公益性产品亦是如此，将公共产品理论直接用于公益性产品上，可能会模糊公益性产品本来的面目，在理论上将是不周延的；在实践层面上，如果过于强调公益性产品的公共产品性质，而不注意区分两者的细微差异，则会对公益性产品的多元化生产或提供产生一定的误导，减轻营利组织的社会责任，排除它们生产或提供公益性产品的可能性，并加重政府的财力负担。

2. 公益性产品的界定

当前关于公益性产品的研究中，多是从公共产品理论出发的，尤其是把公益性产品与准公共产品画等号。公益性产品是为了满足社会公共利益的，公共产品亦是如此，不过，公共产品一般就是公益性产品，公益性产品却不一定就是公共产品。例如，基础教育是公共产品，也是公益性产品，但高等教育却难称得上是公共产品，而是属于公益性产品的范畴。从这个例子看出，公益性产品在适用范围上要大于公共产品。公益性产品可以是公共产品，也可以是供私人消费的具有排他性的产品。这类产品的特征是：第一，具有正的外部性，生产或提供这类产品时存在着他人受益的情形；第二，这类产品可以属于个人消费品，成本由消费者支付，并能够排除他人使用，即在有些情形下属于可收费产品；第三，通过一定的政治过程，换言之，通过政府政策，完全或部分地利用公共资源生产或提供这些可收费产品。由于它在消费时能够给消费者带来福利的增加，政府决定鼓励这类产品的生产或提供，最终导致对私人个体和企业的直接补助或者政府直接生产或提供，这类产品被萨瓦斯（E. S. Savas）称为福利品（Worthy Goods）。[11]

由公益性产品的三个特征来看，公益性产品既可以是公共产品（包括纯公共产品和准公共产品），也可以是为了充分利用其外部性形成福利改善而由政府鼓励生产或提供的私人可收费产品。产品、公益性产品与公共产品之间的逻辑关系如图1所示。因此，公共产品理论可以借鉴到公益性产品的生产或提供上，但不能将此理论完全套用到公益性产品上。

二、如何理解农产品批发市场的公益性

根据公共经济学理论，产品有私人产品、准公共产品和纯公共产品等之分。对于农产品批发市场，为了更好地利用政府政策促进其发展，对其经济性质进行判定是必要的。

1. 农产品批发市场的经济性质分析

判定一种产品的经济性质，其步骤如下所示。[12]

第一步，判断这种产品在消费中是否具有竞争性，如果具有竞争性，再看其是否具有排他性。如果具有排他性，则该产品属于私人产品；如果不具有排他性，则属于需要限制使用的公共资源。如果

不具有竞争性，则转入第二步。

第二步，对公共产品的进一步识别要看该种产品是否具有排他性，如果不能排他，则该产品属于纯公共物品。如果该产品从技术上能够排他，则转入第三步。

第三步，如果该种产品具有非竞争性，在技术上具有排他性，就要进一步分析该产品在排他时的成本问题。如果该产品的排他成本很高，那么该产品属于纯公共产品的范畴。如果该产品在技术上具有排他性，而实现排他的成本又比较低的话，则该产品属于有排他性但具有非竞争性的俱乐部产品。

有的学者从功能分解的角度采用模糊层次分析法对农产品批发市场的经济性质进行了判断，得出农产品批发市场的经济性质偏重于准公共产品的结论。[13]本文将农产品批发市场当作一种完整的产品，对其经济性质进行整体判定。

首先从竞争性上看。消费者的增加，会引起农产品批发市场生产成本的增加。就某一农产品批发市场而言，消费者的增加，农产品批发市场的交易仓储设施、承担质量安全监管功能的设施设备、承担交易结算功能的设施设备等都要相应增加，这就不可避免地增加了农产品批发市场的生产成本；另外，消费者的增加，不仅会带来农产品批发市场的扩建，也会导致兴建新的农产品批发市场，增加农产品批发市场的数量，从而进一步增加了农产品批发市场的生产成本。因此，农产品批发市场这种产品具有竞争性。

其次从排他性上看。农产品批发市场是以入市商户为中心来运转的，商户拥有或承租了某一固定摊位等经营场地，自然就排除了他人同时使用该经营场地。类似的，如果一个人或一家企业拥有、经营某个农产品批发市场，也就决定了他人或企业在未得到允许下不能同时拥有、经营这个农产品批发市场。上述两种情形都说明了农产品批发市场这种产品具有排他性，而且排他的成本费用不高。

参照公共产品的两个特征，基于上述分析，可断定农产品批发市场的经济性质是私人产品，而非准公共产品，更不是纯公共产品。不过，根据图1所示，这并不否定农产品批发市场具有公益性。

2. 农产品批发市场具有公益性

农产品批发市场尽管在经济性质上属于私人产品，但它的存在和发展，对于保持生活必需品的价格稳定、把好农产品质量安全关、改善人民群众的生活、增进社会公共利益都起着积极的作用，即存在正的外部性，使每个人都不同程度上受益。

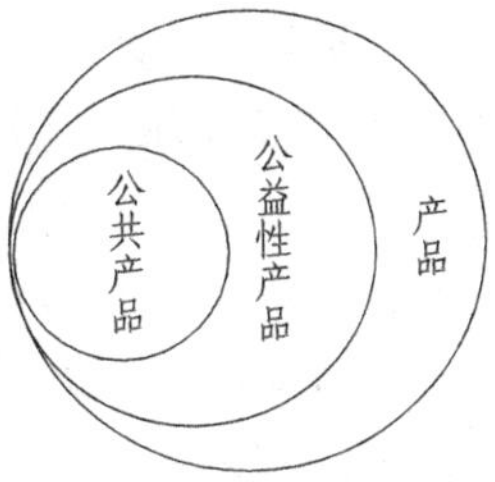

图1　产品、公益性产品与公共产品之间的逻辑关系

（1）促进商品集散，保证市场供应。

自从1984年我国武汉建立了第一家农产品批发市场——武汉皇经堂农产品批发市场以来，这种农产品流通形式已成为我国农产品流通的主要渠道和主要业态，我国70%以上的农产品都是经由批发市场转移至老百姓的餐桌上。历经多年发展，农产品批发市场已成为较稳定的购销平台，形成了面向本地区、跨地区，甚至全国性乃至国际性的农产品流通网络体系。通过市场的集散功能，农产品的生产商、批发商、零售商和消费者建立起了紧密的供销联系，能够为各地居民提供多样化的新鲜的农产品，丰富了城镇居民的“菜篮子”“果盘子”，对提高老百姓的生活质量作出了重要贡献。例如，北京新发地农产品批发市场日吞吐蔬菜1.6万吨、果品1.6万吨、生猪3000多头、羊3000多只、牛500多头、水产1800多吨，承担了首都90%以上的农产品供应，已形成以蔬菜、果品批发为龙头，肉类、粮油、水产、调料等十大类农副产品综合批发交易的格局。[14]

（2）规范市场秩序，稳定市场价格。

在居民消费价格指数（CPI）的构成中，食品价格所占比重最大，接近32%，这意味着食品价格因素对CPI的影响不容忽视。食品类中的粮食、油脂、肉禽、水产品、鲜菜、鲜果等，都与农产品批发市场密不可分。由于农产品基本上属于老百姓的生活必需品，一日三餐离不开，因此，其价格的上涨，普通老百姓往往都有切身的感受，在通胀预期的作用下，更会加重通胀压力。前几年的“蒜你狠”“豆你玩”“姜你军”等农产品价格大幅上涨，不仅影响到农产品供给和价格的稳定，也对我国的整体通货膨胀产生助推作用。另外，由于生产与消费的不均衡性等原因，“卖粮难”“卖菜难”等农产品供大于求的情形也时有发生，造成某些农产品积压滞销，这不仅加剧了这些农产品价格的波动幅度，也挫伤了农民的生产积极性，影响到城乡百姓的日常生活。价格形成机制是农产品批发市场最主要的功能，在市场机制发挥作用的前提下，农产品批发市场可扮演市场价格信息中心、农产品货源集散中心的角色，通过及时收集整理市场价格与供求信息，为农产品生产提供市场行情、指导种植投入等，并利用市场集散地的优势，积极应对农产品局部卖难或供应紧缺等突发异常情况，推进农产品产销衔接，平衡供求关系，从而促进市场价格稳定。

（3）防患于未然，把好农产品质量关。

我国2006年颁布的《中华人民共和国农产品质量安全法》和2009年颁布的《中华人民共和国食品安全法》，对农产品批发市场所承担的农产品质量安全的监管责任都有明确规定。近年来，由于一些食品安全事件不断出现，社会各界对食品安全问题日益重视。食品安全的源头在于农产品，农产品一旦出了质量问题，整个食品产业链的安全就无法得到保证，因此，把好“源头关”显得至关重要。从安全监管的角度看，农产品批发市场是实施农产品质量安全检测监管的重要关口，包括了农产品进入环节的监管、场内交易环节的监管和退出市场环节的监管等。在这些方面，有些农产品批发市场设立了独立的安全监管部门，有些则配备了专职的安全监管人员。尽管因执法权、人力、物力、财力等方面的原因，农产品批发市场的质量安全监管效果还不尽如人意，但是，农产品批发市场在防止“问题农产品”流入市场、流向消费者餐桌方面还是起到了重要作用。[15]

（4）符合社会公共利益，日益受到重视。

农产品批发市场事关国计民生，对保障生活必需品供给、稳定其价格、提高老百姓的生活质量都发挥了重要作用，即使一些发达国家，如法国、日本以及新兴国家的韩国，都明确承认农产品批发市场的公益性，并采取一定措施，保障其公益地位。近些年来，我国亦越来越重视农产品批发市场的发展，其所具有的公益性已逐渐纳入政府政策视野，并采取了一定的扶持措施。如农业部在2004年发布的《农产品批发市场建设与管理指南（试行）》第五条明确规定：“农产品批发市场是公共事业，以服务农业、农民和城乡消费者为宗旨。”2011年国务院办公厅出台《国务院办公厅关于加强鲜活农产品流通体系建设的意见》明确提出“要增加财政投入，通过投资入股、产权回购回租、公建配套等方式，改造和新建一批公益性农产品批发市场、农贸市场和菜市场”。2012年《国务院关于深化流通体制改革加快流通产业发展的意见》中明确“支持建设和改造一批具有公益性质的农产品批发市场……发挥公益性流通设施在满足消费需求、保障市场稳定、提高应急能力中的重要作用”。理论界和农产品批发市场业者中的许多人士也充分肯定了农产品批发市场的公益性。可见，目前对农产品批发市场的公益性，在我国已取得初步共识。

三、农产品批发市场公益性实现方式的政策选择

在市场机制下，农产品批发市场的公益性难以自发实现，为了促进其公益性的实现，满足社会公共利益，需要政府必要的扶持政策。

1. 财政支出扶持政策

财政支出扶持政策可具体分为直接的扶持政策与间接的扶持政策。前者采取政府直接投资的形式，是力度最大的扶持方式；后者采取诸如财政补贴之类的扶持方式，发挥财政资金“四两拨千金”的作用，利用一定的财政资金引导更多社会资金投入到公益性农产品批发市场的建设运营中。

无论是全额的政府直接投资，还是部分的政府直接投资，应着眼于建设一批具有示范性的“样板市场”，以不营利或微利为目的，充分发挥其导向作用，实现政府对农产品供销的宏观调控，尽可能减少农产品生产者和经营者的生产、经营盲目性，将农产品价格波动保持在正常幅度内，并严把农产品的质量安全关。

财政补贴是政府支出的间接扶持方式，其对象可以是当前由民间资本经营的农产品批发市场。考虑到当前农产品批发市场在质量安全监控体系建设中存在力不从心的现状，政府可以就此提供财政补贴，在质量安全监控人员配备、人员培训、设施设

备等方面给予一定的财政补贴，尽快提高农产品批发市场的质监水平。

财政贴息也是一种补贴形式，它是政府提供的一种较为隐蔽的补贴形式，由政府代替农产品批发市场经营者支付部分或全部贷款利息。财政贴息主要有两种方式：一是财政将贴息资金直接拨付给受益企业；二是财政将贴息资金拨付给贷款银行，由贷款银行以政策性优惠利率向企业提供贷款，受益企业按照实际发生的利率计算和确认利息费用。

为鼓励农产品批发市场更好地发挥公益性，政府在补贴形式上可引入具有一定激励作用的“以奖代补”形式。农产品批发市场经营者要获得这种补贴，必须满足政府制定的一系列标准，如农产品质量安全标准、成本费用标准、社会责任标准等。在“以奖代补”方式下，政府可经由财政先采取借款的形式将资金拨付给申请者，申请者符合相关标准后，这种借款转化为补贴。“以奖代补”的优点是政府在提供资金扶持的同时，也给受惠经营者施加了一定的激励约束机制，这应是采用补贴这种间接的资金扶持政策的发展方向。

2. 税收优惠扶持政策

税收优惠是政府扶持政策常用的一种形式，主要包括减税、免税、退税、投资抵免、税前还贷、加速折旧、亏损结转抵补和延期纳税等。随着税收制度越来越规范，税收优惠政策难以再像以前那样点多面广，在争取政府制定实施新的税收优惠政策有难度的情况下，梳理现有的税收优惠政策，从中找出可利用之处，不乏是促进农产品批发市场公益性实现的务实选择。如在农业生产、加工、流通、服务和其他涉农经济活动方面都有现成的税收优惠政策，对蔬菜流通环节免征增值税，免征农产品批发市场、农贸市场房产税和城镇土地使用税等。农产品批发市场可以根据自身条件，积极争取现有的税收优惠政策。

3. 建立财税扶持的长效机制

在市场机制对资源配置发挥决定性作用的前提下，站在扩大内需、促进流通业发展的战略高度，建立财税扶持的长效机制就显得十分必要。

首先，建立公益性农产品批发市场的认定目录。只有经认定进入这一目录的农产品批发市场，才有资格享受长期的财税扶持政策。

其次，对进入目录的农产品批发市场，可考虑建立促进公益性发展的专项资金制度。专项资金的来源是各级财政的预算资金，即每年在政府预算中拿出一定比例的资金，确保专款专用，并接受财政和审计部门的监督，以增强调控能力、保证重点需要、规范资金管理。

再次，对进入目录的农产品批发市场，也可考虑建立一揽子的税收优惠政策，而非“单打独斗”的个案税收优惠措施。这种打包式的税收优惠政策的内容包括减税、免税、退税、投资抵免、加速折旧和延期纳税等。凡是符合条件的农产品批发市场，自动地享受这些税收优惠政策，而无须再经过审批之类的程序。

最后，为了鼓励农产品批发市场走上自我发展的良好轨道，实现市场机制在资源配置中的决定性作用，对于长效机制应设立落日条款，如以 5 年为期。当长效机制到期时，根据该机制的实施效果、进入目录的农产品批发市场的发展情况以及可能新出现的问题等，对该机制的具体内容进行相应修订，以避免政府的扶持政策对资源配置的影响超过市场机制。

4. 积极推进多元化供给

随着新公共管理浪潮的兴起，公共服务的多元化供给已蔚然成风。中共十八届三中全会通过的《中共中央关于全面深化改革若干重大问题的决定》中明确“推广政府购买服务”，为促进农产品批发市场公益性发展提供了新的政策思路。

尽管严格来讲，农产品批发市场很难算是一种纯粹意义上的公共服务，但其公益性的特点，使得在促进其发展的过程中，可以借鉴政府购买服务的做法，以便实现农产品批发市场公益性的多元化供给。其中，公私合作（Public - Private - Partnership，PPP）是一种可探索的形式。公私合作的具体形式多种多样，主要包括 BOT 模式（Build - Operate - Transfer，建设—经营—转让）、BTO 模式（Build - Transfer - Operate，建设—转让—经营）、LBO 模式（Lease - Build - Operate，租赁—建设—经营）、BOO 模式（Build - Own - Operate，建设—拥有—经营）、BBO 模式（Buy - Build - Operate，购买—建设—经营）和 TOT 模式（Transfer - Operate - Transfer，移交—运营—移交）。[16]

这些形式有各自的特点和适用范围，所涉及的民间部门参与程度也不同。在实践中，推动农产品批发市场公益性的发展，首先需要解决的问题是选用哪种形式，不同的形式存在不小差别；只有弄清民间部门的介入程度，才能选择恰当的公私合作形式。另外，政府在推动公私合作时，特别要构建政府对农产品批发市场经营者在运营、产品质量、价格、服务等方面的监督、约束与激励的规则与机制，并确定投资回报补偿的可操作性的具体办法，如土地补偿机制、价格补偿机制等，使之“物有所值”。

注释：

①“产品”和“服务”在本文中被用作同义词，因此在文中将“服务”一词省略，直接用“产品”来表示“产品”和“服务”的含义。

②在国外的实践中，纯公共产品也不排除可由私人提供，如美国允许举办“私人监狱”“私人警察”等。

参考文献：

[1] 刘丽琴．我国应投建公益性的现代化农批市场——访北京八里桥农产品批发市场总经理赵尔烈［J］．中国市场，2008（12）：31－34.

［2］、［13］刘雯，安玉发．基于功能分解的农产品批发市场经济性质评价研究［J］．经济与管理研究，2010（10）：83－88，114.

［3］梁键．我国农产品批发市场的公益性及发展对策思考［J］．商业时代，2013（26）：20－21.

［4］徐柏园．公益性：农产品批发市场性质的正本清源［J］．中国流通经济，2011（5）：92－97.

［5］安玉发．鲜活农产品流通体系建设强化公益性特征［J］．中国农民合作社，2012（1）：14－15.

［6］、［15］马增俊．如何实现农产品批发市场的公益性［J］．农经，2012（Z1）：10.

［7］张馨．公共财政论纲［M］．北京：经济科学出版社，1999.

［8］丹尼斯·C缪勒．公共选择理论［M］．3版．韩旭，杨春学，等译．北京：中国社会科学出版社，1999.

［9］曼瑟尔·奥尔森．集体行动的逻辑［M］．陈郁，郭宇峰，李崇新，译．上海：上海三联书店、上海人民出版社，1995.

［10］郭垒．教育公平、教育的公益性和公共产品［J］．国家教育行政学院学报，2006（4）：44－47.

［11］E S 萨瓦斯．民营化与公私部门的伙伴关系［M］．周志忍，等译．北京：中国人民大学出版社，2002.

［12］高培勇，崔军．公共部门经济学［M］．北京：中国人民大学出版社，2001.

［14］北京新发地农产品股份有限公司．北京新发地农产品批发市场简介［EB/OL］．http：//www. xinfadi. com. cn/company/cintros. shtml.

［16］周正．发达国家的政府购买公共服务及其借鉴与启示［J］．西部财会，2008（5）：14－18.

原载于《中国流通经济》2014年第7期

线上线下融合发展进入实质阶段

——2015 年中国流通产业回顾与 2016 年展望

赵　萍*

（中国贸促会研究院（筹），北京市 100031）

摘　要：2015 年我国零售行业的增长速度远低于全社会消费品零售总额的增长速度，大部分百货企业的销售额和利润额双降，电商依然高速增长但增幅回落；同时，购物中心快速发展，折扣店、便利店盛行，物流行业发展迅速；伴随着零售业并购的频繁，开店和关店的数量众多，业态集聚分化明显；零售业跨行业发展趋势渐显，介入金融业务的现象渐多。2016 年，以消费需求为导向、以顾客为中心、加快向流通业本质回归已成为实体流通企业的共识；实体流通企业的调整转型提速，电子商务创新将继续纵深推进，多元化跨界、特色化经营、更多方式触网、更多形态 O2O 推动线上线下融合发展进入实质性阶段，全渠道将成为线上线下流通企业的主流模式。

关键词：流通产业；业态升级；创新驱动；线上线下融合

一、2015 年中国流通产业回顾

2015 年，我国经济面临巨大的下行压力，在国际市场没有大的起色、投资增长乏力、稳增长难度加大的情况下，全年社会消费品零售总额增速将超过 10%，仍然保持中高速，在“互联网 +”行动计划引领下，电子商务增速保持高位，但增速明显回落。百货店、大卖场等传统流通业态升级步伐不断加快，流通产业创新驱动发展特点突出。

1. 行业增速持续下降

（1）行业增速放缓。

2015 年，我国零售行业的增速远低于全社会消费品零售总额的增速，大企业销售额增速更慢。国家统计局的数据显示，2015 年 1—10 月社会消费品零售总额 244359 亿元，名义增长 10.6%，增速比前三季度提高 0.1 个百分点。其中，商品零售额增长 10.4%，比社会消费品零售总额低 0.2 个百分点；限额以上单位商品零售额增长仅为 7.6%，比全社会平均水平低 3 个百分点。[1] 根据全国商业信息中心统计，2015 年前三季度全国重点大型零售企业销售额仅同比增长 2.1%，增速与上年同期基本持平，较上半年下降 0.8 个百分点。[2]

（2）百货超市疲弱。

2015 年上半年，大部分百货企业的销售和利润双下降。无论是继续增长的企业还是下滑的企业，其经营状况均较艰难。全国连锁的百货企业新世界百货中国有限公司利润同比下降 86.6%，处于亏损边缘。超市业态的抗跌能力稍好，但也呈现出下滑态势。只有华润万家、永辉、卜蜂莲花、步步高等少数企业取得了两位数以上增长佳绩。一些专注于创新模式的零售企业逆势而上，优秀的区域零售企业不断涌现，如安徽省的乐城超市取得了近 50% 的同比增长。但是市场占有率较高的全国零售企业沃

* 赵萍（1970—），女，辽宁省灯塔市人，中国贸促会研究院筹备组研究员，经济学博士，商务部特聘全国内贸行业专家，商务部电子商务专家咨询委员会专家委员，主要研究方向为流通经济、消费经济。

尔玛中国、物美、高鑫零售（大润发和欧尚超市的母公司）等企业业绩明显下降。

（3）电商增速回落。

电商增长速度依然很快。阿里巴巴强大且稳定，京东持续崛起，苏宁深入转型，国美、步步高、大润发发力平台，万达重金打造O2O，1号店迅猛扩张，亚马逊卷土重来，以及移动电商的全面开花、垂直电商的蚕食分流、实体零售电商化的加快，均显示出电商强大的吸引力。但与2014年相比，网络零售的增长速度出现了明显下降。2015年1—10月网络零售的增长速度仅为34.6%，比2014年高达49.7 %的增速下降了10多个百分点。

2. 大而全、小而精逆袭

（1）购物中心成为避风港。

百货企业不断弱化百货业务，将“大而全”的购物中心视为避风港。有数据显示，在全国范围拓展的百货企业转型购物中心的比例高达42%。王府井百货、上海百联、天虹商场均开始进入购物中心领域。与此同时，购物中心去百货化的趋势也日趋明显。与东方新天地伴生的晨曦百货撤店，与万象城捆绑开店的泰国尚泰百货撤离；北京市朝阳大悦城与永旺百货停止合作，并不再规划百货主力店。此外，一些大卖场企业大笔投入购物中心。据调查，上海市和成都市在建购物中心面积高达330万平方米及320万平方米，深圳市排名第三位，在建购物中心面积达到260万平方米。值得注意的是，部分城市的零售项目空置率已达40%，风险慢慢显现。[3]

（2）折扣店、便利店盛行。

2015年，便利店延续2014年的快速增长势头，网点规模和门店单产都得以大幅提升。7－Eleven、全家等便利店品牌不仅实现了网点的规模效益，单店产出也遥遥领先，成为中国便利店市场的领头羊。越来越多的大卖场和百货企业继续开拓便利店业务。华润万家首次公布了在小业态发展方面的规划，将新开30家VANGO便利店。广百百货、岁宝百货等都开设便利店。家乐福中国展开了其进入中国市场20年来较大的一次战略调整和架构改变，扩张小店是其战略重点之一。以微百货业态出现的折扣店，正在逆势扩张，像生活无忧、大创生活馆、优宿优品等微百货如雨后春笋，以低价但设计感强烈的商品作为卖点。

（3）物流行业快速发展。

2015年上半年物流行业约产生86亿个包裹，同比增长43%，利润率却不足万分之一。[4]物流更多地被视为电商的重要出口，“四通一达”等快递公司和这些网络站点是电商发展不可或缺的配套，运输过程中干线、直线、海运、陆运、空运等各个环节成本不断优化。随着物流平台化的发展，网点、门店、代理收货点以及区域分中心、物流分公司等网络服务点快速发展。京东、淘宝等为了发展农村电商纷纷布局农村市场，物流行业的开发也水到渠成。跨境电商热带动跨境物流发展，蕴藏着进口海淘的锦绣前程，跨境物流已经发展成为物流业的重要分支。

3. 渠道结构快速变化

（1）收购兼并活动频繁。

同业并购频繁。2015年零售业的竞争依然过度，营利艰难，整个行业的分化重组进一步加剧，实体流通企业之间的合作和并购非常活跃。永辉超市收购联华超市股份，红旗连锁收购红艳超市，湖南商业连锁步步高跨省收购广西南城百货，成商集团并购茂业国际旗下7家百货店、收购成都仁和春天百货，王府井百货收购群力广场布局哈尔滨，华联股份收购安徽、山西、内蒙古等5个项目，三胞集团收购英国百货House of Fraser，基本上都是同一业态内部的收购兼并。

线上线下并购活跃。2015年资本市场中吸引眼球的线上线下并购莫过于阿里巴巴以283亿元购买苏宁近20%的股权，京东以43.1亿元购买永辉10%股权。线下对线上小公司的入股投资虽然没有备受关注，却表明传统零售业对电商态度的转变，从最初的敌视、试水到现在的合作共赢。大润发收购莆田网、华联投资唱吧、银泰投资数据公司等，都是线下企业通过并购方式对电子商务的重要探索。

（2）开店关店数量众多。

在快速变化的市场环境面前，一些网点无力应对业绩下滑的困局而关门大吉。据联商网统计，2015年上半年，主要零售企业（含百货、超市）在国内共计关闭120家。其中，百货业态关闭25家，超市业态关闭95家，外资（含中外合资）零售企业关闭门店16家。关店现象较严重的地区是江苏、广东、安徽、浙江各省的二、三线城市。拥有131年历史的马莎百货曾在上海及其周边区域有15家店面，2015年关闭了上海的5家门店。[5]关店原因是多方面的，一是百货、超市等业态试水电商，但没有突出进展；二是实体零售业态未能及时满足顾客需求，销售业绩不佳；三是战略结构调整；四是房屋租赁到期；五是消费市场过剩与电商袭掠。

（3）业态集聚分化明显。

将商品按照业态划分不同种类，相同属性的商品归置到同一区域经营是很多地方政府在规划中的普遍做法。北京市批发市场在大规模外迁的同时，在新的区域形成新的集聚。例如，以箱包批发市场著称的河北省白沟，在吸引北京市批发市场外迁的过程中，形成了箱包、五金机电、服装辅料等多个批发市场的集聚。

电商齐聚农村市场。虽然电商已经呈现出寡头垄断的格局，阿里巴巴和京东占据中国电商90%以上市场份额，这种市场格局短期内不会改变，但2015年各大电商平台都开始发力农村电商。农村淘宝未来三年内希望培养20万农村青年回乡创业；苏宁在农村电商布局中，强调降低沟通成本，提高沟通效率，同时苏宁易购直营店也针对当地市场实际需求，帮助当地消费者定制更符合其需求的高性价比产品。

4. 创新主导行业发展

（1）跨行业发展。

在面临增长压力和电商竞争的情况下，零售企业千方百计开展多元化经营，挖掘新的增长点，一些上市企业更愿意尝试进入新领域。重庆百货利用公司现金流、供应链和客户资源搭建金融服务平台，保险公司和马上消费金融均在2015年投入运营。在跨境电商业务方面，重庆百货不断完善境外采购、跨境通关、保税仓入库等流程。尽管已从银泰体系中剥离，但有了阿里巴巴互联网基因的银泰百货加速探索跨境电商等新业务。广州友谊通过非公开发行股票谋划整体转型双主业运作。浙江省百大集团投资浙江百大医疗产业投资有限公司，寻找新增长点。

（2）冰火两重天的O2O。

无论传统零售品牌，还是创业公司，都努力通过O2O将消费者的兴趣转化成可持续发展的业务。2015年O2O最大的特点是实体流通企业特别活跃，纷纷与电商开展合作。永辉牵手京东，万达联手腾讯，银泰、苏宁先后与阿里巴巴展开战略合作，线上线下加速融合的O2O模式在实体零售业已是大势所趋。步步高联合天虹商场、山东家家悦、上海城市超市、北京超市发、武汉南浦等22家企业成立了“全球联采众筹平台”。沃尔玛推出了App速购，又将1号店全资收购。家乐福网上商城目前已经在上海地区实现24小时内送达；麦德龙在2014年入驻社区001后，2015年推出了基于地理位置、与麦德龙线下门店无缝对接的麦德龙网上商城。物美上线的O2O平台多点（Dmall）实现“最后一公里”到家配送服务。永辉全程自助体验超市、乐城“未来超市”以及苏宁超市将给实体零售带来更多的启发和灵感。各种规模的便利店更是利用已有的网点优势，大规模发展O2O，进行全方位沟通与交互，提升顾客忠诚度。7 - Eleven和罗森都已上线独家App，红旗连锁探索O2O，全时便利开出“7 - Eleven + 星巴克 + 吉野家”的组合式二代店。目前国内针对批发商商贸的服务平台并不多，但2015年服务于实体批发市场的电商平台竞争更加激烈，规模不断扩大。对于一些新建的批发市场，网站、App已成为标配。2015年上半年，各种O2O获得融资的消息不绝于耳，特别是上门服务的O2O异常火爆；2015年下半年，各种O2O电商倒闭的消息陆续传来。顺丰推出“嘿客”、圆通推出“妈妈店”，没有商品码放的店面其实就是商品自提点，小e到家、生活圈、即买送、京东到家等多种超市代购类O2O平台兴起。

（3）跨境电商成功抢滩。

2015年是跨境电商元年，各大电商巨头纷纷重金投入跨境电商。天猫国际坚持平台策略，不断吸引国际大品牌和零售商入驻平台，在北美拥有885家门店的梅西百货入驻天猫国际，是天猫国际化的重要举措；京东拓展跨境自营业务，其全国首个全球购自营物流基地在广州启动，全球购电子商贸平台正式营运，并与俄罗斯最大网上零售商Ulmart携手开拓俄罗斯市场；网易考拉海购自采自营，保税区发货；洋码头则是B2C和C2C兼有，并以后者为主；步步高旗下云猴全球购正式上线，并整合线下实体店资源参与到跨境电商，在宁波、长沙、湘潭开设线下的跨境电商体验旗舰店。跨境电商成为线上线下企业应对销售增速下滑、吸引消费者购买的重要途径。

(4) 流通企业开拓金融业务。

2015 年，很多线上线下流通企业开拓金融业务。截至 2015 年 8 月，中国连锁百强中已经有 58 家接入支付宝，45 家接入微信支付，15 家接入翼支付，5 家接入银联支付，2 家接入易付宝，2 家接入 QQ 钱包。[6] 京东白条资产证券化项目获得证监会批复，并在深交所挂牌，可以为消费者提供 3 ~ 24 个月的融资；苏宁海外购获得新进展，凡是接收到开通“任性付”邀请短信的用户下单时都可以选择“任性付”支付，最高可获得 20 万元的个人消费贷款额度，有 30 天的免息和最长 60 个月的付款期限。蚂蚁金服集团重启 O2O 服务平台口碑网，全面接入口碑网及数万口碑商户。“互联网 + 金融”并不是新的课题，顺丰 2015 年年初上线“顺手赚”，提供顺丰仓储融资服务，打通物流、信息流、资金流，提升供应链效率，克服资本制约。

5. 支持政策加大力度

(1) 深化流通体制改革。

2015 年流通领域的改革受到高度重视。国务院颁布了《关于推进国内贸易流通现代化建设法治化营商环境的意见》，大力加强全国统一市场建设，降低社会流通总成本；统筹规划全国流通网络建设，加强流通领域重大基础设施建设，提升内贸流通创新驱动水平，增强内贸流通稳定运行的保障能力，在全国 9 个城市开展国内贸易流通体制改革发展综合试点，在流通创新发展促进机制、市场规制体系、基础设施建设运营模式、管理体制等方面开展改革探索。

(2) 推动线上线下互动发展。

为了适应新常态，引领新常态，电子商务作为经济增长的新动力已经上升为国家战略。在 2015 年年初的政府工作报告中明确提出制订“互联网 +”行动计划。国务院办公厅先后颁布了《国务院办公厅关于推进线上线下互动加快商贸流通创新发展转型升级的意见》《国务院办公厅关于促进农村电子商务加快发展的指导意见》和《国务院办公厅关于促进跨境电子商务健康快速发展的指导意见》，推动传统企业转型升级，促进线上线下互动的服务消费增长，开展电子商务与物流配送试点，加快商务大数据建设与应用。按照国务院“互联网 +”行动计划的部署，商务部制定并发布了《“互联网 + 流通”行动计划》，加快互联网与流通产业的深度融合，推动流通产业转型升级，创新服务民生方式，释放消费潜力。在电子商务进农村、电子商务进中小城市、电子商务进社区、线上线下融合互动、跨境电子商务等领域打造安全高效、统一开放、竞争有序的流通产业升级版，促进流通效率不断提升，进一步完善流通环境。

(3) 推动物流行业发展。

国务院组织编制《商贸物流发展中长期规划》《电子商务物流发展专项规划》，商务部组织编制《京津冀商贸物流发展专项规划》，商务部办公厅、国家标准委办公室印发《商贸物流标准化专项行动计划》。国务院印发了《国务院关于促进快递业发展的若干意见》，这是邮政体制改革以来我国出台的第一部全面指导快递业发展的纲领性文件，是快递业发展进程中的重要里程碑。

二、2016 年中国流通产业发展趋势判断

2016 年是“十三五”规划的开局之年，经济增长将保持中高速，消费对经济增长贡献将明显加大。以消费需求为导向、以顾客为中心、加快向流通业本质回归已成为实体流通企业的共识。实体流通企业的调整转型提速，电子商务创新将继续纵深推进，多元化跨界、特色化经营、更多方式触网、更多形态 O2O 推动线上线下融合发展进入实质性阶段，全渠道将成为线上线下流通企业的主流模式。

1. 一体化

(1) 线上线下一体化。

消费方式的变化使线上线下融合成为纯电商与实体店的必然选择。普华永道调查结果显示，顾客已经出现了回归实体店的倾向，尽管有 68% 的全球受访者表示在门店浏览但最终在网上购买商品，也有 70% 的受访者表示在网上浏览商品却在门店购买。[7] 在门店充当网店体验店的同时，网店也成为消费者货比三家的体验店。单从总体上看，2016 年顾客回归实体店仍是迹象性、趋势性的现象，顾客在回归实体店的同时，也不会抛弃电商。既在网上购

物，也到实体店消费，是很多人的选择，线上线下的场景限制将被打破。线上线下融合成为线上企业和实体店的必然选择，虚拟经济和实体零售的边界相对模糊。

（2）内贸外贸一体化。

政策层面的支持力度不断加大，部分消费品关税下调和消费税改革，将为零售商的定价策略带来调整空间。特别是在“一带一路”倡议的带动下，中国零售业将对接沿线的东盟、俄罗斯、印度等新兴市场，为整合线上线下渠道提供了可能。2016 年中国跨境电商进出口额将增长至 6.5 万亿元，年增速超过 30%。在政府政策支持下，各电商和传统零售业龙头加快布局跨境业务，这些原本以国内市场作为主要目标市场的线上线下企业，纷纷把采购环节伸向海外，加快引进国外的商品品牌和零售品牌，并可能通过收购兼并、战略合作等方式，进一步加快内外贸一体化进程。

2. 特色化

（1）跨界组合凸显特色。

2015 年已经成为事实上的移动电商时代，2016 年移动电商趋势会更加明显。无论是电商跨界发展体验店，通过并购与实体店达成战略合作，还是实体店通过 App、微信、支付方式等发展电子商务，线上的或线下的流通企业通过各种跨界组合，使个性化、特色化发展替代原来千店一面的局面，在 O2O 发展模式的探索中，与企业市场地位、经营模式、业态相匹配的 O2O 模式将走向成功，线上线下融合走过探索阶段，O2O 将上升为领先企业的主要商业模式。

（2）服务创新增加黏性。

“优衣库 + 星巴克”“沃尔玛 + 中青旅”甚至“三越伊势丹 + 邮局”的跨界发展为实体店的服务创新提供了新的思路。为了吸引顾客到店消费，实体流通企业将根据不同的区域，提供分层的、具有针对性的商品和服务组合，突出企业特色。虽然超市等以食品与日用品为主导的零售业仍旧偏重“商品零售”，但百货等以时尚商品与生活情趣为主导的零售业则可能开始偏重“服务零售”。介于商品零售与服务零售之间的电子商务平台企业，将延续 2015 年出现的商品销售平台与服务平台之间的整合，美团大众点评、携程去哪儿、滴滴快的、58 与赶集等生活服务电商纷纷合并，百度投资糯米，阿里巴巴扶持口碑，2016 年线上线下流通企业都会主打服务牌，通过服务创新，实现人流共振、功能互补、成本互降，增加客户黏性。

3. 集中化

（1）并购提升市场集中度。

目前中国商业的集中度仅在 7% 左右，远远低于美国 30% 多和日本 20% 的水平。2016 年，实体流通企业仍将面临增速放缓、要素成本高、利润率低的压力，行业整合并购加剧，无论是电商网络平台还是实体流通企业，并购活动将更加活跃，电商企业与实体企业间的合作将进一步深化，行业集中度进一步提升，流通业将从规模型向质量效益导向型转变。

（2）转型外迁提升集聚度。

随着城镇化步伐加快，中小型批发市场和老的批发市场转型升级和外迁的趋势更加明显。2016 年，越来越多的批发市场将在地方政府的政策推动下外迁，并进行相关的业态调整和升级。在城乡接合部或者中心城市的卫星城，新的批发市场集聚区将会形成，成为市区内批发市场转型升级的重要承接地。在新的集聚区，围绕批发市场将形成更加完整的产业链，电子商务也将成为这些批发市场的标配，成为完善批发市场功能的重要手段。

4. 便利化

（1）便利店高速发展。

在经济新常态、消费升级、电商冲击和移动互联时代特征更加明显的 2016 年，实体商业的传统形态继续寻求转型，发现新的契机。与商业区相比，社区商业更贴近普通消费者，消费群体相对固定，有较高的重复购买率和忠诚度，是 O2O 平台必争的服务入口。在社区商业中快速崛起的便利店需要扩张的不仅是规模，发展模式也将互联网化，运用移动互联网工具来绑定会员，赚取口碑、建立大数据的后台体系是社区便利店发展的重点。过去的六年中，我国便利店门店数量几乎翻倍，2016 年中国便利店行业将处于二次扩张时期。

（2）快递业增加便利。

随着 O2O 向纵深发展，2016 年快递业务量将继续保持快速增长，快递包裹总量将达到 180 亿～210 亿件，快递业务收入增速将保持在 35%～42%。一批中小型快递企业和专业化的快递企业将会出现，跨境电商快递、冷链宅配、酒类宅配、药物宅配、化妆品宅配、即时配送、高铁快递等快递业务占比将会进一步提升，与互联网相关的快递业务占比将达到75%以上。在传统快递“门到门”的基础上，便利店代理快递、社区物业代理快递、快递智能自助柜等都将成为新亮点。智能、便利、成本低、安全性高，是2016年快递业发展的重要特征。

5. 法制化

（1）改革体制机制。

电子商务创新体现的高效率，反衬出垄断性行业的低效率，企业是创新的主体，企业的创新永远走在政策创新前面。企业创造出来的新模式、新业态，往往与现行的制度规则冲突。因此，2016年，在“四个全面”治国方略指引下，流通领域深化改革和法制化建设的步伐将会进一步加快，简政放权、打破垄断、创建良好的营商环境将成为流通体制改革的主要方向。[①]在推动流通业快速发展中促进企业主动适应经济新常态，在O2O的大势中寻找适合的商业模式，形成引领新常态的发展模式，将会有更多的新政出台。

（2）构建法制化营商环境。

作为经济发展新动力的重要来源，预计2016年国家还将陆续出台一系列政策，以强化电子商务对经济的引领作用。虽然政府行政机构、电商平台以及物流、外贸等相关领域的参与者都在努力为电子商务发展“清障搭台”、破除壁垒、打通脉络，但实体流通业增长的压力将比2015年更大，销售下滑、盈利下降甚至亏损关店现象将时有发生。在网上销售额占社会消费品零售总额比重已经超过10%的情况下，电子商务已经从一个相对弱小的行业，成长为国民经济的支柱产业之一。且国内主流的电子商务平台规模已经远远大于任何一家实体流通企业，电子商务行业内部也形成了垄断竞争的格局。除了行政支持与资本扶持外，电子商务的健康发展更需要监管严密的公平竞争环境。加强知识产权保护，保护消费者权益，严厉制裁网络盗窃、诈骗等行为，营造电子商务与实体店之间公平的竞争环境，维护公平竞争的市场秩序。充分、公平、有序竞争，将成为法制化背景下营造良好营商环境的重要内容。

注释：

①参见《中共中央关于制定国民经济和社会发展第十三个五年规划的建议》。

参考文献：

［1］佚名.2015年10月份社会消费品零售总额增长11.0%［EB/OL］.（2015－11－11）.http：//www.stats.gov.cn/tjsj/zxfb/201511/t20151111_1271251.html.

［2］佚名.2015年前三季度重点大型零售企业主要商品销售情况分析［EB/OL］.（2015－11－05）.http：//www.askci.com/news/chanye/2015/11/05/91724xfk1.shtml.

［3］世邦魏理仕.中国物业投资指南之零售物业［EB/OL］.［2014－10－31］.http：//sz.winshang.com/news－404942.html.

［4］佚名.解析中国物流十大趋势［EB/OL］.（2015－11－26）.http：//www.56products.com/News/2015－11－26/EEI0963IHF-HCDCH2442.html.

［5］佚名.2015年上半年主要零售企业关店统计［EB/OL］.（2015－07－13）.http：//www.linkshop.com.cn/web/archives/2015/329313.shtml.

［6］中国商报商业研究院.2015年零售业O2O趋势分析与前瞻研究报告［EB/OL］.（2015－11－25）.http：//www.guochengxin.com/20151125/c586089955.shtml.

［7］普华永道.2015年全零售：零售商与变革的时代［EB/OL］.http：//www.linkshop.com.cn/web/archives/2015/325979.shtml.

原载于《中国流通经济》2015年第12期

移动互联网 + 视域下零售业态演变路径及对策*

张　琼**

（浙江商业职业技术学院，浙江 杭州 310053）

摘　要： 随着移动互联网的迅猛发展，传统零售业态升级改造已经成为必然趋势，体验式消费、个性化定制、大数据应用将成为传统零售业新的经营法宝。为更好地适应这样的大趋势，快速打开自己的电商平台，实体零售企业一定要转变观念，从过去传统的思维方式转变为互联网的思维方式，以更好地适应移动互联网技术的迅猛发展，提升管理效率；零售企业一定要倾听用户的声音，利用社交网络、微博等互联网媒体技术与消费者建立良好关系，深度研究和定义用户需求，找准定位，以更好地提高顾客消费体验，增加消费者黏度；传统零售企业一定要组建成熟的移动电子商务团队或借助技术实力雄厚的第三方电子商务平台，重构或再造适合企业个性化需要的具体方案，降低移动电子商务运作成本，提高企业网络服务能力；传统零售企业一定要主动拥抱互联网企业，利用其在互联网引流、品牌拓展及大数据应用方面的优势，进行模式创新，弥补自己的短板；传统零售企业一定要进一步提高数据应用能力，以更好地降低供应链成本，提高供应链效率，实现创新制胜。

关键词： 零售业态；移动互联网 +；演变路径；科技创新

一、文献回顾

西方学者有关零售业态演变的研究，比较主流的有生命周期理论、真空地带假说和技术推动论。生命周期理论认为，与产品一样，零售业态也是有生命周期的，即存在从业态创新、新兴业态快速成长、新兴业态成熟稳定到新兴业态逐渐衰退消失的生命周期过程。在创新阶段，新兴零售业态出现了许多不同于传统零售业态的特性，具有明显的差异化优势，并由此受到了业界的普遍认可并得以迅速发展。在快速成长阶段，由于新兴业态不断地在竞争中获得优势，大量跟随者开始复制这种模式，同时原创新者也开始进行规模扩张。在这个阶段，采用创新业态的零售企业，其市场份额与盈利能力大幅提升。在业态成熟阶段，新兴业态竞争优势不断下降，零售企业利润大幅下滑，市场份额趋于萎缩。进入衰退阶段后，新兴业态竞争优势完全消失，市场份额大幅萎缩，最终失去市场，而另一种新兴业态开始酝酿产生，又开启了新一轮从业态创新、快速成长到成熟稳定，继而逐渐衰退的生命周期过程。真空地带假说是另一个比较流行的业态理论。该理

* 浙江省哲学社会科学规划课题“移动互联网背景下零售业态演绎路径研究”（14NDJC16YBM）；杭州市哲学社会科学规划课题“移动互联网背景下杭州零售业态演变趋势及创新策略研究”（2015JD32）。

** 张琼（1968—），女，浙江省杭州市人，浙江商业职业技术学院副教授，主要研究方向为商贸流通、连锁经营。

论主要研究消费者需求变化与业态变化的关系，认为消费者需求变化是引发零售业态变化的主要因素。当消费者对零售商所提供商品的价格或服务偏好发生变化时，就会出现某些未被满足的“真空地带”，一些积极的创新者就会以这个“真空地带”为目标提供零售服务，于是业态特征开始发生变化，一种新的零售业态逐渐形成。技术推动论是日本学者中西正雄[1]提出的，他首次引入技术边界线的概念，分析零售服务与价格水平组合同零售技术水平的关系，指出任何时期，受信息技术、物流技术、管理技术等制约，零售服务水平都有一个限度。科学技术的创新及其在零售业的应用，突破了原有信息、物流与管理技术的边界，形成新的价格与服务组合，赢得对原有业态的竞争优势。该理论指出，技术创新是业态演变的原动力，在零售技术日新月异的今天，为零售业正确认识业态发展趋势提供了科学的理论依据。

近年来，国内相关方面的研究也逐渐增多。刘星原[2]提出，零售业经营模式的演变，其关键的外部因素是经济快速发展所带来的消费者需求的不断变化。零售企业研究并创新经营模式，以适应不断变化的市场需求和竞争环境，而这正是促使零售业态演变的内在因素。李飞[3]从零售业态主要构成要素入手，研究了零售环境变化所带来的各要素维度的变化，指出业态构成要素及要素在不同维度的组合，就是零售业态演变的机理。刘文纲、郭立海[4]研究指出，目前传统零售商实现实体与网络零售协调发展的模式可分为三种，即线上线下相互补充模式、线上线下相互独立模式、线上线下相互融合模式。在不同的模式下，线上线下所承担的零售功能有所不同，且在目标顾客定位、商品服务组合、价格促销策略的选择上有所不同。沙振权、张权[5]的新媒渠理论提出，移动互联网在零售业的应用以及顾客随时随地购物的新主张，使得零售在时间和空间上大大拓展，零售渠道的多样化、支付手段的移动化，可以满足顾客瞬间产生的购买欲望，是导致业态演变的关键因素。

二、研究设计

本研究将理论分析与实证研究相结合，将文献分析与调查研究相结合，首先运用真空地带假说、技术推动论等零售业态演变理论，对业态演变要素和机制进行理论分析。同时，重点选取苏宁云商、物美超市、银泰百货等个案，分析其业态表现特征及移动互联网背景下的变化趋势，并在此基础上寻找业态演变的要素和机制。通过理论分析与模型构建，建立一个具有实用性的零售业态创新路线图。

本研究的数据收集分为三个阶段。第一阶段的调查时间是2014年11月至12月，调查对象为浙江省内有实体店铺的零售企业，包括省外连锁企业、跨国连锁企业。通过浙江省连锁经营协会向会员单位发放问卷，或者直接向浙江商业职业技术学院的合作企业发放问卷，进行数据收集。问卷回收整理后，根据专家建议，修订问卷，增加了有关大数据管理与应用的调研题目。第二阶段的调查时间是2015年4月至5月，通过中国连锁经营协会向会员单位发放问卷，两个阶段的调查共发放问卷70份，回收问卷68份，其中两份为无效问卷，最终得到有效问卷66份，反馈率为97%，有效率为94%，有效被试共计66例。第三阶段的调查时间是2015年6月至7月，调查对象为浙江省内零售实体店的消费者，包括在校大学生、大学生父母以及其他各年龄段的各行各业的消费者。通过向在校大学生和老师发放问卷，以及向我们的同学、同事、朋友、QQ群、QQ好友、微信群、微信好友发放问卷进行调研。本次调查共发放问卷1000份，回收问卷970份，其中无效问卷10份，最终得到有效调查结果960份，反馈率为97%，有效率为96%，有效被试共计960例。

三、主要研究成果

（一）移动互联网+视域下零售业态所表现出的新特征

1. 业态特征与营销技术发生变革，零售业出现了“第五次革命”。我们对中国连锁经营协会、浙江连锁经营协会规模在500人以上的会员单位进行了调查，其中60%的业态为大卖场，其他是百货店、便利店、专业店、专卖店等。在“开展移动互联网营销年限”这个题项中，82%的调查对象显示为1～3年，15%的调查对象显示为3年以上，3%的调查对象显示为1年以内，说明当下传统零售业已经全部参与到了移动互联网营销中，各种业态都出现了“移动互联网+”的发展趋势，传统零售业正在面临一场营销技术革命；在“移动互联网营销额占总额的百分比”这个题项中，76%的调查对象显示占比不到10%，21%的调查对象显示占比为10%～30%，说明当下传统零售业移动互联网销售占比仍然很低，“移动互联网+”模式尚处于发展初期；在“已采用的移动应用方式”这个题项中，所有调查对象都显示拥有自己的微信公众号，但引导顾客从线下转到线上的方式主要是店内扫二维码、移动支付、移动端购买优惠抽奖等，说明现阶段传统零售业采用的移动营销方式还比较单一，缺乏其他高级发散功能；在“对移动应用智能硬件的看法”这个题项中，59%的调查对象认为是全新的营销手段，应该重视，39%的调查对象显示已购买使用。上述数据表明，移动互联网技术正在零售业得以广泛应用，零售业正在面临一场技术革命，即“第五次革命”，表现为零售业态不断向移动化方向发展，业态变得更加细分化、差异化，营销观念与营销技术也趋于移动互联网化，涌现出线上到线下（O2O）、消费者到企业（C2B）等新型商业模式。

2. 零售渠道由多渠道向全渠道转型，渠道之间由竞争变为协同。在“是否采用多渠道营销”这个题项中，100%的调查对象表示“是”。在“主要营销渠道有哪些”这个题项中，数据显示，零售企业除拥有线下直营店、加盟店、折扣店等实体店铺外，往往还开设了官方网站或者第三方电商平台上的渠道，还有些建立了邮购中心、呼叫平台等，形成了多渠道经营。在“是否线上线下多渠道协同”这个题项中，88%的调查对象表示“是”。在“多渠道主要协同方式”这个题项中，数据显示，主要体现为供应链协同、产品服务协同、价格协同、库存协同、加盟商协同等。移动技术的应用，使得零售企业可以根据自己的品牌和定位，在产品、价格、库存等方面重新定位并进行改变，在线下实体店扩展门店边界，打破单品（SKU）展示陈列的界限，在店内采用实体陈列与虚拟陈列相结合的形式，顾客下单后直接转入线上渠道处理订单，根据库存所在位置进行多渠道协同配送。在“多渠道协同是否符合预期并得到良好评价”这个题项中，56%的调查对象表示符合，21%的调查对象表示完全符合。零售渠道由相对独立的多渠道转向全渠道，打破了原来分流和冲突的局面，渠道整体绩效明显上升。

3. 顾客更注重购物体验，出现了购物、娱乐、社交相互融合的特征。零售的核心是为顾客创造更好的价值主张，无论是为顾客省钱，还是为顾客提供良好的购物体验。在“移动互联网技术对顾客移动购买影响程度”这个题项中，84%的调查对象表示非常注重支付的快捷和便利性，关注实体店是否有免费无线网络（WiFi），网速是否足够快，支付是否安全；在“移动购物客户端商品分类是否清晰合理”这个题项中，90%的调查对象表示非常重要；在“移动购物客户端商品信息是否详细完整”这个题项中，70%的调查对象表示非常重要；在“所购商品享受的折扣、运费、总价等信息是否明确列出”这个题项中，77%的调查对象表示非常重要。上述数据表明，顾客在实体店、网站或使用移动应用软件（App）进行浏览时，其逗留时间、路径、发现商品的方式、支付行为、取货方式等，都构成了交易中独特的主体感受，这种购物体验可以满足顾客与自己身份、收入阶层、生活品质等相符的某种欲望和需要。[6]在“是否开发企业专属App”这个题项中，85%的调查对象表示“否”；在“正在使用的移动购物客户端”这个题项中，排在第一位的是手机淘宝，紧随其后的是京东、苏宁易购、亚马逊、1号店等。数据显示，实体店购物的体验远不如专业电商平台，随着行业竞争的日益激烈，领先的电商平台不断完善交易的体验度，通过提升自身管理和服务，形成越来越大的消费客群，对厂商的话语权和影响力不断提高，从而带来更有力度的促销支持，为即将进入的竞争对手设置越来越高的屏障。因此，实体店要改变现有竞争格局，除加大投入完善线上交易平台外，更要重视顾客购物体验，学会从大数据中挖掘消费者个体的兴趣、态度、嗜好、情绪等，将购物、娱乐、社交相融合，为顾客营造感觉美好、独一无二的主体感受。[7]

（二）移动互联网视域下业态演变趋势分析

零售经营模式中的产品及服务组合策略、零售技术应用程度、零售渠道设计、顾客购物体验设计、顾客沟通方式等，通常被认为是零售业态的核心要素，科技创新引发零售业态核心要素维度变化，业态核心要素不同维度组合的结果，使零售业态出现了新的特征。[8]

1. O2O 模式将演变为用户驱动的 C2B 模式。商业模式的创新往往比产品的创新更为重要。随着人们生活水平的不断提高，生活方式也随之转变，消费差异化需求不断增加，用户市场进一步垂直细分。顾客希望根据自己的兴趣爱好自由组合商品与服务，自主定价商品，以形成美好而独特的购物体验。在移动互联网技术支持下，消费者更期待个性化的产品定制。买家发布自己所需要的商品、价格、款式等，或者仅仅发布需求，让企业主动去适应消费需求，并根据企业品牌和定位，在产品、服务、价格等方面进行重新调整或加以改变，将自己的忠实用户（Customer）转化为对企业（Business）产品和品牌的关注，即先有消费需求，后有企业生产。[9]比如，“聚划算”利用平台聚需求，与海尔公司联合推出家电定制团购活动，根据预订数量设定团购阶梯价，受到了超过一百万网友的关注和追捧，网友共预订了超过 4.2 万台的电器，由海尔负责配送安装及售后，真正实现了用户驱动下的 C2B。

2. 打通线上线下渠道，实体场所与虚拟空间深度融合。传统零售企业可依托电商企业拓展网络渠道，如苏宁云商与阿里进行战略合作。近年来，苏宁云商连续排名零售百强第一，在线下建立了辐射全国的1600 多家实体店，5000 个售后服务网点，以及下沉到四、五线城市的服务站，拥有强大的物流配送体系和完善的售后服务系统。阿里是互联网企业的龙头，在大数据、云计算等领域具有深厚的积累和研究。两者各自向线上线下延伸，不仅效率低，而且竞争激烈。双方通过战略合作，发展全新的实体产业电商模式，可真正实现实体零售与网络零售的相互补充、相互融合与协调发展，将成为其他零售实体企业移动互联网 + 学习的典范。

3. 购物的愉悦体验成为业态创新点。顾客体验就是顾客在查找、购买或使用一件商品或一项服务时的所做、所想、所感，涉及通过商品和服务提供给用户的理性价值和感性体验。[10]消费者的购物体验已经逐渐从线下的实际商品展示、试穿、试用等，转移到了线上线下互动体验。比如，通过扫描商户二维码、注册、点评、收藏、分享、个人反馈、消息推送等互动方式，为顾客提供更低的定价、更相关的商品、更好的顾客服务、更有效的促销、更高效的配送等。购物体验的设计，通常需要突出消费者在购物中的参与互动性、个体创造性，让顾客感觉购物也是一种新奇、难忘、美好的体验，可以在购物的同时追求与自己身份相符的某种欲望和需要。[11]购物体验的创新需要智能设备在实体门店的应用，只有智能化的门店才能通过数据把顾客与门店连接起来，才能线上线下同时提供令消费者感到愉悦的购物体验。

（三）业态演变路径构建与描述

零售业态的演变在经历了实体经营形态的杂货店、百货店、超市、连锁店后，逐渐进入线上线下融合的互联网时代。图 1 显示，在 PC 时代，零售业表现为，依托原有实体网点发展电子商务。有些企业开设独立的网上商城，采取多渠道销售，有些企业建设专业化网络零售平台，进行网上订购、配送上门，但其供应商和物流配送系统均以原有资源为依托。在智能终端广泛普及应用的移动互联网时代，零售业态表现为，数据收集分析水平与金融服务水平大幅提高，销售渠道多样化，出现了 App、社交平台等新的渠道，移动订单、移动支付更加方便安全，与消费者互动的形式更加多样。交易地点、支付方式等核心要素的变化与不同组合，使得业态逐步演变出了线上交易、线下体验的 O2O 模式，以及实体店铺体验购买、移动支付等一系列创新模式。[12]

大数据在零售业“第五次革命”中扮演着非常重要的角色。利用我们被记录下来的有关日常生活轨迹的海量数据信息，包括很多的维度、文本或图片，实时或准实时地对人的行为模式进行分析。大量的新技术在零售业得以应用，产生了太多新的数据源，如产生数据的顾客触点（Touch Point）以及触点发生的场景，即搜索、到访、逛店、取货、支付、使用等。这样，数据就会被理解为某些触点的函数，触点很多，并且每一个触点都会产生很多种数据收集方式。收集技术的进步将为零售商带来真正的商业转型。通过使用点击流数据识别顾客，通过顾客再定向及推荐引擎技术为顾客推荐商品，大数据为零售商提供了更多与顾客保持高度连接以及做大生意的方式和方法。

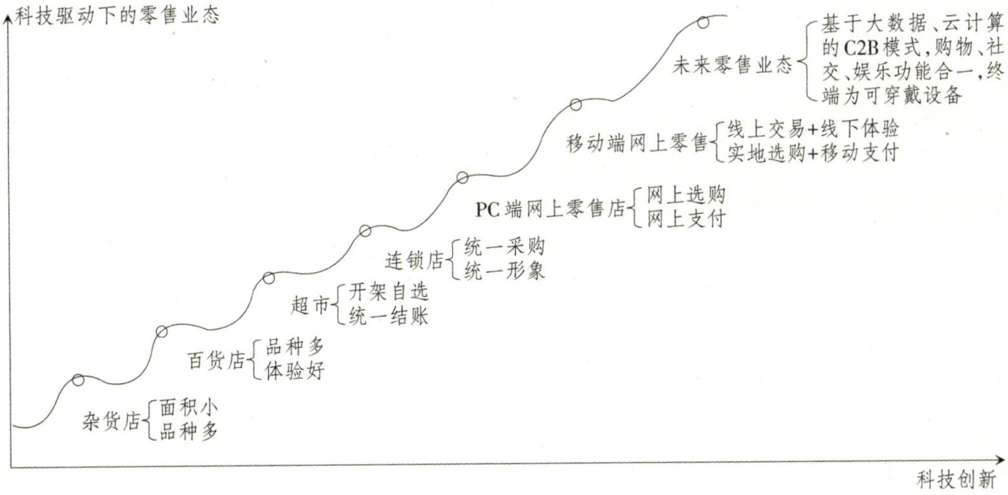

图1　移动互联网背景下零售业态演变路径

未来3～5年，通过使用多种数据源多维度了解顾客，将成为零售业的实践标准，那些取得大数据竞争优势的企业，将能够在各种场景下精准描述顾客。一旦拥有了数据，并根据数据分析建议进行改变，门店的差异化就会真正实现。个性化的定制、差异化的商品组合、不同的促销、不同的品牌体验，将实现千店千面，为顾客提供个性化购物体验。当然，智能设备在实体门店的应用也同样重要。智能化的门店用数据把顾客与门店连接起来，无论线上线下都提供差异化的购物体验，移动终端也由手机、平板电脑（Pad）转变为各种可穿戴设备，如谷歌眼镜（Google Glass）、苹果手表（Apple Watch）、智能鞋子（Shoes）等，让我们对未来的零售业态展开无限想象。

四、业态创新的对策建议

传统零售业升级改造已经成为必然趋势，体验式消费、个性化定制、大数据应用将成为传统零售业新的经营法宝。在这样的大趋势驱使下，所有的实体零售商不得不快速打开自己的电商平台，这是商家要做的迫在眉睫的大事。

（一）转变意识

移动互联网技术的迅猛发展，正在深刻改变信息时代的社会生活，其丰富多彩的应用逐渐渗透到我们生活、工作的各个领域，越来越多的人希望在移动过程中完成购买。零售企业要从过去传统的思维方式转变为互联网的思维方式，来设计商业模式，研究移动互联网对消费者心理偏好的改变，关注移动互联网对消费者购买行为的影响，让企业终端顾客彼此连接，形成一个个生态圈，构建企业移动销售体系。传统企业转型要拥有放弃当前利益的气魄，敢于挑战自我，敢于创新，特别是敢于拥抱互联网。改革原有业务处理流程，减少冗余与无效环节，实现组织结构扁平化，提高对客户的快速反应能力，提升管理效率。政府应重视实体零售企业面向移动互联网的发展，将之视为经济新常态下的新任务，创新政府职能，为零售企业推行移动互联网＋营造良好环境与氛围。

（二）找准定位

零售移动化时代，消费者对购物的独特体验提出了更高的要求，年轻人、大学生是移动商务的积极体验者，他们乐于接受新鲜事物，渴望零售商借力移动互联网，积极创新零售模式。他们在购物时的所做、所想、所感，涉及通过产品和服务所提供的理性价值和感性体验，会实时通过微信、微博等进行点评、分享，并迅速传播。因此，商家应更多倾听用户的声音，利用社交网络、微博等互联网媒体与消费者建立紧密的联系，深度研究和定义用户需求，使顾客在消费中获得良好的体验，增加消费者黏度。

（三）组建团队

传统企业移动互联网+，需要成熟的移动电子商务团队。组建移动电子商务团队的关键在于找到一个带头人，这个带头人既要熟悉零售企业的业务流程，又要懂得应用移动互联网技术进行市场营销策划和推广。只有由这样的移动电子商务人才带头负责组建团队，才能重构或再造适合企业需要的具体方案，弥补传统零售企业缺乏移动互联网人才的短板。如果企业自己来培养人才开发移动电子商务平台，不仅投入大，产出慢，而且风险很高。比较折中的方式是，通过借力技术实力雄厚的第三方电子商务平台，利用第三方丰富的移动互联网营销经验，来满足企业个性化的需求，同时降低零售企业移动电子商务运作成本，提高网络服务能力，凸显传统零售企业移动互联网+的优势。

（四）创新模式

目前，零售业移动互联网+的主要模式是O2O，未来3~5年，C2B将成为移动互联网+的主要模式，零售主力业态将不断向多元化、细分化、差异化[13]方向发展，呈现出“专业化+移动互联网化”“小型化+移动互联网化”的特征。[14]实体零售企业可从社交网络和粉丝经济入手，提升产品质量，提高产品性价比，增强用户黏度，使得终端顾客生态圈的连接更加牢固。可充分利用自己的线下门店、售后服务网点、加盟服务商以及下沉到四、五线城市的服务站，优化原有物流配送网络，为顾客提供美好的体验。顾客分享得越多，连接的数量就越多，这个细分的顾客圈子就会不断强化、不断扩大。传统零售企业应主动拥抱互联网企业，利用互联网企业在互联网引流、品牌拓展及大数据应用方面的优势，创造诸如“阿里+苏宁”“阿里+麦德龙”等模式，弥补自己的短板。

（五）提升数据应用能力

数据挖掘应用给零售业创新提供了新的机遇和工具，通过顾客行为数据，捕捉顾客消费习惯、消费心理，展开定向营销，并在顾客分析基础上进行准确的销售预测，然后再传导到供应链各环节，实现高效率的商品组合、促销组合、物流配送，使得整个供应链成本更低，效率更高。一线管理人员不一定要成为统计或信息技术人才，但要培养数据思维习惯，要能够从数据分析中发现问题，提出问题，找到解决问题的方案。善于利用大数据，必将成为传统零售业创新制胜的法宝。

五、尚需深入探索的问题

零售业的“第五次革命”是一次科技进步驱动的革命，是移动互联网技术创新引发的业态要素变革，研究零售业态演变路径与应对策略，可为传统零售业态创新提供理论依据。然而，随着大数据、云计算技术的迅猛发展及其在零售业的深入应用，本研究构建的科技进步驱动下的零售业态演变路径模型还有待进一步完善。今后，尚需进一步深入探索的问题包括以下几点。

第一，持续关注浙江实体零售移动互联网+发展状况，收集分析典型案例，判断业态发展趋势。

第二，探索面向消费者需求变化的零售新业态，为浙江省零售业移动互联网+发展模式提供具有市场价值和社会价值的原型。

第三，进一步加强零售业移动互联网+关键技术研究，提升传统零售业态创新能力，打造中国特色零售业移动互联网+业态。

参考文献：

[1] 中西正雄．零售之轮真的在转吗［J］．吴小丁，译．商业经济文荟，2006（1）：14-19.

[2]、[8] 刘星原．促使零售业态与经营方式演变的因素与规律研究［J］．当代经济科学，2004，26（4）：80-86，111.

[3] 李飞．零售业态创新的路线图研究［J］．科学学研究，2006（S2）：654-660.

[4] 刘文纲，郭立海．传统零售商实体零售和网络零售业务协同发展模式研究［J］．北京工商大学学报（社会科学版），2013，28（4）：38-43.

[5] 沙振权，张权．基于新媒渠理论的零售业态创新研究［J］．华南理工大学学报（社会科学版），2012，14（4）：11-14.

[6] 卫海英，高庆伟．收入水平与零售业态演变［J］．北京工商大学学报（社会科学版），2009（1）：25-29，69.

[7]、[12] 张琼．传统零售业态的创新与变革［J］．商业时代，2013（36）：51－52.

[9] 杭州市人民政府．杭州市“十二五”电子商务发展规划［Z］．2012－03－27.

[10] 李光明，蔡旺春．基于网站特性的在线购物体验研究［J］．中国流通经济，2015（11）：96－104.

[11] 沈健，刘向东．零售业态均衡与创新的要素分析——基于零售业态价格梯度模型的研究［J］．商业经济与管理，2011（4）：5－12.

[13] 李骏阳．对“互联网＋流通”的思考［J］．中国流通经济，2015（9）：6－10.

[14] 张琼．技术创新视角下零售业态演绎路径分析［J］．江苏商论，2014（8）：14－15.

原载于《中国流通经济》2016 年第 2 期

对我国物流成本的再认识

翁心刚*

（北京物资学院，北京市101149）

摘　要：物流成本的高低直接关系到企业经济效益和国民经济发展质量，物流成本有其特殊性，具体表现为因物流服务多样性而导致的差异性、因物流活动的系统性而产生的关联性、因物流的派生需求性而产生的支撑性。影响物流成本的外部因素包括经济规模、产业结构、资源环境、统计口径等，内部因素包括物流运作效率、物流管理水平、物流服务水准、物流需求特点和物流服务价格等。正确认识我国物流成本问题，需在准确理解物流成本统计指标含义的基础上，关注不同国家、不同时间物流成本指标的可比性问题，避免仅在运输层次上看待物流成本。

关键词：物流成本；差异性；关联性；支撑性

最早从宏观角度反映我国物流成本水平的指标，即社会物流成本占GDP比率，是从国际货币基金组织、世界银行等国际经济组织那里引进的。美智（Mercer）管理顾问公司在2001年和中国物流与采购联合会合作编写的《中国物流市场调查》报告中认为，当时中国社会物流成本占GDP比率在20%左右。[1]2004年，国家发展改革委、国家统计局决定制定物流统计制度，并委托中国物流与采购联合会具体实施，三方每年联合发布物流统计数据。

无论是国际经济组织最初发布的数据，还是我国最新发布的数据，均显示我国社会物流成本占GDP的比率较高，约为美日等发达国家的两倍。一些学者和官员据此得出结论，认为我国社会物流成本水平远远高于发达国家，表明我国物流发展水平比较落后，改善和提高的余地很大。此种观点在很长一段时间内影响着人们的思想。尽管早在十多年前就有国内学者提出，社会物流成本占GDP比率的高低与一个国家的产业结构有关，[2]但这样的认识在很长一段时间却被忽视了。

近年来，学者不断对目前占主导地位的解释或判断提出质疑，对所谓“降低一个百分点，可以带来多少亿元的经济效益”这样的提法更是不以为然，甚至认为我国真实的物流成本远低于发达国家。[3]

造成有关物流成本观点分歧的根源，是对物流以及物流成本的研究不充分，甚至在物流基本概念的把握上存在偏差，再加上研究人员的研究视角和专业的不同，在对物流和物流成本的认识上存在差异就在所难免了。

为了正确认识物流成本问题，有必要回到原点对物流成本特性进行再认识，以便准确把握物流成本的含义和变化规律；本文在全面梳理和分析影响物流成本各因素的基础上，就如何改进我国物流成本管理以及推进物流合理化进行深入探讨。

* 翁心刚（1961—），男，北京市人，北京物资学院副校长，教授，博士，硕士生导师，中国流通经济杂志社社长，中国物流学会副会长，主要研究方向为物流、供应链管理等。

一、物流是企业降低成本的重要领域

物流活动是商品的生产和流通过程中不可或缺的基本活动，具有生产活动的属性。物流活动需要人员、设施设备和资金等要素的投入，这些投入便构成了物流成本。物流成本的高低，直接关系到企业经济效益和国民经济发展质量，因此，物流成本管理是一个永恒的课题。如果说“物流是第三利润源”过去还只是停留在理论层面上，那么，当我国经济发展进入新常态后，降低物流成本就真正成为企业获取利润的重要源泉，成为降本增效的重要途径。历史上曾有两个极为重要的观点唤起了人们对于物流科学化管理的重视，也使“物流成本”持续成为物流管理领域的热点问题。

其一是20世纪60年代初，美国著名经济学家彼得·德鲁克（Peter Drucker）在《财富》杂志上发表《经济的黑暗大陆》，认为消费者支付商品价格的约50%是与商品流通活动相关的费用，流通领域是未开垦的处女地，蕴含着广阔的利益空间。[4]这个结论提示人们，必须关注流通领域的活动，不能只重视生产而忽视流通；通过降低流通成本，一方面可以提高企业整体利润水平，另一方面可以提高消费者的购买力，起到抑制物价的作用。

其二是20世纪70年代，日本早稻田大学西泽修教授通过对企业物流成本的统计分析得出结论：企业当前能够清楚了解和掌握的物流成本只是企业全部物流费用的一小部分，还有大量的物流费用未能从其他费用中剥离出来，财务报表中反映的物流费用只是“冰山一角”。[5]这个结论告诉我们，物流成本对企业的经营效益能够产生重要影响，管理者必须重视对物流成本的核算与控制，使物流领域真正成为企业的“第三利润源”。

降低物流成本的意义可以从微观和宏观两个层面加以阐述。

从企业微观层面看：首先，降低物流成本意味着扩大企业的利润空间，提高利润水平。当某企业的物流效率高于所属行业的平均物流效率、物流费用低于所属行业平均物流费用水平时，该企业就能够获得超额利润，物流成本的降低部分就转化为企业的“第三利润”，反之则会降低利润空间。正是这种与降低物流成本相关的超额利润的存在，引导企业积极关注物流领域的成本管理，致力于降低物流成本。其次，降低物流成本有助于增强企业在产品价格方面的竞争优势，使企业以相对低廉的价格在市场上出售商品，从而提高商品的价格竞争优势，促进商品销售，为企业带来更多的利润。

从宏观层面看：首先，如果通过提高物流效率实现全社会物流总费用水平的下降，就意味着创造同等数量的财富在物流领域所消耗的物化劳动和活劳动的节约，从而实现以尽可能少的资源投入创造出尽可能多的物质财富的经济效果。其次，某地区、某行业物流总费用水平的下降，可以提升该地区、该行业在全国市场中的竞争力。同理，如果我们国家的某个产业物流运作水平高、成本低，则该产业在国际上的竞争力也会相应提高。最后，如果全行业物流效率普遍提高，则意味着同样数量的物流活动所耗费的社会必要劳动减少，商品价格会随之下降，这有利于保持物价的稳定，提高国民的实际购买力。

二、物流成本具有差异性、关联性和支撑性的特性

（一）物流服务多样性带来的差异性

物流成本的差异性源于物流服务的多样性。物流成本是物流活动中投入的费用，物流活动过程也是物流服务的产出和消费过程，不同品质和不同方式的物流服务消耗的物流费用是不一样的。物流服务虽然属于无形产品，但可以细分。同样重量的包裹和送达距离，当日达和次日达的单位成本不同。同样的物品、同样的运输规模（吨公里），由于运输频次不同、批量不同、门到门程度不同、增值服务需求不同，物流成本上也存在差异。因此，评价物流成本需要与服务内容和服务水准联系起来。

（二）物流活动的系统性带来的关联性

构成物流系统的功能活动之间存在着效益背反（Trade－offs）的关系，即一个部门的高成本会因另一个部门成本的降低或效益的提高而相互抵消的这样一种相关活动之间的相互作用关系，物流管理追

求的不是单项物流活动费用的最低，而是总成本最低。例如，大批量运输可以节约运输费用，却加大了库存规模，导致存货费用和保管费用上升；而小批量多频次运输虽然运费高，但由于存货规模小，存货费用和保管费用得到节约。

（三）因物流作为派生需求而具有的支撑性

在判断物流成本是否合理时，应看其所提供的物流服务是否可以很好地支撑上位目标的达成，例如，一项物流活动促进了销售收入的增长，且由此获得的收益可以弥补物流费用支出，那么，即使相关物流费用较高，该物流活动也有其合理性。

以上分析表明，判断物流费用水平是高还是低，需要在一定服务水准和相关物流综合服务基础上去全盘考虑；物流费用的高低是否合理，必须考虑物流服务对其活动目标达成所起的支撑作用。

三、影响物流成本的因素分析

物流需求作为派生需求的属性决定了物流成本规模和水平受多种因素影响，既包括物流以外的因素，也包括物流内部的因素。比较物流成本时，必须考虑各种因素的影响。

（一）外部因素

所谓外部因素，是指物流以外的因素，这些影响因素属于物流系统上一层的因素，难以靠物流自身的努力去改变，但对物流成本会产生重大影响。

1. 经济规模

社会物流总费用首先与一国的经济发展规模密切相关，一般而言，经济规模越大则社会物流总费用就越多。美国1993年社会物流总费用为6600亿美元，2007年为13970亿美元，2011年为12820亿美元，近20年间翻了一番。日本社会物流总费用1993年为47万亿日元，1997年为48.2万亿日元，2011年为41.2万亿日元，近20年间社会物流总费用没有发生太大变化，这与日本自20世纪80年代末经济泡沫破灭后经济发展停滞不前直接相关。我国近30年经济高速发展，经济总量已超过日本成为世界第二大经济体，2014年社会物流总费用10.6万亿元，同比增长6.9%，较2005年的3.386万亿元增长了213%。[6]

因为企业的物流费用会转化为物流专业企业的经营收入，因此，根据社会物流总费用也可以判断物流服务市场的规模。

2. 产业结构（业态、产品结构）

社会物流总费用占GDP比率的高低与一个国家的产业结构密切相关。一般来说，越是附加价值高、比重小、入出库批量小的产品，相应的单位物流成本就越高，反之则低。

从物品单位重量的物流费用看，2013年日本物流成本调查报告统计数据显示，制造业每吨货物的物流费用为42000日元，其中精密仪器为每吨302500日元，钢铁为每吨1300日元。[7]同样的商品处于不同的流通环节，物流费用支出水平也不一样。如零售业每吨货物的物流费用为232200日元，批发业为每吨42000日元。[7]

从物流费用占销售收入的比例看，2013年日本物流成本调查报告统计数据显示，制造业中的煤炭、水泥等物流费用占销售收入的比例为8.69%，精密仪器为3.11%，医药为1.29%；零售业中的通信销售（无店铺销售，相当于网上购物）的物流费用占销售收入的比例为12.09%，便利店为4.88%，超市为2.5%。[7]

从产品的生产和提供过程来看，不同性质的产品（包括服务产品）对物流时间和物流费用投入的要求不同。例如，在钢铁产品的生产制造过程中，从原材料采购供应到工厂内物料存储移动等环节所消耗的物流时间和物流费用支出比例较大，快递服务产品的费用支出基本上属于物流性质的费用，而精神文化产品的费用大多是创作费用和制作费用，其中的物流费用占比很小。不同的产业和产品对物流的需求量不同，从单位GDP的货运量看，美国每1万美元GDP只需要7.7吨货运量，而中国则需要48.7吨货运量。

在中国的产业结构中，重化工业占比高，基础建设规模巨大，“厚重长大”型产品比例高，例如，我国的粗钢产量每年达到9亿吨，占全世界钢铁产量的一半以上。发达国家则侧重于高精尖产业和服务业的发展，服务业中金融、咨询、信息服务等现代服务业占比较高。由此可以看出，我国社会物流总费用占GDP比率高于美日等发达国家，与我国的产业结构特征密切相关。

也正因为如此，社会物流总费用占GDP比率的变化可以反映产业结构和规模的变化。例如，美国将部分制造业转移到劳动力费用低廉的发展中国家后，社会物流总费用的规模减少，占GDP的比率降低。

3. 资源环境

像我们中国这样的国家，国土面积广阔，东西南北距离长，资源多分布于西部和北部，而产业发达于东部和南部，西煤东运，西气东输，资源流动范围广、运距长，因而造成货物在途时间长，导致运输费用以及库存环节的存货和保管费用高。

4. 统计口径

物流成本统计口径不同也会带来成本上的差异。以道路使用费为例，我国高速公路发展迅速，目前已超过12万公里，而且基本上都是收费道路，过路过桥费构成物流费用的基本部分。其他国家有的高速公路不收费，有的道路使用费含在燃油的价格中。这种差异会导致物流费用统计口径的不同。但是，无论道路收费与否，道路的建设和使用过程总是要有费用投入的，这些投入即使不计入物流费用，也要计入其他类别的费用中。

（二）内部因素

所谓内部因素，是指物流系统内部的因素，属于物流同级因素，是靠物流部门（领域）自身的努力可以改变的因素。外部因素相对稳定，物流部门（领域）难以改变，因此，我们更应关注内部影响因素，只有从这些方面入手，才能真正降低物流成本。

1. 物流运作效率

物流运作效率是单位时间完成物流活动的能力，是影响物流费用水平的最重要因素。通过规模化、高速化、信息化、网络化、机械化、自动化等物流运作方式，可以大幅度提高物流效率，从而降低物流成本。

2. 物流管理水平

在企业层面，物流管理水平体现在物流系统规划设计能力、物流系统活动运行管理能力、物流成本控制能力等方面；在宏观层面，物流管理水平表现为政府部门的政策制定水平和管理协调能力。目前，我国部分企业的物流管理处于混沌状态，仅停留在运输管理阶段，无法准确把握物流综合成本，缺乏清晰的物流管理思路和有效的物流管理手段。宏观层面的物流管理存在部门分割、综合协调能力弱、物流产业政策制定水平低等问题。低水平的物流管理水平制约着物流合理化和效率化的推进，对物流成本产生重要影响。

3. 物流服务水准

物流服务包括物流企业提供给市场的物流服务产品和货主企业在产品销售过程中提供给客户的物流客户服务，前者表现为运输服务、保管服务、装卸搬运服务等具体的功能性服务，后者表现为商品供应保障的可靠性、购买的便利性、商品送达的及时性和准确性以及产品退换的便利性等，高水准的物流服务需要较高的物流费用来支撑。

从物流服务产品提供的角度看，速度、批量、频次等方面的服务标准不同，物流费用水平也不同。例如，使用公路门到门运输服务的费用要高于铁路运输费用，当日达快递服务比次日达费用高，货物小批量多批次出库比大批量少批次出库的物流费用高。

从物流客户服务提供的角度看，商品供应保障的可靠性等各项服务水准越高，则物流费用支出越多。例如，95%的供应保障率比85%的供应保障率所支付的存货费用要高许多。便利店的便利化程度高，这种便利性源于便利店接近客户的节点布局以及获得新鲜商品的保障程度，因此在网络节点布局以及配送系统建设和运行方面投入的物流费用也较多。

4. 物流需求特点

生产经营过程中的物流服务需求属于派生性需求，物流服务需求的特点取决于生产经营方式。例如，日本制造业的生产经营方式具有即时化生产以及少库存或无库存经营的特点，这就决定了物流服务以小批量多频次运输和入出库为主。小批量多频次的运输和入出库，必然比大批量运输和一次性入出库支出的费用高。日本的公路运输价格是美国的5倍、中国的10倍，这与小批量多频次运输有直接关系。考虑到物流费用支出水平，维持一个合适水准的物流需求是有必要的。

5. 物流服务价格

物流服务价格是货主企业在市场上购买物流服

务的单价。例如，每吨公里运费、每平方米仓储费等。物流服务价格对服务提供商来说是收入，对货主企业来说是成本。服务价格的高低直接影响货主企业的物流成本水平。如果社会物流服务价格低，则有利于货主企业以较低的物流成本完成产品的生产和流通活动。

由于我国的人工费用相对低廉，加之市场竞争激烈，运输、仓储等物流服务价格长期在低位徘徊。物流服务价格低有利于企业降低物流成本，但也给物流企业带来经营压力。我国公路运输企业的运价基本上仍维持在20年前的水平，长期过低的服务价格既不利于服务企业获得合理的利润，也不利于服务的改进，最终甚至会影响货主企业在市场上获得的物流服务水平。虽然低廉的物流服务价格能降低企业物流成本，但是，从长远考虑，合适的价格对物流服务市场的健康发展极其重要。

四、物流成本认识上存在的问题

（一）物流成本概念不是十分清晰，用传统运输观点看物流和物流成本的现象相当普遍

有些人以为物流成本仅为运输成本，忽略了货主企业使用自有车辆运输、自有仓库保管以及发生在存货、流通加工等环节的物流费用支出，用运输总量指标代替物流总量指标，用社会物流总费用除以运输总量（吨公里）得到“吨公里物流成本”指标，并在国家之间进行比较。[3]

（二）不能够客观看待物流成本

物流费用发生于生产企业和流通企业的生产与经营过程中，物流费用对应的是物流活动，物流活动是生产性活动，既创造价值也产出服务，高水准的物流服务需要较高的物流费用投入，良好的物流服务可以促进生产和销售。物流活动和为开展物流活动的费用支出与生产活动和生产费用同属一个范畴，不能仅从负面理解物流费用，更不应简单地认为增加物流费用就是增加企业负担。我们特别关注物流费用，主要是因为过去关注的太少，物流费用受重视的程度不够，而且物流领域的科学化管理差距明显，需要加强管理，发现薄弱环节，通过物流活动的合理化以及改善物流环境提高物流运作效率、降低物流成本。

（三）对影响物流成本的因素认识不全面，简单地在国家间进行比较，并以此作为判断我国物流成本高低的依据

国家之间的比较是必要的，也是可行的，但必须在可比的基础上进行，而不是简单对比。

（四）我国在统计指标的丰富性、统计数据的精细程度以及统计分析的深刻性、全面性等方面与发达国家相比还存在较大差距

国内发布的统计报告中的信息量相当有限，统计方法和推算过程不清楚，指标单一，缺乏分行业、分业态、分产品的微观指标，使得在物流研究工作中缺乏有效数据，难以进行科学比较和判断，也使社会上各种片面化、主观化的观点和判断得不到及时纠正。

五、正确认识我国的物流成本

（一）要准确理解物流成本统计指标的含义

关于物流成本统计调查的目的，日本物流系统协会发布的物流成本调查报告中讲得非常简要和明确：“降低物流成本，宏观上有利于物价稳定，微观上是关系到企业经营根本的问题”。[7]由此可以看出，物流统计调查的目的是摸清物流成本的实际状况，降低物流成本。物流成本统计中的三个主要指标（社会物流总费用、社会物流总费用占GDP比率和物流成本占销售收入比例）是从宏观和微观两个层面反映物流费用规模和物流费用支出水平的基本指标。除此之外，还应有微观层面的分行业、分业态、分产品的物流成本统计指标。

社会物流总费用占GDP比率的含义是创造单位增加值所投入的物流费用。创造单位增加值投入的费用越低，说明物流活动的产出效率越高。

物流成本占销售收入比例则是从微观层面反映每销售单位价值的商品所发生的物流费用占销售收入的比例，这个比例越低，说明物流效率越高。在物流价格不变的情况下，物流费用支出降低意味着

利润的增加。

（二）物流成本指标对比要注意可比性问题

物流成本统计领域设置上述指标的目的，一方面是可以较好地反映物流成本支出水平，另一方面是通过指标的对比，找出存在的差距。指标的对比可以是国家宏观层面的纵向对比，或国家与国家之间、不同国家的同行业之间、不同地区的同行业之间横向对比，也可以是企业层面的纵向对比或是企业之间的横向对比。

在做横向对比时，要充分考虑指标可比性问题，特别要考虑产业结构、统计口径等物流外部因素对指标变化带来的影响。在做纵向对比时，如果时间间隔比较长，也要考虑产业结构、统计口径等因素变化的影响。

目前存在的主要问题是，采用宏观指标进行国家与国家横向比较时，没有充分考虑产业结构、产品特点、统计口径等因素的影响，导致判断的不准确。例如，中美之间的社会物流总费用占 GDP 比率比较的结果显示，中国社会物流总费用占 GDP 比率是美国的两倍，那么据此判断中国的物流成本远远高于美国，这样的结论是否正确？近几年来，人们普遍意识到这种对比可能存在问题，但缺乏数据支撑，相关观点基本上还只是停留在模糊判断上。

在具备可比性的情况下，社会物流总费用占 GDP 比率可以反映物流效率的变化和差异。在同样产出的情况下（实际 GDP 或对应的产品和服务总量），物流效率高意味着同样的产出只需投入较少的费用，并导致社会物流总费用占 GDP 比率下降，反之则相反。

我们常常听到诸如“如果社会物流总费用占 GDP 比率降低一个百分点，就会带来××亿元的经济效益”“如果我国的社会物流总费用占 GDP 比率降低到美国的水平……”之类的说法，其实这样的说法有些因果倒置。如果换成这样的逻辑表述：“如果通过提高物流效率可以降低××亿元的物流成本，则会使社会物流总费用占 GDP 比率降低约××个百分点”“通过产业结构升级和物流效率的提高，我国的社会物流总费用占 GDP 比率未来有可能达到美国今天的水平”，也许会更容易被接受。

（三）不能仅从运输的角度看物流成本

把物流服务看作同质的、没有差别的，习惯用货运的概念代替物流概念，用货运单位（吨公里）和货运规模简单地反映物流规模，仅从运输或运输业的视角看物流，而忽视了作为物流需求和运行主体货主企业的角色和作用，忽视了企业物流多样性和系统性，这是我们观察和思考物流成本问题时容易出现观点冲突和认识偏差的重要原因之一。

有运输专家认为，“所谓‘社会物流总费用占 GDP 比率’这个指标，在中国被错误解读和使用了。中国真实的物流成本远低于发达国家”，理由是“据美国交通运输部（DOT）和中国国家统计局 2011 年的公开数据计算，美国的物流成本、运输成本和公路运输成本分别是中国的 1.62 倍、1.95 倍和 1.79 倍，中国和美国每吨公里的物流成本分别是 0.53 元和 0.86 元、运输成本分别是 0.28 元和 0.54 元，公路运输成本分别是 0.53 元和 0.94 元。”[3]

该运输专家的观点与认为中国物流成本远远高于美国的观点正好相反，原因何在？对此，提几点个人看法。

第一，物流成本高低是相对于货主企业产品的产出而言的，而且是通过前后对比或同行之间比较得出的结论。例如，生产和销售一个产品原来投入 10 元的物流费用，现在投入 8 元的物流费用，说明物流费用低了。或者与同行相比，其他企业投入 10 元物流费用，本企业投入 8 元物流费用，说明本企业物流成本低于其他企业。此外，完成同样的物流目标，运作方式不同物流费用支出水平也不同。

运输费用对于运输企业来说是收入，但对于货主企业来说是成本。正如前文所述，较低的运输价格有利于货主企业以较低的物流成本完成商品的生产和销售活动，但是，运价低并不一定意味着投入到产品生产和销售中的物流费用就一定低。运输总费用 = 运价 × 运量（重量）× 运距（公里），运输总费用由三个变量共同决定。其中，运价由运输企业和市场决定，而运量（重量）和运距（公里）则由货主企业决定。虽然运输企业提供的服务价格已经很低，如果货主企业委托的运量和运输距离由于生产、物流和销售活动在规划和运作上存在非效率化问题，仍会导致较高的运输费用。例如，如果存在重复运输、迂回运输、网络节点布局不合理造成的运输环节过多等问题，会导致企业包括运输费用在内的物流费用水平过高。而通过科学优化则可以减少运输的货物，缩短运输总里程，从而降低物流成本。物流成本的降低来自物流活动的合理化和效率化，这也是物流成本管理的核心所在。

第二，运输费用只是物流总费用的一部分，并不能代表物流费用的全部。而且，根据成本效益此消彼长关系，运输费用与保管费、存货费等费用之间还存在此消彼长的相互关系。例如，小批量多批次运输会增加运输费用，但同时可以节约存货费用和保管费用，最终可能影响物流总成本的水平。

第三，用社会物流总费用除以总运输量（吨公里）计算的单位物流成本指标，其指标含义混乱，理论上是不成立的（如某运输专家计算的中国单位物流成本 0.53 元，美国单位物流成本 0.86 元），[3] 因此，建立在这个指标基础上的比较也是没有意义的。

第四，用总运输费用除以总运输量得到的平均运输价格，看不出不同货物带来的影响。如果说采用社会物流总费用占 GDP 比率进行国家之间横向对比因忽略了产业结构影响而缺乏可信度的话，在采用平均化的运输价格进行国家之间横向对比时，仍然存在同样问题。日本的货运平均价格约是美国的 5 倍，[7,8] 但运输费用和物流成本并没有远远高于美国。实际上，日本的全行业物流费率一直低于美国。2000 年美国全行业物流费用占销售收入比率是 9.44%，日本是 5.87%；2013 年美国该比率是 8.41%，日本是 4.77%。[7] 因此，仅仅从运输价格出发就判定中国的实际物流成本远远低于美国是不科学的。

参考文献：

［1］常东亮．物流成本核算实证研究［M］．北京：经济科学出版社，2008.

［2］李克宁．谈物流成本与 GDP［J］．中国流通经济，2002（4）：13－15.

［3］佚名．中国物流成本被误读？交通部专家称真实成本远低发达国家［EB/OL］．［2016－03－22］．https：//www.yicai.com/news/4764896.html.

［4］国领英雄．现代物流概论［M］．东京：成山书堂，2003：11.

［5］市来清也．物流经营论［M］．3 版．东京：株式会社ぎょうせい，1983：305.

［6］国家发展改革委，国家统计局，中国物流与采购联合会．2014 年全国物流运行情况通报［Z］．2015－04－17.

［7］［日］日本物流系统协会．2013 年度物流成本调查报告书［R］．2014.

［8］［日］国土交通省．2015 年国土交通白皮书［R］．2015.

原载于《中国流通经济》2016 年第 5 期

改革开放以来我国的零售革命和零售业创新

李骏阳*

（上海大学经济学院，上海市 200444）

摘　要：改革开放以来，我国零售业快速发展，在短短四十年时间内经历了百货商店革命、超级市场革命、连锁经营革命和由电子商务引起的革命。我国超级市场革命和百货商店革命在时间上间隔很短，原因是我国经济发展速度很快，零售业态更新通常是和经济发展水平联系在一起的，且我国同时接触到世界最先进的零售业态，大大缩短了业态更新时间；我国的超级市场革命和连锁经营革命几乎同步，原因是超级市场的发展需要连锁经营，不过连锁经营革命的范围远远超过超级市场革命。我国的第四次零售革命与世界是同步的，甚至逐渐成为第四次零售革命的引领者。第四次零售革命是一次全方位的变革，影响范围远远超过前三次零售革命，零售业态和经营模式发生了深刻变化，线上线下充分融合，互联网巨头大规模介入，科学技术为零售革命提供了持久动力。对于零售创新的动因可从消费者和企业两方面考察，从消费者方面看，包括价格优势、良好的购物体验和购物费用的降低；从企业方面看，包括成本降低、效率提高和价值创造。

关键词：零售革命；零售创新；电子商务；线上线下融合

改革开放40年来，我国流通领域变化最大的莫过于零售业，已从计划经济时代的各种专业小店铺发展成业态齐全、形式多样、技术先进、日新月异的现代化商业。近年来，零售业加快了创新的步伐，各种新型业态、经营模式和经营理念不断涌现，2016年11月国务院办公厅出台《国务院办公厅关于推动实体零售创新转型的意见》，学术界对未来零售业的创新发展提出了许多新的看法，认为第四次零售革命已经发生。在企业界，马云提出“新零售”概念，张近东认为未来的零售是智慧零售，刘强东则主张未来的零售将成为“无界零售”。

零售业的创新发展始终是企业界和学术界的热门话题，本文将就零售业发展和创新以及新的零售革命进行深入分析。

一、零售创新理论综述

（一）零售创新的动因

著名流通专家田村正纪[1]认为，零售业的发展史就是企业家通过业态革新，不断克服市场范围地理限制的历史。由于零售业的创新表现为新业态，以往的零售专家大多是从零售业态的演变来考察零售业创新，最有影响的业态演变理论是零售转轮理论，其他还有零售生命周期理论、零售正反合理论、真空地带理论、手风琴理论等，这些理论从不同视角对零售业态创新进行了解释。零售转轮理论认为，零售业态创新的目的是获取明显的价格优势，以较低的价格进入市场；零售生命周期理论认为，零售

* 李骏阳（1954—），男，上海市人，上海大学经济学院教授，博士生导师，主要研究方向为流通经济、电子商务。

业态创新的结果是产生某一种特色，如独特的产品组合、购物环境、地理优势等；零售正反合理论认为，零售业创新的目的是取得竞争优势；真空地带理论认为，零售业态创新填补了市场空白。

日本零售专家中西正雄认为，零售转轮理论不能解释不同价格层次的零售企业创新。他指出，新业态企业并不是以其费用结构的优势把旧业态企业赶出去，而是因技术边界线的移动而获得竞争优势。在任何时代，零售价格与零售服务水平的组合都应与当时的物流、信息技术以及管理技术水平相适应，并有一个限度，为了达到某一服务水平而必要的最低零售价格水平线叫作技术边界线，低价格、低服务绝不是新业态的特征。任何层次的零售竞争革新都能成为新业态的出发点，但只有那些把技术边界线向前推进且革新成功的新业态，才能成长为主导业态。

中西正雄还对真空地带理论提出质疑，认为新业态的进入不是由于存在真空地带，而是技术革新。

罗伯特·F. 卢斯[2]认为，环境是零售变革的原因，“随着客观环境的变化，零售商业的组织形式和销售方式必然会相应地发生变化。”

曹鸿星[3-4]研究了零售业创新的驱动力，认为零售业创新驱动力主要包括四方面：根本动力是消费者需求的快速变化，竞争者也是驱动零售业创新的重要力量，新技术是影响零售业变化的最重要推动力，知识密集型服务业在零售业创新过程中发挥重要作用。他还认为，零售业在创新内容上包括业态创新、技术创新和模式创新。

胡永铨[5]对创新内容有更广泛的理解，认为创新包括管理创新、营销创新、业态创新、渠道创新、技术创新、服务创新、盈利模式创新、市场开拓创新、商业理念创新、组织架构创新、商业建筑形态创新、网络零售创新、商业资本创新、商业人力资源创新等。

（二）零售创新是如何进行的

胡永铨[5]根据熊彼特以及美国 V. K. 纳雷安等提出的企业持续创新思想，认为零售创新过程是一种持续性创新过程，是零售创新主体（含零售商、顾客、供应商、政府、金融机构）在相当长的时期内，持续不断地进行创新互动、创新设计、创新实施以及创新扩散，推出和实施创新项目（包括理念、业态、服务、商品、管理和制度等），并实现创新经济效益和社会效益的过程。他认为，零售创新活动是创新主体从事的自主创造性活动，是零售创新主体通过主动努力获得主导性创新产权，并获得主要创新收益而进行的能形成长期竞争优势的创新活动。

盛亚、吴蓓[6]认为，零售商业模式创新是要素组合创新的结果，要素组合由价值诉求、价值创造和价值提供三大部分组成。其中价值诉求包括企业家精神、洞察力、企业文化和战略；价值创造包括创新能力、营销手段、组织管理和战略资产；价值提供包括产品/市场范围、供应网络和联系动态。

高俊光、刘旭[7]认为，零售企业创新是一项完整和动态的活动，创新过程包括知识寻源、创意转化、创新扩散三个路径和阶段。

彭虎锋、黄漫宇[8]认为，新技术引导零售商业模式创新的主要路径是通过价值创造和价值获取进行的。从企业角度而言，价值获取主要通过改进运营效率、提高运营有效性和增加顾客锁定来实现；从顾客角度而言，价值创造主要通过提升顾客效率、维护顾客有效性和吸引顾客参与来实现。

（三）对零售革命的看法

零售革命是重大的零售创新，学术界公认的观点是零售业发生过百货商店、超级市场、连锁经营三次零售革命，但也有不同观点。颜艳春[9]对三次零售革命做了完全不同的诠释，他认为，第一次零售革命可称为沃尔玛时代，通过全球私人卫星网络，沃尔玛将全球的实体店连接起来，完成了零售业连锁的革命；第二次零售革命以亚马逊崛起为标志，通过 PC 互联网，亚马逊将全球的商品连接起来，完成了零售业电商的革命；第三次零售革命是消费者的革命，消费者成为世界的中心，借助移动互联网、社交媒体、人工智能、云计算等新技术，全天候、全渠道和个性化顾客群诞生了，他们跨越时间和空间，可以瞬间、实时连接起来。

李飞[10]认为，从 20 世纪 90 年代中期开始，中国爆发了一场综合性的零售革命。

肖怡[11]认为，网络技术引发了第四次零售变革，第四次零售变革的真正动力来自信息技术广泛应用所引起的消费者购物方式改变。

王成荣等[12]认为，以电子商务和移动电子商务为表现形式，全球正在爆发一次能量巨大的第四次零售革命，这是一次零售全业态、全渠道的革命，将改变零售模式以至于整个流通生态。

阿里巴巴董事局前主席马云[13]用"新零售"一词表达零售业创新，他在2016年10月提出"线上线下和物流必须结合在一起，才能诞生真正的新零售。线下的企业必须走到线上去，线上的企业必须走到线下来，线上线下加上现代物流合在一起，才能真正创造出新的零售来"。

2017年，京东董事长刘强东[14]提出"第四次零售革命"的观点，认为"第四次零售革命是建立在互联网电商基础上又超越互联网的一次革命，它将把人类带入智能商业时代"；"这场革命改变的不是零售，而是零售的基础设施"；"零售不存在新与旧，零售的本质一直都是成本、效率和体验"。

综上所述，学术界和业界对零售革命和创新进行了大量研究，也提出不少见解。但是对我国零售革命的研究不多，且缺少论证；对零售创新的研究大多是提出一些新概念和进行概念解释，较少从流通理论和零售发展历史的层面进行系统研究。针对这些问题，本文重点研究发生在我国的零售革命，并将历次零售革命联系起来进行考察。

二、我国改革开放后的零售革命和创新

世界零售业曾经历过三次零售革命，分别是百货商店革命、超级市场革命和连锁经营革命。改革开放前，我国零售业的业态陈旧，商业设施落后，没有超级市场和连锁经营，百货商店凤毛麟角。改革开放后，我国零售业迅速引进世界最新业态，进行了零售革命的补课。

（一）百货商店革命（1985—2000年）

我国的百货商店革命起始于20世纪80年代中期。20世纪80年代我国经济增长速度加快，商品供应日益丰富，消费品市场逐步由卖方市场向买方市场转变；城乡居民生活水平持续提高，购买力不断增长，大百货商店如雨后春笋般地在全国各城市拔地而起。当时的百货商店有两个特点：第一，国营百货商店是主体，信誉度高，是老百姓信得过的商店；第二，经营的商品包罗万象，从食品到家电，从灯具到家具应有尽有，是真正的"百货"商店，可以满足消费者全方位的需要。百货商店由于生意兴隆而数量快速增加，迅速成为我国零售业中的主导业态。在一、二线城市，大型百货商店在20世纪90年代中期度过了其黄金时期，进入成熟阶段，1995年开始百货商店效益下降，出现倒闭现象，90年代末百货商店过剩加剧并大量关门。三、四线城市则在90年代末完成百货商店的布局。1999年中国最大的百货商店——上海第一百货公司被联华超市以73亿元的年销售额超过（第一百货为63亿元），标志着雄踞中国零售业榜首50年的百货业作为主导业态让位于超市业态。因此，2000年前后可视为我国百货商店革命完成的时间。

（二）超级市场革命（1990—2013年）

我国的超级市场起源于广东省，第一家真正意义的超市是1990年在东莞亮相的美佳超市。在上海，1991年联华超市诞生，1993年华联超市开张，不久又有农工商超市问世。超级市场在上海市迅猛发展，并在各地迅速铺开。按照国际标准，年人均收入1000美元是超级市场起步的收入门槛，而当时我国东部一、二线城市居民的收入接近1000美元。同时，冰箱进入家庭，大量购买和储藏日常消费品成为可能。超级市场以商品齐全、开架销售、一次结账的方式为消费者提供了良好的快消品购物场所，成为当时零售业中发展最快的业态，并在上海、北京、深圳等城市率先成为零售业中的龙头。2000年，超级市场业态在东部地区已渗透到乡镇，在中西部地区拓展到县城。

根据国家统计局口径，我国超级市场业态包括超市（也称标准超市）、大型超市（包括大卖场和大型综合超市）、仓储会员店和折扣店等。

首先发展起来的是超市，如联华超市、华联超市、农工商超市等，单店面积约500平方米，消费者的客单价不高，这种情况与当时居民购买力水平相称。全国超市的门店数在进入21世纪后一直保持增长，2011年达到顶峰，为38554个。

我国大型超市的发展略晚于超市，2000年开始持续增长。2001年我国加入WTO以后，国外零售

企业蜂拥而至，它们进入我国的业态主要是大型超市，包括大卖场和大型综合超市，从而加快了大型超市的发展。2012年大型超市发展达到顶峰，数量达到11947个。

仓储会员店数量较少，发展轨迹类似于大型超市。

将超市、大型超市、仓储会员店三大超市业态综合起来考察，门店数在2012年达到最高峰，以后趋于下降（见图1）。

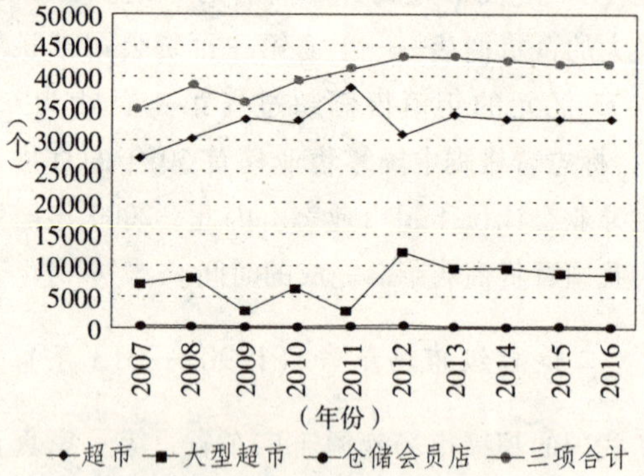

图1　三大连锁零售超市业态门店总数

资料来源：根据国家统计局“国家数据”的资料整理。http：//data. stats. gov. cn/easyquery. htm？cn = C01。

从三大超市业态的销售额考察，2006年我国超市的销售额达到3443.35亿元，为历史最高峰，此后动荡下降。但是大型超市2006年后仍然保持快速增长态势，直到2013年后才进入下降和缓慢增长阶段。综合三大超市业态，可以看到从21世纪初至2013年是销售额快速上升期，2013年后缓慢增长（见图2）。

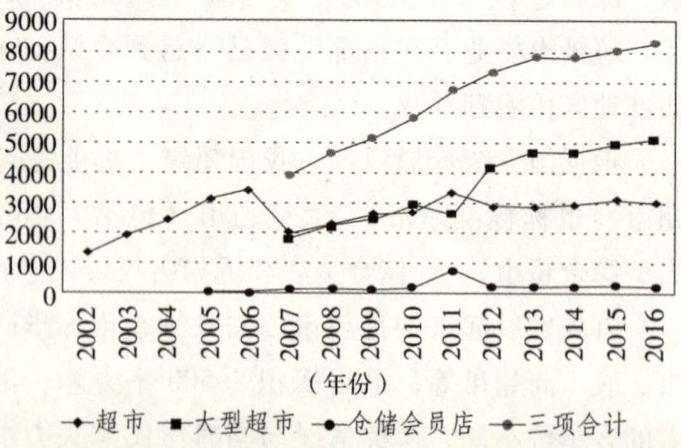

图2　三大连锁零售超市业态销售额

资料来源：根据国家统计局“国家数据”的资料整理。http：//data. stats. gov. cn/easyquery. htm？cn = C01。

根据三大超市业态的门店数和销售额长期发展的历史考察可以发现，2012—2013年是其发展的转折点，在此之前门店数不断增加，销售额的增速超过两位数，而之后门店数开始下降，销售额增长速度趋缓。据此，笔者认为我国超级市场革命的结束期在2012—2013年。导致这种结果的原因有两方面：一是超市数量本身已经饱和；二是电商在此期间开始高速成长。

我国超级市场革命和百货商店革命在时间上间隔很短，百货商店的高潮起始于20世纪80年代中期，超级市场革命起始于20世纪90年代初期，相隔不到10年。其原因是：第一，我国20世纪80年代经济发展的速度特别快，零售业态的更新通常是和经济发展水平联系在一起的；第二，改革开放使我国同时接触到世界最先进的零售业态，所有的业态可以同时引进，可以充分吸收国外的成功经验，大大缩短了业态更新的时间。

（三）连锁经营革命（1993—2013年）

我国的连锁经营发端于上海，1989年上海外滩出现第一家肯德基快餐店，这是第一家国际连锁企业在我国开店，也是我国首家连锁经营企业，但是直到1993年肯德基才在国内开出第二家店，在我国形成连锁经营。1993年在我国连锁经营史上另一个有意义的事件是华联超市在1月同时开出6家连锁店，标志着上海著名零售企业拉开了连锁经营的大幕。

我国的连锁经营是随着超市的发展而出现的，开始时大多数超市只有几家门店，连锁有名无实，直到1993年，超市的门店才初具规模。1993年年底，上海各种超市和自选商场的门店数量达到405个。因此，1993年可视为我国连锁经营的起点。

虽然我国的连锁经营与超级市场差不多同时出现，但连锁经营的推广是我国零售业一次新的革命。与前两次零售革命有所不同，连锁经营不是一次业态的革命，而是一次组织形式的革命，它的任务是把现有各种零售业态连锁化，形成零售企业的规模化和标准化经营。连锁经营的强大生命力还表现在异地发展，冲破了我国零售业难以跨地区发展的传统体制。连锁经营对我国国有商业的转型改制起到了积极作用，改变了零售企业的经营机制，促进效率提高和供应链优化。

连锁经营革命的意义甚至超过超级市场革命，因为它影响的不仅是单个业态，而是整个零售业。进入21世纪以后，我国连锁经营全面展开，活跃的业态除超市外，百货商店、便利店、专业商店、专卖店、仓储式商场也都纷纷实行连锁经营，各种专业连锁商店在全国抢滩圈地，如家电、建材、医药、通信器材、服装等。在服务业，各行各业也都实行连锁经营，如餐饮、美容美发、维修、洗涤、健身等，连锁经营成为零售业发展中的强大动力。

零售企业的连锁化进程亦是市场集中度提高的过程，对此，用连锁百强的数据颇能说明问题。我国连锁经营百强企业销售额从20世纪90年代末至21世纪初一直表现出较高的增长率，此后增长率开始下降。连锁经营百强企业销售额占社会消费品零售总额的比重在21世纪初处于不断上升态势，2007年连锁经营百强企业销售额占社会消费品零售总额的11.2%，为最高峰，此后连续几年一直保持在11%左右，从2012年开始下降（见图3）。

再看全国连锁经营企业商品销售额，在21世纪初连锁经营上升势头迅猛，是高速增长期，2011年增速放缓，2013年达到最高点，为38006.87亿元，2014年开始下降（见图4）。

综合以上连锁经营企业销售额的数据可以发现，我国连锁经营革命发生在1993—2013年，2013年连锁经营革命基本完成。

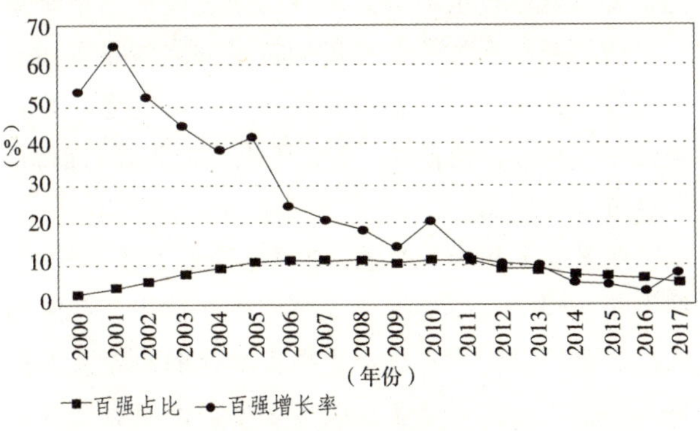

图3 我国连锁经营百强企业销售额年增长率和占社会消费品零售总额比重

资料来源：根据中国连锁经营协会历年公布数据整理。http：//www. ccfa. org. cn/portal/cn/index. jsp。

我国的超级市场革命和连锁经营革命几乎同步，原因是超市的发展需要连锁经营，导致两场革命差不多同时展开，两者虽然有结合，但是连锁经营的

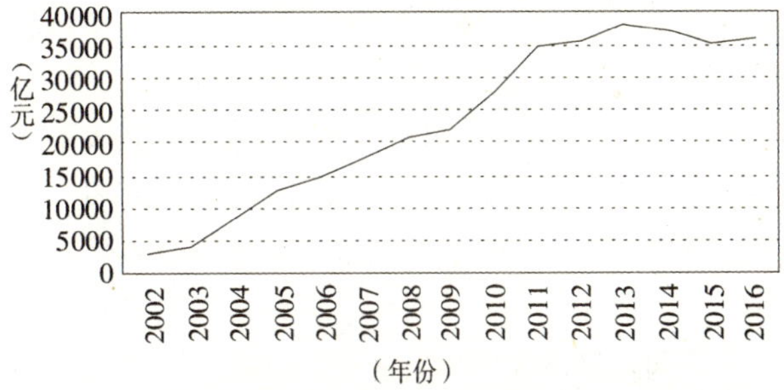

图4 2002—2016年我国连锁经营企业商品销售额

资料来源：根据国家统计局“国家数据”的资料整理。http：//data. stats. gov. cn/easyquery. htm？cn = C01。

范围远远超出超市的范畴。

三、第四次零售革命

在超级市场革命和连锁经营革命之后，我国实体零售业的最大亮点是购物中心，2017年我国已拥有4500家购物中心，数量位居世界第一。购物中心使我国零售业进一步现代化，但购物中心的作用仅是将零售业态重新集聚，进行新的规划和整合，对零售业创新的作用有限。购物中心就像自动售货机一样是零售创新，但不是一次新的零售革命，而同时崛起的电子商务盖过了购物中心的风头。

（一）第四次零售革命的缘起

第四次零售革命源于电子商务的兴起，1995年成立的亚马逊可视为电商的起源。在我国，20世纪90年代后期开始出现电商企业，成立于1999年5月的8848网站是我国早期电子商务的标志性企业，随后成立的阿里巴巴则是我国电子商务革命的旗帜。电商刚开始进入零售业时并不被看好，传统零售业指责其种种不规范行为，视其为异端，认为电商不可能动摇实体零售业的统治地位。

进入21世纪，电子商务开始冲击传统零售业，而始于2009年淘宝的“双十一”在2010年之后快速发力，实体零售业不断受到侵蚀，使传统零售业感受到日益严重的危机。随着实体零售的市场份额不断缩小，实体零售业从抵制“双十一”变为参与“双十一”，电子商务演变成零售业不可缺少的一个组成部分，一场新的零售革命来临。

2017年全国网络零售额7.18亿元，占社会消费

品零售总额的 19.6%，其中实物商品网上零售额 5.48 亿元，占社会消费品零售总额的 15%。

从 2014 年开始，阿里巴巴投资实体零售业，以 53.7 亿港元投资银泰百货。2015 年 8 月 10 日，阿里巴巴以 283.4 亿元的巨额投资入股连锁零售巨头苏宁，占股 19.99%，成为苏宁第二大股东，同时苏宁认购阿里巴巴新发行股份。这是一次具有历史意义的合作，首先，它意味着阿里巴巴改变对传统零售业的策略，早期马云一直声称传统零售将消亡，电商将代替传统商业，而开始调整为与其合作、实行改造的策略。其次，苏宁是一家从线下发展起来的零售企业，阿里巴巴与其合作意味着马云探索线上和线下相结合的发展新路。在此后的几年里，阿里巴巴大规模地对传统零售企业进行控股和收购，并演绎成阿里巴巴和京东、阿里巴巴和腾讯之间入股传统零售的圈地运动。

到 2018 年，国内许多知名的商场超市被阿里巴巴和腾讯渗透，苏宁、联华、欧尚、大润发、新华都、三江购物与阿里系联手，永辉、沃尔玛、家乐福、步步高与腾讯系结盟。

第四次零售革命开始的标志是电子商务的出现。电子商务打破了传统商业的格局，为零售业带来巨大的活力，使零售业产生深刻变革。第四次零售革命高潮迭起，迄今经历了三波高潮：第一波是网上零售，以淘宝、京东为代表；第二波是线上和线下相结合，最早是 2011 年沃尔玛（中国）投资 1 号店，随后掀起线上线下零售企业大串联的 O2O；第三波是智能零售异军突起，以无人商店为代表。智能零售出现后，网络零售和 O2O 方兴未艾，智能零售在实际运用中与互联网技术及网络零售相结合。目前，这三波浪潮相互交融，推动我国零售业向纵深发展。

2017 年全国网上零售额比上年增长 32.2%，增速比上年增加 6 个百分点。京东集团营业收入达到 3 623 亿元，全年交易总额近 1.3 万亿元，已成为国内销售额最大的零售商。[15]成立只有三年的拼多多成为网络零售的黑马，以新的经营模式在 2017 年跃至零售电商第三位，仅次于阿里巴巴和京东。而阿里巴巴正在努力从平台提供商转变为兼具自营的服务商。电子商务继续保持了旺盛的增长势头。

（二）第四次零售革命的确立

第四次零售革命确立的标志是：第一，O2O 模式流行。电商冲击实体零售业，但是把实体零售业卷入变革的是 O2O。当大多数实体大型零售企业都在加快自身电商平台建设，推进门店互联网化，拓展全渠道销售，将门店数字化、泛渠道化、平台化、场景化、娱乐化等纳入全渠道发展策略，说明传统零售业已被卷入这场零售大变革。与此同时，电商企业向线下发展也成为重大战略转变，为零售业创新打开了巨大的发展空间。O2O 使实体零售业加入这场革命，致使第四次零售革命真正确立。第二，消费者对新购物方式的接受。只有当大多数消费者接受新的零售业态和模式时，零售革命才能被认为真正确立。2016 年年底中国网购用户规模达到 4.67 亿人，手机网购用户规模达到 4.41 亿人，网上外卖用户规模达到 2.09 亿人，使用网上支付的用户规模达到 4.75 亿人。其中，手机支付用户达到 4.69 亿人。网民在线下实体店购物时使用手机支付结算的比例已达 50.3%。[16]

（三）第四次零售革命的特征

一是零售业形态发生深刻变化，产生了网上商店、智能商店、线上与线下一体化经营、跨境电商等新形态，导致零售业呈现平台化、虚拟化、去中心化、智能化、无人化、数字化的特征。

二是形成一次全方位的变革，其范围要远远超出前三次零售革命。前三次零售革命要么是零售业态，要么是零售组织形式的革命，表现形态相对单一。而第四次零售革命不仅创造了许多新业态和改变了零售组织，还包括经营模式、经营理念、盈利模式、场景、营销方式、支付手段、物流等的创新，是全方位的创新。

三是线上和线下的融合，线上企业到线下开拓，线下企业到线上发展，形成了地下和空中、有形和无形结合的立体式零售业，零售企业的边界大大拓展。如果说互联网企业入股传统零售是组织结构上的变革，线上和线下融合则是内容上的变革。O2O 是第四次零售革命的全新创造。值得注意的是，便利店成为线上与线下融合的重要载体，不断被赋予新的功能，成为传统业态中的佼佼者。

四是互联网巨头大规模介入实体零售业，零售业实现资源重新配置。互联网企业以其雄厚的资金实力，在短短几年内迅速收购优质的实体零售企业，控制优质的零售资源，零售行业进行了重新洗牌。传统零售业接受互联网企业的改编，有的甚至脱胎换骨，成为互联网企业的一个组成部分，这和前三次零售革命具有显著的区别。过去的零售革命是一些具有新业态特征的企业自身成长完成的，新业态自我繁殖，不断被模仿，经历了较长发展过程才成为主导业态。

五是科学技术起到特别重要的作用，为第四次零售革命提供了持久的动力，其中最重要的是互联网和人工智能技术，它们为零售业多样化创新提供了无限的可能。第四次零售革命与前三次零售革命最大的不同之处是过去的零售革命都有一个清晰的业态或形态，零售革命的结果是可以展望的。而第四次零售革命却是一个持久的创新过程，互联网、人工智能和大数据的结合将碰撞出无限的创新可能性，而这些创新与传统商业的结合又将形成丰富多彩的商业新模式和新形态。

第四次零售革命的创新在深度和广度上远远超过以往，除了技术、业态、组织外，还出现模式创新、场景创新、支付创新等（见表1），这都是以往所没有的。

表1　　第四次零售革命的创新层面

创新层面	主要代表
业态创新	网上商店、业态融合
组织创新	网络平台组织、新的供应链
技术创新	网络信息技术、移动支付技术、人工智能技术、大数据
模式创新	电子商务、O2O
营销创新	网上拼团
场景创新	社交电商
渠道创新	全渠道
支付创新	支付宝、微信支付
物流创新	无人仓库、智能物流、机器人配送

（四）第四次零售革命的重要意义

第四次零售革命对我国而言具有特别重要的意义。前三次零售革命的发起都与我国无关，我国要滞后几十年甚至上百年。而第四次零售革命我国与世界是同步的，1999年5月18日8848网站成立，开展B2B和B2C交易活动，比亚马逊仅晚了4年，而后来我国电商的发展一直和美国并肩。2013年，我国网络零售额达1.84万亿元，超过美国成为世界第一网络零售大国。《2017年世界电子商务报告》称我国稳居全球规模最大、最具活力的电子商务市场地位，在线市场规模位居世界第一。2017年全球网络零售额为2.3万亿美元，相当于14.95亿元人民币（按年底汇率），我国为7.2万亿元人民币，占全球的近一半。2016年我国网络零售额占零售总额比重达12.6%，为世界各国之首。[17] 我国已成为第四次零售革命的引领者。

四、零售创新的基本动因

一般来说，零售创新的动因可归结为企业内部和外部两大方面，内部动因包括企业对利润的追求、企业家的推动等；外部动因包括消费者需求、市场竞争压力、技术的进步等。零售创新的动因可以列举很多，但最根本的是消费者和企业。下面以第四次零售革命为主要考察对象，结合前三次零售革命，分别从消费者和企业两个方面考察它们对零售创新的诉求，探索零售创新的基本动因。

（一）从消费者方面考察

从消费者方面来看，对零售创新的诉求主要有三个方面。

一是价格优势。价格优势可以是价格低，也可以是性价比高，或者是推进了技术边界线。消费者对新零售业态的第一反应是价格。网购迅速蔓延最根本的秘诀是低价，淘宝以远低于实体商店的价格使受预算约束的年轻人纷纷接受这种新的购物方式，成为忠实的网购族。虽然网购有诸多优势，但低价无疑是网络零售攻城略地最有效的武器。尽管网络平台上有许多商品的质量不高，但是低价还是使其具有较高性价比而被接受。

时至今日，电商新秀拼多多发展迅猛，其成功之道非常简单，就是低价，在拼多多平台上一些商品的价格低到令人难以置信。因此，零售创新必须要创造一个比原有价格更低的业态或经营模式，也就是要提高性价比。回顾以往的零售革命，百货商店、超级市场、连锁经营三次零售革命也都具有低价的特征，连锁商店、超市的价格优势更是明显。

20世纪60年代日本的超级市场革命也出现了所谓的“价格破坏”，原有居高不下的零售价格体系遭到摧毁。从消费者角度看，零售创新必须使价格更便宜或性价比提高。

二是良好的购物体验。让消费者具有良好的购物体验是近年来零售创新的重要吸引力，亦是新业态和新模式的主要卖点。网购给消费者带来的体验是全新的，网络销售平台商品丰富程度超过任何一家购物中心，消费者在任何场合都可以下单购买，足不出户商品就能送上家门，手机支付则使购物更加便利。以盒马鲜生为代表的“购物+餐饮”的经营模式，使消费者获得了现场品尝美食的体验，无人商店让消费者感受“拿了就走”（Just Walk Out）的购物体验，AR、VA让消费者有许多新奇的感受，目前正在发展的智能零售重点就是提供新的购物体验，如自动化智能配送、人工智能客服等。京东3C零售体验店、小米之家、苏宁体育Biu等均大力应用人工智能等技术，在增加消费者体验上争奇斗艳。良好的购物体验是第四次零售革命的重要特征，在前三次零售革命中同样也很突出，如百货商店琳琅满目的商品和良好购物环境的体验、超市开架自选购物的体验等。

三是降低购物费用。购物费用指消费者的出行成本，包括交通费用、时间成本、空间距离、停车费用等。如果一个新业态虽然价格便宜，但是地处偏僻，交通不便，或者使消费者购物很麻烦，便宜的商品价格就会被高购物费用抵消。与以往的零售创新相比，电子商务的优势之一是明显降低了购物费用，网购和送货上门节省了时间成本和交通成本，使价格便宜真正落实。随着盒马鲜生推出直径3千米内半小时送达服务，为消费者降低购物费用就成为O2O零售企业竞争的一个热点。无人商店的本质也具有降低购物费用的效果，24小时无人值守商店可以使消费者就近购买，减少出行成本。在智慧商圈建设中，居民小区设立的自助取货柜、自动售菜机等都是以降低消费者购物费用为目标。为消费者降低购物费用也是过去零售革命的目标之一，超级市场和连锁经营为消费者创造了就近购物、方便购物的条件，而大卖场的免费班车更是把降低消费者出行成本作为竞争手段。

价格便宜、良好的购物体验、购物费用低是消费者对零售创新的基本诉求，也是零售创新的基本动因。对零售企业来说，必须在这些方面有所突破才能使创新被接受。现实中，一个新业态通常难以同时满足三个条件，商品价格便宜往往使得购物体验较差，或者购物费用相对较高；而良好的购物体验、舒适的购物环境往往使商品价格不容易降低。因此，在满足消费者需求方面，零售创新实际上是沿着两个不同的轨迹在发展，一个是降低商品价格，给消费者带来实惠；另一个是提升服务水平，包括改善购物体验、优化购物环境、降低消费者出行成本等。

（二）从企业方面考察

对于零售企业来说，对创新的诉求很多，集中体现在成本降低、效率提高和价值创造。

京东通过创新经营模式，在成本控制和效率提升方面做得非常出色。京东集团在全国建立完善的物流体系，2015年有库房166个，库房管理的SKU数量超过200万种，为同行的几十倍，这为京东的高效率提供了保证。京东经营的综合费用率为12%左右，相当于同行业的2/3；京东的库存周转为35天，只有同行业的一半。[18]

电子商务的出现改变了传统的流通渠道，产生了新的供应链，在网络平台上，消费者和生产者直接交易成为可能，它一方面节省了大量流通环节费用，另一方面大额订单降低了生产商的边际成本。以网上拼团为例，它意味着用户和订单大量且迅速涌入，而丰厚的订单使电商可以直接与生产厂商或上游供应商合作，刺激生产商进行大规模生产，以规模化带动制造成本降低，使生产者和消费者双方受益，实现价值创造。这种C2B的模式将追求低价的网购群体与商家联结，低成本也有助于商家快速完成品牌化。京东和拼多多的经营模式都实现了价值创造，网络平台、生产者、消费者三方共赢。

当前电商以规模经济这种取胜的方式与当初连锁超市成功的手法十分相似。20世纪90年代连锁超市快速成长时期通过大量开设门店，不断扩大单品的采购数量，刺激供应商扩大生产，降低边际成本，从而不断降低进价，并获取大量的返利。

电商平台的盈利模式还有沉淀资金的时间价值，店主开店时要向平台缴纳保证金；预订、拼团、退款都有一段滞后期，资金可以沉淀。由于用户和订单规模庞大，这些资金产生的时间和账期价值是比较可观的。这种做法和当初连锁超市利用账期获取收益十分相似。

目前零售业的创新尽管五花八门，有线上与线下的融合，有业态之间的融合，有智能技术的推动，有新型团购模式，有 C2B，等等，但是万变不离其宗，所有的创新都需要在降低成本、提高效率、创造价值方面有所建树，否则创新是不能持久的。

五、结论

零售革命是零售创新的集中爆发，由于科学技术的快速发展，第四次零售革命的创新多点爆发，内容精彩纷呈，创新高潮迭起，使得这次零售革命在创新的深度和广度上都要超过前三次零售革命。

从消费者诉求来看，零售创新必须满足三个方面的要求：价格优势、良好的购物体验、降低消费者购物费用。一项创新至少必须满足其中的一个条件。

从企业方面来看，零售创新必须能够降低成本、提高效率、创造价值，这三个方面通常是结合在一起的，降低成本、提高效率才能使新的业态具有竞争力，创造价值才能使创新真正为企业和消费者带来利益。

通过研究发现，尽管第四次零售革命发生的时代背景与前三次有很大不同，但是在动因方面具有共同点，这有助于我们认识零售革命的发展轨迹，并对零售创新的发展趋势有所把握。

参考文献：

[1] 田村正纪．流通原理 [M]．吴小丁，王丽，译．北京：机械工业出版社，2007.

[2] 罗伯特·F 卢斯．零售商业企业经营管理 [M]．梁一南，译．北京：中国商业出版社，1986.

[3] 曹鸿星．零售业创新的驱动力和模式研究 [J]．商业经济与管理，2009 (5)：19 -25.

[4] 曹鸿星．零售业创新研究述评 [J]．北京工商大学学报（社会科学版），2010 (1)：18 -21，26.

[5] 胡永铨．论零售创新的特征 [J]．商业研究，2007 (12)：61 -65.

[6] 盛亚，吴蓓．基于西尔斯案例的零售商业模式要素组合创新 [J]．商业研究，2011 (2)：71 -77.

[7] 高俊光，刘旭．基于创新价值链的零售企业创新路径研究综述 [J]．北京工商大学学报（社会科学版），2016 (2)：101 -109.

[8] 彭虎锋，黄漫宇．新技术环境下零售商业模式创新及其路径分析——以苏宁云商为例 [J]．宏观经济研究，2014 (2)：108 -115.

[9] 颜艳春．第三次零售革命：拥抱消费者主权时代 [M]．北京：机械工业出版社，2014.

[10] 李飞．零售革命 [M]．北京：经济管理出版社，2003.

[11] 肖怡．零售学 [M]．2 版．北京：高等教育出版社，2007.

[12] 王成荣，等．第四次零售革命——流通的变革与重构 [M]．北京：中国经济出版社，2014.

[13] 马云．电子商务将转变进入新零售时代 [EB/OL]．(2017 -11 -03) [2018 -04 -10]．http：//www. zjscdb. com/detail. php? newsid =197562.

[14] 刘强东．第四次零售革命意义将超互联网 [EB/OL]．(2017 -07 -11) [2018 -04 -10]．http：//www. sohu. com/a/156290493_ 498744.

[15] 中国连锁经营协会．2017 年中国连锁百强发布 [EB/OL]．(2018 -05 -10) [2018 -05 -24]．http：//www. ccfa. org. cn/portal/cn/view. jsp? lt =31&id =434638.

[16] 商务部．中国电子商务报告 (2016) [EB/OL]．(2017 -06 -07) [2018 -05 -24]．http：//news. d17. cc/show -25637. html.

[17] 中国国际电子商务中心．2017 年世界电子商务报告 [EB/OL]．(2018 -04 -11) [2018 -05 -24]．http：//www. ec. com. cn/article/zhlt/swblh/201804/27259 _ 1. html? from = singlemessage.

[18] 刘强东．京东为什么能成功？因为做到了这一点 [EB/OL]．(2015 -09 -22) [2018 -05 -24]．http：//www. woshipm. com/it/208581. html.

原载于《中国流通经济》2018 年第 7 期

现代物流

我国物流业地区间效率差异及其影响因素实证研究

——基于数据包络分析模型及托宾模型的分析

刘秉镰 余泳泽*

（南开大学，天津市 300071）

摘　要：文章采用数据包络分析模型和托宾模型，利用省际面板数据对我国物流业地区间效率及其影响因素进行分析。研究结果表明，我国区域物流综合技术效率不高；区域物流效率差异正在逐步缩小；东部地区物流效率较中西部地区略高；物流资源利用率、区域市场化程度以及港口物流在区域物流中的重要性是影响区域物流效率的重要因素。为提高我国物流产业效率，应着力强化各省、市、自治区物流市场化程度，建设全方位、开放、统一的市场和流通体系；提升区域物流技术投入与应用效率，提高物流信息技术应用水平；提高物流资源利用率，合理布局物流产业，防止地区条块分割，促使物流业由粗放型向集约型投资转变，强调区域物流的有序竞争；加快港口物流发展。

关键词：物流业；数据包络分析；Tobit 模型；效率

一、引言

物流业是一个国家或地区经济发展的基础性产业，物流业效率的高低直接影响和制约整个区域经济的效率，进而影响整个经济的发展与成长。我国物流业虽然取得了很大的发展，但仍然比较薄弱，成为制约经济发展的瓶颈。分析物流业效率，剖析其主要影响因素，提出具体实施战略，具有重要意义。在物流业效率研究方法的选择上，帅斌、杜文[1]将数据包络分析方法（Data Envelopment Analysis，DEA）与主成分分析方法（PCA）结合起来对物流业进行综合分析与量化评价。张兴远[2]认为，用 DEA 模型从宏观角度对物流业发展能力进行评估是适宜的。因此本文选择 DEA 模型及托宾模型（以下称 Tobit 模型）对我国地区间物流业效率进行分析并找出其影响因素。在实证研究方面，鞠颂东、李尹松、徐杰[3]采用横截面数据，对西部地区物流总量、物流政策与制度、投资、人力资源、物流企业、物流技术及设施、管理水平等进行比较研究，分析西部地区物流业效率与现状。郭晓平、张岐山[4]选取 2005 年各地区物流业发展相关指标数据，分别以物流业固定资产投资量、物流业从业人员数量两项指标为投入，各地区物流业生产总值、物流业从业人员工资总额两项指标为产出，利用改进的 DEA 模型对各地区物流业效率进行了分析。

---

* 刘秉镰（1955—），男，天津市人，南开大学现代物流研究中心主任，教授，博士生导师，教育部高等学校物流类专业教学指导委员会副主任委员，主要研究方向为区域物流规划；余泳泽（1982—），男，河北省承德市人，南开大学经济学院博士生，主要研究方向为企业经济学与产业成长。

目前，尽管研究物流业效率的文章很多，但大多数仅从微观层面进行研究，从区域物流角度进行效率分析的很少。在对区域物流业效率进行分析之前，大多数文献没有很好地定义物流业，特别是符合中国国情的物流业，这就导致在选择投入产出指标时没有很强的说服力，得出的结果与政策建议也不具有合理性。在现有研究中，对影响区域物流业效率的环境变量的分析较少。为此，本文将在定义符合我国国情的物流业基础上，对我国区域物流业效率进行较为充分的分析，对影响物流业效率的因素进行深入讨论。

二、计量模型与实证分析

1. 计量模型

（1）基于松弛变量的DEA模型。本文采用的数据包络分析方法是由1978年查恩斯（Charnes）、库珀（Cooper）、罗德斯（Rhodes）依据法雷尔（Farrell）[5]提出的技术效率概念发展而来的，简称DEA模型。由于传统DEA模型（CCR和BCC模型）[6-7]基于法雷尔效率测度思想，且同属于径向（Radial，即从原点出发的射线）和线性分段（Piece-wise Liear）形式的度量理论，这种度量思想的可处置性（Strong Disposability），确保了效率边界无差异曲线的凸性（不会折弯），却造成了投入要素的“拥挤”（Congestion）或“松弛”（Slacks），当投入产出要素增多并考虑相应的松弛问题时，对企业效率进行整体比较将变得更加困难。为此，我们需要一种把松弛投入和松弛产出考虑在内的效率单一值评估方法，汤恩（Tone）的评价指标正是这样的，在此基础上建立了基于松弛变量的DEA模型[8]，本文不再详细论述。

（2）Tobit回归模型。Tobit回归模型属于因变量受到限制的一种模型，其概念最早由托宾（Tobin）提出，然后由经济学家哥德博尔格（Goldberger）首度采用。如果需要分析的数据具有这样的特点：因变量的数值是切割（Truncated）或片段（截断）的情况，那么普通最小二乘法（OLS）就不再适用于估计回归系数，这时遵循最大似然法概念的Tobit模型就成为估计回归系数的一个较好选择。由于DEA方法估计出来的效率值介于0和1之间，最大值为1，如果采用最小二乘法估计，可能会由于无法完整呈现数据而导致估计偏差，因此本文采用面板数据Tobit回归模型来分析物流业效率的影响因素。

2. 数据选取及处理

本文选取的样本为2003—2007年29个省、市、自治区的省级面板数据共1860个观测结果。①数据主要来自《中国统计年鉴》（2003—2008年）、各地方统计年鉴（2003—2008年）以及中国经济信息网和中国资讯行数据库，并对相关数据进行了整理。在对各变量数据进行说明和处理之前，首先对我国物流产业进行基本界定。目前，各国统计的产业分类体系中都没有“物流产业”，即使目前最先进的北美产业分类体系（NAILS）也没有设立“物流产业”。从实际情况看，各年我国物流业增加值统计中交通运输、仓储和邮政业都占到了物流业增加值总量的83%以上，基本能代表我国物流产业的情况。虽然我国对物流产业的界定还比较模糊，但从产业理论及国内外物流发展的实际经验看，只要在宏观层次上界定物流业就能对物流业进行定量分析了。本文界定的物流业包括货物运输业、仓储业、邮政业三个部门，其中货物运输业包括铁路货运业、公路货运业、管道运输业、水上货运业、航空货运业、其他交通运输及交通运输辅助业。

各指标数据选择及相关处理如下所示。

（1）劳动（L）选取各地区交通运输、仓储和邮政业从业人员为模型数据。

（2）资本（K）采用各地区物流资本存量指标，选取各地区交通运输、仓储和邮政业固定资产投资额为基本数据，根据永续盘存法计算，本文选取的基年为1990年，在研究资本存量时，缺乏基年资本存量数据是一个主要问题，张军、吴桂英、张吉鹏[9]采用代表几何效率递减的余额折旧法计算得到各省、市、自治区固定资本形成总额的经济折旧率为9.6%，因此本文选择折旧率为10%，与龚六堂和谢丹阳选取的10%的折旧率一致。在计算资本存量前，用各省、市、自治区固定资产投资指数对固定资产投资额进行平减，消除价格因素干扰。

（3）产出指标（Y）选取各地区交通运输、仓储和邮电业增加值数据，由于统计中包含了电信业的增加值，而我国交通运输、仓储和邮政业增加值只在国家层面有统计数据，因此依照全国各年交通运输、仓储和邮政业增加值占交通运输、仓储和邮电业增加值的比重对各省、市、自治区数值进行缩减。[②]在缩减之前对各地区交通运输、仓储和邮电业增加值用GDP缩减指数进行平减，消除价格干扰。

3. 实证结果及分析

（1）整体效率分析。对31个省、市、自治区物流业五年的投入产出数据进行整理，得到各年度综合技术效率值、纯技术效率值和规模效率值的平均值（见表1）。

由表1可以看出，我国区域物流业整体效率较低。各年度规模效率平均值明显高于纯技术效率平均值，可见我国物流业的无效率主要来自纯技术无效率，纯技术效率衡量以既定投入资源提供相应产出（或服务）的能力。我国物流业技术效率低的原因可能是各地区物流业投资过热，而投资效率并不是很高。从综合技术效率的标准差可以看出，我国区域物流业效率的差异正在逐步缩小，这种缩小主要表现为纯技术效率差异的逐步缩小，而规模效率差异并没有明显变化。这说明我国物流业效率的地区差异正在扭转。

从纵向来看，我国物流业综合技术效率处于相对提高的状态，而导致综合技术效率提高的原因主要是规模效率和纯技术效率的提高，这说明全国物流业规模效率总体处于持续增长阶段。虽然我国物流业也存在规模无效率，但它并不是总体经营无效率的主要因素。分析规模无效率的原因，我们发现，物流业毕竟是一个规模经济的行业，只有以强大的物流需求为支撑，物流业才能达到较高的规模效率。而从纯技术效率来看，全国各省、市、自治区物流业纯技术效率一直在下滑，这是因为物流业是一种引致需求，只有其他产业对物流业的需求达到一定水平时，大规模投资物流业的投资效率才会很高。

（2）东部、中部及西部地区物流业效率分析。我国地区间经济发展并不平衡，各地区发展物流业的优势各不相同，各地区政府对于发展物流业的政策也不尽相同，这些都会间接影响物流业的投入产出效率。按照常规的地域划分方法，对我国东部、中部、西部地区物流业投入产出效率进行对比分析可以发现，东部经济发达地区物流业效率明显高于中西部地区。无论从综合技术效率、纯技术效率还是规模效率来看，东部地区都明显高于中西部地区。东部地区平均技术效率达到0.7578，西部地区平均技术效率只有0.4220。这既说明了经济发展对物流业发展的带动作用，也说明了物流业发展对经济发展的促进作用，证明了物流业与经济发展的互动关系。

表1　我国区域物流业平均效率趋势

年份 / 我国物流业整体效率	2003	2004	2005	2006	2007
综合技术效率平均值（TE）	0.5799	0.5895	0.6639	0.5657	0.5825
综合技术效率标准差	0.2234	0.2385	0.1876	0.1760	0.1935
纯技术效率平均值（PTE）	0.6792	0.6708	0.7504	0.6534	0.6503
纯技术效率标准差	0.2414	0.2605	0.2007	0.1969	0.2204
规模效率平均值（SE）	0.8734	0.9004	0.9015	0.8831	0.9126
规模效率标准差	0.1756	0.1676	0.1577	0.1574	0.1384

从纵向来看，东部地区物流业效率呈下降趋势，中部地区物流业效率呈平稳上升趋势，纯技术效率与规模效率的同时上升促进了中部地区物流业效率的提高。西部地区物流业效率也呈上升趋势，说明近年来随着西部大开发战略的实施，西部地区物流业效率得到了一定的发展，但规模效率是促使物流业效率提高的主要原因。

（3）基于曼奎斯特（Malmquist）生产率变动指数（以下简称曼奎斯特指数）的动态效率分析。下面用曼奎斯特指数对我国各地区物流业在五个期间内的效率变动情况进行分析。由前面分析可知，表示生产率变动的曼奎斯特指数可进一步分解为综合技术效率变动和技术变动。其中，综合技术效率变动表示产业管理方法的优劣与管理阶层决策的正确与否，而技术变动表示行业的技术进步。综合技术效率变动又可进一步分解为纯技术效率变动和规模效率变动。

从数据可知，2003—2007 年曼奎斯特指数小于 1。这说明我国物流业生产率总体上是比较低的。从各项的变动看，效率变动由 2003—2004 年的 1.004 上升到了 2006—2007 年的 1.024，说明效率处于明显平稳状态；技术变动由 2003—2004 年的 0.998 上升到了 2006—2007 年的 1.099，说明技术变动有改善趋势；纯技术效率出现恶化趋势；规模效率变动处于较平稳状态。这表明，我国物流业生产率恶化的主要原因是纯技术效率的下降，表明我国物流业投资过热，而投资效率并不是很高。

三、影响我国物流业效率的因素分析

选择区域经济发展水平、物流资源利用率、区域市场化程度及港口物流在区域物流中的重要性作为分析影响区域物流业效率的环境变量。通过 Tobit 模型剖析隐藏在效率值背后的深层次原因，为本文得出的政策建议提供数据支持。

1. 模型建立

根据 DEA 二阶段方法和上文对因变量的假设，设计实证 Tobit 回归模型如下：

$$Efficency_i = \beta_1 + \beta_2 GDP\%_i + \beta_3 Market_i + \beta_4 Utilization_i + \beta_5 Port_i + \mu_i \quad (1)$$

其中，β_1表示回归式的常数项；β_2到β_5表示各自变量的回归系数；i 表示第 i 个区域；μ_i 表示回归式的误差项；$Efficency_i$是因变量，代表第 i 个区域的平均综合技术效率值；$GDP\%_i$表示第 i 个区域的国内生产总值增长率；$Market_i$表示第 i 个区域的市场化指数，樊纲、王小鲁、朱恒鹏[10]基于大量调查数据，从政府与市场的关系、非国有经济发展、产品市场发育、要素市场发育、市场中介组织发育、法律制度环境这几个方面，构建了反映市场化进程的指标，并借助主成分分析法生成各指标权重，加权计算各地区市场化的总指数，本文采用的就是这一指数；$Utilization_i$表示第 i 个区域的资源利用率③；$Port_i$表示第 i 个区域港口物流的重要性。该回归模型用来检验上面有关区域物流业效率的影响因素的选取假设是否成立。

2. 影响变量的实证分析

对数据进行处理之后，利用 Eviews5.1 软件建立针对数据的随机（Random - effect）Tobit 回归模型，结果见表 2。

表 2　Tobit 模型回归结果

	系数	标准差	Z 统计量	显著性水平
C	0.260866	0.142487	1.830809	0.0671**
GDP%	−0.42013	1.076482	−0.39028	0.6963
Market	0.047036	0.019337	2.432406	0.015***
Utilization	3.529135	1.375138	2.566386	0.0103***
Port	0.172371	0.04708	3.661251	0.0003***
R^2	0.735520	极大似然函数值		31.18752

注：**代表 5% 的显著水平，***代表 1% 的显著水平。

（1）各省、市、自治区国内生产总值系数为负，统计性不显著。这说明区域经济发展与区域物流业效率没有直接正相关关系，区域经济发展速度的增加并没有带来区域物流水平的提高。区域经济是一种集聚经济，是商流、物流、资金流、信息流等各种生产要素集聚在一起的规模化生产，规模化生产带来了大量原材料的集中和商品的扩散。而发达地区过分追求经济发展速度，没有注重经济发展的质量，并且往往会因为地方经济利益导致物流资源浪费，重复建设现象严重。

（2）各省、市、自治区市场化程度与区域物流业效率高度相关，系数为正（0.047）。这说明地区市场化程度每提高一个单位，物流业效率就可以提高 0.047 个单位。从另一个角度来讲，我国物流业效率低下的一个重要原因就是市场化程度低。从市场化指数的衡量指标可以看出，我国物流管理体制滞后，条块分割严重，难以有效合作与协调；国有经济比重较大，非国有经济成分不足，市场不够活跃；各种运输方式多头管理、相互分割，各种运输方式长期分立发展，不同运输方式在运输组织方式、服务规范、技术及装备标准等方面差距较大；部门、行业和地方保护现象严重，各管理部门、各地方政府制定政策法规多从本部门、本行业和本地方利益出发，致使许多从事物流服务的企业想方设法寻求部门或地方政府保护，以在有保护的情况下开展物流服务活动，造成了一种不正常、不公平的竞争格局。以上都是市场化程度较低的重要表现，数据显示，这必然会导致物流业效率低下。

（3）各省、市、自治区物流资源利用率与区域物流业效率高度相关，系数为正（3.529），统计性显著。这说明物流资源利用率每提高一个单位，区域物流业效率就将提高 3.529 个单位。物流资源浪费是导致区域物流业效率低下的一个重要原因。特别是在条块分割、多头管理的模式下，各种基础设施的规划与建设缺乏必要的协调，一方面导致大量的重复建设与过度竞争，如公路主干网络与铁路网络的平行发展，各地竞相建设港口、机场等现象；另一方面导致各种运输方式之间、国家运输系统与地方运输系统之间、不同地区运输系统之间相互衔接的枢纽设施和有关服务设施建设缺乏投入，对物流业发展具有重要影响的各种综合性货运枢纽、物流基地、物流中心建设十分缓慢。这种“重线路、轻节点”式的发展，造成了资源的极大浪费，影响了整个物流系统的协调发展。

（4）港口物流重要性对各地区物流业效率的影响系数为正（0.1724），统计性显著。港口区域物流业效率值比非港口区域物流业效率值高 0.1724 个单位，说明发展港口物流对于提高区域物流业效率效果显著。港口是生产要素的最佳结合点，是构成现代物流业竞争的重要因素。现代港口在物流活动中扮演了信息中心的角色，既是现代物流汇集量最大、最关键的节点，也是促成国际物流链连续、有效运作的技术节点。港口是现代物流网络中最有可能发展成为整合生产要素功能的平台，发展港口物流对于提高我国物流业效率具有明显作用。

四、简短结论

本文采用 DEA 模型和 Tobit 模型，利用省际面板数据对我国物流业地区间效率及其影响因素进行分析，得出了我国区域物流业整体效率不高的结论。有效率的地区主要集中于东部沿海和经济相对比较发达的地区。我国区域物流业无效率主要来自纯技术无效率，纯技术效率衡量以既定投入资源提供相应产出（或服务）的能力。因此，近年来我国物流业效率较低是物流业投资效率没有凸显所造成的。从纵向来看，我国物流业综合技术效率处于相对提高的状态。我国东部地区物流业效率略高于中西部地区。从曼奎斯特指数的变动可以看出，我国区域物流业生产率总体呈恶化趋势。其中，技术变动呈恶化趋势，纯技术效率、规模效率的变动处于较稳定状态；物流资源利用率、区域市场化程度及港口物流在区域物流中的重要性是影响区域物流业效率的重要因素。

本文研究结果的政策含义非常明显：强化各省、市、自治区物流市场化程度，建设全方位、开放统一的市场和流通体系；提升区域物流技术投入及应用效率，提高物流信息技术应用水平；提高物流资源利用率，合理布局物流产业，防止地区条块分割，促使物流业由粗放型投资向集约型投资转变，强调区域物流有序竞争；加快港口物流发展等。这些都是提高我国物流业效率的有效办法。

注释：

①海南和西藏由于数据和地理位置等原因未包括在内。由于 2003 年之前邮政业还没有独立出来，因此本文选择的年度为 2003—2007 年。

②根据 2003—2007 年的数据计算，全国交通运输、仓储和邮政业增加值占交通运输、仓储和邮电业增加值的 96% 左右。

③由于反映区域物流资源利用率的定量指标较多，本文采用主成分分析方法，从单位增加值占用的存货、库存周转率、单位铁路通过的货运量、单位公路通过的货运量、单位载货汽车的货运量、货运周转量与工业增加值之比等定量指标中确定了物流资源利用率。因篇幅有限，未给出具体计算过程。

参考文献：

［1］帅斌，杜文．物流产业结构的 DEA/PCA 评价［J］．西南交通大学学报，2006（5）：599 - 602.

［2］张兴远．基于 DEA 的物流产业发展能力评估模型［J］．中国水运（理论版），2007（10）：131 - 132.

［3］鞠颂东，李伊松，徐杰．西部物流与区域经济发展［J］．数量经济技术经济研究，2003（2）：39 - 43.

［4］郭晓平，张岐山．基于改进 DEA 方法的物流产业竞争力评价［J］．物流技术，2007（11）：139 - 140.

［5］FARRELL M J. The Measurement of Productive Efficiency［J］. Journal of the Royal Statistical Society，1957，

120 (3): 253 - 290.

[6] CAVES D W, CHRISTERSEN L R, DIEWERT W E. The Economic Theory of Index Numbers and the Measurement of Input, Output and Productivity [J]. Econometrica, 1982, 50 (6): 1393 - 1414.

[7] WILLIAM W COPPER, KYUNG S P, JESUS T P. RAM: A Range Adjusted Measure of Inefficiency for Use with Additive Models, and Relations to Other Models and Measures in DEA [J]. Journal of Productivity Analysis, 1999, 11 (1): 5 - 42.

[8] 甘小丰. 中国商业银行效率的 SBM 分析——控制宏观和所有权因素 [J]. 金融研究, 2007 (10): 58 - 69.

[9] 张军, 吴桂英, 张吉鹏. 中国省际物质资本存量估算: 1952—2000 [J]. 经济研究, 2004 (10): 35 - 44.

[10] 樊纲, 王小鲁, 朱恒鹏. 中国市场化指数——各地区市场化相对进程 2006 年报告 [M]. 北京: 经济科学出版社, 2007.

原载于《中国流通经济》2010 年第 9 期

政府推动物流业发展的国外经验借鉴

梁晓杰　刘　芳　东朝晖*

（交通运输部科学研究院，北京市 100029）

摘　要：在现代物流发展过程中，发达国家特别是美国、日本、德国已经形成了一套完整的物流发展体系，并成为这些国家赢得竞争优势的“第三利润源”，其发展经验在全球范围内受到广泛关注。我国物流业起步较晚，发展水平较低，目前正处在加快发展阶段。为进一步推动现代物流业发展，我们应在对发达国家物流业发展历程进行分析的基础上，借鉴发达国家经验，充分发挥政府在物流业发展中的重要作用，完善物流相关政策法规体系，加强对公共物流基础设施的支持，加快推动物流园区发展，促进多式联运发展，推进物流信息化，建立物流标准体系，推动现代物流技术的研发和推广应用。

关键词：政府；物流业；经验借鉴

物流业作为融合运输、仓储、货运代理和信息等行业的新兴复合型服务产业，其发展涉及多个领域间的协调问题。近年来，世界现代物流业呈稳步发展态势，美国、日本、德国等发达国家已经基本形成了适合自己国情的现代物流体系。我国没有设立专门的物流主管部门，交通运输等相关政府部门在推动物流业发展中承担着重要责任。因此，为落实国务院《物流业调整和振兴规划》和“国八条”的要求，有必要系统回顾物流业发展历程，积极借鉴发达国家政府在促进物流业发展方面的成功经验。

一、发达国家物流业的发展历程

发达国家物流业起步较早，发展较为成熟，物流理论与实践经历了从“实体配送”到“物流”再到“供应链管理”的演进，纵观其物流业发展历程，大体可划分为启蒙、快速发展、综合物流、现代物流四个阶段。目前，现代物流已经成为世界范围内物流业发展的主流方向，现代物流的社会化、信息化、系统化、标准化特点日益明显。

从20世纪初到50年代初，物流概念基本处于孕育与产生阶段。20世纪60年代以后，世界经济环境发生了深刻的变化，物流逐渐为管理学界所重视，企业界也开始注意到了物流在经济发展中的作用，将改进物流管理作为激发企业活力的重要手段，大大促进了物流业的发展。日本于1956年从美国引入了物流（Physical Distribution，PD）的概念，到1964年物流概念受到了日本政府的关注，日本政府认识到了物流业落后对经济发展的制约性，并开始进行较大规模的物流设施建设，这一时期是日本物流建设的大发展时期。

20世纪70年代后，物流管理的内容从企业内部延伸到企业外部，企业开始注重外部关系，将供货商、分销商及用户等纳入管理的范围。1988年，

* 梁晓杰（1978—），男，河南省许昌市人，交通运输部科学研究院助理研究员，主要研究方向为港航物流；刘芳（1978—），女，河北省唐山市人，交通运输部科学研究院副研究员，主要研究方向为港航物流；东朝晖（1968—），男，北京市人，交通运输部科学研究院副研究员，主要研究方向为港航物流。

美国物流管理协会修改了物流定义，强调了系统整合的思想，相应出现了综合物流管理的概念，并得到了广泛认可与应用。在日本，物流理念逐渐由关注局部环节转变为从系统角度管理物流，物流发展开始注重整体的合理化与最优化。欧洲各国许多企业为通过供应链实现物流服务的差别化，开始探索联盟型或合作式的物流新体系，即综合物流供应链管理。

20世纪90年代以来，随着新经济的迅速发展和现代信息技术的进步，现代物流的发展被提到重要日程上来。信息技术特别是网络技术的发展，为物流业发展提供了强有力的支撑，使物流向信息化、网络化、智能化方向发展。销售时点信息系统（Point of Sale，POS）、电子数据交换（EDI）网络技术、射频标识技术（RF Tage）等的应用，以及电子商务的发展，使现代物流上升到了前所未有的重要地位，而这种交易方式的变革也促使物流走向信息化并进一步向网络化发展。同时，专家系统的推广使物流管理实现了智能化，提高了物流业的整体效率。目前，为满足客户越来越高的物流需求，基于互联网和电子商务的电子物流正在兴起。

二、发达国家政府在促进物流业发展中的作为

美国、日本和欧洲是典型的发达市场经济国家和地区，一般来讲，市场机制在这些国家和地区的经济活动中发挥着资源配置的基础性作用，政府只在市场失灵的领域扮演主导角色。而对于物流这一影响整个国家经济运行效率和质量及竞争能力的复合型产业，各国政府在其发展过程中，从管理体制和机制、政策法规、基础设施和标准规范等方面，在职责范畴内也进行了相应的探索和努力，由此对物流业的发展产生了十分积极的推动作用。

1. 管理体制和机制

由于物流业是复合型产业，政府较难安排一个专职部门来对这个国家的物流业进行统一管理，而是按照相关产业管理部门的职责范畴，进行合理分工，并通过建立和运行相互协商沟通的工作制度，构筑起一个国家物流管理的体制与机制，以保障物流业的全面、协调与快速发展。

美国没有一个集中对物流进行统一管理的专职政府部门，政府按照各自的职能对物流的基本环节进行管理。联邦州际商务委员会负责铁路、公路及内河运输的合理运用与协调；联邦海运委员会负责国内沿海和远洋运输；联邦能源委员会负责州际石油和天然气管道运输；联邦法院负责宪法及运输管理法律的解释、执行、判决和各管制委员会决定的复查；各有关行政部门（如运输部、商务部、能源部、国防部等）负责运输管理的有关行政事务；立法机构是总的运输政策的颁布者、各管理机构的设立者和授权者，它们与相应的州级机构一起，构成美国的全国物流市场管理机构体系。

德国也没有统一管理全国物流业的政府部门，相关部门各司其职，基本采取的是政府监督控制、企业自主经营的运作模式。德国负责货运管理的部门是联邦货运交通局（BAG）。联邦货运交通法规定，联邦货运交通局的任务就是监督和控制。为了更好地实施监督功能，联邦货运交通局对所有参加运输的人员在办公室内以及在办公室外（公路、高速公路、停车场）的经营活动进行监督，其中也包括发货人、中介人或运输公司的经营活动，如果违反规定，就要受到主管局的惩罚或联邦货运交通局的制裁。

日本虽然没有专职的物流管理部门，但日本运输省的行政职能范围几乎统揽了物流业所覆盖的主要行业。日本政府的运输省成立于1949年，主管陆运、空运、水运的运输行政，还负责对海上保安厅和气象厅以及地方运输局、港湾建设局、地方航空局、航空交通管制部等机构进行管理。随着日本国营铁路的民营化和交通运输体制的变化，日本运输省于1984年实施机构改革，增设运输政策局和地域交通局等机构，其主要职能由直接的行政管理和指挥，转为研究和制定交通运输综合政策。此外，日本政府还参与和组织物流行业协会，并通过这一中介渠道对本国物流业进行较为集中的管理。[1]

2. 政策法规

（1）健全法律体系，保障物流业有序发展。

作为长期实行运输、仓储等物流相关产业私有化的国家，美国的物流市场十分活跃，市场的有序发展得益于完善的物流市场管理体系及法制管理体系。美国的物流服务提供者一般是依照其服务内容

的不同，在不同的营运范畴内遵守不同的法律条款。具体而言，从事铁路、公路、航空以及内河运输者，必须遵守汇编在《美国法典》中的TITLE49运输法和联邦法规汇编中的TITLE49法案；从事海上运输者，必须遵守《美国法典》中的TITLE46航运法和联邦法规汇编中的TITLE46法案等。

德国完善的法律法规体系是物流市场规范经营、有序竞争的重要保障。货物运输法规主要包括：《道路货物运输经营人员市场准入规定》（2000年）、《道路货物运输合同法》（2002年）、《德国通用运输条例》及其补充规定（2003年）、《道路货物运输法》（2004年）、《危险货物运输法》《联邦高速公路养路费征收法》等。此外，《德国承运商规则》《对运输保险的最低要求规定》两个规则对德国的运输市场有着非常重要的影响。

日本主要通过市场机制来调节物流活动，但在物流业的发展和建设过程中，政府始终发挥着重要作用。在法律法规方面，《商法》及《民法》中规定了物流的相关条款。自20世纪60年代起，通产省和运输省对物流业行使行政管理职能，制定了相关的政策法规。20世纪70年代到80年代先后制定了《仓库业法》《日本国有铁路法》《道路运输法》等。[2]

（2）放松管制，促进市场机制作用的有效发挥。

从20世纪80年代起，美国国会陆续通过并出台了《汽车承运人规章制度改革和现代化法案》《斯泰格斯铁路法》，形成了运输改革的环境。20世纪90年代，美国又相继通过了《协议费率法》《机场航空改善法》和《卡车运输行业规章制度改革法案》。为适应当今世界航运发展的趋势，美国国会又修改了《1984年航运法》，推出了《1998年航运改革法》。这一系列法规的出台，在某种程度上减少了国家对运输业的直接控制和约束，推动运输业更接近于自由市场体系，从而为充分发挥物流的整体效应和实现供应链的一体化，提供了广阔的发展空间。[3]

德国于1998年进行了运输法规改革，将原有的法律法规条款压缩到约1/4，建立起了一个新的运输法规体系，将对运输的规制纳入统一的商业法规体系，通过放松管制，开放运输市场。

20世纪90年代，日本政府对物流系统进行再建，废除了部分物流业相关的法律法规，并制定了新的法规。其中主要有《货物汽车运输事业法》《货物运输代理事业法》（以下简称“物流二法”）和《中小企业流通业务效率化促进法》（以下简称《物流效率化法》）。“物流二法”从物流的角度对物流业引进了竞争机制；《物流效率化法》从商流的视角规定，要针对流通业现状进行改革，形成有效率的纵向流通组织，把零散的小规模商业商店组织起来，进行统一管理。

（3）制定宏观政策，引导物流业健康发展。

作为物流的一项重要内容和推动运输物流发展的政府政策，美国提出了《美国运输部1997—2002年财政年度战略规划》，成为美国物流现代化发展的指南之一。从整体上讲，这个规划是美国物流管理政策发展的重要里程碑。《美国运输科技发展战略》也确定了到2025年交通产业结构或交通科技进步的总目标。

德国制定的交通运输发展政策所涉及的范围比较全面，主要包括执行统一的欧盟运输政策、综合运输政策、安全环保政策、价格政策、市场准入政策、收费政策、扶持政策及反垄断政策等。

日本政府在本国物流系统的建设过程中，始终发挥着非常重要的指导和引导作用。如出台的《大规模物流基地的合理配置构想》（1973年）、《物流据点整体状态的规划设计》（1995年）、《物流基地的整备目标》（1996年）等物流政策，有力地推动和引导了日本流通及物流业的发展。1997年4月发布的《综合物流施策大纲》，进一步推动已经比较先进和完善的日本物流系统向着更加先进、科学、合理的目标发展。

3. 基础设施

（1）统筹交通基础设施规划。

交通运输基础设施是构筑物流基础设施的硬条件，各国政府主管部门都将加强交通运输基础设施作为推动物流业发展的重要政策之一，而各种运输方式的有效衔接和交通运输基础设施的高效利用，更是受到各国政府的重视。

美国运输部一直强调把建立智能化的国家多式联运系统作为主要任务。美国在1991年《多式联运法》中就明确指出：“发展国家多式联运系统是美国的政策。……这个运输系统也包括未来的交通运输方式。”《美国运输部1997—2002年财政年度战略计划》提出了未来运输系统的构想。《美国交通部2000—2005年运输部战略发展计划》将21世纪美国运输系统的特征进一步表述为：国际通达、多式联运、智能交通和服务广泛。

德国政府也非常重视各种运输方式的协调发展，已经建成了综合运输网，各种交通方式之间转换方便，为社会化物流业提供了便捷的运输网络系统。2008年9月，德国联邦政府颁布了《货物运输与物流总体规划》，提出了新形势和新要求下货运与物流业发展的规划目标与相关政策措施，明确了今后德国货运与物流业发展的方向。

1959年以来，日本物流基地规划、建设和扩充工程一直由运输省主管，并在全国范围内开展了包括高速公路网、新干线铁路运输网、沿海港湾设施、航空枢纽港、流通聚集地在内的各种基础设施建设，构造了新型的物流运输体系和仓储系统。这些基础设施具有世界领先水平，为扩大物流市场与促进物流业发展提供了有力保证。

（2）扶持物流园区建设。

物流园区是多种物流基础设施和物流运作设施集中分布的场所，有利于物流资源的优化利用，也有利于提高物流企业的整体服务能力，同时对地区经济发展与就业能够产生积极的作用。因此，发达国家往往通过规划、资金政策等途径来促进物流园区的发展。

德国各级政府在物流园区等基础设施规划和建设方面，遵循联邦政府统筹规划，州政府、市政府扶持建设，入驻企业自主经营的发展模式。联邦政府通过对经济布局、物流现状进行调查，并根据各种运输方式衔接的可能性，在全国范围内对物流园区建设用地以及连接物流园区的公路、铁路、通信等交通设施进行规划，委托开发商对物流园区进行建设，物流企业则根据需要租用园区内设施。物流园区不仅成为物流企业经营的集聚地，也吸引制造业、销售业进驻，使物流服务供需双方能够在物流园区的平台上共同运作。[4]

由于国土面积过于狭小，城市化问题日益严重，日本从20世纪60年代末开始规划建设物流园区（又称物流团地），是最早提出和发展物流园区的国家，也是最先颁布与物流园区有关法规的国家。日本的物流园区一般位于大城市周边或靠近交通枢纽，以合理布局城市物流为主要特色，其产生的最为重要的关联因素是城市的建设和发展。

4. 标准规范

发达国家非常重视物流的标准化，其企业也极为重视物流技术平台的处理手段，几乎所有的专业物流企业都通过信息管理系统来处理和控制物流信息，充分显现出了现代物流的发展特点和要求。

美国国防部建立了军用和民用物流的数据记录、信息管理等方面的标准规范。此外，1996年美国统一代码委员会发布了商品通用条码（UPC）数据通信指导性文件，为供应商和零售商提供标准化的库存单元数据。美国国家标准协会也于同年制定了装运单元和运输包装的标签标准，实现了物流和信息流的统一，推进了物流的运输、供应链、配送、仓储、电子数据交换（Electronic Data Interchange，EDI）和进出口等方面的标准化工作。美国还积极参加国际标准化活动，如参与制定北大西洋公约组织物流标准等。

德国也形成了较为完善的物流标准体系，有统一托盘标准、车辆承载标准、物品条码标准等，该体系包括与物流相关的标准2480条，其中运输标准788条、包装标准40条、流通标准124条、仓储标准500条、配送标准499条、信息化标准499条。

早在1995年，日本就制定了国内物流标准信息（JTRN）。1996年，在通产省及运输省的支持下成立了物流EDI推进委员会，负责EDI中与物流相关的标准化研究和普及工作。1998年，通产省又开始在标准EDI的基础上实施了“高度物流信息化系统开发事业”计划，拟在物流行业引入先进的信息系统及EDI手段，提高物流效率。日本政府工业技术院还委托日本物流管理协会调查研究物流机械和设备的标准化，并拟定日本工业标准（JIS）中涉及物流的标准草案，主要包括物流模数体系、集装箱基本尺寸、物流用语、物流设施的设备基准、输送用包装的系列尺寸（包装模数）、包装用语、大型集装箱、塑料通用箱、平托盘、卡车车厢内壁尺寸等。

三、对我国政府促进物流业发展的启示

现代化的物流业是社会化大生产的客观要求，

对一国的经济发展起着非常重要的作用，所以发达国家政府对物流业的发展极为重视。通过对典型国家物流业的发展过程进行相关分析，可以看到政府在促进物流业发展中发挥着十分重要的作用，对我国促进物流业发展也有诸多启示。

1. 完善物流相关政策法规体系

美、日、德三国政府都没有集中统一的物流管理部门，各职能机构根据各自的职能对物流的不同环节和产业进行管理，主要是通过建立一套完善的政策法规体系，以法制的形式来管理和约束物流企业的行为。在我国，物流立法工作需要进一步加强，尽快弥补物流法律存在的不足，通过立法规范物流企业的准入、退出制度，用法律来引导物流企业的发展，鼓励物流企业进入不同的服务领域，为物流产业发展创造公平的市场竞争环境。此外，中央政府、各级地方政府应从产业发展的角度制定必要的导向性物流政策，出台一些相应的鼓励物流业发展的纲领性文件。[5]可以制定类似于五年规划之类的物流业发展规划，明确物流业的近期目标和长期目标，近期目标要尽量详尽而具体地制定出对策措施，长期目标要具有引导性、前瞻性，循序渐进地发展物流业。[6]

2. 加强对公共物流基础设施的支持

发达国家政府十分重视物流基础设施的规划与建设，并采用政府投资与社会集资相结合的方式，有重点地加快物流基础设施建设。我国物流系统中的各种设施建设仍在发展完善中。编制科学而合理的规划，对于引导现代物流业健康发展具有重要指导意义。规划中既要体现“物流管理”这一核心，同时也要突出物流系统的观念，应吸收先进国家的经验，强调物流的系统性。如根据城市总体规划，为确保城市交通畅通与城市环境的可持续发展，应对物流活动进行适当集聚，发展物流园区或基地等物流服务聚集地，处理好城区集配送点的规划布局，同时必须考虑物流业发展的需要，完善综合交通运输网络规划。对于公益属性较强的内河水运通道、港口集疏运系统、综合性货运枢纽等基础设施要优先安排实施计划和资金预算。

3. 加快推动物流园区发展

物流园区按照专业化、规模化的原则组织物流活动，将众多物流企业集中在一起，共享相关基础配套服务设施，有利于发挥整体优势。我国的物流设施普遍由物流或生产、销售企业分头建设，专业化、规模化、社会化的物流园区较少，且物流设施规模小，能力不足，存在土地和运输资源不能集约利用的现象。应该重视物流园区的发展，充分发挥园区在节约土地、提高交通基础设施利用效率等方面的作用，合理规划、理性发展，在重要物流节点城市、制造业基地及综合交通枢纽，要充分利用已有设施，建设一批布局集中、用地节约、产业集聚、功能集成、经营集约的物流园区，吸引分散的物流企业进驻，发挥产业集聚的规模效益。[7]

4. 促进多式联运发展

将铁路、公路、航空、水运等多种运输方式和运输节点连接成网络格局，能够极大地提高运输效率，降低物流成本。我国不同运输方式之间由于行业管理体制等原因，各自为政、重复建设现象比较普遍，交通基础设施和运输资源浪费严重。因此，需要在建立高效物流管理体制和机制的基础上，加快现有港口、铁路和公路、机场等交通运输设施间联运设施的统筹规划和建设，选择重点地区与综合交通枢纽，加快发展集装箱多式联运中转设施和连接两种运输方式以上的转运设施，解决货运过程中的多次搬运、拆装等问题，实现多种运输方式的无缝衔接，提高物流效率，达到货物安全快速输送和降低物流成本的目的。

5. 推进物流信息化

信息化是现代物流发展的重要依托，是物流系统的灵魂，更是未来发展的趋势。据不完全统计，我国已经实施或部分实施信息化的物流企业仅占39%，全面实施信息化的企业仅占10%。目前，我国物流业缺乏统一的信息基础标准，不同信息系统的接口成为制约信息化发展的瓶颈；由于缺少实用可靠的成熟物流软件，使企业在建设物流信息系统时不敢投入，而自主开发又存在起点低、周期长的问题；公共物流信息平台的缺乏也使企业物流信息系统成为信息孤岛，中小企业的物流信息化举步维艰。因此，有必要以加快物流信息标准化建设为基础，以提高物流信息化应用水平为目标，整合利用信息资源，推进我国物流信息化建设，并进一步以物流信息化带动物流现代化发展。

6. 建立物流标准体系

物流标准的广泛应用是提高物流效率、增加服务可靠性、改善物流服务质量的重要手段。目前，我国的物流标准建设还有待进一步加强，物流标准规范体系尚未形成。需要加快对现有仓储、转运设施和运输工具的标准化改造，鼓励企业采用标准化的物流设施和设备。开展物流术语、计量与技术标准、数据传输标准、物流运作模式与管理标准的普及工作，积极推进托盘、集装箱、各种物流装卸设施、条码等通用性较强的物流技术和装备的标准化进程，推动物流企业进行国际认证，并以企业物流标准化水平作为是否给予政策倾斜的重要条件，以提高物流标准化作业水平以及与国际接轨的能力。

7. 推动现代物流技术的研发和推广应用

现代物流的发展，科技是支撑，应用是关键。要针对当前我国物流业发展中存在的物流作业机械化与自动化程度不高、运力与装卸设备落后、信息化建设进程缓慢等问题，进一步强调现代科学技术对物流业发展的引领和提升作用，加快科技创新与推广应用的步伐，并加快先进科技成果向现实生产力的转化与应用，逐步提高科学技术对我国物流业发展的支撑作用。

参考文献：

[1] 孙仁中．日本发展现代物流业的经验及启示［J］．现代日本经济，2007（3）：43－46.

[2] 李延松．日本国际物流发展的成功经验及对我国物流业的启示［J］．中国港口，2007（6）：46－47.

[3] 王雪．美国现代物流业的发展［J］．全球科技经济瞭望，2007（4）：44－47，43.

[4] 麦贤敏，万旭东．现代物流体系影响下的欧洲港口与港城对我国的启示［J］．国际城市规划，2008（6）：70－75.

[5] 张小宁．促进我国现代物流业发展的几点建议［J］．中国集体经济，2011（16）：117－118.

[6] 罗文丽．治疗顽症：政策药方可期［J］．中国物流与采购，2011（11）：26－29，9.

[7] 王之泰．中国需要物流基地［J］．中国商贸，2000（8）：31.

原载于《中国流通经济》2012 年第 1 期

东亚国家物流发展规划对我国的启示*

欧阳芳[1]　施国洪**[2]

（1. 苏州工业职业技术学院，江苏 苏州 215104；
2. 江苏大学工商管理学院，江苏 镇江 212013）

摘　要：物流业是影响整个国家经济运行效率与质量的复合型产业。新时期我国物流业仍然面临严峻挑战，抓住我国物流业发展契机，优化升级物流产业结构，对于我国转变经济发展方式、提升国际竞争优势具有重要战略意义。东亚国家物流业市场开放较早，应借鉴其在国家物流规划层面的做法，加速制订物流总体规划推动计划，建立实施保障体系，改善现有物流宏观管理机制，规范行业标准，探索物流发展方式，创新供应链营运模式，加强先进物流技术的开发应用，优化技术结构，发展亚洲绿能低碳技术，构筑国际物流枢纽基地，推动我国物流业快速发展。

关键词：物流规划；基本法；模式创新；绿能低碳

根据迈克尔·波特的钻石理论，一个国家的经济兴衰取决于该国是否具有国际竞争力，国际竞争力形成的关键在于该国的某种产业是否具有国际竞争优势，而特定产业取得竞争优势需要四个关键环境因素，即生产要素、需求条件、相关支持产业以及企业的战略、结构和竞争对手。另外，政府和机会两个辅助要件影响上述四个环境因素，它们共同决定一个产业的竞争力。[1]

将波特的这一理论应用到我国现代物流业中来，假定物流业包含的生产要素、需求条件、相关支持产业三个因素保持不变，竞争对手及政府因素就成为提高现代物流业竞争力的主要环境因素。由于我国和东亚各国处于不同的经济发展阶段，其各自的发展目标、产业结构、资源配置、市场需求、发展环境具有一定的差异，导致我国和东亚国家（地区）在竞争的同时，又是战略合作伙伴关系。政府制定的物流国家战略以及进行的政策引导对我国物流业竞争力有着深远的影响。随着经济全球化和区域经济一体化的推进，先进的物流架构是提升我国工农业附加值，建设高效服务业，推进我国国际化进程的重要途径和有力工具。

一、东亚国家物流发展规划的主要内容

作为生产性服务业，衡量物流业国际竞争力的物流绩效指数（LPI）涉及六个方面：①海关的清关效率及其他边境机构的办事效率；②货物运输与物流信息技术设备的质量；③安排国际运输的便利性与负担能力；④当地物流产业的竞争力及物流成本；⑤跟踪国际货物运输的能力；⑥货物运输抵达

* 本文系江苏省教育厅哲学社会科学基金项目"'十二五'时期江苏物流产业链发展机制创新研究"（项目编号：2011SJD790019）、中国物流与采购联合会（中国物流学会）项目"长三角时蔬物流产业链发展战略研究"（项目编号：2011CSLKT059）的部分研究成果。在本文写作过程中，得到了台湾修平科技大学徐志宏教授提供的关键文献以及江苏大学施国洪博导的指导，在此表示感谢。

** 欧阳芳（1973—），女，江西省新余市人，苏州工业职业技术学院管理系流通教研室主任，副教授，高级工程师，主要研究方向为国际物流、供应链管理；施国洪（1955—），男，江苏省镇江市人，江苏大学工商管理学院教授，博士生导师，主要研究方向为产业经济、物流与供应链管理。

目的地的及时性。主要国家和地区的物流绩效综合排名（见表1）。

长期以来，为推动国际化进程，增强国际竞争力，亚洲部分国家和地区都将物流发展战略上升为国家战略，制定了一系列的法律、法规及政策，对物流进行宏观规划（见表2）。发展壮大物流业，一方面可提升国内经济质量和效益；另一方面可通过提升物流国际竞争力，增强国家竞争力。[2]

表1　2010年亚洲标杆国家和地区物流绩效排名及欧美国家排名参考

排名	国家和地区	海关效率	基础建设	国际运输	物流能力	货物追踪	及时性
2	新加坡	2	4	1	6	6	14
7	日本	10	5	12	7	8	13
13	中国香港	8	13	6	14	17	26
23	韩国	26	23	15	23	23	28
27	中国	32	27	27	29	30	36
欧美国家排名参考							
1	德国	3	1	9	4	4	3
4	荷兰	4	2	11	3	9	6
15	美国	15	7	36	11	5	16

注：世界银行2011年公布。

表2　亚洲标杆国家和地区相关推动措施及计划

国家和地区	新加坡IT行动规划、协同合作高科技制造业计划	日本《综合物流政策实施大纲》	中国香港运输及房屋局《2009—2010年施政报告》	韩国国家物流基本计划《流通产业发展法》	中国《物流业调整和振兴规划》
推动时间	2006—2015年	2009—2013年	2009—2010年	2006—2020年	2009—2011年
推动单位	新加坡资讯通信发展局	国土交通省	中国香港特别行政区政府政务司——运输及房屋局	外交通商部国土海洋部	国务院
推动内容	1. 加强射频识别（RFID）技术导入，建立境内产业间的供应链整合，以提升新加坡物流转运站及供应链中枢之竞争力； 2. 开发贸易资讯交换（TradeXchange）平台，提供商业及法规系统信息，使国内物流相关业者及政府之间资讯流通迅速，增加新加坡进出口货物流动量；	1. 将市内配送、港口服务、国际运输串联成物流网络； 2. 通过电子标签等科学技术的应用，完成各国资讯串联，建构东亚准国内化物流无缝平台；	1. 就跨境物流合作课题，在现有成果基础上与广东省政府进一步加强合作，磋商降低跨境陆路货运成本措施，以期促进两地物流效率； 2. 在葵青区，促进香港的物流及贸易向高价值货物及服务发展；	1. 订立有关物流设施的合理性开发与配置综合计划； 2. 建立共同集散、保管、加工、包装、配送的共同集散区； 3. 构筑综合物流情报网以及政府—民间情报网（国家物流统和情报中心），整顿物流相关统计资料收集体系；	1. 积极扩大物流市场需求； 2. 大力推进物流服务的社会化与专业化； 3. 加快物流企业之兼并重组； 4. 推动重点领域物流发展； 5. 加快国际物流与保税物流发展； 6. 优化物流业发展的区域布局； 7. 加强物流基础设施的衔接与协调； 8. 提高物流信息化水平； 9. 完善物流标准化体系；

续表

推动内容	3. 投入1200万新加坡元建立资讯科技智慧港口，作为与全球海外连接的根本，快速掌握国内外商情脉动； 4. 强化高阶制造能力，改善多家企业的产品设计流程，巩固主要供应链基础架构的世界级地位	3. 根据日商在海外重要布局需求，协助东南亚政府加强和完善物流基础设施建设，将物流相关整套服务外销	3. 提高中国香港国际机场的处理能力，推进机场飞行区中场范围发展计划，提供额外的飞机停泊位及新的机场客运廊，提高机场的处理能力，可应对2020年的空运需求	4. 持续开发国际运输需求，增加相对重要的航空和港口及相关地区； 5. 促进主要国际物流据点业务处理顺序的简化及情报化	10. 完善物流统计指标体系； 11. 加强物流新技术的研发与应用； 12. 改革物流管理体制，完善物流政策法规体系

资料来源：《国际物流发展概况》，台湾全球运筹发展协会，2011。

1. 新加坡2006—2015年物流规划概要

在亚洲，新加坡的物流绩效指数排名第一。与那些能够发展劳动密集型产业、国土面积更为广阔的国家相比，新加坡作为一个岛屿国家，缺乏长期的竞争优势，提升价值链成为其主要改革途径。长期以来，新加坡政府高度重视数字化、信息化技术的发展与应用，积极发挥电子信息化在经济社会发展中的作用。从20世纪80年代初开始，新加坡就走上了政府与企业共同电子化的历程。高效电子信息平台的建设与得天独厚的地理条件大大促进了其物流业的发展壮大，物流业日益呈现出国际化、社会化、信息化、多维化的特征，成为近年来推动新加坡经济社会高速发展的主要动力之一。信息技术是物流业的灵魂，2006年，新加坡政府制定了为期10年的物流发展战略，如信息技术（IT）行动规划、协同合作高科技制造业计划等，旨在利用信息通信产业的力量，发展成为供应链的中心以及高价值制造业的枢纽。[3]

2. 日本2009—2013年物流规划概要

尽管日本经济步入了低增长期，但其社会经济结构已经比较成熟，各产业都进入了高度化发展的阶段，伴随着日本经济的不断发展，社会、市场及国民对物流的需求也在改变。2005年与2009年的《综合物流政策实施大纲》是在亚洲各国经济日益增长，物流相关设施逐渐完善，日本物流业面临严峻挑战，且日本国内财政不容乐观，整合社会资本投资受到严格限制的背景下修订的。2009年该大纲重视建立推动体制，从国家和地方两级推动体制分别进行了详细说明，强调必须得到国民的理解与合作，加强货主与物流业者之间的联系，做好基础设施建设，获得当地相关人员的大力支持，并对建立国家和地方两级推动体制作了详细而严格的说明。大纲注重对物流业绩的评估，在降低成本、行动迅速等重点项目上强调其有效性和高效益。堀江正弘提出，《综合物流政策实施大纲》有效运用现有的社会资本，以期将东亚“准国内化”，目标在于建构国际物流网络基地，发展由产业领头的国际物流外销模式。[4]

3. 韩国2006—2020年物流规划概要

1996年，韩国正式全面开放国内流通市场，国际流通企业进入韩国市场，韩国是当时唯一拥有针对流通产业全行业基本法的国家。韩国的物流政策由“制造业支持政策”转型为“国家成长战略”。在这一变化过程中，韩国政府推行综合物流企业认证制度，对专门提供综合物流服务的物流企业进行了政府认证、支持与培养。近年来，中国沿海集装箱港口群的迅速崛起和日本超级中枢港计划的实施，给韩国港口的生存和发展空间带来了前所未有的压力。韩国政府基于物流立国战略，为巩固本国港口群的国际竞争力，顺利实现东亚物流中心的宏伟目标，提出了一系列重大举措。朴敏圭认为，2006年韩国对《流通产业发展法》进行修正，提出国家物流基本计划，旨在通过国家物流体系的效率强化，预期于2020年实现“全球物流强国”的目标。[5]

4. 中国2009—2011年物流规划概要

近年来，我国经济增长由主要依靠投资、出口拉动向依靠消费、投资、出口协调拉动转变，由主要依靠第二产业带动向依靠第一、第二、第三产业协同带动转变。由《中国统计年鉴（2011）》分行业增加值统计数据可以得出，2007—2010 年，我国第三产业占比维持在 43% 左右，与日本服务业占比 75% 相比偏低。物流产业是第三产业重要的组成部分，由 2007—2010 年的产业增加值可以看出，物流产业占第三产业产值的 47%。

物流产业是经济发展的表现形式之一，物流运行中各要素的比例关系与经济紧密相连。由于经济的发展、环境的变化以及区域文化习俗的差异性，不同时期对我国物流提出了不同的要求，导致物流功能及其存在形式比较分散，难以统一，区域差异较大，即使在同一时期、同一区域内，也要针对不同的要求、不同的场合，采取不同的应对方法。这使得物流功能重复积累，出现了各种各样的矛盾，难以整合，物流资源配置效率远远落后于以上国家。同时，物流基础设施比较薄弱，物流信息技术的普及化及标准化都存在一系列问题，导致我国物流水平整体较低。2009 年，我国推出《物流业调整和振兴规划》，其目标是在 2011 年培育完成大型综合物流企业集团，建立技术先进、节能环保、便捷高效、安全持续的现代物流服务体系，引领整合国内物流企业，提升国家综合物流绩效并走向国际市场。①

二、对我国物流规划的启示

物流作为影响整个国家经济运行效率和质量以及竞争力的复合型产业，其竞争力的提升有利于增加我国商品在全球市场流通的附加值、市场占有率及外贸额度，对外进一步促进我国商贸流通业的市场开发，提高我国对外贸易的实力；对内推进第一、第二产业的发展，提高第三产业的产值及质量。

1. 加速制定物流总体规划的推动计划，建立实施保障体系

三年的调整规划使我国部分区域的物流业开始具备集约化、规模化、标准化、网络化、信息化、机械化、专业化、多功能化等基本产业特征。[6] 与新、日、韩等国相比，我国整体物流架构还比较分散，功能重复，无法形成合力。加速制定一个具有前瞻性和整体性的物流业发展规划，包括具体而详细的中长期基本发展规划和专项促进计划，在全国范围内组织实施，确定推动计划、推动期程，明晰各级推动部门及其具体职责，并成立专门机构或委托行业协会对执行情况进行定期追踪与反馈。规划的贯彻执行需要制度保障，韩国流通业立法的成效给我们提供了很好的借鉴，立法对一个广博混乱的物流市场有很好的规制引导作用。长期以来，由于我国相关基本法缺位，整个物流领域的立法规制等基础工作未能开展。我们的立法形式并不一定要与韩国完全一致，可采取法律或条例的形式，也可单独立法或统一立法等。

2. 改善现有物流宏观管理机制，规范行业标准

在过去几年全球抗击金融危机的过程中，各国政府提出的解决方案以不同的形式表明，市场经济也需要有计划性。中共十七大重新提出，要“发挥国家发展规划、计划、产业政策在宏观调控中的导向作用”。政府对物流的宏观管制体现在指导性、战略性、前瞻性而非行政性上，可以在物流领域中将关系市场稳定大局的少数大宗商品的物流架构区分开来，对其分销渠道、储备制度、运输管理、对外贸易等进行重点管理。系统化地进行调控管制的基础是物流标准化，进行标准化建设是物流国际化的必要条件。当前我国物流标准与国际标准的差异体现在物流器具标准、信息系统标准、服务标准等方面。全面梳理现行标准，淘汰落后于物流发展水平的行业标准，修订部分与实际有差距的标准，制定由新业务催生出的新标准，建立我国现代物流标准体系，与国际市场接轨。

3. 探索物流发展方式，创新供应链营运模式

亚洲正在逐渐取代欧美成为下一个全球成长动力。我国物流企业特别是大型核心企业如何在策略方向、组织架构、速度、价格、弹性、专业投入、信息技术协助等方面取得平衡，将引起新市场的重组。[6] 新加坡借助高端的信息技术率先开始对亚洲及亚太地区的部分产业行业进行了供应链整合。我国应抓住亚洲将发展成世界经济主要成长区域的契机，尽早建立与企业的良好沟通管道，通过不同的政策工具鼓励大型国有物流企业创新供应链营运模式，吸引更多跨国企业将中国作为亚太地区主要的物流基地。在发展方式和手段上，逐步走向精细化、重视资源优化程度及资源运用效率的发展方式。供应链运营及整合不仅仅要面向传统市场、有形市场、显性市场、低附加值市场，更要面向新兴市场、无

形市场、潜在市场、高附加值市场等。[7]

4. 加强先进物流产业技术的开发和应用，优化技术结构

现代物流的竞争离不开先进的物流技术。与日本相比，我国物流技术落后了10年甚至20年。物流技术并不仅仅是一项或几项技术，而是以系统技术为核心，对运输、配送、仓储、信息等功能领域进行管理与整合，提高物流体系整体效率与效能。[8]我国应采取适当的产业技术政策，对物流技术的开发与推广进行全面、系统、有效的指导、扶持与协调。可从以下两个方面入手：①确立物流产业技术的发展目标及具体计划，如公布需要重点发展的核心技术以及需要限期淘汰的落后技术清单；参照国际标准，确定各个功能模块的具体技术标准等。②制定物流技术改进的政策，如建立物流企业技术创新需要的技术支持体系，成立产业技术创新基金、担保基金等；设立为物流企业服务的科技服务机构，建立技术创新推广政策体系等，全面提升物流产业技术结构。[9]

5. 发展亚洲绿能低碳技术，构筑国际物流枢纽基地

为适应全球变暖和石油短缺的现状，世界领先国家都在大力推动绿能与低碳技术产业，并制定了各种鼓励政策。碳交易体系的引入将为企业发展绿色物流吸引更多的社会资源，并降低石油价格上升所带来的高成本。以全球低碳产业为基础，结合国内外绿色产品基地及物流网络系统，重点扶持几个区域，将之率先建构成为绿能低碳产品的国际物流枢纽基地。一方面，对基地本身采用节能设备及合同能源管理，并提供补贴、采购费用税前列支、贴息贷款等政策性支持；另一方面，注重电子商务在基地的推广应用，利用先进的信息技术和管理流程，整合资源（这里的资源包括无形商品、无形货币、无形资产等），降低基地交易费用。

三、结语

本文通过对东亚标杆国家近期的物流规划进行分析，提出了我国规划物流业的几点建议。现代物流业的竞争力不仅仅体现在领先的硬件设施与市场份额扩张上，更体现在服务提升、质量改进、环境和谐、低碳高效、集约有序等方面。一个高效的物流环境需要持续的制度创新与技术创新的支持和引导。物流业只有从做大、求规模、重形式转变到做强、求效益、重能力，才能促进经济运行效率的提高，提升国家竞争力。

注释：

①资料来源于《国际物流发展概况》，“台湾全球运筹发展协会”，2011。

参考文献：

［1］谭丹．外贸提升视角下我国国际物流业发展的技术与路径［J］．求索，2009（9）：27－29.

［2］吴爱东．制度创新：发展中国现代物流产业的突破口［J］．中国流通经济，2009，23（11）：18－21.

［3］CHEE CHUONG SUM，CHEW BEEN TEO，KWAN KEE NG. Strategic Logistics Management in Singapore［J］. International Journal of Operations & Production Management，2001，21（9）：1239－1260.

［4］堀江正弘．日本物流政策的演变——以《综合物流政策实施大纲》为中心［J］．孙前进，译．中国流通经济，2010，24（10）：4－7.

［5］朴敏圭．流通产业发展法［M］．首尔：Wooyong 出版社，2007：89－92.

［6］洪涛．流通产业经济学［M］．2 版．北京：经济管理出版社，2011.

［7］森尼尔·乔普瑞，彼得·梅因德尔．供应链管理——战略、规划与运营［M］．2 版．李丽萍，等译．北京：社会科学文献出版社，2003：231－243.

［8］王之泰．物流业发展重在体制变革和技术进步［J］．物流技术（装备版），2010（10）：26－28.

［9］龚晓菊．贸易强国视角下的流通产业结构调整［J］．中国流通经济，2011，25（4）：15－20.

原载于《中国流通经济》2012 年第 5 期

借鉴国外先进经验助推我国低碳物流发展[*]

周 芳[**]

（兰州商学院工商管理学院，甘肃 兰州 730020）

摘 要：气候变暖问题已经引起了越来越多国家和科研机构的重视，成为各国共同面对的问题，经济低碳化成为必然。我国的物流产业、物流技术、相关政策等面临重大调整，物流业面临巨大的“低碳”压力和挑战。尽管我国物流业低碳化已经取得了一定进展，但低碳物流发展在观念、政策、技术等方面还存在很大差距，观念、管理政策引导滞后，行业发展模式粗放、物流设施设备落后，物流业与其他行业协同不够。为更好地推动我国低碳物流发展，应借鉴国外经验，倡导国际化低碳理念，增强国际战略性低碳物流规划；针对低碳物流制定专门的政策法规；实现物流低碳目标标准化；实现技术、能源低碳化；建立低碳综合评价体系，为物流节能减排行为提供控制依据。

关键词：低碳物流；现状与挑战；国外先进经验；节能减排；对策

气候变暖问题已经引起了国际上越来越多国家和科研机构的重视，已经成为各国共同面对的问题，经济低碳化已经成为必然。经调查，在因气候变暖而引发的自然灾害等所造成的死者中，有90%集中在发展中国家，需要呼吁发达国家积极参与，帮助减少灾难。我国是发展中国家，发展低碳经济在我国任务紧迫。而物流业是能源消费的重要行业，能源消耗大，碳排放量大，油品消耗量约占全社会油品消耗总量的1/3，在低碳经济中占有特殊地位，是我国节能减排的重点行业。国家统计局数据显示，2009年我国能源消耗总量为30.66亿吨标准煤，我国物流行业（交通、仓储、邮政）的能源消耗为23693万吨标准煤，物流行业的能源消耗占全国能源消耗总量的7.73%。据专家推测，如果把企业的物流能耗考虑进来，可提升到10%以上，这与国际平均水平相比还存在一定的差距，表明我国物流市场还存在很大的发展空间。所以，随着物流需求的加速增长，节能减排任务不断加重，“低碳经济”对“低碳物流”形成倒逼机制。那么，针对我国低碳物流发展现状与面临的挑战，借鉴国外先进经验，采取多种科学方式，大力发展更加节能、环保、高效的低碳物流，已经成为我国物流业实现可持续发展的必然趋势。

一、我国低碳物流发展的现状

1. 我国物流业低碳化已经取得的进展

（1）多种运输方式打造低碳物流体系。目前，公路运输凭借门到站快捷高效的服务优势，占据了80%以上的汽车物流运输市场份额。随着汽车生产企业对成本与可持续发展要求的不断提升，单纯依靠公路的运输方式正在发生变化，2009年在我国各种运输方式中，民航所占比例最高，其次是公路、铁路等。多种运输方式的综合使用，节约了物流成本，减少了物流运作中的碳排放，有助于构建更精益、更高效、更环保的低碳物流体系。

* 本文系甘肃省社科规划办资助项目“加快发展甘肃物流业对策研究”（项目编号：20109）的研究成果之一。

** 周芳（1965—），女，陕西省白河县人，兰州商学院工商管理学院副教授，主要研究方向为企业管理、物流管理。

（2）企业开始打造绿色供应链。企业成本的增加使其强化了环境意识，很多企业开始通过降低碳排放和提高供应链效率两种方式来打造绿色供应链。在降低碳排放方面，建立“碳仪表板”，控制所有供应链环节的碳排放，在采购、制造、交付等供应链环节，建立监控体系，提高各个环节的效率。发展多式联运也是实现低碳排放的一个有效途径。在提高供应链效率方面，业界提出了“精益就是绿”的口号，从供应链的管理流程中消除浪费，包括采用供应链分析软件和供应链网络设计软件。

（3）物流基础设施建设进度加快且运作条件改善。为应对2008年以来国际金融危机的冲击，我国实施了总额4万亿元的两年投资计划，其中，铁路、公路、水路等交通基础设施占较大比重，建设速度明显加快。2009年，全社会公路、水路、民航固定资产投资完成1.13万亿元。新增公路通车里程12.1万公里。民航航站楼总建筑面积增加66万平方米。全年铁路完成基本建设投资6000亿元，比2008年增长了79%。多式联运加快推广，物流园区成为投资热点，这些都反映出我国物流运作条件已有较大改善。[1]

2. 我国在低碳物流发展方面的差距

我国物流的萌芽及其与国际物流的衔接开始得比较晚。目前，我国现代物流业虽然取得了一些进展，但无论在基础设施、经营管理、成本水平，还是在观念、方法、理论研究等方面，都处于相对落后的状态。根据有关国际数据，发达国家物流成本占GDP的10%，而我国占到了16.7%；经济发达国家和地区物流成本仅占产品总成本的10%左右，而我国物流成本占产品总成本的比例高达20%～30%。尽管发展现代物流在全国已经成为风气，出现了国有、集体、个体、外资一起上，大、中、小企业并举，全社会兴办物流业的形势，但我国物流企业目前仍然存在小而全、条块分割、经营管理理念滞后，专业人才缺乏，整体运营管理水平提升有限等问题。其主要表现在以下几点。

（1）观念上的差距。一方面，领导和政府的观念仍未转变，仅有物流的思想而缺少绿色化的理念，还缺乏发展的前瞻性，与时代的步伐存在差距；另一方面，经营者和消费者对域外物流绿色经营消费理念仍然非常淡薄，低碳物流的思想几乎为零。经营者展现给我们的是绿色产品、绿色标志、绿色营销和绿色服务，消费者追求的是绿色消费、绿色享用和绿色保障，而对其中的绿色通道——物流环节，却没有予以足够的重视和关心。

（2）政策上的差距。尽管20世纪90年代以来，我国一直致力于环境污染方面政策和法规的制定与颁布，但针对物流行业的并不是很多。另外，由于物流所涉及的行业、部门、系统过多，这些部门又自成体系，独立运作，各有各的规划，各搞各的设计，各建各的物流基地或中心，导致了物流行业的无序发展，造成了资源配置的巨大浪费，为以后物流运作上的环保问题增加了过多的负担。

（3）技术上的差距。低碳物流不仅依赖绿色物流思想的建立、物流政策的制定和遵循，更需要对绿色技术的掌握和应用，而我国的物流技术距离绿色化的要求还相差甚远。在机械化方面，物流机械化的程度和先进性与低碳物流的要求还存在差距；在物流材料的使用上，与低碳物流倡导的可重用性、可降解性也存在巨大差距；另外，在物流自动化、信息化、网络化环节上，低碳物流还很薄弱。

由此可见，尽管我国在低碳物流方面取得了一些进展，但与发达国家相比还存在较大差距，物流绿色化对我们来说，还有相当漫长的一段路程要走。加入世界贸易组织后，国际上大型的跨国物流企业纷纷登陆中国市场。中国经济作为全球经济的一部分，必须加快物流的绿色化建设，物流企业必须加快调整与整合，否则就会失去竞争力，我国稚嫩的物流业将遭受巨大打击。所以说，发展低碳物流是我国参与全球物流业竞争的重要基础。

二、发展低碳物流面临的挑战

在2009年的哥本哈根世界气候大会上，中国政府承诺“到2020年单位国内生产总值二氧化碳排放比2005年下降40%～45%”，这预示着中国经济将踏上整体低碳转型之路。有人预言：“这个目标很快就会落到每个企业身上，转化为具体的压力或动力，更多物流企业的命运将与绿色物流实施下的经济新格局休戚相关”，“低碳”考验正一步步逼近物流业。同时，由于目前我国物流在观念、技术、人才、战略、管理等方面的差距，我国在发展低碳物流上存在难以逾越的障碍。

1. 运输过程能耗大、环境污染严重不可避免

（1）运输环节是物流的主要环节，其占用的资源除土地、资金外，还有巨大的能源。有一项调查结果显示，截至2008年年底，交通运输业是仅次于制造业的第二大油品消费行业，油品消耗量约占全社会油品消耗总量的33%。根据国家统计局的数据推算，我国交通、仓储、邮政的能源消耗约占全国能源消费总量的10%，且近年来能耗增长的速度要快于全国平均速度。各种运输方式的二氧化碳排放比例分别是：小轿车为52%，货运汽车为31%，海运为6%，航空为3%，铁路为3%，其他占5%。而在这些运输方式中，公路、海运和航空运输的耗油量、碳排放量都比较大。[2]此外，从国际发展规律来看，物流规模的发展与能耗的增加并不总是呈正比关系，到一定时期以后，能耗的增长必然快于物流规模的增长。

（2）能源利用率低。我国物流业发展较为粗放，社会化、专业化水平低，物流成本较高，根据交通运输部网站数据，当前我国道路运输车辆能源利用效率与世界先进水平相比明显偏低，机动车油耗水平比欧洲高25%、比日本高20%、比美国高10%，货车百吨公里油耗比国外先进水平高一倍以上。[3]我国全社会物流费用支出占国内生产总值的比重接近20%，而美国、日本低于10%，中等发达国家平均约为16%。[2]

（3）物流运输设施对环境造成了不同程度的破坏。例如，交通工具本身会产生噪声污染、大气污染和水质污染；交通运输基础设施建设会对区域的水土、植被、动物生存环境以及人们的居住、生活环境和人文景观带来不良影响；交通运输车辆的增加造成交通拥挤，使车辆运行效率低下，加重了环境污染。[3]

2. 流通加工环节的环境污染难以克服

“物流”涵盖了运输、配送、仓储、包装、装卸、流通加工等一系列服务，每一环节都会产生废弃物，难免会带来环境污染。如废弃的机油、柴油；包装过程中出现的油漆渣滓、难以降解的塑料包装材料；商品流通过程中，遇到易爆、易燃、危险品、化学品在商业储存中保管不当，或运输过程中遇到意外事故，都有可能使其散失到空间、水域或陆地，从而造成对环境的污染。[2]

同时，在流通加工环节，由于流通加工分散进行，选址难以集中，以及搬运装卸环节因疏忽和动作不当，造成品体损坏等，均可导致资源利用效率低下，产生新的废弃物污染。并且，随着废旧物质和城市生活垃圾排放到环境中，对环境造成了全方位的污染。[3]

3. 技术落后，粗放和低效率的物流运作模式，造成了能耗的增加和浪费

智能运输系统（ITS）是目前国外解决城市以及高速公路交通阻塞问题、提高行车安全和保护环境的主要措施，但在我国尚处于发展初期。目前，我国的物流信息管理水平和技术手段还相对比较落后，从仓库、码头、装卸工具到大部分货车、货船，档次都不高，且缺乏必要的公共物流信息平台；不同物流部门之间还存在技术、设备、信息标准上的不统一。加之不合理的运输网点及配送中心布局，造成了物流运作中的信息滞后、不对称、混乱，导致货物迂回运输、空载率高、重复运输、交错运输、无效运输等不合理运输现象较为普遍，各种运输方式衔接不畅，造成了能耗的增加和能源的浪费。[2]

鉴于我国大部分物流企业都是一般的运输公司，规模小，经营模式落后，抗风险能力低，发展“低碳物流”意味着这些企业必须为“低碳”付出较高的成本。很显然，它们还不具备这种基础条件和能力。

4. 新的物流壁垒

在国际社会广泛呼吁发展低碳经济的同时，碳关税、碳标签等概念随之提出。碳关税是指对高耗能产品的进口征收特别的二氧化碳排放关税。与欧盟对航空业的碳排放收费如出一辙，碳关税可能是欧美发达国家为发展中国家设立的新的“紧箍咒”。碳关税将是卡在能耗大户——物流业外贸物流咽喉处的一根刺。[2]

5. 低碳观念淡薄，低碳物流约束薄弱

客户往往只是集中关注运费、服务、时效等问题，而对物流供应商低碳减排目标却没有严格的要求。尽管碳排放量与客户的运营成本直接挂钩，但很多物流企业往往选择自认为比较便捷、简单的运营方式，而没有规划和实现在低碳减排方面控制成本。[2]

通过以上对我国低碳物流现状的分析，可以看出，减少能源的使用并提高其利用率，提高物流设施及运输的技术性，增强低碳观念，进而达到提高低碳物流约束性和能源利用率的目的，是关键问题。为此，作出如下对策分析。

三、借鉴国外经验，探寻发展我国低碳物流的对策

1. 倡导国际化低碳理念，增强国际战略性低碳物流规划

环境保护是一个国际性的社会问题，日本发生的核辐射事件就足以证明这一点。低碳化是一项全球系统工程，需要每个国家国际化战略规划的参与，在此力推美国的做法。美国政府不断通过宏观政策的引导，确立以现代物流发展带动经济发展的战略目标。美国在其到2025年的《国家运输科技发展战略》中，规定交通产业结构或交通科技进步的总目标是："建立安全、高效、充足和可靠的运输系统，其范围是国际性的，形式是综合性的，特点是智能性的，性质是环境友善的"。

此外，欧洲于20世纪80年代开始探索一种新的联盟型或合作式的物流新体系，即综合物流供应链管理。其目的是实现最终消费者与最初供应商之间物流与信息流的整合，即在商品流通过程中加强企业之间的合作，改变之前各企业分散的物流管理方式，通过合作来实现之前不可能达到的物流效率，从而减少无序物流对环境的影响。欧洲的运输与物流业组织——欧洲货代组织（FFE）很重视低碳物流的推进和发展，针对运输、装卸、管理过程制定了相应的绿色标准，加强政府和企业协会对低碳物流的引导和规划作用，同时鼓励企业运用低碳物流的全新理念（重点在于规划和兴建物流设施时，应该与环境保护结合起来；要限制最危害人类生态的公路运输的发展，大力推进铁路电气化运输）来经营物流活动，加大对低碳物流新技术的研究和应用，如对运输规划进行研究，积极开发和试验绿色包装材料等。

另外，英国政府2003年首次以政府文件的形式正式提出低碳经济概念，不仅着力于解决英国的减排和替代转型问题，而且积极推动世界范围的低碳经济，在低碳技术研发推广、政策法规建设、国民认知姿态等诸多方面，都处于领先位置。其主要做法是，把发展低碳经济置于国家战略高度。与许多国家多少有些迫于无奈的被动姿态不同，英国将低碳经济视为未来企业与国家竞争力的核心所在，并希望借此重塑自己的国际政治经济地位。早在2003年的能源白皮书中，英国政府就明确宣布，到2050年从根本上把英国变成一个低碳经济国家，不仅要通过发展、应用、输出低碳技术创造新的商业机会和就业机会，而且要在支持世界各国向低碳经济转型发展方面成为欧洲乃至全世界的先导。

对我国而言，就是要增强国人、企业、各级政府的低碳观念，从物流政策制定与战略规划以及各环节的运行到日常物流消费，都赋予国际化低碳理念，把低碳物流作为世界全方位绿色革命的重要组成部分，确认和面向低碳物流的未来。这种理念的倡导，可以克服上述我国在发展低碳物流上面临的观念、运输、流通加工、技术等方面的挑战。

2. 针对低碳物流制定专门的政策法规

在发展低碳物流上，我国必须正视和细化物流政策性问题，要打破地区、部门和行业的局限，按照大流通、绿色化的思路来进行全国的物流规划整体设计，将低碳化真正落实到物流过程中。

在这方面，日本政府的做法值得借鉴。日本早在1966年就制定了《流通业务城市街道整备法》，以提高大城市的流通机能，增强城市物流的绿色化功能。1993年，除部分货车外，要求企业必须承担更新旧车辆、使用新式符合环境标准的货车的义务。另外，为解决地球温室效应、大气污染等各种社会问题，日本政府与物流业界在控制污染排放方面，积极在干线运输方面推动模式转换（由汽车转向对环境负荷较小的铁路和海上运输）和干线共同运行系统构建，在都市内运送方面推动共同配送系统的构建及节省能源的行驶等。日本政府2001年出台的《综合物流施策大纲》的重点之一就是要减少大气污染排放，加强地球环境保护，对可利用的资源进行再生利用，实现资源、生态与社会经济的良性循环，建立适应环保要求的新型物流体系。

3. 物流低碳目标标准化

物流作为低碳经济的重要组成部分，物流低碳目标的标准化至关重要。在2009年的哥本哈根世界

气候大会上，尽管我国政府承诺“到2020年单位国内生产总值二氧化碳排放比2005年下降40% ~ 45%”，但并没有具体到物流系统。日本的经验可对我国的物流低碳化产生一些启示。

1956年日本从美国全面引进现代物流管理理念以来，大力进行本国物流现代化建设，将物流运输业改革作为国民经济中最为重要的核心课题予以研究和发展。把物流行业作为本国经济发展的生命线，特别出台了一些实施低碳物流的具体目标值，如货物的托盘使用率、货物在停留场所的滞留时间等，以降低物流对环境造成的负荷。

1989年，日本提出了10年内三项低碳物流推进目标，即含氮化合物排出标准降低3 ~ 6成，颗粒物排出降低6成以上，汽油中的硫成分降低1/10。1992年，日本政府公布了《汽车二氧化氮限制法》，并规定了允许企业使用的五种货车车型，同时在大都市特定区域内强制推行排污标准较低的货车允许行驶的规制。

4. 技术、能源低碳化

针对我国技术落后、物流运作模式粗放和低效率的现状，可借鉴英国、美国、德国的成功经验。

英国政府首先是占领低碳产业的技术制高点，用低碳产业技术降低能源替代成本，并通过向全球提供技术转让和服务而获得经济社会效益。英国知识产权局在专利体系中推出了向低碳技术发明提供优先权的举措，并与其各大贸易伙伴就签署该环保专利快速通道体系展开协商。该举措着眼于为英国低碳技术领域的创新企业提供更为快速获得高质量专利权的机会，进而帮助企业产品更为快速地进入市场。其次是致力于开辟新的洁净能源，充分发挥英国海岛国家的自然优势，在技术研发和运用上注重利用海洋资源，在发展海上风能、海藻能源等低碳能源方面居于全球领先水平。目前，英国已经拥有世界上第一个海洋能源中心和第一个并入电网的商业波浪能发电站，同时拥有欧洲最大的陆地风电厂。

经济高度发达的美国对低碳物流非常关注。企业在物流活动过程中，在物流运输、配送、包装等方面应用了诸多先进技术，如电子数据交换、准时制生产、配送规划、绿色包装等，为践行物流低碳理念，实现物流活动的绿色化提供了强有力的技术支持和保障。

德国突破电动车技术难关。德国人认为，发展电动车并不是将路上的内燃机汽车换成电动车这么简单，而是需要整个社会积极参与的重大事务，同时也是一个彻底重组整个社会能源与交通的契机。与很多国家重点突破电动车本身的技术难关不同，德国更重视通过电动交通解决方案，系统而整体地推动电动车发展。主要包括以下几个方面。一是注重能源结构调整。电动车要解决的一个重大问题就是环境污染和温室气体排放问题。如果电力企业仍然严重依靠非清洁、不可循环的方式发电，那就等于问题根本没有解决。二是电网的根本性革新。大量电动车会给整个社会的用电需求特性带来根本性改变，继而对电厂地理位置分布、电网峰谷周期和电力整体需求都提出重大的变革性要求，因此全新的智能电网技术也处在酝酿阶段。三是电动车本身的技术突破。这方面的主体是汽车企业。德国政府很注重对企业的引导。此外，德国政府还出台鼓励措施，如在2012—2014年购买电动车的消费者可以获得德国政府提供的3000欧元到5000欧元的补助。

对我国而言，重点在于对新能源的利用与革新新能源利用方式两个方面。一要鼓励开发利用太阳能、风能、地热能、生物质能等新能源和可再生能源，并给予知识产权的优先保护；二要采用新能源交通工具和环保低碳型物流设备，鼓励有利于节能减排的技术创新和推广应用。具体措施如下所示。

（1）在物流设施上提高各种类型交通运输工具的能源效率和控制排放的技术水平。

第一，加大天然气汽车物流的推广力度。2007年，国家发展改革委发布《能源发展“十一五”规划》和《国家发展改革委关于印发天然气利用政策的通知》，为我国天然气汽车发展提供了强有力的支撑。发展天然气汽车将成为低碳物流发展战略的必然选择。[4]同时，还要建设与之配套的压缩天然气加气站，为发展天然气汽车物流奠定基础。目前，甘肃省和东北各省在利用天然气作为动力能源方面做得都很好，应该给予知识产权保护并大力推广宣传。

第二，推广甩挂运输，提高效益，推动环保。甩挂运输就是一辆带有动力的主车，连续拖带两个以上承载装置的运输方式。[2]目前，这是提高道路货运效率和物流效率的重要手段，其早已成为欧美和日本等发达国家和地区的主流运输方式。与传统运输方式相比，甩挂运输具有明显优势：一是减少装卸等待时间，加速牵引车周转，提高运输效率和劳动生产率；二是减少车辆空驶和无效运输，降低能耗和废气排放；三是节省货物仓储设施，方便货主，降低物流成本；四是便于组织水路货物滚装运输、铁路驼背运输等多式联运，促进综合运输的发展。

第三，学习宝恒通集团，进行设备更新升级，广泛应用节能新技术。[2]其一，在对车辆尾气排放设施进行改装的基础上，购置符合欧Ⅲ排放标准的新车，引用轨道双层车、恒温车厢等核心技术，购置安装发电机组的专用拖架和冷冻自备柜，加大冷链物流海关监管车的配置，提高节能减排能力，减少对环境的污染。其二，引进开发“轨道双层集装箱”技术，通过对传统集装箱进行改造升级，将普通集装箱由单层装运改为轨道双层装运，实现上下两层装载货物，从而有效提高单车载货量，为客户节省成本；减少车辆运行的车次，降低油耗，减少车辆维修与轮胎磨损成本，降低单位货物集装箱牵引车尾气排放量；有效控制货损率，使货物运输更为安全可靠。其三，运用新能源机械装卸、电子扫描、自动化包装作业等物流技术来提高效能；运用全球定位系统（GPS）对司机和车辆进行全程跟踪管理，整合物流方案，并在车场安装电子门禁和红外线电子监控系统，在保证货物安全的同时避免管理浪费，有效降低能耗。

（2）在物流的过程与交易方式上，采取电子商务交易。

第一，推动物流企业高技术化。以往的物流处于手工作业阶段，购货与运输制单均由人工完成，订单通过电话、邮寄完成，效率低，成本高。现在，随着科技的进步，先进技术特别是计算机网络技术、条码技术、信息分析与分拣技术、卫星定位系统等使储运流程大大加快。

第二，建立电子商务物流体系。电子商务与实体购物是互相补充的，供应商通过销售时点情报系统（POS）、电子自动订货系统（EOS）等，可将世界各地的买卖双方串联起来，更好地实现供应链中各节点信息的共享，加强供应链中各方的联系，及时准确掌握产品销售信息和顾客信息，极大提升物流企业工作效率，缩短交易时间和空间，进一步降低货物在流通过程中的成本与损耗。总体而言，电子商务使社会的各种资源得到优化整合，建立起高效、低耗的经济生态环境，从而使所有的企业和社会成员从中受益。[5]

5. 建立低碳综合评价体系，为物流节能减排行为提供控制依据

要真正做到物流的节能减排，除上述对策外，在具体操作上，对物流相关要素进行低碳指标评价也至关重要。目前国内外正在使用的有八九种，本文重点推荐以下两种。

第一种是基于层次分析法（AHP）的低碳经济综合评价。即对物流过程碳排放量的评价，在从供应地到接收地流动的全过程中，从能源消耗的各个角度选取多个指标进行综合评价，比如运输、储存、装卸、搬运、包装、流通加工、配送、信息处理等流程，反映不同侧面，然后综合起来反映低碳排放的整体状况，以此构建低碳物流评价指标体系。

第二种是基于物质流分析法（MFA）的低碳经济综合评价。物质流分析法通过研究物质在环境与经济系统之间输入、储存、输出的实物量变动，揭示物质在特定区域内的流动特征和转化效率，从而找出环境压力的直接来源，是转变生产与消费模式、提高物质利用效率、推动可持续发展的重要研究范式和基础技术平台。将此方法用于物流系统，就是分析衡量物流过程的物质和能源的投入、产出、利用效率，控制其投入和流向，为充分满足物流需要，建立合理的物流路线，避免倒流和重复运输，减少能源的投入，提高能源的使用效率，降低和减少废弃物的排放；同时，选择合理的储存、装卸、搬运、包装、流通加工、配送方式，提高物流所需物质投入的利用效率，减少浪费与商流物品的破损等，以及因破损带来的环境污染等。

具体操作表现在两个层面。第一，微观层面，物流发展战略研究首先将物流系统界定在某一地理区域内，以物流中心为核心，建立辐射状的物流网点，弄清系统所有的输入、输出物流以及物流的路径和数量，进而建立起某一地理区域内物流活动与环境影响之间的定量关系，根据不同的技术参数预测能源消耗量及二氧化碳（CO_2）排放量，建立物质投入和产出的账户，找到某些指标与特殊环境间

题的关系，为企业低碳物流建设提供新的方法和视角，为制定某些污染物质的使用政策提供指导。

第二，宏观层面上的物质流分析是国家或某个区域推行低碳物流规划建设的基础，它通过对投入区域内的物质、能源进行全过程追踪考察，准确掌握区域输入、输出的物质流规模和种类，有效调控物流系统与生态环境间物质的流动方向和流量，进而达到减少能源和物质投入量、提高资源利用效率、减少废物排放量的目的。

另外，指标值综合合成方法、动态能源优化模型、综合能源系统仿真模型、部门预测模型对于检测物流系统能源的供应与需求以及成本的衡量都能起到相应的具体辅助作用，是构建低碳综合评价体系重要的组成部分。[6]

参考文献：

[1] 李丽，邢俊兰．低碳经济趋势下我国低碳物流发展研究［J］．商业时代，2011（31）：24－25.

[2] 宝恒通集团．减排当道：物流运输业低碳发展［EB / OL］．［2010 － 09 － 09］．http ：// www.bhtsy.com.cn/Bht/news_ Show.asp? id =4559.

[3] 谢水清，黄承锋．低碳经济趋势下我国物流业发展面临的问题及对策［J］．商业时代，2010（31）：34，59.

[4] 余艳兰，孙雅彬．甘肃应大力推广天然气汽车物流［EB/OL］．［2010－12－01］．http：//gansu.gansudaily.com.cn/system/2010/12/01/011793655.shtml.

[5] 低碳时代物流业将迎来三大发展机遇［EB / OL］．［2010 － 03 － 24］．http：//ja.56ip.com/News/7123.html.

[6] 鲁静．国内外低碳经济综合评价方法评述［J］．中国投资，2010（8）：100－103.

原载于《中国流通经济》2012 年第 10 期

中国物流业中长期发展战略思路

魏际刚*

（国务院发展研究中心产业经济研究部，北京市 100010）

摘　要：中国是物流大国，但还不是物流强国。物流业发展粗放，总体滞后经济社会发展要求，面临能力、竞争力、效率、布局、可持续、应急、民生等方面的新要求。未来发展要以“完善网络、优化结构、提高效率、提升能力、联动发展、节能环保、惠及民生”为着力点，实施“网络化、联动、全球化、可持续、智能化、创新”六大战略，在服务体系、产业组织、联动、市场、区域、可持续、国际化、技术创新、应急和民生等领域加强重点建设。要改革和完善物流管理体制、物流市场机制及财税、金融、工商、国际化等政策，健全物流标准和统计制度，加强物流学科建设和人才保障。

关键词：物流业；中长期；发展战略

一、中国物流业发展总体状况

1. 物流大国地位确立，但还不是物流强国

经过三十多年的发展，我国物流业已经成为国民经济的支柱产业和重要的现代服务业。2012 年，全国社会物流总额达到 177.3 万亿元，物流业增加值达 3.5 万亿元，占 GDP 比重为 6.8%，占服务业比重为 15.3%。

2012 年，全国铁路货物发送量 38.92 亿吨，公路货运量 322.1 亿吨，水路货运量 45.6 亿吨，民航货邮运输量 541.6 万吨；铁路货物周转量 28891.9 亿吨公里，公路货物周转量 59992 亿吨公里，水路货物周转量 80655 亿吨公里，民航货物周转量 608.16 亿吨公里；规模以上港口货物吞吐量 97.4 亿吨，规模以上港口集装箱吞吐量 17651 万标准箱（TEU），规模以上快递服务企业完成业务量 56.9 亿件，快递日业务量突破 1500 万件。其中，铁路货物发送量、铁路货物周转量、港口吞吐量、集装箱吞吐量均居世界第一位，快递量居世界第三位。

在规模快速扩张的同时，物流能力也有很大幅度的提升。2012 年年底，全国公路总里程 419.3 万公里，其中高速公路 9.6 万公里；铁路营业里程 9.8 万公里；内河高等级航道 13 万公里，通航里程 12.5 万公里，万吨级以上泊位 1819 个，沿海港口深水泊位 1980 个；定期航班机场达 182 个，营业性库房面积约 13 亿平方米，各种类型的物流园区不断涌现。物流基础设施的大发展为物流能力的提升奠定了坚实的基础。根据世界银行的物流能力指标（LPI），我国物流能力领先于其他“金砖国家”及有相似资源禀赋的亚洲国家，但明显落后于主要发达国家。2012 年，我国全社会物流费用占 GDP 比重约为 18%，高出发达国家一倍以上。

2. 物流市场开放程度高

改革开放之初，跨国物流企业就开始进入我国。20 世纪八九十年代，先后有联邦快递、敦豪、天地

* 魏际刚（1974—），男，浙江省嵊州市人，国务院发展研究中心产业经济研究部研究员，经济学博士，教授，博士生导师，主要研究方向为中外物流业发展。

物流、联合包裹、马士基等跨国物流企业在中国建立合资企业。我国加入世界贸易组织后，物流业进一步扩大开放。2006 年起，外资企业在我国可自行设立分销网络，独立经营物流业务。凭借规模、资金、技术和管理等优势，跨国物流企业已从原先主要以合资为主逐步走向独资，从单一业务走向综合物流业务，从集中于中心城市物流业务向构筑全国性物流网络展开。例如，联邦快递在广州白云机场设立亚太转运中心，联合包裹在香港、上海、深圳设立航空转运中心，天地物流在上海、北京、香港设立微型转运枢纽，敦豪设立香港转运中心和上海北亚转运枢纽。开放的中国物流市场成为世界物流市场的重要组成部分，成为跨国企业竞逐的焦点。

3. 物流发展不平衡性明显

受经济、生产力、基础设施、市场化程度、信息化水平、需求等因素的影响，物流业呈现东部发展快、中西部发展慢，城市物流相对发达、农村物流滞后且水平低的格局。2012 年，东中西部快递业务收入的比重分别为 82.3%、9.3%、8.4%，业务量比重分别为 81.9%、10.5%、7.6%。物流企业、物流设施、物流活动高度集中在交通、信息更为发达的大中城市。

从社会物流总额的绝对值构成来看，工业品物流总额占社会物流总额的比重从 2001 年的 82.83% 增长到 2012 年的 91.37%，工业物流在国民经济发展中占据主导地位，是推动社会物流总额增长的主要动力。与消费市场紧密连接、竞争激烈、技术水平要求较高的家电、日用化工、烟草、医药、汽车、连锁零售和电子商务等行业物流需求旺盛。居于产业链上游、资本密集型的农产品与农资、钢材、煤炭、矿石等大宗商品物流发展相对滞后。

4. 物流业增长方式粗放

(1) 物流系统性不强，网络化程度低，更多呈现分散、独自发展的态势，基础设施的配套性、兼容性较弱。综合交通运输体系尚未完全形成，综合交通运输枢纽建设滞后，不同运输方式难以进行合理分工和有效衔接，沿海与内陆集疏运体系不配套，各种运输方式之间信息不共享，交通运输资源综合利用效率不高；海铁联运比例不到 2%（发达国家已达 20%）；一些地方盲目大量兴建物流园区、物流中心而造成闲置；仓储设施分布在不同行业和部门，缺乏有效的资源整合；托盘标准不统一，不能一贯化运作；地方保护、部门封锁比较严重，工商、税收、土地、交通等方面存在一些阻碍和限制分支机构设立与经营的问题。

(2) 公平竞争、规范有序的物流市场尚未形成。一些地方政府给跨国物流企业在用地、税收等方面诸多优惠，使其享受超国民待遇。许多中小物流企业经营不规范，服务意识淡薄，法律意识不强，诚信严重缺乏。

(3) 物流企业整体创新能力弱。物流企业创新动力不足，研发投入很低，商业模式创新、组织创新、技术创新、管理创新等滞后，尚未进入以创新引领发展的阶段。

(4) 可持续问题突出。公路、航空、铁路、水路等运输方式的资源、能源、土地等消耗和大规模排放问题突出；无效运输、不合理运输、过度包装等问题严重；超载、超速造成的严重人身安全和货物损害事故经常发生，给企业和国家带来重大损失。

5. 物流业难以适应经济社会发展要求

(1) 物流基础设施结构性短缺。部分煤运通道铁路运力不足，公路分担了大量煤炭中长途运输，增加了运输成本，消耗了大量优质能源；部分沿江通道由于高等级航道占比低，网络化程度不高；航空货运基础设施发展总体不足；仓储建设严重滞后，我国仓库面积仅为美国的 1/4，比日本的仓储面积还少。公共通用仓库中，1980 年以前建造的约占 45%，20 世纪八九十年代建造的约占 30%，2000 年以来新建的仅占约 25%。相当一部分 20 世纪五六十年代建造的仓库“带病作业”，存在重大安全隐患。

(2) 与制造业、农业、商贸业联动不足，物流速度慢、成本高、渠道不畅、模式陈旧，已经成为制约制造业由大变强、解决三农问题、商贸服务和电子商务持续发展的瓶颈。

(3) 滞后于全球化进程。与中国高速增长的国际贸易相比，物流业尚未形成与之相匹配的全球物流和供应链体系，国际市场份额很低，进出口所需的物流服务在很大程度上需要依赖国外跨国物流企业。

(4) 应急能力弱。在应对各类重大突发性事件时，难以做到“第一时间”应急物资的保障。

二、中国物流业中长期发展形势与趋势

1. 经济增长和结构升级为物流市场带来广阔前景

我国未来20年将成为世界第一大经济体，由此也将成为物流需求增量和物流市场规模最大的国家。我国在工业化过程中，工业仍将有较大发展，大宗能源、原材料和主要商品的大规模运输方式和物流需求仍将旺盛。同时，产业结构的逐步升级以及生产方式的变化，带来“短、小、轻、薄”商品及小批量、多频次、灵活多变的物流需求快速增加。从中等收入迈向高收入国家，居民消费水平、心理、方式和结构的变化，要求物流发展更加注重效率、特色、个性和人性，基于更高时间和空间价值的物流需求会越来越大。例如，据保守估计，2020年、2030年电子商务产生的日快递量将分别突破2000万件和4000万件。

2. 城市化和区域增长新格局对物流空间分布、效率、获得性等提出更高要求

我国正经历着规模宏大的城市化，推动着物流活动集中于城市群、大中小城市，激增的物流量、机动车量以及能源短缺、环境污染、交通拥堵和道路安全等问题，迫切需要提升城市内、城际物流效率，构建集成式城市物流配送体系。中西部快于东部的区域增长新格局，要求中西部加快物流业发展，改变物流业长期制约中西部地区发展的状况。中国各区域间物流情况差别很大，直接影响到区域物流的一体化。区域经济协调发展以及一体化要求加快区域物流一体化，构建有利于东中西部协调发展的物流服务体系。

3. 全球化纵深和开放新格局推动物流市场调整

全球化推动我国与世界经济的联系和相互作用日益加深。短期内，受欧美经济疲弱的影响，我国与发达国家的贸易增长会有所放缓，与新兴经济体以及发展中国家的贸易增长会成为新的亮点，贸易格局的变化带动国际物流活动此消彼长。从中长期看，我国国际贸易仍将有相对较高的增长，带动我国国际物流继续高速发展。

我国扩大对外开放推动物流市场朝着更高层次竞争发展。以价格作为主要竞争手段的状况会有所改变，以服务、品牌、创新、社会责任等非价格竞争方式会得到加强，专业性国际物流企业和基于专业化的综合性国际物流企业将会得到更大发展。

跨国物流企业将深度渗透中国的传统物流领域。竞争激烈的物流市场推动物流领域的兼并重组持续发生，各种形式的联盟不断涌现，预计会出现跨国企业主导的超大规模物流企业集团或联盟，市场集中度会进一步提高。由于国际经济新秩序尚未完全建立，随着我国物流业走向世界，国际贸易摩擦和各种形式的壁垒有可能增加。

4. 新技术的突破和广泛应用促进物流业升级

交通运输、物流、信息、新能源、新材料等领域在孕育新的技术突破，高速铁路、大型高速船舶、绿色航空、新能源汽车、智能交通、智能仓储、新材料技术、节能环保技术、物联网、信息技术、现代管理科学和技术等将在物流领域得到推广应用，电子商务、信息技术将与物流业深度融合，这些都对物流业升级带来重大促进作用。未来物流技术创新将呈现安全、快速、大型化、信息化、智能化、人性化、绿色化和节能化等时代特点。

5. 可持续发展和要素成本上升等驱动物流发展转型

未来一二十年，我国物流能源消耗仍处于快速增长期，对液体燃料需求将大幅增加。由于物流企业运营所需的能源、劳动力、土地价格持续上涨，加之服务价格偏低、融资环境不佳的影响，依赖“高投入、高消耗、高排放、低产出、低效益、低科技含量”的传统物流运作模式难以为继，面临着降低成本、提高效率、可持续发展的转型要求。

6. 应急和民生物流的重要性日益凸显

我国自然环境和气候复杂多样，自然生态灾害严重。在加快推进工业化、城市化和经济社会转型时期，各类突发性事故发生概率将会加大，加之全社会安全意识不断提高，应急物流体系建设十分迫切。三农问题、医药卫生、社会救助、生活用品服务、邮政普遍服务、可追溯食品供应链管理等要求加快发展服务于民、方便于民、受益于民的民生物流。

三、中国物流业中长期发展战略

1. 总体思路和战略目标

总体思路是：根据服务于经济社会发展全局、

统筹国际国内的要求，以“完善网络，优化结构、提高效率、提升能力、联动发展、节能环保、惠及民生”为着力点，以体制机制和政策优化为保障，实现物流业由大变强的根本性转变。

战略目标是：2020 年，构建起“体系完整、结构合理、经济高效、技术先进、安全可靠、绿色环保”的现代物流服务体系，物流业支撑国民经济社会发展的能力显著提升，全社会物流费用占 GDP 比重约为15%，形成2～3 家国际竞争力较强的跨国物流企业集团；2030 年，构建起发达的现代物流服务体系，物流业高效支撑国民经济运行，全社会物流费用占 GDP 比重约为10%，拥有2～3 家国际竞争力很强的跨国物流企业集团。

2. 主要战略

要解决发展中的问题，顺应时代变化，实现战略目标，中国物流业可采取“六大战略”。

（1）网络化战略。根据经济社会发展要求，完善和优化物流基础设施网络、组织网络、运营网络和信息网络，构筑统筹国际国内、东中西、沿海和内地、城市与农村、社会化与自营不同层级、不同功能有效衔接的国家物流系统。

（2）联动战略。着眼于物流业服务生产、流通和消费的内在要求，加强物流自身资源和供应链整合，提升物流服务和供应链管理能力，增强物流业与各次产业、地区经济协同和互动发展，充分发挥物流业在国民经济中的桥梁、纽带、助推器等作用。

（3）全球化战略。把握全球化和国际贸易格局变化的新特点，深化国际合作，提升物流业国际竞争力，融入世界物流市场，利他共生，共创共享，互利共赢。

（4）可持续战略。着眼于生态文明、环境友好、资源节约和安全等，实现土地、能源、资源的集约与节约，减少污染、降低排放，最大限度减少物流活动的负面影响。

（5）智能化战略。把握新科技革命和新产业革命的重大机遇，抢占物流业未来发展的制高点。应用感知、识别、信息处理、实时跟踪等技术，实现安全、高效、灵敏、实时、可控、人性的物流服务。

（6）创新战略。通过理念、制度、服务模式、组织、管理和技术等创新，推动物流业创造更大的价值来满足经济社会发展需要。

四、中国物流业中长期发展的主要任务

1. 构建高效的现代物流服务体系

运用系统的思想和理念，对运输、仓储、装卸搬运、包装、流通加工、配送、信息等功能系统进行完善和优化，积极发展物流技术装备系统。加强铁路、机场、港口、码头、航道、货运枢纽、货运场站等重要基础设施以及物流枢纽、物流基地、物流中心、配送中心、公共仓库等节点建设。重视宏微观物流系统内各要素的组织和重组，使之相互联系与协调。通过整体优化，提高组织化程度，发挥整体效能，获取整体效益。搞好物流功能、企业内物流、企业间物流、区域物流、物流基础设施、物流信息、人力资源和管理体制等方面的整合。

2. 优化物流产业组织结构

鼓励优势物流企业加强联合与兼并重组，培育品牌化、规模化、网络化、现代化的大型物流企业集团。鼓励大型物流企业与中小物流企业优势互补、合作共赢。鼓励中小物流企业加强信息沟通，实施提升服务能力、质量、专业化水平和特色化的兼并重组。鼓励区域内、区域间物流企业兼并重组。鼓励总部物流企业与加盟企业以资本为纽带、业务协同为基础、治理结构完善为前提，实现一体化运作。鼓励国有和民营物流企业之间兼并重组。支持国有物流企业深化改革、完善机制、业务重组和优化治理结构。推动国有物流企业战略性重组，鼓励民营物流企业通过参股、控股、资产收购等多种形式，参与国有物流企业的改制重组。鼓励行业外社会资本进入以及生产、流通企业与物流企业联合重组。

3. 促进物流业与相关产业联动发展

充分发挥物流业在各次产业的采购、生产、销售、配送以及供应链建设中强有力的支撑作用。

（1）加快物流业与制造业互动发展。结合制造业改造提升、转型升级和由大变强的战略需要，加快与制造业相配套的现代物流体系和供应链管理体系建设，实现制造和物流的高效对接。

（2）加快物流业与农业互动发展。构建现代化农产品物流体系，改变原有的农产品流通组织模式，解决农户小生产和大市场的矛盾。

（3）紧紧抓住电子商务大发展的战略机遇，加

快物流业与电子商务融合发展，探索电子商务和物流业合作共赢的模式，促进物流和电子商务相互延伸。

(4) 推动物流业与商贸、产业集群等互动发展。在重要商贸区域、重点专业市场、产业集群区，大力发展集展示、交易、仓储、流通加工、运输、配送、信息功能于一体的物流平台，建立以物流配送中心和高效信息管理系统为支撑的“电子商务+物流”基地。

4. 完善物流市场体系

完善公路货运、海运、内河航运、铁路货运、货运代理、仓储、邮政普遍服务、装卸搬运、流通加工、信息服务等基础性物流市场，加快培育和发展供应链物流服务、一体化物流服务、第三方物流、快递、航空货运、集装箱多式联运、冷链物流、应急物流等新兴物流市场。加强城市群物流、特大城市物流、大城市物流、中小城市物流等城市物流市场建设，加快县域物流、乡镇物流、乡村物流等农村物流市场建设。加强钢铁、石油化工、汽车、轻工、纺织、医药、烟草、煤炭、危险品、特种货品、农产品等行业物流服务市场管理，加快小商品、大宗商品、快速消费品等综合性物流市场建设。

5. 推动物流可持续发展

(1) 优化运输结构，发展绿色运输。加强铁路和水运建设，提升铁路和水运长距离大宗货物输送能力，降低公路长距离大宗货物输送比重。大力发展甩挂运输，推广使用节能和新能源汽车，加快使用低油耗飞机，促进社会低碳交通选择；提高交通运输装备燃料效率，加强交通运输碳排放管理；鼓励制造、流通、物流企业联合开展共同配送，提高车辆满载率和资源利用率，减少重复运输；推广多式联运，提高运输的组织化程度，减少迂回运输。

(2) 发展绿色存储。优化仓库布局，推广节能型绿色仓库，采用先进的保质保鲜技术，降低各类仓储损耗。

(3) 发展绿色包装。本着“少耗材、可再用、可回收和可循环”的原则，鼓励企业简化包装，节约包装材料，减少资源消耗。引导包装重复使用和回收利用，实行环境标志制度，使用“绿色标志”“再生标志”。利用托盘、集装箱、周转箱等包装方式，推动包装的重复使用、再生使用。开发可分解、降解的包装材料，降低环境污染。

(4) 发展绿色流通加工。推动专业化集中加工，以规模作业方式提高资源利用效率，减少环境污染。集中处理消费品加工中产生的边角废料，以减少分散加工所造成的废弃物污染。

(5) 发展废弃物物流和回收物流。加快建立一批回收物流中心，集中管理回收物品的运输、仓储、检测、维修、配送等，实现资源循环利用。加大废弃物处理设施的投资力度，建立工业和生活废料处理物流系统，实现废弃物的科学收集、分类、加工、包装、搬运、储存，并分送到专门处理场所，实现无害化处理。

6. 推进区域物流协调发展

加强物流业与地区经济和城市发展的耦合，提升物流业服务地区经济的能力，推动地区经济发展。从“大市场、大物流”和“区域一体化、城乡一体化”角度，将地区物流业发展规划纳入地区经济规划，推动区域间物流通道、区域内物流网络、城市群物流、地区物流节点、集聚区“物流带”的建设。东部沿海发达地区在物流网络相对完善的基础上提升等级、质量和效率，中西部地区加快扩大物流网络规模以及提高承接东部地区物流服务转移的能力，完善中西部地区物流网络，特别是加强西部物流基础设施建设。进一步完善城市物流体系，注重发展农村物流，加快发展农产品物流，逐步形成城市支持农村、城乡互促的城乡物流一体化发展格局。

7. 加快国际物流发展

顺应全球化趋势，构建与周边国家、世界其他国家有效衔接的物流网络。支持优势物流企业加强联合，共同开发周边国家物流市场。支持优势物流企业实施“走出去”战略，联合、兼并和重组周边、欧美、新兴市场等地区的物流企业，构筑对外国际快递网络，打造全球性知名物流企业。

8. 加强物流技术创新

大力提高物流科技和信息化水平，加快物联网技术在物流领域的应用与推广。密切关注新兴技术、节能减排、应对全球气候变化等领域科技发展的新方向，加快新技术、新材料、新工艺的引进消化吸收、有效集成应用到物流业的步伐。增强自主创新能力，更好地发挥科技进步与信息化对物流业发展的支撑和引领作用。积极引进国外先进的物流管理方法、运作模式和技术装备，通过消化吸收实现推陈出新。

9. 加强应急和民生物流建设

大力发展以提供自然灾害、公共卫生事件、重大事故等突发性事件所需应急物资为目的，以追求时间效益最大化和灾害损失最小化为目标的应急物流体系，解决“最后一公里”“最后一百米”等突出问题。大力发展农产品、食品、医药、邮政、社区等民生物流。

五、支撑物流业中长期发展战略的保障措施

1. 改革和完善物流管理体制

理顺物流领域中市场与政府、部门与部门、中央与地方的关系，通过机构和职能的合理调整及权责的合理配置，建立起权责一致、分工合理、决策科学、执行顺畅、监督有力的物流管理体制，以统筹协调不同运输方式以及仓储、包装、装卸搬运、信息、货运代理等领域。充分发挥物流行业协会在政府与企业间的桥梁与纽带作用，发挥其在行业自律、技术推广、产业重组、统计信息、贸易争端、劳动者权益、民间外交、国外同行交流合作、咨询服务等方面的积极作用。

2. 完善物流市场机制

推动物流市场化改革，健全市场规则，完善价格机制，消除地区和部门壁垒，形成“统一开放、规范有序、公平竞争”的物流市场。将铁路运输企业改造成为真正的市场主体，放宽铁路运输市场的准入，打破铁路垄断。清理并降低过路过桥费，统筹规划配送车辆进城路线、时间和作业站点，方便物流车辆进城。加强对物流市场以及物流活动在资源、环境、安全和服务质量方面的监管。维护公平竞争的市场环境，监督企业社会责任的履行，促进物流业可持续发展。从国家经济安全出发，制定物流产业安全相关规则。

3. 完善财税、金融和工商等政策，加大对物流业的支持力度

设立物流业发展财政专项资金，重点支持关键技术创新，高端装备制造、农业、食品、药品、危险化学品、制造、商贸、电子商务等与物流业联动发展，城市公共物流平台和农村物流基础设施建设及城乡物流一体化等。

形成适合物流体系完善和物流业结构升级的税收政策。解决仓储、配送和货运代理等环节与运输环节营业税税率不统一问题。凡涉及运输、仓储、货运代理、快递等物流环节，均使用统一的发票，设置统一税率。允许符合条件的大型物流企业总分机构统一申报缴纳所得税，支持物流企业与银行之间开展总部对总部结算模式。

加快投融资体制改革，形成筹融资主体多元化、渠道多样化、形式多样化、结构合理化的新格局。大力发展物流金融和供应链金融。

完善工商和营运管理等政策。调整物流相关业务的资质登记要求，精简相关资质证明，资质证明允许企业分支机构在全国通用。扩大营运证件跨区域使用范围，允许物流企业运营车辆异地年检。

4. 完善物流国际化政策

支持物流企业开拓和利用国际市场，提升物流企业适应国际市场的能力，不断拓展国际化发展空间。支持国内优势物流企业兼并重组周边、新兴市场、欧美等地区物流资源，延伸服务网络，逐步建立覆盖全球的物流网络；简化项目审批程序，完善信贷、外汇、财税、人员出入境等政策；对符合条件的大型物流企业，在境外投资的资本金注入、外汇使用等方面给予支持；政府有关部门和驻外使领馆注重了解和介绍国外投资环境，为“走出去”的物流企业提供信息和法律服务。

5. 完善物流标准和统计制度

统一交通运输、仓储、装卸搬运、信息、包装等计量和标准。加快制定（修订）物流管理、物流服务等方面的基础性标准。加快物流企业分类标准、配送中心、物流成本、托盘、汽车箱体、国内集装箱、多式联运、商品包装等标准的制定。加强对电子产品代码等重大基础标准的研究。鼓励企业和有关方面采用标准化的物流计量、货物分类、物流设备设施、工具器具、信息系统和作业流程等。加强物流统计基础性工作，建设国家物流统计数据库，开展物流统计理论和方法研究，不断提升物流统计质量。推进物流统计数据及时发布和有效共享。

6. 加强物流学科建设和人才保障

加强物流经济、管理、技术、工程等学科建设和理论研究，制定中长期物流教育、培训和人力资源规划，发展多层次学历教育和人力资源培训体系。鼓励高等院校、科研机构和行业协会、企业加强合作，编写各种层级的精品教材，加强职业技能教育，开展职业资格认证。实施全球化物流人才战略，大力引进国外高水平物流理论、管理、技术、工程和科研人才。

原载于《中国流通经济》2013 年第 6 期

我国物流产业发展特征研究*

王成林**

（北京物资学院物流学院，北京市 101149）

摘　要： 近年来，我国物流产业发展迅速，正处于战略转型期，正在逐步从物流大国向物流强国转变。受多种客观因素影响，我国物流产业形成了自身独特的特点，这主要表现为产业规模不断扩大，发展定位进一步明确，提升空间巨大。未来我国物流产业发展需要建立良好的产业外部生态环境，包括政治、经济、地理、文化、历史等多方面产业环境组成因素的合理利用，将为产业发展提供更多有利条件，同时需要注重新技术、新产品、新模式、新业态等对物流产业发展趋势的影响。为了面对国际化竞争，维护我国产业安全，应尽快树立国家物流主权概念，提高物流产业链控制能力，提升我国物流产业竞争力。

关键词： 物流产业发展；物流产业生态环境；智慧物流产业

受社会、经济、历史、文化等多方面因素影响，我国物流产业形成了独具特色的产业发展特征，有力促进了国民经济的快速发展。在全社会对物流产业重要性认识逐步提高的条件下，也对物流产业发展提出了更高、更新的要求。当前，我国物流产业正处于战略转型期，对于这一点大家已经达成了共识，深入、全面、科学地分析我国物流产业特征，合理确定我国物流产业发展目标具有十分重要的现实意义。

随着社会经济的不断发展，我国物流产业发展也步入了新的历史时期，在前一阶段经历高速发展的同时，也不断进行优化调整，整个产业正处于战略转型期，具有巨大的产业发展空间。

一、我国物流产业的发展需求分析

1. 产业绝对需求持续增加

社会物流需求是物流产业发展的前提和基础，是产业提升的基本原动力，也是产业具有吸引力的重要影响因素，目前有学者建议将物流需求作为衡量物流产业竞争力的一项重要指标。[1]我国经济多年来的持续快速发展，构成了强大的物流需求，2012年社会物流总费用9.4万亿元，同比增长11.4%，成为世界上重要的物流需求策源地。[2]

2. 产业需求定位转变

随着整个社会经济形态的转变，社会对物流产业需求的定位也不断变化，物流产业已经成为国民经济重要的战略支撑产业和先导性产业，成为现代服务业重要的组成部分，相关产业应以物流产业发展为基础，通过物流产业带动、促进、推动相关产业迅速发展。为此，发展物流产业已经成为我国完善和优化产业结构，加速经济转型的重要手段。

3. 产业整体发展提升空间巨大

我国物流产业发展并没有处于国际领先水平，已经成为制约我国经济发展的一个重要因素，我国

* 本文系中美物流教育与研究合作论坛发言稿，北京市物流系统与技术重点实验室、国家级物流系统与技术示范教学中心专项研究的阶段性成果。

** 王成林（1979—），男，黑龙江省牡丹江市人，北京物资学院物流学院副院长，副教授，主要研究方向为物流工程技术、物流教育。

对降低物流成本的需求日益迫切，这在局部地区和局部行业更为显著，产业发展处于战略转型的最佳时机，具有发展的巨大潜力和必要性。

二、我国物流产业特色形成的影响因素分析

我国物流产业的发展需要针对具体国情展开，要确定影响产业发展特色的核心因素，以便更加充分地确定并利用有利条件发展物流产业。目前，我国物流产业发展的一个重要特点是绝对数量较大，占 GDP 的总额高，但导致这种状况形成的因素较多，需要进行客观分析。

1. 基于产业结构特色的影响因素分析

我国单位 GDP 物流需求系数较高，这在部分主要产业表现得更为明显。以钢铁产业为例，世界钢铁协会的统计数据显示，我国 2012 年粗钢产量 7.16 亿吨，占全球钢产量的 46.3%；年度铁矿石总进口量达到 7.436 亿吨，同样创出了新纪录。[3] 但是，2013 年 6 月 7 日上海地区普通钢材的报价为每吨 3100 元左右，而同期微软公司 Office2010 软件单套的报价为 2800 元。通过对比上述数据不难发现，我国产业结构对物流需求量具有巨大影响。

国家统计局发布的 2012 年国民经济运行情况显示，全年国内生产总值 519322 亿元，[4] 按可比价格计算，比上年增长 7.8%；全国社会物流总额 177.3 万亿元，按可比价格计算，同比增长 9.8%，增速同比回落 2.5 个百分点，其 GDP 物流需求系数为 3.414，物流需求增幅仍高于经济发展增幅。其中，工业品物流总额 162 万亿元，同比增长 10%，占社会物流总额的比重为 91.4 %，同比提高 0.7 个百分点，明显高于物流发展水平较高的国家。[5]

2. 基于贸易模式特色的影响因素分析

随着开放程度的加大，我国进一步融入国际贸易之中，已经成为国际贸易的总量大国，对外贸易总量不断增长，其中进料加工贸易额比重一直维持在较高水平，对物流产业的需求量较大。根据中国海关总署的统计数据，2013 年 6 月进出口商品贸易累计总值为 1997.7 亿美元，其中进料加工贸易总额为 562.6 亿美元，所占比重为 28.2%，居于世界前列。[6]

3. 基于能源结构特色的影响因素分析

我国能源需求量巨大，能源结构以煤炭为主，对物流的需求量较大。根据我国煤炭经济研究院的测算，2012 年全国原煤产量为 38.6 亿吨，再创新高，同比增加 3.4 亿吨，增长 9.64%，且内蒙古、山西、陕西合计占全国产量的 60% 左右，生产和分布上存在不均衡，出现了全世界范围内以煤炭物流为特色的专业物流领域。[7]

4. 基于商品流通模式特色的影响因素分析

我国流通模式规模偏小，行业集中度较低，规模效益差，同时流通环节多，流通资源配置形式不尽合理。以北京地区农产品物流为例，部分蔬菜的流通环节达到 6 次以上，造成了整个过程物流作业环节的增加，尽管单次物流成本不高，但物流成本的累计效应却比较明显。同时，物流产业利润所占比重较低，部分产品在整个流通过程中的占比不超过 5%。

三、我国物流产业生态环境分析

物流产业的发展并不是独立的，需要有一个良好的产业发展的外部生态环境作为保障，我国物流产业生态环境的主要构成因素包括政治、经济、地理、文化、历史等，这些因素以不同的形式影响着物流产业的发展。

我国政府肩负着物流产业指导、监管等多种职能，并通过出台相应的政策法规、产业振兴计划等方式成为产业发展重要的主导和促进力量。我国外向型经济特征比较明显，国际化日益增强，已经成为世界经济重要的组成部分，很多产品在全球国际贸易份额中占有较大比重，同时以跨国公司为代表的外部资源不断与国内资源进行融合，各种类型的全球采购中心的数量也稳步递增，物流企业与海外企业的合作更加紧密，需求的多样化程度不断提升，但同时也面临着国际物流企业的激烈竞争。目前，国内企业间的竞争不断加剧，对物流的需求和重视程度不断提高，特别是汽车等产业提出企业要定位转型，希望以物流为基础构建核心竞争力。从地理位置看，我国与主要的欧美贸易伙伴距离较远，同时自身国土面积大，我国的平均货运距离比欧美主要国家的要长，运输成本要高，对运输形式的优化

组合也提出了更高的要求。我国的文化博大精深，但对创新的关注程度还要进一步提升，目前国内物流产业原创性的技术和模式相对较少，限制了物流产业的更好发展，甚至出现了物流产业“复制到中国”（Copy to China，CTC）的发展模式。从以往的发展历史可以看出，为实现我国物流产业的跨越式发展，需要有创新性的思维、技术、方法和模式作为支撑。同时，我国的诚信文化也需要进一步建立，形成稳定的商务环境，促进产业的健康发展，减少对产业的负面影响。我国的物流产业，特别是现代物流产业，由于起步较晚，整体技术水平较低，可提升的空间较大，后发优势比较明显。

在考虑物流产业生态环境的问题上，需要重视新业态、新技术、新产品、新模式的影响。由于社会经济发展速度的加快，业态、技术、产品、商务模式更新变化的速度也随之加快，对物流产业的影响也日益加深。从服务功能的角度分析，物流产业需要与相关产业发展具有典型的共融特性，商流、信息流、资金流的形态转变都会对其产生影响。

以新业态和新模式的发展为例，目前包括电子商务、平台经济、物流金融等在内的新兴业态不断涌现，物流产业的发展如何与新兴业态进行匹配成为现代物流业发展面临的又一重要问题，其中尤以电子商务的影响最为明显。随着现代生活方式的转变，电子商务已经成为目前我国重要的商业形式，2012年电子商务交易额达到7万亿元，网购交易额超过1.2万亿元，分别占社会消费品零售总额的33.8%和5.8%。电子商务的发展带动了快递物流产业的高速增长，全年完成业务量57亿件，同比增长55%，以京东商城为代表的新型平台经济也不断发展，进一步激发了电子商务产业的活力，同时促进了商流与物流的同步发展。新兴的业态和模式对物流服务提出了新的要求，已经从“门到门”运输、“最后一公里”的问题转化为最后“人到人”“最后一百米”的问题，未来这一趋势会更加明显。在多产业融合发展、新模式不断涌现的条件下，物流产业发展的先导作用得到了进一步体现，即以物流服务为基础促进了商贸服务模式的创新，并产生了与之匹配的新型业态，形成了跨产业互动共融的新型发展模式。例如，在韩国地铁站出现了零售企业经营的以二维条码为载体的虚拟超市，允许用户以智能手机为终端，在等候地铁的过程中进行网上购物，并完成电子结算，同时由超市完成向终端社区用户的配送服务，既扩展了传统零售企业的经营范围，也进一步延伸了物流产业覆盖的领域。

同时，技术的进步为未来物流产业发展提供了新的动力，在物流产业服务内容的深度和广度两个维度上进行扩展。例如，在冷链技术高度发展后，包括鲜肉、冰激凌等在内的产品已经开始面向城市用户提供配送服务，极大地扩展了物流产业的服务形式和内容。

目前，上述趋势产生的影响越来越大，特别是以现代信息技术为代表的智慧技术发展起来后，形成了以智慧物流为代表的新技术、新产品、新模式和新业态，为现代服务业的发展提供了新的平台，扩展了服务的形式，既会成为产业发展新的推动力，也能为产业发展提供更多机遇。智慧物流产业框架如图1所示。

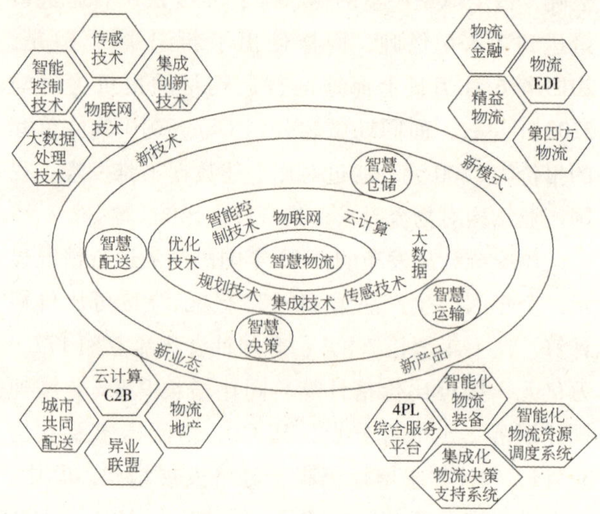

图1 智慧物流产业框架

四、我国物流产业面临的挑战分析

物流产业发展定位的转变，已经使之成为关系国家经济发展前景和安全的关键因素。随着竞争模式的转变，基于独立企业的竞争模式首先转化为基于供应链的竞争。当前，国际化程度进一步加深，国家经济利益保护变得越发重要，基于国家主权的供应链竞争，使国内相关产业发展得到保障，从而在国际分工中处于有利地位，是关系国家发展的重大问题，因此基于国家服务主权的供应链竞争成为各国保护产业链、提升核心竞争力的重要选择。作为一个大国，我国必须拥有物流领域的国家服务主权，具有一定的控制力，掌握对物流领域资源进行配置与获利的权利，进而形成以供应链服务为基础的产业服务链，保证我国相关产业安全。

目前，以大型跨国公司为代表的外部力量在国际贸易中占据主导地位，并控制了大量的物流网络资源，国内企业大多处于产业链的低价值环节，高利润的增值环节都被国外企业控制。目前，很多跨国公司的采购中心将国内企业定位成单纯的产品提供商，不允许企业参与后续的全供应链运作环节，企业在合作中只能通过降价进行竞争，产业发展环境不容乐观；跨国快递、国际贸易金融等也被国外大型物流公司掌握，很多产业的控制权并没有掌握在国内企业手中，使得国民经济发展特别是产业结构调整与转型变得愈发困难，无法掌握发展的主动权和话语权。因此，我国在物流产业定位上，应树立基于整个“国民经济供应链管理”的国家物流服务主权理念，提升“国家物流核心竞争力”，防止物流服务能力受制于人，要大力发展拥有“自主主权”的物流产业，并为国内其他相关产业发展提供良好的保障，提升我国国家竞争力。为实现这一目标，必须强化供应链控制能力，国内供应链的控制形式如表1所示。

表1　　国内供应链的控制形式

控制力类型	执行主体	体现形式	典型案例
行政约束力	政府机构	强制	海关、检验检疫部门
工具提供力	公司、区域机构	垄断某一类型物流资源	大型船舶公司、港口
货源控制力	供需双方	选择服务商	制造业企业、商贸公司
服务提升力	公司	特定技术、服务提供	通信公司、专有技术提供

为提升物流产业的供应链控制能力，需要进一步明确控制力培育的着眼点，同时加强自主品牌建设，提高对货源的控制力，并进一步丰富服务形式，提供包括信息、资金等方面在内的综合服务，构建有利于相关产业发展的良好生态环境。

综合考虑国内外物流产业发展的基本情况，我国物流产业正处在转型过程中，处于由物流大国向物流强国迈进的过程中。在这个过程中，机遇与挑战并存，要很好地把握住新的发展时机，高度重视物流运作环境的多样性、动态性、系统性，并不断基于物流产业开展面向社会的公共服务，进一步拓展物流产业的服务领域。

五、结语

历史、文化等方面的长期积淀形成了我国物流产业的特色，但随着当今世界政治、经济、文化的不断变革，我国融入世界的程度也不断加深，产业发展战略转型势在必行。为促进产业发展，需要构建良好的外部生态环境，解决制约产业发展的核心问题，要把握好产业发展特定的规律性，合理配置外部资源，发挥物流产业作为支撑、先导型产业的巨大作用，为我国经济战略转型提供必要的基础。

参考文献：

［1］北京市商务局，北京物资学院．北京物流蓝皮书［M］．北京：新华出版社，2005.

［2］、［5］、［8］何黎明．稳中求进 开拓创新 推动我国物流业持续健康发展——2012年我国物流业发展回顾与2013年展望［J］．中国流通经济，2013（3）：7－11.

［3］国际钢铁协会．世界钢铁统计数据［DB/OL］．［2013－10－10］．http：//www.worldsteel.org/zh/.

［4］中华人民共和国国家统计局．中国年度数据2013［DB/OL］．［2013－10－10］．http：//www.stats.gov.cn/.

［6］中华人民共和国海关总署．海关主要统计数据［DB/OL］．［2013－10－10］．http：//www.customs.gov.cn/publish/portal0/.

［7］中国煤炭工业协会．中国煤炭工业网全国原煤产量统计［DB/OL］．［2013－10－10］．http：//www.coalchina.org.cn/.

原载于《中国流通经济》2013年第11期

我国物流业政策环境回顾与展望

贺登才*

（中国物流与采购联合会，北京市 100045）

摘　要：2013 年党中央、国务院重视物流业发展，在管理体制、投融资体制、财税体制、行政管理体制、开放型经济新体制等方面进行了一系列调整和改革，政策环境持续改善，我国物流业趋稳向好、稳中有进，在国民经济中的基础性、战略性地位进一步提升。2014 年物流业将继续把握好改革的基本方向，稳步放松物流业行业管制，进一步放宽行政审批，进一步放开投资体制改革，进一步推进税收制度改革；高度关注市场导向作用，重视民生物流，重视城镇化过程中孕育的物流新商机，优化区域物流布局，迎接国际物流新机遇；进一步规范行业监管，加强物流市场监管，加速诚信体系建设，加强绿色低碳物流发展力度；陆续出台一系列支持和指导物流业发展的中长期规划和政策并有所动作。当然，也要看到当前我国物流业仍然面临的行业管理体制改革的艰巨任务，进一步强化部际联席会议协调能力，为物流业深化管理体制改革做好准备。同时，按照中共十八届三中全会精神，推动政府向社会购买服务的改革，更好地发挥社会组织在公共服务与社会治理中的作用，从税费、物流用地、交通、投融资体制、网点设立等制约物流行业发展最为突出的问题着手，破除现有制度障碍，优化配置资源要素，增强物流市场主体活力，使物流业释放出巨大的改革红利，营造有利于物流业持续健康发展的政策环境。

关键词：物流业；政策环境；回顾；展望

2013 年，我国物流业实现了趋稳向好、稳中有进的良好局面。国家重视物流业发展，各方面体制机制改革稳步推进，政策环境持续改善。物流业在国民经济中的基础性、战略性地位进一步提升，将对物流业持续健康发展产生重要影响。

一、2013 年我国物流业政策环境回顾

2013 年，党中央、国务院重视物流业发展，我国物流业在管理体制、投融资体制、财税体制、行政管理体制、开放型经济新体制等方面进行了一系列调整和改革。

1. 管理体制改革稳步推进

（1）铁路管理体制实现了政企分开。2013 年 3 月，《国务院机构改革和职能转变方案》正式发布，铁道部撤销，职能一分为三。组建中国铁路总公司，承担原铁道部的企业职责；原铁道部拟定铁路发展规划和政策的行政职责划入交通运输部；组建国家铁路局，承担原铁道部的安全生产监管等其他行政职责。交通运输领域大部制改革正式启动，由交通运输部统筹规划铁路、公路、水路、民航以及邮政行业发展的综合交通管理体制初步形成。这将有利

---

* 贺登才（1953—），男，山西省定襄县人，中国民主建国会会员，现为中国物流与采购联合会副会长、中国物流学会副会长、民建中央物流工作小组副组长、解放军后勤指挥学院兼职博士生导师、北京物资学院兼职硕士生导师，主要从事物流行业理论研究、政策咨询、规划设计和新闻宣传工作，在《经济日报》《经济要参》《北京日报》等报刊发表论文 100 余篇。

于推动各种运输方式从分散、独立管理向一体化、集约化发展，建立并完善适应社会经济发展的综合交通运输体系。

（2）铁路货运组织改革开始启动。2013 年 4 月，中国铁路总公司下发《中国铁路总公司关于进一步推进货运组织改革的意见》（铁总运〔2013〕5 号），决定自 2013 年 6 月 15 日开始实施货运组织改革。这是铁路货运向现代物流转型的重大战略，通过落实简化受理、随到随办、规范收费、热情服务的承诺，取得了阶段性成果。2013 年下半年，铁路货运扭转了上半年货运量持续下滑的局面，全年货物发送量回稳增长。

（3）流通体制改革继续深化。2012 年 8 月，国务院印发《国务院关于深化流通体制改革加快流通产业发展的意见》（国发〔2012〕39 号），支持物流业发展被作为深化流通体制改革的重要任务。2013 年 1 月，国务院办公厅印发《国务院办公厅关于印发降低流通费用提高流通效率综合工作方案的通知》（国办发〔2013〕5 号），确定了 10 项措施降低流通费用，在物流方面提出了推进收费公路清理、规范交通执法、保障物流配送等相关要求。2013 年 5 月 30 日，国务院办公厅印发《国务院办公厅关于印发深化流通体制改革加快流通产业发展重点工作部门分工方案的通知》（国办函〔2013〕69 号），将具体工作细化落实到 15 个部委和单位。其中，涉及物流业的内容主要是：大力发展第三方物流，促进企业内部物流社会化，大力推广并优化供应链管理，支持流通企业建设现代物流中心，积极发展统一配送等。

2. 财税体制改革影响深远

（1）“营改增”试点全面铺开。2013 年 4 月，国务院决定自 8 月 1 日起，将“营改增”试点在全国范围内推开。2013 年 12 月 4 日，国务院常务会议决定自 2014 年 1 月 1 日起将铁路运输和邮政业纳入“营改增”试点范围。财政部、国家税务总局先后下发《财政部税务总局关于在全国开展交通运输业和部分现代服务业营业税改征增值税试点税收政策的通知》（财税〔2013〕37 号）、《关于将铁路运输和邮政业纳入营业税改征增值税试点的通知》（财税〔2013〕106 号），对试点政策进行调整、修订和完善。“营改增”是我国财税体制改革的重大举措，国家税制得到简化和规范，中小规模纳税人税收负担得到减轻，重复纳税问题得到解决。但是，对于物流业特别是交通运输业，企业税负出现大幅增加，税率不统一问题仍然没有得到有效解决。物流业务各环节税率不统一，割裂了相关业务之间的内在联系，不符合物流业整合社会资源、一体化运作的需要。

（2）国际货代业受到严重影响。财税〔2013〕37 号文取消了国际货代业差额纳税政策，由于国际航运业享受零税率或免税政策，因此国际货代业没有进项税抵扣，要按照包括国际运费在内的全额收入缴纳销项税，导致国际货代业税负大幅增加。后来，国家有关部门在财税〔2013〕106 号文中吸收了行业提出的政策建议，明确国际货物运输代理服务享受免征增值税政策。但是，财税〔2013〕106 号文出台后，在地方解释与实务操作中，国际货代免税政策并没有得到有效落实，导致企业在业务报价、开具发票、会计处理、系统调整等方面无所适从，严重影响正常业务开展。

（3）土地使用税减半征收政策继续落实。2012 年，国家出台土地使用税减半征收政策，受到了行业的普遍欢迎。两年来，我国大部分地区执行了该项政策，但也有部分地区对物流企业认定和政策执行人为设限，对于专业建造并出租仓储设施的企业，部分地区不予认定为物流企业，还有的地区调整了土地级别，提高了土地使用税征收标准，导致该政策减负效应有所削弱。

3. 行政管理体制改革继续深化

（1）清理和规范行政事业性收费。2013 年 6 月 25 日，财政部、国家发展改革委发布《关于公布取消和免征一批行政事业性收费的通知》（财综〔2013〕67 号），决定自 2013 年 8 月 1 日起，取消和免征 33 项行政事业性收费，其中包括与物流相关的船舶证明签证费、船舶申请安全检查复查费、海事调解费、装船证费、ATA 单证册收费等。2013 年 10 月 16 日，财政部、国家发展改革委发布《关于公布取消 314 项行政事业性收费的通知》（财综〔2013〕98 号），决定自 2013 年 11 月 1 日起，取消各省、自治区、直辖市设立的 314 项行政事业性收费。进一步清理和规范行政事业性收费，有助于进一步减轻企业和社会负担，规范政府收入分配秩序，促进依法行政。

（2）取消和下放行政审批项目。2013 年 5 月，国务院下发《国务院关于取消和下放一批行政审批项目等事项的决定》（国发〔2013〕19 号），决定取消和下放一批行政审批项目等事项，共计 117 项。2013 年 11 月，国务院下发《国务院关于取消和下放一批行政审批项目的决定》（国发〔2013〕44 号），再取消和下放 68 项行政审批项目。2014 年 1 月，国务院再次出台国发〔2014〕5 号文，取消和下放 64 项行政审批项目和 18 个子项。其中，涉及许多与物流相关的行政审批事项，向审批事项的“负面清单”管理方向迈进，逐步做到审批清单之外的事项均由市场主体依法自行决定。

4. 投融资体制改革陆续深化

（1）铁路投融资体制改革再次启动。2013 年 8 月，《国务院关于改革铁路投融资体制加快推进铁路建设的意见》（国发〔2013〕33 号），从推进铁路投融资体制改革、完善铁路运价机制、建立铁路公益性政策性运输补贴、加大力度盘活铁路用地资源、强化企业经营提高资产收益水平、加快项目前期工作形成铁路建设合力六个方面提出了具体要求。此次改革首次提出了铁路建设增量部分向地方和社会开放。同时，提出研究设立铁路发展基金，以中央财政性资金为引导，吸引社会法人投入，有助于形成铁路建设新的融资平台，但受铁路系统原有组织结构与运营方式影响，铁路投融资改革仍然面临重大考验。

（2）投资项目政府核准范围继续缩小。2013 年 12 月 2 日，国务院下发《国务院关于发布政府核准的投资项目目录（2013 年本）的通知》。经初步测算，目录修订后，需报中央管理层面核准的项目数量将减少约 60%。在交通基础设施领域，取消了对企业投资扩建民用机场项目的核准，下放了城市快速轨道交通项目、邮政项目和部分铁路、公路、桥梁、隧道、集装箱专用码头、煤炭矿石油气专用泊位等项目的核准权限，更加强调和突出发展建设规划等的指导与约束作用。在外商投资和境外投资领域，由一律实行核准制改为区别不同情况实行核准制或备案制。对外商投资项目，采取准入前国民待遇和负面清单管理模式。对境外投资项目，除涉及敏感国家和地区、敏感行业的项目和中方投资 10 亿美元及以上的项目外，对其他项目实行备案管理。

5. 上海自贸区挂牌成立

2013 年 8 月 22 日，国务院正式批准设立中国（上海）自由贸易试验区。2013 年 9 月 29 日，上海自贸区正式挂牌成立。对物流领域而言，上海自贸区建设具有多重意义。一是港航物流管理效率有望提升。高效、便捷、通畅的港航物流管理体系是上海自贸区实现与国际接轨、加快国际航运中心建设的重要保障，这对政府管理方式改革创新提出了新的要求。二是国际航运服务迎来发展机遇。各项优惠政策和便利措施有望出台，航运服务的开放力度继续加大，有利于促进国际航运企业的集聚发展与水平提升。三是国际物流格局加快调整。上海自贸区建立后，将利用良好的金融、贸易、物流、通关等政策优势，成为国际贸易和物流企业进入中国的重要窗口，也将成为国内贸易和物流企业加快“走出去”的重要通道，从而带动我国国际商贸与物流业转型升级。

6. 物流相关规划陆续出台

（1）《国家公路网规划（2013 年—2030 年）》出台。2013 年 6 月 20 日，国家发展改革委、交通运输部发布《国家公路网规划（2013 年—2030 年）》。这是我国首个集高速公路和普通公路于一体的国家中长期公路网布局规划。未来，国家级干线公路将形成由“普通国道 + 国家高速公路”两个层次共同组成的路网格局，总规模约 40 万公里。该《规划》强调，要加强公路同其他运输方式的协调与衔接，统筹考虑主要通道的运输能力配置，注重发挥综合运输组合效率与整体优势。

（2）国家发展改革委等 12 个部门联合发布《关于印发全国物流园区发展规划的通知》。2013 年 9 月 30 日，国家发展改革委等 12 个部门联合发布《关于印发全国物流园区发展规划的通知》（发改经贸〔2013〕1949 号）。这是我国物流园区方面的第一个专项规划，提出了物流园区发展的方向，强调物流园区的公共性和基础性，提出了物流园区的服务对象和发展方向；确定了 99 个城市为物流园区布局城市，提出了八项主要任务和八项保障措施。并特别提出，要开展国家级物流园区示范工程，由国家发展改革委等相关部门和行业协会组织评定工作。

（3）《国家发展改革委关于印发促进综合交通

枢纽发展的指导意见的通知》出台。2013年3月7日，国家发展改革委出台《国家发展改革委关于印发促进综合交通枢纽发展的指导意见的通知》（发改基础〔2013〕475号），要求加快转变交通运输发展方式，以一体化为主线，促进各种运输方式有效衔接，提高枢纽运营效率，实现便捷换乘、高效换装，为构建综合交通运输体系奠定坚实基础。该《意见》提出了四项主要任务，要求统筹货运枢纽与产业园区、物流园区等的空间布局，按照货运“无缝化衔接”要求，强化货运枢纽集疏运功能，提高货物换装的便捷性、兼容性与安全性。“十二五”期间，全国要基本建成42个全国性综合交通枢纽。

（4）交通运输部发布《交通运输部关于交通运输推进物流业健康发展的指导意见》。2013年6月6日，交通运输部出台《交通运输部关于交通运输推进物流业健康发展的指导意见》（交规划发〔2013〕349号），提出到2020年基本建成便捷高效、安全绿色的交通运输物流服务体系。这是交通运输部推进物流业健康发展的系统性思路，基本覆盖了交通运输领域推进物流业发展的主要方面。重点是加强物流枢纽、运输通道、多式联运、物流信息化、运力结构调整、农村物流、城市配送、快递业务、零担快运、中小企业联盟等方面的政策研究，推动并鼓励先行先试、典型引领，加快培育龙头骨干企业。

7. 行业管理工作出台新措施

（1）多部门支持城市配送管理工作。近年来，交通运输部、商务部等部门重视城市配送管理，出台促进城市配送工作发展的政策措施。但是，城市配送涉及部门多，协调难度大，需要建立健全城市配送管理协同工作机制，加强多部门在城市配送发展战略规划、政策标准等领域的统筹协作，共同推动城市配送服务体系的建立与完善。

（2）收费公路管理条例公开征求意见。2013年5月9日，交通运输部组织起草的《收费公路管理条例（修正案征求意见稿）》公开征求意见，对2004年版《收费公路管理条例》提出了23条修改意见，对一些模糊以及需要调整的内容进行了明确和修正，对出现的一些新情况、新问题进行了梳理和规定，提出了特许经营制度、信息公开制度、收费标准计算方法等。但是，其中一些条款的设置不尽合理，有待进一步调整，对于一些社会普遍关心的问题，有待进一步明确。

（3）物流信息化工作加快推进。国家推动物联网有序健康发展，工业和信息化部推动物流信息化工作，交通运输部推动物流公共信息平台建设。当前，信息化正全面渗透并融合到物流活动中，成为现代物流最重要的时代特征。目前，我国物流信息化在政府支持层面存在的最突出问题是，物流电子政务和监管信息难以获得，缺乏系统间、平台间、区域间的互联互通，物流公共信息资源不能得到有效利用等，亟待出台政策加以引导。

（4）快递市场监管进一步加强。2013年1月11日，交通运输部公布了修订后的《快递市场管理办法》，并自2013年3月1日起施行，弥补了快递服务国标有标准无监管措施的短板，增加了更多细节性规定，对维护快递市场信息安全与公共安全，促进市场健康发展具有积极作用。2013年5月，国家邮政局等六部门联合下发《关于切实做好寄递服务信息安全监管工作的通知》，针对屡禁不止的泄露消费者信息行为，要求快递企业完善相关规章制度，加大科技投入，提高信息安全技术与防范能力。

（5）电商物流受到重视。开展电子商务集成创新试点，在试点工程所涉及的多个领域中，均突出强调了电商物流的发展。此外，商务部印发《商务部关于促进电子商务应用的实施意见》（商电函〔2013〕911号），要求各地按照国家加快流通产业发展总体要求，规划本地区电子商务物流，推动城市物流配送仓储用地、配送车辆管理等方面政策的出台，推动构建与电子商务发展相适应的物流配送体系，开展电子商务城市共同配送服务试点，逐步建立并完善适应电子商务发展需要的城市物流配送体系。

（6）“两化融合”提出专项行动计划。2013年8月23日，工业和信息化部下发《工业和信息化部关于印发信息化和工业化深度融合专项行动计划（2013—2018年）的通知》（工信部信〔2013〕317号），要求积极开展八项行动，其中电子商务和物流信息化集成创新行动的目标是，深化重点行业电子商务应用，提高行业物流信息化与供应链协同水平，促进以第三方物流、电子商务平台为核心的新型生产性服务业发展壮大，创新业务协作流程与价值创造模式，提高产业链整体效率。行动内容包括提升重点行业电子商务与供应链协同能力、提升第三方物流服务能力等。

（7）国际货代业指导意见出台。2013 年 1 月 17 日，《商务部关于加快国际货运代理物流业健康发展的指导意见》中提出“十二五”期间，基本形成结构合理、业态多样、服务优质、竞争有序的国际货代物流市场。此外，还提出了完善行业管理制度、引导行业“转方式、促转型”等八大主要任务，提出了实施人才战略、健全工作机制、建立重点企业联系制度等保障措施。

（8）促进航运业转型升级。2013 年 8 月 27 日，交通运输部出台《交通运输部办公厅关于促进航运业转型升级健康发展的若干意见》，从五个方面制定了 20 条政策措施，通过减少存量、严控增量，化解运力过剩矛盾。但是，国家对航运业的战略性支持力度不够，缺乏创新的金融与财税政策的支撑，与行业需要相比还存在较大差距。同时，航运业发展也离不开良好港航环境的支持，需要各相关部门协调配合，统筹制定协调运作的港航管理机制，加快与国际航运管理和服务体系的接轨。

（9）危险品运输加强管理。2013 年 1 月，《道路危险货物运输管理规定》（中华人民共和国交通运输部令 2013 年第 2 号）公布，自 2013 年 7 月 1 日起实施，原交通部有关管理规定废止。重新定义了危货运输企业车辆数量、停车场地要求、设施设备准入门槛，明确了危货车辆维修要求。在危险化学品生产、储存、使用、经营、运输等环节增设了一些新的管理制度和内容，建立了专职安全管理人员、安全评价、道路运输从业人员专项考试、危险货物道路运输豁免、事故报告和举报等制度。

（10）区域通关业务改革全面推进。2013 年 10 月 29 日，海关总署发布《关于全面深化区域通关业务改革的公告》，决定自 11 月 1 日起实施全面深化区域通关业务改革。改革主要包括三个方面的内容：一是拓展“属地申报、口岸验放”模式功能，二是对 AA 类企业的货物实行“属地申报、属地放行”方式，三是进一步扩大“属地申报、口岸验放”通关模式适用范围。企业可以诚信守法换取通关便利，有利于营造健康、公正、公平的贸易环境与竞争环境，有利于实现海关有效监管与企业便捷通关的“双赢”。

（11）绿色物流提上议事日程。2013 年 5 月 22 日，交通运输部下发《交通运输部关于印发〈加快推进绿色循环低碳交通运输发展指导意见〉的通知》（交政法发〔2013〕323 号），提出了“将生态文明建设融入交通运输发展的各方面和全过程”的理念，以“加快推进绿色循环低碳交通基础设施建设、节能环保运输装备应用、集约高效运输组织体系建设、科技创新与信息化建设、行业监管能力提升”为主要任务，以“试点示范和专项行动”为主要推进方式，实现交通运输绿色发展、循环发展、低碳发展，到 2020 年，基本建成绿色循环低碳交通运输体系。该《指导意见》提出了五个方面共 22 条主要任务，对行业 2020 年之前节能减排与应对气候变化的工作进行总体部署。

8. 物流业获得资金支持

（1）促进服务业发展专项资金。2013 年 1 月 17 日，财政部、商务部下发《关于印发中央财政促进服务业发展专项资金管理办法的通知》（财建〔2013〕4 号）明确，专项资金由财政部门会同商务主管部门管理，中央财政将专项资金切块下达到省，由各省自主确定专项资金支持重点。主要范围包括：民生商贸服务业项目，与生产流通直接相关的服务业项目，与节能减排、环境保护相关的服务业项目，与公共服务直接相关的项目，其他经财政部、商务部确认的商贸流通领域服务业项目。物流业纳入专项资金支持的重点领域。

（2）甩挂运输试点继续推进。2013 年，交通运输部开展了第三批甩挂运输试点申报工作，共确定了 41 个试点项目。交通运输部办公厅下发《交通运输部办公厅关于印发国家公路甩挂运输试点项目验收与专项资金申请工作指南的通知》（厅运字〔2013〕144 号），对国家公路甩挂运输试点项目验收条件、程序和内容，以及专项资金申请提出了具体指导。

此外，国家发展改革委、财政部、交通运输部、工业和信息化部等部门还对农产品冷链物流、粮食物流、货运枢纽、电子商务物流、物联网、中小物流企业等物流项目予以资金支持。

二、2014 年中国物流业政策环境展望

2013 年，中共十八届三中全会通过的《中共中

央关于全面深化改革若干重大问题的决定》（以下简称《决定》）是全面深化改革的纲领性文件。《决定》指出，全面深化改革的总目标是："完善和发展中国特色社会主义制度，推进国家治理体系和治理能力现代化。"《决定》认为："经济体制改革是全面深化改革的重点，核心问题是处理好政府与市场的关系，使市场在资源配置中起决定性作用和更好发挥政府作用。"可以预见，这也是物流业政策选择与管理体制改革的基本方向。

2014 年 3 月 5 日，在第十二届全国人民代表大会第二次会议上，李克强总理作了《政府工作报告》，对十八届三中全会改革决定进行了积极回应，对 2014 年政府工作进行了总体部署。结合我们了解到的政府有关部门的工作动态，现对 2014 年物流业总体政策取向展望如下。

1. 行业管制趋于放松

李克强总理指出，向深化改革要动力，改革是最大的红利。2014 年《政府工作报告》提出，要推动重点领域改革取得新突破，物流业行业管制有望稳步放松。一是行政审批有望进一步放宽。2014 年，我国要继续取消并下放行政审批事项 200 项以上，物流业相关审批事项有望进一步取消。对于确需设置的行政审批事项，要建立权力清单制度，一律向社会公开。2014 年年初，国家发展改革委、财政部、交通运输部、商务部、工业和信息化部等部委陆续公布其全部行政审批项目目录。同时，对于非行政审批事项将开始全面清理。对于工商登记制度，将全面落实认缴登记制，由先证后照改为先照后证，由企业年检制度改为年报公示制度。二是投资体制改革有望进一步放开。对于投资审批制度，将取消或简化前置性审批，充分落实企业投资自主权。2014 年政府提出，要制定非公有制企业进入特许经营领域具体办法。实施铁路投融资体制改革，在更多领域放开竞争性业务，为民间资本提供大显身手的舞台。三是税收制度有望进一步推进。2014 年，铁路运输和邮政业正式纳入"营改增"试点。下一步试点的方向是进一步扩大行业范围，逐步将建筑、房地产业、金融及生活服务业等纳入改革序列。此外，消费税、资源税改革，房地产税、环境保护税立法以及小微企业税收优惠等政策的陆续推进，对物流业也将产生重要影响。

2. 市场导向值得关注

《政府工作报告》中有多项重点工作涉及物流业，对物流市场导向作用明显。一是民生物流位置凸显。《政府工作报告》特别提到，要促进物流配送、快递业以及网络购物的发展。民生物流作为扩大内需的重要支撑，将受到政府的高度关注。二是城镇化孕育物流新商机。今后一个时期，要着重解决好现有"三个 1 亿人"问题，促进约 1 亿农业转移人口落户城镇，改造约 1 亿人居住的城镇棚户区和城中村，引导约 1 亿人在中西部地区就近城镇化。城镇化建设加快物流集聚，离不开城市物流的合理规划与有效保障。三是区域物流布局趋于优化。要推进长江三角洲地区的经济一体化，深化泛珠江三角洲区域的经济合作，加强环渤海及京津冀地区的协同发展。实施差别化经济政策，推动产业转移，发展跨区域大交通大流通，形成新的区域经济增长极，离不开区域物流和交通的一体化与协同发展。四是国际物流迎来新机遇。要抓紧规划建设丝绸之路经济带、21 世纪海上丝绸之路，推进孟中印缅、中巴经济走廊建设，推出一批重大支撑项目，加快基础设施互联互通，为物流业"走出去"提供新的渠道。五是产业升级逐步加快。要优先发展生产性服务业，推动服务业综合改革试点与示范建设。物流业一直是服务业试点示范的重要对象，物流业加快产业转型升级，有利于助推经济结构调整与服务业创新发展。

3. 行业监管走向规范

一是物流市场监管逐步加强。《政府工作报告》提出，要大力整顿和规范市场秩序，继续开展专项整治，严厉打击制售假冒伪劣行为。建立从生产加工到流通消费的全程监管机制、社会共治制度和可追溯体系，健全从中央到地方直至基层的食品药品安全监管体制。预计食品、药品、化学危险品等物流安全问题，公路运输安全、寄递服务信息安全和快递市场监管工作将进一步加强。二是诚信体系建设加速。《政府工作报告》提出，要加快社会信用体系建设，推进政府信息共享，推动建立自然人、法人统一代码，对违背市场竞争原则和侵害消费者权益的企业建立黑名单制度，让失信者寸步难行，让守信者一路畅通。物流业诚信体系建设将成为新一年工作的重点。三是绿色低碳物流力度加强。

《政府工作报告》提出，我们要像对贫困宣战一样，坚决向污染宣战，明确要求加大节能减排力度，控制能源消费总量，2014 年能源消耗强度降低 3.9% 以上。物流业是对资源环境依赖较强的行业，面临着节能减排的“倒逼”机制。

4. 中长期规划和政策发力

2009 年，国务院颁布了我国第一个国家层面的物流业发展规划——《物流业调整和振兴规划》，目前已经到期。物流业作为国民经济的基础性、战略性产业，后续规划的制定与实施亟待加强。2012 年以来国家发展改革委牵头组织编制的《物流业中长期发展规划》2014 年有望正式出台，并将成为今后一个时期指导物流业发展的纲领性文件。2013 年，各地方、各部门相继出台了一系列支持物流业发展的规划、政策或意见，预计 2014 年会有所动作，如综合交通运输体系建设、城市配送体系建设、电子商务物流、跨境电子商务、物流标准化和信息化、农村和农业物流、工业物流和供应链、社区物流服务、农产品冷链物流、粮食物流、托盘共用系统建设、自由贸易试验区物流、丝绸之路经济带及京津冀一体化物流等。为落实《全国物流园区发展规划（2013—2020 年）》，国家级示范物流园区工程有望年内启动。

5. 行业管理体制改革任务艰巨

当前，我国政府序列中还没有物流业专业主管部门，各部门按照各自职能对物流相关领域进行管理。尽管各部门做了大量的工作，但由于涉及部门多，协调难度大，许多深层次矛盾和问题难以得到有效解决。特别是随着行业的快速发展以及经营模式的创新，又出现了许多管理上的交叉和空白。如何进一步建立并发挥部门间统筹协调机制，形成统一开放、公平有序的现代物流市场体系，对推进国家治理体系与治理能力现代化提出了新的挑战。从长远来看，应该在政府序列中设立专门的物流业管理部门，统筹协调全国的物流管理工作。当前，应该强化部际联席会议的协调能力，为物流业深化管理体制改革做好准备。同时，也应按照中共十八届三中全会精神，推动政府向社会购买服务的改革，更好地发挥社会组织在公共服务与社会治理中的作用。

6. 期盼已经出台的政策切实落实

《政府工作报告》提出，要向深化改革要动力，特别是要从群众最期盼的领域改起，从制约经济社会发展最突出的问题改起，从社会各界能够达成共识的环节改起，使市场在资源配置中起决定性作用，同时更好地发挥政府的作用。就物流业来看，群众最期盼、制约行业发展最突出、社会有共识的主要问题主要有：一是减轻税费负担，为物流企业“减负”；二是支持物流用地，促进项目“落地”；三是创造便捷交通，缓解“行路难”；四是改革投融资体制，解决“融资难”；五是方便开设网点，支持企业“做大做强”。这些问题的解决需要极大的决心和勇气，需要冲破利益固化的藩篱，需要破除现有制度的障碍，从而实现资源要素的优化配置，增强物流市场主体的活力，使物流业释放出巨大的改革红利。

同时，我们也要看到，《政府工作报告》提出，专项转移支付项目要减少 1/3，今后还要进一步减少，对产能严重过剩行业，要强化环保、能耗、技术等标准，清理各种优惠政策，消化一批存量，严控新上增量。这预示着，物流业专项资金支持政策以及一些地方或部门曾经实行的优惠政策将有所调整。我们既要努力促进政策落实并用足用好政策，也要克服“政策崇拜”，减少“政策依赖”，充分发挥市场在资源配置中的决定性作用。作为行业社团组织，中国物流与采购联合会将与政府有关部门和物流企业一道，为营造有利于物流业持续健康发展的政策环境而不懈努力。

原载于《中国流通经济》2014 年第 4 期

跨国公司嵌入视角下物流产业集群网络结构演化*

王 健 刘 荷**

（福州大学，福建 福州 350102）

摘 要：近年来，随着经济全球化的不断推进以及我国服务业外商投资的进一步放开，跨国公司开始通过进驻物流园区、推动某些物流园区形成等方式，以集群核心企业的角色影响我国物流业特别是物流产业集群的发展。运用社会网络分析法研究跨国公司嵌入视角下物流产业集群网络结构的演化可以发现，跨国公司嵌入的物流产业集群网络结构是伴随着跨国公司的进入而突变式演进的，跨国公司嵌入的主要作用是形成集群的“集聚内核”，吸引关联企业及物流需求的集聚；集群经济与社会网络互相融合，其集聚程度相对较高且网络中多为强关系，知识网络中的联系比较松散，内容单一且联系对象呈两极分化态势；集群核心型和参与型跨国公司的嵌入过程及其对集群网络结构的影响存在差异，核心型跨国公司在集群中主动结网，始终处于网络中心位置，充当集群资源、信息的“守门人”，而参与型跨国公司被动结网且随着集群的发展而逐渐由网络中心向边缘转移。

关键词：跨国公司；嵌入；物流产业集群；网络结构演化

一、引言

近年来，各地通过投资建设以物流园区为代表的物流枢纽，培育和扶持各类物流企业并吸引国内外实力雄厚的企业入驻，加快了物流产业集群的发展。随着经济全球化的不断推进以及我国服务业外商投资的进一步放开，跨国公司通过进驻物流园区、推动某些物流园区（基地）形成等方式，以集群核心企业的角色影响我国物流业尤其是物流产业集群的发展。现有跨国公司与产业集群相关研究大多针对发展时间较长的制造业产业集群或较为成熟的高新技术产业集群，一般认为跨国公司能够促进集群企业国际化，推动集群结构优化，打破集群锁定现象，[1-2]但这种促进作用取决于跨国公司与东道国联系的密切程度。[3-4]王雷[5]的研究表明，跨国公司与集群企业的关系能够增强跨国公司在集群中的知识溢出效应。张方华、左田园[6]的研究表明，本土企业通过网络嵌入能够有效利用外商直接投资（FDI）集群化过程中的知识溢出效应，提高集群创新绩效。目前，几乎还没有研究基于网络结构演化视角进行考察，而产业集群又是相关成员在一定区域内以网络形式存在的体系。不过，集群的网络结构演化问题已经受到了不少学者的关注，只是现有

* 本文系教育部人文社会科学青年基金项目“中国生产性服务业发展的影响因素及其空间效应研究”（项目编号：14YJC790074）、福建省社会科学规划项目“海丝物流通道整合与一体化研究”（项目编号：2014B083）的部分研究成果。

** 王健（1959—），男，福建省福清市人，福州大学副校长，教授，博士生导师，主要研究方向为现代物流；刘荷（1987—），女，福建省莆田市人，福州大学经济与管理学院博士生，主要研究方向为物流管理。

文献多将网络视为静态的存在，将组织间关系同质化，忽略了集群网络结构动态演化与企业行为的关系。因此，以跨国公司嵌入为视角，探求物流产业集群网络结构演化过程，能够突破现有研究对象局限，拓展深化有关跨国公司影响东道国产业集群发展和演化机制的研究，也为我国物流产业集群引进跨国公司并实现自身发展提供一定的理论支持。

二、理论分析

跨国公司通过与当地企业或机构产生业务、技术等方面的联系，以不同的渠道嵌入产业集群。嵌入是指经济行动者嵌入所在的关系网络。格兰诺维特（Mark Grannovetter）认为，嵌入主要包括关系嵌入性和结构嵌入性。其中，关系嵌入性衡量个体间联系的质量和深度；结构嵌入性反映网络的整体结构和节点在网络中的位置，包括程度中心度、中介中心度、结构洞等。这里的中心度代表网络资源集聚度；结构洞强调节点在网络中连接隔断网络的能力，其丰富程度与节点约束系数负相关，[7]本文以1与约束系数的差值来表示节点结构洞的丰富程度。一般情况下，产业链核心跨国企业是地方政府重点引进的对象。作为进入集群的先导企业，核心跨国公司通过价值链分工与地方企业建立经济社会连接之后才能形成一定的集聚优势，[8]因此其嵌入本地集群的动力更强。而受到核心跨国公司吸引进入集群的一般参与型跨国公司，基于社会、文化邻近性与优先连接方面的考虑，一般会选择集群已有的跨国公司而非集群本土企业作为结网对象，缺乏嵌入集群本地网络的动力。[9]

物流产业集群是指，在特定区域，由存在竞合关系、具有一定规模的物流企业和相关机构组成的群体或组织形态，[10]一般包含物流企业以及上下游的客户企业、中介组织、科研机构、政府机构等。集群中的组织构成网络中的节点，组织间的关系构成网络中的边。物流产业集群具备稳定性与演化性并存的特点，通过内部节点间相互作用及与外界环境交换而不断调整网络结构和功能。[11]产业集群网络在集群发展不同阶段，其类型大多表现为“社会网络—经济网络—知识网络”。[12-13]集群网络结构由网络中的节点和节点间的关系决定，具体体现为规模、密度、中心性、可达性等维度。集群网络规模指网络节点的数量。密度代表集群节点间连接的紧密程度，由网络节点和边的数量决定。中心性是代表网络集聚程度或一致性的重要指标，其中程度中心性代表网络整体的信息、资源集中度；中介中心性衡量网络中节点作为中介或“守门人”控制其他成员的程度。[14]为与整体网络和节点的中心性相区别，本文用中心度代表网络节点的中心性，用中心势代表网络整体的中心性。可达性代表任意两个节点间交流所需要的连接数，用网络中任意两个节点间的平均距离表示，若平均距离较大，则代表可达性较差，网络信息和资源的传播效率较低。

集群成员通过构建关系和溢出效应推动了集群网络的演化发展，不同的关系内容和结构形成了不同的网络类型和结构。[15]居于产业链核心位置的跨国公司通过吸引产业链前后向相关跨国公司跟随进入，带来资金、技术、人才等生产要素的集中，为集群区域带来新的市场需求和全球性的技术、观念等，是区域市场需求与相关资源要素的“集聚内核”，触发集群形成。跨国公司通过与本地企业结网嵌入集群网络，以信任、信息共享等嵌入关系特征促进集群资源共享和知识外溢。由于资源共享和知识外溢大多发生在邻近或者合作关系密切的企业之间，[16]因此本土企业倾向于布局在跨国公司周边并与之形成合作关系，进而影响集群的规模和密度。此外，跨国公司在集群中嵌入程度较高，意味着跨国公司在集群网络中的联系较多且比较紧密，在集群网络中居于中心地位。凭借中心位置，跨国公司能够协调网络关系，配置集群资源，从而成为集群知识和资源的“守门人”并保持自己的中心地位。[17]根据路径依赖理论和累积优势效应，网络中的企业将倾向于与龙头企业建立联系，[18]使越来越多的企业遵循“优先连接”路径，进而使集群网络中信息和资源的集聚程度不断提高，[19]直接表现为网络中心性和可达性不断增强。因此，本文认为，跨国公司嵌入集群，通过本地结网与核心位置发挥要素集聚内核与资源信息“守门人”的作用，进而吸引关联企业，协调成员间关系，进行资源配置等，影响集群网络结构。

三、研究对象、方法与数据

1. 研究对象

港口拥有天然的资源禀赋以便物流资源集聚，港口物流产业是我国物流要素集聚程度较高的行业之一。[20]综合考虑数据的可得性和集群特征，根据地理位置接近和关系接近的优势，以福州江阴港物流产业集群为研究对象。该产业集群的核心企业是新加坡港务集团与福州港务集团合资组建的新港国际集装箱码头有限公司（以下简称新港码头公司）以及入驻的马士基、地中海航运等跨国公司，在推动江阴港物流产业集群形成与发展的过程中，跨国公司发挥着十分重要的作用，符合研究条件。该集群以江阴港区为中心，涵盖福州保税物流园区、江阴铁路物流园区，辐射江阴经济开发区、融侨经济技术开发区和元洪投资区，基本形成了以港口物流业务为核心，集仓储、运输、代理、报关报检、配送加工及信息处理等物流服务为一体的物流产业链，并吸引集聚了医药化工、钢铁冶金、机械装备等上下游物流需求企业。

2. 研究方法与数据来源

本文选用纵向单案例研究方法，结合社会网络分析法和 Ucinet 软件探究集群网络演化过程及规律。研究数据一方面来自对企业及政府机构的调研访谈和问卷调查；另一方面选自福州市统计年鉴、港口年鉴、政府资料及企业内部报告等二手资料。

访谈采用半结构化问题。政府访谈对象主要是福州港口管理局、福州保税港区管理委员会、江阴经济开发区管理委员会相关负责人，内容包括集群发展阶段以及各阶段集群发展环境、规模、所属部门与集群企业的联系状况。企业访谈对象采用提名诠释法确定，由政府部门负责人与集群核心企业推荐，涉及新港码头公司、马士基集团等 11 家跨国公司和鸿运、胜狮、顺捷等 10 家规模较大的国内物流企业。访谈内容包括企业在集群中的发展历程、企业与集群成员间的联系状况及其演变。根据访谈中相关人员对江阴港发展历程的分析，以集群发展环境及集群成员的重大变革为时间分界标志，将江阴港物流产业集群的发展过程划分为三个阶段，分别是集群产生阶段（2000—2004 年）、集群扩张阶段（2005—2009 年）、集群发展阶段（2010 年至今），并初步构建集群各成员的网络关系矩阵。

问卷调查采用分层抽样、滚雪球相结合的方法，根据企业类型划分层次，选择福州江阴港区、福州保税物流园区以及铁路物流园区的 96 家物流企业、32 家货代中介企业、11 家政府机构以及与港区存在业务往来的 20 家物流需求企业作为问卷发放对象。问卷内容涉及集群成员进入集群的时间，在集群中的经济、社会、知识等各类联系对象及关系嵌入程度。经济、社会、知识关系的划分参考吉敏等[21]的研究成果，分别以“您与谁存在业务联系”“您与谁存在亲属或朋友关系”“您从哪些企业或机构获取知识与信息或存在技术合作”代表经济关系、社会关系和知识关系。关系嵌入程度问项参考古拉第（Ranjay Gulati）等、[22]任胜钢等[23]的量表，选取联系频率、联系时间、关系依赖程度三个问项。最后，计算关系嵌入程度各问项的平均得分，将之作为集群各类网络的关系强度。[24]由于问卷时间跨度较长，以 2000 年、2004 年、2009 年、2014 年作为代表年份。共发放问卷 159 份，回收有效问卷 150 份，其中物流企业 96 家，货代中介企业 29 家，物流需求企业 16 家，政府机构 9 家。调查时间为 2014 年 10 月至 2015 年 1 月。

四、江阴港物流产业集群网络演化分析

1. 集群演化历程分析

（1）集群萌芽阶段（1990—1999 年）：小企业零散分布。

20 世纪 90 年代，福清市先后建设了融侨经济技术开发区、元洪投资区、龙田工业区等一批国家级或省级开发区。依托侨胞资源与政策优势，福清市引进印度尼西亚、新加坡、马来西亚、韩国等地的跨国公司，如融侨集团、印尼林氏财团、金峰集团等，逐渐形成了电子、塑胶、玻璃、食品、机械、化工等支柱产业，为物流产业发展奠定了基础。1994 年之后，福清海关、检验检疫、海事、边检等单位相继成立。该阶段仅有一些小型物流企业零星分布于融侨经济技术开发区、元洪投资区等工业园区周边并与物流需求企业保持业务和社会联系，物流企业之间没有知识方面的联系。

（2）集群产生阶段（2000—2004 年）：跨国公司形成集群的极核，物流企业开始集聚。

2000 年年底，新加坡港务集团、福州港务局合资建设的江阴 5 万吨级集装箱码头建设项目正式动工，标志着江阴港口建设与发展的开始。2004 年，江阴港作为一类口岸正式对外开放，马士基、地中海航运等跨国公司受当地招商引资优惠政策及物流需求的吸引入驻港区。该阶段，集群业务联系建立在一定的社会联系基础之上，跨国公司与本地物流企业之间建立合作关系多经熟人介绍。集群的知识联系相对较少，孤立点较多，主要在跨国公司与新港码头、中介代理之间产生，本地中小物流企业通常向规模较大的物流企业咨询业务知识或行业信息。得益于新港码头的开放运营与跨国公司的入驻，集群的“中心地”或“增长极”开始形成，并迅速吸引了一批港口物流相关企业，包括仓储、运输型物流企业和中介代理企业。

（3）集群扩张阶段（2005—2009 年）：跨国公司与集群联系加强，集群网络扩张。

新港码头开放运营后，进入集群的企业数量逐年增加，类型也日益多样化，集群网络规模和密度快速增长。除物流企业外，煤炭、能源等物流需求企业也开始进入集群网络。集群的跨国物流公司新增了美国总统航运、商船三井、天敬海运等跨国航运企业和美国伯灵顿货运物流公司。跨国公司与政府部门的联系减少，但与集群企业的联系加强，重点构建社会关系和经济关系，两种关系互相促进。跨国公司在集群中结网的具体形式为，伴随业务往来，企业负责人与员工之间通过实地拜访等形式建立起社会关系，并在此基础上进一步拓展或巩固企业之间的经济关系。该阶段，集群的知识网络仍然存在孤立点并开始呈现出分化的两部分结构，主要表现为物流需求企业与中介代理企业的知识联系以及跨国物流企业与本土物流企业的知识联系。

（4）集群发展阶段（2010 年至今）：集群网络结构趋于稳定。

2009 年之后，受国际金融危机和国内经济发展模式向扩大内需转变影响，江阴港区也采取相应措施加大内贸业务比重，拓展港区业务类型，创新物流服务。该阶段，集群企业数量和类型进一步增加，但增幅和增速已经小于集群扩张阶段，网络结构趋于稳定，同时社会关系对码头作业运营的影响开始弱化。出于业务拓展与提高作业效率的需要，跨国公司逐步加强了对作业流程的管控，针对合作的物流企业制定量化的绩效考核指标，减少作业过程中的不规范现象。此外，跨国公司与政府部门的联系也进一步弱化。集群的核心企业新港码头公司通过定期组织员工到沿海先进港口参观学习，参加行业相关学习、论坛和年会活动，以及与福州大学合作在港区设立物流实践教学基地等构建集群的知识联系。本地物流企业向跨国物流企业咨询业务知识的频率也高于扩张阶段。知识网络结构分化程度比扩展阶段更高，知识关系分布于物流需求企业与中介代理、本地物流企业与跨国物流企业之间的态势进一步增强。

2. 集群网络结构分析

将集群演化各阶段经济、社会、知识网络的节点及其联系情况输入 Ucinet 软件，形成关系矩阵，并计算各阶段经济、社会、知识网络的规模、密度、中心势、平均距离等结构指标。计算结果（见表 1）。

根据表 1，集群的节点规模是变化较为显著的指标，2004 年比 2000 年增长 200%，2009 年比 2004 年增长 87%，2010 年之后集群规模增幅逐渐降低，整体规模趋于稳定。在各种类型的节点中，第三方物流企业数量增长幅度最大（2014 年比 2004 年增加了 70 家），其进入集群的主要形式是受江阴港物流需求量的吸引而在港区设立驻点（占新增企业数量的 68%），21% 的物流企业随着福建省港口货源的整合而由其他港区下移至江阴港区，少部分是集群原有物流企业分化出的新创企业。除规模外，集群各阶段各类网络的结构特征变化不大，没有呈现出明显的阶段性。2004 年跨国公司进入并形成集群“集聚内核”后，集群的密度、中心势、平均距离等指标经过急剧变化保持在了一个较为稳定的状态。

从各种类型网络的结构指标看，2004 年后集群经济网络的密度均大于 0.4，平均距离均小于 2，表明集群中任意两个节点间经济联系较为紧密。经济网络的度数中心势、中介中心势显示其具有显著的集聚态势，网络中的权力、资源等高度集中于部分节点并受其控制，结合密度、平均距离、中心势等指标可以发现，集群经济网络呈现出高度集聚的小世界网络特征：社会网络与经济网络重合度高。集群产生阶段，大部分业务关系伴随社会关系而产生；集群扩张阶段，节点拓展、变更业务关系时，受原有社会关系的影响或干扰较大。除少数市级行政单位外，社会网络中基本没有孤立点，各阶段集群各类成员都保持着较为密集的社会交往，知识网络的节点与经济、社会网络基本重合，仅2009年后增加了福州大学物流研究院这一节点。集群向外拓展知识网络边界的力度较弱，尚未形成开放的集群知识网络。各阶段，知识网络中始终存在一定数量的孤立节点，且密度远远小于同期的经济和社会网络，平均距离也高于同期的经济和社会网络，说明集群内知识的流动性和可达性较低。由节点中心度可知，其核心部分的成员主要是跨国公司、中介代理和政府机构。集群进入扩张阶段后，知识传播路径以产业链条为主，两极分化态势更加明显。从联系内容看，主要集中于业务和行业知识咨询，没有技术与服务创新方面的交流，集群进入发展阶段后的几项创新服务都依托新港码头公司的推进而得以进行。总体来看，集群进行知识联系的节点数量较少，强度不足，联系内容单一，知识网络尚处于发展的初级阶段。

表1　　各阶段集群网络结构特征

网络类型	年份	网络结构特征				平均距离
		规模	密度	度数中心势（%）	中介中心势（%）	
经济	2000	21	0.2381	6.89	21.95	3.374
	2004	63	0.5755	59.63	33.94	1.820
	2009	118	0.5037	58.26	24.73	1.856
	2014	165	0.4658	58.19	23.00	1.863
社会	2000	21	0.2024	6.00	21.26	3.703
	2004	63	0.3746	35.07	16.02	1.829
	2009	118	0.3276	28.15	11.94	1.952
	2014	165	0.2768	27.66	11.31	1.963
知识	2004	63	0.0842	23.81	39.19	3.118
	2009	119	0.0838	23.74	35.24	3.132
	2014	166	0.0828	22.14	32.30	3.172

资料来源：根据问卷调查和Ucinet软件计算而得。

3. 跨国公司嵌入及其作用

（1）跨国公司关系嵌入及其作用。

根据各阶段集群成员间经济、社会、知识网络嵌入程度的调查问卷，将关系嵌入程度各问项平均得分处于4到5的联系界定为强关系，得分处于1到3的联系界定为弱关系。港口运营初期，跨国公司需要借助一定的人际关系通过引荐等形式接触当地企业，政府机构、中介代理企业起到了沟通跨国公司与本地企业的作用。因此，在经济和社会网络中，该阶段跨国公司强关系的对象是政府机构和中介代理企业（在与这两类组织的关系中强关系占68%），与当地物流企业、物流需求企业的联系均为弱关系；在知识网络中，强关系仅仅分布在跨国公司之间。集群进入扩张阶段后，跨国公司与政府机构联系的紧密程度开始降低，强关系比重下降。在经济和社会网络中，跨国公司强关系的对象主要是中介代理企业（在所有强关系中的占比为61%），同时与当地物流企业的联系有所加强，体现为联系对象与联系程度的增加，但跨国公司在知识网络中的嵌入情况没有变化。集群进入发展阶段后，受国内经济内需驱动，跨国公司嵌入情况又发生了相应的变化，主要体现为在经济、社会网络中加强了与本地物流需求企业和本地物流企业的联系（与两类企业的强关系在跨国公司所有强关系中的占比为42%，比扩张阶段增加了5%）。

跨国公司在集群产业链上的位置不同，对集群网络结构的影响也存在差异。随着集群发展阶段的演进，集群中的跨国公司逐渐分化为核心型和一般参与型两类。新港码头公司作为码头运营方，是港口物流产业集群的核心平台型企业，在集群发展过程中相对积极地与各类成员展开各种联系。根据2014年集群各类网络中的关系嵌入程度，在新港码头公司与其他跨国物流企业的各类联系中，强关系所占的比例达到39%；在与本地企业的各类联系中，强关系所占的比例达到16%。新港码头公司在集群中的强关系主要分布于经济和社会网络，联系对象涵盖集群的各类组织；在知识网络中与本地企业的联系较少，但存在增加趋势并主动拓展了集群的知识联系对象。新港码头公司在与集群成员建立关系的同时，还通过完善作业流程、提高绩效指标来促使合作的本地物流相关企业提高服务水平，并通过示范和竞争效应带动集群其他成员模仿，因此由之主导的“建立关系—示范竞争—模仿推广”过程决定了集群网络结构的演化。马士基、达飞航运等一般参与型跨国物流企业由于自身实力雄厚，加之集群物流需求量与周边枢纽大港存在很大差距，并未把江阴港区作为关键的布局节点，在集群中的嵌入程度相对较弱，强关系在其与新港码头公司的各类联系中所占的比例仅为10%，在其与本地企业的各类联系中所占的比例仅为3%，分布于经济和社会网络，主要对象是中介代理企业和物流需求企业。

（2）跨国公司结构嵌入及其作用。

如表1所示，2004年跨国企业入驻后，集群经济及社会网络规模、密度和度数中心势较2000年有了大幅提升并维持在较高水平，在集群成员类型方面也新增了中介代理企业和物流研究院等科研机构。这表明，跨国公司入驻后，江阴港物流产业集群逐渐发展成了密集、完备、连通性较强的网络。总体来看，跨国公司在集群中发挥着“集聚内核”的作用。

从节点的中心度和结构洞看，核心型与参与型跨国物流企业在集群各类网络中的地位和作用也存在较大差别。每个阶段，每类网络，新港码头公司的程度中心度、节点中心度、结构洞丰富程度均为集群最高且大幅超过其他节点，表明其占据了集群绝大部分的资源、人脉和信息，并控制着集群资源的流动。新港码头公司作为集群的核心节点，在集群发展过程中起到了吸引周边关联企业集聚、沟通产业链各类企业、增加集群各类联系并拓展集群边界的作用，它不仅是集群的“集聚内核”，还充当着资源和信息的“守门人”，是集群网络结构演进的主要影响者。

马士基等参与型跨国物流企业以设立分支机构的形式进入集群，并随着集群的发展逐渐由核心网络向边缘转移。集群产生阶段，在经济和社会网络中，参与型跨国物流企业的中心度和结构洞丰富程度均超过了集群网络的平均水平，位于集群核心网络。进入扩张阶段后，这些跨国公司结构嵌入的各指标尽管有所提高但已经基本与集群网络平均水平持平。随着本地企业的发展，参与型跨国物流企业在集群经济和社会网络中的地位和话语权进一步削弱。在知识网络中，参与型跨国公司对集群知识、信息的传播总体上是被动、消极的，极少主动与集群其他成员进行知识联系。在集群发展阶段，其中心度和结构洞丰富指数始终低于网络平均水平，表明参与型跨国物流企业在知识网络中处于相对边缘的位置。

五、研究结论与启示

本文以跨国公司嵌入的物流产业集群为研究对象，采用社会网络研究方法，结合对集群成员的访谈和问卷调查，考察跨国公司嵌入及其对物流产业集群网络结构的影响，得到以下结论。

第一，跨国公司嵌入的物流产业集群网络结构伴随着跨国公司的进入而突变式演进，具有明显的外生性。集群形成的动因是跨国公司进入，形成“集聚内核”并吸引港口物流相关企业迅速集聚，网络规模扩大的主要原因是外部港口资源整合带来的不断增长的物流需求量。

第二，跨国公司嵌入的物流产业集群经济与社会网络重合度较高，知识网络尚处于发展的初级阶段。经济与社会网络集聚程度相对较高，成员间强关系较多，网络中的权力、资源等集中于集群核心型跨国公司和部分中介代理企业并受其控制。知识网络中的联系比较松散且内容单一，联系对象呈现出两极分化态势。

第三，集群产业链中核心型和参与型跨国公司嵌入集群的过程及其对集群网络结构的影响存在差异。在集群经济与社会网络发展过程中，跨国公司主要的联系对象经历了政府机构和中介代理企业—中介代理企业—本地物流企业和物流需求企业的演变。在知识网络中，跨国公司仍然倾向于与跨国公司联系。集群核心型跨国公司在集群发展过程中起到了吸引周边关联企业、增加集群成员间各类联系、引入新成员、拓展集群边界的作用，是集群的“集聚内核”以及资源和信息的“守门人”。参与型跨国公司受自身实力雄厚及集群物流需求量相对较小等影响，在集群中嵌入程度较低并随着集群的发展逐渐由核心向边缘转移，对集群知识、信息的传播较为被动、消极，极少主动与集群其他成员进行知识联系。

对我们的政策启示，一是在我国进一步放开服务业外商投资的政策背景下，吸引跨国公司进入的基础是培育本地物流需求，配合政策措施重点吸引跨国公司作为核心型企业参与物流产业集群培育，增强跨国公司嵌入本地的动力；二是在跨国公司进入初期，政府部门的角色应定位为“中间人”，通过搭建推介平台等促进本地企业与跨国公司合作，同时加快发展中介代理企业，通过完善产业链来提高跨国公司嵌入集群的程度，而本地企业则可通过社会网络与跨国公司建立业务联系；三是随着集群的发展与演进，政府机构应调整定位，通过制定政策引导核心型跨国公司带动参与型跨国公司构建集群知识联系，加快本地企业孵化，鼓励集群企业进行技术和服务创新，并引进科研机构，拓展集群知识联系的对象和内容，通过知识网络推动跨国公司从经济、社会嵌入向知识嵌入转变，实现集群可持续发展。

参考文献：

[1] 任胜钢，林哲．集群内跨国公司的当地结网与中小企业的国际化［J］．国际贸易问题，2006（8）：105－110.

[2] 秦政强，赵顺龙．全球价值链下东莞家具产业集群治理结构演变［J］．现代管理科学，2010（2）：76－78.

[3] 陈景辉，王玉荣．跨国公司嵌入与我国开发区产业集聚的实证研究［J］．国际贸易问题，2009（4）：100－107.

[4] 盖骁敏．产业集聚形成过程中的 FDI 溢出效应分析［J］．东岳论丛，2010，31（9）：95－98.

[5] 王雷．集群区域跨国公司子公司知识外溢影响因素的实证研究［J］．科研管理，2012，33（10）：90－96.

[6] 张方华，左田园．FDI 集群化背景下本土企业的网络嵌入与创新绩效研究［J］．研究与发展管理，2013，25（5）：70－80.

[7] 范群林，邵云飞，唐小我，等．创新网络结构嵌入性与群内企业创新能力关系研究——以四川德阳装备制造业集群为例［J］．研究与发展管理，2011，23（6）：35－44.

[8] 张彦博，郭亚军，韩颖．跨国公司的群居机制与落后地区的引资政策［J］．数量经济技术经济研究，2007（2）：115－123.

[9] 艾少伟，苗长虹．异质性“通道”与跨国公司地方化结网——以苏州工业园为例［J］．地理研究，2011，30（8）：1483－1498.

[10] 李斌，陈长彬．区域物流产业集群形成和发展的动力机制分析［J］．商业经济与管理，2010（7）：18－24.

[11] 李靖，张永安．复杂网络理论在物流网络研究中的应用［J］．中国流通经济，2011（5）：38－42，112.

[12] 许秀玲．高技术产业集群升级的企业网络演化形态研究——以杭州软件产业集群为例［J］．科技进步与对策，2013（6）：59－64.

[13] [21] 吉敏，胡汉辉，陈金丹．内生型产业集群升级的网络演化形态研究——基于启东天汾电动工具产业集群的分析［J］．科学学研究，2011，29（6）：861－867.

[14] 朱海燕，魏江．集群网络结构演化分析——基于知识密集型服务机构嵌入的视角［J］．中国工业经济，2009（10）：58－66.

[15] KELLEY D J，PETERS L，CONNOR G C. Intra－organizational Networking For Innovation－based Corporate Entrepreneurship［J］. Journal of Business Venturing，2009，24（3）：221－235.

[16] 吕国庆，曾刚，顾娜娜．基于地理邻近与社会邻近的创新网络动态演化分析——以我国装备制造业为例［J］．中国软科学，2014（5）：97－106.

[17] 郑准，王炳福，程志宇．知识守门者行为与产业集群升级——基于“微观异质”与“行为导向”的理论视角［J］．科学学研究，2014，32（4）：578－584.

[18] 胡平，李聪，陆燕萍．成都市软件产业集群企业网络演化机制研究［J］．科研管理，2011，32（10）：118－126.

[19] 郑健壮．产业集群理论综述及其发展路径研究［J］．中国流通经济，2006（2）：25－28.

[20] 史安娜，南岚．港口物流产业集群共生性分析［J］．商业经济与管理，2010（2）：5－11.

[22] RANJAY GULATI，MAXIM SYTCH. Dependence Asymmetry and Joint Dependence in Interorganizational Relationships：Effects of Embeddedness on a Manufacturer’s Performance in Procurement Relationships［J］. Administrative Science Quarterly，2007，52（1）：32－69.

[23] 任胜钢，吴娟，王龙伟．网络嵌入与企业创新绩效研究——网络能力的调节效应检验［J］．研究与发展管理，2011，23（3）：16－24.

[24] 魏江，郑小勇．关系嵌入强度对企业技术创新绩效的影响机制研究——基于组织学习能力的中介性调节效应分析［J］．浙江大学学报（人文社会科学版），2010，40（6）：168－180.

原载于《中国流通经济》2015 年第 8 期

“一带一路”经济区现代物流体系构建*

王娟娟**

（兰州财经大学经济学院，甘肃　兰州 730020）

摘　要：“一带一路”倡议是“五位一体”发展理念的具体诠释，所涉及区域的经济发展水平相近，处于同一经济域面高度，能够在同一个经济区框架下发展经济，并正在与京津冀协同区、长江经济带一起向中国经济“新三极”的方向发展。受制于有限的自我发展能力，“一带一路”经济区难以自协同于发达地区的经济域面高度，需要引入新介质缩小经济势差，打造现代物流体系是占优选择。立足“一带一路”经济区的产品特质和经济现状，应当以因物而流的物流本义为原则发展现代物流体系，着重提升当前产品物流效率，疏通产业转移结果收敛于预期效果的渠道。在这一发展目标约束下，“一带一路”经济区现代物流体系必然是政府和市场合力作用的结果，其以政府参与和物流设施为软硬基础，培育具有显著“一带一路”特色的物流能力，通过物流服务提升高度。在现代经济模式下实现这一构想，需要云计算扩展“一带一路”经济区现代物流体系的容量、消除传统物流瓶颈，需要大数据整合信息增值物流，需要各经济体强化互联互通共同打造物联网，从根本上夯实经济区物流效率提升的基础。基于已有基础和市场化需要，电子商务是落实“一带一路”经济区现代物流体系的流通渠道，物流业与制造业协同共进是以供给侧改革理念发展完善这一体系的生产渠道。

关键词：“一带一路”经济区；现代物流体系；物流能力；大数据；物联网

一、引言

“丝绸之路经济带”和“21世纪海上丝绸之路”源于丝绸之路文化的牵引和串联，是中国经济新常态时期优化宏观空间经济结构的重大战略，良好地展示了“五位一体”的战略理念，简称“一带一路”倡议，涉及欧、亚、非的60多个国家和地区，在中国境内重点涉及18个省市区，但任何推进经济区形成和发展的战略能够辐射的行政区域不会完全与国家划定的地理范畴重合，存在动态变化的可能性，因此，以“一带一路”经济区的视角审视战略发展效应较为客观。由于诸多经济要素的制约，目前，“一带一路”经济区的经济域面与其他发达地区相比存在较大的经济势差，自协同于发达地区经济域面高度的可能性极低，[1]引导新介质参与“一带一路”经济区的发展极为必要。高新才[1]主张丝绸之路经济带应着力发展通道经济。董千里[2]主张构建“一带一路”跨境物流网络，以此推进产业联动发展。王娟娟[3-4]在解读新常态的基础上，认为顺应新常态要求的电子商务转型是“一带一

* 国家社科基金项目“青藏高原区生态补偿成本计量及分摊研究”（12XJY006）；兰州市科技局规划项目“丝绸之路经济带兰州新区功能定位研究”。

** 王娟娟（1981—），女，甘肃省兰州市人，兰州财经大学教授，硕士生导师，经济学博士，主要研究方向为区域经济学、生态经济学、电子商务、物流管理、供应链管理。

路”经济区新的经济增长点，且主张京津冀协同区、长江经济带和“一带一路”积极开拓互联互通领域，通过强化经济联系，可以内生收敛于协调均衡稳态的中国经济“新三极”。立足“一带一路”经济区经济效率低的实际，综合已有研究成果，本研究认为，充分摸底“一带一路”经济区产业、产品特点，以物流为着力点，通过构建现代物流体系能够为区域经济发展注入新动力。

二、解读现代物流

伴随国际分工精细化，物流的重要性日益提高，直接关系到产品价值的实现程度、成本、效率等，尤其在电子商务迅猛发展的当下，物流效率成为学术界和实践界关注的焦点，普遍认为完善基础设施、强化管理创新等是有效措施。然而，实践证明，要实现物流效率的可持续提升，必须突破传统物流理念的制约，以匹配为原则树立物流新理念，专业化、宽泛化发展物流，即现代物流。

（一）现代物流回归物流本义：因物而流

供给者和需求者的空间距离是物流产生的基础。初期，因常规消费半径小，需要远距离流通的商品少，故物流能够依据“物”的特性选择差异性的“流”的方式，之后，因专业分工、规模扩大等因素作用，物流行业形成，但是发展重点开始倾向于物流方式、设备等的标准化，一定程度上将物流演化为“流物”。[5]在实体经济独大时期，以“流物”本质开展流通业务对经济系统的制约尚不足以阻滞发展，但在网络经济规模陡增时期，这一短板则严重阻碍供求互信体系等的构建，且连锁效应使诸多经济社会领域受到负面影响，因此，现代物流必须回归物流本义，即因物而流。现代物流应当以物为核心，物流方式、物流路线等均围绕一定状态的物展开。[5]因物而流最大限度地确保送达时物的品质，要达到这一目标，专业化物流是基础。在现代物流内涵中，“物”居于首位，围绕特定状态的“物”，因地制宜地专业化、标准化各种“流”的内容，是传统物流向现代物流演进的方向。

（二）现代物流的外延宽泛化：由产品到产业

生产效率的提升催生了交易，也开启了物流。起初，物流对象仅为产品，跨区域需求规模的扩大使物流效率成为关注焦点。随着专业分工的深化，一个产业的各环节多依据资源禀赋差异分布于不同区位，衔接供应链各环节逐渐成为物流对象之一。这种情形下，虽然物流不影响产品使用价值的形成，但供应链的长度、协调度、技术含量等直接影响产品使用价值的存在性和市场价值的高低，因此，供应链一体化进入实践层面，物流增值成为关注焦点。如果将产业发展的周期性纳入研究范畴，在一个地区，产业发展至一定阶段就显现出强烈的外溢性，产业转移成为必然。目前，产业转移结果与预期的偏离内在地诉求物流对象扩展至产业，通过专业化手段使产业转移结果收敛于预期效果。可见，经济发展的广化和深化是现代物流体系的外延由单一产品向产业扩展的重大动因。

三、“一带一路”经济区现代物流体系的构件分析

物流是区域产业发展的纽带，而资源禀赋差异是区域异质的根基，能够发挥资源优势的产业是区域经济发展的基石，能够满足这些产业和产品需要的物流系统是区域经济收益可持续获得的保障。“一带一路”经济区的经济发展水平较低，但资源丰裕度高，以附加值较低的农产品、矿产品等为主，为此，因物而流的现代物流体系必须以“一带一路”经济区的产品、产业特点为核心而构建，在质和量两个层面优化物流供给，以提升供给能力为目标践行现代物流。

（一）物流设施是“一带一路”经济区现代物流体系的基石

随着科学技术的日新月异，物流设施种类日趋繁多，各类设施的功能品质越来越专业化、高端化。将不断更新的基础设施纳入物流设施体系成为各区域健全和完善物流基础设施的目标。但基础设施建设的基本动因是服务于经济发展，因此，在“一带一路”经济区，物流设施的布局和建设应该与不同阶段的经济社会发展现状相匹配。目前，“一带一路”经济区的经济发展水平普遍较低，主导产业规

模小、优势产品附加值低、区域通达性有限等约束强劲，降低成本与提高通达度应成为筛选物流设施的基本原则。

1. 加大道路建设力度

“一带一路”在我国境内重点涉及的18个省市区的道路建设较为滞后、通达性差，严重削弱了区域经济向心力，考虑到经济区的经济能力，加强铁路和公路建设是短期有效延伸产品产业发展半径的占优选择。在实践中，以欧亚大陆桥为基础，沿线国家和地区以对接中欧集装箱班列为导向建设铁路，提高境内外铁路通达水平。当前，着力搞好中巴、中哈、中蒙、中塔阿伊、中吉乌、中老泰、中越和中尼印等泛亚铁路运输对接，夯实已经开展的经济合作的硬件基础，使中欧之间各铁路干线与支线成为辐射半径更大的国际通道。在公路建设中，各地区应将提高通达度和对接铁路路网纳入交通基础设施建设规划，这对“一带”的国家和地区尤为重要，在中国境内，应着力推进入疆、进藏公路路网建设，在中亚地区，吉尔吉斯斯坦、乌兹别克斯坦、土库曼斯坦等国应加大公路建设力度和公路铁路对接水平，健全和完善参与丝绸之路经济带经济合作的基本硬件，强化中老泰、中越和中尼印的跨国公路对接，推进“一路”的路网系统建设。[6]

2. 科学规范港口建设

在“一带一路”经济区的经济发展中，海洋经济模式举足轻重，是“一路”的主导发展方式，是“一带”向东扩展经济影响的载体，而港口是海洋经济模式的重要构件。由于“一带”与“一路”的资源禀赋和区位条件差异较大，所以，对港口的建设规划取决于将“一带一路”经济区视为一个经济区还是两个经济区而定。若为前者，港口建设要同时满足“一路”及周边地区的发展需要和低成本为“一带”区域提供水运方案的需要，港口选址必须充分考虑“一带”区域的路网系统；若为后者，港口建设必须以海洋经济模式的发展需求为主导，依据沿海地区的产业发展和产品需求状况，进行港口建设选址。需要强调的是，因为经济区产品附加值普遍较低、替代性强、市场需求规模有限，因此，物流设施品质和建设选址必须充分考虑成本，对需求有限的产品所在地应适当降低设施密度和品质。

（二）物流能力是“一带一路”经济区现代物流体系的内核

本研究将物流能力锁定为有效承运物流对象的能力。在“一带一路”经济区，物流能力的强弱与经济合作涉及的“物”密切相关，从“物”的属性看，包括产品和产业两个层面，从“物”的主体看，涉及物流通道上所有国家和地区可交易的“物”。

1. 低成本、专业化是物流对象为产品的物流能力体现

就产品而言，在中国境内，大宗货物、原材料、矿产品、农产品等是可交易的优势产品，低成本、高效、快捷等是物流系统应具备的基本能力。在欧洲，食品和农产品等优势显著，保证产品品质稳定是物流系统必须考虑的基本能力要素。在中亚、西亚、北非地区，资源能源类产品优势显著，成本控制是物流发展中必须考虑的因素。可见，专业化是经济区培育物流能力的基本要求。以生鲜农产品为例，为保障物流结果与预期一致，首先，要确保一定状态的农产品品质符合相关标准，若用于出口，则需兼顾国内标准和ISO系列认证要求；若用于本国消费，则应严格以国内标准审核。其次，应合理布局与规模较为匹配的气调库、冷气库，延长生鲜农产品的保鲜期。最后，应以快捷为标准选择冷链物流方案，最大化保障产品质量。[5]

2. 畅通供应链各环节是物流对象为产业的能力体现

就产业而言，专业化分工使任一产业的诸多环节分布于不同地区，且不同产业之间更需要紧密合作，产品的有效形成和产业的可持续发展均有赖于高效的物流系统推进供应链一体化。“一带一路”经济区是介于亚太经济圈和欧洲经济圈之间的落后地区，在产业梯度转移规律的作用下，经济区承接其他地区的产业转移，产业部分环节落户经济区成为必然，为达到以承接产业转移为介质发展区域经济的目的，必须优化软硬件环境，打造现代物流体系。可见，包容性、专业化、高效性、低成本等是衡量经济区物流能力的基本指标。

（三）物流服务决定着“一带一路”经济区现代物流体系的高度

在现代经济中，物流服务不仅体现为与物流设施的匹配性，更表现为服务理念、标准等软约束维度，决定着一国或地区物流质量可达到的高度。“一带一路”经济区是丝绸之路的全球化，跨国、跨地区经济合作是“一带一路”经济区经济发展的重要内容之一，因此，“一带一路”经济区的物流服务需要在服务理念、服务标准、服务实践等方面完善升级。

1. 转变服务理念

由于经济区的主导产品以农产品、大宗产品等为主，所以，应当将服务理念由运输服务转变为物流服务，将货物适应运输方式、运输手段的做法让位于运输系统适应产品特点的方式，回归物流的本义。对不同产品进行不同物流手段的选择，对同一产品送达不同地区要依据区域各种条件差异设计适宜的物流方案，尤其是不同运输工具的高效对接；对不同性状的同一种产品，依据客户要求进行以确保产品质量为原则的物流方案设计。[5]此外，应当充分利用现代技术手段增强物流服务的透明度，在个性化消费日益繁盛的当下，这也是提升客户满意度的重要手段。

2. 服务标准国际化

“一带一路”经济区已覆盖60多个国家和地区，在动态开放的理念指引下，这一范围存在扩大的趋势，国际化色彩浓重，因此经济区的物流服务标准必须参照国际通行标准，针对涉及宗教信仰的产品，还需参考宗教委员会标准，如伊斯兰清真食品认证等。在硬件方面，应专业化推进物流设施建设，从源头提高“物与流”的匹配性；在软件方面，要培养专业化的物流人才。需要特别说明的是，这里所说的专业物流人才是以产品分类的，如农产品专业物流人才等，实质上，这对物流人才提出了更高的要求，即不仅精通产品的所有特质，而且掌握完备的物流知识，是供应链一体化的人才基础，也是“一带一路”经济区制定并且提供国际标准物流服务的保障。

3. 物流枢纽科学化

依据胡佛[7]的物流成本论，在消费地与生产地之间没有直达路线时，就需要建设枢纽。目前，尽管许多商品的消费地与生产地之间存在直达路线，但由于商品的消费地与生产地多元化、生产分工精细化，物流枢纽的建设成为现代物流体系的必选项。科学合理的物流枢纽能够降低成本，高效率推进产品、产业流通，而这取决于枢纽选址的科学性、建设规模的合理性、设施布局的适应性等。立足“一带一路”经济区的经济现状、贯穿东中西的空间格局和低附加值的产品结构等，在每个地区按照经济吞吐量和产品种类筛选竞争力强、辐射面广的空间节点作为物流枢纽，建设多个能够衔接国际海、陆、空物流方式的集聚点，构建陆路经济与海洋经济的纽带，以规模效应降低产品流通、产业转移进程中的成本。

（四）政府参与是“一带一路”经济区现代物流体系准确定位的保障

“一带一路”经济区构建现代物流体系是区域经济发展的内在要求，着力物流设施、物流能力和物流服务子系统建设是市场经济机制运行的结果，但是这一工程的顺畅推进需要政府参与，明确市场与政府在经济系统中的定位是市场经济体制日趋完善的重要表现。

1. 加大政策扶持力度

方向性明确的政策能够有效推动经济发展，趋近帕累托最优。以国际化理念为指引建设现代物流体系应当成为“一带一路”经济区“十三五”的发展重点，在明确发展导向的情况下，一方面，将发展激励机制提升至政策保障高度；另一方面，针对薄弱环节，制定匹配政策。

2. 强化金融引导作用

随着经济结构的调整和优化，金融在实体经济和网络经济领域日益重要，互联网金融与金融互联网在经济系统中的此消彼长就是有力佐证。“一带一路”经济区存在强劲的资金约束，这要求金融手段必须以更为灵活高效的方式配置资本。在“一带一路”经济区，较之金融支持和金融抑制，金融引导更为重要。在政策导向明确的前提下，金融以利益手段引导“一带一路”经济区以满足市场需求为原则进行物流设施、物流能力、服务质量等的优化，对顺应金融引导方向的建设主体给予金融支持，否则启动金融抑制。

3. 提升政府治理能力

新常态时期，在经济层面，政府治理能力应聚焦于对发展形势的把握，明确潜在竞争力的部门、行业和领域的方向。“一带一路”是中国新时期基于国际化视野制定的发展战略，在经济区的互联互通方面，政府作用举足轻重。客观审视中国与“一带一路”沿线国家和地区的经济往来，为相关主体明确既能满足当前需求又能深化经济联系的现代物流体系发展定位，不仅是对政府治理能力的考验，也是经济区物流系统高效优质可持续发展的关键。

四、推进“一带一路”经济区现代物流体系建设的介质分析

在时空维度，信息技术使传统商务业态与网络经济业态并存于现代经济体系，这必然要求与其匹配的软硬件系统同步完善。现代物流体系是“一带一路”经济区现代经济体系的重要构件，将新型介质融入其发展进程是占优选择。

（一）云计算能够消除物流对“一带一路”经济区发展的瓶颈制约

云计算是一种现代信息技术，依据对网络信息的访问量核算成本，能够为客户提供便捷、精确的信息服务。由于规模因素的介入能够在保障品质提升的前提下降低构建成本，因此，伴随着信息化进程加快，云计算全面融入现代经济系统。在融入进程中，交易关系实现价值的直接性使云计算高权重融入商务平台，短期内，突破时空约束的交易关系极大地增加了消费者剩余和生产者剩余，但是最终交易质量还需以产品的实际交割为准绳来衡量，这对连接发货与收货的物流环节提出较高要求。

在实践中，云计算有效地扩展了商务发展平台，丰富了消费选择，但云在物流环节的缺失已经使物流成为电子商务系统的短板，有限的物流选择已经对无限的消费选择形成垄断。这样市场经济机制运行较好的发达地区依托大型物流枢纽能够给予同类型消费者更大的消费者剩余，如包邮、当日送达等，欠发达地区则因物流短板需要支付邮费，甚至再附加邮费，物流期较长，而这是“一带一路”经济区普遍面临的问题，“一带”地区尤甚，使诸多特色优势产品和资源难以获得合理的市场价值回报。因此，将云计算纳入网络营销平台的同时，“一带一路”经济区应积极将其融入现代物流体系。通过云技术整合能够为经济区经济运行提供服务的物流运营商，将物流路线、物流设施等高度整合，为一定性状的产品按顾客要求提供多种可选择的物流方案，激发物流商之间合理有序的市场竞争。[5]

（二）大数据能够增值“一带一路”经济区的现代物流体系

精细化、专业化分工要求供应链各环节必须高精度、高效率对接，这有赖于海量信息数据的支撑，但是传统数据库软件难以在各个环节设定的时间范围内提供供应链所需要的信息数据，继而大数据出现。借助云平台，海量数据聚集为大数据技术应用提供了现实可能性，通过对数据的专业化捕获、存储、整理、分析，为经济系统奠定精确指引基础，故大数据的重大意义不在于集聚海量数据，而在于增值数据。在“一带一路”经济区现代物流体系的构建中，大数据有助于快速梳理物流路线、物流设施、物流手段等选择频次，在短期，依据客户要求消除物流薄弱环节，明确现代物流体系发展方向。在中期，通过整合时间序列数据，筛选出经济区具有潜在国际竞争力的产品和市场，有助于产品所在地确定主导产业，各地区制订差别化市场开拓方案，以及合理选址境内仓、建议境外仓，还有助于加速通关一体化进程。在长期，基于经济区物流信息数据形成的现代物流体系具有极强的地域性，围绕区域特色产品和主导产业形成物流系统特色，这是“一带一路”经济区市场竞争力可持续提升的重要支撑。

（三）顶层设计互联互通能够保障跨境物流顺畅开展

“一带一路”经济区经济发展水平相近，马太效应显著，制约经济增长的因素具有相似性，因此，各经济主体应充分互联互通，搭建跨区域的产业价

值链。物流是“一带一路”经济区经济发展中的短板，而经济增长速度和发展水平相近的经济区经济结构相似性和互补性特征显著，打造分工明确、内在联系紧密的现代物流体系必然有助于推进区内外的经济联系。

在实践中，首先，疏通信息交流平台。经济区各经济体应积极搭建信息交流平台，在共享经济发展成果的同时，共同探索突破制约供应链一体化进程的瓶颈，将物流发展现状展示于信息平台，为各经济体建立物流发展联系提供依据。其次，建立物流发展论坛机制。通过论坛平台，经济区物流建设相关主体能够定期交流发展理念、建设构想，有利于以宏观视角把握每一经济体的主导产业发展动向、物流与经济匹配度等。以经济区经济现状为交流核心的常规论坛机制能够为“一带一路”区域构建符合发展需求的现代物流体系提供信息。最后，物流建设系统化。在相似的相对优势和劣势支撑下，经济区具有以宏观视角建立现代物流体系的可能性。可见，顶层设计的科学化是经济区现代物流体系的保障，这需要各经济体互联互通发展规划。

（四）物联网能够提升现代物流体系运行效率

“物联网”一词最早由麻省理工学院自动识别中心提出，逐渐在多领域推广，2005 年，国际电信联盟将其界定为“Internet of Things”。[8]初期，物联网仅着力扮演物与物之间的纽带，之后，扩展至人的范畴，以实现人与物、物与物虚拟空间与物理空间的有机结合。立足跨境幅度大的“一带一路”经济区，物联网是践行现代物流体系的硬件。由于经济区内的主导产业和优势产品具有极强的区域特质，专业化成为物联网顺畅运行的基本要求。

在实践中，通过高效融合信息技术、通信技术、网络技术等，首先，实现物流信息的数字化、可视化，即使同一类目下的商品也能进行表征差异性状态商品的数字化，提升信息识别的精准性。其次，针对客户的物流结果期望，整合信息资源，设计可选择的物流方案。在人与物的关系中，待客户确定物流方案后，启动物流活动，通过全球卫星定位系统（GPS）、地理信息系统（GIS）可以准确定位商品位置，通过无线射频识别（RFID）、红外线、扫描等技术将商品的即时状况反馈于终端，系统自动调整物流方案，这些信息均同步告知客户，并且在得到许可的情况下进一步推进运行方案。最后，商品在预期时间以预期状态送达客户。这有利于经济区特色农产品拓展市场。在物与物的关系中，智能化、专业化、集成化、快捷化的物联网有助于供应链各环节的高效对接，尤其有利于资源的有效配置，决定着供应链一体化进程，对提高经济区大宗货物、矿产品的市场价值十分关键。

在经济区搭建物联网需要关注内外环境的优化。一方面，完成经济区内主导产业和优势产品的数字化工程、升级信息传输渠道等构件；另一方面，同步健全完善路联网、车联网等设施及多网融合对接技术及时进行更新和维护。此外，在保证信息安全的前提下，将各产业的局域网络与各主体的泛在网络高效对接，使商业信息低成本高效传输。显然，这是经济区自身能力无法企及的水平，需要各级政府大力投入人力、物力、财力等，唯有如此，“一带一路”经济区的现代物流体系才具有现实性。

五、“一带一路”经济区发展完善现代物流体系的路径探索

在结构性减速的新常态时期，培育新的经济增长点、激活经济系统内生动力成为中国区域经济发展的焦点。在“一带一路”经济区构建现代物流体系就是因地制宜弥补区域经济发展的短板，以此为媒介，消化区域内已经形成的过剩库存，这与国家当前倡导的供给侧结构性改革导向高度吻合。综合前文分析，“一带一路”经济区现代物流体系的每一组成部分均具有显著的区域经济特色，且需要现代信息技术充分介入，地域性的强劲约束使这一物流体系的发展路径必然具有特殊性。针对经济区主导产品特质和消费者个性化需求趋势，通过创新物流方式消除物流对经济区经济发展的制约，通过构建消费者反馈平台帮助制造业体系明确生产经营变革方向，可见，流通渠道和生产渠道是发展完善现代物流体系的有效路径，不仅有助于使现代物流体系成为供给侧时代“一带一路”经济区的经济增长点，还有助于激发经济区新型经济增长点的显现。

（一）电子商务是“一带一路”经济区发展现代物流体系的流通渠道

信息技术的不断革新使电子商务进入经济系统，加速现代经济体系的完善进程。在电子商务平台，以信任为基础，各经济主体获得了不受时空约束地增进收益的机会。客观剖析电子商务的出现，传统商务业态下，空间距离使销售半径对产业发展作用强劲，一定销售半径内难以实现经营目标的产品力争拓展市场空间的诉求是电子商务进入商务业态体系的直接动因，这与“一带一路”经济区产品产业发展现状高度契合。

通过电子商务，经济区的主导产业能够获得更大的市场空间，但这是以消除物流短板为前提的。电子商务能够加速经济区现代物流体系的建设，在短期内，应当有侧重地完善基础设施，缓解当下物流周期长、费用高、到货信息滞后、运输半径有限等问题，消除物流对产品已有市场的威胁。从长期来看，为保障企业竞争力的可持续提升，借助电子商务平台反馈客户的物流需求信息，物流运营商创新物流方式，开拓物流路线，打造多样的物流方案，力争满足对同一产品不同的到货需求，实现物流领域的有效供给。可以说，现代物流体系将是“一带一路”经济区主导产业成为优势产业的加速器。

（二）物流业与制造业协同共进是发展现代物流体系的生产渠道

“中国制造2025”战略是指引中国制造摆脱长期处于全球价值链低端的顶层设计，是应对国内经济处于结构性减速、部分产能过剩的解决方案。纵观世界经济趋势，供应链一体化态势显著不可逆，精细化分工与各环节无缝对接必须并存且相辅相成，对经济发展水平普遍滞后的“一带一路”经济区而言，这是机遇也是挑战。经济区的制造业价值链短，物流制约明显，传统路径下，距离供应链一体化较远，[9]但这种滞后的现状使各产业转变发展方式、构建产业价值链的交易费用较低，这是经济区低成本打造经济区特色的基础。现代物流体系集合了现代信息技术和高端服务平台，扩展了经济区主导产品的市场销售半径，这仅是即期发展目标。

新常态时期，经济区产业竞争力提升的源泉在于生产能力“质”的跃升，而现代物流体系能够充分发挥物流的介质作用，各种产品需求和物流需求信息均及时全面反馈于经济主体。面对个性化、多样化的市场需求，依据物流系统传输的信息，经济区的主导产业应积极培育应对不同消费市场和消费群体的需求侧，重点设计差异化的生产经营方案。例如，物流效率低下问题，可以通过完善设施、开拓路线、细化通关一体化条款等路径解决，可将此理解为满足宏观个性化需求。在供应链各环节发展能力提升的前提下，物流与制造业加强联系的内生需求增强。通过云、大数据等手段，同一消费群体中的差异化需求明显，类需求作用日渐强劲。对有限理性的消费者而言，尚不具备完全明晰远期需求导向的能力，各供应链应当根据已有信息对消费者远期需求进行科学预估并进行相应的发展策略调整，将消费者个性化、多样化的潜在类需求充分融入供应链，着力于同一种产品满足不同主体需求的系列产品生产，不同到货需求的物流方案设计，使产品最终达到引导微观个性化市场需求的目的。以有效供给满足多维类需求的发展方式在低成本高效打造“一带一路”经济区现代物流体系的同时，也能实现供应链一体化、消除过剩产能、对接有效需求，促进经济区经济效率质的飞跃。

参考文献：

[1] 高新才．丝绸之路经济带与通道经济发展［J］．中国流通经济，2014（4）：92－96.

[2] 董千里．基于“一带一路”跨境物流网络构建的产业联动发展——集成场理论的顶层设计思路［J］．中国流通经济，2015（10）：34－41.

[3] 王娟娟，秦炜．一带一路战略区电子商务新常态模式探索［J］．中国流通经济，2015（5）：46－54.

[4] 王娟娟．京津冀协同区、长江经济带和一带一路互联互通研究［J］．中国流通经济，2015（10）：64－70.

[5] 王娟娟，王瑞．基于农产品云物流完善食品安全体系［J］．西北民族大学学报（哲学社会科学版），2015（3）：91－98.

[6] 吕铁，吴福象，魏际刚，等．“中国制造2025”的六重玄机 改革传媒发行人、编辑总监王佳宁深度对话六位知名学者［J］．改革，2015（4）：5－25.

[7] 埃德加·M胡佛．区域经济学导论［M］．北

京：商务印书馆，1990.

［8］杨申燕，M 胡斌．物联网环境下物流服务创新的发展路径探析［J］．理论月刊，2014（6）：147－150.

［9］徐娜，齐欣．全球价值链中的最优生产组织决策模型研究［J］．经济问题，2015（1）：94－98.

原载于《中国流通经济》2016 年第 3 期

对我国物流业特征及创新发展的再思考

翁心刚*

（北京物资学院，北京市 101149）

摘　要：物流业是国民经济的基础产业，对其他产业的发展起着重要的支撑作用。当前，我国物流业已经进入转型升级和创新发展的新阶段，正在从量的增长转向质的提升，但物流理论研究却相对滞后，对物流业还存在一些模糊认识，在范围界定上也存在着随意性。有鉴于此，我们应从物流的原点出发，正确认识物流企业的物流服务与货主企业的物流服务，明晰现代物流、物流业等概念，厘清货主企业自建物流与企业物流外包的关系，以及第三方物流（3PL）业与物流业的关系，准确把握物流业的服务属性、系统属性、现代属性等本质特征，顺应复杂经济时代市场物流需求的变化，有针对性地创新物流服务，打造基于供应链一体化的物流系统，积极推动适应当代经济发展特点和要求的物流业创新发展。

关键词：物流业特征；现代物流业；第三方物流；物流业创新发展；物流业规模

物流业是国民经济的基础产业，对其他产业的发展起着重要的支撑作用。改革开放30多年来，我国物流业发展迅猛，道路、铁路、港口、货运枢纽、物流园区等物流基础设施建设走在了世界前列，物流服务市场规模持续扩大，物流技术水平、物流信息化程度、物流运作管理水平显著提升。

但是，相对于丰富的物流实践，我国物流理论研究相对滞后，对国外先进物流理论和物流发展经验大部分停留在简单理解和现象描述上；对物流业的认识在许多方面比较模糊，尤其是在物流业范围的界定上存在着随意性；对第三方物流（3PL）业及其与物流业的关系、物流企业的物流服务与货主企业的物流服务的区别等认识不够深入，导致我们难以准确把握物流业的本质特征，在与发达国家对接时往往出现口径或角度不一致的问题，在对物流业相关问题的判断上出现逻辑上的混乱。鉴于此，本文拟回归到物流原点，从理论研究的角度对上述问题进行更为深入的探讨，并在此基础上对新常态下物流业如何创新发展进行深入思考。

一、从两个视角看物流——货主企业的物流服务和物流企业的物流服务

我们现在使用的“物流”一词是20世纪80年代初从日本引进的，在对物流概念的认识上，受日本早期对物流理解的影响较大，加之汉语词汇的干扰，与日本早期曾出现过的现象一样，我们对Physical Distribution与Materials Flow，Physical Distribution与Logistics之间的关系还会出现模糊认识，因为它们翻译成中文，似乎都可以简称为“物流”。我国《物流术语》国家标准中对物流的定义也基本上参照了日本早期对物流概念的理解。

日本最初对物流概念给出解释的是物流业界人士，他们向货主企业销售运输、仓储等服务产品，

* 翁心刚（1961—），男，北京市人，北京物资学院副院长，教授，博士，硕士生导师，中国流通经济杂志社社长，中国物流学会副会长，主要研究方向为物流、供应链管理等。

主要是从物流服务提供方、专业方的角度看物流。因此，日本在20世纪70年代的物流定义实际上是基于物流业者的视角，从物流作业活动构成的侧面观察物流，将物流定义为包括包装、装卸、分拣、保管、运输（干线运输、支线或末端配送）以及流通加工和物流信息等一系列活动。

而美国物流协会一开始则是站在货主企业（制造企业或流通企业）的角度观察物流，将落脚点放在了管理上。20世纪50年代对应Physical Distribution，将物流定义为：（产成品）从生产阶段到消费阶段或利用阶段物资的移动和存储活动的管理。到了90年代，对应Logistics将物流定义为：为满足消费者需求而进行的对存货（原材料、半成品、产成品）从供应地到最终消费者的有效流动或存储的计划、实施与控制过程。

从货主企业的角度看物流，输出的服务不是具体的运输或仓储服务产品，而是作为从市场营销（Marketing）的客户服务中派生的物流服务，是面向（购买企业产品的）顾客的物流服务，是促进产品销售的战略型物流[1]，如配送频次、批量大小、与顾客交易前承诺的与物流相关的各种条件等。作为客户服务一部分的物流服务，也称为物流客户服务。企业物流系统是一个面向市场的商品供应保障系统，这个系统的输出就是物流客户服务，保证客户在需要的时间、需要的场所获得所需要的商品（3R），是物流客户服务的目标。“从企业物流角度来看，客户服务是一切物流活动或供应链过程的产物，因而，物流系统即确定了企业能够提供的客户服务水平，向客户销售所产生的收入和系统设计的相关成本则决定了企业能够实现的利润”。[2]特别是经济社会进入买方市场阶段，随着消费需求的多样化、个性化，客户对于商品供应保障在时间的及时性、品种的多样性、批量的灵活性等方面提出了更加苛刻的要求，作为直接体现商品供应保障程度的物流客户服务水平也就成为影响货主企业市场竞争力的一个重要因素。正因为如此，我们说企业的物流服务已成为企业竞争力的一部分。仅仅把产品做好，仅仅能销售出去还不行，如果物流跟不上，同样会影响客户的满足感和满意度，使客户体验下降，最终影响产品的顺畅销售。

相对于货主企业面向（购买企业产品的）顾客的物流服务，物流企业提供给货主企业的运输或仓储服务，则是作为物流企业生产的服务产品面貌出现的，运输服务实现商品的空间移动，仓储服务实现商品的存储，企业通过直接从市场购买服务或将物流业务外包给物流企业的方式，实现物流服务的使用。相对于物流企业提供给货主企业的物流服务产品，货主企业面向顾客的物流客户服务，更像是企业物流系统要达成的目标要求，对顾客作出的服务承诺。

物流企业和货主企业的关系是服务与被服务的关系，货主企业面向顾客的物流服务目标的实现，也有赖于物流企业为货主企业提供高质量的、稳定的物流服务。面对物流服务市场的激烈竞争，物流企业在经营过程中要找准货主企业的需求，根据货主企业的需求变化调整服务内容和服务方式，通过品牌、价格、促销、客户服务等手段和战略，提升自身服务产品的竞争力。

二、概念上的物流业与统计上的物流业两者之间的关系

（一）物流业范畴界定上存在的困惑

物流企业是以货主企业的物流需求为市场开展经营活动并获得收益的经营主体。《物流术语》（GB/T 18534—2006）中对物流企业的定义是：从事物流基本功能范围内的物流业务设计及系统运作，具有与自身业务相适应的信息管理系统，实行独立核算、独立承担民事责任的经济组织。

但是，在国民经济行业划分中，并没有物流行业。按照官方文件中的定型说法，“物流业是融合运输业、仓储业、货代业和信息业等的复合型服务产业”（《物流业调整和振兴规划》）。在这里，如何理解融合的含义，复合型的物流业与内部小行业之间是一种什么关系？值得我们进一步讨论。

物流的基本功能是完成商品实体空间的移动和存储，因而离不开运输业和仓储业，如果没有了运输业和仓储业，物流业也就是个空壳。但是，在现实中，有人把运输业和物流业看作是两个不同的行业，认为仅仅搞运输业务的企业不是物流企业，只有从事“运输＋仓储”业务的企业才叫物流企业。

例如：某大型航运企业在业务介绍中，海洋货运板块和物流板块是分列的；也有企业将商贸与储运结合后统称为物流，物流收入包含了贸易的收入；某省的物流业发展报告中还包含了煤炭和钢铁等大宗物资的交易状况，等等，诸如此类的现象说明，目前国内对物流业仍存在着基于不同经验背景和视角导向的多种认识。

此外，物流业作为与农业、工业等行业概念对应的一个行业，一个独立的产业部门，属于第三产业，是为了满足他人对物流服务的需求而开展的经营活动，物流业经营活动属于社会化物流，与之对应的是企业自营物流。物流活动与其他活动不同，贯穿于生产制造和商品流通企业的生产经营全过程，内嵌在采购、生产加工、产品销售的各个环节。在物流产业发展早期，甚至在我国计划经济时期，大部分物流活动由货主企业自己来承担，企业自己建库，自购车辆，自备人员从事仓储和运输活动，这种完全自建自营的现象现在已极为少见。现实中，有的企业出于保持物流竞争力的考虑也会采用部分自建自营的模式，特别是随着物流在商品流通中作用的增强，融入了物流服务要素的商物（商流与物流）一体化的流通模式越来越受到重视，在大宗商品制造企业销售领域、商贸流通企业经营领域，专业化物流运作的规模越来越大，在这种情况下，企业自营部分是否纳入物流业的统计范畴以及如何进行统计，也值得我们进一步探讨。

根据国家统计局和中国物流与采购联合会公布的全国物流运行情况通报的相关数据，我国2010年物流业收入5.02万亿元，占当年社会物流总费用的70.74%；2015年物流业收入达到7.6万亿元，占当年社会物流总费用10.8万亿元的70.30%（如果分母中去除企业存货资金占用成本的话，占比会更高），这是相当高的比例。日本2012年物流业收入24万亿日元，占当年社会物流总费用43.5万亿日元的比重为55.1%（日本国土交通省数据），远低于中国。如果这个比例就代表一个国家物流的社会化程度，那么，依据目前的统计数据，我国物流的社会化程度已经远超日本，这与我们通常所认为的“我国物流社会化程度还很低”的判断并不相符。

（二）货主企业自建物流与企业物流外包的关系

企业物流需求的满足，既可以采取自给服务的方式，也可以采取购买外部物流服务或业务外包给物流企业的方式。物流活动会产生费用，相应地，企业全部物流费用可以划分为自营物流费用和对外支付物流费用，而对外支付物流费用就成为物流企业的收入。在一定条件下，企业物流领域的降本增效，企业物流费用的节约就意味着物流业收入的减少。

在既往的讨论中，将货主自建或自营物流与企业物流外包看作是非此即彼的两种策略，而实际上，企业自建物流和物流外包也是分层次、分环节、分领域的，而且自建与外包往往相互结合，绝对完全的自建，如同我国计划经济时代的“小而全、大而全”的物流运营方式已经不复存在，彻底外包的情形也比较少，更多的则是介于完全自建自营与完全外包两者之间。概括来说，企业的物流运营方式有以下三种类型：一是企业自建自营物流系统，并掌握核心环节运作，同时将其他环节以合约的方式外包给物流企业，或在物流市场上购买物流企业的服务产品（包括租用物流设施），将社会化物流服务整合到企业的物流系统中来，物流企业在企业构筑的物流系统中提供仓储设施和运输方式。二是将某个领域（如实物分销领域）或某个环节（如运输环节）的物流管理和作业活动以合约方式外包给物流企业，利用物流企业的物流运作系统完成货主企业对客户的物流服务。三是将企业全部物流管理和作业活动以合约方式外包给物流企业，利用物流企业的物流系统承担货主企业的全部物流功能。承担企业物流外包的物流企业，除了第三方物流（3PL）提供商之外，还有一种以物流子公司形态存在的物流企业，其主要职能是为母公司提供全面的物流服务，同时也面向社会其他企业提供物流服务。企业采取什么样的物流运作模式，是自建自营+部分外包，还是系统性整体外包，取决于企业的物流战略定位和物流需求规模以及企业物流运作能力。

国内知名电商企业京东，不仅商品自营，物流也走自建自营路线，但这并不意味着京东的所有物流资源都要自己投资建设，也不是所有的物流环节都要亲力亲为。京东会利用铁路公司的运输能力完成远距离的干线运输，也会租用社会上的仓库设施用于物流中心运营，但为了提升和保持良好的客户体验（物流客户服务的结果），并以此作为企业的核心竞争力，扩大企业的品牌效应，提升客户的忠诚度，促进产品的销售，京东紧紧抓住末端的配送环节，将商品送达的及时性和可靠性、退换商品的便利性以及良好的配送态度作为重要的营销手段。

以平台运营起家的阿里巴巴，平台上的商家规模小而分散，经营决策者看到了物流对于平台销售的重要性，采取搭建社会化物流网络（菜鸟网络）的方式让商家获得良好的物流服务。虽然走的不是京东的自建自营模式，但通过对物流网络和服务的有效管理，也收到了同样的效果。

在一定的需求规模支撑下的企业自营物流，随着运营和管理能力的不断提高，有可能从企业内部的一个服务支撑部门独立为面向全社会提供物流服务的专业化物流企业，以物流子公司或全新的企业形象出现在物流行业，成为物流业的新成员。国外有许多知名的物流企业是这样发展而来的，我国已经出现了一些这样的物流企业，而且发展势头良好。

（三）第三方物流业与物流业的关系

第三方物流对应的英文是 Third - Party Logistics (3PL)，是美国在 20 世纪 80 年代中期开始推出的一个概念，我们目前使用的第三方物流概念就是 90 年代从美国引进的，日本亦如此。然而，至今我们对第三方物流概念仍有着不同的理解，以至于在谈论第三方物流时，我们所讲的和美国人所讲的是两回事。由于基本概念的内涵不同，加之我们在物流研究上的浮躁，一部分人一方面不假思索地引用美国的资料和数据来谈论第三方物流，另一方面又用我们对第三方物流的中国式理解，进行结合中国国情的延伸探讨，结果得出“我国物流的社会化程度还很低，第三方物流业规模小、散、乱，信息化程度低，有的企业还停留在手工作坊阶段”这样看似有道理，实则概念不清、逻辑混乱、口径错位的结论。这说明，我们对第三方物流的理解还停留在 GB/T 18354—2001《物流术语》（由供方与需方以外的物流企业提供物流服务的业务模式）的解释上，关注的是供方和需方之外的第三方，而并未将关注点放在物流企业与货主企业之间的关系及物流企业服务方式和内容的变化上。由于物流企业是为他人提供物流服务，一开始就是独立于供方和需方的所谓“第三方”，于是，全部的物流企业就都划归于第三方物流行列。

《物流术语》国家标准在 2006 年做了修订并取代了 2001 年版，笔者参与了其中基础术语部分的修订工作，对第三方物流重新给出的定义是：独立于供需双方，为客户提供专项或全面的物流系统设计或系统运营的物流服务模式。但是，2001 年版的定义似乎更深入人心，更容易让人们把注意力放在供方和需方之外的“第三方”。由于在一些官方场合，也是将第三方物流行业作为物流业同义语使用，加之一些出自大学或研究机构的各种层次的拼凑式论文和资料汇编中长期存在对第三方物流的误读，导致一些错误观点持续发酵，影响了我们对第三方物流的正确认识，也不利于我国第三方物流事业的发展。

美国阿姆斯特朗咨询公司（Armstrong & Associates, Inc.）从 1994 年起连续发布美国世界各地区及部分国家的第三方物流行业数据。根据其最新发布的 2015 年数据，全球第三方物流行业收入为 7210 亿美元，其中美国 1612 亿美元，占美国社会物流总费用的 10.9%；中国第三方物流行业收入规模达到 1638 亿美元（约合人民币 11000 亿元），约占社会物流总费用的 10%，相当于我国 2014 年物流业总收入的 14%。

从这一统计数据可以看出，第三方物流行业只是物流业的一部分。就如同商品零售业在小卖店、小商业街的基础上出现的大型超市、大型百货店以及网上商城、综合购物中心等新兴业态属于现代零售业一样，第三方物流行业也是隶属于物流业中的一个业态。从出现的年代及其运营中需要具备的知识和能力判断，第三方物流业应属于物流业中的先进分子，属于我们所关注和大力推进的现代物流业。第三方物流行业规模（收入）占物流业规模（收入）的比重，可以从一个侧面反映出物流业的现代化程度，而物流业收入占社会物流总费用（企业物流总费用、企业物流需求总规模）的比重则反映出物流的社会化程度和物流业的发达程度。

日本引进第三方物流概念后，在 1997 年 4 月颁布的《综合物流施策大纲》中，将其定义为："为货主企业提出物流改革方案，并一揽子承担企业物流业务的服务。"针对无资产型的第三方物流，日本学者给出的解释是：第一方为货主企业（包括供方和需方），第二方为运输和仓储服务企业，第三方物流企业则利用传统运输和仓储服务资源为货主企业提供一揽子物流服务。美国学者罗纳德（Ronald H. Ballou）在《企业物流管理——供应链的规划、组织和控制》一书中针对第三方物流指出："近几年，主要是运输业解除管制以来，出现一些物流公司提供全方位物流服务，它们以合同价格为客户提供所有的物流服务，这些公司被称为第三方物流服务供应商、一体化物流公司或合同物流公司。"[1]

由此可见，相对于传统物流业的悠久历史，第三方物流行业是20世纪80年代中后期，在美国解除运输管制之后企业开始推行业务外包以及企业物流需求高度化背景下出现的一种新型的物流服务业态。第三方物流的特征，从货主企业的角度看，与传统的物流业务外包不同，它是系统性外包、一揽子外包甚至是企业物流职能的外包；从物流企业的角度看，与传统物流服务只是将物流或仓储服务产品提供给货主企业不同，第三方物流业者将代替货主企业从事物流系统构筑、运营和管理，甚至代替货主企业向最终顾客（购买货主企业商品的顾客）提供售后服务、代收货款等延伸服务，并与货主企业建立起长期合作关系，为货主企业降低物流成本、提高顾客满意度作出贡献。为此，第三方物流业者要具备物流系统设计和优化能力、物流信息管理能力、物流资源整合能力及综合能力。

（四）物流业是新兴产业还是传统产业

在物流世界里存在着看似简单实则非常复杂的现象，这从物流相关词汇的多样性上可以窥见端倪。运输与物流、物流与供应链、采购与物流、商贸物流、交通物流、运输物流、物流配送、物流仓储、仓储物流、第三方物流、第四方物流、第五方物流等，各种各样的组合与叫法，猛然一听似乎明白，仔细琢磨就会感到有点茫然。

针对物流业还有一个说法，就是物流业属于新兴产业。如果物流业的确是新兴产业的话，那么新在哪里？是不是像互联网产业、电子商务产业那样，完全是伴随着信息化技术的进步而出现不久的产业？实际上，有了工业文明有了社会分工就有了运输业和仓储业，运输业和仓储业是一个历史悠久的产业，古代丝绸之路、京杭大运河就是物资的运输通道，那时就有专门从事运输和仓储活动的业者。新中国成立后，我们形成了有一定规模的以国有企业为主体的货运行业和仓储行业。虽然今天的物流业发生了种种变化，出现了许多新型业种和业态，但将物流业归于新兴行业恐怕有些不妥。

但是，联系到社会上的种种看法，包括官方似乎都将物流业看作新兴产业，给出了"融合+复合型"的特征定位，所以在人们的脑海中就给物流业勾勒出不同的画像，有些人认为物流业是高大上的事业，令人向往；有些人则认为物流业是脏乱累的行业，敬而远之；有些专家认为运输业仅仅从事货物运输因而不是物流业；而长期从事运输、仓储经营活动的业者认为物流业就是运输业和仓储业。之所以会有这样的分歧，究其源头，还是与我国物流概念引进的年代以及对物流概念的基本认识有直接关系。

Logistics 概念是20世纪80年代中后期在我国开始广泛使用的。20世纪80年代中后期至90年代也正是美国第三方物流起跑和发展的年代。由上面对第三方物流行业与物流行业之间关系的分析，我们不难得出这样的结论：当我们把物流业看作新兴产业的时候，是相对于传统运输和仓储物流业而言的，主要是第三方物流概念意识下的物流业。由于我们缺乏对物流业演变脉络的系统化、逻辑化梳理，加之"物流"本身是一个现代词汇，因而将物流业定位于新兴产业。这在持有传统观点的人们脑海中，一直存在种种困惑和纠结。前面提到的某大型航运企业将航运业务板块和物流业务板块分开，也许就是基于航运只是干线货运、属于运输业范畴，而物流业务应该像第三方物流业务那样，包括仓储、配送、订单处理、物流信息服务等直接深入到最终客户的物流服务这样一种认识。

如果我们的确是在真正理解第三方物流内涵的基础上，针对20世纪80年代兴起的第三方物流等新兴行业进行讨论的话，将其看作新兴产业也不为过，正是因为第三方物流行业的出现，让物流业又向前发展了一步。鉴于认识上的多样性以及由此带来的认识上的差异，笔者认为，首先应该从广义上把握物流业的概念，在广义物流业的基础上，再划分为现代物流业和传统物流业；而物流业根据所从事的服务内容和运作方式划分为不同的业种和业态，如果既包含了企业物流也包含了社会化物流的场合，则可以用“物流事业”或“物流领域”来概括。

总之，为了提供整体的物流服务功能，物流业内部也需要不同的业种和业态及其相互间的合作互补，物流业既要有组织者、整合者，也要有被整合者。就如同汽车制造业，不仅有主机厂或组装厂，还有大大小小的各类零部件厂商，与主机厂或组装厂共同构成汽车制造产业。物流业正是由不同的业种业态、传统类型和现代类型的物流企业构成的相互依存的产业整体。

三、物流业的性质与现代特征

（一）物流业的服务属性

物流业基本上属于生产性服务业，其基本运营单位是物流企业。物流企业为生产制造和商品流通等货主企业提供物流服务。货主企业的物流服务需求属于派生需求，例如，生产制造企业经营活动中的原材料采购、生产制造和产品销售需要包括实物运输、仓储、配送、库存管理等物流功能的支撑。物流功能活动既可以由企业自己来承担，也可以在市场上购买物流企业的服务，或以合约的方式委托给物流企业承担。物流企业是以货主企业的物流需求为市场开展经营活动并获取收益的经营主体，货主企业的物流特点和需求变化，直接影响到物流企业的服务内容和运营模式。物流服务属于无形产品，并不改变商品的使用功能，但可以增强商品的经济功能。

物流业提供服务的基础是服务资源，具备现代服务理念、懂管理、会经营的高层次人才是物流企业创新发展的第一资源。物流业的服务对象是货主企业，作为物流经营者不仅要通晓本行业范围内的业务，还要精通对象企业及所在行业的产品、技术、市场等方面的特点和发展趋势，只有这样才能够为客户提供更加贴切的物流服务，才能够在传统物流服务的基础上，为客户提供更为全面的、更加精细化的物流服务，在为客户提供高水平物流服务的过程中获得良好的经济效益。

物流业的服务属性，还决定了物流企业在经营实践中，在基础服务之上可以尝试服务范围的延伸，提供更多的增值服务。特别是有实力的物流企业，可以在商品流通领域通过提供代理采购、代理报关、贸易融资、库存管理、面向末端的客户服务等方式，进一步密切与客户的关系，打造更加具有竞争力的供应链物流服务链。

（二）物流业的系统属性

如果物流业仅仅是运输业、仓储业和货代业等行业的集合词，类似一个行业类别的概念，那只是提供了称呼上的便利，其实质并未发生什么变化。现实中，由于运输是物流的核心功能，也就将运输活动同物流活动画了等号，说起物流业想到的却是运输业，运输量指标也常作为代理指标表示物流规模，运输物流或物流运输的叫法也很难区分清楚。

实际上，物流概念一经提出，便具有追求系统化的经营管理理念，因此，与物流概念相对应的物流业概念也就内含了系统性属性。当物流业作为一个整体时，物流业不是物流行业内部运输业、仓储业以及货运代理业等的简单集合，其系统属性体现在物流业内部各种运输手段之间、各种行业和业态之间形成的相互联系、相互支撑、协调运作和发展的产业生态，在促进社会物流合理化方面发挥重要作用。物流业不仅要具备硬件条件和提供基本服务的能力，而且要具备站在货主企业的立场上，以物流专家的角色对物流功能进行效率化组合和运营的运作管理能力，只有这样，才意味着作为系统化物流概念下的物流业的真正形成。[3]

（三）物流业的现代属性

对应现代物流概念的出现和发展，作为物流服务供给侧的物流业也具有了现代特质。“现代”一词本身是一个相对概念，也会随着时代的发展赋予其新的含义。我们对当今物流业现代属性的认知，要充分意识到物流业作为生产性和生活性服务业对先进生产制造业和现代流通业的重要支撑作用，对企业国际化经营的重要支撑作用，对广大居民不断增长的服务性需求的重要支撑作用。作为具有现代属性的物流业，以贯穿于商品流通过程中的合理化物流活动为对象，通过向客户提供合理化的综合物流服务而发挥作用。

物流业的现代属性还体现在，区别于运输时代或前物流时代只能提供单一运输服务或单一仓储服务，而且运营方式简单、缺乏信息化支撑的传统运输业和仓储业，现代物流业在运营中广泛使用先进的信息技术，依靠管理信息系统和互联网平台以及自动化、智能化的物流作业技术和手段，提供高效率的物流及相关信息服务，使各种运输资源在现代物流运营系统或平台上得到有效整合。现代物流业的发展与一批新型业种业态的出现是分不开的，如第三方物流服务提供商、道路货运无车承运人和多式联运代理人、物流市场资源整合平台，包裹快递服务商、电商配送服务商等新的业种业态就是现代物流业的主体。一部分传统物流企业也通过信息化改造和服务升级转变成为具备现代物流服务能力的现代物流企业，传统的物流服务资源在整合到现代物流运营平台之后，也可以作为现代物流业的有机组成部分而发挥更高水平的专业作用。

四、我国物流业进入转型升级和创新发展的新阶段

从物流国际比较的视角看，我们今天所处的环境和状态，在某种程度上类似于日本20世纪70年代中后期以及1990年以后的状况。日本经济在20世纪70年代中期结束了高速增长，滑向低速增长的轨道。与此同时，以居民消费升级、电子和加工组装产业兴起为标志，经济社会进入相对成熟阶段。也正是在这个时期，物流业从量的增长进入质的发展的新阶段，“重、厚、长、大”货物被“轻、薄、短、小”货物所取代，卡车运输取代火车运输成为主要的运输手段，货主企业和物流企业都提出了物流变革的口号，以客户服务提升为导向的物流革新不断涌现，物流服务向精细化发展，电子数据交换（EDI）等电子信息系统开始运用，传统的保管型仓库向物流中心、配送中心等流通型仓库转型，现代物流业取得实质性发展。

进入20世纪90年代，在规制缓和以及企业经营国际化的世界大背景下，日本进入物流改革的新阶段。为应对劳动力不足、环境污染等问题，提出了改善劳动环境、放宽市场准入、推广公铁多式联运等战略举措，以增强物流业的活力，提高物流效率，更好地适应经济社会发展对物流改革的要求。此外，在放松市场管制的同时，加强对运输的社会性管制，杜绝疲劳驾驶等不安全驾驶行为。作为法律支撑，日本政府1989年12月出台了具有划时代意义的新“物流二法”，即《货物汽车运输事业法》（貨物自動車運送事業法、かもつうんそうじぎょうほう）和《货物运输代理事业法》（貨物利用運送事業法、かもつりようううんそうじぎょうほう）。1997年4月，又颁布了《综合物流施策大纲》，以降低物流成本提升物流服务为宗旨，制定了物流业发展目标，并从放松市场准入、完善物流基础设施、物流系统升级、政府部门协调机制以及政策扶持等方面制定了一系列措施。

进入21世纪以来，为促进我国现代物流事业发展，国务院有关职能部门相继出台了若干政策，采取了许多措施，特别是2004年建立了全国现代物流工作协调机制，2009年出台了《物流业调整和振兴规划》，2014年制定了《物流业发展中长期规划(2014—2020年)》。2016年，在我国经济发展进入新常态的背景下，国家发展改革委、交通运输部、商务部等政府职能部门，围绕供给侧结构性改革的要求，以降本增效和实现物流业转型升级为目标，出台了专项计划和指导意见，交通运输部在部分企业开展道路无车承运人试点，物流业创新发展进入一个新的历史阶段。

物流是流通过程的一部分。在短缺经济和买方市场时代，商品的买卖交易活动即商流活动在流通中占主导地位，在很大程度上决定着流通的效率、时间和成本。但是，到了过剩经济和买方市场时代、信息化时代、电子商务时代，交易成本大幅下降，交易效率大幅提升。特别是在我国，物流的相对落后性与信息化的先进交易方式形成巨大反差，物流成为决定流通整体效率和费用的主要因素，成为流通中的主要矛盾，在流通中的地位显著提升。也正因为如此，物流问题被放大并引起全社会的高度重视，而伴随着电子商务兴起而迅猛发展的快递业更是吸引了全社会的目光。

日本物流学会副会长丹下博文教授在其2010年

所著的《企业经营国际化研究——从 marketing 走向 logistics 的时代》一书中针对营销（或商流）与物流关系的变化，这样写道：伴随着信息化的进展、运输手段的发达、生产能力的扩大以及经济的全球化，在21世纪急速持续发展的企业经营和市场全球化的背景下，从顾客满足、顾客关系、供应链管理的视角出发，也许要在营销中融入更多的物流要素。这意味着，20世纪的营销时代朝着21世纪将要到来的物流时代的结构转移。[4]

进入复杂经济时代，随着消费升级带来的商品种类的多样化和个性化，技术进步导致的商品更新换代速度的加快，交货期和快速反应就成为企业间竞争的重要因素。在这样的环境下，仅仅依靠单个企业物流系统一体化难以应对市场对时间和速度的要求，因而需要横跨上下游企业，在结成伙伴关系的基础上，通过信息共享有效控制从上游企业的原材料、零部件一直到下游企业的生产加工以及产成品分销等全产业链处于不同形态的存货有效流动，高效率地组织供应节点企业间以及生产到消费者之间的运输和保管活动，加快供应链物流的响应速度，缩短供货期，消除"牛鞭效应"，降低成本，实现供应链整体效益的最大化。这个时候的企业物流系统，就是基于供应链一体化的物流系统，也就是说，企业的物流系统走向了供应链管理的时代。企业物流系统和物流管理理念的变化，也会反映在对物流业服务的需求上。物流企业只有顺应货主企业物流需求的变化，有针对性地创新物流服务，才能保持健康发展。

我国经济发展已由30多年的持续高速发展转为中高速发展，进入新常态。如果说，"降低物流成本是企业的第三利润源"，在过去还只是停留在理论上和口头上，那么到了今天，当生产要素成本不断升高、靠规模扩充获取的利润空间逐步缩小的时候，降低物流成本才真正成为大多数企业追求利润的重要源泉，物流业也将随之从量的增长朝着质的提升方向转变。调整产业结构、转变经济发展方式、实施供给侧结构性改革、降本增效等一系列新常态下的战略举措，为物流业的转型升级和内涵式发展提出了新的要求，营造了新的空间。随着企业对物流服务质量和档次需求的不断提升，以及消费结构升级和电子商务等新型流通业态的兴起，物流服务业的支撑作用比以往任何时候都显得更为重要，大力推动适应当代经济发展特点和要求的物流业创新发展已成为供给侧结构性改革的一项重要内容。

参考文献：

［1］RONALD H BALLOU. 企业物流管理——供应链的规划、组织和控制［M］.2 版. 王晓东，胡瑞娟，等译. 北京：机械工业出版社，2006.

［2］武城正长，国领英雄. 现代物流——理论与实际［M］. 东京：晃洋书房，2005：103－105.

［3］市来清也. 物流经营论［M］.3 版. 东京：株式会社ぎょうせい，1983：320.

［4］丹下博文. 企业经营国际化研究——从 marketing 走向 logistics 的时代［M］. 东京：中央经济社，2010：86－287.

原载于《中国流通经济》2017年第3期

“一带一路”物流中心大数据体系的建设*

孙 彬[1] 王 东[2]**

(1. 新疆财经大学计算机科学与工程学院，新疆 乌鲁木齐 830011；
2. 新疆教育学院教育云重点实验室，新疆 乌鲁木齐 830033)

摘 要：“一带一路”沿线各地展现出物流业态纷繁而复杂的形势，“物流通”战略以产业中高端转化为宗旨，急需适用性良好的物流集散中心。面对物流业务的信息暴增、业态种类繁多、信息价值稀疏和需求碎片化等特征，应明确大数据体系建设的指导思想，归纳“一个核心、三类需求、三个平台和两大门户”的主要建设内容，设计“五个层次，三条总线”的建设框架，实现新丝路沿线物流业态的精准化责任追溯和碎片化价值聚集，助力产业中高端转化，提升产业灵活适用性，以达到维护物流数据主权、提升物流资源利用率和激励产业创新的目标。物流中心大数据体系架构可靠性和适用性良好，对物流通战略的促进作用明显，体现出大数据价值汇集的发展优势。

关键词：“一带一路”；物流中心；大数据；灵活对接；责任追溯

“一带一路”物流集散中心需要科学适用的支撑体系，以强化物流业务的运转实效。探究世界级物流集散中心的大数据体系架构，对于“中国梦”的战略、物流数据主权战略和中国优秀产品“走出去”战略，都具有十分重要的实践意义。

一、物流大数据特征与作用

“一带一路”倡议是促进沿线各国经济繁荣、区域合作、文明互鉴、造福世界各族人民的宏伟战略，是古丝绸之路文明的当代体现，是当代中华文明播撒四方、进一步推动改革开放、提高我国产业经济实力的重要举措[1]。围绕“一带一路”物流通（国之交在于品相连，品相连在于路相通）的宏伟目标，物流集散中心大数据体系建设是“一带一路”沿线各地加强沟通、扩大了解、深化经济合作的重要实践，是中国产业向中高端转化及动态良性发展的重要里程碑。“一带一路”工程横跨亚、欧、非大陆，各地物流业态各异，经济社会发展水平、物流资源条件和人文风俗千差万别，物流集散中心的建设任务十分艰巨[2]。在当今世界，对产业经济的引领能力及物流数据的主权能力，已经成为衡量国家主权和竞争力的重要标志之一，将决定着未来经济的强弱走势[3]。为了消除“一带一路”沿线的物流瓶颈、效能困惑和习性冲突等难题，必须开展大数据体系建设，保障快捷通畅的智慧物流大通道。

（一）物流大数据研究的现状

随着自媒体、大数据和物联网等新技术的快速发展，物流大数据的实践应用成果日渐丰硕，理论深度和广度不断扩大。当前，大数据的应用已由对信息因果关系的推理转变为对过程趋势的把握[4]。

* 教育部人文社会科学研究规划项目“新疆多元文化下主动引导策略研究”（14YJA860017）、“新疆新丝路核心区下物流中心的迁移模型研究”（16XJJAZH003）。

** 孙彬（1970—），女，黑龙江省牡丹江市人，新疆财经大学计算机科学与工程学院副教授，主要研究方向为技术经济与管理；王东（1966—），男，山东省青岛市人，新疆教育学院教育云重点实验室教授，主要研究方向为电子商务。

2011年，美国麦肯锡咨询机构发布《大数据：创新、竞争和生产力的下一个前沿》报告，对当代大数据的核心概念和核心目标进行了深刻阐述，激发了世界各地对大数据技术的新一轮探索高潮[5]。维克托在《大数据时代》中认为，大数据带来一场世界级的数字风暴，全面改变着人类的生活、工作和思维习惯，科学创造和人工智能达到了前所未有的高度，成为新发明和新创造的思维源泉；智慧演算成为大数据推动物流业务的技术利器，已经促使当前经济社会演变为智慧物流的世界[6]。2015年8月，在《促进大数据发展行动纲要》中，中国强调加快发展大数据产业，深化数字智慧在各行业中的创新作用。

1. 数据急剧膨胀与大数据范式转变

"一带一路"沿线各地、各民族的特色产品及物流业态种类繁多，物流业务匹配度低、数量巨大而价值率不高，急需大数据效能核算工具提高物流业务的灵活适用性。新丝路沿线分分秒秒都在海量地涌现着经济信息、产品视频和用户行为等数据，单一物流节点服务器每小时急剧新增的数据可达到TB（太字节）级规模，物流数据库时时有爆棚的危险[7]。当前众多类型的物流数据采集设备被使用，新介质识别技术被广泛开发，加速了海量物流数据的集聚过程。而自媒体网络的盛行，更进一步加剧了物流信息规模膨胀的速度，物流数据集以指数级的速度递增，增长速度已经远远超出了分布式堆叠处理器延展所增长的速度。依靠大量的分布式处理器集群，在规模和速度方面，可实现网络数据分析能力的直线扩展，但不能扭转大数据爆棚的危机局面[8]。从非关系型数据库（NoSQL）的角度看，传统数据库管理系统（DBMS）不能有效处理非结构化大数据，不能满足大数据环境下物流数据急剧增长的需要。针对网络数据暴增的局面，实践中已经有多种分布式架构被启用，例如MIUI框架和GAPPS架构等[9]。

"一带一路"各地物流数据集表现出业态异构、规模巨大、价值稀疏等多维属性，冗余、欺骗和虚假等现象时常发生，就规模十分巨大的物流业务数据集而言，传统"数据集全局遍历，寻求挑选最优结果"的处理方法，已经被实践证实是"NP完全"的结果。许多研究者认为，有效的大数据应用不是如何聚集越来越多的数据，而是如何将大数据集有效进行关系诊断，解决实践中的价值发现问题[10]。物流大数据体系必须在不同层次进行变革，包括建模、约简和优化等，以便应对随时可能出现的物流信息暴增问题。基于开放式编码的构建假设机理（扎根理论）[11]，能促进物流大数据分析范式的转变，增强物流业务分析的高效性和适用性。

2. 信息价值稀疏与隐性挖掘

物流业务数据集规模越来越大，单项信息的价值越来越稀疏，传统的数据计量方案容易获得假性的结果，价值真相越来越难以捕捉。大数据集体量越来越大，但大部分冗余无用，虚假结果和加工困难并存，只有解决了信息价值稀疏的难题，才能摆脱隐性知识屏障，实现真正的物流增值效应。当前，由于大数据价值稀疏，物流业务与客户需求越来越难以协调，需要改变传统方法，深入探究深藏于大数据隐性领域的数据真相。从大数据分析的发展轨迹看，更重要的大数据技术是解决"规模巨大"之外的价值稀疏问题[12]。

物流大数据规模巨大与价值稀疏，已经被物流业广泛重视，物流集散中心相应的理念应运而生。物流集散中心需要全方位、全类型、多目标地广泛采集物流业务相关大数据，从克服价值稀疏、畅通渠道、智慧演算和品牌影响力等多个维度，建立隐性价值挖掘机制，保障物流集散的高效适用性。如将物流客户的个体趋向、配送途径、仓储效能、多语种支持等数据聚合在一起，通过关联关系发现隐性价值。另外，物流业务的隐性价值挖掘和追溯问题，已经获得"一带一路"各地广泛一致的共识，具备了共同开发、共享使用的设施基础。

3. 碎片化梳理与智慧物流

由于移动支付、人工智能和自媒体微信圈等互联网构件的推波助澜，物流新业态、新思维海量涌现，表现出风格各异的碎片化趋势。各种物流业态、新思维交互碰撞，使原本主流的物流公司已经没有了优势和权威性。新业态纷繁登场亮相，物流价值增值逻辑越来越混乱。自媒体论坛成为产生物流新业态的重要途径，"小众渠道"也能获得一席空间。自媒体中的每一个信息圈，都包含着物流新契机，充满了价值碎片[13]。由此，建立大数据物流价值梳理和汇聚中心，及时挖掘客户需求、创新点和新业态契机，已经迫在眉睫。

“一带一路”客户市场下的物流知识碎片，能利用长尾理论来诠释其价值。如图1所示，小宗物流活动，其碎片价值总量（尾部价值）可以与主流物流业务的总量相当，甚至可以在广度上超过主流物流业务的总价值。在传统的物流模式中，由于信息采集成本较高，往往对小规模碎片物流的关注度低，小宗物流的价值汇聚意识也较薄弱。在大数据体系架构下，可以进行碎片价值集聚分析，将易被忽略的微小物流价值，都进行采集梳理和价值汇集，以便挖掘物流新业态和智慧物流的新途径。

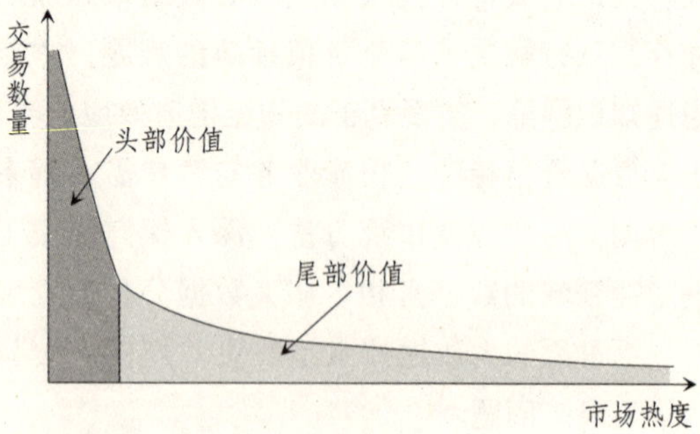

图1 “长尾”效应

智慧物流是构建物流集散中心的基础。通过大数据智慧分析，可以将各种散乱而冷门的客户意向进行索引和汇聚，服务于每个物流个体特殊的需求，维护物流业态的创新、繁荣和多样性。在当前自媒体网络条件下，客户趋向集聚是物流创新的突破口，依托客户情趣碎片开展业务，是智慧物流的一种体现形式[14]。客户与实体间的交互信息往往隐含着新价值的趋向。如果将这些冷门的碎片趋向忽略，就将造成物流新业态和产品延伸价值的巨大损失，就会失去产业中高端转移的契机。从“一带一路”物流集散中心建设的角度看，沿线每个物流业务都在接受着异域产业的习性冲击，机遇往往从少量碎片接触开始，当物流碎片价值总量达到一定程度时，“长尾”效应就会显现，就会激起异质的物流新业态。“一带一路”的物流大数据体系工程，是一个碎片价值梳理的过程。

4. 关联性分析

越来越多实践证实，大数据分析的侧重点不在于应对数据集的巨大容量特征，而在于分析关键数据之间的关系。大数据分析的作用就是把能反映关键关系的小部分数据独立出来[15]。经济社会中发生的多数经济业态，都要通过物流事件来实现其价值，物流效用价值是体现经济效能的关键关系。具有大数据特征的数据集难以从全局角度进行价值遍历，事实上只能对关键关系部分进行价值估计，并据此判断价值走向。

大数据关联性分析一般是从积累的历史智慧经验出发，来完成关键关系的剥离过程[16]。通过关键属性的约简，进行局部关系简化，再通过子覆盖和逻辑抽象过程，可实现关键价值的提取[17]。如将客户间的交互信息消除冗余，映射到一个低维度的趋向空间中，完成趋向价值描述。脱离关联性分析，一味盲目地挖掘数据间的直接因果关系，必然陷入NP的泥潭，并给实际物流业务带来重大资源浪费。

物流集散中心下大数据分析架构，依托规模缩小后的业务数据集，来探析物流新业态、价值创新点和产业（产品）的衍生效用，将使“物流通”工程的假设目标更高效而实用。“关联性”与“因果性”并不是对立的，关联关系包含着因果关系的范畴，关联性分析蕴含着更广阔的逻辑能力[18]。直觉的物流数据往往不能完全被信任，加之因果性判断思维不能应用于超大数据集，大数据关联性分析就显示出客观的应用优势。

5. 精准化追溯

精准化追溯是实施物流现代化管理的基础环节，包括精准化效能估计、业务灵活对接程度、物流资源利用率、业务责任认证和可信过程取证等。精准化追溯能建立物流集散中心的权威性，从物流业态的广度和深度关系上保障利益各方追求自身经济权益的积极性。精准化追溯也能防止诚信不足、产量过剩、资源迷失和信任缺失等乱象，助力于包容性合作发展模式[19]。根据物流业务的保障性需求，真实性认定环节甚至比新价值创建环节更重要。精准化业务追溯能杜绝不良习性的蔓延，维护正常经济秩序，及时辨识出最直接、最真实、最积极的价值，如验证交易真实性、支付真实性、质量可靠性、时间及时性与合作弹性等。由此可见，精准化追溯是“一带一路”高效流通的基础，是维系物流经济生态的核心能力，更是维系一个国家流通主权的根本保障。

面对物流业态的价值弹性与不确定性，构建大数据体系的精准化追溯模块存在着巨大的技术挑战。物流网络所表现出来的形形色色的业务流，目前尚无通用的关键关系归纳方法，只有一些局部成功的案例，如从庞大事实数据入手，进行关联性关系的逻辑推演，追溯到有关联性的事实关系（扎根理论），效果比较突出[20]。

总之，"一带一路"物流集散中心的大数据体系建设，能有效地将碎片化客户趋向集聚，捕捉到物流新业态契机；通过大数据关联性分析，保障数据分析的实效性，提升物流业务的灵活适用性；通过精确化追溯，能确认责任归属和信任关系，排除虚假性障碍；能助力物流经济的价值衍生、助力"一带一路"的包容性经济合作模式。

（二）网络社群滋生物流新业态

网络社群为"一带一路"沿线带来了物流新业态，属于相对稳定的闲散型关系，如微信圈、舆论圈和贴吧等。在当前网络社群中，由于用户量巨大，能产生比较大的消费群体和明确的物流倾向，形成独特的物流新业态。网络社群一般分两大类：一是个体用户圈，二是时尚话题圈。个体用户圈中"意见领袖"影响力较大，可以主导社群的消费趋向，成员间关系比较强，稀疏特征明显；时尚话题圈的时效性强，内容为王，大众关注度高，但存在时间短暂，碎片化特征显著。

预测物流新业态是物流行业关注的重要内容。网络社群能集中产生许多物流业务，其价值衍生途径常常被偏置于浅表，由于衍生性需求的培养力度不足，造成网络社群物流的价值理念发生集体性模糊。如在一个普通的贴吧论坛，一天就能启动上百件物流运单，这已经被业界关注。当前，网络社群的物流新业态处于盲目发展中，碎片化价值趋势尤为突出。如何利用碎片化的小众资源，扩大物流业务的数量和品种，常常因为估算工具不足，无法进行深度价值探究。面对成员趋向随意摇摆的自媒体社群圈，对物流业务价值的衡量和潜力探知，成为新时代物流中心在网络环境中进行竞争的博弈难题。

网络社群所造就的消费形态有较大可塑性，其"长尾"效应能引发市场动荡，需要建立高效引导机制，规范社群物流的适用性途径[21]。建立物流业务大数据体系架构，可精准化地追溯用户价值趋向，精细地划分出嗜好关系（粉丝）、促销关系、传送关系、学习关系和互惠关系等，理顺网络社群下的物流业态形势，满足网络虚拟场景下的经济价值衍生需要，实现物流与网络社群的高效融合。

（三）"一带一路"、物流中心与大数据三位一体

"一带一路"倡议涵盖了物流集散中心在社会各层面的战略方针，有着深刻的科学发展观内涵，加快了沿线各地物流集散中心的建设步伐。从人类文明的进步历程看，"一带一路"、大数据与物流集散中心是协调一致、不可分割的"三位一体"概念，主要表现在以下四个方面。

1. 人类文明总是基于新技术创新来实现大变迁格局的。"一带一路"下的物流中心战略是助力沿线各地文明进步的新动力，离开了"物流通"，"一带一路"就是虚无的幻想。物流集散中心的建设是国际认同的、推进社会文明进步的必由之途径[22]。通过大数据体系建设，"一带一路"倡议才能获得各地的认可，才能使各地的经济社会从"地域封闭，经济隔绝"步入"开放与联系"的先进经济生态圈之中。从物流客户的体验效果看，大数据体系能方便客户应对复杂纷繁的物流经济现象，实现碎片化价值集聚，培养客户群背后的巨大衍生价值，真正地创新物流业态，促进物流经济的大发展。

2. 物流业务结合大数据处理技术，才能实现科学指标监督下的"物流通"自信道路。道路自信是每个国家对自己文明的深刻反思，科学分析是建立自信的基础。从科学发展观的角度看，准确定位自己，才能把握发展契机。费孝通在《反思—对话—道路自信》一书中说，道路自信是一个艰巨的守业过程，守业过程比建业过程更艰巨，只有科学地认识自己，才能充分领悟到正确的发展道路[23]。纷繁复杂的物流新业态，扰乱了经济社会的秩序，只有大数据分析才能厘清乱象频发的物流经济现象，才能保障走上道路自信的征途，确保"一带一路"沿线各地各抒所长、凸显优势和共同进步，真正实现中华文明道路自信的伟大事业。

3. 大数据精准化追溯能够建立诚信机制，为每个物流实体提供适用的个性化诚信认证机制。罗

兰·罗伯森教授说，文明社会范式就是“坦诚交流”的实现过程。每个物流实体面对的信任资源都是不相同的，大数据以每个物流实体的可信历史数据为依据，建立专用的个体化诚信认证系统，为物流集散中心的业态可靠可信提供前提基础。在物流经济过程中，业务欺诈、信任疑虑、对接差错和资源冗余等均不可避免，为了消解这些负能量现象，关键环节就是建设一种能表征真实、高效和坦诚的大数据认证体系架构，来保障“物流通”的道德正向性，与人类文明的普世价值保持高度的一致性。

4. “一带一路”物流集散中心的大数据体系建设，能提升智慧物流的效能和品质。大数据分析整合出各地物流业态的超维数据集，掌握新价值链业态的动态趋势与价值衍生状况，助力创造能力的快速产生。大数据体系强调智能体验、自动适用、角色扮演和良好效用等智慧过程，能使“一带一路”各地民众获得比较舒心的业务接触方式，从“被动应付者”转变为“主动参与者”，使民众充满新奇地加入物流价值链中，依托智慧物流得以顺畅进步，实现包容性合作发展。

总之，中国所倡导的“一带一路”物流通战略，面临着信息爆棚的危险和严酷的对接性挑战，必须结合大数据体系建设来克服诸多实际困难。通过“一带一路”物流集散中心与大数据的“三位一体”架构，物流才能真正实现“道路自信”。“三位一体”架构能保护不同民族物流习性的多样性和传承性，能提炼出最真诚、最富于经济效能优化的文明共性，扬弃杂乱、颓废、迷茫、鲁莽和短视的一面，洗涤出真实、坦诚、自信、高效、创新和进取的另一面，为当今社会的精神文明进程塑造里程碑。

二、“一带一路”物流中心大数据体系的建设思路

物流集散中心大数据体系建设工程是“一带一路”倡议的重要环节，始于物流大数据的采集，并构建物流各种业态的运转支撑架构和系列指标评价。系列指标评价的目标是物流业务灵活适应性对接、物流业态的包容性发展和业务事件的精准追溯等，具体的数据估计算法涉及约简、属性覆盖、关联关系挖掘、碎片化集聚和精准化验算等。物流集散中心大数据体系对“一带一路”沿线各地物流新业态的支持程度将是建设成败的关键。

（一）总体思路

“一带一路”物流集散中心的大数据体系，必须广泛采集沿线各地物流业务相关信息，构建物流业务大数据集和价值测评指标集，实现对经济社会整体价值升值的服务支持。面对“一带一路”沿线各地物流业务及物流新业态发展的需要，设计适用性应用架构，展开对物流大数据集的稀疏价值约简、碎片化价值汇聚、精准化责任追溯、灵活性业务对接和关联性新业态挖掘等科学分析过程，打造开放包容、协调统一的物流业深度创新机制，最终形成高效、诚信和适用的物流集散中心。

（二）建设要点

物流集散中心大数据体系的内容繁多庞杂，梳理过程引用了扎根理论的“建构”方法。首先，对“一带一路”物流集散中心相关业务对象进行详细的访谈和客户需求调查，归纳成开放式编码，再启用大数据关联性关系类聚，确认主轴编码、选择编码等，最后建设内容抽象为“核心目标—需求导向—平台条件—行动方法”的模型框架，关联性主轴概念形成9个类属，归结为1332模式：一个核心、三类需求、三个平台和两大门户（见图2）。

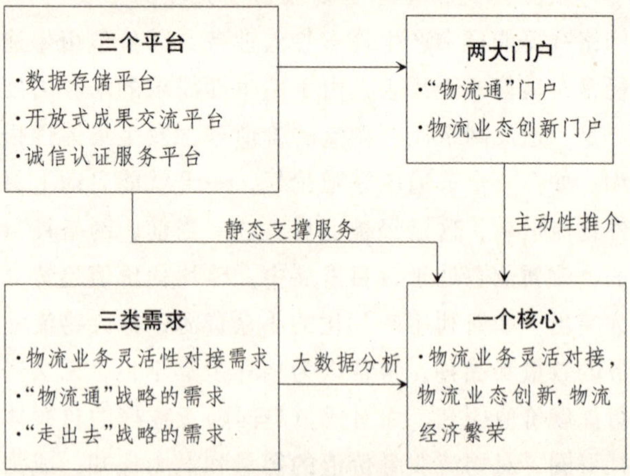

图2　大数据体系建设内容

1. 一个核心

物流集散中心的大数据体系围绕一个核心目标：促进“一带一路”各经济实体间物流业务的灵活对

接，支持物流业态的创新，促进各地物流经济繁荣。

2. 三类需求

“一带一路”物流集散中心的大数据体系，旨在将先进物流理念和服务带给当地社会，承接的三类需求是：①满足“一带一路”物流业务的灵活对接需求。面对“一带一路”沿线的各经济实体，积极承接物流业务的关联性分析任务，包括物流资源利用、包容性合作、技术增值和碎片化价值评估等业务流程，实现对“一带一路”相关的重大专题、重点行业、重点区域和重点对象进行深度的服务支持。②满足国际市场“物流通”战略的需求。开拓大数据精准化责任追溯机制，坚持诚信导向，确保高效和真实诚信的物流业务环境，消除各地民众的顾虑和担忧，拓宽物流增值大通道。③满足中国先进文化、先进产品“走出去”战略的需求。开展面向“一带一路”沿线各地的优秀产品配送服务，保障中国先进技术和先进产品及时引领“一带一路”沿线的经济发展潮流，实现物流经济的普世价值。

3. 三个平台

“一带一路”物流集散中心的大数据体系，需要汇聚沿线各地各界的力量，担负起各类物流资源的供给、储备、开放、整合与认证等职能，需要建设三大交互平台：①物流集散中心的数据存储平台。汇集“一带一路”沿线各地全方位物流业务的相关信息，为各地民众降低信息获取的复杂度，减少信息获取成本，提高信息成果交流体验。为此，数据存储平台应深度归集涉及“一带一路”的各种物流相关信息，如各地物流资源概况、客户习性、经济法规、新兴业态、支柱产业、贸易倾向、人文生态和舆情动向等，理顺各类信息源通道，构建“一带一路”物流集散中心智库资源。②开放式成果交流平台。打造优秀产品流通链路，汇聚不同文化的品牌特色，汇集科技成果、理念创意和新业态，促进各地物流系统的包容性合作发展。③诚信认证服务平台。依据每个物流实体单元的切身实际，结合个体经历和习性，单独聚集其可信资源，为该个体单元量身打造可信资源体系，定制简单易行的个性化可信任资源索引。在诚信认证服务平台上，为每个物流个体定制可信物流业态标识，再将可信物流资源向全世界推介。实体资源的个性化独立认证，能结合当前“一带一路”的实际场景，为普通物流个体客户打造适用的诚信流通环境，预防恶意诈骗、滥竽充数和投机取巧等行为。

4. 两大门户

门户是物流中心大数据体系面对终端客户的权威性知识推送界面，承担着主动传播物流新思维的职能。“一带一路”物流集散中心的两大门户是：①“物流通”门户。依托大数据平台，主动宣传各地物流经济优势，实现消费取向共鸣、互相谅解和加深友谊的目标。“物流通”门户曝光各种负能量经营行为，积极推进诚信和高效的物流经济，包括业务高效对接、先进技术推广、实时政策发布、价值评估和责任查询等基本职能。②物流业态创新门户。依托大数据平台，汇集“一带一路”沿线各地物流业态的优秀成果，倡导积极正向的物流新业态，主动完成向全体用户推介的过程。面向“一带一路”各种物流用户，激发其科技成果转化，构建物流业态的全方位服务机制。如明晰各地优秀物流资源层次和未来发展潜力，明晰物流业态的先进性、科学性和适用性，引领大众践行“物流价值增值”的具体实践。

三、“一带一路”物流集散中心的大数据体系架构

为切实落实“一带一路”物流集散中心大数据体系的建设目标，聚焦“核心目标—需求导向—实施条件—行动方法”模型，物流集散中心的大数据体系建设方案采取“五个层次，三条总线”的基本架构。其中，“五个层次”是指基础层、数据层、关联层、应用层、移动层，自下而上逐层支持（见图3）；“三条总线”是指大数据调度总线、诚信追溯总线和高效仲裁总线。“五个层次，三条总线”的架构为物流集散中心大数据体系提供了适用性强的设施保障。

（一）五个层次

1. 基础层。构建物流大数据实施云服务的基础设施，包括网络服务器、分布式存储、分布式文件系统和搜索引擎系统等。“一带一路”沿线地域分散，路途遥远，需要规划布局基础设施的合理位置。为提高资源利用率，可以实施逻辑上集中的虚拟资

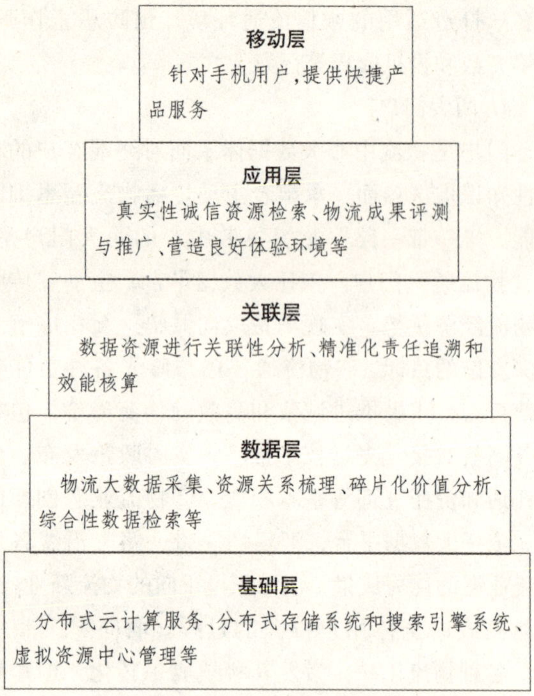

图3 “一带一路”物流中心大数据层次构造

源中心[24]。基础层应兼容各地已经成熟的云平台和云服务资源，增设若干“一带一路”沿线物流业务的直接交换子云（核心区），实现对物流集散中心的大数据分布式架构支撑。

2. 数据层。实现大数据采集、资源关系梳理和增值价值核算等职能，涉及海量物流大数据汇集与约简、关联性分析和碎片化价值分析等量化计算，全面完成各类物流业态的数据检索、查询、提取和认证等综合性检索任务。数据层构建必须依靠“一带一路”沿线各地实体的积极参与，遵照“资源共建，统一规划，按约履行”的原则，灵活规约各地物流业态协作形式，最终发挥物流资源的大数据智慧调度职能。

3. 关联层。从物流新业态发展与支持的角度，充分展开智慧物流的开发进程。将已有的数据资源进行关联性分析、精准化责任追溯和效能核算等，为物流业务的创新活动提供全方位数据支持。关联层以数据量化为基本出发点，设计各类效能量化指标，包括物流业务的灵活适应度、物流资源的利用率、物流客户的满意度、物流业务的价值衍生度和物流业务的价值长效性等，形成适用性指标体系，实现物流业务的智慧开发战略。

4. 应用层。形成“一带一路”物流集散中心大数据体系的价值体现场景，面对各地物流实体参与者展开真实性诚信资源检索、物流成果评测与推广、改良物流业务体验、物流业态优化和虚拟现实等功能，对不同层次的物流业务参与实体区别提供灵活适用的物流产品和物流服务，如构建面向“一带一路”沿线各地的物流资源平台和成果推送门户等。应用层重点推送“一带一路”沿线各地的优秀产品，弘扬光大先进物流业态，如为中国产业提供“走出去”的平台式服务，满足不同物流阶层对中国先进文化产品的需求。

5. 移动层。全面支持手机移动终端应用，重点为物流参与者提供优质的操作体验，“简平快”式地响应目标客户的应答需求。简单易用、实时应答和自然流畅是物流集散中心良性运转的基础标准，移动客户端数字场景涉及每个用户社会生活的各个方面，要极力避免操作繁杂、步骤曲折的操作环节。已有的经验证实，操作烦琐是用户脱离体系约束的最重要原因。另外，针对各种小语种的物流用户，必须设计专用物流服务终端界面，使小语种客户直接得到大数据物流体系的智能支持，保障其融入“一带一路”建设的洪流。

（二）三条总线

“一带一路”物流集散中心的大数据体系要求物流业务实现高效率灵活对接和普遍性兼容，由此设计总线（生命线）控制结构，来完善整个数据流过程。物流信息冗余大、信息价值稀疏和业态碎片化都是十分难处理的技术问题。为了保障物流集散中心的高效资源利用，总线控制是十分必要的。从经济环境来看，“一带一路”沿线多数地区的诚信状况堪忧。在产品流通过程中，假冒伪劣、巧取豪夺现象频频发生，良性经济发展秩序不能顺畅建立。从科技进步与文明进步角度看，科技日新月异，各地物流参与者应接不暇，但地方保护主义抬头并限制新兴物流业态的生长空间，正能量导向能力脱节，物流无序低效的现象十分严重。由此，物流集散中心大数据体系必须采用数据流总线控制，将物流相关内容整合成诚信高效的有机整体。基于物流集散中心的巨大数据流管理任务，统筹“一带一路”沿线的物流数据流品种，建立一种良性的信息交流机制，来克制格式繁杂和海量暴增的现象。

从知识维度、时间维度和逻辑维度三个方面考虑，借鉴霍尔支撑模型理论[25]，可搭建物流集散中心大数据体系的工作流总线（见图4）。通过三条数据控制总线，融通物流大数据体系的“五个层次”，实现“物流通”工程的规范性、适用性、可靠性和长效性。

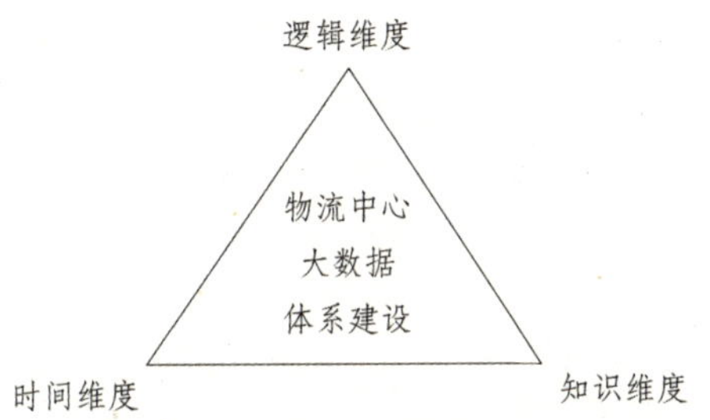

图4 大数据体系的总线结构

1. 从知识维度出发，构建大数据调度总线，保障物流资源与当地生产实际的对接，如对接“一带一路”沿线各地的云服务资源，系统化部署和管理物流资源，进行新设备、新技术和新标准的注册登记，完成功能评测和市场准入等工作。通过调度总线，可以降低沿线各地使用大数据资源的难度，提升物流新业态进入体系的便捷性，最终实现经营资源及时融会贯通全部物流网络的目标。

2. 从时间维度出发，构建诚信追溯总线。诚信追溯总线面对“一带一路”沿线的经济社会形势，厘清诚信状况日益复杂的不利因素，为每个物流参与者量身打造可信的个性化资源检索通道，及时提供经营资源的真实性验证。显而易见，不同物流客户的可信资源并不相同，如甲客户的可信资源，对乙客户而言有可能是不可信的。诚信追溯总线以管控单个客户的诚信特征为基础，逐步将诚信经营的理念扩散到整个物流网络，必然能改变诚信不足的不利局面，加快物流业态中人人自律、诚信经营的文明进程。

3. 从逻辑维度出发，构建物流集散中心的高效仲裁总线。大数据物流业态形势复杂而敏感，负能量风波频繁发生，需要建立完善的高效仲裁总线。高效仲裁总线包含业务合理性、市场公平性、创新理念引导、资源权限监管、推行先进物流业态、保障运维连续性等数据支持过程。为达到高效智能仲裁的目标，高效仲裁总线需要组合不同类型的管控策略，响应不同类型物流客户的习性需求，体现包容性发展的特色。

四、总结与展望

“一带一路”物流集散中心的大数据体系，应该坚持“和平共处”的发展原则，实现“物流通”战略，聚焦包容性合作发展、灵活性业务对接和精准化责任追溯等职能，促进世界级的物流供应链经济改良，加快各地经济社会的快速进步和产业中高端化，并助力中国先进技术和先进产品“走出去”战略。大数据体系密切关注诚信机制的维护，为相关组织实体提供科学的数据量化支撑，提高物流业务的良性体验和适用性，必然激发沿线广大民众的参与热情，并且吸引更多新伙伴加入“一带一路”建设中，全面推进高效智慧物流发展。

参考文献：

[1] 刘小军，张滨．我国与“一带一路”沿线国家跨境电商物流的协作发展［J］．中国流通经济，2016（5）：115－120.

[2] 谢泗薪，朱浩．“一带一路”战略架构下基于“互联网＋”的物流发展模式与策略［J］．铁路采购与物流，2015（10）：53－56.

[3] 齐爱民，祝高峰．论国家数据主权制度的确立与完善［J］．苏州大学学报（哲学社会科学版），2016（1）：83－88.

[4] 童楠楠，朝乐门．大数据时代下数据管理理念的变革：从结果派到过程派［J］．情报理论与实践，2017（2）：60－65.

[5] 于施洋，杨道玲，王璟璇，等．“一带一路”大数据决策支持体系建设［J］．电子政务，2017（1）：2－7.

[6] 郝书池．发展智慧物流的动因与对策研究［J］．物流科技，2017（1）：28－31.

[7] 林海伦，王元卓，贾岩涛，等．面向网络大数据的知识融合方法综述［J］．计算机学报，2017（1）：1－27.

[8] 李学龙，龚海刚．大数据系统综述［J］．中国科学：信息科学，2015（1）：1－44.

[9] 乔艳芬，卢鑫．在线产品创新社区价值共创研究［J］．现代管理科学，2017（5）：115－117.

[10] 王元卓，贾岩涛，刘大伟，等．基于开放网络知识的信息检索与数据挖掘［J］．计算机研究与发展，

2015（2）：456－474.

［11］项国鹏，张志超，罗兴武．利益相关者视角下开拓型制度创业机制研究——以阿里巴巴为例［J］．科技进步与对策，2017（2）：9－17.

［12］周小平，梁循，赵吉超，等．面向社会网络融合的关联用户挖掘方法综述［J］．软件学报，2017（6）：1565－1583.

［13］龙思思．自媒体营销价值与盈利模式分析——以微信公众号为例［J］．当代传播，2017（2）：84－87.

［14］王欣悦．我国智慧物流发展问题及对策研究［J］．铁道运输与经济，2017（4）：37－41.

［15］乔少杰，韩楠，张凯峰，等．复杂网络大数据中重叠社区检测算法［J］．软件学报，2017（3）：631－647.

［16］司光亚，高翔，刘洋，等．基于仿真大数据的效能评估指标体系构建方法［J］．大数据，2016（4）：57－68.

［17］曹玖新，董丹，徐顺，等．一种基于k－核的社会网络影响最大化算法［J］．计算机学报，2015（2）：238－248.

［18］杜岳峰，申德荣，聂铁铮，等．基于关联数据的一致性和时效性清洗方法［J］．计算机学报，2017（1）：92－106.

［19］张良卫．“一带一路”战略下的国际贸易与国际物流协同分析——以广东省为例［J］．财经科学，2015（7）：81－88.

［20］全守杰，马志强．扎根理论视角下协同创新中心组织智力特征研究［J］．科技进步与对策，2017（1）：20－24.

［21］刘晓宁．“互联网＋社区”终端物流模式发展现状与展望［J］．商业经济研究，2017（2）：100－102.

［22］赵国军．加强我国物流企业价值观建设的几点措施［J］．中国物流与采购，2015（20）：72－73.

［23］杜治娟，王硕，王秋月，等．社会媒体大数据分析研究综述［J］．计算机科学与探索，2017（1）：1－23.

［24］陈宝权，秦学英．混合现实中的虚实融合与人机智能交融［J］．中国科学：信息科学，2016（12）：1737－1747.

［25］李信．基于霍尔模型的大数据战略实施体系构建［J］．数字图书馆论坛，2016（6）：28－33.

原载于《中国流通经济》2017 年第 8 期

智慧物流发展的动因、架构和建议*

王　帅[1]　林　坦[2]**

（1. 中国人民大学经济学院，北京市 100872；
2. 同济大学中国交通研究院，上海市 200092）

摘　要： 当前，受物流行业规模和网络经济效应达到拐点、资源整合红利吸引科技企业进入、物流需求快速迭代升级、智能技术逐步实现商业化应用、人工智能替代劳动力以应对劳动力供给长期短缺五方面因素驱动，我国物流信息化正加速进入以物流业务数字化和物流数据业务化为主要特征的智慧物流时代，智慧物流时代即将到来。智慧物流核心逻辑框架下，物流活动主要由基础层、作业层、感知层、传输层、分析层、决策层组成，具有自动感知、自我判断、智慧决策、自动执行、深度协同、智慧学习等特点。为更好地推动我国智慧物流发展和现代物流运作模式、企业经营管理模式、政府监管模式变革，必须正确认识当前我国智慧物流发展面临的诸多障碍，进一步加快完善智慧物流标准体系建设，加快推动物流企业数字化改造，充分利用智慧物流协作共享空间，加强物流数据政企共享合作应用，向多式联运上下游产业链延伸。

关键词： 智慧物流；物流信息化；物流业务数字化；物流数据业务化；组织模式

一、引言

智慧物流的概念自 2009 年一经提出，即引起了我国学术界的高度关注，并围绕概念特征、体系结构、实施框架、发展趋势等方面问题进行了一系列研究。

胥军等[1]对智能物流的概念和特点进行了分析，并基于案例分析了智能物流系统在现实生活中的实施情况。石亚萍[2]构建了沙漏型的智慧物流架构，该结构以物联网技术为基础，由感知互动层、网络传输层、应用服务层等共同构成，以循环控制模型进行运作。董淑华等[3]以仓储监控中射频识别（RFID）技术的应用为例，分析了智能物流系统发展和应用过程中存在的问题。张向阳等[4]认为，随着网络购物和云计算技术的蓬勃发展，智慧物流系统可以更好地整合各种资源，可以推动商业模式创新。王之泰[5]认为，智慧物流并不仅仅是一个技术问题，更是一个系统、综合的概念，特别是应当与城镇化建设相结合。邵广利[6]提出了政府推动、产业化推进、企业主导、标准引领、市场化推广应用的智慧物流发展模式。张玲玲等[7]提出了建立在云计算技术平台上的智慧物流架构，用以解决信息共享和协作问题。何黎明[8]指出了智慧物流未来发展的趋势，认为智慧物流将促进产业结构调整，深刻影响社会生产与流通方式。

政府的高度重视、学术界的高度关注、企业界的积极推动，使近两年智慧物流迎来了爆发式发展，

* 2018 年度交通运输部战略规划政策研究项目“新时期交通运输发展新动能新空间研究”（2018－02－04）。

** 王帅（1983—），男，山东省日照市人，经济学博士，中国人民大学经济学院博士后流动站博士后，主要研究方向为粮食运输与物流；林坦（1985—），男，山东省济宁市人，经济学博士，同济大学中国交通研究院运输与物流中心主任，副研究员，主要研究方向为交通运输管理与物流经济。

新技术、新业态、新模式不断涌现，实现了从概念设想到普遍认同的根本转变。这种加速转变既是资源整合需要、物流需求升级、智能技术成熟等因素影响下的必然结果，也对物流业发展模式、竞争策略甚至产业属性产生了重大影响，大数据、物联网、人工智能、区块链等对物流的影响已经初见端倪。不过，无论是物流企业的科技之路还是科技企业的物流之路，最终的竞争结果都将取决于物流与科技的深度融合，加快推进业务流程的数字化改造以应对智慧物流时代的科技竞争将成为物流企业未来发展的必然选择。当前，在物流行业达到规模经济效应拐点、资源整合红利吸引科技企业进入、物流需求快速迭代升级、智能技术逐步实现商业化应用、人工智能替代劳动力以应对劳动力供给长期短缺五大因素驱动下，智慧物流时代将加速到来。

智慧物流时代具有科技密集型的显著特征。在智慧物流领域，传统物流企业之间不再是直接竞争对手，物流活动将由基础层、作业层、感知层、传输层、分析层、决策层组成核心逻辑框架，具有自动感知、自我判断、智慧决策、自动执行、深度协同、智能学习等特点。智慧物流不仅将对现代物流运作模式产生重大影响，而且将给企业经营管理和政府监管带来重大变革，加快完善智慧物流标准体系建设、推动物流企业数字化改造、充分利用智慧物流协作共享空间、加强物流数据政企合作应用、向多式联运上下游产业链延伸是应对智慧物流时代到来和加快智慧物流发展的重要对策。

二、我国物流信息化发展阶段

我国的物流信息化始于20世纪80年代，根据经济社会发展水平、信息化发展水平、物流业发展水平的不同，我国物流信息化发展可分为四个阶段（见表1）。

表1 我国物流信息化发展阶段和发展重点

发展阶段	发展重点	主要特点
单点信息化时代	流程的信息化改造	电子化、信息化
网络信息化时代	公共信息平台、物流技术	平面型网络化信息系统
供应链互联互通时代	供应链上下游信息业务融合	立体式、多维化、跨企业、跨平台的信息整合
智慧物流时代	物流大数据分析与应用	模块化、自动化、智能化、跨集团、跨企业、跨组织的深度协同

（一）以单点信息化为主的业务流程改造阶段

这是物流信息化建设发展的起步阶段，以物流企业为主体的单点信息化建设为主要特征。随着全社会信息化意识的整体加强，信息化作为提高生产力水平的必要手段受到了普遍重视，开始以各类大中型物流企业为龙头进行信息化建设，物流信息化发展实现了从无到有的转变。这一阶段物流信息化的主要目的是借助信息化技术提高企业自身业务能力和规范化程度，致力于对原有业务流程进行信息化改造升级，应用信息化管理手段实现各类单据的电子化、办公的自动化以及流程的可视化，信息化建设内容通常包括运单管理系统、运输管理系统、仓储管理系统、人力资源财务管理系统等软件建设。

（二）以网络信息化为主的综合服务发展阶段

这是物流信息化建设发展的深化阶段，以网络信息化建设为主要特征，物流业发展成为经济新的增长点，物流业需求的外部期望值更高，信息技术对行业发展的支撑作用更加明显。此外，物流企业间信息往来日益密切，物流作业网络化特征更加明显。传统单点信息系统的应用已经难以满足新形势下业务形态的需要，物流企业开始追求网络化物流信息服务手段，企业间信息网络化传递需求呈爆发式增长态势。以公共服务为主的物流公共信息平台开始涌现并不断发展，全球定位系统（GPS）/地理信息系统（GIS）、条码等新技术得以广泛普及，物流需求响应的时效性进一步增强，物流过程的透明化程度进一步提高，对物流成本控制的要求进一步提高。

（三）以供应链互联互通为主的服务融合升级阶段

这是物流信息化建设发展的升华阶段，以供应链互联互通建设为主要特征。在这一阶段，市场竞争逐步由企业单体竞争向供应链整体竞争转变，物流企业与供应链中上下游企业的业务融合程度成为衡量物流企业综合竞争实力和服务水平的重要指标。物流信息化呈现出立体式、多维化、跨行业、供应链纵深发展特征，跨企业、跨行业、跨平台的信息整合开始出现，物流企业主动规范自身信息化建设标准，并以开放式思想实现自身业务系统与上下游企业间信息系统对接，物流信息集中度迅速提升。行业管理部门政务系统加快建设，提供政务信息查询服务。

（四）以智慧物流为主的数字物流服务提升阶段

随着物联网技术和硬件设备在物流领域的普及，信息化的重点转向物流数据分析与应用，致力于提高智慧物流服务水平，这是物流信息化发展的高级阶段。在智慧物流阶段，受物联网、大数据、云计算、机器人等技术推动，物流信息化进一步朝模块化、自动化、智慧化方向发展，物流系统思维、感知、学习、分析决策、智慧执行能力迅速提高，社会物流成本随之降低，而效率则得以极大提高。物流场景的数字化、物流要素的互联互通、数据驱动下的决策机制、跨组织的深度协同、全局优化智能算法调度下各参与方的高效分工协作成为这一阶段的主要特点。

三、我国智慧物流快速发展的原因

2016 年普华永道针对全球 26 个国家 186 位运输和物流高管的调研结果显示，未来五年数据分析对物流业的重要性远高于其他行业。[9] 考虑到近几年我国物流业发展面临的内外部环境变化，智慧物流之所以会迎来爆发式增长有其必然性。

（一）物流行业规模和网络经济效应达到拐点是根本动因

物流行业具有规模经济效应，业务规模、人员数量和机构网点的扩大能显著降低物流企业单位运营成本并有效提高单位收益。物流业的规模经济效应主要由物流业资产沉没成本和网络经济特征决定。物流设施和设备一旦投入使用即无法转作其他用途，会产生巨额的沉没成本。随着企业经营网点的扩大，通道线路与多元服务边际成本下降，从而呈现出网络经济特性。随着物流基础设施的日益完善和企业规模的不断扩张，物流行业规模经济效应和网络经济效应达到质变拐点，开始改变物流行业竞争格局。中国物流与采购联合会的统计显示，我国 A 级以上规模物流企业数量已经超过 5000 家，全国物流企业 50 强入围门槛（年营业收入）已经从 2004 年的 2.6 亿元提高到了 2017 年的 28.5 亿元。由于规模和网络经济效应，现代化信息技术使智慧化网络控制成为可能，可以在物流网络中嵌入更多的资源和服务[10]。也是由于规模和网络经济效应，物流 App、物流网络、物流园区等通过搭建具有资源聚集效应的平台，改变了传统物流行业竞争模式。

（二）物流需求加速迭代升级是物流智慧化的重要动力

与消费升级趋势一致，物流行业客户的期望也不断提高，希望以更低的价格和更透明的流程获得更高效、更便捷的物流服务。在工业物流领域，“工业 4.0”“中国制造 2025”等工业互联网的发展不仅改变了制造业的流程和产出，而且重新定义了供应链物流的方式。制造革命引发流通革命，制造业与物流业将深度融合发展。智慧物流是“工业 4.0”的核心组成部分，是构建智慧工厂的基石。在消费物流领域，随着我国人均 GDP 超过 8800 美元，电子商务年均增长率超过 40%，更快、更便宜、更灵活的收货方式更受欢迎，顾客对工厂（C2M）与新零售模式兴起带来的个性化、数字化、体验式消费将更加流行，各环节数据贯通与整合将更加重要。物流服务提供商在降低成本的基础上，更关注消费市场与用户体验，提高可追溯性和可预测性，提供以智慧技术为支撑的物流解决方案变得不可或缺。

（三）资源整合红利吸引科技企业进入是主要诱因

我国物流市场供给零散，需求分散，存量资产使用效率不高，蕴含着巨大的资源整合红利。在供给方面，物流市场产业集中度不高。道路货运业共有营运货车2000万辆左右，运输经营业户718万家，从业人员超过3000万人[11]，其中超过90%为个体经营，前10名所占市场份额之和仅为1.8%。零散的物流市场供给使得现有存量资源利用效率偏低，车均实载率只有60%左右，日均有效行驶里程为330千米。我国和美国卡车运输效率的对比（见表2）。在需求方面，社区、乡村物流需求崛起，需求分布更加广泛且不均匀，碎片化发展态势将更加严重。通过互联互通、数据赋能和协同共享，智慧物流可有效解决信息不对称问题，实现分散需求集中整合与闲置供给有效利用，促进物流的组织化和集约化，在提高市场效率的同时释放整合红利。

表2　中美卡车运输效率对比

国家	货车实载率（%）	日均行驶里程（千米）	单车年均周转量（万吨公里）	平均等货时间（天）
中国	60	330	161	7～10
美国	75～80	800～1000	138	—

数据来源：中华人民共和国交通运输部．中国道路运输发展报告（2017）［M］．北京：人民交通出版社股份有限公司，2018.

（四）智能技术日趋成熟并实现商业化应用是重要基础

信息技术基本覆盖运输、仓储、配送等物流领域全部作业流程，如运输环节的车货匹配平台、无人驾驶、车联网等重大技术，智能仓储环节的自动货架等自动化技术，末端配送环节的送货机器人、无人飞机、3D打印、智能快递柜等。大数据、物联网、人工智能等各领域科技的发展对物流行业的影响已经显现，未来极具发展前景[12－14]。

各项科技的适用范围因技术发展进程与政策不同而有所差异，现阶段车货匹配、无人仓、智能机器人、智能快递柜等技术的商业化应用已经比较成熟，可穿戴设备、3D打印、无人驾驶、人工智能、区块链等技术有望在未来3～10年逐步成熟，并广泛应用到物流的仓储、运输、配送、末端等各环节。届时，互联网将全面整合物流人员、装备以及货物，链接数量将呈现指数级增长，形成全覆盖、广连接的智慧物流互联网。

（五）人工智能替代劳动力以应对劳动力供给长期短缺

长期以来，我国的物流业一直属于典型的劳动密集型行业，从收货、运输、仓储到“最后一公里”交付环节均是如此，人口红利是物流行业长期保持低成本高速扩张的重要原因。但是，随着劳动力供给的日益短缺，未来这一趋势将被迫中断。

2017年，我国15～59岁人口总量为90199万人，较2016年减少548万人，自2013年开始统计15～59岁劳动人口数量以来，已经连续四年下降。而与之相对应的是，2011—2016年我国快递业务量以超过50%的平均速度增长，2017年快递业务量增速有所降低，但仍然达到28.06%，估计2018年年底快递总量会达到441.6亿件。我国快递与劳动人口增长率情况（见表3）。随着人口红利的消失，依靠人力资源投入的物流发展模式将难以为继，且无法满足日益高速发展的物流业的需要，“智能化技术＋自动化装备”将成为应对劳动力短缺的长期之道，物流各环节正在部分或全部实现自动化[8]。目前，无人飞机、智能快递柜等智能化、自助化手段在配送场景中已经得到应用，上海洋山四期全自动码头已经开港运营，智慧装卸、无人码头、零排放全面实现，码头的日常管理仅仅需要九个人。

表3　快递与劳动人口增长率变化　单位：%

年份	快递增长率	15～59岁劳动人口增长率
2011	57.04	—
2012	54.79	—
2013	61.58	—
2014	51.95	-0.40
2015	48.05	-0.53
2016	51.37	-0.38
2017	28.06	-0.60

资料来源：国家统计局《国民经济和社会发展统计公报》（2011—2017年）。

四、智慧物流逻辑框架体系及其影响

（一）智慧物流核心框架

智慧物流呈现出科技密集型特征。在智慧物流领域，竞争对手不再是传统的物流企业，且真正的竞争对手越来越难以辨认。科技型企业随时可能从其他行业切入并获取物流价值链的部分环节。智慧物流框架内，物流活动由基础层、作业层、感知层、传输层、分析层、决策层组成（见图1）。

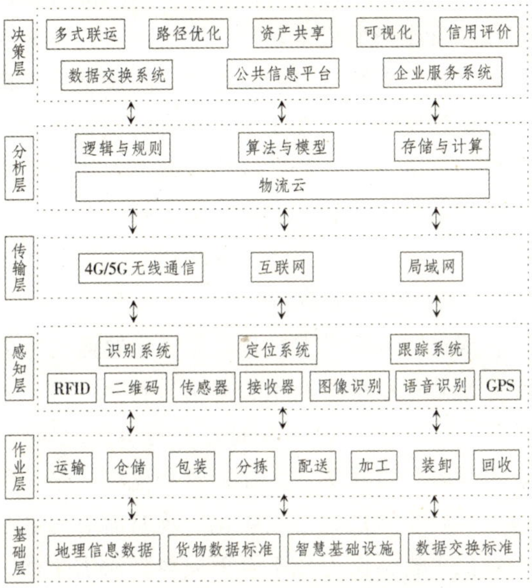

图1　智慧物流的核心框架

1. 基础层

这是智慧物流的基础设施，包括物流基础设施的智能化改造以及地理信息数据、货物数据、数据交换等行业基础标准的建立。

2. 作业层

这是智慧物流的物理活动，既是一切物流活动的起点，也是智慧物流决策反馈作用的终点，形成智慧物流系统闭环。

3. 感知层

这是智慧物流的数据入口，是实现物流全程可视、可控、可追溯的基础和前提，通过射频识别（RFID）、二维码、传感器、音视频处理等技术捕捉物流运作过程中的流体、流速、流向、流量、环境等各种基础数据参数，实现物流业务数字化。

4. 传输层

这是智慧物流的神经网络，利用各种传输网络和通信技术，及时、安全传输所收集信息。用于传输的数据通路主要包括互联网、局域网、移动通信技术等。

5. 分析层

这是智慧物流的决策大脑，对感知层获取的数据进行处理和加工，把各种物流信息数据集中到云存储中，利用信息整合、分类与智能处理技术，按照预先设定的逻辑和规则，利用大数据、云计算、人工智能等技术进行分析处理，产生决策指令，进而通过感知通信技术向执行系统下达。

6. 决策层

这是智慧物流的执行系统，包括数据交换系统、公共信息平台、企业服务系统等，接收和执行分析层决策命令，现在和未来主要应用于多式联运、车货匹配、需求预测、路径优化、流程可视化、空闲资产协同共享、信用评价等领域。

（二）智慧物流的特点

1. 自动感知

智慧物流利用物联网技术实现所有物流要素的数字化和业务的数据化，并实现各类数据信息的自动感知、传输和存储，实现智慧物流网与实体网的实时互联互通。

2. 自我判断

智慧物流实时监测物流活动，并根据预设的逻辑和规则及时分析数据，发现物流过程中的薄弱环节或漏洞，预测问题的潜在影响。

3. 智慧决策

在信息分析和判断基础上，根据约束条件提出应对方法、措施和方案，实现物流系统程控化与自动化发展。

4. 自动执行

在人的授权范围内，由数据驱动决策实施与执行，将风险降到最低，减少人工干预。

5. 深度协同

跨企业、跨流程深度协同，基于物流系统全局优化智能算法实现整体最优，调度整个物流系统各参与方高效分工协作。

6. 智慧学习

在执行中学习，在学习中优化，通过主动学习新的知识，创造适应环境的语言和思维能力，在物流实际运作中不断升级。

（三）智慧物流的影响

1. 对物流组织模式的影响

（1）回归物流本质。在现代物流模式下，物流企业受有限的基础设施、时间、成本等资源约束，通过班线班列、运输工具、物流园区、运输组织等现代物流管理手段集中集约利用资源，在满足客户需求的前提下尽可能降低成本，衍生出了中转、分拨、仓储、集拼等作业。在智慧物流模式下，需求即时响应，供需自动匹配，资源智慧整合，可突破现有集中集约利用有限资源的解决形式，产生更多的点到点运输，减少衍生作业，越来越多地参与商品价值创造。智慧物流使货物能够以最优的路径、最经济的方式、最合理的时间配送到目的地，回归物流创造时间价值和空间价值的本质。

（2）从局部最优向全局最优转变。在现代物流模式下，物流企业边界清晰。企业作为决策主体，其关注的重点是内部流程优化与资源整合以实现企业个体决策最优。尽管有些企业尝试组建物流企业联盟，但由于资源共享、利益分配机制不明晰，导致有限的联盟并未真正取得成功。在智慧物流模式下，物流全过程的信息开放与资源整合使得企业边界越来越模糊，行业发展重点转变为跨企业、跨流程的网络、设施、信息共享协作整合以实现共赢，有利于实现整个物流链条的全局最优。

（3）从运力主导向信息主导转变。在现代物流模式下，由于信息不对称，大企业在网络、运力、信息、信誉等方面具有天然优势，能够发挥网络优势，从而占据市场主导地位。在智慧物流模式下，信息不对称问题随着现代信息技术的应用得到有效解决，物流业务呈现出去中心化、去中介化趋势，平台型企业因拥有数据资源而占主导地位，推动线上线下实现无缝协作，行业集约程度大幅提高。

（4）从重资产向轻资产转变。在现代物流模式下，存在物流资产总体产能过剩与结构性短缺并存的矛盾，资源利用效率不高，存在大量的存量资源和闲置资源。在智慧物流模式下，依托现代技术推动资源使用权共享，实现存量资源的社会化转变与闲置资源的最大化利用。一批物流装备提供商将出现，提供专业化装备租赁服务，推动资产所有权与使用权分离，此外还会出现一批专业化的物流运输组织服务商和物流数据运营商。

（5）从滞后应对向动态前瞻转变。利用大数据能够对资源利用情况进行更为准确而全面的分析和预测，能够通过动态调度、智能排班等运营策略显著缓解资源布局不平衡状态，实现包括干线运输网络、末端配送网络等的多网络、多类型资源衔接整合。目前，已有部分领先物流公司建立了智能报价系统，通过动态报价机制实现资源供需平衡。

2. 对企业管理的影响

在现代物流模式下，企业管理的重点在于寻找市场，以满足客户需求为前提，通过内部流程优化和管控尽可能降低成本，制订物流解决方案并在执行过程中强化对物流过程的控制。在智慧物流模式下，企业管理的重点在于全流程的透明化改造，为满足数字化运营要求再造物流流程，并注重物流运作过程中的在线控制与实时决策，强化对风险的自动干预。

3. 对政府监管的影响

在现代物流模式下，政府监管主要面向实体物流企业，并采用垂直式组织架构进行集中型、地域型监管，监管重点为以审批为主的事前资质监管，监管手段以行政化为主。在智慧物流模式下，监管手段逐步趋于智能化、透明化，政府面对的更多是各类虚拟平台，而虚拟平台面向各类供需主体。离散型、网络化监管要求与传统监管体制之间的矛盾越来越突出，未来监管的重点将从以审批为主的事前资质监管转向以信用为主的事中事后监管。随着区块链技术的商业化，物流信用记录方式和契约规则将彻底得到改变，物流信用系统、物流金融创新在政府治理方面的发展潜力将变得更大[15]。

五、我国智慧物流发展面临的主要障碍及对策建议

当前，我国物流行业正处在智慧物流加速变革的前夕，物流企业正处在由懂科技的物流企业向做物流的科技企业转变的十字路口。智慧物流技术将构筑起物流企业竞争的护城河，改变物流行业进入壁垒与竞争模式。目前，我国智慧物流的发展仍然面临很多障碍，与美国、日本等发达国家相比还存在很大差距，只有厘清障碍，认清差距，才能有的放矢地加快推动我国智慧物流发展。

（一）我国智慧物流发展面临的主要障碍

1. 智慧物流信息基础标准体系落后

目前，以信息化为主体的智慧物流遍地开花，但智慧物流仍然处于局域网状态，各智慧物流系统

之间不能实现协同共享。智慧物流运行实现的一个必要条件就是建立统一的基础标准体系，只有如此才能真正做到物与物、数据与数据的相互联通，进而实现信息共享与智慧应用。发挥智慧物流作用的核心是将物流企业的局域网打造成智慧物流的互联网，其关键在于制定智慧物流互联网的TCP/IP标准化协议，而目前我国在智慧物流信息的基础标准体系建设方面明显落后于发达国家。

2. 传统物流企业思想不够解放，转型速度较慢

面对新一轮技术革命，传统物流企业观念转变与战略转型速度略显不足，对智能信息技术重视程度不够。尽管个别物流企业开始引进智慧物流技术，但由于缺乏配套的基础设施与人才储备，无法显著提高企业效益。因此，如何推动物流企业拥抱智能技术，加入智慧物流生态体系构建行列，形成协同共享的产业新生态是智慧物流下一步发展面临的艰巨挑战。

3. 智慧物流可持续发展模式尚处于探索阶段

许多初创的技术公司依靠资本市场融资，纷纷进入物流领域，但智慧物流取得成功的关键依然在于物流需求与智能科技的深度融合。现有的许多概念仍然处在试运行阶段，智慧物流可持续发展模式仍处于探索之中。

4. 物流行业小、散、乱

物流行业的企业规模普遍不大，整个行业小、散、乱现象明显，有效管理手段不足，存在诸多难以治理的状况。这种状况的存在导致生产要素难以自由流动，资源配置效率低下，难以形成统一、开放、有序的市场。

5. 信息技术落后，信息系统不完善

信息技术落后，信息系统不完善，导致目前我国拥有信息系统的物流企业难以形成物流信息资源整合能力，货物跟踪、仓储管理、运输管理能力均受到严重制约。如果信息技术不能实现对物流全程作业的覆盖和跟踪，那么信息化和物流数据的应用价值将大打折扣。

（二）推动智慧物流发展的对策建议

1. 推动建立智慧物流标准化体系

智慧物流标准化是未来竞争中物流企业必须抢占的第一战略高地，物流企业应从战略角度出发进行布局，积极实施或引领标准的制定，而这需要加快物流信息采集、信息系统对接、信息交换规范等方面标准的制定，大力推动仓储、物流、配送等物流业务中物流技术标准的统一。此外，还要加快智慧物流标准化体系建设，形成物流作业跨部门、跨行业、跨企业的标准化运作，推动智慧物流业务流程标准化管理和营运。

2. 加快推动物流企业数字化改造

首先，必须解决传统物流企业的业务数据化问题，而这就需要加快云计算、大数据、物联网等现代基础设施建设，把物流各环节信息转化为数据，并进一步将这些数据打通实现在线化。其次，按照数字化的要求重组业务流程及组织管理体系，让数据影响业务，通过智能化技术赋能物流各环节，实现效率的提高和成本的降低，实现数据的业务化。

3. 充分利用智慧物流协作共享空间

物流资源共享合作是智慧物流的重要理念，因此需要在相互信任的基础上推动企业物流信息透明化、公开化，同时借助信息技术实现仓库、车辆、托盘、集装箱等闲置物流设施资源的合理配置与有效整合。此外，智慧物流通过数据产品开发应用于生产制造、物流、金融、商贸等诸多产业，能够产生新型智慧物流生态系统。无论是物流行业内部资源整合，还是上下游产业深度延伸，都将带来新的机遇。物流企业应充分把握智慧物流模式变革机遇，助力智慧物流生态系统，在存量资源整合、智能装备研发、信用评价体系、政府治理合作等领域大显身手。

4. 加强政企物流数据共享合作应用

物流信息化在改变商业模式和服务产品的同时，为政府监管提供了新的技术手段，有望解决物流行业诸多领域存在的治理难题，使行业治理变得更加透明，更加有效，更加智慧。未来，政府监管重心需要转移，将监管重心由过去面向集体的标准化监管转为面向个体的零散个性化监管，由对实体认证、审批的监管转为对虚拟认证、备案的监管，由资质监管转为市场引导下的信用监管，而政府监管重心的转移也为政企物流数据共享合作创造了新的空间。目前，政府部门在物流规划、设施布局、服务评价、标准建设、信用体系建设等方面存在迫切的信息化应用需求。物流科技企业应抓住机会，建立良好的

政商关系，加强在物流数据领域的共享合作与产品开发，提升行业影响力。

5. 向多式联运上下游产业链延伸

推动物流信息服务向多式联运上下游产业链延伸，将供应链中所有成员的所有物流环节紧密联系在一起，以此实现供应链一体化运作。目前，多式联运信息化正在积极推进，铁路、水运、港口、公路企业在物流信息互联互通方面均存在迫切需求。物流企业可通过基于物联网、云计算等先进物流技术构建的智慧物流云平台，跨部门、跨行业、跨企业提供配送车辆、货物、客户等各类物流信息服务，有效解决传统上存在的物流信息不对称与资源配置不合理问题，促进生产、流通、消费无缝对接，实现供应链一体化高效运作，推动物流业务流程实现标准化管理与智能化运营，积极向多式联运信息集成服务提供商转型。

参考文献：

[1] 胥军，李金，湛志勇. 智能物流系统的相关理论及技术与应用研究［J］. 科技创新与生产力，2011（4）：13－18.

[2] 石亚萍. 基于物联网的智慧物流［J］. 物流技术，2011，30（17）：44－45，49.

[3] 董淑华，刘敬佳. 智能物流系统架构与解决方案［J］. 信息化研究，2012，38（5）：6－10，15.

[4] 张向阳，袁泽沛. 网购时代我国“智慧云物流”平台体系与协同运营模式研究［J］. 中国科技论坛，2013（7）：99－104.

[5] 王之泰. 城镇化需要“智慧物流”［J］. 中国流通经济，2014，28（3）：4－8.

[6] 邵广利. 基于物联网技术的智慧物流发展模式研究［J］. 物流工程与管理，2015，37（11）：111－114.

[7] 张玲玲，薛劝劝，赵鸣. 基于云平台的智慧物流系统构建［J］. 信息与电脑（理论版），2016（4）：15，17.

[8] 何黎明. 中国智慧物流发展趋势［J］. 中国流通经济，2017，31（6）：3－7.

[9] 工业 4.0：打造数字化企业 运输和物流业重要发现［EB/OL］.（2016－09－28）［2018－09－01］. https://www.pwccn.com/zh/industries/real-estate/publications/industry-40-building-the-digital-enterprise-transportation-and-logistics-key-findings.html.

[10] 王先庆，彭雷清. 物流革命与物流创新的方向、路径及策略［J］. 中国流通经济，2017（7）：120－126.

[11] 中华人民共和国交通运输部. 中国道路运输发展报告（2017）［M］. 北京：人民交通出版社股份有限公司，2018.

[12] 高宁，倪立明. 物联网在智慧物流管理中的应用［J］. 物流工程与管理，2016（1）：37－38，40.

[13] 付平德. 基于大数据的智慧物流模式构建［J］. 物流技术，2018（1）：135－139.

[14] CAMHI J. How AI will reshape the logistics and transport industry［R］. BI Intelligence，2018.

[15] 孙毅，范灵俊，洪学海. 区块链技术发展及应用：现状与挑战［J］. 中国工程科学，2018（2）：27－32.

原载于《中国流通经济》2019 年第 1 期

基于大数据云计算的智慧物流模式重构*

李 佳**

（上海理工大学管理学院，上海市 200093）

摘 要：大数据、云计算技术在物流领域先后经历了初步接触期、逐步渗透期和广泛应用期，并支撑传统物流向智慧物流升级，实现当今物流行业降本增效的根本要求。但是，现阶段为解决传统物流存在的低效率、高成本、低服务满意度问题而构建的大数据云计算智慧物流模式，在物流公共信息平台建设、末端协同发展、政府平台建设等方面依然存在许多问题。因此，应以“一个中心、三条辅线”为主要内容，以电子商务平台、电子物流平台、电子政务平台为基本框架，构建由供给子系统、需求子系统和监管子系统组成的具有诚信、高效、便捷、低成本特征的智慧物流模式，通过萃取稀疏价值、汇聚碎片化价值、精准化业务对接和责任分配机制，在标准化物流模式下促使供给端与需求端最大程度契合，最终实现基于大数据云计算的智慧物流模式运作过程中的信息流、商流、物流、资金流高效率、低成本传输。基于大数据云计算的智慧物流模式在信息共享、资源利用协同化、供应链一体化方面具有良好的适用性，对促进智慧物流发展的作用明显，未来将随着人工智能、区块链等高端技术的发展进一步升级。

关键词：大数据；云计算；智慧物流；物联网；供应链

一、引言

我国电子商务正处于发展的黄金阶段，2017 年网络购物比 2016 年净增长 1.4 万亿元，对连接客户、商家与物流企业的物流模式提出了巨大挑战。现阶段我国物流模式仍不能有效地应对如“双十一”大促销时期带来的物流曲棍球棒效应[1]；物流“最后一公里”末端配送具有复杂的社会属性，虽然近年来有一定改善，但其中有些问题仍没有得到有效解决[2]；大数据时代的物流企业存在信息数据易泄露的风险，并成为可持续性攻击的载体[3]。上述问题容易导致物流业低效率、高成本和低服务满意度，严重阻碍物流产业的发展。随着物联网、云计算信息技术的逐渐成熟，可以将大数据应用于物流业，实现当今物流产业各个环节信息共享与协同运作并提升效率，促使物流业向智慧物流模式转变。

智慧物流这一概念，由 2010 年国际商业机器公司（International Business Machines Corporation，IBM）发布的《智慧的未来供应链》研究报告中延伸而来。戴定一[4]认为，物联网时代通过新技术提高信息采集全面性、增加资源管控和优化运作流程，并以此视角界定智慧物流就是依赖信息资源创造更多价值，进而实现发展方式的转变。何黎明[5]提出智慧物流是基于物流互联网和物流大数据，通过协同共享创新模式与人工智能先进技术，重塑产业分

* 上海大学经济学院研究生孙丽蓉对本文亦有贡献，在此表示感谢。

** 李佳（1982—），女，山东省青岛市人，上海理工大学管理学院教师，经济学博士，主要研究方向为国际金融、国际贸易、智慧物流。

工、再造产业结构和转变产业发展方式的新生态。智慧物流可以简单地理解为在物流系统中采用物联网、大数据、云计算和人工智能等先进技术，使整个物流体系如人的大脑一般智能、实时收集并处理信息，实现最优布局，最终协同物流系统中各方参与者高质量、高效率、低成本地分工协作。根据智慧物流的内涵来看，智慧物流主要有三大特征：一是实现信息交互与共享，有效降低物流成本、提高物流效率；二是智能决策与执行，向自动化与程序化方向发展；三是深度协同与一体化，以智能管理为核心优化管理模式，实现以最低的成本向客户提供高质量的物流服务[6]。

实现智慧物流的关键是技术，而技术又以大数据、云计算为核心。研究大数据的先驱——麦肯锡公司（McKinsey & Company）将大数据定义为大小超过常规的数据库工具获取、存储、管理和分析能力的数据集[7]。张文、苏玉[8]认为，云计算具有高效分配动态资源、根据用户请求生成动态计算与存储等功能，为大数据特征分析与挖掘提供良好平台。云计算是从资源层面的管理到应用层面的管理的发展过程，与大数据的应用恰好贴合；大数据则基于云计算的数据处理与应用对海量数据进行分布式数据挖掘，二者在当前的发展中密不可分。大数据云计算可以简单地定义为大数据基于云计算环境对数据的抓取、存储、计算与分析。

基于智慧物流的主要特征，针对物流存在的问题，学者们试图通过大数据、云计算技术构建物流模式实现智慧物流。孙彬、王东[9]基于大数据以“一个核心、三类需求、三个平台和两大门户”为主要建设内容，构建“五个层次、三条总路线”框架，实现丝绸之路物流业的精准化责任追溯和碎片化价值聚集，为智慧物流的国际化之路提出对策。陶君成等[10]针对城乡物流网络构建的不合理性，提出利用大数据共享实现平台信息共享及资源渠道整合，降低城乡物流成本。付平德[11]则基于大数据技术从感知、传输、存储和应用四个方面，较为系统地构建智慧物流的模式。张向阳、袁泽沛[12]将“多网融合”及二维码、云服务、云计算等信息技术与传统物流信息系统进行集成、融合，构建具有智能决策、动态感知能力与自动分配的“智慧云物流”平台体系。以上研究对于智慧物流发展存在的问题并没有进行深刻的探讨，仅基于智慧物流所需的大数据和云计算技术各自进行分析，忽略了两种技术在智慧物流中的不可剥离性。

本文从智慧物流的内涵出发，梳理基于大数据云计算的智慧物流的发展动态，并基于智慧物流的关键技术，分析现有智慧物流模式存在的问题，系统地探讨重构大数据云计算体系下智慧物流的发展模式，创造智慧物流最核心部分的智慧思维系统[13]，为物流企业提供数据收集、处理、分析和预测，降低物流企业的运营成本，实现资源的有效配置，为客户提供更好的服务体验。

二、基于大数据云计算的智慧物流历史演变动态

（一）*初步接触期：大数据云计算技术初步接触物流业*

大数据发展的开端是在20世纪90年代至21世纪初，这一阶段是将数据“存起来”。传统的物流企业规模较小，进入门槛低，业务单一，多数企业只做简单的运输服务，企业仅能积累大量的单一数据，各业务板块的数据无法融合做进一步分析，不能为企业的决策提供支持。随着智能物流这一概念在国外出现，物流企业利用计算机协助处理物流信息，逐渐出现了用于数据管理的数据仓库[14]、用于决策的专家系统和企业自我更迭的知识管理系统。当物流企业的各板块数据进入数据库之后，企业通过对大量原始数据的重新组织和多维建模，作为专家系统的一端输入；企业的知识管理系统将企业一些可记录的技术数据化[15]，将员工的想法、经验纳入知识库中，结合人的创新思维进行自我学习、创新，决策者则将知识作为专家系统的另一端输入，最后通过专家系统进行决策，实现物流智能化。

此阶段的智能物流数据来源于自身的机械积累，物流数据信息化程度低，企业间信息无法共享，物流多个环节都不具备智能化特征。2006年“谷歌101计划”首次提出云计算概念，其巨大的分布规模使因特网具备超级计算能力，能够最大限度地整合物流企业的计算资源和数据资源，提高物流产业的整体信息化程度和便捷性[16]，这促使企业纷纷研

究、开发这一技术，为云计算在智慧物流中的应用奠定了基础。

（二）逐步渗透期：大数据云计算技术逐步渗透物流业

2009—2016年，大数据云计算技术渗透到各行各业，也初步应用于智慧物流系统之中。在此期间，云计算、物联网和大数据技术发展迅速，其中大数据规模同比增长超过60%，云计算规模同比增长超过55%，促进了大数据云计算在智慧物流的更进一步发展与应用。我国物流业也接轨国际智慧物流，更多物流企业开始进行智慧物流模式和应用探索，基于大数据云计算的智慧物流由此起步。

此阶段前期，传统物流公司已经基于物联网技术进行一系列改变，开始使用条码、射频识别（RFID）、全球定位系统/地理信息系统（GPS/GIS）、电子数据交换（EDI）等技术进行数据交互与处理，但对大量数据的处理、分析能力有限，不能识别半结构和非结构化数据，无法得到实时、全面、有效的物流数据，造成大数据云计算技术的应用断层[17]，不能使高度依赖信息交互的物流各环节协同化，无法保证客户需求的高质量服务体验。如2012年，淘宝和天猫在“双十一”时期因缺人、缺货而导致第三方物流力不能及，只好“听天由命”。

此阶段后期，基于大数据云计算的智慧物流蓝图逐渐展开。以天津为例，2014年建立以智能生态社区、网商体验式仓储物流、大数据后台服务为一体的城市物联网综合体；物流企业依托大数据云计算技术逐渐转型升级，由同质化竞争向差异化竞争转型，由注重单一的快递服务向注重客户体验服务转型[18]，物流成本有效降低，配送效率大幅提升。但是，此阶段的大数据云计算智慧物流尚处于学习阶段，信息技术手段落后，专业的技术人才相对缺乏，且多数理论研究难以转化应用。

（三）广泛应用期：大数据云计算技术广泛应用于物流业

在2016年，工业和信息化部印发《大数据产业发展规划（2016—2020年）》，有力地推进了我国大数据技术创新和相关产业的发展。从2016年至今，大数据云计算技术已经成熟，在智慧物流中的应用逐渐深入，适应性也大大增强，促使智慧物流体系更加完善，有效地实现了数据业务化和业务数据化。一些实力较强的企业已建立起相对完善的智慧物流体系，如京东的青龙系统、阿里巴巴的菜鸟网络等。

此阶段，基于大数据云计算技术的智慧物流在物流信息传输、供应链管理、运输路线规划、仓库储位优化和市场预测等方面取得显著成就。在信息联通方面，将基础数据传送到透明、共享的数据平台，实现企业供货方、采购方、政府工商部门、物流企业运输部门等的信息交换和共享[19]；在基础数据库中，可将初级的分布式非关系型大数据云计算处理技术应用在供应链管理、运输路线规划、仓库储位优化和市场预测等方面。以京东为例，其根据以往的营运数据，利用大数据云计算技术对消费者的数据进行挖掘，供应商根据市场需求预测提前布局在消费需求周围，从而优化供应链；在仓储方面，系统已深入挖掘“20万×20万/日”的订单数据，构建基于时间序列的数据立方体①，萃取稳定可信的商品关联度[20]，实现仓库商品布局最优化；在运输路线规划方面，基于对消费者数据分析得出的仓库商品布局，结合实时路径优化，指导车辆采用最佳路线进行跨城运输与同城配送[21]，而无人车辆配送将会成为大数据认知的一个突破口[22]，推动智慧物流升级。

总体来看，目前智慧物流体系的服务质量有所提升，《2017中国智慧物流大数据发展报告》综合指数显示，我国智慧物流处于快速安装阶段，但我国以大数据云计算技术为基础的智慧物流蓝图才刚刚铺开。

三、基于大数据云计算的智慧物流模式存在的问题

随着大数据云计算技术的不断突破，智慧物流发展迅速，一些实力较强的物流企业已构建了包括基础设施、数据采集、业务评估、预测和智能决策五个层面的智慧物流模式。这套模式虽结合先进的大数据云计算技术，但针对顾客对智慧物流服务应具有柔性化、个性化、透明化和订单履约期极短化的要求[23]所需的具体模式不够完善，现阶段以大数

据云计算构建的智慧物流模式仍存在以下问题。

（一）缺乏统一、完善、标准化的信息平台

在大数据云计算技术发展成熟的背景下，物流企业为了提升自身的竞争力不得不紧跟时代步伐，建设属于自身的智慧物流体系。但是，相比国外的智慧物流模式，我国物流企业数量多（2016 年重点物流企业多达 1400 家），且多数企业规模小，在全国范围内分布不平衡。在缺乏有效管理的前提下，资源配置难以优化，无法形成统一、开放、有序的市场[24]。企业规模小，缺乏足够的资金去研发、构建、创新基于大数据云计算技术的智慧物流体系，如果大量物流企业投入资金建设相关智慧物流体系，会导致物流业总成本偏高，况且企业本身能力不足，也难以吸收大数据云计算相关的溢出技术。

现阶段，多数物流企业拥有自己的信息平台，缺乏统一、完善、标准化的公共信息平台，市场竞争激烈，难以形成规模效应，经营成果不佳。智慧物流行业的发展需要实现供应链一体化，但目前智慧物流并未建立统一的信息标准，且分割条块复杂，信息孤岛现象普遍，物流业在发展过程中资源浪费现象严重[25]。因此，亟须建立基于大数据云计算技术的超物流企业联盟体系，不仅要整合国内所有物流信息，而且要整合供应链，形成云制造、云销售和云物流的供应链一体化[26]。

（二）末端协同仍处于起步阶段

处于配送末端的货物集合了消费者、销售平台、快递物流网点、城市末端合作点的交互数据，末端协同程度的高低可以反映物流“最后一公里”的配送效率。物流“最后一公里”高成本、低效率是物流发展的痛点，在促销时期爆仓现象时有发生。在基于大数据的智慧物流模式的“最后一公里”研究中，京东移动商店利用大数据，对不同社区的消费能力和消费习惯进行分析，描绘小区的具体画像，并提前备货实现精准营销[27]。销售平台结合物流产生的“新零售”正处于起步阶段，而且从 2017 年的网络零售总额来看，京东只占 13.6%，淘宝、天猫各占 30% 以上，基于客户黏性的情况，如果不能将其整合为一个信息平台，同样存在资源浪费，无法彻底解决物流“最后一公里”的难题。

（三）政府平台未纳入体系

在现有大数据云计算的智慧物流模式研究中，通常以物流企业、供应商、消费者为智慧物流体系中的主要参与者，而政府在其中是一个必不可少的角色。物流服务的范围复杂，涉及多个环节，而物流企业没有一套完整的规则标准体系，信息采集方式不统一，妨碍数据衔接与共享；在大数据环境下，物流企业的信息完整性易被破坏，使恶意模型中方法的复杂性增加②，导致在多协议执行的网络环境下难以有效适应[28]。政府可以集中对整个物流流程、产品质量、企业规范、信息技术安全等进行监管，建立标准化监管体系，规范企业纳税，提供信息技术安全保障。

智慧物流发展迅速，支撑技术也趋于成熟，但上述问题在智慧物流的未来发展中仍需要解决。未来需以“大数据云计算”概念代替“大数据”，并对现有的智慧物流模式进行重构，将大小物流企业纳入公共信息系统中，建立统一、完善的智慧物流模式，实现智慧物流真正一体化。

四、基于大数据云计算的智慧物流模式重构：思路、要素、路径

在整个物流模式运作过程中，伴随着物品流动，数据流通可以分为三个步骤。首先是数据流的产生与传输。近年来，物联网技术取得飞速发展，基于感知技术对物流要素的感知，基本实现物流运作过程中数据的可视化和可传输化[29]。其次是数据流的存储与筛选，云存储将互联网汇聚形成的杂乱无序的大数据进行分布式存储，云计算对数据源进行初步分离与筛选。最后是数据流的整合与分析。大数据对数据源进行多重筛选，挖掘出最有价值的数据信息，进而科学决策物流进程，合理预期物流进程相关数据。

基于大数据云计算的智慧物流模式的核心功能是对物流产业链资源的整合，通过优化资源配置，促使供给端与需求端最大限度地契合，最终使整个物流模式低成本、高效率运作。

（一）重构思路

智慧物流体系涵盖了物流产业链中的每一个单

独个体，各个单独个体的集合形成了物流模式中的商业生态系统[30]。智慧物流模式的商业生态系统中包括三个子生态系统：一是供给子系统，由人力资源、物力资源、空间资源供给商构成，主要职能是碎片化资源整合与稀疏价值萃取；二是需求子系统，由供应链中的供应商、中间商、核心企业、经销商和消费者构成，主要职能是个体需求信息汇集和灵活性业务对接；三是监管子系统，由政府机构、检查和税务机关等构成，主要职能是个体资质审核以及责任机制的分配与追溯。人力、物力资源和信息流数据在各个子系统间流动，各个子商业系统之间相互联系、协同合作、彼此依赖，共同打造资源开放、个性化包容、精准对接、协调统一的物流运作平台，重构集诚信、高效、便捷为一体的物流模式。

（二）重构要素

以三大子生态系统重构的智慧物流模式的最大化效用可以通过“一个中心、三条辅线”来实现。“一个中心”指的是以大数据云计算为基础的数据处理中心，“三条辅线”指的是分别从供给、需求和监管三个方面对物流运作过程进行资源整合，实现物流商业系统各个体间的最优契合。

1. 一个中心：大数据云计算处理中心

大数据云计算处理中心的核心功能是对输入数据源进行分类整理，汇集每个个体所产生的所有历史数据，再通过数据估算法进行约简、属性覆盖、关联关系挖掘、碎片化集聚和精准化验算等以对未来个体的选择作出合理预测[9]，同时根据实时更新的物流数据结合人工智能不断给出最优决策。大数据在物流运作过程中的主要作用可以通过三个方面体现。一是智能决策。大数据平台能够很好地将物流运作过程中所需的人力、车辆、仓储资源最便捷、最适宜地在需求方与供给方之间进行匹配，极大地节约供需双方的匹配时间，并且通过对所有目的地进行最优化求解，同时通过对实时路况的监测同步给出运输司机最优的行驶路线。二是销售预测。每一个消费者的历史消费记录（购买种类、消费次数、消费时间、购买商家等）形成单独个体的消费大数据，合理预期消费者在未来一段时间内的消费特征，提前对所需物品进行配置，有效防止货物积压，缩短运输时间，提高运输效率。三是环境分析。中国电商物流指数表明，电子商务物流存在明显的季节性波动趋势（6 月和 11 月业务量显著增长），同时根据行业生命周期理论，在生命周期各个阶段对物流资源的需求也存在巨大差异。大数据通过对碎片化信息的收集分析准确预测出物流行业的细微波动，从而对现有物流资源进行适当化的预分配，避免物流需求集中爆发的风险。

2. 三条辅线之一：整合供给端

传统物流模式的供给方多由物流企业构成，由于物流企业间存在竞争关系，彼此的信息传递和资源贡献程度有限，易因信息不对称造成信息孤岛现象。智慧物流模式的重构目的之一就是整合物流产业链供给端的所有资源，使供给端真正实现资源共享、信息共享、数据共享，最大化和最优化地利用存量资源。供给端整合优势主要从以下几点出发。首先，通过智慧物流平台实时更新供给方人力、物力、仓储等资源信息，并根据需求信息以资源利用最大化为目标分配供给资源，跨越企业间限制，实现资源共享；其次，根据大数据计算的销售预测信息帮助供应链上下游企业按照需求变化进行库存智能预测补货，实现销售与库存的协同，提高库存周转率，帮助企业实现最小化成本，提高空间资源利用率，从而提升供应链运作效率；再次，通过大数据对商品的销售目的地进行统筹分析，精准化预测未来的销售情况，同时根据商品的供应链信息合理预测该商品的辐射范围以确定最优仓储位置，实现物流运输路程最短化、效率最大化；最后，利用大数据对不同区域、不同时间的车辆资源、装卸人员、配送人员需求状况进行分析，实现人力与物力资源的智能布局，协调供需两端，缩减运营成本。

3. 三条辅线之二：整合需求端

传统物流模式中产业上下游间存在严重的信息不对称现象，需求信息呈现分散化、局部化、多样化特征，在新的智慧物流模式下，通过整合企业、个人的需求信息，统一调配供给端人力、物力资源，实现供给与需求的最优契合。从数据共享方面来看，企业间通过共享供应链数据汇集成大数据系统。原材料供应商提供原材料的订购数量、订购时间、订购企业等数据；制造商提供产品的需求数据，辅助预测各个行业的季节性需求、行业的未来发展趋势以及验证预测数据的准确性；电子商务企业、零售商提供消费数据（消费者的基本信息数据和购买数据），帮助预测个体消费者未来的消费情况。从信息共享角度来看，通过汇总供应链上中下游企业以及终端消费者的需求信息，然后对大数据进行同类、同质性需求整合，以最优路程配置物流资源。

4. 三条辅线之三：嵌入政府审查机制

在以供应商为起点、消费者为终点的物流产业链中，信用一直是个不可回避的问题，以诚信为基础构建智慧物流模式必须将监管方纳入其中，而政府作为具有公信力的权力机关，能够从公平、公正、公开的角度出发，净化物流环境，完善审查机制。为保证整个物流模式透明化，物流企业必须以取得相关营业资格为进入前提，各个企业间的交易数据在政府平台具有可查性，有效杜绝欺诈与财务造假，企业间可建立评价、反馈体系，以帮助各个企业提升自身服务能力、营造诚信氛围，畅通企业与终端消费者维权的渠道。在整个物流模式中，政府部门可实现监管全面化，通过智慧物流平台可以实时审查任何一家企业的经营信息，对时时刻刻发生的物流运转进行智能监管，及时反馈出现的各种问题，保证物流体系标准化高效运作。政府部门可根据长期物流规划或短期突发状况对物流体系进行宏观规划或者暂时性调整，将政策信息和调整方案通过智慧物流平台传递到物流企业，保证调控的及时性与高效性。

（三）重构路径

基于大数据云计算的智慧物流模式重构路径可通过三个主体平台和一个核心模块实现，如图1所示。从信息流动和服务流动来看，物流电子商务平台主要从需求端连接到智慧物流模式中，渗透到供应链各环节，充分利用物联网技术，以原材料为起点，以消费者为终点，将整个供应链条中所涉及的商流、物流、资金流、信息流汇集到物流电子商务平台，形成大数据系统的输入信息。电子物流平台从供给端连接到智慧物流模式中，汇总物流活动中的仓储、人力资源、库存等实时静态信息并录入大数据系统，通过物联网技术对物流进程实施全程监控，形成动态信息实时传输到大数据系统中。物流电子政务平台主要从政府监管的角度出发对智慧物流模式进行微观调节和宏观把控，将物流相关政策信息、各区域间物流条例信息、政府机关对物流系统的规划、调控和设计指示等信息汇总录入到平台中，以方便政府监管。

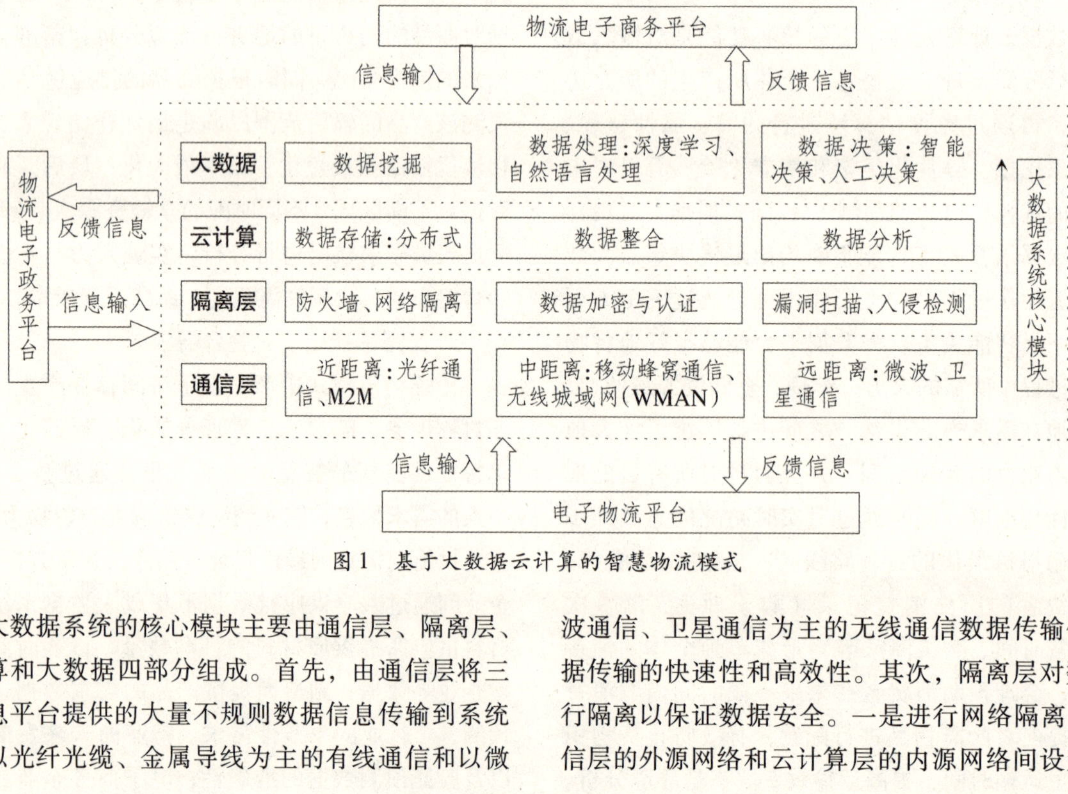

图1　基于大数据云计算的智慧物流模式

大数据系统的核心模块主要由通信层、隔离层、云计算和大数据四部分组成。首先，由通信层将三方信息平台提供的大量不规则数据信息传输到系统中，以光纤光缆、金属导线为主的有线通信和以微波通信、卫星通信为主的无线通信数据传输保证数据传输的快速性和高效性。其次，隔离层对数据进行隔离以保证数据安全。一是进行网络隔离，在通信层的外源网络和云计算层的内源网络间设置防火墙，然后将内部网络分为若干子网络，以隔离有害攻击；二是进行数据隔离，利用节点加密、端点加密、链路加密等技术对数据进行加密处理，利用精确识别认证技术防止数据的非法提取。再次，庞大的数据体量需要云存储提供硬件基础，通过大量的分布式计算机实现数据存储，然后利用云计算将复杂无序的混乱信息按照信息的重要性进行分类整理，将整合后的数据进行分析，剔除无用信息、保留有价值的数据源。最后，大数据的处理需要依靠程序化语言、人工智能、理性人合作完成，先对数据源进行二次数据挖掘，通过多重筛选提取关键信息，再通过深度学习、自然语言处理（Natural Language Processing，NLP）等方式将所收集的关键信息进行处理，运用人工智能计算、分析出最优资源配置方式，由人工审核调整，然后将决策信息通过通信层传输到智慧物流模式中的各个平台，最终反馈到实际的物流转移过程中。整个智慧物流模式可以迅速将智慧物流的供给需求信息整合，并及时有效地反馈到需求端，从而使物流运作快速高效，资源合理利用，成本大幅度削减，管理全面完善。

1. 物流电子商务平台

供应链体系包括了商品从生产到销售的全过程，实现了原材料到产成品再到商品的转换，而无论是商品形态的转换还是空间的转移都需要以物质流动作为桥梁，供应链体系是物流、商流、信息流、资金流的有效结合，基本涵盖了所有的物流活动。

传统的供应链体系中，供应商、制造商和零售商三方各司其职、独立运行，而智慧物流模式将整个供应链上游和下游融合为一体。具体来看，整个供应链的物质流动需以物联网技术为基础，从原材料采购开始，利用射频识别技术将原材料信息进行储存，经过运输到达制造企业；制造企业根据储存信息以及物流信息评估原材料的质量、数量、来源等将原材料加工成产成品，并将相关信息继续储存到射频识别系统中，经过二次转移到零售企业；零售企业同样对产成品进行质量检测、来源核查，并录入零售相关信息，商品最终转移到消费者手中，消费者通过查看射频识别系统中存储的原材料、产成品、零售商、物流等一系列信息，确保自己购买的商品安全、可靠。

从供应链物流与大数据系统的具体链接来看，在供应链物流的不断转移过程中，会产生与物流相关的需求。首先，在原材料采购过程中，采购商可以将相关原材料信息输入大数据系统，大数据系统中存储着大量的物品仓储信息以及相关商家信息，在智能分析、决策的作用下可以自动反馈相关原材料的最优供应商和最优仓储等信息；其次，在运输过程中，供应商、制造商和零售商均对仓储、装卸、运输工具、货运司机等有需求，将相关需求输入大数据系统中，经过分析相关人力、物力资源供给进行智能决策，反馈最优的运输工具、司机人选、仓储和装卸选择；最后，在分拣和配送过程中，根据商品中内嵌的射频识别技术信息与大数据平台链接，在对运输路线、商品大小、贵重程度等因素进行综合分析后进行智能分拣，然后依据商品配送信息、存量资源信息智能规划出最优配送路线，使整个配送过程高效、及时，从总体上实现资源的最优化配置。如图 2 所示。

2. 电子物流平台

电子物流平台主要从物流运输的供给端对物流过程进行全程实时监控和管理。从信息收集来看，资源提供方将仓储、人力、车辆、司机等信息作为基础存量信息录入大数据系统中，再根据动态信息来调整存量信息，并定期核查存量信息的准确性；在商品中内嵌射频识别技术，通过与无线电信号链接进行识别、读写，在运输车辆上安装 GPS 定位跟踪系统和射频识别设备，可以实时定位追踪运输车辆的位置、路线信息，另外通过射频识别设备互联进而感知每个商品的位置信息，精准地追踪物流过程中的人力、物力和商品的状态，形成最新的动态信息并在大数据系统中进行更新。从资源配置角度来看，电子物流平台是人力、物力资源的提供者，在存量信息与动态信息不断更新的基础上，大数据平台依据需求方提出的资源要求对存量资源进行最优配置。当产生仓储需求时，供给方提前接收需存储物资的信息，提前分配装卸人力和仓储空间；当产生车辆与司机需求时，根据存量信息，智能选取距离最近、成本最低的车辆和司机。如图 3 所示。

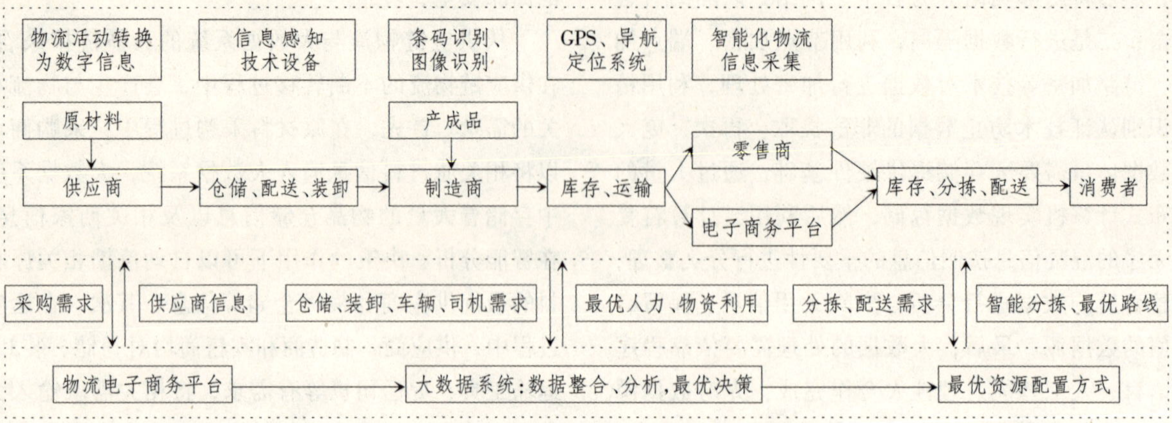

图2　物流电子商务平台

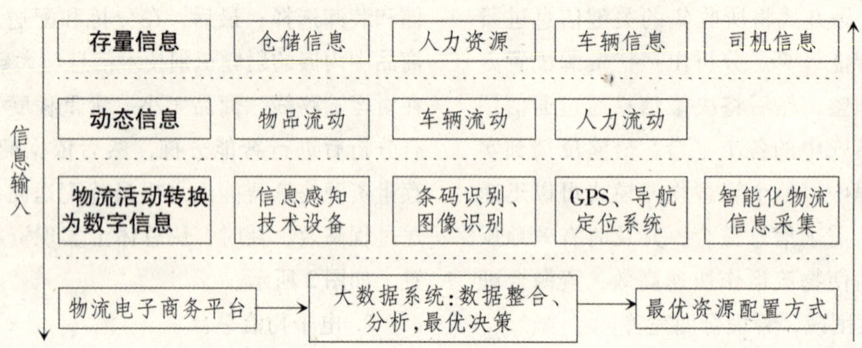

图3　电子物流平台

3. 物流电子政务平台

物流电子政务平台是政府对物流过程中的人力、物资、企业、账务、操作等的核查、监管与调控。从智慧物流模式的供给端来看，政府需要对物流资源、物流企业进行资格审查、账务处理，物流供给车辆需要提供注册、年检等信息，物流供给司机需要提供驾照、驾驶资历等身份和能力证明信息，仓储物流公司需要提供营业执照，进行资金流转则需提供账务信息等。从智慧物流模式的需求端来看，供应链相关企业在产生物流需求时需满足一定条件，如是否处于正常营业状态，是否有真实的物流需求活动等，同时需要对相关物流活动涉及的账务处理进行核实。从供给端和需求端提取的相关信息录入大数据系统中，经过分类处理将数据导出至电子政务平台，政府机关对相关信息进行确认与核查。从政府端来看，随着物流模式的不断完善与发展，物流相关政策也不断地推陈出新，政府部门将物流活动相关政策要求、区域间物流准则录入大数据系统，大数据系统自动将相关信息准则公告发给物流体系相关参与者，同时在物流活动中进行相关设置，严格按照政策条例进行物流资源配置。同时，政府端可以将可能进行的物流调控（如突发事件需要对物流路线进行调整）、相关规划与设计（如公路规划建设）等短时间或长时间的物流调整信息录入大数据系统中，以方便在发生需求时大数据系统能够及时调整，提高效率，避免损失。物流电子政务平台保证了物流体系的合规性，一切物流活动都在监管之下进行，可以保证智慧物流模式的安全稳定运行。如图4所示。

五、结论与展望

21世纪是信息时代，大数据是核心竞争力，智慧物流模式能够在信息共享的基础上实现供应链一体化、资源利用协同化、供给需求无差别对接以及物流体系的提前规划，这不仅是物流模式的更新与升级，也是新技术与时代结合的产物，智慧物流拥抱新技术的同时也要求物联网、云计算、大数据、

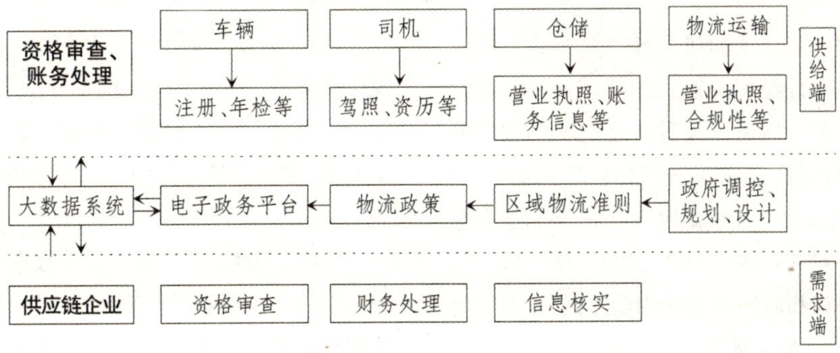

图4　物流电子政务平台

人工智能等高端科技不断创新以适应不断变化的物流需求，彼此循环推动构建共享物流商业生态系统。目前来看，智慧物流受限于社会环境、高端技术、物流发展水平等因素，未来发展方向大致如下所示。

（一）物联网应用升级

未来随着物联网技术的进一步发展，物物识别、人物识别更加精确，在仓储、运输和配送过程中能够得到更广泛的应用。首先，物联网可以捕捉仓储中的人、设备、订单、库存等所有状态，通过大数据分析实现仓储最优化和人力分拣最优化；其次，在物流运输中通过人、物的动态识别，可以将物流运输过程中所有信息归集以更好地进行责任分配；最后，将物品与配送人员匹配，实现物品的物流全产业链跟踪。

（二）人工智能全面开发，物流相关技术全面应用

未来随着人工智能、无人车、无人机等技术的成熟化，其将全面运用到物流体系中。从仓储运作来看，智能机器人将会完全代替人工，路线规划更合理、协同运作更便捷、分拣速度更快，仓储运作全面实现智能分拣，极大地提高仓储利用率。从商品配送过程来看，无人车可以替代人力进行配送。无人车完全由电子计算机操纵，对物流路线规划、信息接收传递更为敏感，同时结合人脸识别技术等实现配送过程的全面优化。

（三）线上线下一体化

电子商务近年在我国实现了飞跃式发展，但在其他一些国家如日本却远远不如实体店，所以电子商务仍有其局限性，线上线下一体化才是未来发展的方向。智慧物流作为物流新业态可以很好地与“新零售”相融合，智慧物流平台为“新零售”提供信息支持、技术支持、仓储支持、数据支持等，电子商务实现线上下单、线下门店或者仓储配送，缩短配送时间、削减运营成本，同时提升客户的购买体验。“新零售”同时也为智慧物流提供用户消费数据，助力物流平台的预测优化，二者相互推动，循环作用，打造销售—物流新模式。

（四）区块链技术应用

区块链的本质是可追溯的分布式存储数据的账本，在数据存储、传输、保密方面有着较强的优越性，可以与智慧物流平台相结合优化信息传输，保障数据安全。基于区块链匿名性的特点，将智慧物流平台中的各个企业作为单个节点，在区块链应用中各个企业间进行信息交互，保护了企业的私密信息，基于数据可追溯特性，各个节点传输的数据信息都是可追溯的，有利于防止数据丢失和确立责任分配机制，基于非对称加密技术可以很好地保障数据传输过程中的安全性[31]。

注释：

①日流量20万×20万/日的订单数据，在二维表中可以表示为x轴为时间，y轴为购买商品的种类（如自行车、水壶等），将二维表扩展可以形成多维矩阵的数据立方体（类似于将二维图扩展为三维图）。

②恶意模型是指支持恶意参与方存在的安全模型。恶意参与方在协议执行中，不仅可以做任何事情来推断其他参与方的隐私信息，而且可以更改原始输入、篡改交互信息及中断协议执行，而恶意参与方对数据的破坏会导致算法的复杂性增加，将需要更加复杂的安全协议来保障协议的安全性。

参考文献：

［1］李隽波，谢奇洁．谈如何缓解“双十一”物流曲棍球棒效应［J］．对外经贸实务，2014（4）：89－91.

［2］张锦，陈义友．物流“最后一公里”问题研究综述［J］．中国流通经济，2015，29（4）：23－32.

［3］黄惠良，吴志华．大数据时代的物流信息安全意识亟待强化［J］．物流技术，2013（22）：18－23.

［4］戴定一．再谈物联网与智能物流［J］．中国物流与采购，2010（23）：36－38.

［5］何黎明．中国智慧物流发展趋势［J］．中国流通经济，2017（6）：3－7.

［6］王喜富．大数据与智慧物流［M］．北京：清华大学出版社，北京交通大学出版社，2015.

［7］MANYIKA J，CHUI M，BROWN B，et al. Big data：the next frontier for innovation，competition，and productivity［R］. Chicago：McKinsey Global Institute，2011.

［8］张文，苏玉．云计算环境下的大数据特征挖掘技术研究［J］．现代电子技术，2018，41（20）：161－164.

［9］孙彬，王东．“一带一路”物流中心大数据体系的建设［J］．中国流通经济，2017，31（8）：32－40.

［10］陶君成，潘林，初叶萍．大数据时代城乡物流网络重构研究［J］．中国流通经济，2016，30（11）：22－32.

［11］付平德．基于大数据的智慧物流模式构建［J］．物流技术，2018，37（1）：135－139.

［12］张向阳，袁泽沛．网购时代我国“智慧云物流”平台体系与协同运营模式研究［J］．中国科技论坛，2013（7）：99－104.

［13］王继祥，张晓娜．智慧物流引领未来［N］．中国邮政报，2018－08－21（04）．

［14］王珊，王会举，覃雄派，等．架构大数据：挑战、现状与展望［J］．计算机学报，2011，34（10）：1741－1752.

［15］武玫，杨德华．知识管理的实质和知识管理系统的发展［J］．计算机应用研究，2004（3）：1－5.

［16］高连周．大数据时代基于物联网和云计算的智能物流发展模式研究［J］．物流技术，2014，33（11）：350－352.

［17］崔贯勋．基于云计算技术的 MOOC 实践教学平台［J］．实验室研究与探索，2015，34（8）：119－123，157.

［18］徐勇．利用大数据资源打造集约化快递［N］．现代物流报，2013－12－03（06）．

［19］顾九春，刘璐，姚琛，等．快递物流跟踪信息交换模型及应用研究［J］．计算机应用研究，2015，32（9）：2712－2715.

［20］刘虹玉，王双金．大数据在仓储物流中的发展与应用——“大数据与智慧物流”连载之三［J］．物流技术与应用，2017，22（3）：134－136.

［21］2018 年中国智慧物流行业发展现状及发展趋势分析［EB/OL］．（2018－03－06）［2018－10－31］．http：//chyxx. com/industry/201803/616105. html.

［22］李雨倩．大数据——无人车的灵魂之眼——“大数据与智慧物流”连载之六［J］．物流技术与应用，2017，22（9）：146－147.

［23］张晓芹．基于大数据的电子商务物流服务创新［J］．中国流通经济，2018，32（8）：15－22.

［24］张春霞，彭东华．我国智慧物流发展对策［J］．中国流通经济，2013，27（10）：35－39.

［25］符瑜．我国智慧物流的发展趋势与提升策略［J］．对外经贸实务，2018（1）：90－92.

［26］梁红波．云物流和大数据对物流模式的变革［J］．中国流通经济，2014，28（5）：41－45.

［27］李亚曼，崔乐乐．基于精准画像的京东 1 小时达——“大数据与智慧物流”连载之四［J］．物流技术与应用，2017，22（4）：148－150.

［28］孙哲．大数据环境下物流企业信息安全管理分析［J］．中国新通信，2018，20（6）：164.

［29］吴萍．“互联网＋”背景下智慧物流发展的新动能、态势与路径［J］．商业经济研究，2018（7）：81－83.

［30］黄晓野，高一兰，纪玉山．基于商业生态系统理论的我国智慧物流发展对策［J］．商业经济研究，2018（17）：96－98.

［31］李佳．基于区块链的电子支付变革及展望［J］．中国流通经济，2018，32（10）：16－25.

原载于《中国流通经济》2019 年第 2 期

“新零售”背景下的“新物流”

赵树梅　门瑞雪*

（长春中医药大学，吉林　长春 130117）

摘　要：“新物流”是新时代供应链系统中一个重要的组成部分，具体是指基于互联网、人工智能、物联网、云计算、大数据（也包括小数据）、区块链等先进的信息技术，将标的物从出发地运往目的地或消费者手中并与服务相结合的一系列过程。“新物流”不仅包括“新零售”物流，也包括其他以“互联网＋”等新技术为依托的所有区别于传统物流的新的物流活动及模式。“新物流”模式是在现有物流模式基础上产生的、由新技术驱动并更加注重物流服务性职能的一种创新型物流模式，其中“新零售”物流最为典型，其代表性企业有亚马逊、菜鸟网络、苏宁、顺丰、京东等。“新零售”物流发展的制约因素主要有理念误区、轻视场景化体验、管理模式陈旧、专业人才短缺、相关政策落实不到位等。发展“新零售”物流，要用创新发展理念指导实践，持续提升顾客体验，创新管理模式，加大政策层面的支持力度，加强专业人才培养，建立和完善企业识别系统，不断开拓新领域、寻找新的蓝海，强化国家物流基础设施建设。“新物流”是未来物流业的发展趋势，只有与“互联网＋”等新技术、全球化、服务创新、合理的资源配置等多方面结合，才能更好地促进物流业持续向好发展。

关键词：“新物流”；“新零售”；“新零售”物流；顾客体验；区块链

一、问题的提出

（一）“新物流”产生的背景

“新物流”概念并不是近几年刚刚出现，早在2000年前后就已见诸国内报纸和期刊，但其被业内更多关注还是在2016年10月“新零售”的提法出现之后，且近两年其热度不断升级。

“新物流”的产生既有宏观环境因素，也有微观环境的作用。随着经济发展和社会进步，消费者需求发生了巨大变化，“新零售”要求结合线上线下及物流发展，更好地为消费者需求服务。互联网、物联网、大数据、云计算、人工智能、5G、区块链等新技术的迅猛发展催生了“新零售”和“新物流”，并为之提供强大的技术支撑。

“新物流”产生的主要政策背景，可以追溯到2009年物流行业被正式确定为国民经济中的第十大产业。2013年，习近平主席提出“一带一路”倡议，得到国际社会的热烈响应，为我国物流业发展带来新的机遇。中共十九大及2018年两会期间，习近平主席和李克强总理都提出关于加强我国物流业发展及运用新技术、新业态、新模式等大力改造提升传统产业。国务院办公厅等部门于2017年前后发布了《国务院办公厅关于积极推进供应链创新与应用的指导意见》《国务院办公厅关于进一步推进物

* 赵树梅（1968—），女，吉林省长春市人，长春中医药大学教授，主要研究方向为市场营销学、物流经济学；门瑞雪（1963—），本文通讯作者，女，吉林省长春市人，长春中医药大学教授，主要研究方向为消费经济学、马克思主义经济学。

流降本增效促进实体经济发展的意见》等相关政策文件，推进供应链创新被上升到国家层面，旨在推动物流降本增效、促进产业结构调整和提升国民经济整体运行效率。

2018 年 5 月 31 日，“2018 全球智慧物流峰会”在杭州举行，主题为“新物流时代”，这是“新物流”发展进程中的一件大事，在业界营造出“新物流”与“新零售”相伴而来的浓厚氛围。其后，各种与“新物流”相关的理论探讨和具体实践纷纷展开并进入公众视野。而“新物流”正是在这样的氛围和理论研究与实践运作的基础上产生并日渐发展，且与“新零售”和现代产业发展相配套，共同为社会的发展和进步起到推动作用。

（二）“新物流”的理论溯源

“新物流”的理论基础，追根溯源，还是来自传统的物流基础理论、市场营销学理论、价值链理论、供应链理论等。物流行业目前包括货运、快递、电商物流、冷链、同城物流、跨境物流，等等。物流概念最早来源于美国。物流评价体系一般有五个主要因素，即品质、数量、时间、地点和价格。

1. 物流活动自古就有。中国古代的“丝绸之路”及国内水陆运输，都可见物流活动的踪影。国内近代较早提到物流，是 1894 年孙中山上书李鸿章时主张“人能尽其才，地能尽其利，物能尽其用，货能畅其流”，主张效仿西方国家在中国进行改革，但此建议并未得到当权者重视。

2. 物流的概念由日本传入我国。20 世纪 50 年代，日本赴美国考察团从美国引入了物流理念（物的流通），后于 20 世纪 70 年代传入我国，中文被译为“物流”。依据经济制度的发展变化，一般将中华人民共和国成立后的物流发展分为三个阶段，即改革开放前、十一届三中全会至 2001 年年底我国加入世界贸易组织（WTO）、2001 年年底到现在。其间我国的物流业从起步、初步发展到融入供应链并成为其中的一部分经历了颇多曲折，但目前我国物流整体仍处于发展的中级阶段，与高速发展的信息技术相匹配还有很大距离。

3. 市场营销学科正式建立后，物流大多在市场营销学中的分销渠道理论部分有所提及。菲利普·科特勒提出传统物流已经扩展到一个更宽泛的概念，即供应链管理。供应链作为一种系统理论，是在迈克尔·波特价值链理论基础上提出的，他认为价值链强调的是单个企业的竞争优势。桑克和戈文达拉加（Shank & Govindarajan）扩展了价值链的范围，詹姆斯·沃麦克和丹尼尔·琼斯（James Womack & Daniel Jones）将价值链理念拓展为价值流。供应链的定义是 1996 年由赖特（Reiter）在整合了上述价值链和价值流思想的基础上首次提出的，即“供应链是一个实体的网络，产品和服务通过这一网络传递到特定的顾客市场。”格里芬（Gerrifi）于 2001 年提出了全球价值链概念，揭示了全球产业的动态性特征。全球物流进入供应链时代，业内比较集中的看法是始于 2005 年 1 月。

由上可知，“新物流”和传统物流都是供应链的组成部分，但“新物流”包括传统物流中的有效成分并区别于传统物流，也是连接供应、生产与消费的纽带，在新时代更加体现出其服务赋能及提供消费者体验的属性。

二、“新零售”下“新物流”的内涵

（一）“新物流”的内涵

“新物流”作为一个新概念是相对于传统物流而言的，从实质上来说，没有“新物流”，就不会有“新零售”和“新制造”；但作为“新零售”和“新制造”支撑的“新物流”，其内涵比传统物流更广泛，[1]它不仅支撑“新零售”和“新制造”，也是国民经济的重要支撑，与零售业进入“新零售”时代相对应，物流行业即将进入一个新时代[2,3]。业界和学界近两年关于“新物流”的观点虽然各有不同[4]，但也有一些共识，即“新物流”支撑“新零售”，必须以新技术和大数据作为驱动力[5]。阿里研究院关于“新零售”的定义是“以消费者体验为中心的数据驱动的泛零售形态”，也有学者据此推导出“新物流”的含义应是“以货物流通为基础的数据连接技术推动的服务支持体系。”这些说法都有一定道理。但是，“新物流”作为一个全新的概念，还应包括更广泛的含义。

本文研究的“新物流”的内涵，主要是指新时代新的物流体系，它是新时代供应链系统中一个重要的组成部分，具体是指基于互联网、人工智能、物联网、云计算、大数据（也包括小数据）、区块链等先进的信息技术，以新时代理念和思维为引导，将标的物从出发地运往目的地或消费者手中、并与服务相结合的一系列过程。“新物流”注重公开、竞合、共享、协同，强调智慧、绿色、高效、安全。比如亚马逊有一项“新物流”服务叫“供应链关联”：如果您与供应商合作，并由供应商将库存直接发送到亚马逊运营中心，此服务可让供应商利用有限的权限，通过供应链关联门户网站访问您的货件；与此同时，与您合作的制造商、货运代理和批发商都可以使用此服务，这样多方可以共享信息，简化运输流程，还可以即时跟踪货物运行轨迹。

“新物流”的组成，不仅包括对传统物流的升级与重构，也包括对传统物流的破坏性创新及新的创造（更加注重顾客体验等），并不断地处于动态发展过程中。这里的大数据，是指未来数据网络的发展趋势将会是官方、民间、移动终端等多方面的相关数据直接相连，并最终将形成一个新的大型数据网络即数联网；这里的小数据特指个性化数据，即“新物流”不仅比传统物流范围更广，所服务的顾客群体针对性和精准性更强。“新物流”既涉及国家政治和经济政策、环境、法律、科学技术、社会文化等宏观层面，也涉及企业自身的组织管理、物流系统具体运行、供应链渠道中上下游利益相关者的竞争与合作、与客户和终端消费者的连接等微观层面。

“新物流”可以帮助消费者在最方便的时间和地点，随时都可以买到自己需要的商品。本文主要以“新零售”背景下的“新物流”为研究对象。

（二）“新物流”与传统物流的联系与区别

1. 二者的联系。“新物流”的发展以传统物流为基础，并吸收传统物流中的积极因素，同时更是基于传统物流的不足与缺陷寻找新的降本增效途径，并伴随消费者新的需求、科技与社会的进步而产生的旨在保证“新供应”“新制造”“新零售”等顺利进行，并作为供应链必要组成部分的一系列服务过程。

2. 二者的主要区别。①传统物流是交易营销模式下的物流配送，以追求利润为主要目标，不注重培育企业与客户的长期合作关系。目前我国比较先进的第三方物流配送占整体物流配送的比例与发达国家相比还很低，且传统物流的成本一直居高不下。“新物流”是追求关系营销模式下以顾客需求为中心的物流模式，注重与客户的长期合作，积极与上下游合作伙伴之间协同配合，关注整个供应链的良性运转[6]。②传统物流更多注重传统方式下的简单物流配送，对物流资源和人力资源都造成很大浪费，且无法满足顾客日益提高的便利、安全、绿色、高效、智能等更多要求[7]；“新物流”强调的是商流、信息流与物流的结合以及整个供应链的协同发展，追求上下游等利益相关方及客户的多方互利共赢[8]，更加注重人工智能、大数据、云计算等新技术的应用，从而使物流业的综合效益大大提高，可以更好地促进我国物流业可持续发展。③传统物流不重视物流服务层面的职能，不能营造良好的客户体验环境，导致物流活动缺乏创新，发展滞后；“新物流”更注重物流本身所具有的服务属性，强调客户体验是影响物流成败的关键环节。

（三）“新零售”下“新物流”发展的代表性企业

随着“新物流”概念逐渐走入公众视野，在新技术的不断驱动下，“新物流”的具体实践风起云涌，并成为未来物流的一种新方向。其中，“新零售”物流又是“新物流”中最活跃的组成部分。“新零售”物流的代表性企业，国外比较典型的有美国的亚马逊、联合包裹（UPS）、沃尔玛和谷歌等；国内的典型代表是菜鸟网络、苏宁、海尔、顺丰、京东等一些企业。这些公司都已经在“新零售”物流方面走在世界前列，主要是电商物流和快递物流，且几乎都已申请或实践操作过无人机送货。虽然无人机送货因为各种现实问题目前还不被大众看好，但如果相关配套措施逐步完善，在不远的将来，无人机或可以飞行的汽车送货都可能成为现实。

2018 年是“一带一路”倡议提出五周年，以菜鸟、顺丰、京东等为代表的中国物流快递公司和以中远集团为代表的中国货物物流公司，都在探索如何借“一带一路”把自己的影响继续扩大到国外。比如：顺丰积极与美国及世界大型物流公司 UPS 合作；中远与国外很多港口、码头合作；天猫与菜鸟于2018年1月开始与线下的屈臣氏等诸多商家合作，使用它们作为前置仓，并推出门店发货、定时送达的即时物流服务。以上这些企业都是开启“新物流”实践的一些代表性企业，它们在转换为“新物流”的管理和运营机制后，既提高了物流运营效率，也提高了企业综合效益。

三、“新零售”背景下“新物流”的模式及制约因素

（一）“新物流”模式出现前物流模式的发展历程

探讨“新物流”的模式，先要结合传统的物流模式分类和其他一些已经存在的物流模式展开论述。关于物流模式的理论具体有如下几种。

1. 第一方物流和第二方物流。第一方物流和第二方物流是并列存在的两种物流模式。第一方物流即企业自组织物流，但由于自组织物流往往不是生产和供应企业的核心业务，物流运作效率低下且浪费企业资源，加上其容易导致库存增加等原因，目前已经不是市场物流的主要模式。第二方物流指由买方（供应链中的分销商）承担的自己采购商品的物流活动。第二方物流会增加买方（主要是分销商）的经营成本，而且买方很难建立属于自己的有效物流网络，因此它们往往更愿意选择服务更好、价格低廉的第三方物流服务，并建立长久的合作关系来确保自身物流需求。

2. 第三方物流。第三方物流是第一、第二方物流公司由于自身发展核心业务及降低成本的需要而产生的，也称作委外物流或合约物流，是指可以独立提供物流服务或者可与相关物流服务业者合作共同为其他公司提供物流及其相关服务的公司。目前中国第三方物流所占的比例还比较低，无法为企业提供更多资源整合服务[9]。

3. 第四方物流。第四方物流是一个包含物流咨询与策划的平台，也可以说是一个供应链的集成商，它为前面三种物流提供一系列供应链解决方案。与第三方物流相比，其优势在于本身具有丰富的物流管理经验和供应链管理技术，但不能提供实质的物流服务，却能很好地利用外部资源提供一系列经过优化的商业解决方案。第四方物流是第三方物流的管理者和集成者，并以第三方物流的发展作为基础，同时通过第三方物流整合社会资源。

4. 第五方物流。第五方物流是指专门为前面四种物流模式提供物流系统优化、物流信息平台、供应链集成及资本运作等增值性服务的活动。严格地讲，它属于电子商务或信息中介企业。比如位于安徽芜湖的以“第五方物流”切入市场的共生物流平台，就是一个“B2B2车”的第五方物流平台。

5. 第六方物流。第六方物流是一种现代综合物流服务方式，是以电子网络为服务平台，将第三方物流和产业链进行虚拟的资源组合，通过现代数字化系统集成完成流程操作。“第六方物流”概念在国内由泰隆集团董事长、中国国际海运网首席执行官（CEO）康树春提出。

6. 第七方物流。第七方物流的概念由香港鑫亚集团股份有限公司董事长张长德先生于2009年3月提出，指利用金融信息化交易手段，将原来的“物—货币—物”的货币交易模式，变化为“物—物”交易模式，形成超越且包含前面六种物流模式的一种新型物流模式，旨在加速资金安全流动。

张长德先生将第一方物流至第七方物流的概念高度概括为：第一方物流为供方提供物流服务；第二方物流为需方提供物流服务；第三方物流为供需双方提供物流服务；第四方物流为全产业链提供物流解决方案服务；第五方物流为全产业链提供物流信息服务；第六方物流为全产业链提供物流金融服务；第七方物流为全产业链提供物流信用服务。

以上物流模式之间的演进逻辑如下：第二方物流与第一方物流并列存在，都是由买方或卖方亲自参与实施的物流模式。但随着社会经济的发展与竞争的加剧，许多生产和经营性企业越来越回归其核心业务本身，因而出现了对独立的、第三方物流的迫切需求。20世纪90年代，发达国家的第三方物流加速发展。我国第三方物流的发展则是在加入WTO之后。第三方物流模式出现后，使很多企业可以专注于核心业务本身，既节约了成本又提高了生产效率。但随着市场需求的不断变化和社会发展进入信息时代，企业及其客户对信息及服务的要求日益提高，整个社会都迫切需要有一个平台将与生产、

服务和物流相关的资源集中展现出来，以利于供求相关各方更好地连接与沟通并获得更多综合效益。这种需求无法由第三方物流本身独立承担和满足，于是，新的需求相继催生了第四方、第五方、第六方、第七方物流及“新物流”。以上各种物流模式的发展进程，说明每一种新的物流模式的出现，都是基于之前物流模式的不足和无法解决的新矛盾，因此物流模式演进是在不断地解决已有矛盾及新矛盾的过程中继续向前发展。正是基于此种原因，“新物流”的产生成为一种必然。

（二）“新零售”背景下的“新物流”模式

“新物流”模式的出现，是以上七种模式在发展和演进过程中又出现了新的矛盾和契机，包括新技术使社会经济获得颠覆性发展、第四次工业革命开始、国内外宏观和微观环境改变、零售业发展出现拐点等因素的叠加影响及诸多原因，对物流业的发展提出了新的要求，“新物流”的产生成为必然。

“新物流”并不仅仅是指“新零售”物流，它是“物流全要素、全流程、全场景的重构，是对传统物流的整体升级，应包括物联网（IoT）技术、“新零售”物流与全球化网络三部分[5]。“新物流”模式是在综合以上七种物流模式基础上产生的、以“新零售”时代的到来为契机而又超越“新零售”物流本身的一种由新技术驱动的、注重物流服务性职能的创新型物流模式。这里我们主要探讨“新零售”物流模式。

笔者认为，未来“新零售”物流模式，还会随着社会进步、科技发展、消费者需求而远远超越以上范畴，演变成一种更广范围内的以产品物理位移及所有权转移为基础、作为整个供应链体系一部分的、由新技术驱动并包括生产性及生活性内容的服务支持体系。比如，带翅膀的能飞的汽车可能成为未来物流配送的常用工具之一，无人机限时配送可能更加普遍，可提供互动体验的“互联商店”将会更多，自动补货的“智能厨房”（正在试点）即将成为现实，等等。“新零售”物流未来最重要的发展方向，就是基于新技术的发展和社会的不断进步，以消费者需求为中心，追求便利、安全、高效、绿色、协同、一体化的目标，连接供应、生产与消费，更注重服务创新与消费者体验，成为“新零售”和“新制造”的前提和保障。

（三）“新零售”物流发展的制约因素分析

目前，无论是电商还是实体零售店，都在寻找突破口，力图从线上线下与物流相结合的角度，开辟新的市场和发展方向，这一目标需要“新物流”的全力支撑才能最终实现。但是，物流企业在发展过程中，也遇到了很多阻碍因素。具体来说，“新物流”发展的制约因素主要有以下几点。

1. 理念上的误区。“新物流”在很多人眼里，还只是人工智能、机器人、无人机、无人驾驶汽车等，这是一种误解。物流理念创新，不仅要认识到“新物流”的具体运作方式，更要从较高层面认识到“新零售”物流是现代供应链的一个组成部分。从前业界对它的定性只是生产性服务业，现在我们一定要认识到它同时已是生活性服务业的重要支撑。“新零售”物流不仅体现为有先进的交通运输工具和很多高科技的支撑，更要有创新的服务理念，包括开放、协同、共享、包容、绿色、高效、智慧等先进理念的指导与运用。目前，还有相当一部分物流企业的服务意识不强，没有把市场发展方向的着眼点真正放在顾客身上，从而无法真正把“新物流”接轨到自身业务中。

2. 轻视“新零售”物流的场景化体验导致顾客流失。目前许多物流企业在具体操作过程中不注重服务过程中的场景化体验，无法很好地支持“新零售”，导致顾客大量流失，从而影响企业经济效益。商品的物流环节与实体店销售环节如果不能很好地衔接，就无法更好地满足顾客的现场体验需求，会直接导致商品销量受影响。比如，某大品牌空调在大商场柜台销售时只提供商品模型机供顾客参考，真正的空调商品则要等到顾客交完款、物流送到家之后顾客才可以亲自调试，导致顾客不满意后离开。而另一家大品牌空调的柜台提供空调样品实机供顾客现场操作，并在调试过程中让顾客亲身体验到空调的静音状态和进风情况，顾客当场就作出购买决定。物流将顾客新购空调送货到家后进行安装时，顾客除了可以看到整个售后安装过程，还可以看到工作人员随身佩戴的手机在执行即时定位监督功能，使供货方的相关监督检查部门可以更好地对其服务状况进行实时跟踪检查，以确保工作人员按时、保质、高效地完成售后服务工作。这些跟物流直接相关的场景化体验就发生在顾客家中，从而使顾客满意度提高。这种物流服务过程的体验就是一种多方共同参与的、可以实现多方共赢的体验式服务。类似情况在其他领域也广泛存在，其中不仅有物流环节与零售环节的原因，更主要的是企业对“新物流”与“新零售”理解不到位，没有高度重视消费者体验这一决胜环节。

3. 物流企业陈旧的管理模式无法与“新物流”接轨。有些物流企业缺乏远期发展规划和目标，只是单纯地为物流而物流，过度关注短期经济效益，忽视长远社会利益；同时不注重企业的社会信用，使自己的企业形象难以获得公众的广泛认同，也无法适应物流企业转型升级的要求。另外，有些企业本身的管理水平已是业内翘楚，但由于过度化管理使企业忽略了经营的本质，造成管理大于经营，从而导致企业亏损。这些企业往往早期经营方向正确、管理规范，但在走向规模化和集团化的过程中却渐渐丧失了对市场竞争环境和外界变化的敏感性，逐步落后甚至被时代淘汰。智能手机出现后，诺基亚公司的衰落就是如此。智能手机的触屏技术原本是诺基亚的发明，但它为了几十亿美元的利润而放弃了自我革命，结果为竞争对手制造了新的市场机遇，却把自己推向了深渊。可见，传统物流企业要转型为“新物流”企业，必须首先打破陈旧、落后的管理体制，在自己组织内部进行革命和创新。

4. “新物流”专业人才短缺。目前物流企业人才短缺问题严重，尤其是缺乏高级物流管理人才，导致企业物流缺乏规范统一的指导和布局，影响到企业物流实际运营的效率提升。根据长风职业教育研究院的调查，我国物流从业人员以年均6.2%的速度增长，每年新增180万人左右的物流岗位需求，但每年我国开设物流专业的院校、第三方培训机构、公共实训基地等加起来的人才供给不过50万人，物流人才的培养数量仍然无法满足社会对物流人才的需求，各个层次的物流人才都非常紧缺。“新物流”大趋势下，需要的是物流企业之间、物流企业与其他企业之间、企业的物流部门和其他部门之间等多方面协同运作，更需要大量掌握和了解宏观管理体系、熟悉全供应链流程、精通物流管理运作的“新物流”高级管理人才，否则会影响到整个物流行业的绩效，因此，物流高级管理人才匮乏，是当前迫切需要解决的问题。

5. 对“新物流”相关政策执行情况的监督工作还有待进一步加强。目前，在政策层面，虽然产品及其物流信息可追溯工作方面的政策法律逐步出台，但还远远不够。比如，在医疗产品信息可追溯新政方面，有一个非常及时的政策就是《国家药监局关于药品信息化追溯体系建设的指导意见》。但此新政是先从目前出现问题较多的疫苗、精神类药品等开始着手，还做不到全部医疗产品都可以用先进的信息系统查询到最初来源和追踪到最终去向。除此之外，在更广阔的食品、药品、化妆品、服装、日用品及其他领域，也存在政策执行、管理、监督不到位的情况，这是“新物流”发展的严重障碍。

四、“新零售”物流发展的路径选择

适应未来社会经济高质量发展的“新物流”体系，也应是智慧、高效、安全且能给客户带来更多便利、更好体验和更多选择的物流供应体系，同时也是国民经济整体供应链的一个有机组成部分。探讨“新物流”供应链体系的组成与构建，既要区别于传统物流体系，还应结合传统物流体系中可以为“新物流”服务的一切积极因素。总体来说，“新零售”物流的发展路径主要包括以下几方面。

（一）以创新的思维方式和发展理念指导实践

在宏观层面，国家各级政府部门要做好引导，让企业认识到“新零售”物流不仅是生产性服务业的一部分，同时也是生活性服务业的重要支撑；它不仅依靠高新技术驱动，更要依靠创新理念支持。创新发展理念是国家五大发展理念的方向和首要理念，宏观层面可不断释放积极信号，在全国范围内形成一种支持“新物流”发展的良好氛围，消除相关“新物流”企业的顾虑，鼓励大胆创新。

在企业层面，很多传统物流企业难以实现创新发展，最大的障碍是理念滞后。创新的理念和思维方式是企业持续发展的源泉，因此，今后“新物流”企业要以全新、发展、高质量、国际化的理念指导自身发展。比如，中国企业可以通过上海进口博览会、德国汉诺威工业博览会、全球物流与供应链大会、国际消费电子展（CES）等国际博览会以及其他国际窗口，积极与国际同行开展深度合作，彼此互用对方的物流渠道拓展服务范围。腾讯、阿里、海尔、华为、苏宁、亚马逊等企业在这方面已经开始积极行动。事实证明，企业与合作伙伴之间互相开放平台，共享资源，最后的结果是互利共赢。国内的物流企业之间，物流企业和供应企业、生产企业及零售企业之间，都可以形成生态伙伴的合作关系，成为物流生态供应链的一部分，在共享资源和渠道的同时也共享经济利益，这是世界范围内企业的发展方向。

（二）持续提升“新物流”的顾客体验，并赋能城市的全要素发展

提升顾客的场景化体验，将是未来“新物流”不断赢得顾客的核心环节，因此在实践中应该将其放在核心位置。物流在过去一直被定性为生产性服务业，但未来“新零售”下的“新物流”会愈加体现出其生活性服务功能的一面。快递物流在体现顾客体验方面尤其明显。比如，当顾客在网上一键下单同时购买晚餐火锅需要的几种产品时，线下仓储往往是四五个仓库同时运作，全渠道相互配合，前置仓、生鲜仓、冷链仓、共享协同仓等同时开始工作，这样，大约四个小时之内可以保证顾客购买的商品从城市及其周边不同物流仓储中心发货运达。整个物流配送链条中各个节点都有人工和大数据的协同合作，也有各仓储中心之间和不同物流公司及不同商家之间的协同共享服务，从而保证在第一时间满足顾客需求。快递商品在其实体从生产者向消费者移动的整个物流运输过程中，尤其是在交付最终消费者的“最后一公里”“最后一米”环节，服务的功能会直接与消费者相连接，顾客的体验直接决定着物流企业在公众心目中的形象，甚至决定物流企业未来的成败，因此在“新物流”的发展中应该更加注重顾客体验这一环节。

另外，“新零售”下的“新物流”也可和大数据等新技术结合，积极利用国家城市新政红利，为城市的创新发展服务。比如正在建设的雄安新区，在利用大数据等先进科学技术大力进行城市建设的同时，也在试点打造一个与实体城市完全镜像的全时空感知、全要素联动、全周期迭代的虚拟城市（数字智慧型城市）。届时在新的城市中，大到一个社区，小到一个房间和一扇门窗等，每一个空间都有自己的身份证和属性表，城市中更多微观单元都可用数据精准定型，并在城区内实现物联网全覆盖，打造民众生活新体验。再如，作为离岛免税新政重大标志性项目的海口免税店与博鳌免税店于2019年1月19日正式开业，两店经营涵盖化妆品、箱包、首饰、食品等38大类免税商品，所有货品均统一从原产地直接采购、海关全程监管，以真诚服务确保提供高质货品。“新物流”作为未来物流发展的风向标，在这样的城市中将可以用大数据等新技术对其更多赋能，实现“新物流”与新城市的官网、民间网、移动终端网的互联互通，从而更好地为生产和生活服务。

（三）不断提升企业经营品质并创新管理模式，与“新物流”接轨

企业经营品质主要指企业在技术创新、服务创新、市场地位、成本削减等方面的表现。在当今市场环境中，企业只有持续提升自身经营品质，不断创新管理模式，才能更好地与“新物流”接轨。企业应支持“新物流”积极为企业自身及合作伙伴进行技术赋能、服务赋能、管理赋能，培养物流业的“隐形冠军”。赋能，将成为未来新的商业业态。

未来，企业可以借助大数据、人工智能、区块链等诸多新技术协助“新零售”下的“新物流”做到与利益相关企业互联互通，从而极大地提高企业运营效率和经济效益。这方面已有部分企业走在了前面。比如，苏宁云仓就打破了以往的传统仓储和补货模式，在仓储品类、管理方式、装备与技术等层面用新科技重新布局，2016年11月开始投入运行的南京苏宁云仓，实现了2000万件商品从入库、补货、拣选、分拨到出库全流程的智能化作业，日处理包裹最高达到181万件，拣选效率达到每人每小时1200件，在“双十一”当天，第一个订单仅仅花费了7分钟就完成了出库。与苏宁相似，阿里巴巴、腾讯、京东等近两年也通过新技术应用布局“新物流”，同时探索提供从需求预测、运输配送、市场分析等在内的全方位智慧供应链服务，成为中

国先进的“新物流”供应链基础设施服务商，为物流企业未来构建人、货、场的“新物流”生态系统及物流业综合效益的提高提供了重要保障。

当然，这些“新物流”骨干企业各自发展的侧重点和赋能“新物流”的切入点也有所不同。阿里入股苏宁、三江购物、银泰、百联集团、新华都，同时不断进军新兴产业和海外市场，成立了盒马鲜生、零售通天猫小店、阿里全球速卖通等，以便于面向国内外市场打造在线交易平台。腾讯有积累多年的数以亿计的社交流量和网络支付数据，同时依托零售为其新的突破口，在支付尤其是微信支付上积累了数以亿计的数据资源，从而使其有能力为“新零售”和“新物流”赋能，也可帮助它与更多伙伴合作，还相继入股了永辉超市、海澜之家，投资万达、拼多多、唯品会、美团等，综合效益明显提高。可见，“新物流”的实践使物流企业的经营品质不断提升。

在管理模式创新方面，“新物流”企业应始终围绕业务经营为核心而不断改进管理，面对市场时应做到应对措施灵活多变，包括实行柔性管理、个性化管理、平台化管理、战略一体化管理等。“新物流”企业也可以将个人家庭生活计划、客户企业日常供需计划与自身管理与服务相连，不断将创新管理模式与创新服务模式相连，在实现管理创新的同时，也实现服务延伸和服务增值。比如，亚马逊公司于2015年8月率先开发了Dash按钮，可以接入家庭无线网络，实现消费者家里的储藏室可通过智能系统自动感应到何时缺少常备物品，顾客只要按下按钮，就可以在亚马逊网站上直接下单购买。这个购买过程就是亚马逊将企业创新的个性化、柔性化管理与创新的服务模式相连接，从而实现了服务延伸与服务增值，以满足顾客日益变化和提升的需求。另外，“新物流”企业管理还可以与合作伙伴、移动端等方面相结合，开发出更多创新的管理模式，从而更好地与“新物流”接轨。

（四）加大高级物流专业人才培养力度，为“新物流”的发展提供人才保障

随着“新物流”的发展，相关方面应采取多种措施，不断发展壮大高级物流人才队伍，为“新物流”的发展提供智力和人力支持。同时，也应不断加强中级和基层物流人才的持续性培训，以提升物流队伍人员的整体素质与能力。

目前，我国高素质技能型物流人才十分匮乏，物流人才总量供给和人员结构均不能与物流发展实际相匹配，这种客观实际严重阻碍了我国现代物流业的良性发展。根据中国物流与采购联合会提供的数据，2016年全国社会物流总额229.7万亿元，2017年为252.8万亿元，按可比价格计算，同比增长6.7%，增速比上年同期提高0.6个百分点。2018年上半年，全国社会物流总额为131.1万亿元，按可比价格计算，同比增长6.9%，增速比一季度回落0.3个百分点。当前只有加快建立较为完善的物流人才教育培训体系，才能适应物流业日益增长的人才需求。物流人才培养模式方面也应由相关各方共同努力，共同发展。比如高等院校、职业技术学校、社会培训机构、政府相关部门等，都可以成为物流专业人才培养的基地。要想培育出更多合格的物流管理及实施人员，还需要国家、地方政府、社会力量、高等院校等多方面的协调配合。

（五）加强政策扶持，为“新物流”信息化追溯及物流企业降本增效提供保证

国务院办公厅、国家药监局近两年相继出台了《国务院办公厅关于进一步推进物流降本增效促进实体经济发展的意见》《国家药监局关于药品信息化追溯体系建设的指导意见》，积极促进物流行业降本增效，重新构建更加科学有效的物流体系。政策层面对“新物流”的支持还应持续、有效、长期进行，也要有计划、有步骤地实施。

未来“新零售”下的“新物流”在信息追溯方面的发展趋势，应该是所有的产品从出厂那一刻开始，就有一个动态的独一无二的标签，可以通过先进的信息追溯系统随时查询到产品的来源与去向，包括产品在整个供应链体系中的运行轨迹，其中既有传播渠道、分销渠道，也包括服务渠道，“新物流”环节也在其中各个节点有迹可循，这中间不仅应用云计算、大数据等新技术，更有区块链、人工智能等领域的最新科技成果的支持，以便于在发生问题和纠纷时明确责任，追踪轨迹从面到线再到点，

即形成一个精准追踪链。同时，“新物流”的纠错机制在未来也会更加完善，届时将创造一种极致的客户体验。现在我国有官方数据网络、民间数据网络、移动数据网络等多种数据信息网络，如果在必要时将这几个数据网络相连，那就会形成互联网外的另一个网络——数联网，这就可以打通数据边界，在必要的信息保护系统的支持下使多方共同享受更多方便和利益。

（六）不断寻找新的蓝海，以应对日益激烈的市场竞争

2015年，中国服务业的比重超过了50%（据国家统计局数据），从国际经验看，国民经济以服务业占比为主要组成部分时，经济增长速度将进入下行阶段。我国服务业和经济增长目前也正好符合这个国际惯例中产业结构变化的趋势（国家统计局相关数据显示，2017年和2018年我国GDP比上年同比增长分别为6.9%和6.6%）。但目前中国的消费并没有随着经济增速的放缓而表现出大幅度降级，而是变得更加多样。2018年我国居民消费在食品、服装、居住、生活用品及服务、教育文化娱乐、医疗保健等主要方面均有不同程度增长。人们更追求产品的性价比、个性化、新品类、新产品、新国货、“新零售”模式等，甚至出现了新的经济业态，如以男性新型消费为主要代表的他经济等。这些因素给物流业不断寻找新的蓝海创造了新的契机。

激烈的市场竞争环境促使消费品生产企业追随消费者的需求变化，不断投资新产业、新产品，如小米生态链等。“新零售”下的“新物流”企业可以跟供应企业、生产企业和零售企业深度合作，形成良性互动的供应链条，还可以与跨国企业进行国际合作，在国际市场找到蓝海。比如海尔、顺丰、苏宁等许多国内企业都已经开始探索跨国物流供应链合作，并取得积极成果。习近平在出席首届中国国际进口博览会时指出，世界经济需要各国共同推动科技创新、培育新的增长点，各国应该把握新一轮科技革命和产业变革带来的机遇，共同打造新技术、新产业、新业态、新模式。“新物流”企业应该积极行动，有所作为。

同时，结合目前国内外宏观和微观环境，“新零售”下的“新物流”企业也可以在与老龄化社会相关的领域及电竞、动漫等新兴产业未来的持续开发中找到蓝海。国家统计局数据显示，截至2018年年底，我国人口中60周岁及以上人口达到2.49亿人，占总人口的17.9%。我国人口基数大，哪怕只是很小众的需求，在全国加起来都很容易形成规模优势。2018年中国电竞选手在英雄联盟季中冠军赛（MSI）、绝地求生全球邀请赛（PGI）、亚运会、英雄联盟全球总决赛（S8）等比赛中的优异成绩不仅让世界瞩目，也使更多国民关注电竞运动及产业。电竞产业可以打造出融电竞研发、宣传推广、赛事运营、后勤配套等为一体的电竞产业链，而动漫直接产品和间接产品的开发、生产、出版、演出和销售，对物流企业来说都存在诸多新机遇。

以上种种因素综合起来，都会给“新零售”下的“新物流”企业转型升级带来更多机会，从而促进未来“新物流”的发展。“新物流”企业不仅要发现蓝海，也要勇于创造蓝海，为企业找到更多新的出路。

（七）建立和完善企业识别系统（CIS）及企业危机预警机制，增强企业应变能力

企业识别系统（Corporate Identity System，CIS）包括理念识别（MIS）、行为识别（BIS）、视觉识别（VIS）。CIS就是将企业理念和文化进行整体的统一设计，利用整体表达系统体现出企业的个性与特征，并科学、有效地传达给内外部公众[10]，使公众对企业产生一致的认同感与价值观[11]。CIS在20世纪50年代由美国IBM公司创立，现在已经上升为关乎企业发展的一个重要战略。许多世界知名企业纷纷推行和导入CIS，并对之不断进行改进和完善，以更好地塑造企业自身形象。但目前国内一些中小型物流企业在这方面还很落后，甚至有的小型物流企业不仅没有推行和引入CIS，就连企业对外门店的外观装修都十分陈旧，更别提理念识别和行为识别的发展了，从而严重影响了顾客对企业的心理评价。

另外，“新零售”物流企业应建立完善的危机预警机制及应对机制，并建立危机专项资金，以备不时之需。在公共关系危机的几种常见类别（误解性危机、事故性危机、假冒性危机、公共性危机）

中，事故性危机是发生比率最大的一种危机，其危机原因主要是由企业自身管理不善造成的；公共性危机由于指向的对象是危机发生范围内的所有人群，因此危害性最大。不管是哪一种危机，一旦发生，都会给民众、客户和企业造成很大损失。因此，企业应建立危机预警机制和应对机制，未雨绸缪，防患于未然。这样，当发生危机时就可以立刻启动危机预警及应对机制，把企业损失或相关利益方损失降到最小。

（八）加强物流基础设施建设，为“新物流”发展提供更多基础保障

根据国家相关政策，我国公路、铁路、航空、海运等方面的基础设施建设在未来将不断加强，这将给“新零售”物流的发展提供基础性保障。工业和信息化部部长苗圩在2019年1月接受央视采访时明确表示，5G商用产品将在2019年下半年开始进入市场，未来移动互联网和移动物联网、无人驾驶等新技术的发展将会大大加快。可见，信息产品将会朝着更加追求高质量、高效益、高效率的方向迅猛发展。

“新零售”物流基础设施建设也是国民经济发展的重要支撑。2007年11月13日，全球海拔最高的移动通信基站在西藏珠穆朗玛峰海拔6500米处测试开通；2018年10月24日，港珠澳大桥建成通车，它的建成通车方便了三城之间的交通和旅游发展，有效吸引香港资金到珠江西岸城市投资，将促进三城及周边地区的经济发展；近年开通的中欧班列连接了亚洲与欧洲之间的物流通道，打通了我国与“一带一路”沿线国家的陆路交通，成为国际物流陆路运输骨干；2019年我国又新开多条高铁线路，如京沈高铁已开通沈阳至承德段，如果全线开通，沈阳到北京将由原来的4小时缩短至2.5小时，沈阳正式迈入京沈经济圈、交通圈。

我国的一系列政策和经济发展实践表明，今后我们还将继续加大力度进行基础设施建设，以便为“新物流”发展提供更多保障。这将给企业和消费者提供更多便利，也会推动“新零售”下“新物流”发展的高效、安全、便捷、低成本和低库存。

总之，“新物流”是未来物流业的发展方向，也是现代供应链的一个重要组成部分。“新零售”物流只有在与互联网、物联网、新技术、全球化、新的经营品质、服务创新、合理的资源配置等多方面相结合，并吸收传统物流中的优势元素，更加注重服务赋能与客户体验，才能切合新时代经济发展的节奏，更好地促进物流行业持续向好发展。

参考文献：

[1] 马宏．全面解析新零售与新物流［J］．物流技术与应用，2018（3）：92－94，96－98.

[2] 王娟娟．电子商务时代的物流发展分析［J］．中国流通经济，2014（3）：54－59.

[3] 王晓娟．供给侧改革视角下的现代零售业转型升级［J］．商业经济研究，2017（2）：21－22.

[4] 高喜乐，吴领威．大型零售企业物流系统发展研究［J］．商场现代化，2017（13）：47－48.

[5] 王坤，粟日，相峰．“新物流”的基本内涵与主要特征——“新物流”发展分析连载之一［J］．物流技术与应用，2018（7）：146－147.

[6] 何黎明．新时代　新征程　新物流　新任务［J］．中国物流与采购，2017（24）：20－21.

[7] 任芳．从2018 GSLS看阿里描绘新物流蓝图［J］．物流技术与应用，2018（7）：62－65.

[8] 褚冰．“新常态”视野下的中国新物流［J］．商业文化，2016（8）：43－48.

[9] 王先庆，彭雷清．物流革命与物流创新的方向、路径及策略［J］．中国流通经济，2017（7）：120－126.

[10] 关晓光．公共关系学［M］．北京：中国中医药出版社，2010.

[11] 何修猛．现代公共关系学［M］．3版．上海：复旦大学出版社，2015.

原载于《中国流通经济》2019年第3期

供应链管理

物流服务供应链整合研究*

高志军[1]　朱卫平[2]　陈圣迪[1]**

（1. 上海海事大学交通运输学院，上海市 201306；
2. 上海工程技术大学航空运输学院，上海市 201620）

摘　要：对物流整合的研究经历了从第三方物流整合到供应链物流整合再到物流服务供应链整合的过程，然而学术界对物流服务供应链整合的内涵、结构和思路尚模糊不清。在对第三方物流整合、供应链物流整合以及服务供应链整合等理论梳理的基础上，可对物流服务供应链整合进行规定，并从基础、运作、管理和战略四个层面构建物流服务供应链整合的综合结构模型。物流服务供应链整合是产品供应链整合的一部分，更关注物流能力整合、价值流整合与关系整合。在此基础上，依据整合前因、整合过程、整合程度和整合结果的逻辑构建物流服务供应链整合的综合分析框架。我国物流企业应转变思维方式，从传统的独占思维转变为整合思维，确定供应链战略，加强信息共享和流程协调，实现物流服务供应链上服务流、信息流、资金流、知识流和价值流的“五流”合一。

关键词：物流服务；供应链整合；整合模型；综合分析框架

一、引言

21 世纪是服务经济的时代，服务业已经成为中国经济发展的重要驱动力之一，服务业的规模化、网络化和品牌化经营是中国服务业未来发展的必然趋势。产品服务化和服务外包的不断增长以及相关服务业的迅速发展，为服务供应链的形成与发展奠定了坚实的基础[1]。作为一类典型的服务供应链，近年来物流服务供应链（Logistics Service Supply Chain，LSSC）已经受到国内外学者的广泛关注。但无论是理论研究还是实践探索，对物流服务供应链的认识仍然存在不足，大部分物流企业仍然将其物流运作与功能型物流服务提供商、物流需求方之间的关联割裂开来，缺乏网络协同观念和整合思想，在一定程度上阻碍了物流企业的网络化及其物流服务供应链的快速发展。

20 世纪 80 年代以来，制造业物流外包促进了传统物流向现代物流的转变，并推动了物流整合（Logistics Integration）研究的不断深化。国内外学术界对物流整合的研究已经从第三方物流整合（3PL Integration）的角度，逐步发展到供应链物流整合（Supply Chain Logistics Integration）的角度，并进一步发展到物流服务供应链整合（Logistics Service Supply Chain Integration）的角度。

对第三方物流整合的研究主要集中在两个层面：一是研究第三方物流整合与企业绩效的关系，认为第三方物流整合可提高企业绩效，帮助企业获取竞

* 国家社会科学基金青年项目“第三方物流嵌入全球供应链的动因、作用与协同管理机制研究”（15CJY057）。

** 高志军（1983—），男，河南省鲁山县人，上海海事大学交通运输学院教师，博士，主要研究方向为物流管理理论与方法；朱卫平（1978—），男，江苏省常州市人，上海工程技术大学航空运输学院副教授，博士，主要研究方向为物流服务供应链；陈圣迪（1985—），女，上海市人，上海海事大学交通运输学院教师，博士，主要研究方向为交通物流安全。

争优势[2,3]，企业特征[4]、环境不确定性[5]等会对该关系产生调节作用；二是研究第三方物流整合的前因，认为依赖[6]、信任[7]、关系承诺[8]等都是第三方物流整合的重要前置因素。

对供应链物流整合的研究主要包含两种观点。一种观点认为供应链物流整合是供应链整合的一部分。阿图尔·维尔切克（Artur Swierczek）[9]提出供应链整合包括物流整合、信息流整合和资金流整合；弗林（Flynn）等[10]提出供应链整合包括供应商整合、客户整合和内部整合，其中供应链物流整合蕴含在供应商整合之中。这些关于供应链物流整合的研究主要集中在供应链企业在物流方面的纵向合作，是供应链整合的一部分。另一种观点认为供应链物流整合包括供应链物流网络整合和供应链物流资源整合。陈建华、马士华[11]构建了基于集配中心的供应链物流网络整合方式；刘安业、王要武[12]研究了建筑供应链的物流资源整合，提出构建物流联盟是一种重要的物流资源整合模式。

对物流服务供应链整合的研究主要集中在物流服务供应链整合和物流服务供应链协调两个方面。从服务供应链整合的角度看，服务供应链管理的概念架构包括网络配置、管理过程与管理组件三个要素[13]，基于这三个要素提出了不同的概念模型，如艾拉姆等（Ellram et al.）[14]、兰伯特等（Lambert et al.）[15]、克罗克斯顿等（Croxton et al.）[16]、巴尔塔格鲁等（Baltacioglu et al.）[17]、约翰逊和曼娜（Johnson & Mena）[18]、林勇等（Lin Y et al.）[19]提出的服务供应链管理的五个概念模型，在管理过程方面，信息管理、客户关系管理、供应商关系管理和需求管理等已经达成了共识。国内学者认为物流服务供应链是以“功能型物流服务提供商—物流集成商—物流服务需求方”为基本结构的崭新管理模式[20,21]。这意味着服务供应链整合必然包括客户整合与供应商整合。因此，在参考供应链整合理论的基础上，简兆权等[22]认为，服务供应链整合的前因是市场导向和交易成本，并将服务供应链整合的维度划分为供应商整合、内部整合和客户整合。从物流服务供应链协调的角度看，李凤廷等[23]提出粮食供应链整合存在链的合作、链的协调和链的协同三种整合程度，从本质上讲，协调是整合的一种类型。目前关于物流服务供应链协调的研究主要包括二级或三级物流服务供应链协调。在二级协调方面，刘伟华等（Liu W et al.）[24]研究了在需求更新条件下二级物流服务供应链的物流服务能力订购策略的协调机制；刘伟华等（Liu W et al.）[25]基于累积前景理论研究了二级物流服务供应链的订单分配协调问题；崔爱平、刘伟[26]基于期权契约研究了二级物流服务供应链的协调机制。在三级协调方面，朱卫平等[27]研究了三级物流服务供应链的协调；刘三红等[28]、高志军等[29]研究了客户企业奖惩下的三级物流服务供应链的质量与安全激励协调；刘伟华等[30,31]研究了三级物流服务供应链的收益共享协调和任务分配协调。因此，无论是二级协调还是三级协调，基本都专注于物流服务供应链中功能型物流服务提供商的整合，却忽视了客户整合的研究。

综上所述，国内外学术界对物流整合的研究经历了从第三方物流整合到供应链物流整合再到物流服务供应链整合的过程，对物流服务供应链整合还缺乏深入的研究，尤其是在物流服务供应链整合的综合模型、整合动因、整合过程、整合程度以及物流服务供应链整合与供应链整合之间的异同等方面更鲜有成果。鉴于此，本文对物流服务供应链整合的内涵和特点进行了界定与概括，从战略、管理、运作和基础四个层次构建物流服务供应链整合的综合模型，并以供应链整合作为对比对象，归纳了物流服务供应链整合的特征。在此基础上，从整合的前因、过程、程度和结果四个方面构建物流服务供应链整合的综合分析框架，并对物流企业发展提出了建议。

二、物流服务供应链整合的内涵与结构

（一）物流服务供应链整合的内涵

供应链整合是供应链管理领域中的一个重要分支，也是供应链管理的核心思想。供应链整合是成员企业不同职能部门之间的互动与合作过程，主要包括企业内部的运营整合以及外部客户与供应商的整合，也有人认为包括供应链的强度整合与跨度整合。当前学者对供应链整合的研究主要从以下几个角度展开。从资源基础观（Resource Based View，RBV）的视角来看，企业在供应链整合过程中能够

开发出独特的能力和优势，获得持续的竞争优势和更好的企业绩效[32]。从关系观（Relational View, RV）的视角来看，战略性资源可以来源于组织间层面，通过供应链整合获得的竞争优势依赖于组织间关系租金的产生[33]。从知识基础观（Knowledge Based View, KBV）的视角来看，供应链整合可以有效利用跨越供应链中组织边界的有价值信息交流所形成的知识资源[34]。从社会交换理论（Social Exchange Theory, SET）的视角来看，关系治理机制（如信任和承诺等）能够帮助供应链成员完成更高程度的整合[35]。从交易成本经济学（Transaction Cost Economic, TCE）的视角看，供应链整合能够帮助企业减少交易成本，实施保障机制规避机会主义行为，资产专用性和不确定性是考虑选择组织间治理形式的重要因素[36]。从信息处理理论（Information Processing Theory, IPT）的视角来看，不断增加的信息流和信息质量能够引导决策者改善企业绩效，并且对供应链绩效具有积极的影响[37]。从不同的视角研究供应链整合，既拓宽了供应链整合的研究思路，同时也为研究物流服务供应链整合提供了借鉴，为整合要素的分析提供了有益参考。

尽管大量学者对供应链整合进行了系统研究，但鲜有学者研究服务供应链整合。李红[38]认为，服务供应链整合要实现信息流、资金流、物流、服务流和价值流的“五流”合一。简兆权等[22]认为，服务供应链整合是以服务为主导，以服务集成商为核心，对供应链上的服务提供商、服务集成商以及顾客的资源、能力、知识和流程等进行整合，同时由服务集成商承担各要素和环节的整合与管理任务，以实现信息流、资金流、物流、服务流和价值流的顺畅流通，最终提高服务供应链绩效。但在二人的定义中，这“五流”中的物流值得商榷，因为在服务供应链上只存在服务流而不存在物流，服务供应链为产品供应链提供集成化服务，而物品作为承载集成化服务的载体，物的流动存在于产品供应链中，而不存在于服务供应链中。虽然这两种定义存在一定问题，但仍然能为研究物流服务供应链整合提供重要参考。

本文依据史蒂文斯（Stevens）[39]提出的供应链整合三层级视角，即战略、战术和运作，结合李红和简兆权对服务供应链整合的定义，参考供应链整合的相关研究视角，对物流服务供应链整合作出如下规定：物流服务供应链整合是以利益趋同为基础，以物流集成商为核心，对供应链上的功能型物流服务提供商、物流集成商和客户的战略、计划与控制、组织、过程、资源、知识、关系、信息和资金等要素在战略、管理和运作三个层次上进行整合，同时由物流集成商承担各物流要素和环节的集成与管理职能，实现物流服务供应链上知识流、信息流、资金流、服务流和价值流的“五流”合一，并最终实现降低交易成本、加强组织间关系、改善物流服务质量、提高物流服务绩效的效果。

（二）物流服务供应链整合的结构模型

根据上述物流服务供应链整合的定义，可以构建物流服务供应链整合的综合结构模型（见图1），该模型包含战略、管理、运作和基础四个层次，每个层级都包含了一个或多个整合要素。

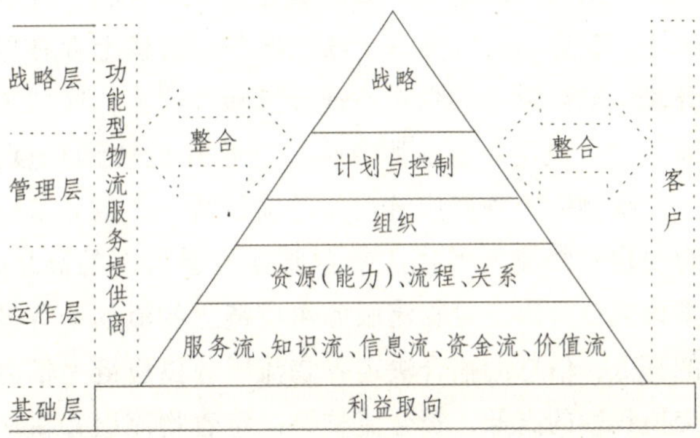

图1 物流服务供应链整合的综合结构模型[40]

1. 基础层

物流服务供应链整合的基础是利益趋同（Benefit Alignment），利益趋同也是触发物流服务供应链运作过程中其他所有相关活动和维持供应链可持续性的基础。企业的目标是利益最大化，物流服务供应链整合取决于成员之间的共赢合作关系。利益趋同的实现，一方面要签订一个正式协议，通过协议确定物流服务供应链中每个企业的义务和责任，建立利益共享和风险共担机制，实现供应链网络中的风险、成本和奖励的合理分摊与分配。另一方面要基于情感承诺、规范承诺和持续承诺维持物流服务供应链合作伙伴的长期与稳定关系。

2. 运作层

运作层面的整合主要包括资源、流程和关系的整合，以及服务、知识、信息、资金和价值的整合。资源整合（Resource Integration）在物流服务供应链中更多关注的是物流能力的整合，物流集成商的资源整合过程包括资源识取和资源配用两个阶段，前一阶段包括识别资源和获取资源，后一阶段关注于资源的配置和使用。在前一阶段中，物流集成商如何选择功能型物流服务提供商，如何获取其资源，是该阶段工作的重点；在后一阶段，物流集成商如何配置和使用功能型物流服务提供商所提供的物流资源，实现物流的时空价值，是该阶段的工作重点。流程整合（Process Integration）反映物流集成商、功能型物流服务提供商和客户之间保持行动一致性的程度，服务于双方共同的利益。流程整合主要包括功能型物流服务提供商层面的流程整合与客户层面的流程整合，其目的是实现物流服务供应链内部成员之间的无缝连接。关系整合（Relationship Integration）反映了物流服务供应链上下游企业之间基于依赖、信任和承诺所形成的稳定关系，有利于促进供应链整体绩效的提升。物流服务供应链上存在服务流、知识流、信息流、资金流和价值流，这“五流”合一决定着物流服务供应链运作的协调程度，也反映物流服务供应链运作的绩效情况。服务流整合决定着物流服务供应链上服务传递效率的高低，知识流整合决定着物流服务供应链上物流创新程度的高低，信息流整合决定着物流服务供应链上信息交换程度的高低，资金流整合决定着物流服务供应链上现金流的充裕程度，价值流的整合决定着物流服务供应链价值增值程度的高低。

3. 管理层

管理层面的整合包括物流服务供应链中的组织整合和计划与控制整合。这部分整合在企业组织结构中处于中间层面，起着连接战略层和运作层的作用，是这两个层次中间的缓冲地带。

物流服务供应链的高效率运作需要跨越组织层级构建多方合作的工作关系，流程整合需要通过物流服务供应链成员之间的跨组织工作团队和日常交流来实现。组织整合能够使跨组织的商业流程实现功能性协同，并改进组织结构来适应物流服务供应链整合。在此过程中，文化和态度是不可低估的要素。其中，企业文化的兼容性对物流服务供应链成员企业之间保持合作是至关重要的，否则可能导致物流服务供应链的潜在冲突。

计划和控制整合位于物流服务供应链整合模型的更高层次，主要包括协作预测、计划、控制、绩效评估和风险管理等活动。计划和控制整合的目标是平衡物流服务供应链上的供给和需求关系，以保证物流服务供应链的均衡有序运作。整合计划和控制活动是以物流服务供应链成员的决策权力分配为基础的，在物流服务供应链中，物流集成商作为主导企业，依托物流供给与需求关系，联合功能型物流服务提供商和客户进行预测、计划、控制、风险管理和绩效评估等管理活动，在此基础上实现物流服务供应链的平稳性运作。

4. 战略层

战略层面整合是指企业长期战略目标和战略愿景、协同战略投资计划、能力和实施计划以及相关实施项目的交流活动。物流服务供应链的战略层面整合，是指物流集成商与功能型物流服务提供商和客户之间基于调整和安排所形成的一个相互关联、相互配合的战略体系，并在此基础上取得战略协同影响的动态过程。物流服务供应链上长期合作和可信赖公司的存在使战略层面整合成为必然，物流服务供应链的战略层面整合主要包括物流集成商、功能型物流服务提供商和客户之间的使命与目标整合、总体战略整合、经营战略整合以及职能战略整合。使命与目标整合是物流服务供应链整合的先导战略，总体战略整合是物流服务供应链整合的指导方针，经营战略整合是物流服务供应链整合的保障机制，职能战略整合是实现物流服务供应链整合的执行基础。

5. 整合要素的相互作用

物流服务供应链整合的各要素之间是相互联系、相互影响和相互促进的。利益趋同是物流集成商推进战略、管理和运作层面整合以及共享收益、共担风险的基础。战略层面整合指导管理和运作层面的整合活动，同时成功的管理和运作层面的整合也会促进战略层面整合。服务、知识、信息、资金和价值的整合能够确保资源合理分配并整合组织间商业流程，整合流程的输出是顾客满意、关系联结、物流价值增值、信息反馈、知识累积和资金收益。组织整合依赖于整合流程和物流服务供应链的计划与控制机制，计划和控制既是管理活动的一部分，也是整合组织功能的一部分，同时也有助于促进物流服务供应链上信息流、资金流、服务流、知识流和价值流的“五流”合一。

（三）物流服务供应链整合的特征

物流服务供应链与产品供应链之间存在较大的差异，物流服务供应链具有如下特征：物流服务供应链是产品供应链的一条子供应链；物流服务供应链是一条物流能力链；物流服务供应链是一条增值服务链。正是由于这些特征的存在，物流服务供应链整合与产品供应链整合存在一定的差异，物流服务供应链整合是产品供应链整合的一部分，更注重的是物流能力整合、价值流整合与关系整合。

三、物流服务供应链整合的综合分析框架

物流服务供应链整合是物流集成商对供应链内、外部的战略、管理和运作进行动态整合的过程。对于物流服务供应链整合，我们需要分析整合的前因是什么，整合的要素有哪些，整合的过程如何，整合能够达到什么程度，整合的结果如何等。本文依托物流服务供应链整合的内涵与结构，提出了物流服务供应链整合的综合分析框架，将整合的前因、整合的过程、整合的程度以及整合的结果有机联系在一起（见图2）。在该框架中，物流服务供应链整合的前因与过程位于模型的左半部分，是对战略层、管理层、运作层和基础层进行交互整合。整合的程度与结果位于模型的右半部分，描述了物流服务供应链整合过程和整合层次的绩效结果。

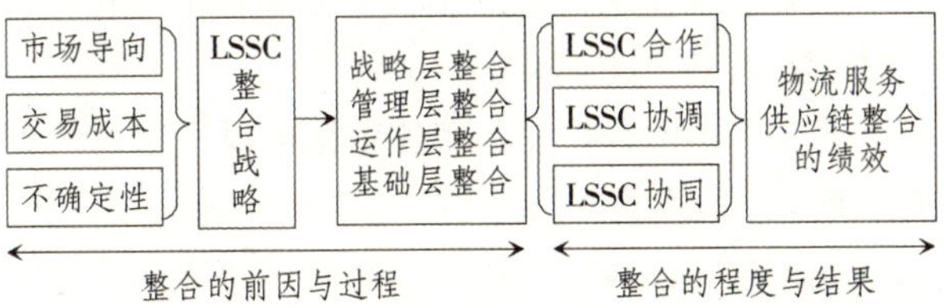

图2　物流服务供应链整合的综合分析框架

（一）整合的前因

已有部分学者对供应链整合的动因进行了探讨，简兆权等[22]将供应链整合的动因归纳为降低交易成本、不完全竞争、不完全信息等。赵亚蕊[41]将供应链整合的诱因归纳为降低交易成本、资源依赖、规避不确定性、不完全竞争和不完全信息等。物流集成商通过物流服务供应链整合获取能力、资源、知识、信息、关系等以降低成本，并通过资源整合与信息共享规避运作风险和不确定性。鉴于此，我们认为从成本、信息、风险和竞争等方面分析物流服务供应链整合的前因是可行的。本文从市场导向、交易成本、信息不确定性等方面来探讨物流服务供应链整合的动因。

第一，市场导向是物流服务供应链整合的一个动因。在物流服务供应链中，顾客需求不再是某种形式的产品，而是更广义的“一站式”物流解决方案。由于物流服务具有无形性、异质性、易逝性和不可储存性等特点，物流服务不能被保存、转售或者退回，也无法进行“库存”，这决定了物流服务供应链需要通过完全拉动市场反应的模式来运营，物流企业需要随时储备大量的物流能力。然而，大部分物流企业属于轻资产型的物流企业，所需的物流能力需要通过契约等方式与其他企业构建物流服务供应链来获取。因此，物流服务的特点决定了物流服务供应链的市场驱动模式，物流企业的轻资产属性决定了物流能力的整合性，物流服务供应链整合是市场导向下的物流资源与能力的整合。在物流服务供应链整合过程中，顾客的需求扮演着极为重要的角色，这也决定了物流服务供应链是需求驱动型的供应链，是以顾客需求为前提和导向的。市场导向可以划分为顾客导向、竞争者导向和跨部门协作三个维度，顾客导向要求物流集成商通过物流服务供应链整合向顾客提供集成化的物流服务，竞争者导向要求物流集成商通过整合提升竞争能力，跨部门协作是物流服务供应链整合的保证。市场导向要求物流集成商通过与顾客、功能型物流服务提供商之间的互动来满足市场需求。因此，从这个层次上讲，市场导向可以看作物流服务供应链整合的一个动因。

第二，降低交易成本是物流服务供应链整合的又一个动因。交易成本理论认为，不确定性、交易频率和资产专用性是影响交易成本的重要因素，当三者变量程度较低时，较低的机会主义风险和完整的契约使市场成为有效的协调手段；当三个变量程度较高时，企业的出现会更具有优势。由于有限理

性的存在和契约的不完全性，导致组织更倾向于自愿建立和维持长期的合作关系，于是就形成了威廉姆斯所谓的中间性组织。物流服务供应链正是这样一种类型的中间性组织，通过信息共享和相互信任来降低交易成本、协调成本和机会主义风险。而物流服务供应链整合恰好是不完全契约下的一种治理结构，是市场交易行为的一种补充，对降低交易成本具有一定的意义。因此，降低交易成本是物流服务供应链整合的一个动因。

第三，信息不确定性是物流服务供应链整合的另一个动因。信息不确定性理论认为，管理者由于难以获取必要的决策信息从而导致在不完全信息情形下作出决策，容易产生决策失误的风险，以致无法改变外部环境对组织的影响。不完全竞争和不完全信息是导致物流企业产生不确定性的重要原因，物流服务供应链整合有助于解决物流服务供应链内企业之间的信息不对称问题以及信息不对称所导致的物流服务供应链牛鞭效应。因此，为了克服物流服务供应链所面临的环境不确定性、信息不对称、不完全竞争、风险不确定性等问题，实施物流服务供应链整合是规避不确定性问题的一个有效途径。

（二）整合的过程

第一，物流集成商供应链战略的制定。物流集成商是物流服务供应链的主导企业，决定着供应链战略的制定。在物流集成商的领导以及功能型物流服务提供商、客户企业存在合作意愿的条件下，基于物流供给与需求关系的合作驱使供应链战略应运而生。物流集成商供应链战略管理包括物流资源的采购与获取、物流资源整合、物流资源配用等，物流集成商的战略定位、核心价值决定着供应链战略的差异。物流服务供应链整合必须以物流集成商为主导，对企业内部以及与功能型物流服务提供商、客户在战略、管理、运作和基础等层面进行整合。物流服务供应链整合既要遵循供应链战略设计的目标与原则，又要考虑供应链上不同企业在结构、文化和风险等方面的适应性和兼容性。

第二，物流集成商的内部整合。内部整合是指物流集成商在战略、管理、运作和基础等层面进行的企业内部要素的整合。对内部整合来说，如何基于不同功能单元在物流集成商内部执行的工作联结成一个紧密无缝的流程是首先需要考虑的问题，鉴于此，在物流集成商内部推行跨部门会议、标准化运作、简单化改进和服从性行政程序是至关重要的。通过跨部门会议协调物流集成商内部各部门行动的一致性，通过标准化运作提高物流服务的效率，通过简单化改进推动物流服务流程的优化，通过服从性行政程序提高行政部门的服务效率。因此，通过物流集成商内部在战略、管理、运作等层面不同部门之间的协作可实现内部协同效应。

第三，物流服务供应链外部整合。物流服务供应链外部整合是指物流集成商与上游功能型物流服务提供商和下游客户企业之间在战略、管理、运作和基础层面要素的整合。物流服务供应链外部整合主要通过信息整合、流程协调以及组织互联三个维度来实现。通过信息整合，物流服务供应链成员分享物流市场需求、物流资源状态、能力计划、需求预测等信息，同时还可以调整和预测物流能力订购计划。通过流程协调优化物流服务运作过程，提高物流服务运作效率，实现物流服务供应链的稳定性。通过组织互联提高物流服务供应链协调配合的适应能力，保证整合过程中各成员之间行动的一致性，其中跨组织的信息沟通渠道和贯穿供应链的绩效评估是整合的保障。

（三）整合的程度

根据李风廷、侯云先[23]的研究，供应链成员之间竞争与合作的程度将从零和竞争逐步演化为合作、协调和协同。物流服务供应链整合程度正是企业竞合关系不断演进的反映。鉴于此，本文将物流服务供应链整合程度从低级到高级划分为链的合作、链的协调和链的协同。

第一，链的合作发生于物流服务供应链整合的低级阶段，是物流服务供应链整合的一种自发行为。在物流市场中，第三方物流大多属于轻资产型物流企业，固定资产比例相对较低，为了维持物流项目的正常进行，通常会向运输企业、仓储企业等功能型物流服务提供商寻求合作，这种合作仅仅是供需不平衡驱动下的自发行为。因此，链的合作一般发生于物流服务供应链整合的低级阶段，但却是物流企业从零和竞争转化为合作关系的必经阶段。

第二，链的协调发生于物流服务供应链整合的中级阶段，是在物流服务供应链合作的基础上构建一定的保障机制所导致的。在物流服务供应链整合初期，由于物流服务供应链受到信息不完全、需求不确定以及交易成本等因素的影响，物流服务供应链上节点企业都是基于自身实际进行决策的，缺乏对供应链的整体考虑，极易导致物流服务供应链及其节点成员的收益受损。因此，需要通过构建供应链契约来协调供应链，通过制度、流程和文化方面的兼容，以持续不断的沟通与互动机制来保障供应链的成员之间在战略、管理和运作层面的协调。

第三，链的协同发生于物流服务供应链整合的高级阶段，是在物流服务供应链协调的基础上构建良好的组织间关系，通过在战略、管理与运作层面的互动，进而形成物流服务供应链的常规惯例和程序，在吸收嵌入其中的资源基础上，链上节点企业共同创造价值，这种共同性又强化了物流服务供应链的信任，构建良性循环机制，最终实现物流服务供应链的协同。因此，链的协同强调物流服务供应链的成员企业之间的信任、互惠、依赖和承诺机制，这种协同是在协调收益的基础上所形成的关系协同，更强调的是基于组织间关系的精神协同。

综上所述，从链的合作到链的协调，再到链的协同，体现了物流服务供应链整合程度的不断提高，与此同时整合的难度也不断加大。由于物流服务供应链上各个节点企业的关注点、所处的竞争环境、资源状况、管理能力、企业文化与伦理等方面存在一定的差异，物流服务供应链整合的战略、整合的层次也不尽相同，所能达到的整合程度也不同，最终所得到的整合绩效结果也存在差异。

（四）整合的结果

物流服务供应链整合的最终目的是取得整合后的协同效应以及各节点企业绩效的提升。第一，从物流服务供应链整体性视角来看，整合程度从链的合作到链的协调，再到链的协同，反映了节点企业的状态是从无序向有序转化，突出了整合要素之间的积极相干能力，强化物流服务供应链整合过程中不同层次结构要素的协调与合作的性质，体现为物流服务供应链整体绩效的提升。第二，从物流集成商的视角来看，通过整合获取了上游企业的物流资源，弥补了自身物流资源的不足，提升了企业的物流运作绩效、竞争能力、经营绩效和整体物流效率。第三，从客户企业的视角来看，物流集成商通过资源整合提升了物流运作能力，有助于为其提供更高质量的物流服务，提升了客户企业绩效。第四，从功能型物流服务提供商的视角来看，整合一方面有助于使闲置的物流资源得到有效配置，另一方面也保证了功能型物流服务提供商的运作收益，提升了物流运作水平，亦可以通过与物流集成商的合作提升管理水平，促进企业的转型与升级。

四、结论与建议

本文系统研究了物流服务供应链的整合问题，根据我国物流企业构建物流服务供应链的实际需求，提出了物流服务供应链整合的定义，并从战略、管理、运作和基础四个层面描述了物流服务供应链整合的综合结构模型，比较分析了物流服务供应链整合的特征。最后，依据整合动因、整合过程和整合结果的逻辑构建了物流服务供应链整合的综合分析框架，有助于我国物流企业服务供应链的构建及高效运作。物流服务供应链整合是以利益趋同为基础，以物流集成商为核心，对供应链上的功能型物流服务提供商、物流集成商和客户的战略、计划与控制、组织、过程、资源、知识、关系、信息和资金等要素在战略、管理和运作三个层次上进行整合，同时由物流集成商承担各物流要素和环节的集成与管理，实现物流服务供应链上知识流、信息流、资金流、服务流和价值流的“五流”合一，并最终实现降低交易成本、加强组织间关系、改善物流服务质量、提高物流服务绩效的集成过程。物流服务供应链整合的前因包括市场导向、降低交易成本以及信息不确定性等，物流服务供应链整合过程包括主导企业确定供应链整合战略以及物流服务供应链的内部整合和外部整合。物流服务供应链整合的程度主要包括链的合作、链的协调和链的协同。物流服务供应链整合的结果主要是为了获取整合后的协同效应及节点企业绩效的提升。

当前，面对国际物流企业进入中国市场所产生的竞争压力，为避免我国物流企业规模偏小、资本匮乏、技术落后、资源不足、标准化程度低、政策受限以及人才缺乏所导致的竞争溃败，当务之急是出台物流发展政策，引导我国中小物流企业走供应链整合之路。首先，在思维上，我国物流企业应转变思维方式，从传统的独占思维转变为整合思维。在当前中国资源稀缺的背景下，独占思维越来越不符合中国的实际，现有企业的关注点已逐渐从资源和能力的稀缺性独自占有转变为通过对普通资源的整合与重构利用，这种思维就是整合思维。在整合思维方式下，一方面，物流企业应充分考虑利用"互联网+"创新商业模式，构建物流服务供应链，整合市场资源；另一方面，物流企业可以采用共享经济模式，实现物流资源从独占到共享。其次，在战略上，我国物流企业要树立供应链战略，利用物流服务供应链整合发展自己。物流企业一方面要和客户供应链之间构建战略关系，以便长期持续地为客户提供集成化物流服务；另一方面为了更好地服务于客户企业，物流企业需要构建物流服务供应链，通过整合物流资源实现能力提升。再次，在管理上，我国物流企业要加强信息共享和流程协调。物流服务供应链是物流企业整合资源的一种重要形式，物流集成商通过组织整合加强与功能型物流服务提供商和客户企业之间的信息共享，通过计划与控制整合实现物流服务的流程协调。最后，在运作上，我国物流企业应通过不断的资源整合、流程优化以及关系强化实现物流服务供应链上服务流、信息流、资金流、知识流和价值流的"五流"合一。

参考文献：

［1］崔爱平，刘伟，张旭．LSSC 基本理论框架［J］．上海海事大学学报，2008（1）：1－6.

［2］ZHAO X，HUO B，FLYNN B，et al. The impact of power and relationship commitment on the integration between manufacturers and customers in a supply chain［J］. Journal of Operations Management，2008（26）：368－388.

［3］宋华，陈金亮．服务供应链中服务集成商竞争优势影响因素的案例研究［J］．中国软科学，2009（S1）：296－300.

［4］储昭昉，邓蕾．第三方物流整合对绩效影响：企业特征的调节效应的实证研究［J］．数理统计与管理，2015（4）：580－591.

［5］吴星星．组织间信任对 TPL 整合和企业绩效的影响研究［D］．上海：上海海事大学，2016.

［6］王强，储昭昉．依赖、信任和承诺对第三方物流整合及其绩效的影响：基于中国的实证研究［J］．中国软科学，2012（12）：133－145.

［7］罗力，刘晨，赵先德，等．信任对第三方物流整合与绩效的影响［J］．北京联合大学学报（自然科学版），2015（3）：74－80，92.

［8］刘晨，罗力，霍宝锋，等．3PL 整合：关系因素与运营结果［J］．管理科学，2014（6）：1－11.

［9］ARTUR SWIERCZEK. The "snowball effect" in the transmission of disruptions in supply chains［J］. The International Journal of Logistics Management，2016（3）：1002－1038.

［10］FLYNN B，HUO B，ZHAO X. The impact of supply chain integration on performance：a contingency and configuration approach［J］. Journal of Operations Management，2010（28）：58－71.

［11］陈建华，马士华．基于集配中心的供应链物流整合方式［J］．当代经济管理，2006（4）：33－37.

［12］刘安业，王要武．基于建筑供应链的物流资源整合研究［J］．哈尔滨工业大学学报（社会科学版），2007（4）：121－124.

［13］宋华．服务供应链［M］．北京：中国人民大学出版社，2012.

［14］ELLRAM L M，TATE W L，BILLINGTON C. Understanding and managing the services supply chain［J］. The Journal of Supply Chain Management，2004（4）：17－32.

［15］LAMBERT D M，COOPER M C，PAGH J D. Supply chain management：implementation issues and research opportunities［J］. The International Journal of Logistics Management，1998（2）：1－20.

［16］CROXTON K L，GARCIA－DASTUGUE S J，LAMBERT D M，et al. The supply chain management processes［J］. The International Journal of Logistics Management，2001（2）：13－36.

［17］BALTACIOGLU T，ADA E，KAPLAN M D，et al. A new framework for service supply chains［J］. The Service Industries Journal，2007（2）：105－124.

［18］JOHNSON M，MENA C. Supply chain management for servitised products：a muliti－industry case study［J］. International Journal of Production Economics，2008（1）：27－39.

［19］LIN Y，SHI Y，ZHOU L. Service supply chain：nature，evolution，and operational implications［C］. Proceedings AINSC（DET）66，2009：1189－1204.

[20] 田宇．物流服务供应链构建中的供应商选择研究［J］．系统工程理论与实践，2003（5）：49－53.

[21] 闫秀霞，孙林岩，王侃昌．物流服务供应链模式特性及其绩效评价研究［J］．中国机械工程，2005（11）：969－974.

[22] 简兆权，李雷，柳仪．服务供应链整合及其对服务创新影响研究述评与展望［J］．外国经济与管理，2013（1）：37－46.

[23] 李凤廷，侯云先．粮食供应链整合研究——基于链内、链间交互整合的概念框架［J］．商业经济与管理，2014（1）：5－12.

[24] LIU W, LIU X, LI X. The two－stage batch ordering strategy of logistics service capacity with demand updates［J］. Transportation Research Part E, 2015, 83: 65－89.

[25] LIU W, LIU C, GE M. An order allocation model for the two－echelon logistics service supply chain based on cumulative prospect theory［J］. Journal of Purchasing and Supply Management, 2013（19）: 39－48.

[26] 崔爱平，刘伟．物流服务供应链中基于期权契约的能力协调［J］．中国管理科学，2009（2）：59－65.

[27] 朱卫平，刘伟，高志军．三级物流服务供应链能力协调［J］．上海海事大学学报，2012（2）：26－32.

[28] 刘三红，肖序，周志方．融合与创新：传统会计中物质流成本会计的导入研究［J］．河南师范大学学报（哲学社会科学版），2016（6）：123－128.

[29] 高志军，刘伟，朱卫平，等．客户企业奖惩下的LSSC安全和质量激励［J］．上海海事大学学报，2012（3）：46－51.

[30] 刘伟华．三级物流服务供应链最优收益共享系数确定方法［J］．西南交通大学学报，2010（5）：811－816.

[31] 刘伟华，曲思源，钟石泉．随机环境下的三级物流服务供应链任务分配［J］．计算机集成制造系统，2012（2）：381－388.

[32] CHEN H, DAUGHERTY P J, ROATH A S. Defining and operationalizing supply chain process integration［J］. Journal of Business Logistics, 2011（1）: 63－84.

[33] DEVERAJ S, KRAJEWSKI L, WEI J C. Impact of ebusiness technologies on operational performance: the role of production information integration in the supply chain［J］. Journal of Operations Management, 2007（10）: 1199－1216.

[34] PAULRAJ A, LADO A A, CHEN I J. Inter－organizational communication as a relational competency: antecedents and performance outcomes in collaborative buyer－supplier relationships［J］. Journal of Operations Management, 2008（1）: 45－64.

[35] NYAGA G N, WHIPPLE J M, LYNCH D F. Examining supply chain relationships: do buyer and supplier perspectives on collaborative relationships differ?［J］. Journal of Operations Management, 2010（2）: 101－114.

[36] LEE G J. Employee flow as an integrated and qualitative system: impact on business－to－business service quality［J］. Journal of Business－to－Business Marketing, 2010（1）: 1－28.

[37] WONG C Y, BOON－ITT S, WONG C. The contingency effects of environmental uncertainty on the relationship between supply chain integration and operational performance［J］. Journal of Operations Management, 2011（9）: 604－615.

[38] 李红．服务供应链运营管理分析［J］．九江学院学报（自然科学版），2010（3）：43－47.

[39] STEVENS G C. Integrating the supply chain［J］. International Journal of Physical Distribution& Materials Management, 1989（8）: 3－8.

[40] CUNLU ZHANG, ANGAPPA GUNASEKARAN, WILLIAM YU CHUNG WANG. A comprehensive model for supply chain integration［J］. Benchmarking: An International Journal, 2015（6）: 1141－1157.

[41] 赵亚蕊．国外供应链整合的研究述评与展望［J］．商业经济与管理，2012（11）：24－32.

原载于《中国流通经济》2017年第10期

丝绸之路经济带背景下的农产品供应链一体化模式*

李武强　孙荣庭　刘德智**

（长安大学经济与管理学院，陕西 西安 710064）

摘　要：丝绸之路经济带沿线国家和地区地理位置、气候条件差异较大，在农产品生产和消费方面形成了一定的差异性和互补性，具备发展农产品贸易的先天优势，但受运输距离长、流通环节多、信息交流不畅等因素影响，运作成本较高，质量难以控制，农产品贸易发展受阻。供应链一体化能够在一定程度上解决这些问题，不过受需求多样化、企业能力及专业化运作等因素影响，单一的纵向或横向一体化模式难以适用。鉴于此，应基于信息共享与物流整合，综合考虑采购环节的采购内容、产品质量、市场供需等，物流环节的物流供给、存储特征、成本等，销售环节的农产品类型、企业资源等相关因素，灵活选择一体化方式，从企业发展、通关便利性、农产品检验、物流优化、文化交流等方面着手，保障农产品供应链一体化运作，推动丝绸之路经济带农产品贸易发展。

关键词："一带一路"；供应链一体化；物流；农产品贸易

丝绸之路经济带贯通亚欧大陆，沿线各国和地区在地理位置、气候条件等方面差异较大，在农产品生产和消费方面形成了差异性和互补性，具备发展农产品贸易的先天优势。而且，与工业产品相比，农产品在促进丝绸之路经济带发展方面也具有一定的优势。首先，农业生产具有普遍性，各国特色农产品均存在进行贸易的可能性，而工业产品基本上以工业基础比较完善的国家作为产品输出国；其次，农产品生产者、消费者众多，且与人们的生活息息相关，发展相关贸易能够直接为民众带来实惠，使之切身体会到"一带一路"倡议互惠互利、合作共赢的思想。

不过，由于传统农产品贸易流通环节较长，往往涉及农产品生产方、直接收购方、物流方、代理商、批发商以及终端零售商等，[1]容易导致一系列问题的产生。一是各方为了营利层层加价，致使产品售价较高，缺乏竞争力；[2]二是许多农产品具有易腐性，而参与各方因物流运作标准与规范不一，容易导致产品受损或出现质量问题，难以进行溯源管理；[3]三是信息沟通不畅，生产方往往很难了解到消费者对产品偏好与需求的变化，容易导致供给与需求失衡。[4]丝绸之路经济带背景下的农产品贸易因距离较长，且涉及通关、检验检疫等环节，[5-6]上述问题更显突出，对相关贸易的发展构成了阻碍。

* 国家自然科学基金青年项目"即时顾客化定制下考虑风险规避程度的鲁棒—反应式调度研究"（71701022）；陕西省社会科学界重大理论与现实问题研究项目"丝绸之路经济带背景下农产品供应链一体化运作策略研究"（2016C058）、"'丝绸之路经济带'战略背景下陕西省承接产业转移与物流服务业协同发展研究"（2017Z071）。

** 李武强（1984—），男，河南省三门峡市人，长安大学经济与管理学院教师，博士，主要研究方向为物流与供应链管理；孙荣庭（1984—），男，甘肃省平凉市人，长安大学经济与管理学院教师，博士，主要研究方向为供应链管理；刘德智（1977—），男，陕西省渭南市人，长安大学经济与管理学院副教授，博士，主要研究方向为区域物流与供应链管理。

目前，已有部分学者对“一带一路”倡议下的农产品贸易、物流、供应链相关问题进行了研究，但由于关注点不同，上述问题尚未得到全部解决。例如，农产品贸易现状相关研究主要集中在中国与中亚相关国家以及中俄等方面，[7-8]难以全面反映我国与丝绸之路经济带沿线国家和地区农产品贸易的具体情况，且大多数研究仅对主要农产品进行了统计，数据不够完整；物流相关研究主要关注物流网络规划与建设、发展驱动因素等方面，[9-10]对农产品物流运作组织关注不足；供应链相关研究还比较少，且部分研究只是提及了供应链思想的重要性，如吴方卫、张锦华[11]针对农业提出了与中亚国家进行深度合作与布局农产品全球供应链的建议。

借助供应链一体化，对流程、信息等要素进行整合，能够简化流通环节，优化物流运作，在一定程度上解决传统流通方式所面临的问题。[12-13]然而，考虑到丝绸之路经济带的特殊背景以及农产品固有的特性，现有的有关供应链一体化问题的研究成果还难以直接应用。鉴于此，本文将结合农产品贸易数据，研究农产品供应链一体化关键环节合作模式，以期促进农产品贸易发展。

一、背景分析

农产品贸易的现状反映了贸易的前景以及相关运作的可行性，可对采购和销售提供直接借鉴。本文借鉴李凤[14]关于丝绸之路经济带范围的界定，共包括中亚、俄罗斯以及蒙古、中东欧、西欧等40个国家和地区，其中大多数国家和地区处于中欧班列的辐射范围之内。下文中提到的丝绸之路经济带即指丝绸之路经济带沿线的40个国家和地区。

基于联合国商品贸易统计数据库（UN COMTRADE），按照国际贸易标准分类方法第4版（SITC Rev. 4）[15]对农产品贸易数据进行收集。具体可参见表1。由表1可以发现，2011—2016年中国与丝绸之路经济带沿线国家和地区的农产品贸易额总体呈增长态势，但出口额基本维持在115亿美元左右，而进口额则持续增长。

在贸易差额方面，我国总体呈逆差状态，且有逐步扩大的趋势。其中，对我国保持顺差的国家主要有俄罗斯、法国、乌克兰等；对我国保持逆差的国家主要有英国、意大利、吉尔吉斯斯坦等。以2016年为例，丝绸之路经济带沿线国家和地区对我国保持贸易顺差的国家有20个，其中顺差最大的国家是俄罗斯，为36.57亿美元；对我国贸易逆差在1亿美元以上的国家仅有4个，其中逆差最大的国家是英国，为4.28亿美元。

在贸易增速方面，我国对乌兹别克斯坦、哈萨克斯坦、蒙古等国的出口增长较快，但除哈萨克斯坦以外，贸易额均比较小；对塞尔维亚、塔吉克斯坦、乌克兰等国的进口增长较快，特别是对乌克兰，不仅进口速度增长较快，进口额也比较大。

在贸易种类方面，主要以0部门（食品及活动物）及2部门（非食用原料）为主。不同的是，出口方面0部门产品最多，占出口总额的75.62%；进口方面0部门和2部门产品较多，分别占进口总额的41.94%和40.15%。具体可参见表2。

表1 2011—2016年中国与丝绸之路经济带沿线国家和地区农产品贸易额①

单位：亿美元

年份	出口额	进口额	进出口总额
2011	116.34	139.54	255.88
2012	108.61	146.01	254.62
2013	115.92	168.64	284.56
2014	120.67	179.60	300.27
2015	110.25	209.83	320.08
2016	111.30	218.49	329.79

表2 2011—2016年中国与丝绸之路经济带沿线国家和地区农产品贸易主要种类平均占比

单位:%

贸易类别	0部门（食品及活动物）	1部门（饮料及烟类）	2部门（非食用原料）	4部门（动物油、脂）
中国进口	41.94	13.37	40.15	4.54
中国出口	75.62	2.75	20.57	1.06

由上可知，丝绸之路经济带背景下的农产品贸易发展前景良好，且整体来看我国农产品贸易呈逆差形式，未来面临保护主义政策障碍的可能性较小。此外，我国在政策和物流等方面给予了“一带一路”很大的支持，如中国铁路总公司已经整合形成了统一品牌的中欧班列，海关总署在陕西、新疆等

九个省区启动了丝绸之路经济带海关区域通关一体化改革等，这些因素对开展农产品贸易、实施供应链一体化运作具有积极意义。

此外，农产品贸易还面临着一系列阻碍，特别是物流方面更是如此。例如，当前中亚、西亚地区在物流基础设施及企业运营组织等方面相对比较落后，而且俄罗斯基本采用宽轨铁路，使得铁路运输需要额外换装；丝绸之路经济带部分国家和地区存在冲突和矛盾，贸易路径不畅通，如波兰生产的苹果目前还难以途经俄罗斯运往中国。

二、供应链一体化策略分析

供应链一体化可以分为纵向一体化和横向一体化两种基本类型。其中，纵向一体化指核心企业向供应链上游和下游扩张，通过自己投资生产或参股其他企业达到控制供应链的目标；横向一体化指核心企业通过战略联盟的方式，与上下游企业达成紧密协调的合作关系。[16-17]然而，将上述两种模式直接应用于丝绸之路经济带沿线国家和地区的农产品贸易还存在一定的问题。这一方面是因为，纵向一体化成本往往较高，且对专业化运作提出了很高的要求，如农产品冷链物流、长距离运输以及通关问题；另一方面是因为，农产品涉及大量的食品，存在顾客对部分食品质量要求较高的情况，如儿童奶粉的奶源问题，而采购环节的横向一体化可能难以消除顾客对质量问题的顾虑。

考虑到丝绸之路经济带背景下农产品种类繁多、企业资源和能力存在差异等情况，本文以农产品流通企业为核心企业，通过不同流通环节运作策略的选择，构建基于信息共享的供应链一体化运作模式，实现核心企业与上下游企业之间的互惠合作与协调运作。下面将结合农产品流通主要环节，从采购、物流、销售三个方面着手分析，最后提出供应链一体化模式。

（一）采购分析

1. 采购内容分析

采购何种农产品是企业运作需要考虑的首要问题，而这主要由相关国家农产品供给与需求的状况决定。通过对中国与丝绸之路经济带沿线部分国家主要农产品贸易情况进行分析，可以得到相关农产品供需情况，为采购提供直接借鉴。具体可参见表3。

表3　中国与丝绸之路经济带沿线部分国家主要农产品贸易情况

贸易对象	中国主要供给	中国主要需求
俄罗斯	蔬菜②，水果（苹果等），植物原料③，其他鱼类④，茶，糖及蜂蜜，杂项食品	软木及木，冻藏的鱼片，牲畜饲料
德国	蔬菜，水果（坚果等），动物原料⑤，植物原料，冻藏的鱼片，茶，咖啡，香料，牲畜饲料	猪肉及食用内脏，人造纤维，酒精饮料，杂项食品，乳制品
意大利	蔬菜，水果（坚果等），植物原料，丝	酒精饮料，巧克力及可可制品
荷兰	蔬菜，水果（柑橘、坚果等），动物原料，植物原料，冻藏的鱼片，可可，香料	杂项食品，乳制品
法国	蔬菜，植物原料，冻藏的鱼片，茶，咖啡及其替代品	植物纺织纤维（亚麻、生麻等），猪肉及食用内脏，酒精饮料，杂项食品，乳制品，大麦
乌兹别克斯坦	茶	棉花

由于农产品类别众多，因此采用国际贸易标准分类方法中的“类”来对农产品进行分类，并以我国与丝绸之路经济带沿线国家和地区农产品进口或出口贸易额占比大于5%的农产品作为主要农产品。同时，统计中发现，在与某个国家或地区的贸易中往往会出现个别农产品在其所在“类”中占比较大的现象，此时即可以这样的农产品作为主要农产品。例如，“07类——咖啡，茶，可可，香料及其制造”属于我国出口俄罗斯的主要农产品之一，2011—2016年出口额共计3.73亿美元，其中“074组——茶”的出口额2.85亿美元，占整个“07类”出口额的比重为76.4%，此时即可直接以茶作为主要农产品。

除表3所列举的之外，还有部分国家与中国的农产品贸易以单向为主。例如，进口方面，中国进口挪威的冻藏鱼片，蒙古的羊毛及动物毛，丹麦的猪肉及食用内脏、杂项食品等，乌克兰的玉米、植物油脂等；出口方面，中国向哈萨克斯坦出口蔬菜、水果，向波兰出口蔬菜、动物原料，向吉尔吉斯斯坦出口牛羊肉等。

由表3可知，适宜在我国采购的农产品主要有蔬菜，水果（苹果、柑橘、坚果等），动物原料，植物原料，咖啡及其替代品，可可，茶等；适宜在丝绸之路经济带沿线国家和地区采购以供给我国国内的农产品有木材，冻藏的鱼片、猪肉及食用内脏，酒精饮料，乳制品，植物油脂，棉麻等。根据具体贸易的国家，可以找到与之相对应的更加适合采购和销售的产品。

接下来，结合农产品需求与用途，可将之简单分为直接消费品和生产原材料两类。其中，直接消费品如水果、蔬菜、茶等，可以通过零售店、电商平台等方式直接销售给顾客，需求分散且波动较大；生产原材料如木材、棉花、咖啡等，需要经过生产加工才能形成成品，其需求对象主要是生产企业，需求相对稳定且需求量往往较大。

2. 采购合作模式分析

农业生产受土壤、气候等条件限制，往往呈现出规模较小、地理区位分散的特征，单一农户难以满足采购需求。而不同农户因生产方式、作业标准存在差异，容易导致农产品质量参差不齐、难以控制。鉴于此，根据农产品供给、质量情况及常见合作模式，对以下三种模式进行分析。

（1）市场化采购模式。当采购地农产品生产质量标准较高且供给充足时，核心企业可以采用直接向农户或批发商采购的方式。尽管这种方式供应链一体化程度较低，但能够节约成本，特别是向批发商采购还可避免不熟悉市场、采购物流组织等难题，比较适合初步进入国外市场的情况。此外，核心企业可通过与批发商签订合作协议，以信息共享、提供采购标准、培训采购队伍等方式来加强对采购环节的控制。

（2）企业＋农户模式。当市场上产品供给不足或质量难以满足企业需求时，核心企业可通过与农户签订协议的方式结成战略联盟，向农户提供必要的技术、培训以及资金等方面的服务，通过约定收购标准、价格等方式收购农产品。这种方式不仅供应链整合程度较高，而且能够带动当地农产品生产方式与作业效率的改进和提高。

（3）纵向一体化模式。当产品质量成为消费者购买产品的关键要素时，出于品牌建设与质量控制的考虑，核心企业需要对农产品生产建立有效的控制方式，此时纵向一体化模式成为有效选择，包括企业自建生产基地及参股农产品生产企业等方式。

3. 采购物流分析

采购物流是连接生产方与核心企业的纽带，出于一体化运作以及质量控制的需要，往往包括产品检验、包装、信息处理等多项内容。从供应链一体化的模式看，存在自建物流、第三方物流两种差异较大的运作模式。其中，自建物流模式，即企业自己建设物流系统，并配备相应的设备以及人员等，属于纵向一体化模式；第三方物流模式，即核心企业与专业物流企业构建战略联盟，并通过第三方物流完成采购物流运作，属于横向一体化模式。而至于企业具体应如何选择，可从以下方面着手考虑。

（1）物流功能要求。大多数农产品需要在采购时进行分级、保鲜处理、初加工等作业，对专业化水平要求较高，且一体化运作模式要求物流企业具备一定的信息化水平，能够实现关键物流环节的信息化运作，如标签编码、运输监控等。

（2）成本。鉴于自建物流资金投入较大，建设周期较长，如果核心企业相关业务的开展处于初期或销售前景尚不确定，采用第三方物流相对更为合适。此外，如果采购批量和频次均比较小，自建物流设施、设备将面临大量闲置的局面，特别是那些仅仅经营某单一季节性农产品的企业更是如此。而对于在国外采购的企业，自建物流还会面临语言、人力资源组织等问题。

（3）可持续发展。考虑到未来发展的需要，核心企业往往会对第三方物流运作规范性、信息系统建设等方面提出新的要求，而合作物流企业能否满足这些要求，也是第三方物流模式选择的关键。此项要求适用于横向一体化模式下所有的合作对象，后面将不再赘述。

由上可知，当核心企业所经营的产品主要为生产性原材料，且产品订购具有一定的周期性特点时，从设施设备的使用率和成本来考虑，可采用第三方物流模式。而对于直接消费的农产品，其物流模式的选择与核心企业所经营农产品的种类、采购批量、频次相关，如可以实施多种农产品采购，以避免季节性采购以及物流设施闲置问题，实现采购物流自营。表4、表5分别列举了不同类别农产品主要的供给国、需求国及其占比，可为企业进行相应的农产品采购提供重要参考。另外，核心企业还可选择参股第三方物流或与之共同出资新建物流企业的模式，这种模式下核心企业的投资成本及其对信息和物流运作的控制程度介于自建物流与第三方物流之间，也是采购物流比较可行的一个选择。

综上所述，可以得到采购一体化模式选择的关键环节，具体可参见图1。

表4　2011—2016年中国向丝绸之路经济带沿线国家和地区出口的主要农产品情况

单位：%

类别代码及描述	出口额占比	出口地及其在相应类别农产品出口额中的占比
05（蔬菜和水果）	30.61	俄罗斯（29.15），德国（14.91），荷兰（12.26）
03（水产品）	25.49	俄罗斯（17.86），德国（17.29），西班牙（12.55）
29（原油动物和植物原料）	10.58	德国（33.59），荷兰（19.40），西班牙（9.10）
26（纺织纤维及其废料）	7.13	意大利（47.24），德国（18.68），英国（7.45）
07（茶、香料等）	5.45	德国（29.32），荷兰（13.03），俄罗斯（10.01）
小计	79.26	

表5　2011—2016年中国从丝绸之路经济带沿线国家和地区进口的主要农产品情况

单位：%

类别代码及描述	进口额占比	进口地及其在相应类别农产品进口额中的占比
24（软木及木）	22.74	俄罗斯（78.05）
11（饮料）	12.98	法国（68.38），德国（7.68），西班牙（6.41）
03（水产品）	11.15	俄罗斯（68.32），挪威（20.74）
26（纺织纤维及其废料）	8.90	乌兹别克斯坦（27.33），法国（16.74），奥地利（13.38）
01（肉及肉制品）	9.27	德国（28.00），丹麦（25.68），西班牙（19.47）
09（杂项食品及其制品）	7.40	荷兰（51.02），德国（15.13），法国（13.64）
21（生皮及生毛皮）	5.41	丹麦（35.50），英国（16.06），西班牙（11.16）
小计	77.85	

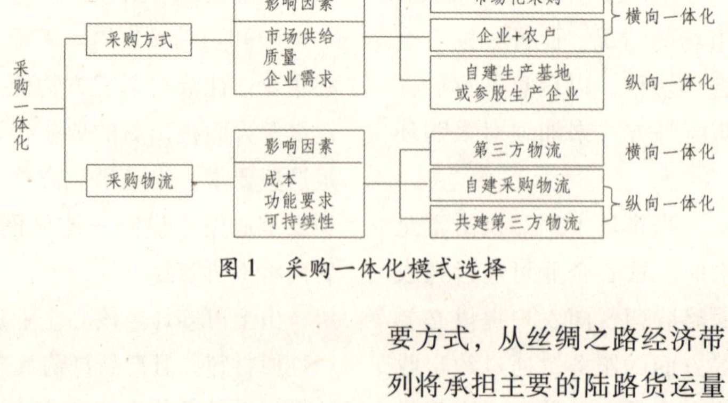

图1　采购一体化模式选择

（二）物流分析

1. 基于运输成本的可行性分析

海洋运输和铁路运输是大宗货物国际运输的主要方式，从丝绸之路经济带发展的视角看，中欧班列将承担主要的陆路货运量。部分中欧班列相关情况可参见表6。当前，中欧班列运输费用相对较高，其是否存在优化的可能性对丝绸之路经济带农产品国际运输的可行性具有决定性影响。

表6　　部分中欧班列情况

班列	起点和终点	途经的主要国家	货源
郑新欧	郑州—汉堡	哈萨克斯坦、俄罗斯、白俄罗斯、波兰、德国	我国广州、浙江以及日韩等地货源占2/3
辽满欧	大连—俄罗斯、欧洲	俄罗斯、德国	我国东北地区以及日韩地区货源占30%
长安号	西安—鹿特丹	哈萨克斯坦、俄罗斯、白俄罗斯、波兰、德国、荷兰	我国陕西本地货源占30%，其余为外地货源

流向与流量不均衡往往会增加运输空载率，这是导致物流成本上升的主要因素之一。从中欧班列实际运行情况看，回程空载率较高是当前面临的比较突出的问题。而从中国与丝绸之路经济带沿线国家和地区农产品贸易的整体情况（见表1）来看，近年来的进口远大于出口。这在某种程度上表明，通过中欧班列运行模式与货源组织的不断优化来降低回程空载率是有可能的。

运输规模化是降低成本的一个比较有效的方法。由表7可以发现，贸易主要集中在欧盟以及俄罗斯等国家和地区，地理分布比较集中。比如，在以德国杜伊斯堡为中心的1000千米范围内，涵盖了德国、法国、荷兰等主要贸易国家，其贸易额占中国与丝绸之路经济带沿线国家和地区农产品贸易额的50%以上；以俄罗斯为中心的独联体国家，还有以哈萨克斯坦为中心的中亚五国，其贸易均相对比较集中。由此可见，通过相应的货物集散和物流组织来实现规模化运输是有可能的。

2. 国际运输模式分析

除中欧班列外，与中国临近的蒙古、哈萨克斯坦等国家，其农产品贸易还可以选择公路运输，而部分对时效性要求较高的贵重农产品，选择空运也是合适的。从运输模式看，第三方国际物流是当前的主流，这主要是因为第三方物流所具有的以下方面的优势。

（1）通关+物流集成服务优势。动植物产品的进出口必须经过检验、检疫环节，加之报关业务有资质要求，手续烦琐，选择第三方物流能够提高运作效率。

（2）成本优势。第三方物流货源相对充足，能够进行规模化运输，有利于成本节约。

（3）健全的物流网络。国际物流对设备、路线以及运营方面的要求均比较高，采用第三方物流可以规避这一劣势。

由此可见，丝绸之路经济带沿线国家和地区农产品贸易选择第三方物流模式是可行的。此外，在合作形式方面，当前主要包括三种模式：一是完全市场化模式，采用“一单一结、拣选交易”的方式；二是招标模式，对一定期限和范围内的运输业务进行招标；三是战略联盟模式，与物流企业达成协同发展协议。在以上三种模式中，前面两种主要是短期合作，而供应链一体化涉及设施设备升级、信息流通、系统优化等问题，只有通过长期合作才能得以解决，因此，战略联盟模式应该是一体化运作的合理选择。

在三种运输方式中，航空运输企业一般规模较大，而中欧班列又具有特殊性质。因此，对大多数企业而言，在与航空运输企业及中欧班列进行长期合作时，横向一体化是比较合适的选择。公路运输企业规模相对较小，可根据企业业务需要采用灵活的一体化模式，包括参股物流企业、共建第三方物流等形式。

3. 仓储模式分析

仓储具有平衡供需以及集货等功能，对国际贸易而言具有非常重要的作用，而仓库主体选择是仓储运作模式的核心。仓储运作模式主要包括以下几种：一是自建仓库，即企业自己建设仓库并运营；二是租用仓库，即租赁仓库，但由企业自己运营；三是第三方仓储，即由第三方物流企业完成所有的仓储业务。一般来讲，产地仓储更侧重集运与初加工功能，需求区域仓储更侧重配送功能。仓储运作模式的选择相对比较灵活，除合作对象必须满足相应的仓储功能外，还要考虑以下问题。

表7　　2011—2016年中国与丝绸之路经济带沿线国家和地区农产品贸易前十强

单位：亿美元

序号	中国进口		中国出口		进口+出口	
	国家和地区	贸易额	国家和地区	贸易额	国家和地区	贸易额
1	俄罗斯	48.16	德国	20.62	俄罗斯	67.92
2	法国	31.76	俄罗斯	19.76	法国	37.33
3	德国	15.93	荷兰	12.66	德国	36.55
4	荷兰	13.99	英国	10.98	荷兰	26.65
5	丹麦	11.15	意大利	9.24	西班牙	17.62
6	西班牙	9.05	西班牙	8.57	英国	17.11
7	乌克兰	8.89	法国	5.57	意大利	14.30
8	英国	6.13	比利时	5.38	丹麦	12.73
9	意大利	5.06	波兰	3.06	乌克兰	10.61
10	乌兹别克斯坦	4.54	哈萨克斯坦	2.16	比利时	8.62
小计		154.66		98.00		249.44
前十在中国与丝绸之路经济带沿线国家和地区农产品贸易额中的占比	87.37%		86.09%		85.77%	

一是相对于运输系统，仓储与企业采购和配送系统的联系更加紧密，因此在选择租用仓库或第三方仓储时，必须保证其仓储系统与采购、配送系统兼容，满足信息交互的基本要求。

二是对于需要低温仓储的农产品，需要着重考虑冷库利用效率问题。许多农产品都具有季节性特征，容易在非销售季节造成冷库空间的大量闲置。

此外，从时间序列看，仓储合作模式的选择往往是动态变化的。例如，在相关业务初期，由于市场需求尚不确定，大多数企业会选择租赁仓库或第三方仓储服务；而随着市场的不断开发，需求量越来越大，部分企业会逐步转变为自建仓库。

综上所述，可以得到物流一体化模式选择的关键，可参见图2。由于采购、配送相关物流环节与采购内容、销售方式相关性较强，因此分别在采购和销售部分进行说明。

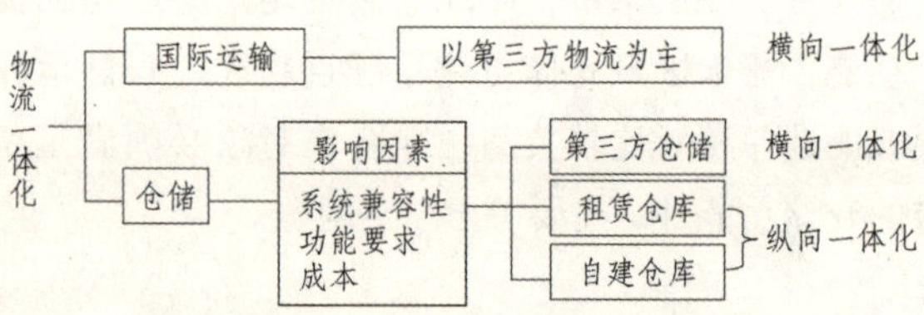

图2　物流一体化模式选择

（三）销售分析

由采购分析可知，农产品中生产原材料的销售对象主要是企业，而直接消费品的销售对象主要包括个人消费者和零售商两种类型，农产品类型不同其销售环节一体化的方式也存在一定差异。具体可参见图3。

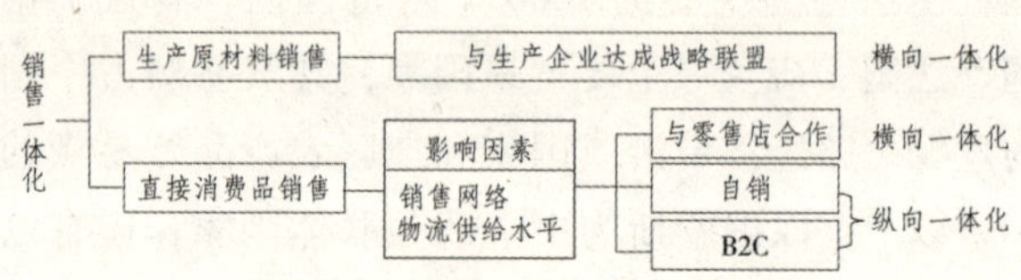

图3　销售一体化模式选择

1. 生产原材料销售

销售的不确定性将对采购、物流等方面的合作产生消极影响，因此与生产企业形成稳定的供给关系是核心企业销售环节的重点。通过约定价格、质量等关键问题，核心企业应与生产企业达成战略联盟协议，实现互惠互利发展。一方面，稳定的销售可使核心企业根据需求对一体化运作进行优化，进一步降低成本，实现供应链整体成本的下降；另一方面，核心企业可基于一体化运作方式，为生产企业提供附加服务，提高顾客黏性，比如提供原材料产量与价格预测或个性化采购和物流服务等。

生产企业对原材料需求量较大而且比较稳定，配送、运输的规模化均比较容易实现，其配送模式选择主要考虑成本以及专业化方面的需要。如果配送量较大且频次较高，配送业务有利可图，则可结合企业需求及专业化水平考虑自营模式；如果生产企业对配送要求较高，比如生产企业实施了准时生产（JIT）模式，要求能够在更短的时间内将所需要的原材料提供到生产线，而核心企业又缺乏相应的运作能力，则需要采用第三方物流模式。

2. 直接消费品销售

本着简化流通环节的原则，可供核心企业选择的传统销售方式包括自销以及通过零售店销售两种模式，而随着电子商务的发展，企业对消费者（B2C）模式也成为许多企业的选择之一。

自销模式要求核心企业在一定区域内具有健全的销售网络。从我国的情况看，此类企业的主营业务大多以国内农产品为主，进口农产品销售主要是出于业务创新及市场开拓的需要，如西安爱菊粮油工业集团有限公司销售来自哈萨克斯坦的粮油产品。由于直接消费的农产品大多属于食用品，对质量安全要求较高，此类企业往往具备自己的仓储配送系统，进口农产品配送问题比较容易实现。

对于那些不具备终端销售网络的核心企业，通过零售店销售是当前的主要模式。在具体合作模式中，与零售商签署战略合作协议并采用一单一结的销售方式对核心企业而言是较为有利的选择。其主要原因，一是考虑到食品安全、保质期短以及物流运作中的货损问题，许多直接消费类农产品退货后难以实现再次销售；二是零售商拥有渠道优势，供给方在合作中一般处于弱势地位，难以获得销售信息。

B2C 模式的优势在于不需要线下终端建设，可以减少成本投入，比较适合需求不确定情境下的农产品销售。在物流方面，B2C 模式基本采用第三方物流（快递）模式。其主要问题在于，目前国内冷链快递尚不成熟，多采用泡沫箱 + 冰块模式，质量难以控制，因此涉及冷链运作的农产品核心企业需要选择运作质量较高的快递企业，同时可在需求旺盛的地区建立冷链配送中心。

（四）供应链一体化模式构建

由前文分析可知，核心企业可结合自己的情况，在不同环节选择合理的一体化模式，从而实现农产品供应链的一体化运作。而集成物流作为一体化运作的核心，其关键在于核心企业通过与战略合作伙伴实现信息共享，从整体上对采购物流、国际运输、仓储、配送等环节进行计划、组织与协调，实现农产品从采购到销售的顺利流通。简而言之，本研究所构建的农产品供应链一体化模式可以概括为核心企业 + 集成物流模式。具体可参见图 4。对于供应链一体化模式的构建，除采购、物流、销售等环节的一体化模式选择外，下列因素也是非常重要的。

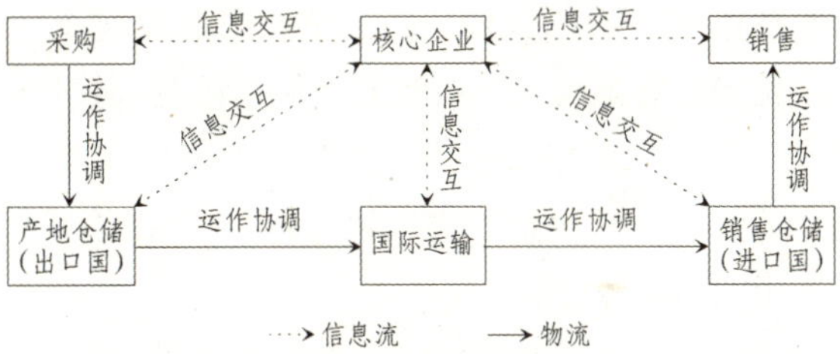

图 4　农产品供应链一体化模式

1. 基于战略合作的信息共享机制

关键信息共享与交互是供应链一体化运作的核心，而信息往往涉及企业核心利益，这就需要与合作企业达成战略联盟，以保障双方权益。此外，核心企业将销售、采购等信息共享给合作方，还能够在一定程度上指导农业生产，方便物流企业进行业务优化与安排，而这对提高供应链竞争力而言同样重要。

2. 运作协调

在合作过程中，不同的企业特别是物流企业容易出现货物滞留、质量责任难以厘清等情况。及时对交接环节进行协调，不仅能够推动各环节顺利运作，而且能够发现问题，调整不合格的合作方。另外，通过一体化整合与信息交互，核心企业还可对采购、库存等方面进行优化，进一步降低运作成本。

3. 标准化

不同企业其运作规范、单据等可能存在差异，会给运作带来成本、时间等方面的浪费。因此，核心企业应与合作企业围绕单据内容、包装单位、信息编码、操作规范等要素进行协商，实施标准化运作。

三、一体化运作障碍与建议

（一）存在障碍

除背景分析部分所指出的问题外，农产品供应链一体化运作还面临以下几方面障碍。

1. 农产品流通企业实力相对较弱，供应链整合难度高

在合作谈判过程中，实力较强且对上下游企业具有一定影响力的核心企业更容易在合作方式、运作规范以及价格等方面达成目标，有利于供应链一体化的实现。但是，当前我国农产品流通企业多以运输、仓储、批发、零售等小型企业为主，企业实力和技术水平均比较低，而大型农产品流通企业，如中粮贸易有限公司、雨润农产品集团等，数量较少且市场占有率相对较低，业务主要集中在批发、仓储等环节，对生产、终端销售等环节关注不多，品牌影响力相对较弱。

此外，与工业产品相比，农产品价格较低，能够承受的物流成本有限，而对物流运作的要求又比较高，如温度、湿度的控制以及专业化冷链设备等。因此，从物流企业角度看，农产品业务运作难度较大，成本较高，而收益相对较少，会在一定程度上导致物流企业参与供应链一体化的意愿不强，增加整合难度。

2. 区域通关所涉及的范围较小，整体通关时间较长

从中欧班列的货物来源（见表6）看，本地货源仅占较小的一部分，周边货源占比较高。而当前丝绸之路经济带十大海关通关一体化进程已经开启，主要包括青岛、济南、郑州、太原、西安、银川、兰州、西宁、乌鲁木齐、拉萨十个海关，涉及九个省区。由上述各省区 2016 年 GDP 可以看出，除山东（6.7 万亿元）、河南（4 万亿元）较高外，其余各省区 GDP 之和仅为 5.4 万亿元。这在一定程度上说明，海关一体化所涉及的绝大多数区域制造业相对薄弱，货源不足。从物流运作角度看，货源的增加与运输的规模化将促使中欧班列运输成本进一步下降，而农产品物流运作也将从中受益。

此外，在农产品贸易中，绝大多数农产品都要经过检验检疫环节。当前，国内检验检疫时间普遍在一星期以上，整体通关时间较长，而通过中欧班列运输的农产品往往途经多个国家，且均要涉及过境和入境检验检疫等。这些因素会导致农产品国际运输环节时间延长，一方面造成农产品流通企业较高的储存成本，另一方面影响部分保质期较短以及鲜活农产品的存储与质量状况。

3. 我国农产品检验标准较低，出口受到限制

当前国内农产品质量问题比较突出，出于利益方面考虑，盲目使用化肥、农药、抗生素等的情况时有发生，不仅在国内造成了一系列安全问题，也对出口构成了阻碍。以陕西苹果为例，受农药残留等问题影响，目前还难以出口欧盟。导致上述问题形成的原因，一是国内农产品检验标准与欧盟、美国等国家和地区相比较为落后，在检验内容的完善程度以及个别指标的要求方面存在一定差距；二是相对于国内庞大的农产品生产和流通市场，检验机构、设备、人员相对不足，难以满足监管以及指导农产品生产和流通的要求；三是农产品生产技术水平较低，特别是在抗病虫害品种培育、疫情防治以及科学生产方面更为欠缺，难以满足绿色化生产下生产方收入保持稳定或实现增长的需要。

4. 民间交流较少，对国外农产品认识不足

从旅游、电视节目以及宣传等方面看，当前我国与欧美、日韩以及东南亚地区的交流较多，民众对上述地区农产品的种类、特点具有一定了解，并在一定程度上推动了相关农产品贸易的发展。但是，我国与中亚、东欧等国家和地区的交流较少，国内基本上很难看到与中亚等国家和地区相关的影视文化作品，也很少以上述区域作为旅游或留学的首选，再加之语言交流不畅，致使相互之间缺乏了解，在一定程度上抑制了农产品贸易的发展。

（二）建议

根据前面的分析，从保障农产品供应链一体化运作、推动丝绸之路经济带农产品贸易发展的角度出发，提出如下建议。

1. 从企业推广和财税等方面入手，支持农产品流通企业做大做强

首先，建立丝绸之路经济带专属企业信用信息公开平台或板块。基于产品/服务质量、营业收入、

企业规模等信息，制定企业信用评级标准，针对涉及丝绸之路经济带贸易的企业进行评价，通过信息平台或其他媒体对信誉良好的企业进行推广，为相关企业进行国际贸易合作提供信息支持。

其次，针对各企业与丝绸之路经济带相关的农产品业务，提供精准的税收优惠。由企业对相关农产品业务进行申报，包括进口、出口、批发、零售、物流等，由政府进行核实并按照具体营销额提供相应的税收减免优惠。

最后，鼓励企业兼并重组，增强企业实力。清理不利于兼并重组的政策，对兼并重组中的资产评估增值、土地权属转移等提供税收优惠，通过财政贴息等政策激励商业银行为重组企业提供贷款支持。

2. 提高通关便利性，减少通关时间

首先，扩大通关一体化范围。区域通关一体化的实施在我国已经具有较长的历史，特别是珠江三角洲、长江三角洲等地区，应借鉴相关经验逐步拓展通关一体化范围。例如，可在丝绸之路经济带十个海关一体化的基础上，将各中欧班列始发地所在的省市区（如四川、湖北、重庆等）纳入通关一体化范围，待运作成熟后再进一步扩大，直至覆盖中欧班列主要的货源地。

其次，优化通关流程，缩短通关时间。当前我国海关通关时间方面已经有了比较大的改善，其主要问题在于通关申报之前需要的时间较长，特别是检验检疫环节。面对这样的问题，一方面需要优化国内检验检疫环节，如提供检验检疫网络预约服务，到田间地头或仓库进行检验检疫，增加检验检疫人员及相关设备等；另一方面可以结合企业信用评级，设置不同的抽检率，鼓励企业的守信行为。

最后，对于中欧班列穿越不同国家时的入境和过境检验检疫问题，需要国家主管部门牵头，对各个国家或地区的检验检疫内容以及标准进行整合，达成相关检验检疫信息共享及认证方案，努力实现以出口检验检疫为主、沿岸海关少检或不检的目标。

3. 完善农产品检验标准，改善农业生产方式

首先，完善农产品检验标准及相关政策法规。一是根据我国国情，参照其他国家农产品检验标准，进一步完善和提高我国相关标准；二是通过增加相应的检验机构和人员或者购买服务的方式，对国内庞大的农产品生产和流通市场，扩大抽检范围；三是完善并加强相关法规，坚决打击违法行为，避免“良币驱逐劣币”效应在农产品市场上演。

其次，建立高标准农业生产基地，以看得见的收益带动农业供给侧结构性改革。以政府组织和引导的方式，建立出口导向的生产基地，促使基地与成熟的农产品流通企业进行合作，保障产品销售，并对效益可观的生产基地加强宣传，通过引导示范改变农业生产方式。

最后，提供农业生产技术支持。在目前的农业技术环境下，农药、化肥以及抗生素使用的减少会导致农产品产量和农民收入的下降，因此需要政府在新品种选择培育以及生产养殖方法等方面提供技术支持，并定期派遣专业团队对土壤、空气、水及农产品进行免费检测，保障生产顺利进行。

4. 加快基础设施建设升级，优化物流运作方式

首先，当前中亚、西亚部分国家和地区交通基础设施落后，尽管中国铁路总公司已经与白俄罗斯、德国、哈萨克斯坦、蒙古、波兰、俄罗斯的铁路部门签署了《关于深化中欧班列合作协议》，但项目进展较慢，应与相关国家积极沟通，排除不利政治因素，本着合作共赢的原则，加快相关项目的推进。

其次，优化物流运作组织，降低物流成本。当前已有多条中欧班列途经西安、乌鲁木齐、阿拉山口等地，可在上述地区适当设置货运集散中心，以有效降低空载率，同时为西北地区相关产品搭乘中欧班列提供更好的服务。

最后，应联合行业协会及先进企业制定适应国际物流需要的运作标准。一方面，结合国际货运要求，制定不同类别农产品的物流运作标准，特别是在温控、包装、运输、存储等方面；另一方面，加强物流信息标准化建设，特别是在信息的基本内容、格式、编码等方面。

5. 加强人文交流，带动农产品需求

首先，基于传媒、旅游等多种手段引导人文交流。文化输出是带动商品输出的重要因素，[18]但考虑到当前与丝绸之路经济带沿线国家和地区特别是中亚及西亚地区交流较少，应通过媒体加强对丝绸之路经济带文化、社会以及特色景观等的介绍和推广，增加民众对丝绸之路经济带的了解，同时积极开发丝绸之路经济带旅游项目，在促进对方经济发展的同时，加深他们对中国的了解。

其次，形成政府引导、企业跟团的互访机制。以政府为主导组织农产品贸易、加工以及物流企业等，定期对丝绸之路经济带沿线国家和地区进行调查和访问，一方面寻求适合贸易流通的农产品，另一方面为不同国家企业之间进行交流与合作创造机会。

注释：

①产品主要涉及 0 部门、1 部门、2 部门（23、25、27、28 类除外）、4 部门。其中，23 类在某些研究中被认为是农产品，但数据分析发现，在我国与丝绸之路经济带沿线国家和地区相关贸易中其主要为油类衍生的合成胶，因此不予考虑。

②蔬菜贸易主要以 054.5、054.8 分组包含多种蔬菜的分类为主，因此未具体说明蔬菜的名称。

③主要为 292.4、292.5、292.9 分组，即汁液或提取液、果胶以及供香料、药用等植物部分。

④主要为 037.1 分组，未列明的其他鱼类。

⑤主要为 291.9 分组，动物的肠、膀胱、肚等，主要用于工业原材料，非食用。

参考文献：

［1］王冲，陈旭．农产品价格上涨的原因与流通改革的思路探讨［J］．中国软科学，2012（4）：11－17.

［2］周荣征，严余松，张焱，等．绿色农产品封闭供应链构建研究［J］．科技进步与对策，2009，26（22）：28－31.

［3］施先亮．我国农产品物流发展趋势与对策［J］．中国流通经济，2015（7）：25－29.

［4］李艳军．农产品营销渠道创新必须解决的几个问题［J］．科技进步与对策，2005（11）：140－141.

［5］陈文玲，梅冠群．“一带一路”物流体系的整体架构与建设方案［J］．经济纵横，2016（10）：19－26.

［6］王娟娟，杜佳麟．一带一路经济区跨境电子商务发展模式探索［J］．中国流通经济，2016，30（9）：100－107.

［7］沈琼．“一带一路”战略背景下中国与中亚农业合作探析［J］．河南农业大学学报，2016（1）：140－146.

［8］李爽，崔欣，谭忠昕．中俄农产品贸易合作基地构建研究［J］．经济纵横，2016（6）：70－75.

［9］陈恒，魏修建，杜勤．“一带一路”物流业发展驱动因素的动态轨迹演变——基于劳动力投入的视角［J］．上海财经大学学报（哲学社会科学版），2015，17（2）：31－43.

［10］董千里．基于“一带一路”跨境物流网络构建的产业联动发展——集成场理论的顶层设计思路［J］．中国流通经济，2015（10）：34－41.

［11］吴方卫，张锦华．丝绸之路经济带农牧业合作的空间、潜力与中国农业“走出去”策略［J］．科学发展，2016（4）：76－81.

［12］RUSHTON A，CROUCHER P，BAKER P. The handbook of logistics and distribution management：understanding the supply chain［M］. 5th edition. London：Kogan Page，2014.

［13］黄桂红，饶志伟．基于供应链一体化的农产品物流整合探析［J］．中国流通经济，2011，25（2）：29－32.

［14］李凤．丝绸之路经济带上的国家［C］//杨善民．“一带一路”环球行动报告．北京：社会科学文献出版社，2015：215－257.

［15］谭晶荣，蔡燕林，高颖，等．中国对丝绸之路经济带沿线国家农产品出口贸易决定因素分析［J］．农业经济问题，2015（11）：9－15，110.

［16］陈长彬，盛鑫．供应链一体化下区域物流产业集群升级的演化博弈［J］．科技管理研究，2014（10）：131－139，143.

［17］BOWERSOX D J，CLOSS D J. Logistical management：the integrated supply chain process［M］. New York：The McGraw－Hill Co. Inc.，1996.

［18］谢孟军．文化能否引致出口：“一带一路”的经验数据［J］．国际贸易问题，2016（1）：3－13.

原载于《中国流通经济》2017 年第 11 期

基于区块链的供应链管理模式优化*

张夏恒[1、2]**

(1. 浙江大学经济学院，浙江 杭州 310027；2. 西北政法大学商学院，陕西 西安 710122)

摘　要：从本质看，区块链就是一个规则，就是一群遵守这个规则的人共同记录联系信息的过程。区块链技术凭借去中心化的分布式结构可以节省大量的中介机构成本消耗，凭借不可篡改的时间戳可以解决数据追踪和信息防伪问题，凭借安全信任机制可以解决目前物联网技术的核心缺陷，凭借灵活的可编程特性可以规范现有市场秩序，有助于增进和创造信任，改变人与人之间的合作模式与商业合作模式。对于传统商业运行环境下供应链管理存在的诸多痛点，如核心企业对供应链控制力弱、供应链溯源需求与能力现状匹配度小、信息孤岛现象层出不穷、信任机制匮乏、约束力小等，亦可借助区块链技术，通过搭建基于区块链的场景应用模式，如区块链授信融资、区块链采购资金融资、区块链白条、区块链仓单质押融资、区块链跨企业积分兑换等，来实现供应链管理缩短时间、降低成本、提高品质、满足需求的目标。

关键词：区块链；供应链；应用模式；信任；融资

一、引言

区块链尽管出现时间较短，但已经风靡全国，2017 年起受到了诸多风险投资的高度关注。以中国知网数据库为检索范围，以“区块链”和“供应链”为关键词进行篇名检索，共获得区块链文献 1026 篇，其中核心期刊文献 191 篇；获得与区块链相关的供应链文献 20 篇，其中核心期刊文献 3 篇。具体情况参见图 1。与区块链相关的供应链方面的文献相对较少，其中供应链方面文献占总文献的比重为 1.95%，供应链方面核心文献占总核心文献的比重为 1.57%。当前，基于区块链的供应链研究大致聚焦于供应链金融[1-2]、供应链物流信息[3-4]、供应链智能治理[5]维度，尚未聚焦于供应链应用维度。本文从区块链技术出发，旨在探究其在供应链场景下的具体应用模式，这也是本文主要的出发点和创新点。

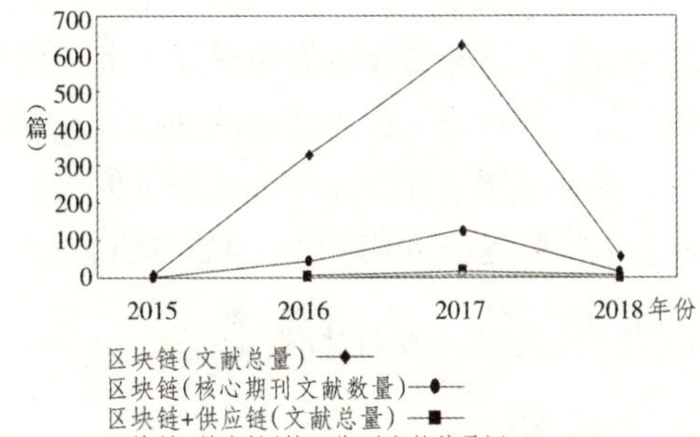

图 1　区块链及与区块链相关的供应链文献

数据来源：中国知网数据库，检索时间截至 2018 年 2 月 28 日。

* 国家民族事务委员会民族研究项目“面向丝绸之路经济带的西北民族地区跨境电子商务发展研究”(2018 - GMD - 021)。

** 张夏恒 (1982—)，男，山东省济宁市人，浙江大学经济学院博士后，西北政法大学商学院副教授，博士，主要研究方向为供应链管理。

二、区块链及其要点简述

（一）区块链概念

区块链概念较早出现在中本聪的比特币白皮书中，但并非以区块链的提法出现，而是以工作量证明链的形式陈述的。2015 年，《经济学人》刊发了一篇题为《区块链的承诺：信任机器》（*The Promise of the Blockchain*：*The Trust Machine*）的封面文章[6]，认为区块链技术是创造信任的技术，拥有改变人们之间合作模式以及商业合作模式的巨大影响力。区块链发展至今，尚未形成公认的定义。斯瓦（Swan M）[7]提出，区块链技术是一种去中心化的数据库，兼具公开性和透明性特征。我国工业和信息化部在其白皮书中提出，区块链是一种基于计算机分布式数据存储、点对点传输、加密算法、共识机制等技术的新型应用范式[8]。区块链可以通俗地理解为一张没有中心管理的 Excel 表格，该表格拥有有限的功能权限，如只能“新增”“查询”，不能“修改”“删除”，同时该表格存储着不同的内容，用于完成不同的工作。究其本质，区块链就是一种规则，通俗来看，就是一群遵守该规则的人共同记录联系信息的过程。从名称本身看，区块链是一个由区块组成、由链建立连接关系的系统；从表现形式看，区块链是一个分布式账本；从技术角度看，区块链是一个分布式的链式数据库；从使用角度看，区块链是一个具有较高可靠性的信用载体；从用户角度看，区块链是一个无须第三方的信息共享平台；从社会发展层面看，区块链是社会发展过程中下一代的基础设施，是一种解决了信用问题的基础设施，基于这样的基础设施所有社会活动都将是可信的，人们可以此为依托跨越信用屏障回归事物本质。

（二）区块链核心技术及其价值

1. 区块链核心技术

区块链本质上是一种以现代数据库技术、互联网技术、现代密码学技术为基础，集合分布式数据存储、点对点传输、共识机制、加密算法等计算机技术的应用模式[9-10]，其核心仍然回归到技术维度，涉及面较广，这里仅简述常见的代表性技术。

（1）分布式账本。交易记账由分布在不同地方的多个节点共同完成，且每个节点记录的都是完整账目，均可参与监督交易的合法性。

（2）非对称加密和授权。存储在区块链上的交易信息都是公开的，但账户身份信息是高度加密的，只有在数据拥有者授权的情况下方可访问，能够保证数据安全与个人隐私。

（3）共识机制。结账节点通过何种方式达成共识并认定一个记录的有效性，这既是认定的手段，也是防止篡改的手段。

（4）智能合约。基于这些可信的、不可篡改的数据，可以自动化地执行一些预先设定好的规则和条款。

2. 区块链技术的价值

（1）去中心化的分布式结构可以节省大量的中介机构的成本消耗，能够被应用到系统的中心化领域，处理一些原本由中介机构代理的交易。

（2）不可篡改的时间戳可以解决数据追踪和信息防伪问题。区块链技术为信息防伪和数据追踪提供了革新手段。区块链中的数据区块顺序相连并构成不可篡改的数据链条，时间戳为所有交易行为贴上了一套不可伪造的真实数据，对现实生活中打击假冒伪劣行为具有很大帮助。

（3）区块链的安全信任机制可以解决目前物联网技术的核心缺陷。传统的物联网模式由一个中心化的机构收集和管理所有数据信息，容易因设备生命周期和安全等方面的问题引起数据丢失、篡改等问题。而区块链技术可以在无须信任单个节点的同时构建整个网络的信任共识，可以很好地解决目前物联网技术存在的一些核心缺陷。

（4）灵活的可编程特性有助于规范现有市场秩序。当前社会的市场秩序仍然不够规范，如政府针对农业的补贴、慈善机构的善款被挪用等，利用区块链技术的可编程特性，可在资产转移的同时嵌入一段代码来规定资产未来的用途范围，从而能够彻底解决上述问题。

三、区块链应用概况

（一）在学术领域的应用

对中国知网数据库的文献进行分析可以发现，

关于区块链应用的研究大多集中在两个方面。一是技术应用层面，主要基于数字货币、智能合约、信任机制、支付清算、物联网等技术在一些具体领域的实际应用，如数字货币的演化[11]、法定货币体系[12]、票据市场问题[13]、数据保护或共享[14]、信任构建与监督[15]、支付优化[16]、供应链系统相关问题[17]。二是经济社会等领域的宏观效应层面，包括金融、政府治理、社会公共服务、文化出版、教育、财税、法律、共享经济等。其中，金融领域的代表性成果有财务众包[18]、股权众筹[19]、银行业发展[20]、保险创新[21]、互联网保险[22]；政府治理方面的代表性成果有政府治理创新[23]、政府治理模式[24]、政府基础信息协同共享等[25]；社会公共服务方面的代表性成果有食品[26]、医疗[27]、能源[28]等；文化出版方面的代表性成果有著作权交易[29]、学术出版信任建设[30]、数字出版版权保护[31]、媒体融合[32]等；教育方面的代表性成果有高等教育发展[33]、教育教学[34]、在线教育评估[35]等；财税方面的代表性成果有税收领域应用[36]、税收治理[37]、税收监督[38]等；法律方面的代表性成果有电子取证[39]、金融刑法风险[40]、法律优化[41]等；共享经济方面的代表性成果有大数据+区块链的共享经济发展[42]、充电桩共享经济模式[43]、共享经济模式变革[44]等。

（二）在实践领域的应用

在实践领域，区块链的发展日新月异，特别是在具体应用领域更是异常火热。从 2017 年 12 月 21 日在上海举办的“2017 中国区块链技术应用峰会”上获得的消息表明，2016—2017 年区块链技术在数字加密货币、数据存储与鉴证、金融交易、游戏等众多领域表现出色，全息互信、北京博晨、保全网、信链、公信宝等区块链企业纷纷获得融资，甚至有的企业获得了多轮融资。在资本市场上，与区块链概念有关联的个股股价迅速攀升，如柯达公司 2018 年 1 月 9 日宣布推出区块链技术支持的照片所有权管理平台 KODAKOne，并推出在平台内部使用的代币即柯达币（KODAKCoin）之后，股价在接下来的两个交易日中暴涨了 112.9%。目前，区块链应用已经从区块链 1.0 时代发展到了区块链 2.0 时代，继而将发展到区块链 3.0 时代[45]。其中，区块链 1.0 多指区块链应用在货币转移、支付系统等虚拟数字货币市场的应用；区块链 2.0 多指区块链在证券、期货、贷款、票据等金融市场的应用，且多为金融资产的清算、智能合约的使用等；区块链 3.0 是在 2.0 基础上进行的拓展，特别强调区块链渗入社会生活的更多方面。区块链技术有望在优化现有经济运行效率、促进行业间跨界融合等层面对经济社会发展的诸多方面产生较大影响[46]。从具体应用领域看，区块链应用场景异常丰富。本文仅仅列举当前关注度较高的一些应用场景。在金融服务领域，区块链在支付、交易清算结算、贸易金融、数字货币、股权、私募、债权、风控、征信等方面继续深耕；在社会管理领域，区块链在代理投票、身份认证、公证、遗产继承、个人社会信用等方面得到推广；在文化娱乐领域，区块链将关注视频版权、音乐版权、软件防伪、数字内容确权、软件传播溯源等方面；在知识产权领域，区块链在专利、著作权、商标保护、软件、游戏、音频、视频、书籍许可证、艺术品证明等方面逐渐展开；在教育领域，区块链在各类教育技术、教育评价、档案管理、学生征信、学历证明、成绩证明、产学合作等方面逐渐推进；在物联网方面，区块链将继续聚焦商品信息溯源、物品防伪、网络安全性、合同等方面。此外，区块链还将应用于数字病例、隐私保护、健康管理等医疗健康领域以及社交、消息系统等通信领域和共享经济等其他相关领域。

四、区块链与供应链交互机理

供应链是一个由供应商的供应商、供应商、生产商、经销商、零售商、消费者等从原材料到产成品消费相关企业构成的复杂功能网链。供应链的提出旨在透过信任基础相互协作，将单个企业串联起来，将松散的关系搭建成一个复合网络，进而通过企业间协同，最终实现整体效率的优化和提升，为链条上的相关企业带来更大的价值和收益。在这个链条上，商品流、物流、信息流、资金流相互交错，协同难度极高，单纯依靠传统的以供应链核心企业为主导的协同机制已经遇到了运行瓶颈。随着市场的不断发展和企业经营环境的日益复杂化，供应链中不同经营主体之间的交互更加频繁，对供应链管理提出了更高、更细的要求，当前供应链运行中信息孤岛现象盛行[47]，信息离散分布于供应链上的不同企业，信息共享程度较低，运行速度较慢，信息真实性和可靠性较差[48]。

在供应链网络中，诸如采购、生产、物流、售后等工作通常由核心企业来实行中心化的管理与协调。然而，随着企业经营环境的复杂化和经营流程的精细化，这种传统的中心化供应链管理模式遇到了一系列问题。传统商业运行环境下，供应链管理存在诸多痛点，其典型表现如下所示。

一是核心企业对供应链控制力弱。核心企业尽管扮演着供应链重要节点的角色，但在企业运营中其对供应链的实际控制能力有限，特别是对供应链上下游企业进行约束或规范时，容易导致矛盾滋生、冲突显现、成本攀升、效率下滑。在供应链网络中，如果核心企业尚未占据绝对话语权，当供应商或消费者谈判能力较强时，核心企业对供应链的控制能力将被弱化，而即使随着供应链管理技术的逐渐发展，即时交付、协同计划预测与补货、供应链管理库存、无线射频识别（RFID）技术、二维条码技术、语音识别技术、实时定位系统、远程管理技术等技术或工具已经应用于供应链管理，这些工具仍然需要核心企业进行统一规划与协调。此外，核心企业还会遇到人才缺乏、资金紧张、技术不足等问题，从而导致其无法使用最先进的管理工具或有效资源对供应链中的商品流、物流、资金流、信息流进行合理管理与整合，容易使供应链陷入低效、无序、混乱的状态。

二是供应链溯源需求与能力现状匹配度低。供应链涵盖商品采购、生产、销售、消费的各个环节，包括原材料采购与物流、商品生产、物流与销售、消费者消费与售后服务等，辐射范围很广。现实中，供应链监管不足，购买方缺乏有效方式辨别购买物的数量、时间和质量，导致假货泛滥。假冒伪劣产品直接损害了采购者和消费者的利益。基于假冒伪劣原材料的商品生产会损害商品质量，假冒伪劣商品会损害生产商和渠道商的品牌与形象，会给消费者造成经济损失，甚至使之受到身心伤害。尽管市场上出现了不少解决方案，如政府相关部门的监管、企业相关部门的监管与控制、防伪共享的第三方平台等，但受成本、效率、信息等方面因素影响，实际成效较低，结果导致供应链溯源需求与能力现状匹配度较低。

三是信息孤岛现象层出不穷。在传统供应链模式下，信息分布于诸多不同的参与企业，采购、生产、物流、销售、售后服务、监管等信息割裂，缺少一个可信任的围绕商品形成的集合所有相关信息的载体或平台。现有的信息孤岛导致了数据交互不均衡、沟通频率和效率低下、信息核对繁杂等一系列问题，甚至导致线下线上信息冲突，工作环节重复，由账目核对、资金支付、账期带来的审计成本攀升，金融风投业务难度增加。

四是信任机制缺乏，约束力小。供应链效率提升的基础是供应链协同，而协同的前提在于信任。供应链上的相关企业因业务关系会产生信息交互和共享需求，但由于供应链上的企业是独立的经营个体，相互间会受时间、成本、服务等因素影响产生不同的需求。从目前看，供应链缺乏有效信任机制，且约束力较小。信任问题的存在会影响供应链上企业业务的开展，导致信息流扭曲失真。

通过搭建基于区块链的场景应用进行供应链管理，能够有效解决上述问题。基于区块链技术的供应链场景应用能够获取海量数据，记录商品流转信息，在实现溯源、存证、互信、信息沟通等的基础上有效满足供应链金融需求。区块链与供应链结合的管理遵循去中心化理念，各参与企业平等地进行信息互换与存储，行使相同的权利与义务，二者存在耦合关系[3]。以区块链技术为核心的供应链信息平台能够有效连接供应链相关企业或机构，促使商品流、物流、资金流、信息流四流合一，从而构建互信共赢的供应链生态系统[4]。依托区块链技术，供应链上的企业可以快速建立信任关系，且由于数据的不可篡改性，信息不对称程度大幅度降低，企业间沟通成本将减少。利用共识机制，供应链上的企业可以制定一套协作流程用于企业经营，加之已经建立的信任关系，这套流程能够有效指导各企业经营，并形成供应链中的动态企业联盟，产生吸引优质企业、剔除劣质企业的效果。区块链综合物联网、大数据、人工智能等技术，能够处理复杂多变的海量数据和信息，并自动修正和动态调整供应链规则，提高供应链上企业应对经营中不确定性的柔性能力。

五、基于区块链技术的供应链管理模式及应用

（一）基于区块链的供应链管理模式

如前文所述，应用区块链技术的供应链管理模式能够实现缩短时间、降低成本、提高品质、满足需求等目标。将区块链技术应用于供应链管理实则是构建一个区块链平台，依托该平台实现供应链管理的目标。区块链技术可行性的主要表现，一是多中心，区块链上的每个节点都存有一份完整的数据，多个企业间的数据能够实现实时同步与实时核对；二是可靠性，数据完整地存储于信息流通的各个节点，即使其中某个节点被损坏，也不会影响整个网络的数据安全；三是可信任，区块链上的每笔信息都是不可逆的，数据无法篡改，信息分布于多个节点，无法销毁，无法凭空伪造一笔信息；四是开放，具有较低的数据公开成本，且支持分级加密；五是高效率，智能合约完全自动运行，无须人为干预；六是安全，每笔交易都会记录数据指纹信息，并使用数字签名确保交易权责清晰。区块链技术使服务的开放性协作成为可能，同时能够确保交易安全与可信任，适用于供应链管理。

如图2所示，可以构建一个面向供应链管理的区块链平台。该区块链平台建立在一些核心基础技术之上，提供相应的技术模块（或按实际需求进行模块组合与增减），如共识模块、证书模块、日志模块、内存池模块、智能合约模块、对等计算机网络模块、分布式数据存储模块、区块管理模块等。基于模块可实现一些平台系统，如监控系统、升级系统、节点管理系统、合约管理系统等，这些系统也可结合实际需求进行调整。在平台模块和平台系统技术基础上，区块链实现供应链管理实际情境下所需要的相应具体业务，如在数据服务方面提供运营服务、报表服务、数据同步、数据分析、数据导出等内容，在供应链管理方面提供客户管理、交易信息管理、采购管理、生产管理、售后管理、授信融资、采购资金融资、仓单质押融资、跨企业积分兑换、白条等具体业务内容。依托区块链平台，可以实现具体服务内容的数据可视化，并实现相应的后台管理功能。

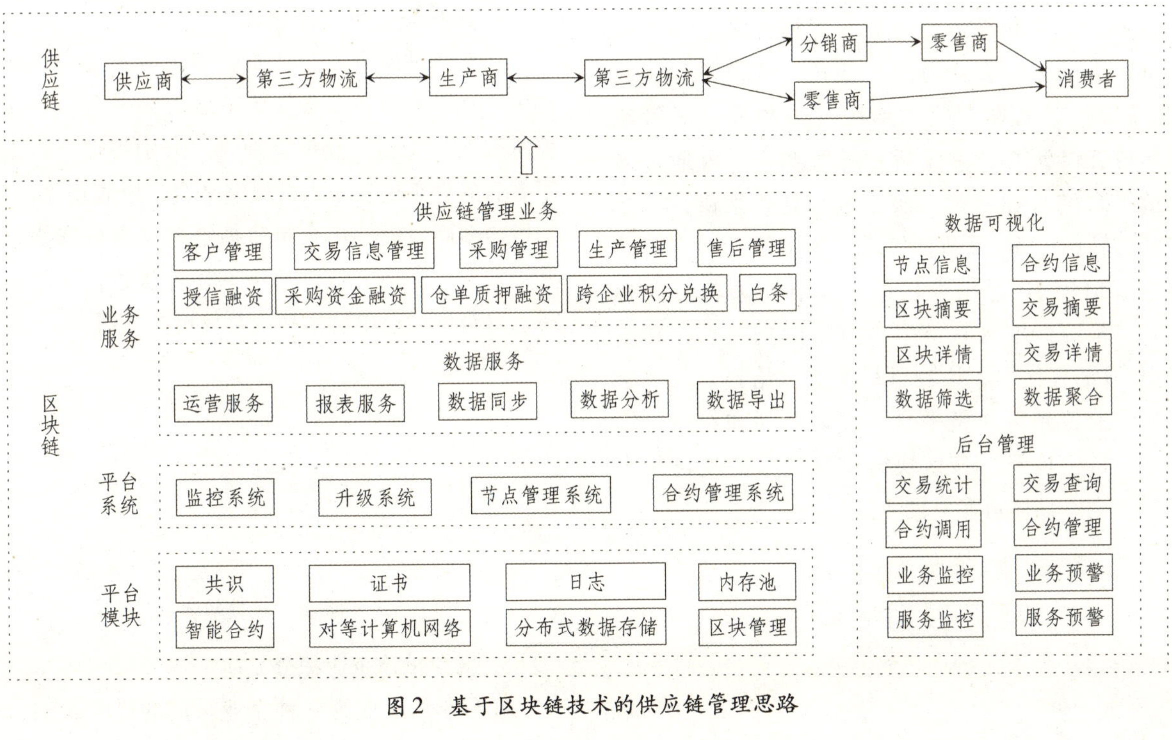

图2 基于区块链技术的供应链管理思路

（二）具体应用示例

1. 区块链授信融资

授信融资是企业资金筹集方式之一。基于区块链的授信融资多用于供应链核心企业担保背书，依托区块链平台签订三方（担保企业、资金需求方、资金提供方）授信额度合同，确定授信额度，在区块链技术支撑下真实呈现历史借款记录和剩余额度，并根据记录综合动态调整授信额度及具体细则，当供应链上下游企业产生资金需求时，申请融资额度，由资金提供方依托区块链平台综合确认融资额度。具体可参见图3。

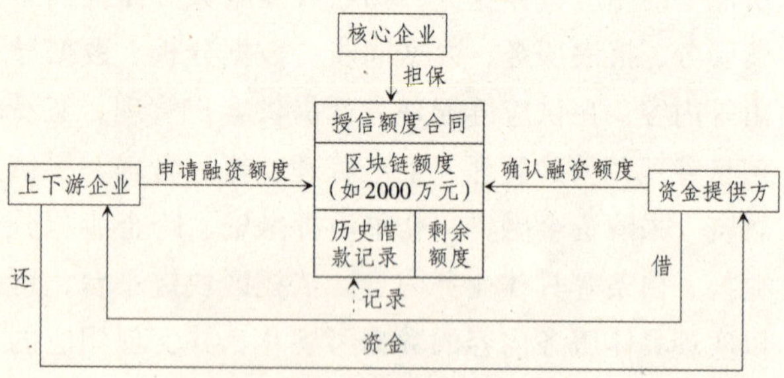

图3　区块链授信融资应用模式

2. 区块链采购资金融资

采购资金融资是企业资金筹集方式之一，通过采购合同进行资金筹集。依托区块链平台，丙（资金方）托管账户贷款给甲（采购方）托管账户，再支付到乙（供应商）托管账户，可通过区块链平台的智能合约一次完成。具体来讲，一是甲签名转给乙50万结算代币，其条件是一定时间内丙转给甲50万结算代币，并附上采购合同标号；二是丙获取区块链平台发出的指令后，转给甲50万结算代币，该数目只能支付给乙，其数字签名需上传到区块链平台；三是丙（如银行、第三方支付机构等）按区块链结算代币的支付指令转移资金。具体可参见图4。

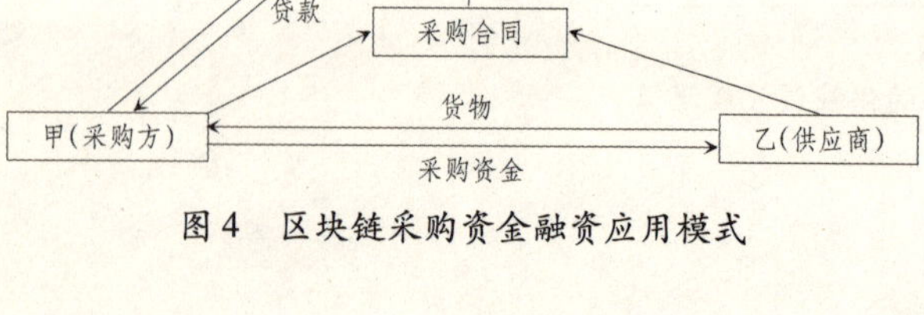

图4　区块链采购资金融资应用模式

3. 区块链白条

所谓白条，多指行为人开具的不符合正规凭证要求的发货票和收付款项证据等，互联网环境下比较具有代表性的白条有京东白条、支付宝花呗等。在供应链金融领域，数字白条逐渐兴起，并在供应链金融的区块链上流转开来。依托区块链平台，供应链上的企业可以有效使用白条实现交易活动，白条大多源于供应链核心企业，且大多通过智能合约加以实现。核心企业可使用白条支付货款给一级供应商，白条亦可在各层级供应商中流转，甚至流转到投资人或消费者，消费者使用白条支付货款到经销商，白条再从经销商处以支付货款的形式回流到核心企业，核心企业也将兑付投资人收到的白条。具体可参见图5。

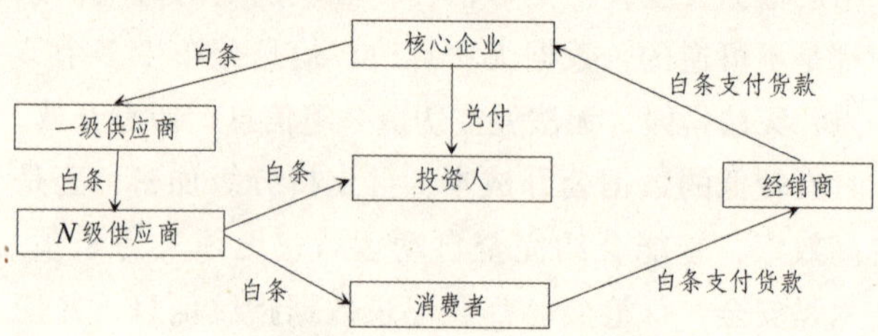

图5　区块链白条应用模式

4. 区块链仓单质押融资

仓单质押融资是企业资金筹集方式之一，通过仓单质押进行资金筹集。依托区块链平台，甲（仓单所有人）和乙（仓单管理人）分别将带有自己数字签名的仓单信息录入区块链平台，形成仓单代币，当甲需要融资时，将仓单质押给丙（资金贷款人），并通知到乙，由丙放款给甲并质押货物，待甲还款后，再将甲的仓单解质押。具体可参见图6。

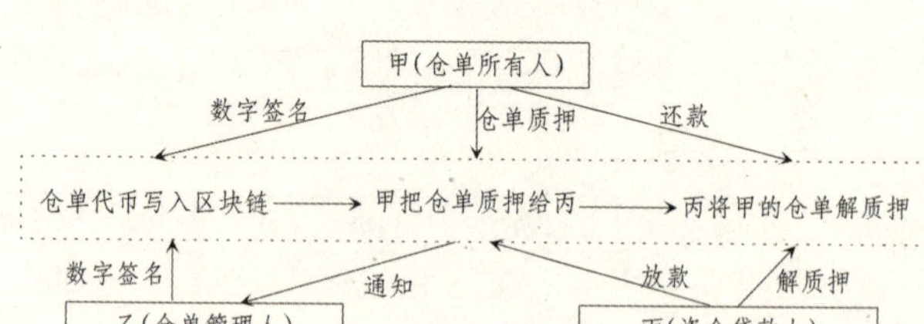

图6　区块链仓单质押融资应用模式

5. 区块链跨企业积分兑换

积分制已经成为一种企业常用的经营策略，可以提高用户黏性。然而，现实中由于不同企业使用的积分制度不同，导致积分无法跨企业进行流通。依托区块链平台，可将积分与代币结合起来，打通积分的企业流转通道，提高积分的吸引力和使用效率。依托区块链平台，以智能合约方式构建一个通用积分机制，所涉及企业按照各自认同的兑换比例商定各自积分与通用积分的兑换标准，并在区块链平台上开设一个备付金中转地址，预先约定一定的备付金额度，当用户兑换不同企业积分时，需要预先将之前企业的积分兑换成通用积分，再将通用积分兑换为目标企业积分，进而由目标企业将通用积分兑换成自己企业的积分，上述过程均可在区块链平台上自动实现。具体可参见图7。

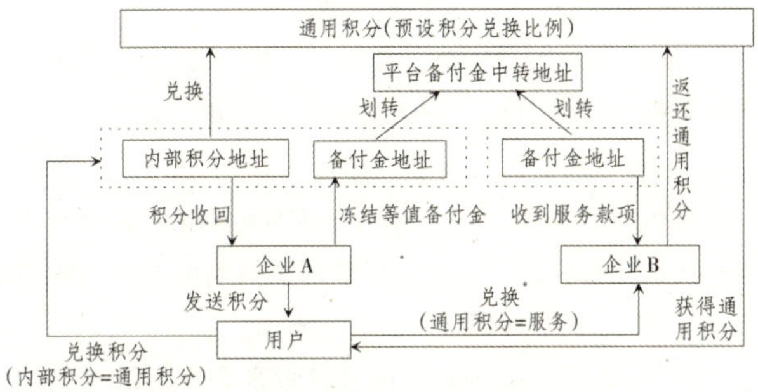

图7　区块链跨企业积分兑换应用模式

六、结论与展望

对区块链应用在学术和实践领域的情况进行梳理可以发现，涉及供应链应用的内容较少。基于技术优势，区块链在各行各业的应用逐渐得到推广，能够有效解决供应链领域存在的诸多痛点。将区块链应用到供应链管理的主要目的在于，通过构建区块链平台来实现面向供应链管理需求的内容设置，实现区块链与供应链的交互。基于面向供应链管理需求的区块链平台模式，本文尝试给出了几种常用的供应链应用模式，如区块链授信融资、区块链采购资金融资、区块链白条、区块链仓单质押融资、区块链跨企业积分兑换等。

区块链在供应链的应用并非一帆风顺，从目前发展看，仍然会面临一些挑战和障碍。比如，区块链应用落地周期长，具体落地时首先需要掌握区块链技术和理念，选取应用模式，然后选择一家区块链平台加以研究，最后进行区块链应用开发，这需要一个较长的周期；从业人员成本高，对从业人员无论在层次、技术积累上还是在理念上都具有较高的要求，而金融与区块链交叉人才较少，培养成本较高；区块链选用难，区块链仍然属于新兴事物，其发展前景充满不确定性（如区块链是否合规，是否存在版权问题），具体运营难度也比较高。上述问题既需要实践验证和完善，也需要学术界进行深入思考和研究。

参考文献：

［1］林泓．区块链对线上供应链金融的影响探究［J］．内蒙古财经大学学报，2017（5）：11－14.

［2］温远征．基于区块链技术供应链金融发展的思考［J］．三峡大学学报（人文社会科学版），2017（S1）：106－108.

［3］汪传雷，万一荻，秦琴，等．基于区块链的供应链物流信息生态圈模型［J］．情报理论与实践，2017，40（7）：115－121.

［4］杨慧琴，孙磊，赵西超．基于区块链技术的互信共赢型供应链信息平台构建［J］．科技进步与对策，2018（5）：21－31.

［5］李晓，刘正刚．基于区块链技术的供应链智能治理机制［J］．中国流通经济，2017（11）：34－44.

［6］THE ECONOMIST. The promise of the blockchain：the trust machine［EB/OL］．（2015－10－31）［2018－03－03］．http：//www.economist.com/news/leaders/21677198－technology－behind－bitcoin－could－transform－how－economy－works－trust－machine.

［7］SWAN M. Blockchain：blueprint for a new economy［M］．Sebastopol：O'Reilly Media，Inc.，2015.

［8］工业和信息化部．中国区块链技术和应用发展白皮书（2016）［EB/OL］．（2016－10－21）［2018－02－13］．http：//mt.sohu.com/20161021/n470943606.Shtml.

［9］邵奇峰，金澈清，张召，等．区块链技术：架构及进展［J］．计算机学报，2018，41（5）：969－988.

［10］何蒲，于戈，张岩峰，等．区块链技术与应用前瞻综述［J］．计算机科学，2017，44（4）：1－7，15.

［11］庄雷，赵成国．区块链技术创新下数字货币的演化研究：理论与框架［J］．经济学家，2017（5）：76－83.

［12］王晟．区块链式法定货币体系研究［J］．经济学家，2016（9）：77－85.

［13］任安军．运用区块链改造我国票据市场的思考［J］．南方金融，2016（3）：39－42.

［14］赵赫，李晓风，占礼葵，等．基于区块链技术的采样机器人数据保护方法［J］．华中科技大学学报（自然科学版），2015，43（S1）：216－219.

［15］郭彬，于飞，陈劲．区块链技术与信任世界的

构建［J］．企业管理，2016（11）：110－113.

［16］王旭．区块链金融对跨界电子商务支付优化模式［J］．改革与战略，2017（7）：81－83.

［17］吕芙蓉，陈莎．基于区块链技术构建我国农产品质量安全追溯体系的研究［J］．农村金融研究，2016（12）：22－26.

［18］孙玥璠，姜涛，兰梦灵．基于区块链技术的财务众包模式应用［J］．财务与会计，2017（17）：48－50.

［19］韩笑天，马超群．基于区块链技术的股权众筹模式构建［J］．商业经济研究，2017（20）：169－172.

［20］郑金宇．区块链技术对银行业发展的影响、展望及监管挑战［J］．银行家，2016（7）：11－13.

［21］许闲．区块链与保险创新：机制、前景与挑战［J］．保险研究，2017（5）：43－52.

［22］王和，周运涛．区块链技术与互联网保险［J］．中国金融，2016（10）：74－76.

［23］张毅，肖聪利，宁晓静．区块链技术对政府治理创新的影响［J］．电子政务，2016（12）：11－17.

［24］王鹏，丁艺．应用区块链技术促进政府治理模式创新［J］．电子政务，2017（4）：59－66.

［25］高国伟，龚掌立，李永先．基于区块链的政府基础信息协同共享模式研究［J］．电子政务，2018（2）：15－25.

［26］李明佳，汪登，曾小珊，等．基于区块链的食品安全溯源体系设计［J］．食品科学，2019，40（3）：279－285.

［27］薛腾飞，傅群超，王枞，等．基于区块链的医疗数据共享模型研究［J］．自动化学报，2017，43（9）：1555－1562.

［28］杨晓东，张有兵，卢俊杰，等．基于区块链技术的能源局域网储能系统自动需求响应［J］．中国电机工程学报，2017（13）：3703－3716.

［29］孟奇勋，吴乙婕．区块链视角下网络著作权交易的技术之道［J］．出版科学，2017，25（6）：25－31.

［30］许洁，王嘉昀．基于区块链技术的学术出版信任建设［J］．出版科学，2017，25（6）：19－24.

［31］聂静．基于区块链的数字出版版权保护［J］．出版发行研究，2017（9）：33－36.

［32］李鹏飞．基于区块链技术的媒体融合路径探索［J］．新闻战线，2017（15）：90－93.

［33］杜华．区块链技术对高等教育发展的价值重构与路径创新［J］．现代教育技术，2017，27（10）：55－60.

［34］许涛．区块链技术在教育教学中的应用与挑战［J］．现代教育技术，2017，27（1）：108－114.

［35］沈忠华．新技术视域下的教育大数据与教育评估新探——兼论区块链技术对在线教育评估的影响［J］．远程教育杂志，2017（3）：31－39.

［36］杰弗里·欧文斯，何振华，王思凡，等．区块链技术的前瞻及在税收领域的应用前景分析［J］．国际税收，2017（9）：36－40.

［37］贾宜正，章荩今．区块链技术在税收治理中的机遇与挑战［J］．会计之友，2018（4）：142－145.

［38］张之乐．以区块链技术促进纳税遵从的设想［J］．税务研究，2017（12）：108－111.

［39］黄晓芳，徐蕾，杨茜．一种区块链的云计算电子取证模型［J］．北京邮电大学学报，2017（6）：120－124.

［40］谢杰．区块链技术背景下金融刑法的风险与应对——以比特币交易对外汇犯罪刑法规制的冲击为视角［J］．人民检察，2017（8）：63－66.

［41］杨东，潘曌东．区块链带来金融与法律优化［J］．中国金融，2016（8）：25－26.

［42］刘海英．“大数据＋区块链”共享经济发展研究——基于产业融合理论［J］．大数据时代，2018（3）：70－75.

［43］齐林海，李雪，祁兵，等．基于区块链生态系统的充电桩共享经济模式［J］．电力建设，2017，38（9）：1－7.

［44］于博．区块链技术创造共享经济模式新变革［J］．理论探讨，2017（2）：103－107.

［45］王发明，朱美娟．国内区块链研究热点的文献计量分析［J］．情报杂志，2017（12）：69－74，28.

［46］Government Office for Science. Distributed ledger technology：beyond blockchain［EB/OL］．（2016－01－29）［2018－06－27］．https：//www. gov. uk/government/news/distributed－ledger－technology－beyond－block－chain.

［47］唐晓波，黄媛媛．SCM 协同管理战略及模型评价［J］．情报杂志，2005（1）：88－90.

［48］和征．基于 Web 服务的集群供应链信息集成［J］．实验室研究与探索，2015，34（1）：107－112.

原载于《中国流通经济》2018 年第 8 期

电子商务

跨境电商服务供应链与服务集成商能力的提升*

庞 燕**

（中南林业科技大学物流与交通学院，湖南 长沙 410004）

摘 要：我国作为跨境电商的后起之秀，引领并见证了跨境电商为全球贸易发展带来的新活力。互联网时代的跨境贸易不仅仅是商品买卖，从供应、仓储、物流、通关到消费者，其环节繁杂且涉及诸多参与主体，是新型的服务贸易。随着跨境电子商务的规范化、品质化发展，配套服务企业在集成商的组织和引导下，逐渐形成了以专业化分工与优势互补、协同整合与服务创新等为特征的跨境电商服务供应链。服务供应链参与主体包括服务客户、服务提供商和服务集成商，其中服务集成商是整个供应链的核心。根据服务集成商类型的不同，跨境电商服务供应链可以分为以跨境电商运营平台为核心、以第三方物流企业为核心和以跨境贸易综合服务企业为核心的三种集成与运营模式。核心企业可通过助力企业品牌塑造与数字化技术的应用，配合功能性服务创新、全渠道管理和构建共享商业生态圈等策略，提升自身服务整合与创新能力，进而保证跨境电商服务供应链的有序健康发展。

关键词：跨境电子商务；服务供应链；服务集成；生态圈

一、引言

近年我国跨境电商交易规模渐显，几年间均保持30%以上的增速，已然站到了资本市场的风口之上。艾媒咨询（iiMedia Research）发布的数据显示，2017年中国跨境电子商务的整体交易规模（包括零售和B2B）达7.6万亿元人民币[1]。随着国际产业链和供应链的深度融合，数字化跨境贸易已成为撬动国际贸易格局的新生力量。据估计，到2020年，跨境电子商务将成为全球贸易的主要形式。如今我国的跨境电商已率先出发，搭建起一条“网上丝绸之路”，线上带动各国消费者和企业真正实现“买全球、卖全球”的普惠贸易。

纵观中国跨境电商发展，其商业模式经历了多次创新，从最早的信息化营销平台到信息整合B2C交易平台，再到B2B供应链整合与综合服务平台，模式虽然多变，但核心都是让消费者享用全球的优质商品。随着用户对产品和服务要求的不断提高，企业逐渐意识到独自撑起整个跨境电商供应链已不太可能，越来越多的跨境零售商将物流、IT、客服、海外营销、报关报检等环节外包给专业服务提供商，并在核心服务企业的协调下，构建高度分工合作的跨境电商服务供应链。罗小渠[2]认为，在这个时代，

* 国家社会科学基金项目“制造业绿色供应链生态补偿激励相容性与机制研究”（15BGL083）；湖南省社会科学基金重点委托项目“湖南省生态城市建设中绿色物流优化路径与对策研究”（15WTB23）。

** 庞燕（1965—），女，湖南省湘潭市人，中南林业科技大学物流与交通学院教授，博士，管理科学与工程学科带头人，主要研究方向为采购与供应链管理、物流系统规划、国际物流、物流金融。

新的商业竞争考验的不再是企业单打独斗的能力，而是“打群架”的组织能力。新的发展模式和技术应用快速涌现，单个企业越来越难以继续覆盖所有领域并自行维护最先进的商业模式。因此，跨境电商未来发展格局必将是集约和整合。

2017年10月13日，国务院办公厅首次就供应链创新发展出台指导性文件《国务院办公厅关于积极推进供应链创新与应用的指导意见》，提出要“大力培育新型供应链服务企业。推动建立供应链综合服务平台，拓展质量管理、追溯服务、金融服务、研发设计等功能，提供采购执行、物流服务、分销执行、融资结算、商检报关等一体化服务。”因此，构建以服务集成商为核心的多方参与、跨行业地域、高效协作的跨境电商服务供应链，既适应当今发展趋势，也是企业响应国家号召、提高自身竞争力的有效途径。面对复杂多变的市场环境，服务集成商对跨境电商全流程的掌控能力也成为服务供应链能否长远发展的关键。本文对跨境电商服务供应链进行了全面系统的分析，并提出服务集成类企业提升整合与创新能力的相关建议，以期帮助传统外贸企业转型升级，适应新的发展业态。同时，对于推动跨境电商服务供应链相关理论创新也具有一定的借鉴作用。

二、文献回顾

（一）服务供应链的定义

国内外学者对服务供应链的探索始于2000年，随着服务业的快速发展和供应链理论体系的日趋完善，服务供应链作为服务运营管理的重要组成部分逐渐开始受到关注，但发展至今学术界还未对其形成统一的定义。

最初，国外有学者认为服务供应链仅仅是利用产品供应链的思想来管理与服务相关的实体产品[3]。而沃尔特（Waart）等[4]则将服务供应链视为传统供应链中与服务有关的一系列活动，即产品服务化过程中涉及的服务计划、资源分配、配送回收、修复分解等活动。埃尔拉姆（Ellram）等[5]认为，服务供应链管理是从服务提供商到最终客户的服务交付过程中对信息流、服务流、资金流、服务过程和服务绩效等进行的集成化管理。该定义不仅反映了服务供应链面向顾客需求、集成化的特征，还描述了供应链中涉及的服务主体和管理要素等，是目前为止人们认可度最高的观点。我国学者对服务供应链的定义也普遍与此类似。金立印[6]认为，服务供应链的本质是整合服务资源、共同创造顾客价值。于亢亢[7]和宋华、陈金亮[8]也将服务供应链定义为面向服务的集成供应链。

（二）服务供应链模型构建

埃尔拉姆[5]不仅定义了服务供应链，还开启了服务供应链模型化研究的先河。后来，由巴塔西奥卢（Baltacioglu）[9]构建的IUE－SSCM模型在一定程度上丰富和完善了埃尔拉姆模型。

国内学者在服务供应链模型的研究方面取得了丰硕成果，包括提出服务供应链概念模型[7]、基于信息中心的服务供应链管理模型[10]和服务供应链拓展模型等[11]。随着服务供应链在特定行业领域的应用，学者们构建的大多数模型都集中在某一具体行业及其测量维度，如对物流服务供应链（LSSC）的研究已建立了较为成熟的体系。闫秀霞等[12]首次提出物流服务供应链模型并根据供应链运营评估其绩效。刘伟华及其研究团队[13－15]致力于对物流服务供应链的探索，他们构建了物流服务供应链能力合作协调模型和任务分配模型，研究了物流服务供应链的收益共享、利润分配和综合绩效评价等问题。随着服务经济时代的到来，服务供应链在诸如旅游、医疗和金融等领域的研究不断深化，但研究视角因不同研究的内容而有所差异。

（三）服务供应链整合协同

与传统的制造业供应链相比，服务供应链更强调异质知识集成与协同服务创新，其核心资源由有形物质资本向无形知识资本转变[16]。在服务型市场和服务供应链中，企业不仅要关注资源的使用，还要关注资源的整合。因此，服务供应链整合成为服务供应链研究领域的又一热点。宋远方、宋华[17]探讨了供应商协同价值创造对服务供应链合作绩效的影响。刘征驰等[18]认为，在专业分工精细化和服务创新知识化的服务供应链内，知识协作是获取持续竞争优势的战略合作模式。高志军等[19]则从基础、运作、管理和战略四个层面构建了物流服务供应链整合的综合结构模型。

（四）服务集成商

服务集成商通常被认为是服务供应链上负责各种服务要素管理和整体协调的核心企业。宋华、陈金亮[8]运用案例研究的方法，探讨了影响服务供应链服务集成商竞争优势的因素。肖霄[20]分析了服务供应链的特点，并通过服务供应链上游及中游成员间的合作关系，探究了服务提供商整合问题。宋娟娟等[21]分析了物流服务供应链各类子网络通过网络能力促进物流服务集成商绩效成长的作用机制。王志宏等[22]重点研究了基于商业信用和收入共享组合式合同的集成服务提供商与客户企业间的协调问题。石岿然等[23]研究了服务供应链成员间的合作模式对合作参与方利润的影响。霍春辉等[24]最先分析了供应链服务集成这种商业模式兴起的背景，并对其模型和角色进行了阐述。为解决系统运行中服务能力建设过度或不足的问题，付秋芳、林琛威[25]构建了服务集成商作为服务供应链总体规划、控制和协调中心的上层计划者，各服务供应商作为下层计划执行者的服务供应链协同决策机制。

（五）研究评述

从现有文献不难看出，只有少数文献涉及电子商务服务供应链或跨境电子商务服务供应链，尚没有学者对跨境电子商务服务供应链进行深入讨论。只有秦星红等[26]考虑在线服务水平和物流服务水平同时影响市场需求的情况，研究了网购服务供应链的服务质量协调问题；另有学者针对跨境电商服务供应链存在的风险因素和跨境电商物流服务供应链协调机制进行了研究。当前我国跨境电子商务正处于黄金时代，随着“新消费”浪潮的到来，跨境电商服务供应链理论体系的构建显得十分必要。本文基于服务供应链的相关理论，分析了跨境电商服务供应链的定义、特征和集成运作模式，并从核心企业的角度出发，探讨其服务集成能力建设和提升的途径。

三、跨境电商服务供应链概念界定

（一）跨境电商服务供应链的界定

服务供应链的内涵虽未有统一定论，且不同服务行业的特性又有所区别[27]，但其本质都是企业从满足客户需求的角度出发，通过资源获取与整合，利用各节点企业的专业化服务共同赢得竞争优势。

传统意义上的跨境电商服务，主要指广义物流和支付，而基于买卖双方的交易过程还有大量的第三方服务商存在[28]，涉及平台入驻、店铺设计与代运营、金融、售后服务等。而综合供应链服务则是指从货源平台到广义物流再到系统和金融的全供应链服务。本文基于以上阐述，提出跨境电商服务供应链概念：围绕跨境服务集成商存在着各类直接或间接服务提供商（如跨境电商平台、IT 服务商、跨境支付服务商、进出口报关服务机构、物流仓储配送商、法律以及知识产权机构等）和大量的客户（供货商、分销商、零售商或个人），服务集成商首先获取和整合各方服务资源，并在明确客户需求基础上进行匹配和服务创新，从而向客户提供定制化的跨境综合服务解决方案，将信息流、资金流、物流、服务流与价值流贯穿于整个服务过程中。

（二）跨境电商服务供应链的特征

服务供应链较传统供应链虽然层级少，但参与主体多且差异大，跨境电商本身又具有跨地域、受众广等特征，因此本文认为跨境电商服务供应链呈现出如下特征（见图 1）。

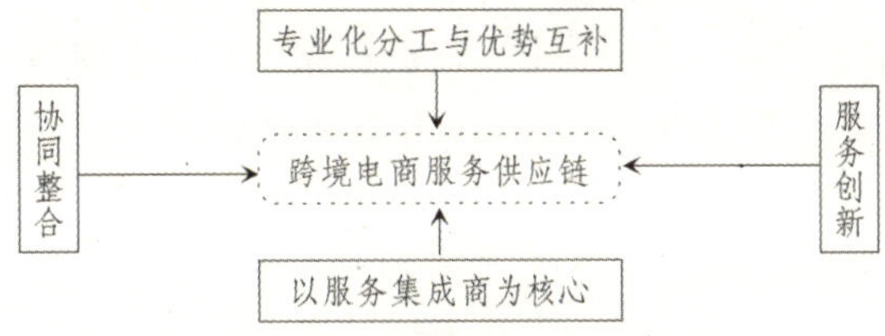

图 1　跨境电商服务供应链的特征

1. 专业化分工与资源互补

在网络经济环境下，跨境电商服务供应链的参与主体表现出两个鲜明的特点。一是我国从事跨境电商的中小卖家占据相当大的市场份额，然而“大而全”的商业理念对数量庞大的中小卖家并不适用，众多“小而美”的企业将构成未来商业发展的根基。此时企业更倾向于外包所有辅助业务环节以专注于核心领域，这种极致化分工使投入具有极强的“专用性”。二是电商经过多年的发展，越来越回归到其本质上来，即从大规模到聚焦消费者。市场环境正在发生变化，供应链合作伙伴需要在资源、技术或市场等方面相互弥补，满足彼此独特的服务需求，这种业务上的密切相关使得分工协作显现出强烈的“互补性”。

2. 以服务集成商为核心

来自不同行业、不同领域的企业，在特定情况下，为实现各自的目标开展业务合作，互为战略伙伴，进而形成一个利益共同体。此时，跨境服务供应链中的服务集成商就承担着跨组织边界整合服务资源、服务外包、快速响应客户需求的功能，是整个服务供应链的核心，发挥着承上启下的重要作用。服务集成商的核心地位体现在：通过对整个供应链管控，与相关行业的服务承包商基于互联网共同组建商业联盟，将原本跨境电商中分隔的采购、营销、支付、物流、售后等环节紧密相连，为用户提供一体化外贸服务，实现资源共享与企业价值的提升。

3. 协同整合

协同，简单来说就是协作、同步。人类不断创造着社会化的合作机制，从最早的语言、文化，到法律，再到今天的互联网，实际上就是以更高的效率寻求更大范围、更深入有效的合作。基于跨境电子商务的供应链，形成了包括跨境电子商务所需信息、产品、技术、资金以及其他多种要素的服务链，服务集成商是服务链的业务协调者，更是整合者[29]。不同领域的企业通过互动形成协同网络，创造协同效应，共同成长，不断扩张，跨境电商服务实现了由断到链、由链到新生态的演变。

4. 服务创新

跨境电商服务的创新体现在各个方面。一是物流及供应链模式创新。如采购主导型（从采购到仓储配送全部交供应链主导企业完成）、外贸综合服务主导型（通关保税、退税、金融服务全部交供应链主导企业完成）等。二是金融支付体系创新。如第三方支付提供综合定制化支付解决方案，助力消费金融的发展和有效释放等。三是海外营销推广方式创新。企业深入分析目标市场本土买家的搜索习惯和消费行为，需要更专业化、本土化的海外营销团队。四是信息技术创新，通过人才引进与智能化技术投入，打造拥有自主知识产权的供应链服务系统，为客户群创造更好的跨境供应链服务环境和品质[30]。

四、跨境电商服务供应链集成与运作模式

（一）跨境电商服务供应链参与主体

跨境电商服务供应链中的主体包括服务客户、服务提供商与服务集成商三类。

1. 服务客户

对跨境电商相关配套服务有需求的企业或个人都是服务的对象。从事跨境进出口业务的供应商、分销商、零售商及与之相关的服务企业都可以成为服务客户，有的服务供应链甚至拓展延伸到终端消费者。他们借助服务集成商搭建的跨境综合服务平台进行需求发布和服务获取。同时，服务客户不仅仅是服务产品的接受者和消费者，还是产业集群内服务市场发展的促进者，并有可能成为服务的供应商或集成商，以进一步实现角色转换[31]。客户的群体差异、多样化的需求以及对服务满意度的反馈都会影响服务供应链的运作与发展。

2. 服务提供商

该类主体是指为客户直接或间接提供服务产品的组织或个人，也称服务商。跨境互联网贸易相关服务主要包括平台运营、金融、信息技术、物流和网络支付服务等。服务提供商是各种资源的直接所有者或控制者，他们通过服务集成企业获取服务需求信息，并最终为服务客户提供个性化的优质服务。随着跨境电子商务的发展，跨境服务提供商的规模也在不断壮大，同时，服务提供商自身要不断提升专业化服务水平，为客户提供更好的服务体验。

3. 服务集成商

服务集成商连接了原本分隔的供需两端，是整个跨境电子商务服务供应链的核心。服务集成商有可能是大型的零售商或服务商，也可能是综合型的企业，近年各电商平台都加大力度扩展产业链，多数综合型跨境进出口平台都具备集成服务的能力。通过构建跨境综合服务信息平台，可将服务商与客户全部集中于平台之上，进行统一管理。服务集成商首先获取、组织、共享服务提供商的各项资源，然后基于对客户需求的理解进行精准匹配、整合创新，形成体现自身经验和思维成果的一站式跨境服务解决方案。这个角色的出现颠覆了原本繁杂的市场交易流程，是新经济时代追求效率效益最大化的产物。

（二）跨境电商服务供应链管理要素

跨境电商服务供应链管理环节多、跨度大，服务集成商要及时获取并掌控上游资源，保障各环节服务质量，具有丰富的行业经验和应对风险的能力，同时还要注重需求与客户关系管理等。

1. 资源与供应商管理

整合具有竞争优势的服务提供商，平衡各类资源与多种需求间的关系，以尽可能低的综合交易成本满足客户较高的复合要求，是服务集成商进行资源与供应商管理的重要目标。在供应商关系管理中，有组织地与服务提供商进行协同合作，对稳定和发展供应商关系至关重要。服务集成商应充分发挥链主企业的引导作用，牵头建立服务供应链联盟，确定组织制度与运行机制。

2. 多元化需求管理

碎片化、小单化、移动化已经成为现阶段跨境电商发展的关键词。在我国，除了电商和传统外贸企业，众多互联网、零售和物流等企业都在不同程度地拓展跨境电商业务，各种规模的企业纷纷借力互联网迈进跨境电子商务市场的门槛。客户企业的特征决定了需求的多元化。例如，大型品牌商自身具有很强的实力，可以独立完成许多类似于采购供应、仓储配送等工作，所以及时有效地提供能够满足其需求的技术支持或平台型服务是非常重要的；中小型企业受自身资源和能力限制，更倾向于接受全流程一体化的供应链解决方案。

3. 风险管理

跨境电商服务供应链整合模式也存在一定的风险。如以实物产品为依托的企业，可能会面临经济形势不稳定和需求变化等风险。而且，若对产品质量把控不严，则会流失大量的消费者；还有信贷风险，一旦国家采取收缩信贷的政策，将会影响依赖资金流动的服务提供商或中小企业的业务量；再如企业信用风险，疏忽对客户企业或伙伴企业的信用评价，可能会给资金链造成巨大打击。为保证服务供应链的稳定，核心企业及成员企业自身都需要具备较强的风险预测、评估和控制能力，以更好地规避风险。

4. 服务质量管理

跨境电商服务供应链的质量管理与传统质量管理的内容有所差异。管理目标从提高产品合格率、改进组织业绩等转变为着力提升消费者的购物体验。该项要素的管理内容涵盖了商品质量监控、服务能力提升和企业信用评价等方面。首先，联合质监部门加高加固商品质量门槛，打造进出口商品质量溯源平台。其次，加强全服务链条管控力度，为消费者提供优质的从售前咨询、售中支付到售后保障的线上购物体验，构建覆盖面广泛、高效便捷的全球化物流网络。最后，建立企业关系管理系统，对接国家企业信用信息公示平台，实施不同信用等级区分管理，注重对相关成员企业的沟通与培训，引导其逐步提升自身实力。

5. 综合服务信息系统管理

服务集成商为客户提供跨境电商服务集成供应链解决方案，从方案设计到方案实施、全程监控和运营调整等均离不开有效的网络信息系统。因此，建立涵盖供应链各个环节且实时更新的智能化综合型服务信息系统是跨境电商服务供应链运行的基础。该系统应包括供应商管理数据库、客户网络数据库、金融服务数据库、商品质量追溯、信用和风险评估等子系统，通过不断更新与适时维护提升服务供应链的响应能力与信息服务能力。

（三）跨境电商服务供应链概念模型

基于以上阐述，本文提出了一种跨境电商服务供应链概念模型（见图2）。跨境电商服务供应链是对服务产品的整合，该模型包含服务提供商、服务集成商和服务客户三类参与主体。以服务集成商为核心，集成平台运营商、物流服务商、信息技术服务商和金融机构等服务资源，通过开展一系列的包括资源与供应商管理、多元化需求管理、风险管理、服务质量管理和信息系统管理在内的业务活动，为客户提供物流、信息流、资金流、价值流和服务流综合服务解决方案，促进跨境电商产业集群内的价值增值与服务创新。

（四）跨境电商服务供应链主要运营模式

提供集成服务的企业来自不同领域，围绕该企业形成的跨境电商服务供应链也有些许差别。跨境电商服务供应链主要的运营模式大致可以分为以下三种。

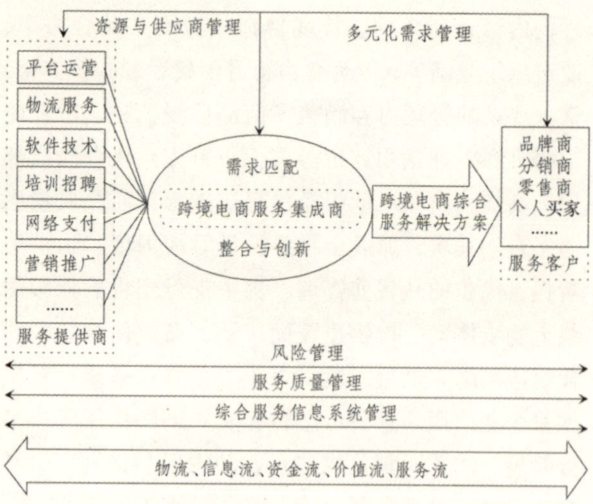

图2　跨境电商服务供应链概念模型

第一种是以跨境电商运营平台为服务集成商的服务供应链（见图3）。卖家和消费者通过平台提供的产品信息、订货、结算、通关、物流、仓储、融资等集成化的综合服务，实现跨境网络交易。此时的跨境电商平台是互联网时代新型的集成中间商[29]。国内知名的成立时间较早的综合型跨境电商平台型企业是“洋码头”，其凭借着独特的买手代购模式和成熟的物流体系布局，已经占据了市场销售份额的头部地位。

第二种是物流与供应链服务企业或传统外贸综合服务企业涉足跨境电商领域，凭借自身的供应链资源整合、专业化人才等优势为企业提供进出口代理、通关、退税、物流、金融和保险等一站式供应链解决方案（见图4）。如隶属卓志供应链的卓志跨境电商供应链服务公司，创新“互联网＋外贸”的服务模式，在“共享全球货源，共用全网渠道”理念支持下，通过整合跨境资源，为从事跨境电商的各类企业提供包括“第e仓、保税网购、BC直购、卓志速运、海外仓、国际物流、供应链金融”等多项专属跨境服务。

第三种是跨境电商公共服务平台（见图5）。是具备开展跨境电子贸易条件的地区，政府为发展当地跨境电商，促进外贸经济发展和通关阳光化，依托跨境电子商务综合试验区、产业园或保税区而建设的专门支撑跨境电商贸易进出口业务运作的线上信息平台和线下包含关、检、税、汇、产品质量追溯及物流等在内的综合服务体系。为保证平台的持续运营，这种模式一般是在政府扶持下，由政府与企业联合或企业单独建设与运营。如深圳前海湾保税港区，探索并成功开展了多方协同式的“跨境电商出口供应链协同”服务模式，成功解决了深圳地区跨境电商出口中的诸多“痛点”问题。还有湖南嘉德跨境贸易综合服务运营平台，借助长沙市金霞保税区的优势，以“跨境贸易＋综合服务”为主要特征，将线上“跨境综合服务”平台和线下“跨境综合园区”平台相结合，形成了一个投融资便利、监管高效便捷、法制环境规范的跨境电子商务服务中心，实现了外贸产业转型、转移和集聚。

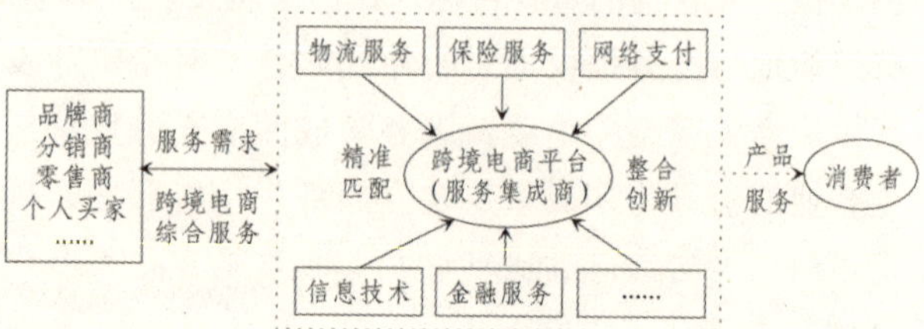

图3　以跨境电商运营平台为服务集成商的服务供应链

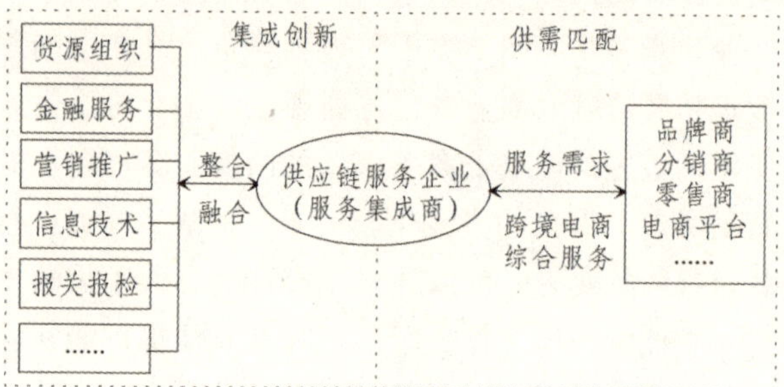

图4　以供应链服务企业为服务集成商的服务供应链

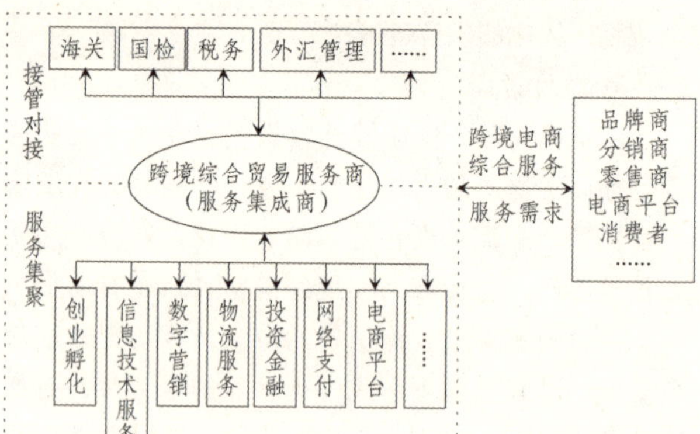

图5　以跨境贸易综合服务商为服务集成商的服务供应链

五、跨境电商服务集成商能力提升对策

服务供应链的出现意味着企业逐渐把大量辅助业务外包给服务集成商，对服务集成商产生一定程

度的依赖性，这种依赖关系使得核心企业的服务集成与创新能力成为整个服务供应链运营的关键。对于跨境服务集成商而言，能够提供精准、定制化的综合服务是当前面临的巨大考验。本文结合我国跨境电商产业发展现状，为服务集成商提升自身能力、促进跨境服务供应链的可持续发展提出以下建议。

（一）助力企业品牌塑造

随着跨境电商的逐渐成熟以及信息透明度越来越高，品牌口碑越来越成为用户进行网购产品筛选的首要标识。艾媒咨询发布的数据显示，正品保障是大部分消费者最看重的因素。跨境服务集成商必须建立严格的进口产品质量监督机制，为终端消费者保驾护航。在出口方面，互联网与信息技术的普及使得企业更容易创建自己的品牌。虽然如今我国的3C类、服装和玩具等产品占据了国外相当大的市场份额，却充斥着仿制、劣质产品。跨境电商“3.0时代”是塑造品牌的最佳时期，非洲、中东等蓝海市场的发展潜力巨大，“中国制造”处在亟待转型的边缘。跨境服务集成商要引导出口企业抓住跨境创牌的契机，改变传统贴牌模式，在扩大出口交易额的同时构建独特的竞争壁垒，从后端走向前台，共同打造“价廉物美”的中国品牌来吸引更多顾客。

（二）数字技术赋能产业链

随着一轮又一轮的技术革新，从互联网到移动互联网，再到人工智能、大数据、云计算等，技术改造传统行业的本质就是把工业时代的供应链重构成基于互联网的网络协作，形成一种新型的社会化分工合作的关系。这些技术在跨境电子商务领域发挥着极大的作用，大数据技术应用于精准营销，云计算的全球布点支撑进出口企业数字化运营，人工智能提高了服务效率，区块链技术保障交易互信等。在产品溯源防伪领域，利用区块链技术跟踪、上传、查证跨境进口商品的全链路信息，将商品采购、物流、营销等全过程透明化，从而跨越了横亘在品牌商、零售商和消费者之间的“信任”鸿沟；对于中小企业面临的资本运营不足的困难，可构建人工智能分析平台，通过平台上的历史交易数据与业务信息准确预测企业客户未来的现金流。

（三）功能性服务创新

“功能性服务”是指那些能针对用户需求、解决用户实际困难并具有专业化水准的服务项目[29]。跨境电商在不断成熟的过程中也暴露出细节的不完善，如语言障碍、金融支付、产品同质化等问题。进出口企业直面来自世界各地的买家和卖家，语言作为必不可少的沟通工具贯穿于跨境电商的方方面面。交易平台需要多语言界面，物流配送要用多种语言填写各类海关报文，电子支付服务需要多币种汇率转换和多语言的支付程序操作说明等，应构建完善的多语言服务平台，共同破解语言翻译的难题；在金融支付方面，应打造一系列金融服务解决方案，如定制个性化跨境收款链接，帮助商户便捷收款，同时支持PC端和移动设备，为全球消费者提供方便快捷的支付体验；全球地域文化的差异使得消费者对产品本土化提出了需求，出口企业应对目标市场进行充分了解，使前端的产品设计、规格以及性能等方面迎合当地消费者的需求。

（四）强化全渠道管理

随着一系列新的渠道进入跨境电商的视野，越来越多的无边界场景出现，线上线下相互融合、相互转化成为今后的发展趋势。“新零售”带来“人货场”的变革，使传统意义上的“场”已被“全网全渠道全场景”代替。中国品牌出海可以从线上着手，但是全渠道才是长久发展的必由之路。通过创建海外线下“触角”获得一手终端用户的需求，再将线上的产品信息与线下的用户体验结合，提高信息展示量、与用户互动频率，继而为企业提供增值服务。安克创新近几年不断深耕线上渠道做零售，同时也开拓了新的运营渠道——线下门店，如今已成为唯一同时入驻全球最大零售连锁商沃尔玛4000多家门店、全球最大电器和电子产品零售集团Best Buy 900多家门店的中国数码配件品牌。应强化跨境电商全渠道的铺设与管理，从线上拓展到线下，提高品牌活跃度和用户信心，进而拉近海外商品与用户的距离。

（五）构建开放共享生态圈

新贸易时代以技术驱动、服务整合、融合无界为显著特征，过去分散、孤立的生态结构为适应新时代需求的形态而重新构建。多方数据显示，我国从事跨境贸易的诸多中小企业都通过自主抱团的形式共同发展，说明它们需要依托组织群体，协作完成互联网领域的具体目标。在开放共享的服务供应链模式下，核心企业通过商品和顾客之间基于场景的精准匹配，提供包含货源品牌直供、物流全球直达、技术模块组合等在内的跨境供应链完整解决方案，实质上就是联合各领域的专业服务商，实现货源共享、渠道共享、资金共享和技术共享，即建立跨境服务共享生态圈。未来行业的竞争将是生态圈与生态圈之间实力的较量，跨境电商业务的生态协同是占领国际贸易市场最强有力的武器。

六、结语

作为外贸发展新业态，跨境电商已进入精细化运营时代。对于企业而言，除了海外仓储、全球采买能力等基础设施搭建及运营模式的考验外，未来最重要的是应具有前瞻性观念，基于跨境消费群体实时变化的消费特征与消费理念对流行趋势准确预判。我国跨境电商起步较晚但发展迅速，在不断发展探索中，闯出了一条具有中国特色的跨境电商发展之路，已形成了较完善的市场生态体系。今后我国跨境电商的发展趋势是在政策红利下，借力互联网与智能化技术，构建适应客户需求的、差异化的跨境服务集成供应链，完善跨境电商产业生态系统，不断推动我国跨境电商的持续优化与创新。

中南林业科技大学物流与供应链管理专业硕士生卢美琪对本文的写作有很大贡献，在此表示感谢。

参考文献：

[1] 艾媒咨询. 2017—2018中国跨境电商市场研究报告［EB/OL］.（2018－02－06）［2019－05－17］. http://www.iimedia.cn/c400/60608.html.

[2] 罗小渠. "打群架"时代［J］. 创业家，2015（1）：56－60.

[3] COOK J S，DEBREE K，FEROLETO A. From raw materials to customers：supply chain management in the service industry［J］. Sam Advanced Management Journal，2001（4）：14－21.

[4] WAART D D，KEMPER S. 5 steps to service supply chain excellence［J］. Supply Chain Management Review，2004（1）：30－35.

[5] ELLRAM L M，TATE W L，BILLINGTON C. Understanding and managing the services supply chain［J］. Journal of Supply Chain Management，2004（4）：17－32.

[6] 金立印. 服务供应链管理、顾客满意与企业绩效［J］. 中国管理科学，2006（2）：100－106.

[7] 于亢亢. 服务供应链的模型与构建［J］. 现代商业，2007（21）：156－158.

[8] 宋华，陈金亮. 服务供应链中服务集成商竞争优势影响因素的案例研究［J］. 中国软科学，2009（S1）：296－300.

[9] BALTACIOGLU T，ADA E，KAPLAN M D，et al. A new framework for service supply chains［J］. The Service Industries Journal，2007（2）：105－124.

[10] 王振锋，王旭，卓翔芝，等. 基于信息中心的服务供应链管理的模型［J］. 统计与决策，2009（8）：169－171.

[11] 单汨源，吴宇婷，任斌. 一种服务供应链拓展模型构建研究［J］. 科技进步与对策，2011（21）：10－16.

[12] 闫秀霞，孙林岩，王侃昌. 物流服务供应链模式特性及其绩效评价研究［J］. 中国机械工程，2005（11）：969－974.

[13] 刘伟华，周丽珍，刘春玲，等. 基于网络层次分析方法的物流服务供应链综合绩效评价［J］. 工业工程，2011（4）：52－57.

[14] 刘伟华. 三级物流服务供应链最优收益共享系数确定方法［J］. 西南交通大学学报，2010（5）：811－816.

[15] 刘伟华，曲思源，钟石泉. 随机环境下的三级物流服务供应链任务分配［J］. 计算机集成制造系统，2012（2）：381－388.

[16] 刘征驰，石庆书，张晓换. 知识协作背景下电子商务服务供应链关系治理——一个分而治之的组合激励机制［J］. 软科学，2015（1）：110－114.

[17] 宋远方，宋华. 协同价值创造能力对服务供应链关系绩效的影响研究［J］. 经济理论与经济管理，2012（5）：91－102.

[18] 刘征驰，石庆书，张晓换. 不同决策模式下服务供应链知识协作机制研究［J］. 科技进步与对策，2015（4）：124－128.

[19] 高志军，朱卫平，陈圣迪. 物流服务供应链整合研究［J］. 中国流通经济，2017（10）：46－54.

[20] 肖霄. 服务集成商权力及服务供应商关系承诺

对服务供应链整合的影响研究［D］．广州：华南理工大学，2013.

［21］宋娟娟，刘伟，高志军．物流服务供应链网络对物流服务集成商成长的作用机制——以网络能力为中介［J］．中国流通经济，2016（9）：49－59.

［22］王志宏，邵奇明，袁袁．商业信用和收入共享组合合同下集成服务提供商与其客户间的协调［J］．管理工程学报，2015（1）：143－148.

［23］石岿然，浦珏，孙玉玲．平台介入的多物流服务提供商合作模式研究［J］．中国管理科学，2017（4）：78－85.

［24］霍春辉，刘力钢，张兴瑞．供应链服务集成商业模式解析［J］．经济问题，2009（7）：52－53，87.

［25］付秋芳，林琛威．我国金融证券服务供应链体系结构研究［J］．国际经贸探索，2008（11）：45－49.

［26］秦星红，苏强，李贵萍．考虑双边服务水平的网购服务供应链协调契约［J］．运筹与管理，2016（1）：15－24.

［27］刘伟华，季建华．服务供应链：供应链研究的新趋势［M］//中国物流学会，中国物流与采购联合会．中国物流学术前沿报告（2006—2007），2006.

［28］王丽．融合服务外包：跨境电商整合供应链新模式探讨［J］．特区经济，2018（3）：151－154.

［29］吕雪晴，周梅华．我国跨境电商平台发展存在的问题与路径［J］．经济纵横，2016（3）：81－84.

［30］何继新．跨境电子商务供应链模式创新：属性特征、关系模型及前提条件［J］．中国流通经济，2017（3）：52－61.

［31］胡伟，刘宇．基于服务供应链的制造业产业集群知识服务研究［J］．科技进步与对策，2013（7）：67－71.

原载于《中国流通经济》2019 年第 9 期

我国电子商务创新与规范发展

聂林海*

（商务部电子商务和信息化司，北京市 100731）

摘　要：电子商务作为国民经济中较有活力的领域之一，在促进经济增长中的作用日益凸显。“十三五”期间，电子商务仍有很大的增长空间，未来发展趋势主要表现为实体商业电商化、网络购物移动化，农村电子商务发展加快，生活服务类电商加速普及和渗透，B2B 电子商务应用进一步深化，电子商务物流配送体系逐步完善。下一步，要以创新、协调、绿色、开放、共享的发展理念为指引，以推进“互联网 + 流通”行动计划和线上线下互动创新发展为主线，加大政策引导力度，完善应用环境，大力促进线上线下互动融合发展，推动农村电子商务和跨境电子商务发展，进一步提升政府公共服务水平，创建电子商务示范体系。与此同时，要着力加强信用体系建设，净化网络市场环境，维护网络市场秩序；健全法规政策标准，营造政策法规环境，开展国际电子商务交流与合作，促进电子商务快速持续健康发展。

关键词：电子商务；创新发展；规范；互联网 + 流通

在经济新常态下，生产消费模式、市场供求格局都发生了深刻变化，以开放、共享、协同、智能为特征的互联网等现代信息技术快速发展。电子商务作为信息技术与商业活动结合的产物，经过十多年的发展，已经融入国民经济各个部门，对传统的商业模式、商业流程和思维习惯带来了变革性的影响。电子商务涉及的经济活动逐步在社会各部门发展融合，成为国民经济中较有活力的一个经济领域。

一、我国电子商务发展总体情况

近年来，我国电子商务快速发展，应用模式不断创新，呈现出以下几个特点。

（一）国家高度重视发展电子商务

2015 年以来，国务院相继出台了一系列政策文件鼓励支持电子商务发展，包括《国务院关于大力发展电子商务加快培育经济新动力的意见》（国发〔2015〕24 号）、《国务院关于积极推进“互联网 +”行动的指导意见》（国发〔2015〕40 号）、《国务院办公厅关于促进跨境电子商务健康快速发展的指导意见》（国办发〔2015〕46 号）、《国务院办公厅关于推进线上线下互动加快商贸流通创新发展转型升级的意见》（国办发〔2015〕72 号）、《国务院办公厅关于加强互联网领域侵权假冒行为治理的意见》（国办发〔2015〕77 号）、《国务院办公厅关于促进农村电子商务加快发展的指导意见》（国办发〔2015〕78 号）、《国务院办公厅关于深入实施“互联网 + 流通”行动计划的意见》（国办发〔2016〕24 号）等，政策效果明显，有力推动了行业的发展。

（二）电子商务在促进经济增长中作用凸显

从促消费来看，电子商务推动消费方式转变，提高了消费便利性，有效释放了居民消费潜力。从

* 聂林海（1964—），男，湖南省衡阳市人，中华人民共和国商务部电子商务与信息化司副司长，主要研究方向为电子商务。

转方式的角度来看，电子商务带动传统批发零售、物流快递、生活服务、生产制造等向“互联网+”转型，推动产业转型升级。同时，电子商务具有绿色、集约、效率、低成本等特点，能够促进经济向可持续发展方式转变。从调结构的角度来看，电子商务改变传统的经济空间布局，让农村及欠发达地区有机会以较低的成本进入市场，缩小区域经济发展差异。从惠民生的角度来看，电子商务使人们足不出户就可以便捷消费，而且消费内容从传统的服装、3C家电等向各种体验及服务类商品发展，丰富了消费者的选择，提升了居民生活品质。从促进创业创新来看，电子商务为中小微企业带来更多的发展机会，也为农民工回乡创业、大学生就业、科技人员兼职等创造了新的就业机会。

（三）电子商务持续快速发展

过去五年，全国电子商务交易额年均增长超过35%。2015年，我国电子商务交易总额达到20.8万亿元，同比增长约27%；网络零售交易额为3.88万亿元，同比增长约33.3%。其中，B2C交易额首次超过C2C交易额，分别为2.02万亿元和1.86万亿元；实物商品网上零售额为3.24万亿元，同比增长31.6%，高于同期社会消费品零售总额增速20.9个百分点，占社会消费品零售总额（30.1万亿元）的比重为10.8%；非实物商品网上零售额为6349亿元，同比增长42.4%。2016年1—3月，全国网络零售额10251亿元，同比增长27.8%，其中实物商品网上零售额8241亿元，增长25.9%，占社会消费品零售总额的比重为10.6%。

（四）线上线下（O2O）加速融合发展

互联网与实体经济的融合发展，成为当前颇具活力的经济形态之一。一方面，线下到线上转型明显加快，传统实体企业积极拥抱互联网。连锁百强企业中已经有75家开展了网络零售业务，如王府井百货、天虹商场、大润发超市、上品折扣、红旗连锁、步步高等传统零售企业纷纷开启线上业务。传统制造企业也在积极探索利用电子商务实现转型升级，青岛红领集团运用互联网思维和电子商务手段，从一家传统服装制造企业转型升级，实现了跨境顾客对工厂（Customer-to-Manufactory，C2M）定制化生产。经过快速发展，我国的O2O渗透率大幅提高，促进了餐饮、家政、养老、装修、出行等多个领域的网络消费。另一方面，阿里、京东等互联网企业也在积极向线下发展。2015年，国务院办公厅下发了《国务院办公厅关于推进线上线下互动加快商贸流通创新发展转型升级的意见》（国办发〔2015〕72号），对线上线下互动融合发展作出了重要部署。

（五）移动端网购呈现爆发性增长

2015年，消费者使用移动设备实现的网上零售交易额达2.12万亿元，占比首次超过PC端。2015年“双11”期间，天猫、京东、苏宁易购、国美等网络零售平台上来自移动端的订单占比分别达到69%、74%、67%、70%。2016年元旦期间，微信红包的收发总量创下新纪录，达到23.1亿次，超过2015年除夕两倍还多。随着4G网络的发展、智能手机的普及、移动支付消费习惯的逐步养成以及电商企业对移动端的投入加大，相信移动电子商务将迎来新的快速增长。

（六）电子商务向三、四线城市及农村延伸

电子商务呈现出由沿海地区向内陆地区逐渐渗透，由一、二线城市向三、四线城市及农村渗透的趋势。我国中小城市辐射区域广、人口总量多、电子商务发展潜力大，电子商务增速普遍较高，个别地区电商交易额增速超过200%。国内主要网络零售平台的数据显示，其三、四线城市的销售增速超过一、二线城市，而且国内网络零售增速排前十位的城市均为三、四线城市。未来随着居民收入水平和消费能力的进一步提升，中小城市电子商务将迎来更大的发展。全国网购增长速度排名前25位的县中有19个在中西部，随着物流体系的不断完善，其未来增长空间很大。此外，农村电子商务正成为发展的蓝海，也成为拉动农村消费、引导农业生产、保障和促进农民增收的有效手段。目前，全国各类涉农网站达3万多家，其中电子商务网站3000多家。

（七）跨境电子商务成为外贸发展的新引擎

近年来，跨境电商发展势头迅猛。研究机构数据显示，我国网购人群的跨境消费规模从2010年的

20亿美元大幅增至2014年的200亿美元。跨境电子商务具有开放性、全球化、低成本、高效率的特点，已经成为国际贸易新的热点，具有广阔的发展空间。目前，我国外贸电子商务平台企业已超过5000家，开展跨境电子商务业务的外贸企业超过20万家。大力发展跨境电子商务将在以下几个方面发挥积极作用：一是有利于用“互联网+外贸”实现优进优出，发挥我国制造业大国优势，拓宽海外营销渠道，扩大国内消费，实现外贸转型升级；二是有利于推进“大众创业、万众创新”，打造新的经济增长点；三是有利于加快实施“一带一路”倡议，推动开放型经济发展；四是有助于推动我国企业适应国际客户需求和竞争环境，利用网络平台培育中国企业品牌。

二、我国电子商务发展趋势

从发展趋势看，预计在“十三五”期间，我国电子商务将继续快速发展，仍有很大增长空间。主要有以下几个原因：一是随着网络消费习惯逐步养成，网购渗透率将进一步提高，且依赖于电商消费的年轻人随着收入的不断增长将逐步成为消费主力；二是随着国家“互联网+”战略的实施，传统企业加快线上线下互动融合，将进一步拓展电子商务的广度和深度；三是随着农村电商、跨境电商的发展，特别是基础设施、政策环境等方面的逐步完善，未来发展潜力巨大；四是随着移动互联、虚拟现实、智能穿戴等新一代信息技术的创新和推广应用，将给电商开创更广阔的空间。

未来我国电子商务的发展，将呈现以下几个特点。

（一）实体商业电商化

实体商业电商化，也就是传统企业利用互联网实现转型升级。传统企业电子商务转型将在百货类、制造类、生活服务类企业中率先取得突破，并成为驱动中国电子商务继续保持快速发展的重要引擎。

（二）网络购物移动化

2015年我国的手机网络购物用户数量达到3.4亿，比上年增长43.9%，手机网络购物的使用比例由2014年的42.4%提升至54.8%。随着智能终端设备的进一步普及，移动端将成为各类电商应用的主要渠道。

（三）农村电子商务将加快发展

目前，国内大型电商都积极拓展农村市场，各地也形成了一批以本地特色产品为依托的“线上产业带”和各类“淘宝村”。随着“电商进农村”政策的大力推进和物流体系的逐步完善，农村电子商务将成为拉动农村消费、引导农业生产、保障和促进农民增收的有效手段。

（四）生活服务类电子商务加速普及和渗透

以个性化、体验化为特征的生活服务类电子商务将进一步促进居民消费便利化，促进居民在旅游、文化娱乐、体育、教育、医疗、养老、家庭服务等更多领域的网络消费。此外，随着移动电子商务的爆发式扩张，移动电商也将进一步推动生活服务类电子商务的发展。

（五）B2B电子商务应用将进一步深化

大宗商品和行业B2B电子商务交易平台的建设，将侧重于把电子商务与现货市场、线上和线下交易结合起来，将更多产业链上下游企业集中到平台上，集合线下物流仓储资源，结合供应链融资服务，实现商流、物流、信息流和资金流的整合，从而进一步降低成本、提高效率。跨境电子商务的重点也将由跨境零售向跨境B2B发展。

（六）电子商务物流配送体系将逐步完善

一方面，物流体系的信息化程度日益提高，向着智能化方向发展；另一方面，物流体系布局更加高效，骨干物流网进一步向两端延伸，末端配送体系在社区、乡镇逐步完善。此外，冷链物流体系建设步伐将进一步加快，冷链仓储及配送状况将逐步得到改善。

三、我国电子商务发展中面临的主要问题

电子商务作为一种新的商业模式和经济形态，在快速发展的同时，也暴露出一些矛盾和问题，既

有线上线下的共性问题，也有线上出现的新问题，主要表现在以下几个方面。

（一）制度秩序不完善

在电子商务发展过程中，产生了一些新的市场主体、经营活动和市场要素。虽然近年来我国已经出台了一些政策法规，但总体来看还不够健全，仍存在一些空白。由于电子商务具有经营主体跨地区经营、身份相对隐蔽等特点，使得对一些违规违法行为的判定和行政管辖权变得模糊，导致网上侵权假冒、恶意欺诈等违法行为时有发生。网店通过虚假交易获得好评的行为，难以按现行规定进行准确界定。[1]此外，对于基于平台交易产生的海量数据归属、使用以及信息安全等问题，也缺乏明确界定。

（二）支撑保障体系尚不完善

电子商务的迅速发展，对物流、支付、信息安全等支撑服务提出了更高的要求。在信息基础设施方面，网络技术、网络管理、网络速度、网络安全等都还存在一定差距。在物流配送方面，覆盖区域、物流成本、服务水平以及配送时间等仍不能满足消费者需求。在金融支付方面，金融电子化水平有待提高，跨区域、跨银行的网上支付、结算等需要进一步完善。在安全保障方面，电子商务对资金安全、信息安全、商业秘密保护等都提出了更高的要求。[2]

（三）社会信用体系有待进一步完善

在经济转型过程中，我国的社会化信用体系尚不健全，交易行为缺乏必要的自律和完善的社会监督，网上交易的信用问题显得更加重要。在大数据条件下，企业在平台的交易具有很好的信用积累条件，但目前电子商务领域的信用管理和应用还较为滞后，缺少客观、中立的第三方评级机构，信用信息未能有效整合，缺乏对消费者信用信息的采集和管理。[2]

四、商务部推进电子商务快速持续健康发展的主要政策和措施

按照国务院统一部署，商务部认真落实“互联网+”战略，大力促进电子商务在国内商品流通和对外贸易领域的应用。2015 年，先后启动促进发展规范电子商务专项行动和“互联网+流通”行动计划，着重开展线上线下融合、跨境电子商务、电子商务“进农村”和“进社区”、培育一批有竞争力的电商企业等重点工作，取得了一定成效。2016 年，商务部以中共十八届五中全会提出的创新、协调、绿色、开放、共享的发展理念为指引，按照中央经济工作会议和全国商务工作会议的部署，以推进“互联网+流通”行动计划和线上线下互动创新发展为主题，加大政策引导力度，完善应用环境，促进电子商务快速持续健康发展。

（一）大力促进线上线下互动融合发展

以贯彻《国务院办公厅关于推进线上线下互动加快商贸流通创新发展转型升级的意见》为抓手，会同有关部门积极落实促进商业模式创新、支持实体店转型的政策措施。

1. 推动传统商贸企业转型升级

引导传统流通企业主动利用物联网、大数据和云计算等技术，重塑商业经营模式，提升服务能力和管理水平。引导线下实体店转型，强化实体店的物流、服务、体验、交互等优势。实施特色商业街示范建设工程，培育一批具有地方特点、产业特色和文化品牌的智慧商圈。对“万村千乡”、供销、邮政等农村商业网点进行电商改造，使农村传统商贸网络通过 O2O 应用焕发出新的生机和活力。切实改变原有的引厂进店、出租柜台等“二房东”经营模式，利用互联网实行深度联营，通过集中采购、买断经营、开发自有品牌等方式，提高商品的自营比例，实现商业本质的回归。提供网订店取、网订店送、上门服务、社区配送等各类新服务，开展以 O2O 为典型特征的全渠道营销。

2. 促进线上线下互动服务消费

落实十八届五中全会关于“以扩大服务消费为重点，带动消费结构升级，发挥消费对增长的基础性作用”的要求，进一步加快服务业 O2O 应用。一方面，推进传统生活服务业在线化。落实好《商务部关于加快居民生活服务业线上线下融合创新发展的实施意见》，推动家政、洗染、维修、美发、旅游、休闲等生活服务行业应用电子商务，通过线上线下互动结合，满足或者带动居民多样化、个性化

的服务消费需求。另一方面，开展电子商务进社区试点。支持电子商务企业进入社区，整合现有便民服务设施，设立电子商务综合服务点，开展面向社区居民的物流分拨、快件自取、电子缴费等电商服务。鼓励社会资本建设社区电子商务平台和移动客户端，打造社区便利、快捷的网络消费“微环境”。

（二）推动农村电子商务发展

1. 加强顶层设计和指导

以国务院办公厅名义印发了《国务院办公厅关于促进农村电子商务加快发展的指导意见》（国办发〔2015〕78号），商务部等19个部门联合出台了《关于加快发展农村电子商务的意见》（商建发〔2015〕306号），商务部印发《农村电子商务服务规范》（试行）和《农村电子商务工作指引》（试行）。

2. 开展电子商务进农村综合示范

商务部会同财政部在全国27个省、自治区、直辖市的256个县开展电子商务进农村综合示范，其中国家扶贫开发重点县和集中连片贫困县103个，占40.2%。推动工业品下乡、农产品进城，帮助农民增收，实现精准扶贫。

3. 完善农村电子商务应用环境

加大农村电商创业创新扶持力度，启动农村电商创新创业大赛和农村电商百万英才计划。优化全国农产品商务信息公共服务平台功能，开展专业领域的信息服务。加强与全国大型批发市场、超市、电商企业的合作，建立农产品采购商数据库，办好农产品网上购销对接会。

（三）促进跨境电子商务发展

以国务院办公厅名义印发了《国务院办公厅转发商务部等部门关于实施支持跨境电子商务零售出口有关政策的意见》（国办发〔2013〕89号）、《国务院办公厅关于促进跨境电子商务健康快速发展的指导意见》（国办发〔2015〕46号），从政策层面推动支持跨境电子商务发展。2015年3月，推动设立中国（杭州）跨境电子商务综合试验区，目前整体建设进展顺利，已有55项创新举措取得实效。2016年1月，国务院批准天津等12个城市建设新一批跨境电子商务综合试验区，商务部正在积极推动综合试验区建设，加大政策创新、制度创新和服务创新的力度，并将可复制的经验尽快在全国推广。

（四）进一步加强政府公共服务

商务部会同有关部门，以问题为导向，完善薄弱环节，提升公共服务水平。

1. 加强电商人才培养

深入开展电子商务专业技术人才知识更新工程，依托国家专业技术人员继续教育基地，已初步建成培训产品和服务体系，初步形成全国合作培训机构网络，2015年累计培训8.5万人次。下一步将继续深化电商人才教育基地建设，扩大合作面，丰富培训产品和服务。

2. 推动电商物流建设

会同财政部、国家邮政局自2014年开始在11个城市开展电子商务和物流快递协同发展试点工作，建设智能化、标准化的物流仓储和配送系统，有效降低电商物流成本。完善农村电商运营网络，着力推动农村第三方配送、共同配送发展，牵头抓好资源整合，推动多站合一、服务同网。

3. 加快商务大数据工作

已初步形成《商务大数据内贸试点工作方案》，围绕商务工作重点、热点领域，探索应用大数据技术采集传统技术难以获取的商务数据资源，提升数据利用效率和使用能力，逐步构建内贸流通综合数据平台，提高行政运行效率和科学决策水平。

4. 加强电子商务统计体系建设

商务部自2013年年初开始着手电子商务统计监测体系建设，2014年开通了全国电子商务信息管理分析系统，组织起草了电子商务统计指标总体框架。另外，每年编写发布《中国电子商务报告》和《中国网络零售市场评估报告》。

（五）创建电子商务示范体系

积极开展电子商务试点示范，创建电子商务创新及应用示范体系，加大宣传推广力度，总结推广典型经验和做法。一是开展国家电子商务示范基地创建工作。2015年确定了第二批国家示范基地66家，推动示范基地吸引企业集聚，发挥辐射带动效应。二是开展电子商务示范企业创建工作。2015年评选了2015—2016年示范企业155家，通过发现、总结和推广典型案例，鼓励和推动电子商务创新应用。

（六）维护网络市场秩序

1. 加强信用体系建设

出台《商务部关于加快推进商务诚信建设工作的实施意见》（商秩函〔2014〕772号），实施商务诚信建设重点推进行动计划，建设商务信用信息交换共享平台。

2. 净化网络市场环境

2014年启动打击互联网领域侵权假冒专项整治，查处侵权假冒案件11000余件，关闭、屏蔽网站3400余家。2015年继续开展专项行动，会同14个成员单位推动综合治理，向电商平台查询犯罪线索462批次、账户6833个，查获利用邮寄快件渠道进出口侵权商品3079批次。2015年11月，牵头起草并以国务院办公厅名义印发了《国务院办公厅关于加强互联网领域侵权假冒行为治理的意见》（国办发〔2015〕77号），对治理互联网领域侵权假冒行为，营造开放、规范、诚信、安全的网络交易环境作出了全面部署。

（七）营造政策法规环境

1. 健全法规政策标准

研究起草《中华人民共和国商品流通法》，积极参与《中华人民共和国电子商务法》起草；出台《网络零售第三方平台交易规则制定程序规定（试行）》，制定《无店铺零售业经营管理办法（试行）（征求意见稿）》《全国电子商务物流发展专项规划（2016—2020年）》，研究起草“十三五”电子商务发展的政策文件；发布《电子商务企业认定规范》等行业标准。

2. 开展国际电子商务交流合作

开展中韩、中澳、中日韩等自贸协定电子商务议题谈判，推动亚太经合组织、金砖国家、中国—东盟等电子商务合作。

参考文献：

［1］李晋奇．中国电子商务将迎来加速发展的重要战略机遇期［J］．对外经贸实务，2014（12）：4－8.

［2］聂林海．“互联网＋”时代的电子商务［J］．中国流通经济，2015（6）：53－57.

原载于《中国流通经济》2016年第6期

市场分析

公益性：农产品批发市场性质的正本清源

徐柏园*

（国家农业部农村经济研究中心，北京市 100083）

摘　要：我国的农产品批发市场无论是从其产生过程，还是从农业生产的特殊性角度看，都可以反映出其公益性的本质属性，但是由于种种原因，在农产品批发市场发展过程中，其公益性大多缺失或被违背，使农产品批发市场在农产品价格不理性上涨过程中难逃干系。解决这种问题的根本办法是以法律形式明确农产品批发市场的公益性，政府在农产品批发市场的投资建设和规划中要承担必要的责任，使农产品批发市场真正成为以服务为唯一宗旨的社会公益事业。

关键词：农产品批发市场；公益性；政府投资

一、我国农产品批发市场产生过程充分表明了农产品批发市场的公益性

1. 我国农产品批发市场的产生是经济体制改革与经济发展的内在要求

中共十一届三中全会以后，我国农村经济基本上采取的是承包制，承包制突破了传统的集中经营，极大地调动了农民的积极性。但同时，农户小规模经营与生产社会化之间的矛盾越来越突出，迫切要求社会以现代化手段为他们提供信息、技术、供销、信贷、储运等方面的服务，特别是对农产品流通领域的服务尤其迫切，需要实现农业组织职能结构和运转机制合理化，以形成和发展农业综合生产力，维护和增进农民的物质利益与民主权利。除了农贸市场外，建立和举办从事大宗交易且有固定场所的农产品批发市场已成为必然，这是农村社会化服务体系的重要组成部分，是深化农村改革的必然要求。

2. 多种经济成分并存不仅限于农村变革，也是社会主义生产关系自我完善的要求

国有、集体、合作、股份、私人以及三资企业等构成了多成分市场经济发展主体，其经济联系是立足于等量劳动等价交换的市场原则基础之上的。在大多数农产品退出计划购销的今天，有效培育市场交换的组织体系，以保证公平交换的实现，保证国家的宏观调控，已成为农村流通改革的当务之急，即寻求一种环节少、经营方式灵活、产销双方均有较大选择余地的公平交易形式。因此，以产销双方直接见面、对等谈判、自主成交为特征的农产品批发市场就成为必然选择，这也是多种经济成分并存的内在要求。

3. 计划经济向市场经济变革的需要

在农产品取消统派购向合同订购转变后，农民与国家的关系是一种合同关系，农民有经营自主权，但有必要通过农产品批发市场对这种经营自主权予以有力补充，使其成为农民实现经营自主权的主要场所。另外，跨地区、跨省市的农产品，主要是粮

---

* 徐柏园（1937—），男，浙江省绍兴市人，农业部农村经济研究中心研究员，北京农业经济学会名誉会长，1993 年享受国务院特殊津贴，2004 年被国家标准化管理委员会聘为农业标准清理结果复审专家，曾任 5 个实施的国家标准专家审定组组长，主要研究方向为农业现代化、新农村建设、农产品批发市场、农产品流通和消费、农产品质量安全等。

食的买卖，大多通过签订购销合同来实现，但履约率很低，且没有形成交易网络，对价格形成极为不利，需要建立统一的农产品批发市场，既能纲举目张，又能为国家宏观调控提供较准确的依据。

4. 财政补贴制度改革的客观要求

人为制定农产品价格必然导致财政补贴的大量增加。1986 年，我国的价格补贴（主要是食物补贴）为 1978 年的 4 倍多，占全年基建总额的 1/2，是支援农村生产支出和各项农业事业费的 2 倍；1988 年物价补贴已占当年国家财政收入的 1/3。这种补贴方式不仅使国家财政不堪重负，且容易形成生产不足和浪费过多并存的矛盾，只有实行市场化，才能解决根本问题。[1-7]

二、农业生产的特殊性决定了农产品批发市场的公益性

1. 为农业生产的特殊性所决定

一方面，因农业受自然条件影响大，生产周期长，直接生产过程难以分解为工厂化的生产；另一方面，农业生产又依赖于工业和现代科技的成果，需要市场流通、储运加工等方面的社会化服务体系与之相适应。

2. 农业为社会经济服务的两重性所决定

农户经营下的农业，既是农民就业、获取收入的途径，又必须满足社会对农产品的特殊需要。只有在包括流通领域在内的完善的社会化服务促进下，农业经济才能跳出家庭经营的局限，走向市场化、现代化。

3. 是农业生产和流通矛盾的解决办法

农业生产中，流通不畅、价格不顺严重制约着农村经济的发展，突出表现在买难、卖难，其症结是价格不顺，行政性的定价造成市场需求的扭曲。要根本解决生产与流通的矛盾，单纯依靠原有国营商业和供销合作商业主渠道已无法满足农业商品生产的需要，必须塑造和培育与生产相适应的新的流通体制。

4. 农业周期性波动要求农产品批发市场建设进一步深化

农产品因与自然联系紧密，生产周期长，因而价格始终具有不稳定性和不确定性，由此而产生的高风险只由生产者承担显然不利于农业稳定增长。而分摊风险，发现价格，平衡供求，不仅依靠即期现货交易市场，也要依靠远期市场（包括期货、期权交易市场），需要市场的高级化与之相适应。

以家庭联产承包责任制为代表的农村经济改革，促进了农业生产的发展和商品率的提高，在总量扩大的基础上，农产品的交易出现了批量交易的要求，为批量成交的批发市场提供了充足的商品货源。农村产业结构的逐步优化和专业化分工的逐步深化，为农产品批发市场提供了更大的可能性和比较灵活的经营队伍。[8-12]

三、公益性背离或缺失是导致农产品批发市场发展问题的根本原因

我国以批发市场为中心的农产品流通体制发挥了很大作用。①拓宽了农副产品的集散渠道。目前的农产品流通已由地区性、封闭性的商品交换，发展成为面向全国的开放式商品流通网络，并具有流程长、环节少、集散快、效益高的特点，是城乡居民的“大菜篮子”，已形成南菜北运、水果和水产品流通全国的格局，促进了农业生产商品化的进程。②在一定程度上满足了买卖双方扩大运销规模和交易空间、节省交易成本的需求。③利用市场机制，充分发挥了价值规律的作用。突出表现在鲜活农产品，如畜产品、水产品、蔬菜、水果等已形成了市场决定价格的格局。④为商品生产者提供服务，尤其是销售、信息服务，使农民可以按照市场需求安排生产，并促进了农村劳动力转移到农产品流通领域。⑤促使国营商业和供销合作商业批发机构转变经营机制，在用工、价格、经营、分配 4 个方面搞好批发业务。⑥创新组织，发展贸工农、产供销一体化的流通组织。[13-20]

但是，我国的农产品批发市场在发展过程中，逐渐背离或缺失了其原本的属性——公益性，不仅使其在社会生产中的作用打了折扣，而且在农产品价格非理性上涨过程中，农产品批发市场也难逃干系。2011 年 1 月，为了调查农产品价格形成过程，两位记者不辞辛苦，历经三天三夜，全程采访了海南蔬菜到北京的过程。海南产的杭小椒以平均每斤 6.9 元的价格从菜农手中收购后，经过多种环节，

北京的消费者购买时的价格已经是每斤15元，批零差价超过80%，而在这个过程中，菜农、运输从业者等基本上都是无利可图的。形成这种状况的原因，除了农产品在进入销区批发市场时往往要缴纳高额的入场费、管理费等杂费外，从批发市场到零售市场环节过多，并导致“最后一公里”菜价翻番成为常态。[21]

我国农产品批发市场的这种变化及存在的问题，归纳起来主要有以下几方面原因。①我国20年来农产品批发市场中“企业来办，谁投资，谁受益”的状况一直未能改变，这违背了大型批发市场设立之初的公益性属性。目前，影响大的几家销地大型批发市场最初都是按照公益性属性创办的，政府在土地审批、税费、食品安全仪器设备等方面提供优惠和减免，为了吸引购销客户，它们的收费都不高。但这些市场站住脚后，就完全按照企业性质来办，导致了收费环节多、收费高的现实。②一些市场完全按股份制公司经营，资本运作以追逐利润为主要目标，且其他市场进行效仿。③以办市场名义，搞房地产之实。市场用地动辄几千亩，土地成本非常高，从而提高了农产品成本，但一些地方政府为了拉动经济增长，对这种情况一般都给予支持。④对批发市场建设没有全国统一的规划，仅有各行其是的部门规划，且管理上也不统一。⑤农贸市场过高的摊位费、超市过高的进场费及其他税费，使零售商无利可图，并加重消费者负担。

四、回归农产品批发市场公益性的本质属性

我国农产品批发市场出现的问题，在很大程度上与目前农产品批发市场违背其本质属性有密切关系，当务之急是以法律的形式恢复农产品批发市场的公益性属性，尽早颁发国家《批发市场法》。

1. 法律法规的理论指导思想

在市场经济条件下，批发市场是实现商品流通计划化、合理化的最佳组织形式，这是建设批发市场的理论依据，其主要功能包括以下几点。

（1）调节社会商品供求。在市场经济条件下，社会商品供求平衡依赖于市场信息的引导，但由于零售市场面广而分散，常出现此处脱销但彼处积压的现象，而批发市场对同类（种）商品在较大地域内具有聚集和辐射作用，能够调节商品供给，引导生产者调整产品结构、产业结构、进出口商品结构。

（2）确定商品均衡价格，使其成为刺激或抑制某些商品生产的经济杠杆。由于价值规律、供求规律、竞争规律的作用，批发市场的价格必然使商品的生产者、经营者优胜劣汰，促进技术进步，降低生产及交易成本。

（3）促进全国统一市场与国内外市场的接轨。全国性、高层次的批发市场，其会员、经纪人连接全国大中城市的生产经营企业，他们在批发市场的交易活动打破了地区、部门、行业的界限，促进了国内产品的国际化和国内外市场的接轨。

（4）为国民经济的协调发展提供决策依据。由于批发市场的价格，包括现货、期货价格的形成，取决于众多生产者、经营者的广泛参加，能较准确地反映国民经济结构的长线、短线部位及变化趋势，可为国民经济规划的制定和调整提供决策依据，指导国民经济协调发展。

（5）批发市场是零售市场建立正常商品流通秩序的基础。进入批发市场的商品具有同类可比性，易与厂家和批发企业建立稳定关系，而质次价高和伪劣商品难以进入零售市场。批发市场形成的趋近均衡价格又是零售商定价的基础，促使零售市场的价格跟随批发市场的价格变动。[22-23]

2. 法律法规的实践建设目标

（1）规模结构要有层次梯度。批发市场的规模大小要根据市场辐射半径确定，而不应以主办单位的行政级别和交易量为依据，要保证以最小费用及最小损失，以最节约的时间把农产品顺利准时地供给消费者。按照辐射半径的大小，批发市场可划分为三种规模。一是全国性中央批发市场，进场交易者以全国大中城市的大中批发商、厂商为主，购销者的活动半径超出本省、市、区；二是区域性中心批发市场，其凝集和辐射范围主要是本省、市、区及周围省、市、区的大中型商户或经营户；三是市区性批发市场，是以中心城市为经济区的批发市场。

（2）批发市场的地理布局应该“大集中，小分散”。批发市场的地理空间要服从进场客户的要求，并以商品流向和交通便利为主要依据。全国性和区域性批发市场不能分散在各个城市，而应集中在几

个中心城市，形成各类优势产品的高中层批发市场群。市区性批发市场是主要为零售服务的鲜活农产品、副食品等日用消费品集散地，在一个城市内适当分散，布局在城市的不同方位，以避免短途运输拥挤，方便分散的零售客户进场。总之，要把批发市场与城市总体规划融为一体，将其作为发挥城市经济中心作用的重要组成部分。

（3）对每一个农产品批发市场存在的必要性必须进行仔细分析。一般来说，应该具备这样几个要素，即周围农村地区商品生产比较发达，能够提供充足的货源；靠近消费集中的城市或集镇，且交通方便，大批量农副产品能够就地集散或转口运销；城乡经济比较开放，具有一大批贩运专业户和个体商贩组成的批发商与零售商队伍；有宽敞的交易场地，并附设必要的服务设施；有高效率的工商管理机构和杰出的市场创办者与管理者队伍。批发市场的设备组合要适应服务对象的状况，不要一味追求建大楼配微机，搞巨额投资，脱离实际。各种批发市场的服务对象主要有零售商、批发（厂）商、消费户、经纪人等。在市区性批发市场中，主要是零售商和批发（厂）商之间的现货交易，一般应有货场、质量检测、备用库、短途运输等设施。在区域性和全国性批发市场中，除一部分无法标准化的小商品种类外，大部分应是近、远期合同交易，因其商品品种单一，质量标准易统一，只需设有一定样品的展室及交易、结算、信息等办公性设施，不需大面积的商品陈列场地和房屋设施。

（4）批发市场的专业结构要适应生产和消费需要，并正确处理专业结构合理性问题。在专业性和层次性关系方面，高层次、市场交易半径大的批发市场，其专业性应更强些，交易品种不宜太繁杂；市区性批发市场的专业性程度不宜过高，可包括一个或几个大类商品。在批发市场的数量方面，要符合商品流通需要，讲究经济效益和社会效益，并要有明确的目标模式和过渡措施。[24-25]

3. 法律法规要明确批发市场公益性的经济性质，从而确定政府的管理体制

（1）批发市场公益性的法律保证。农产品批发市场以服务为唯一宗旨，是社会公益事业，属于行政事业单位编制。全国性和区域性批发市场的建设投资应以政府为主体并组织有关部门筹资主办，其性质如同大城市的地铁工程一样。政府必须用法律的形式确定其公益性的属性及其作用和职能，在这方面可以借鉴日本的经验。在日本，政府是开办农产品批发市场的主体。一是农产品批发市场的开设要经过农林水产大臣或都、道、府、县的批准。中央批发市场须经农林水产大臣批准开设，开设者为地方政府部门、公共团体；地方批发市场开设要经都、道、府、县批准，开设者为地方公共团体、株式会社、农协、渔协等。[26]二是制定农产品批发市场管理的专门法规。为有效组织蔬菜、瓜果、肉食、水产等生鲜食品的流通，日本政府在1971年修订了1923年颁布的《中央批发市场法》，并更名为《批发市场法》，以后每隔5年修订一次，各地方以《批发市场法》为准绳，修订地方批发市场的规定和执行细则。该法严格规定了交易原则，使交易活动具有公共性、公开性、公正性。为进一步提高批发市场的水平，日本在20世纪90年代自下而上实施整备计划，对其硬件和软件建设以及改善流通状况发挥了很大作用。[27]

我国批发市场的正常运行需要法规的指导，更需要在法律上明确其公益性。从批发市场的作用和功能看，组建批发市场是政府对商品流通领域进行宏观间接调控的有效手段，抓批发市场就是抓商品流通的“纲”，能达到“纲举目张”效果，政府通过运用经济、法律、行政手段调节市场，市场引导企业，企业调整资源配置、优化产品产业结构，可实现国民经济运转的良性循环。因此，批发市场应该是政府组织建设、企业化管理的事业性经济组织。[28-29]

（2）以政府投资保证大型批发市场的公益性。

第一，政府投资建设的原则。政府必须无偿投入资金，才能确保批发市场的公益性，但是由于投资数额巨大，即使在发达国家，全部资金由政府解决也是不可能的。在日本，政府资金投入是无偿的，但是投入的比例有所区别。对于新建市场，国家在房屋、仓库、场地、道路等主体设施建设费上出资2/5，在冷暖房、电气、通信等关联设施上出资1/3，在加工设施、管理事业等附属设施上出资1/4。在批发市场整备改建时，日本政府在资金上也都给予补助，在上述项目中分别出资1/3、1/4和1/5，其余的通过银行贷款、发行债券和民间团体集资等途

径解决。总体看，日本政府的投资占批发市场建设总投资的40%左右，起着启动资金和吸引其他资金的作用，这些批发市场不以盈利为目的，对进场客户实行低收费，这些费用用于设施维护、人员开支，以保证市场正常运转。[30]

对于我国的批发市场，特别是中央级批发市场的建设，政府必须提供足够的资金进行硬件建设。建议我国政府在批发市场建设上，参照日本集资办法拓宽渠道，对政府资金的无偿投入统筹安排，在土地征用、税收、贷款等方面给予一定的优惠。全国或区域性中心批发市场及中型批发市场应纳入政府建设规划，将其作为公共事业的一个组成部分，由政府统一安排。

政府应把投资重点放在全国性和区域性批发市场，因为它们是搞活农产品流通的核心。在批发市场管理方面，可以收取合理的费用，使政府投资在一定时期内能够收回。另外，批发市场建设中集资入股也是可行方式。

第二，中小型批发市场可由集体、个人集资或企业出资兴办。小型批发市场只需向有关主管部门申报注册就应允许开办，其兴建不应有排他性，要允许竞争和淘汰，但也应符合城市总体规划的布局，所需投资一般应是有偿使用。

第三，对解决我国农产品批发市场建设资金问题的建议。可以成立一个由政府管理人员、流通专家学者、批发商、生产者等组成的“全国批发市场建设咨询委员会”，对全国各类农产品批发市场总体布局、规模档次、资金需求进行调研、论证，提出权威性意见，以保证决策的科学化、民主化。对于建设全国性和区域性批发市场，应先经该委员会可行性论证后，方能提交有关部门决策。中央和地方财政可以设立“市场建设专项基金”，以此作为引导性投资。具体措施如下所示。

可从财政支农资金中划出一部分为“市场建设周转金”，实行有偿无息发放，定期收回，周转使用；国家农业政策性银行优先为这种社会效益大的批发市场项目提供政策性贷款，并给予利息优惠或贴息；在政府资金投入不可能大幅度增加的情况下，可考虑在市场建设征地、税收等方面给予优惠；为了节约投资，在新建、改建、扩建中，应坚持以改建、扩建为主，新建为辅的原则；对现有批发市场的社会效益、经济效益进行全面评估，择其重点给予优先支持；对与全局关系不大的批发市场，继续贯彻“谁投资，谁受益”的原则，鼓励多方投资进行建设。

另外，在国家未出台《批发市场法》前，应先制定《批发市场建设投资暂行管理条例》以解决目前投资的混乱局面。

(3) 法规应明确规定“五分开”，即主办者、经营者、投资者、服务者、管理者“五分开”。

主办者。是批发市场的主体，组织商户进行买卖撮合，其活动应体现“事业性”的特点，收取撮合交易的服务费，自收自支自养，享受免税待遇。

经营者。进场交易的商户，享受税费等优惠待遇。

投资者。是批发市场资产经营的实体，应获得合理的投资报酬，通过出租、出售批发市场场地取得经济效益，并按章纳税。

服务者。是设在批发市场提供配套服务的各种机构，服务项目包括食宿、短途运输、仓储设施、法律和会计咨询、信息通信设备等，应按照商品交换、独立核算原则自成实体，收取费用，照章纳税。

管理者。包括相关政府机构，如税务、物价、卫生、质检、公安、工商行政管理等派驻市场的管理机构和人员，其基本任务是创造公开、公正、公平的市场竞争环境，制定市场规则，处罚市场违规者，建立正常的批发市场秩序。[31-32]

(4) 法规内容。第一，农产品批发市场性质和组建程序。全国性和区域性批发市场的建设投资应以政府为主体并组织有关部门筹资主办，中、小型批发市场可以由集体、个人出资兴办。全国性和区域性批发市场及中型批发市场应纳入政府建设规划，作为公共事业的一个组成部分，由政府统一安排。小型批发市场只需向有关主管部门申报注册，允许竞争和淘汰，但也要符合城市总体规划的布局，所需投资一般应是有偿使用。

第二，交易方式。公平、公开和效率是批发市场坚持的基本原则。要在集中设置的显示装置上公布货源的品种、规模、等级和价格，在规定时间内公开叫价拍卖或集体协商议价出售。成交后的现货商品不得在场内二次交易（期货和远期合同除外）。禁止市场外交易，一经发现，取消会员资格或进行经济、行政甚至法律处罚。全国性和区域性批发市场应实行会员制，进场商户必须携带批发市场会员证。对进场交易者进行必要的资格审查，交易活动必须缴纳履约保证金。其他的批发市场应由目前的“大集贸市场”状态，逐步规范到会员制的阶段。待农产品流通状况正常以及相应的管理措施建立健全后，应对农产品批发市场的交易实行规范化，借鉴日本的经验，规范化的具体内容主要包括：①拍卖、招标。原则上，所有批发业务都必须采取拍卖、招标的成交方式。但对个别量少的也允许买卖双方相对议价成交。②委托集中上市。批发业者对上市的产品多采取委托销售的方式。同时，也允许生产者直接卖给批发市场。③不准场外交易。批发业者不得在场外从事同类批发业务，或在场内从事指定业务以外的买卖活动。④一视同仁。批发业者对生产者、场内的中间批发商、买卖参加者都应一视同仁、公正对待。⑤批发对象的限制。批发业者只可对市场中间批发商、买卖参加者批发，不准对其他对象进行批发，但遇入库增多发生积压或批发后出现剩货时，为调整区域内或其他市场的进货量，根据规定可以对该市场的批发业者进行批发。⑥按规定收费。批发业者接受生产者委托销售，只能依法收取一定比率的手续费，禁止收取其他费用。⑦权利和义务。进场者有监督市场管理者行为和获得市场信息服务的权利，有遵守国家法规和市场规则、按期缴纳有关税费的义务。⑧管理系统和管理者行为准则。在批发市场内，辖地政府的税收、工商、卫生、质检、公安、检疫、邮电、运输、物价、仲裁、金融等部门应派出执法监督管理人员，共同组成市场管理所（站），行使政府管理职能。市场内从事交易活动的管理机构应实行委员会制，以协调部门、地区间的关系，委员会由政府负责人及交通运输、工商、税务等部门的负责人组成，并由批发市场主任（总裁）负责日常工作。市场内部管理机构根据实际需要灵活组成，但对其行为准则应有明确规定，以行政或法律手段严肃处理违法者。⑨处罚和仲裁。对合同纠纷应有明确的仲裁程序，对违反市场规则和法令的交易行为应给予经济制裁，甚至使其承担法律责任。⑩市场配套服务和收费的规定。市场的配套服务包括通信、短途运输、包装、储藏、加工、垃圾处理等以及配套的食宿、银行、医药、商店等服务应实行企业化管理，并接受批发市场协调委员会的指导和辖地执法监督部门的管理，服务的收费项目主要是管理费和出租费，费率可自定。对于公益性农产品批发市场的冷链物流业，在收费上实行保成本的低收费，不以盈利为目的。

参考文献：

［1］、［8］、［13］徐柏园．建立健全农副产品批发市场的研究报告［C］//中共中央政策研究室，国务院研究室．治国安邦的一条基本经验［M］．北京：当代中国出版社，1995：125.

［2］、［14］徐柏园．关于建立健全农副产品批发市场制度的实证研究和政策分析［Z］．成果要报（全国社会科学规划办公室）第24期，1996－08－20.

［3］、［15］徐柏园．建立和健全农副产品批发市场的研究报告［J］．学习·研究·参考，1992（9）：22.

［4］、［9］、［16］夏珺．批发市场：农副产品流通的中心环节——访农业部农村经济研究中心副研究员徐柏园［N］．人民日报，1992－07－19（2）．

［5］、［17］刘江．加速农产品批发市场建设［N］．农民日报，1995－07－03（1）（此文是原农业部部长刘江同志为徐柏园等著《农产品批发市场研究》一书所写的序言）．

［6］、［11］、［19］、［22］、［24］、［28］、［31］徐柏园，李蓉．农产品批发市场研究［M］．北京：中国农业出版社，2000：123－132，44－51.

［7］、［12］、［20］、［23］、［25］、［29］、［32］徐柏园，刘富善．面对WTO海峡两岸农产品批发市场的二次创业——农产品批发市场企业新阶段的发展策略和措施［M］．北京：中国物价出版社，2003：4－8，8－11，11－22.

［10］、［18］如雪．如何培育农产品批发市场综合功能——与农业部农村经济研究中心徐柏园先生对话［N］．国际商报，2007－02－01（11）．

［21］周正平，王存福．批发市场已成为抬高蔬菜价格的推手［N］．北京晚报，2011－01－30（8）．

［26］、［27］、［30］徐柏园．对日本农产品批发市场的考察［C］//中共中央政策研究室，国务院研究室．治国安邦的一条基本经验［M］．北京：当代中国出版社，1995：303.

原载于《中国流通经济》2011年第5期

关于城市中心区批发市场布局调整的思考

——以北京城市中心区小商品批发市场调控为例

张　远*

（北京大学政府管理学院，北京市 100871）

摘　要： 以批发市场为代表的城市中心区商业业态是城市功能的重要载体，我国批发市场的种类和发展形态较多，在空间布局和发展演进上也有一定的规律。当前，北京市中心城区的批发市场处于转型调整的关键时期。针对现有批发市场的布局情况，要以经济手段为主导、以行政调控为辅助、以空间规划为依据，通过完善监管机制、提高运营成本、引导转型升级等综合性政策措施，推动中心城区批发市场转型升级和优化布局。

关键词： 中心城区；批发市场；转型升级

一、引言

城市中心区是城市功能、经济社会活动、人口资源要素高度集中的核心区域，也称为中心城区。作为城市最早形成和发展的区域，城市中心区是极为复杂的社会活动综合体，一般具有人口密度大、建筑密度大、交通流量大、商业设施多等特点，在带动城市快速发展的同时，也容易引致人口拥挤、交通拥堵、环境污染、资源紧张等问题，从而影响城市运行的整体效率。批发市场是城市商业设施的重要组成部分，也是城市商业功能的重要载体，科学合理地规划批发市场，对解决城市运行问题、适应城市发展新阶段需求、促进城市可持续发展等方面具有重要意义。

批发市场是指政府、企业或个人投资兴建的以批发业态为主、零售业态为辅的有形交易场所。[1]按照不同的分类标准批发市场有不同的分类，以商品覆盖范围为标准，批发市场可分为集散地批发市场、产地批发市场、消费地批发市场。[2]集散地市场覆盖区域较大，一般是区域性市场；产地市场则是某种特色产品的集中交易区；消费地市场大多是满足本地消费需求的城市批发市场。按经营商品属性分，批发市场可以分为农副产品市场、工业消费品市场、生产资料交易市场以及其他市场；以经营范围为标准，批发市场可分为综合性市场、专业市场。综合性市场指不同种类产品大规模集中交易的场所，专业市场指同类产品聚集于某一场所进行交易、流通和配送，具有专业性强、成交规模大等特点。[3]

关于城市批发市场的研究已有一些文献探讨，主要有三个方面。一是运用某种理论分析批发市场静态的空间选址及影响因素，主要包括克里斯·泰勒的中心地理论、斯科特的地租理论以及迈克尔·波特的集聚理论等经济地理学理论。谢涤湘等研究了广州市批发市场的空间分布，[4]王文博等研究了徐州市大型专业市场的空间布局。[5]二是从经济学原理角度分析批发市场发展的内在机理。如石忆邵认为批发市场通过分工机制和集群化发展，可产生组合优势和联动效应，提升批发市场总体的交易能力。[6]三是从若干角度来综合解析批发市场发展趋势，如洪涛提出，批发市场的发展存在生命周期，随着其功能的衰退，许多国家的批发市场被展销会

* 张远（1970—），男，河南省上蔡县人，北京大学政府管理学院博士后，主要研究方向为城市管理。

(Show)、超市和仓储超市、商业中心以及无形批发市场所代替。[7]同济大学教授汤宇卿认为，城市流通空间存在分化趋势，包括批零分化和虚实分化。[8]

但目前对批发市场动态的布局调整和业态变迁研究相对较少，特别是缺乏结合城市化进程中城市空间业态的演进规律，对城市空间形态变迁中批发市场布局及业态演变的研究。本文尝试利用经济地理学相关理论，探索城市中心区空间业态的发展演进规律，分析城市商业设施布局的优化调整，结合北京城市中心区小商品批发市场的发展实际，提出商品批发市场布局调整的政策建议。

二、城市批发市场布局形态及影响因素

批发市场是城市商业流通功能的重要载体，其布局受人口、交通、政策、历史文化等因素的影响。人口及其分布是市场布局的基础性因素，人口规模影响市场的规模及数量，人口分布主要影响市场的区位选择。交通条件直接影响商业活动的供需两端，关系到商品服务的有效输送、供给，也关系到消费能力、消费群体的聚集和疏散。商业政策特别是土地、财税、贸易等倾斜性政策，通过改变企业的成本利润预期影响市场布局的区位选择。此外，行政区划、历史、文化等因素都对市场布局产生重要影响。

在各类因素的综合影响下，批发市场布局往往呈现出一定的规律和模式。从批发市场的个体分布来看，批发市场的分布模式主要有以下几种。一是城市中心区的传统批发市场，主要指老城区传统商业街区的批发市场，主要受城市地理区位、商业历史因素影响。二是交通枢纽周边的批发市场。包括火车站周边、地铁站点周边、机场以及港口周边的批发市场，主要受交通和人口流动因素影响。三是城市交通主干线沿线的批发市场。一般是服务城市内消费需求的消费地市场，布局于城市内交通主干线周边。四是城市外围交通干线沿线的批发市场。一般是服务大区域范围的集散地批发市场或产地批发市场。

从批发市场的总体布局来看，城市批发市场的布局类型主要有以下几类。一是市中心聚集模式。城市内的批发市场大规模聚集于城市中心区，这种模式一般出现在大城市的旧城区或中小城市，也多见于城市化初期阶段。二是多中心集中模式。城市内的批发市场集中分布在两个或多个区域，这种模式多见于城市化中后期，伴随着城市次生中心或新城的发展而出现。三是离散分布模式。批发市场呈离散状态分布于城市内部空间，这种模式通常具有过渡性质，在市场竞争和政府引导下演变成其他分布模式。四是周边集中模式。批发市场集中布局在城市边缘地区，主要满足周边区域或大区域需求，多见于生产资料、农产品等专业市场。

三、批发市场布局的动态演进规律

批发市场的布局既与静态的城市空间结构相关，也与动态的城市功能更替相关。一方面，市场作为城市化进程的重要动力因素，市场的空间集聚与扩散、分异与组合，形成了市场有机群落，推动了城市化进程。[9]另一方面，随着城市的郊区化发展，市场体系和布局也随之升级演进。同济大学教授汤宇卿在《城市流通空间的发展趋势与规划布局研究》中提出，生产企业逐步向城市外围迁移，必然带动服务于生产方的批发空间的迁移。伴随着人口郊区化的发展所带动的零售空间的外迁，批发市场也随之向郊区迁移。[10]在中心城区批发市场外迁过程中，也出现了市场功能的分化，表现为销售展示、商务交易与物流、仓储、批发等商业活动的空间分离。

从城市化的历史进程来看，在城市化初期（城市化率在30%以下），市场布局以向心集聚为特征，表现为生产要素和市场活动向城市集中，城市中心区作为商业中心，往往集中了商业零售、贸易批发、仓储运输等多种市场功能，并在集聚效应作用下，吸引经济要素持续扩张。在城市化中期（城市化率为30%～70%），土地紧张、人口拥挤、交通拥堵等功能过度集中的弊端出现，城市中心区除传统的商业中心之外，开始分化出商务办公、金融交易等商务功能，扩散效应引导部分市场向城市周边次生中心转移。在城市化后期（城市化率在70%以上），出现了住宅郊区化、休闲郊区化、购物郊区化、旅游郊区化、娱乐郊区化等趋势，带动城市郊区或卫星城商业发展。与之相应，市场布局以离心分散为特征，市场功能中除必要的零售服务、办公环节之

外，批发、仓储、物流等环节向城市外围或次生中心转移。

四、北京市中心城区批发市场基本情况及发展趋势

1. 北京市中心城区批发市场基本情况

北京是我国北方地区小商品分销、服装贸易和物流行业的集散地，据北京市工商局统计，北京市城六区共有日用百货（小商品）市场、服装鞋帽市场100个，摊位共计6.33万个，其中服装鞋帽市场67个，摊位共4.87万个，日用百货（小商品）市场33个，摊位共1.46万个。商品交易市场特别是以雅宝路、动物园、大红门为代表的服装批发市场在全国有较高的知名度。北京市商品批发市场主要具有以下特点。

一是集中分布在四环内。城六区日用百货（小商品）市场和服装鞋帽市场在四环之内的有65家，占65%，摊位数共5.36万个，占84.7%。二是商品需求主要面向外地。东城区10个小商品市场共有商户8461户，经营人员2.3万人，其中外埠人员占比接近90%。产品批发大部分流向河北、内蒙古、黑龙江、吉林等地，主要服务于外地需求。三是市场就业密度高。动物园周边地区6个服装批发市场营业面积近20万平方米，摊位超过7000个，从业人员超过2万名。四是市场次生问题严重。各批发市场内摊位普遍过于密集，80%的摊位面积都在10平方米以下，消防安全存在重大隐患。市场周边聚集了一批物流公司及“推包”人员，一家400个摊位规模的市场就需要20多家物流公司相配套，日益增长的物流需求对周边交通、环境和城市管理造成很大压力。

2. 北京市中心城区批发市场的发展趋势

从发达国家商品交易市场的发展看，一般都经历了从零售到批零兼营再到批零分化的过程，市场分布也从市中心逐渐向外迁移。从商业业态的创新看，电子商务、连锁经营、专营商店等新兴市场模式崛起，特别是互联网技术在商业领域的应用，极大冲击了传统的商业模式，促进了市场活动的细化分工，也加速了批发市场的功能分化和布局调整。无论是布局外迁还是业态分化，批发市场的升级调整始终与城市功能、空间的动态演进密切相关，与城市化过程中的阶段性需求和特点密切相关。

从城市发展阶段看，2012年北京市城市化率达到86.2%，已进入城市化后期，中心城区商业业态处于转型升级和调整阶段。一方面，随着中心城区产业升级和人口调控，市场需求随之升级，批发市场服务于本地消费需求的比重较低（前面已分析），总体上看批发市场已不再适合中心城区功能需要。同时，由于批发市场所引致的交通、环境等城市管理问题却更加凸显。另一方面，中心城区经济成本提高也在倒逼批发市场的调整，以金融商务为代表的高利润行业的发展需求，推动了中心城区经营成本上升，以连锁商店、超级市场、电子商务为代表的新兴商业模式侵蚀着批发业的市场空间，中心城区批发市场发展面临更大压力，升级和调整势在必行。

近年来，北京市郊区县批发市场的发展速度持续高于中心城区，批发市场表现出郊区化发展的趋势。张素丽等学者在《北京市商品交易市场的分布特征与发展趋势》中提出，北京商品交易市场发展呈现从城区向近郊区、远郊区增速加大的扩展态势，交易市场的增长已从城区的零售型集贸市场，发展到近郊区、远郊区的大型批发、批零兼营型市场。这一过程中，城区内市场成交额呈下降、萎缩态势，而郊区市场呈增长、扩充态势。[11]实际上，雅宝路服装市场已完成升级和调整，销售、交易与物流、仓储等环节实现了空间上的有效整合，市场功能转型与城市发展需求更加契合。

五、北京市中心城区批发市场布局调整的政策建议

在中心城区批发市场的布局调整上，应坚持以经济手段为主导、以行政调控为辅助、以空间规划为依据，严控新增，消化存量，通过政策设计改变微观主体的经济预期，以完善监管机制、提高运营成本、引导转型升级等措施统筹推进，逐步实现城市批发市场布局的优化调整。

1. 坚持人口、功能、产业共同疏解的总体思路

在城市功能疏解过程中，如果仅仅疏解功能或产业而不疏解人口，往往导致人户分离、职住分开，

通勤交通压力剧增，甚至导致回流问题。因此，中心城区批发市场调整必须坚持人口、功能、产业统筹疏解的思路。一是整体谋划疏解方案。在疏解方案设计中，不仅要考虑商业功能和设施的搬迁，更要综合考虑就业人员的外迁，考虑外迁人员的需求。二是建设综合性承接地区。承接中心城区市场疏解的新城，不仅承接商业市场功能，更要配套建设好基础设施、公共服务，促进居住与就业均衡发展。三是用好市场机制。采用差别化的价格手段，提高中心城区批发商业运营成本，突出新城地区的成本优势，引导市场主体自发调整。四是加强政策统筹。要从优化城市布局的角度加强政策及执行的统筹，将中心城区批发市场调整与产业升级、旧城保护、新城建设、公共服务均衡布局等方面相结合，集成系统性的政策和整体性的计划方案，形成城市资源合理布局、要素有序流动的内在机制。

2. 加强市场管理，科学规划城市商业布局

中心城区小商品市场的疏解退出，既要加快存量调整，更要严禁新增新建；既要加强存量管理，也要规划建设承接性、替代性市场。一是明确小商品批发市场的管理部门，落实部门职责、管理权限，建立相关管理部门的协调机制，集中政策资源、整合部门力量，大幅提升市场管理和规范化运营水平。二是出台禁止四环以内新建、扩建小商品批发市场的规定，遏制小商品批发市场的无序扩张。三是严格落实城市空间和产业规划，对于小商品批发市场所在区域的新增楼宇，严格按照产业定位进行企业登记，加大违规行为的查处力度。四是科学规划城市商业设施，在郊区新城、城市周边规划商业市场，承接中心城区小商品批发市场的转移疏解。

3. 加快存量改造升级，促进业态优化调整

随着城市中心区的发展，市场经营者自身面对成本上升的压力，也有转型升级的发展需求。应鼓励市场经营者通过提升经营档次、剥离部分业务、创新经营方式等实现调整升级。一是引导市场退批（发）进零（售）。借鉴韩国首尔东大门市场经验，白天进行零售、晚上进行批发，推动批发业向零售业尤其是中高端零售业逐步转型。二是引导市场退低（端）进高（端）。加大假冒产品查处力度，提高消防安全合格标准，推动市场品牌化、规范化经营。三是支持市场电子商务平台发展。通过电子化提升交易效率，增加网上交易份额，减少市场库存和周边的物流需求。四是鼓励国内外知名商贸企业收购小商品批发市场。通过收购重组改变原有经营模式，提升经营管理层次。五是引导企业剥离业务、异地经营。将商务办公、高端零售、商业贸易等业务与批发、仓储等环节分离，中心城区只保留部分高端功能，引导企业剥离部分商业功能疏解至郊区或城市周边。

4. 加强城市管理，提升区域发展品质

着眼于提升中心城区城市管理，优化中心城区发展环境，缓解中心城区城市运行压力，要加强市场周边的环境整治。一是严查非法物流、占道停车、街边摆摊，促进市场将仓储、物流进行剥离，市场只保留前端的展示、交易功能。二是要求市场配建相应的停车位、餐饮设施，减少低端次生商业的市场空间，提升区域发展品质。三是加强公共绿地、信息化设施、文化体育设施等公共设施建设，提升区域基础设施水平和环境品质。四是通过优惠政策吸引中高端产业落户腾退或置换的楼宇，借鉴中关村西区转型升级经验，通过倾斜性政策引进高端业态，倒逼低端业态向外围地区转移。

5. 制定综合配套政策，确保城市生产生活秩序

中心城区批发市场退出是城市功能在空间上的重大调整，必然对人们的生活产生影响，要在调整过程中做好配套政策安排，确保城市生产生活秩序。一是做好中心城区零售商业设施的规划建设。合理布局便利店、超市等生活商业设施，替代批发市场对居民需求的供给。二是促进社区生活服务业发展。加快建设“一刻钟”生活圈、消费圈，引进运营商在社区发展连锁化、品牌化的商业网点，提高中心城区居民生活便利性。三是加强对新建承接性市场的政策支持，新建商业市场培养商业氛围需要一个过程，要在财税政策上出台支持措施，同时加大对交通等基础设施、公共服务的配套建设，确保外迁企业和人员能够经营好、留得下。

六、结语

在城市化发展过程中，城市空间内发展的产业及其布局呈现出动态的演变规律，批发市场也是如此，特别是当前商业流通领域的创新和变革层出不

穷，这些变革必然影响城市批发市场的发展及空间布局。因此，无论是从城市发展规律看，还是从产业发展要求看，北京城市中心区批发市场已到了调整优化的阶段，可以说批发市场的调整是城市发展和产业变革的需要和产物。但这种演变是在市场机制作用下发生的，其调整必须尊重城市发展的内在机理，依靠市场机制的引导，综合利用经济、法律和行政手段，实现城市发展的有机变迁。

参考文献：

［1］胡峰．广州市批发市场发展特点及空间布局研究［D］．广州：华南理工大学，2012：1－2.

［2］方小山，肖大威．专业批发市场发展动态研究及规划探析［J］．城市规划，2002（10）：61－63.

［3］、［5］王文博，马晓冬．徐州市区大型专业市场的空间布局研究［J］．淮海工学院学报（社会科学版），2011（12）：133－135.

［4］谢涤湘，魏清泉．广州大都市批发市场空间分布研究［J］．热带地理，2008（1）：47－51.

［6］石忆邵．中国市场群落发展机制［J］．地理学报，2002（3）：354－362.

［7］洪涛．我国小商品批发市场面临的挑战和发展趋势［J］．中国流通经济，2000（1）：25－28.

［8］汤宇卿．流通空间的分化及其对城市发展的影响［J］．城市规划汇刊，2000（6）：40－43，79.

［9］石忆邵．市场群落理论及其在中国的实践［J］．城市规划汇刊，2001（1）：18－22，79.

［10］汤宇卿．城市流通空间的发展趋势与规划布局研究［M］．上海：同济大学出版社，2007：90－91.

［11］张素丽，余幼宇，官莹，等．北京市商品交易市场的分布特征与发展趋势［J］．经济地理，2001（6）：690－695.

原载于《中国流通经济》2013年第9期

全渠道零售：演化、过程与实施*

齐永智[1、2]　张梦霞[3**]

（1. 山西财经大学工商管理学院，山西 太原 030031；
2. 首都经济贸易大学工商管理学院，北京市 100070；
3. 对外经济贸易大学国际经济贸易学院，北京市 100029）

摘　要：近年来，传统零售企业业绩持续下滑，迫使其重新思考并创新现有零售渠道模式，全渠道零售受到理论界及企业界越来越多的关注，但很少有学者对全渠道零售行为过程进行全面而深入的剖析。梳理零售渠道演化过程可以发现，全渠道零售是零售渠道从单渠道、多渠道向跨渠道发展演化的高级阶段，零售企业的零售过程可分布于不同的零售渠道类型中，且多个渠道的零售过程可以任意相互整合，最后构成消费者完整的全渠道零售购买过程。在全渠道零售中，消费者在购买过程的每个阶段都面临着多种类型的渠道选择，其排列组合非常复杂，以消费者为中心的全渠道零售的实施可以更好地契合新的消费行为，为消费者带来更高的体验价值。为更好地实施全渠道零售，全渠道零售企业可基于全渠道零售过程的各个阶段，从全渠道信息传递、全渠道订单管理、全渠道支付、全渠道物流配送、全渠道服务以及全渠道数字客户关系管理等方面入手加以改进和完善。

关键词：全渠道零售；演化；零售过程；数字客户关系管理

一、引言

近年来，传统零售企业业绩持续下滑，迫使其重新思考并创新现有零售渠道模式。国家统计局数据显示，近五年来我国社会消费品零售总额同比增长率持续下滑。零售渠道模式与消费者购买行为的对接是零售企业取得成功的关键，零售渠道模式应始终随着消费者的变化而变化，消费者需求与购买行为的变化是零售企业创新的原点，而消费者的变化则更多源于技术的变化。技术对零售变革的影响表现为技术变化导致消费者变化，消费者变化导致零售变革，零售变革最终又导致生产变革。随着信息技术的快速发展，特别是移动互联网的快速发展，消费者的生活方式、信息沟通方式以及购买行为方式发生了巨大变化，这些变化导致传统的零售渠道模式越来越无法匹配新的消费需求。中国互联网信息中心（CNNIC）第34次《中国互联网发展状况统计报告》显示，截至2014年6月，我国网民规模达6.32亿，其中手机网民占5.27亿，且手机网民规模

* 本文系教育部人文社会科学研究青年基金项目“技术联盟组织间知识转移测度研究”（项目编号：11YJC630279）、首都经济贸易大学2014年研究生科技创新资助项目“基于消费者购买行为的零售渠道模式研究”的部分研究成果。

** 齐永智（1980—），男，山西省太原市人，山西财经大学工商管理学院教师，首都经济贸易大学工商管理学院博士生，主要研究方向为营销渠道管理与营销服务管理；张梦霞（1962—），女，北京市人，对外经济贸易大学国际经济贸易学院教授，博士生导师，主要研究方向为消费者行为学与服务营销。

首次超过PC网民规模。[1]有学者认为，零售企业开始进入线下到移动端或线上到移动端（Offline to Mobile / Online to Mobile，O2M）时代。信息技术的快速发展导致消费者从定期购物转变为全天候购物，从定点购物转变为全空间（任何地点）购物，从被动参与购物转变为主动参与购物，从大众化购物转变为个性化购物，从被动接受商家单维度信息转变为主动搜寻商家多维立体信息。消费者开始不再忠诚于单一渠道，而是交替出现在地面实体店、PC网店、社交商店、移动商店等渠道中，并希望渠道之间无缝衔接，也希望能够在不同渠道获得一致的购物体验。在此背景下，传统零售企业必须重新整合并协同多条渠道，以对接新的消费需求。

刘向东提到，我国零售企业已经达成了这样的共识：由技术和顾客需求推动的移动互联网时代已到来，零售企业必须借助互联网平台开展全渠道零售。[2]大型零售企业已经开始进行渠道转型。2013年，苏宁云商成立，提出了“店商+电商+零售服务商”的云商模式。2014年，苏宁将战略路线明确为以互联网零售为主体，打造全渠道经营的“一体两翼互联网零售路线图”，为消费者提供统一融合的线上线下多渠道整合体验。2014年，国美提出要打造“线下实体店+线上电商+移动终端+社会化渠道”运营模式的全渠道零售企业。面对消费者行为的变化，所有零售企业都需要重新认识并创新传统零售渠道模式。基于这一背景，有必要重新梳理零售渠道演化路径，完整认识全渠道零售购买与销售过程，深入剖析全渠道购物过程各阶段特点以及不同阶段的实施策略。

二、零售渠道演化路径

零售渠道是产品或服务从上游生产者转移到最终消费终端所经过的路径。导致零售渠道变化的根源在于消费者的变化，零售渠道是为消费者服务的，消费者有什么样的购物过程，就必然要求企业有什么样的零售渠道。在小农经济社会，农民常常在集贸市场通过单一渠道销售自己剩余的农产品。随着社会的进步以及企业生产的扩大，单一的渠道销售已经无法满足消费者多渠道购买的需求了，多渠道零售开始出现。企业多渠道销售出现后，消费者开始不再满足于通过同一渠道完成全部购买过程，而是希望企业能够整合渠道功能，比如可以通过一个渠道了解信息，再到另一个渠道实现购买等，此时跨渠道开始出现。

随着互联网技术的快速发展，带来了PC电商和移动电商的发展以及社交网络的兴起，消费者的购物需求开始转变为全天候购物、全渠道购物和个性化购物，[3]此时传统零售渠道模式已经无法对接新的消费需求。消费者购物时间碎片化，空间碎片化，购物需求碎片化，与商家的“触点”已经不再仅仅局限于传统上受时空约束的媒介，希望通过尽可能多的渠道获得交易信息并完成购物过程。基于此，零售企业必须与全渠道消费需求对接，成为全渠道零售企业。戈弗雷等（Godfrey et al.）指出，多条零售服务渠道的融合与新媒体的大量出现能够为企业在与顾客沟通互动、顾客行为洞察、零售服务创新、零售服务传递等方面提供更加丰富和多元化的选择空间。[4]新的消费需求必然要求新的渠道模式与之对接，全渠道零售正是在这样的背景下提出的。全渠道零售引起更多关注是在里格比（Rigby）提出全渠道零售（Omni Channel Retailing）之后，他认为数字化零售正在快速重构传统零售，零售企业可通过尽可能多的渠道与消费者互动，包括社交商店、移动商店、地面实体店、呼叫中心、传统网店、社交媒体等。[5]

施蕾的实证研究表明，随着消费行为的变化，消费者不再仅仅局限于单一渠道而是根据自身消费的需要交替使用多种渠道，我国零售行业正在由单渠道、多渠道向全渠道转变，零售企业应加强渠道的整合、运用与管理，形成新型的零售渠道组合模式。[6]综合本文分析以及众多学者的研究，一般认为零售渠道的演化发展经历了四个过程，即单渠道、多渠道、跨渠道与全渠道，如图1所示。如果仅仅选择一条渠道（零售店、网店、社交商店等）完成所有的零售行为过程，则为单渠道零售；如果选择两条或两条以上的渠道并且每条渠道各自独立完成零售行为过程的所有（而非部分）功能，则为多渠道零售。以上两种渠道是渠道发展的初级阶段。如果选择多条渠道并且每条渠道各自只完成零售行为过程的部分（而非全部）功能，则为跨渠道零售。[7]也就是说，跨渠道是指企业采取多条不完整零售渠道进行销售的行为，每条渠道仅完成零售的部分功能，跨渠道是各渠道功能的整合。比如，通过网店向消费者展示商品，通过网店客服详细介绍商品，之后通过实体店完成交易，再通过呼叫中心进行售后服务，就是一种跨渠道销售方式。

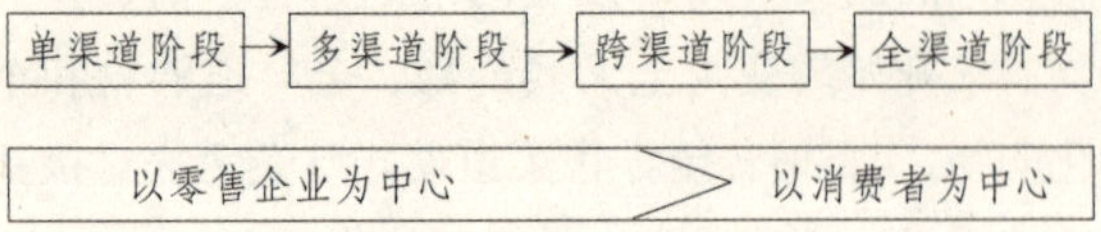

图 1　零售渠道演化路径

以上三种模式均为以零售企业为中心的渠道布局模式。如果企业为实现消费者全天候多空间个性化购物、社交、娱乐等综合体验需求，通过渠道间（有形店铺与无形店铺）的高度整合（跨渠道）协同，使消费者能够在渠道间随心所欲无缝穿梭，则为全渠道零售。全渠道是一种以消费者为中心的渠道模式。在多渠道零售和跨渠道零售中，零售企业以自身为出发点，对同一消费者在不同渠道中的身份无法统一与精确识别，消费者信息在不同的渠道中是碎片化割裂的，同一消费者在不同的渠道中有可能被视为多个消费者。在全渠道零售中，同一消费者在任何一个渠道中，比如实体店、PC 网店、移动商店、社交商店等，都具有统一的购物身份（ID）、统一的购物清单、统一的购物账户，能够享受到统一的服务体验，让消费者不会感受到渠道壁垒的存在。

三、全渠道零售过程

1. 全渠道零售购买过程

一般来讲，传统的消费者购物过程可以划分为以下七个环节：①产生购买需求；②收集寻找相关产品信息；③对信息进行比较之后选择产品和零售商；④决定购买后下单；⑤支付；⑥收货；⑦使用中得到服务支持。在全渠道购物过程中，还应包括另外一个过程⑧，即深度互动与个性化信息接受。也就是说，消费者在购物的每一个环节以及购物的每一类渠道中都能得到零售企业有针对性的信息推送，并与之深度互动。

2. 全渠道零售销售过程

与购物过程相对应，传统的零售行为过程可以划分为七个环节：①通过各种营销手段将具有购买需求的顾客吸引到零售商的渠道中，即客流导入；②向顾客展示商品；③说服、建议与刺激顾客购买；④ 顾客决定购买后的订单处理；⑤收款；⑥送货；⑦提供使用支持服务。[8]在全渠道零售中，还应当再增加一个销售过程⑧，即全渠道数字客户关系管理。为了给顾客提供更好的购物体验，顾客在每一个购物环节形成的数据都将上传到后台，形成顾客 360°的数字化肖像资源，零售企业借助后台的数字客户管理系统，为顾客的每个购物环节提供具有针对性的信息并与之深度互动。

3. 传统客户关系管理与全渠道数字客户关系管理

全渠道零售的最后一个环节是全渠道数字客户关系管理。数字客户关系管理完全不同于传统的喇叭式单向客户关系管理，是深度互动的客户关系管理。传统的客户关系管理比较粗放，仅限于简单的问候、促销信息的推荐以及基于年龄、性别、地域等的模糊消费数据的收集，与消费者建立的是弱黏性客户关系，互动性与针对性都比较差。在全渠道零售中，可以充分整合不同渠道的消费者数据，对消费者进行数字化管理并绘制出客户 360°的数字肖像，不同渠道共享客户的数字化肖像资源，借助沉淀于移动端的会员管理系统，可以实现与客户的充分互动，实现一对一精准营销，与消费者建立起强黏性关系。全渠道零售中的数字客户关系管理可以使传统客户关系管理中与客户之间的弱黏性关系真正转变为强黏性关系。传统客户关系管理与全渠道数字客户关系管理之间的对比如表 1 所示。

表 1　传统客户关系管理与全渠道数字客户关系管理之间的对比

	传统客户关系管理	全渠道数字客户关系管理
沟通方式	单向喇叭式沟通	双向个性化互动
客户信息	年龄、性别、地域等模糊客户信息	基于多渠道整合的 360°的客户数字肖像信息
沟通内容	简单问候、促销信息推荐等	基于会员数字肖像信息的个性化信息沟通
渠道间协同度	渠道间协同差导致会员信息割裂	渠道间高度协同，使同一会员在各渠道的信息相互统一
关系形成	弱黏性关系	强黏性关系

续表

	传统客户关系管理	全渠道数字客户关系管理
价值形成	会员流失多导致弱会员终身价值	较强的会员终身价值

资料来源：作者整理而得。

4. 全渠道零售行为过程流程图

综合全渠道零售购买过程、全渠道零售销售过程以及不同渠道类型，本文构建出如图 2 所示的全渠道零售行为过程流程。全渠道零售就是零售企业的零售过程可以分布在不同的零售渠道类型中，且多个渠道间的零售过程可以任意相互整合，最后构成消费者完整的全渠道零售购买过程。图 2 中线条连接而成的渠道类型属于跨渠道零售，跨渠道仍然是以企业为中心的销售方式，渠道间协同度差，顾客体验价值不够高。当零售企业采用尽可能多的渠道，并通过不同类型渠道（如实体店、PC 网店、移动应用程序、呼叫中心、社交商店、微博、微信等）之间的高度协同整合来满足消费者购物、娱乐与社交的目的，使消费者能够在渠道间无缝自由切换，达到较高体验价值时，就形成了全渠道零售。很显然，在全渠道零售中，消费者在购买过程的每一个阶段都面临着多种类型的渠道选择，其排列组合非常复杂。全渠道零售的本质其实就是消费者全渠道购买过程。

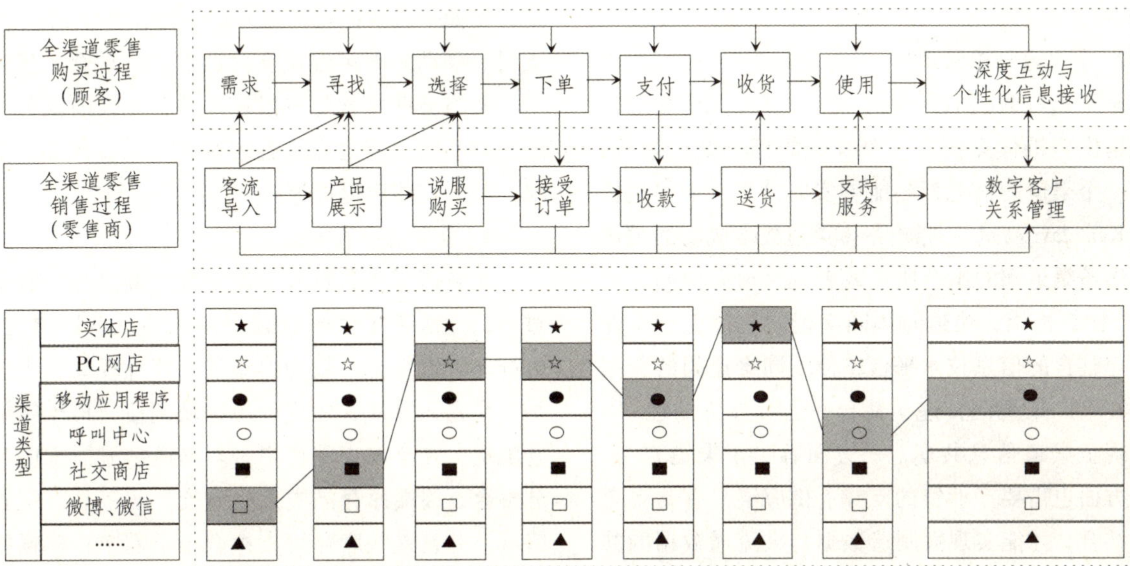

图 2　全渠道零售行为过程流程

资料来源：根据颜艳春《第三次零售革命——拥抱消费者主权时代》中的顾客购物过程图进一步绘制而得。

四、全渠道零售实施的探索

基于全渠道零售购买与销售过程，全渠道零售企业应从全渠道信息传递、全渠道订单管理、全渠道支付、全渠道物流配送、全渠道服务、全渠道数字客户关系管理等几个方面着手实施全渠道零售。

1. 全渠道信息传递

零售过程的本质就是信息传递沟通的过程，没有信息的传递沟通就没有消费者的购买行为。图 2 在全渠道零售购买或销售过程的①、②、③环节都较多涉及了与消费者之间的信息沟通与传递。戈弗雷等（Godfrey et al.）指出，合理运用不同渠道的特性，能够为渠道信息沟通带来独特优势，多信息沟通渠道的合理搭配有助于顾客获得互补的利益，并提升总体沟通效果。[9] 消费者购物的过程其实就是收集、比较、选择、接收信息的过程。零售信息传递沟通受制并依赖于技术的发展，随着技术的变化，信息传递日益多样化快速化，信息传递渠道与零售渠道实现了前所未有的统一。传统零售企业能够开设出的地面实体店数量有限，而在 PC 互联网商圈、移动互联网商圈以及个人社交商圈中，则可开设出无限数量的网店、个人移动商店、社交商店或者微店，这可以促使零售企业与消费者信息触点的广度和深度达到最大化。零售企业可以通过每一种信息渠道或零售渠道与消费者进行沟通，使消费者在每一个渠道上都能便捷地获得所需信息，获得所需服务。比如，企业可以在顾客购物过程的每一个环节利用先进的数字化客户关系管理系统设计出具有吸引力的互动方式，将基于地理位置的优惠信息推送到消费者的移动终端上；可以在实体店配置自助设备，供消费者进行商品信息查询、网络评价以及在社交媒体上分享购物清单。当然，消费者也可以随时随地通过网络、移动终端等不同渠道获得商品介绍、用户评论或者进行价格比较等，只有借助充分的双向信息沟通，消费者的体验价值才能达到最大化。

2. 全渠道订单管理

全渠道零售过程④是接受和处理订单的环节，全渠道供应链体系需要一个统一的订单处理系统，任何一个渠道的信息都要能够实时共享。卡伯达伊等（Kabadayi et al.）指出，多渠道战略成功的关键在于多条渠道间的组合质量或者说渠道间协同的实现。[10]谢毅指出，渠道间协同实现的基础在于企业要构建整合的信息技术平台，使不同渠道间的数据能够在不同渠道间传递、整合并进行分析处理。[11]为实现全渠道信息共享，一方面有赖于渠道自身，另一方面也需要产业链的支撑。供应链只有与渠道充分结合，才能实现大制造数据与大流通数据的共享。统一的订单处理系统应该能够接受消费者在任何渠道提交的订单，然后根据订单调度策略进行订单确认并选择订单执行的方法，最后将订单交给系统去执行并完成。订单调度和执行的基础是各渠道库存信息的准确共享，没有全渠道的库存管理与库存调度，将无法完成全渠道订单的调度与执行。此外，可以在实体门店配置移动终端，扩展门店展示品项的货架边界，即使店内缺货也可直接下单，订单由后台统一的订单系统处理，这可同时提升实体门店、电商渠道及其他渠道整体业绩，打破过去的渠道冲突，变分流为协同。

3. 全渠道支付

全渠道零售购买过程⑤是支付收款过程，这一过程应尽可能通过支付方式的多样化与整合化为顾客提供更加便利的选择，最终提升顾客体验价值。将来，在 PC 互联网支付、自助终端支付、电话支付、移动终端支付等传统电子支付渠道基础上，会进一步衍生出更多的新型支付渠道和工具。多元化的支付渠道使用户越来越能够体验到“按需支付”，但支付账户与支付工具的分离，也使得用户可能要针对不同的付款渠道准备不同的支付账户或支付工具，从而影响消费体验。用户与账户的分离，也会导致企业挖掘与整合多渠道用户信息的难度加大。全渠道支付的理想状态应考虑多元化支付渠道产生的用户离散化问题，将不同渠道捆绑于一个支付账户的整合支付工具可以打通多元化支付渠道，很好地锁定用户并增加消费体验价值。此外，在具体操作方面，零售企业可以在不同渠道采用多种支付方式，比如采用实体门店多方式支付、PC 网络多方式支付、移动终端多方式支付、货到付现金、货到刷卡、网络分期付款等手段。此外，不同的支付方式还应与不同的配送方式合理结合起来，比如网上支付、就近实体店提货等。

4. 全渠道物流配送

全渠道零售过程⑥是物流配送商品送货收货的过程，配送是零售企业客户体验的重要因素之一。传统的渠道物流一般为典型的卖库存模式，大多都是商品先入大库，之后经由区域调拨，再于终端分仓配送。在全渠道零售中，多渠道物流需求应当充分整合，终端库存品类发生改变，畅销品可配置于终端，并且这些库存可支撑全渠道需求；非畅销品类可集中于区域物流中心，当然这些非畅销品类的销售订单需要以快捷的物流服务作为支撑。此外，较第三方物流而言，全渠道零售中如有自建物流体系，则可带来更高的客户体验价值，面对消费者个性化、碎片化的需求，物流点餐式服务将逐渐成为主流，自建物流体系的价值会越来越明显，且全渠道零售物流“最后一公里”的效率会对客户体验价值产生重要影响。在全渠道零售配送方面，实体店可以作为其他渠道订单的配送提货中心，消费者可通过其他渠道查看商品相关信息，并在实体店进行比较之后再付款直接提货；或者可以在网上完成支付并等待物流配送；或者于网上支付完成后，在特定时间内到就近的实体店或自选的便利店及代收点取货。

5. 全渠道服务

全渠道零售过程⑦是支持服务过程，保持各渠道高水准服务水平及渠道间服务协同是提高客户满意度与客户价值的重要手段。安萨里等（Ansari et al.）指出，接受单渠道服务的消费者给企业带来的价值远低于接受多渠道服务的消费者。[12]温伯格等（Weinberg et al.）指出，多渠道营销环境下，应注重顾客体验与顾客终身价值，应将满足顾客需求贯穿于产品和服务的整个生命周期，注重与顾客接触过程的每一个接触点。[13]支持服务过程不仅仅局限于购买之后的售后服务，支持服务还贯穿于全渠道零售的每个过程之中，并且借助后台的数字客户资料，可使后续每次购物过程所获得的支持和服务都比上一次更加完善和周到。从服务的角度看，实体店应从一个简单的卖货中心转变成真正的体验中心、提货中心。其他所有的渠道也都应成为真正的体验中心，而非单纯的销售渠道。零售企业在处理退货产品时，可允许顾客通过不同渠道退回它们在另一个渠道中购买的产品，全渠道服务不仅要做到交叉销售，还要做到交叉退换货和交叉售后服务。此外，还应构建全渠道零售下的消费者全渠道申诉机制，降低线上线下购买风险，建立起全渠道信赖感。

6. 全渠道数字客户关系管理

全渠道零售的最后一个过程（8）是全渠道数字客户关系管理，数字客户会员的扩大是全渠道数字客户关系管理追求的重要目标。范霍夫等（Verhoef et al.）指出，以顾客为中心的数据集成非常重要，将顾客购买行为视为整体是进行客户关系管理与资源分配交易数据的关键。[14]目前，大多数零售企业的信息系统都是按照单一渠道设计的，消费者在同一零售企业不同渠道中的数据还处于碎片化状态，因而无法更好地满足全渠道购物的需求，应考虑将不同渠道独立的信息平台整合起来，建立统一的全渠道信息平台。通过不同渠道收集并整合每个消费者的消费动态数据、交易数据、历史数据、社交数据、个人偏好数据和未来数据，绘制出360°的客户数字肖像，建立一个全渠道客户信息共享系统，使消费者无论出现在哪个渠道都能够被精准识别，并实现对消费者的一对一精准营销和服务。当消费者在不同渠道间切换时，可借助后台数据对消费者进行精确定位，并预测个体购买趋势的变化，及时推送相关信息并与之进行个性化互动，只有如此才能与消费者最终建立更为紧密持久的客户关系。

五、结论

第一，全渠道零售是零售渠道从单渠道、多渠道、跨渠道发展演化而来的高级阶段，以消费者为中心的全渠道零售的实施可给消费者带来更高的体验价值。

第二，全渠道零售的出现可以更好地契合新的消费行为。全渠道零售的本质在于消费者全渠道购物的需求，伴随着互联网技术特别是移动互联网技术的快速发展，消费者购物时间碎片化，购物地点碎片化，购物需求碎片化与个性化，传统零售渠道已经无法对接新的消费需求了。

第三，基于传统零售过程，首次从消费者视角构建出了全渠道购买过程与全渠道销售过程的八个对应阶段，并提出了全渠道数字客户关系管理，指出了其与传统客户关系管理之间的区别。

第四，通过对全渠道购买过程与全渠道销售过程的剖析，构建并解析了全渠道零售行为过程流程图，可视化地给出了与全渠道购买或销售过程对应的八个阶段，消费者可以在每一个阶段在不同渠道类型间无缝切换，最终完成购买过程八个阶段的全渠道购物行为流程图。

第五，在全渠道实施探索过程中，全渠道零售企业可以从全渠道信息传递、全渠道订单管理、全渠道支付、全渠道物流配送、全渠道服务以及全渠道数字客户关系管理等全渠道销售过程的每一个环节深入思考与实践。

参考文献：

［1］中国互联网络信息中心．第34次中国互联网络发展状况统计报告［R］．北京：中国互联网络信息中心，2014（7）：71－89.

［2］刘向东．移动零售下的全渠道商业模式选择［J］．北京工商大学学报（社会科学版），2014（3）：13－17.

［3］颜艳春．拥抱消费者主权时代［J］．富基商业评论，2013（2）：28－29.

［4］、［9］GODFREY A，SEIDERS K，GLENN B V. Enough is Enough! The Fine Line in Executing Multichannel Relational Communication［J］．Journal of Marketing，2011，

75（4）：94－109.

［5］RIGBY D. The Future of Shopping［J］. Harvard Business Review，2011，89（12）：65－75.

［6］施蕾．全渠道时代顾客购物渠道选择行为研究［J］．当代财经，2014（2）：69－78.

［7］李飞．全渠道零售的含义、成因及对策——再论迎接中国多渠道零售革命风暴［J］．北京工商大学学报（社会科学版），2013（2）：1－11.

［8］颜艳春．第三次零售革命——拥抱消费者主权时代［M］．北京：机械工业出版社，2014：178－181.

［10］KABADAYI，EYUBOGLU，THOMAS，et al. The Performance Implications of Designing Multiple Channels to Fit with Strategy and Environment［J］. Journal of Marketing，2007，71（4）：195－211.

［11］谢毅．多渠道服务管理研究述评［J］．外国经济与管理，2012（12）：71－78.

［12］ANSARI A，MELA C F，NESLIN S A. Customer channel migration［J］. Journal of Marketing Research，2008，45（1）：60－76.

［13］WEINBERG B D，PARISE S，GUINAN P J. Multichannel marketing：mindset and program development［J］. Business Horizons，2007，50（5）：385－394.

［14］VERHOEF P C，VENKATESAN R，MCALISTER L，et al. CRM in data－rich multichannel retailing environments：a review and future research directions［J］. Journal of Interactive Marketing，2010，24（2）：121－137.

原载于《中国流通经济》2014年第12期

基于孤独感的老年消费者价值共创行为研究[*]

——一个整合的框架

孙乃娟[1、2]　范秀成[1**]

（1. 复旦大学管理学院，上海市200433；2. 黑龙江大学经济与工商管理学院，黑龙江 哈尔滨 150001）

摘　要：孤独感作为老年群体较为普遍的心理现象，对其行为决策具有重要的影响。以往对于孤独感的研究多集中于医学及社会学领域，侧重于对孤独感的物理干预和临床治疗。而作为一种较为普遍的心理和生活体验，孤独感的内涵、特征、维度构成及复杂的心理运行规律并未得到有效剖解。本文突破以往研究的理论视域局限，以消费领域中的价值共创行为为研究情境，尝试整合自我决定理论和依恋理论，探讨基于孤独感的老年消费者价值共创行为生成机制，分析应对策略在不同的价值共创行为选择中所发挥的中介作用，并探明感知时间约束在老年消费者价值共创行为中的调节作用，从而深入剖析老年消费者价值共创行为的产生过程，以期有助于厂商设计差异化的服务组合策略，激发老年群体的价值共创意愿。

关键词：孤独感；价值共创；自我决定；感知时间约束；应对策略

一、问题的提出

随着年龄增长、控制力减弱以及社会资源的流失，孤独感（Loneliness）正在成为老年群体十分普遍的心理现象[1]。在西方国家，75岁以上的老龄人口中平均有40%的人经常感到孤独，并且这一比率持续提高[2]。长期以来，关于孤独感的研究集中于人口学、医学和社会学领域，侧重于孤独感的影响因素（社会排斥、关系恶化、控制丧失等）、结果（抑郁、自我封闭、死亡等）以及临床治疗（健康护理、药物干扰等）[3]。卡尼克（Karnick）[4]指出，感到孤独作为一种普遍且具体的生活体验，对其关注不应局限于医学、病理学和健康护理领域。尼尔

* 国家自然科学基金青年基金项目“群发性危机背景下消费者宽恕形成机理研究：危机前参与与危机后补救的动态传导机制”（71502051）；中国博士后科学基金面上资助项目“联结和身份视角下品牌消费仪式的态度诱导和机理研究”（2018M632027）；黑龙江省高校基本科研业务费黑龙江大学专项资金项目“互联网消费公民行为研究：互惠和认同双重视角的理论建构及实证”（HDJDY201601）。

** 孙乃娟（1982—），女，黑龙江省哈尔滨市人，复旦大学管理学院博士后，黑龙江大学经济与工商管理学院副教授，主要研究方向为消费者行为；范秀成（1964—），男，天津市人，复旦大学管理学院教授，博士，主要研究方向为服务营销。

森（Nilsson）等[5]进一步指出，对孤独感的研究和关注要实现两个转变：第一，研究视角从客观的物理孤立转为主观的内在体验；第二，从将其定义为病理学现象转变为将其视为正常且普通的人类体验。目前，作为个体主观心理感受（Subjective Feeling），孤独感的心理学内涵、特征、维度构成及复杂的心理运行规律并未得到有效剖解[6]，特别是，现有研究忽视了个体认知能动性，对孤独感的应对策略研究较为鲜见。

近年来，我国老年消费需求逐渐向高层次、高质量、个性化、多元化的方向发展。2016 年，第四次中国城乡老年人生活状况抽样调查结果显示，与 2010 年相比，老年群体日常生活支出、医疗费支出和其他支出占比降低，非经常性支出、文化活动支出占比提高。越来越多的老年消费者在品质旅游、智能设备、科技创意产品等精神文化项目上增加消费投入，城乡老年人消费行为正在逐步由生存型向文化休闲型转变，老年人的精神渴望远超物质需求。在现代服务业中，互动性较强的价值共创项目（Value Co - creation）日益受到老年消费者青睐，诸如定制旅游、园艺角展示、老年玩具开发、DIY 手工制造、采摘、宠物照料等价值共创型消费逐渐成为老年人排解孤独、追求健康、丰富精神文化生活的消费选择。我们不仅要问：基于孤独感的老年群体消费行为应对策略的运行机理究竟是什么？孤独感的不同类型是否会对价值共创消费行为的选择产生差异化影响？孤独感与老年群体价值共创消费行为之间是否存在某种特定的传导机制？能否按照这种传导机制的内在机理设计相对合理的策略组合，从而帮助企业有效设计服务项目以更有效地满足老年消费者消费需求？对这些问题的回应，具有重要的理论意义和应用价值。

二、国内外研究动态分析

（一）孤独感的相关研究

1. 孤独感的定义

孤独感，是指一种非渴求性主观社会排斥感[7]。它的“主观性”体现在，其并非与社会互动的实际数量和频率直接相关，而是由社会互动的质量所决定。即使在热闹的人群中，个体依然可能会感觉孤独，而在独处时也可能并不感到孤独。实际上，某些个体恰恰寻求和享受孤独，他们孑然一身却并不感到寂寞，对其而言，独处是愉快的、渴求的体验。而相反，由社会排斥造成的孤独感是不愉快和非渴求的[7]。

目前，理论界对于孤独感的定义主要集中于以下三个视角。第一，认知差距视角。认为孤独感是个体期望与实际社会关系质量之间的差距，是一种不愉快的体验，发生在个体的社会关系网络在质量或者数量方面存在缺陷时[8]。第二，社会需求视角。认为孤独感是由缺乏亲密、归属感和与他人孤立所引致的社会需求没有得到满足后的心理状态[9]。第三，现象学视角。这种视角从现象表现入手，将孤独感概括为以痛苦、焦虑、抑郁、烦躁和悲伤等情绪作为表现的情绪情感。

针对以上三种视角，斯特恩（Stein）等[10]学者认为，社会需求视角下的定义仅仅是对孤独感来源或影响因素的概括，是用前置影响因素对孤独感内涵进行的替代，并没有触及孤独感的本质特征。而现象学视角下的定义仅考虑引起孤独感的情感因素，这些情感因素与认知差距理论概括的“不愉悦体验”并无根本区别，同样没有阐明孤独感的本质特征。对孤独感内涵的阐释必须兼顾认知因素和情感因素，因此认知差距视角下的孤独感定义目前得到学者们的共识。

2. 孤独感的影响因素和结果

现有研究探明，老年群体孤独感的影响因素主要有：第一，生理因素。包括健康状况恶化、行动受限、神经过敏症、感知能力弱化等[11]。第二，心理因素。包括低自尊水平、缺乏自信、人际信任和归属感降低[12]。第三，情境因素。包括丧失伴侣、移居新住所、离婚、负面生活经历、被不熟悉的人照料、社会排斥、社会活动投入不足、社会资本稀释等[13]。

孤独感的结果表现为抑郁、心理调适障碍、对家庭和社会关系不满[14]、创造力降低、死亡、自杀倾向、婚姻状态改变、心理健康状况恶化等[15]。

3. 孤独感的维度构成

有关孤独感的维度构成，目前理论界存在两种并行观点。一种观点是鲁塞尔（Russell）[16]的单维度理论，倾向于将孤独感处理为单一维度变量，目前大多数研究遵循该思路。另一种观点是韦斯（Weiss）[17]的二维度分类法，认为按照孤独感的产生根源不同，需要对孤独感的维度内涵进行精确细分。韦斯依据不同的社会关系缺陷提出两种类型的孤独感。一是社会孤独（Social Loneliness）。由社会网络关系缺乏（在社会关系网络中，个体是成员之一并拥有共同的兴趣和活动）或者互动不足所导致。迁入新环境（新城市、工作或居住地）或者从原有环境中抽离（离职、退休）的个体容易产生社会孤独感。社会孤独感驱使个体"寻找他能够参与其中的活动以及能够接受他作为成员的网络或团体"。二是情感孤独（Emotional Loneliness）。由亲密的情感依恋关系（如伴侣、爱人、父母、孩子）缺失所导致，情感依恋需求未得到满足的个体容易产生情感孤独。情感孤独的个体"倾向于以对方能够提供给他所需情感的潜能来评价对方"[17]。里克（Rik）[6]等学者认为，韦斯的二维度分类法有效区分了孤独感产生的认知和情感根源，更为细致地阐释了孤独感的内涵及特征。本研究认可这种维度分类。

4. 孤独感的测量

目前，单维度孤独感测量常用 UCLA 量表。这一量表以 UCLA 的年轻学生作为样本进行开发，后被验证在包括老年人在内的其他群体中同样具有信度和效度。该量表最初版本包含 20 个测项，后被精炼为 11 测项版本和 3 测项版本[16]。

吉尔维尔德（De Jong Gierveld）量表是二维孤独感测量量表，该量表由 11 个测项构成，分别测量社会孤独（6 测项）和情感孤独（5 测项），其简化版本共包含 6 个测项[18]。此量表以成年人作为样本进行开发，对老年群体同样具有信度和效度[19]。

（二）价值共创的相关研究

1. 价值共创的内涵

传统的价值创造理论认为，产品或服务的提供方是价值的唯一创造者，顾客则是价值的消耗者。然而服务主导逻辑（Service Dominant Logic）理论指出，产品或服务的提供者不再是唯一的价值创造者，顾客也不再是单纯的价值消耗者，而是价值的共同创造者[20]。关于价值共创的讨论最早始于 19 世纪，当时将价值共创定义为"服务产出过程需要生产者和顾客共同完成"，此观点暗含了由生产者和顾客共同决定服务结果和服务价值创造过程的理论主张。学术界对价值共创给予正式的概念界定源自普拉哈拉德和拉玛斯瓦米（Prahalad & Ramaswamy）[21]两位学者，他们将价值共创界定为由企业与顾客联合创造价值的活动，强调价值共创是"在多种服务体系之下整合已有资源从而创造价值的过程"。此后，格鲍尔（Gebauer）等[22]指出，除共同解决问题外，价值共创还应该包含企业和顾客共同识别问题，且共同识别问题与共同解决问题同等重要。因此，价值共创的内涵被表述为"企业通过与顾客共同识别问题并且共同解决问题，进而创造价值的全过程"。兰伯特和恩兹（Lambert & Enz）[23]进一步扩展了价值共创的参与者，认为除顾客以外，参与价值共创的群体应包括一切利益相关者。由此，价值共创被视为"企业与其所有利益相关者群体在共同的体验环境和平台下，共同识别并解决问题，从而共同创造价值的全过程"。

2. 价值共创的维度

目前，关于价值共创的维度构成研究线索较为零散，尚未形成共识性的维度划分。为此，兰扬和里德（Ranjan & Read）[24]以 2000 年作为分界点，通过对此前后理论界有关价值共创的 149 篇文献进行统计，抽取和凝练出两个具有代表性的价值共创维度。他们指出，在价值共创中，消费者在一个或多个生产和消费阶段中，通过与服务提供者直接或间接的合作发挥积极作用并共同创造价值。投入、互动、自我服务和体验被视为是价值共创的重要因素。他们认为，价值共创行为超越了生产领域，延伸到消费和价值传递领域。价值共创一方面描述的是消费者作为服务产出过程的一部分所进行的互动、理解、体验和使用行为；另一方面价值共创超越了交换领域或者并不需要服务提供方的直接干预，而是在消费者的使用和体验中产生。基于此，这两位学者将价值共创的维度概括为以下两种。

（1）合作生产（Co – production）。合作生产指服务提供者通过直接或者间接与消费者合作完成生产过程，或者说消费者参与产品或服务的设计生产过程[25]。消费者通过知识和信息的分享、体力和脑力的投入、技能的相互交换在生产过程中发挥积极作用。合作生产通过合作与对话将双方各自的经济和社会资源整合到价值塑造中[26]。合作生产中的对话能够激发互动、深度投入和双方合作的意愿及能力[27]。合作生产包括三个子维度。①知识分享。消费者分享知识、观点和创造力，并表述当前和未来的需求。②平等交互。服务提供者愿意分享控制力从而为消费者赋权，消费者愿意在共创活动中积极发挥合作角色。③互动。合作双方互相分享、理解、满足对方需要并同步调整资源承诺。

（2）使用价值（Value - in - use）创造。使用价值创造超越了合作生产、交换和服务提供者的直接干预，消费者在学习如何使用、保养和维护一项产品或服务的过程中，其个性化使用方式赋予了产品和服务独特的价值主张，价值在企业提供的具备开放性功能的产品和消费者的个性化使用过程中得到共创[28]。使用价值是消费者对产品或服务超出其功能属性之外的，与消费者自身动机、独特能力、活动和需求等相符合的体验式评价，双方的交互增强了消费者的信念和认同感从而愉悦消费者的体验。将消费者所认同的“意义”和主观评价应用到消费过程，乐在其中的感受以及使用过程中的独特意义和情感投入推动了使用价值创造[29]。使用价值创造包括三个子维度。①体验。产品或服务通过激发消费者的认知和情感从而创造的心理感受。②个性化。指实际和感知使用过程的独特性，由消费者浸入、特殊能力的运用、超乎寻常的体验等所引发。③关系。共同的、交互的、反复的互动推动顾客赋权以积极寻找解决方案，构建良好的互动关系[30]。

三、基于孤独感的价值共创行为：自我决定理论和依恋理论的整合

（一）理论内涵

自我决定理论（Self - determination Theory）和依恋理论（Attachment Theory）为构建基于孤独感的价值共创行为提供了重要的理论支持。自我决定理论认为，当基本需求的满足受阻时，个体具有一种寻求替代物的自然倾向，此时物化替代物因即时取得、即时回报和激发更少的焦虑感而成为优选[31]。等价性（Equifinality）是需求（无论是肉体还是精神）的一种基本特性，个体具有尝试满足主要需求、当旧有路径失效时设计新路径以满足需求的持续尝试动力。基本心理需求的受阻更易引发对替代实现物（Substitute Fulfillment）和替代化行为的投入。因此，尽管个体具有满足诸如能力、关系和自治等基本需求的心理动机，但是如果其社会网络不能提供满足这些基本需求的可靠路径，或者个体不得不处于这些基本需求持续无法得以满足的情境下，个体就会产生寻求替代物的心理动机。这些替代物并没有真正满足其基本需求，而是提供了一些其他的满足感。

依恋理论是一种强调在面临需要以及压力时，寻求和接受爱与帮助重要性的情绪调节理论，它将社会支持视为缓解个体生理及心理痛苦的保护器。依恋理论为将社会支持作为个体痛苦的缓冲机制提供了更为宽泛和有效的研究视角[32]。鲍尔比（Bowlby）[33]指出，寻求支持是人类的一种本能，也是依恋行为系统的行为调节机制。依恋理论定义了人们在面临需求时从依恋对象处寻求获得的三种支持：第一，依恋对象通过物理和心理的陪伴能够为依恋者提供舒适感，因为这意味着社会支持触手可及；第二，依恋对象能够在依恋者面临压力时，提供鲍尔比称为“避风港”的工具性和情感性支持，帮助依恋者克服威胁和障碍；第三，依恋对象能够帮助依恋者以更安全和有效的方式追求个人目标。根据依恋理论，个体在面临需求时与负责的、支持的依恋对象进行互动的过程促使个体形成稳定的依恋安全感。然而，当个体的依恋对象不再陪伴左右或者不再提供可靠的、即时的支持时，也就是说当依恋安全感缺失时，个体的情绪调控机制被激活，促使个体转换依恋对象，从而将物质占有物或其他人群作为第二依恋对象。

（二）孤独感对价值共创行为的影响

根据自我决定理论，当个体受到直接或者间接的社会排斥而感受到孤独时，因社交需求和情感需求受阻而衍生的焦虑感驱使其对需求替代物产生强烈的内在渴望，进而出现寻求社会支持、进行社会联结的行为倾向。米库林格（Mikulincer）等[34]指出，社会排斥导致个体心理痛苦的激发，此时因为社会支持的缺失，个体开始寻求替代物并将其作为痛苦缓冲器。依恋理论进一步指出，寻求社会支持

和进行社会联结的目的是增加社交安全感，当个体遭遇到实际或者象征性的社交孤立和排斥时，情感依恋系统被自动唤醒，驱使个体从依恋对象处寻求实际的或者象征性的支持，感受到排斥和孤独的个体更加依赖依恋对象来获得“安心”和“舒适”的感受[35]。在成年阶段，个体寻求社会支持的方式包括交谈、通话、发送电子邮件或文本、做客、参与社会互动等[36]。遵循上述理论，当老年群体感到孤独时，寻求替代化满足、社会支持和心理依恋的内在动机驱使其参与服务提供者的价值共创和互动活动，以获得社会支持和心理愉悦感。也就是说，孤独感对价值共创行为具有正向影响。

韦斯[17]指出，社会孤独和情感孤独不仅在成因和现象上有明显区别，行为应对策略也不同。社会孤独因社会网络关系缺乏或互动不足造成，其应对策略多发生于公开消费情境下；而情感孤独由亲密的情感依恋关系缺失造成，其应对策略多发生于私人消费情境下。社会孤独的排解需要个体进入具有社会融入感的朋友式互动关系网络，而情感孤独的排解则需要个体进入能够形成依恋感的新型亲密关系中[7]。拉斯托维卡（Las-tovicka）等[37]指出，广泛的人际互动和社会联结有助于克服社会孤独感，而建立同物质占有物深入、亲密的互动关系能够克服情感孤独。缺乏社会联系的个体具有建立人际或非人际联结的强烈愿望，使用物质占有物作为人际关系替代品的消费者有意识地模糊人与物的界限，因此能够建立人与物互动关系亲密性的产品更有可能满足孤独消费者的情感依恋需求。在服务价值共创中，合作生产活动因能够吸引消费者广泛参与服务设计、生产和传递的全过程，从而有助于消费者建立同服务提供者、消费伙伴的广泛社会联结，进而缓解消费者的社会孤独感；而使用价值创造活动因在私人消费情境下通过消费者的个性化使用方式赋予产品和服务独特的价值主张，从而建立起消费者与商品和服务的深入、亲密互动关系，进而有助于缓解消费者的情感孤独。上述文献的理论推演逻辑可以归纳为：与情感孤独相比，社会孤独对合作生产行为的正向影响更强；而与社会孤独相比，情感孤独对使用价值创造行为的正向影响更强。

（三）应对策略的中介作用

应对理论（Coping Theory）指出，人们在面对诸如孤独、压力、抑郁等负面情绪体验和心理感受时，具有通过认知和行为努力整合资源以排解、管理负面情绪的心理动机[38]。此时，两种应对努力较为明显地表现出来：积极应对，意指为改变受困的“个体—环境”关系以调控或消除个体情绪压力而付出的所有积极的努力，如结交新朋友、与老朋友重新建立联系、寻找生活伴侣、参与社会交往和互动型活动等；调节应对，意指为消除压力的情绪后果而付出的努力，如降低关系预期、管理与关系有关的情绪、转移注意力、建立替代性的新型亲密关系等。卡斯滕森（Carstensen）等[39]指出，积极应对通过投入社会网络建设以解决个体因人际互动不畅或社会资源缺乏所造成的孤独感，而调节应对通过转移情感注意力和建立替代性亲密关系以解决由情感依恋缺失所造成的孤独感。换言之，积极应对在社会孤独对合作生产行为的影响中发挥中介作用，而调节应对在情感孤独对使用价值创造行为的影响中发挥中介作用。

（四）感知时间约束的调节作用

社会情感选择理论（Socio – emotional Selectivity Theory）认为，随着年龄的增长，人们更关注眼前福利而不愿对未来进行投资。他们对实现情感目标（例如，增加被他人需要的感觉）更为感兴趣，这可以满足他们现时的需要，而对能够在未来获益所需要进行的新接触和关系投入不感兴趣，因为人们感知到了时间的约束[40]。在面对孤独时，积极应对意味着增加未来获益的关系接触和投入，是一种远期导向的应对方式；而情感应对意味着转移注意力或者构建即时实现的新型亲密关系，是一种近期导向的应对方式。以往有关压力应对的研究表明，相对于年轻人而言，老年人更多选择调节化应对方式而更少选择积极应对方式。依此理论逻辑可以推知，在感知时间约束不同的情况下，老年群体会选择以不同的应对方式投入到价值共创行为中[1]。也就是说，感知时间约束在应对努力对价值共创行为的影响中发挥调节作用。

四、未来研究方向

（一）孤独感测量工具的发展

测量工具的发展和完善是推动孤独感实证研究的重要保证。目前，尽管有关孤独感的维度划分及测量方法已有文献论证，但无论是单一维度的UCLA量表还是吉尔维尔德等学者的二元维度量表，其测量内容和结构问题都受到质疑。特别是，两个量表均以年轻消费者为样本，后被验证对包括老年人在内的其他群体也具有信度和外部效度，而针对特定群体的、针对性较强的测量量表目前并未得到广泛认可，其运用和验证也相对有限，从而给研究者选择适合的测量工具造成麻烦。针对上述问题，未来研究一方面需要根据研究问题的性质和特点，确定不同的测量工具；另一方面需要针对孤独感的概念和维度构成进行更为深入的研究和探讨，从而开发出较为完善的测量工具。

（二）孤独感概念和测量在年龄结构上的差异

早期对于孤独感的内涵和测量主要是针对年轻群体，但目前已经推广到其他年龄段的群体中。然而在概念界定和测量过程中，研究者们均意识到孤独感的概念和测量方法在不同年龄结构群体中存在的差异。例如，鲁塞尔等[16]以学生和年轻消费者为样本开发的孤独感测量量表均只有单一维度，并未对孤独感的成因进行界定。而吉尔维尔德等[18]将老年消费者作为研究对象，提出造成老年群体孤独感的成因可区分为社会排斥和关怀缺失，因此将孤独感的测量细化为社会孤独和情感孤独两种类型。目前理论界针对其他年龄群体的孤独感测量量表还十分鲜见，未来的研究有必要区分不同年龄层级消费者孤独感的特点和成因，并在测量中充分体现这些差异。

（三）孤独感研究的本土化

目前，国内孤独感的研究依然依赖西方情境下的研究思路，而孤独感本身具有深刻的文化内涵并受限于差异化的文化情境，孤独感研究的本土化已得到广泛关注。首先，在推动孤独感研究本土化过程中，量表的开发必须符合中国文化特征并遵循中国逻辑范式，既要扎根于文化传统，又要考虑社会性，从而对中国文化背景下孤独感的内涵、特征及成因进行深入剖析和透彻研究。其次，对孤独感所驱动的消费行为进行更为细致的梳理和归纳。除价值共创行为外，需要对受中国传统文化影响较大、表现较为明显的隐私性和个性化特点的消费行为进行更为精准的洞察和深入探讨，这部分研究将更具有应用价值和决策启发。

参考文献：

［1］SCHOENMAKERS E C，TILBURG T G，FOKKEMA T. Coping with loneliness：what do older adults suggest［J］. Aging &mental health，2012（3）：353－360.

［2］DYKSTRA P A. Older adult loneliness：myths and realities［J］. European Journal of Ageing，2009（1）：91－100.

［3］DRENNAN J，TREACY M，et al. The experience of social and emotional lonelinessamong older people in Ireland［J］. Aging and Society，2008（20）：1113－1132.

［4］KARNICK P M. Feeling lonely：theoretical perspectives［J］. Nursing Science Quarterly，2005（1）：7－12.

［5］NILSSON B，LINDSTROM U A，NADEN D. Is lonelinessa psychological dysfunction? a literary study of the phenomenon of loneliness［J］. Scandinavian Journal of Caring Science，2006（1）：93－101.

［6］RIK P. Bidirectional dynamics of materialism and loneliness：not just a vicious cycle［J］. Journal of Consumer Research，2013（12）：615－631.

［7］JING W，RUI Z，BABA S. The lonely consumer：loner or conformer?　［J］. Journal of Consumer Research，2012（4）：1116－1128.

［8］RUSSELL D W，CUTRONA C E，MCRAE C，et al. Is loneliness the same as being alone［J］. The Journal of Psychology，2012（1－2）：7－22.

［9］DAHLBERG L，MCKEE K J. Correlates of social and emotional loneliness in older people：evidence from an Englishcommunity study［J］. Aging & Mental Health，2014（4）：504－514.

［10］STEIN J Y，TUVAL M R. The social construction of loneliness：an integrative conceptualization［J］. Journal of Constructivist Psychology，2015（3）：210－227.

［11］KUMARI C. Elderly perception of loneliness and ways of resolving it through positive ageing［J］. Indian Journal of Ger-ontology，2015（3）：322－330.

[12] FREDRICA N, CHRISTINA R V, ANNA F K et al. The association between social capital and loneliness in different agegroups: a population - based study in western Finland [J]. BMC Public Health, 2016 (1): 542-549.

[13] CACIOPPO J T, WILLIAM P. Loneliness: human nature and the need for social connection [M]. New York: Norton, 2008: 110.

[14] LUANAIGH C O, LAWLOR B A. Loneliness and the health of older people [J]. International Journal of Geriatric Psychology, 2008 (12): 1213-1221.

[15] VICTOR C R, BOWLING A. A longitudinal analysis of loneliness among older people in Great Britain [J]. The Journal of Psychology, 2012 (3): 313-331.

[16] RUSSELL D W. UCLA loneliness scale (version 3): reliability, validity and factor structure [J]. Journal of Personality Assessment, 1996 (1): 20-40.

[17] WEISS R S. Loneliness: the experience of emotional and social isolation [M]. Cambridge, MA: The MIT Press, 1973: 23-24.

[18] JENNY GIERVELD, THEO TILBURG. A 6 - item scale for overall, emotional and social loneliness: confirmatory tests on survey data [J]. Research on Aging, 2006 (5): 582-598.

[19] ROKACH A. From loneliness to belonging: a review [J]. Psychology Journal, 2011 (2): 70-81.

[20] VARGO S L, LUSH R F. Service - dominant logic: continuing the evolution [J]. Journal of the academy of Marketing Science, 2008 (36): 1-10.

[21] PRAHALAD C K, RAMASWAMY V. Cocreation experiences: the next practice in value creation [J]. Journal of Interactive Marketing, 2004 (3): 5-14.

[22] GEBAUER H, FISCHER T, FLEISCH E. Exploring the interrelationship among patterns of service strategy changes and organizational design elements [J]. Journal of Service Management, 2010 (1): 103-129.

[23] LAMBERT D M, ENZ M G. Managing and measuring value cocreation in business - to business relationships [J]. Journal of Marketing Management, 2012 (13-14): 1588-1625.

[24] RANJAN K R, READ S. Value co - creation: concept and measurement [J]. Journal of the Academy of Marketing Science, 2016 (3): 290-325.

[25] ERTIMUR B, VENKATESH A. Opportunism in co - production: implications for value cocreation [J]. Australasian Marketing Journal, 2010 (4): 256-263.

[26] GRONROOS C, VOIMA P. Critical service logic: making sense of value creation and cocreation [J]. Journal of the Academy of Marketing Science, 2013 (2): 133-150.

[27] EDVARDSSON B, ENQUIST B, JOHNSTON R. Design dimensions of experience rooms for service test drives: case studies in several service contexts [J]. Managing Service Quality, 2010 (4): 312-327.

[28] LEMKE F, CLARK M, WILSON H. Customer experience quality: an exploration in business and consumer contexts using repertory grid technique [J]. Journal of the Academy of Marketing Science, 2011 (6): 846-869.

[29] SANDSTROM S, EDVARDSSON B, KRISTENSSON P, et al. Value in use through service experience [J]. Journal of Service Theory & Practice, 2008 (2): 112-126.

[30] EDVARDSSON B, GLORIA NG, MIN C Z, et al. Does service - dominant design result in a better service system? [J]. Journal of Service Management, 2011 (4): 540-556.

[31] DECI E L, RICHARD M R. The "what" and "why" of goal pursuits: human needs and the self - determination of behavior [J]. Psychological Inquiry, 2000 (4): 227-268.

[32] MIKULINCER M, SHAVER P R, PEREG D. Attachment theory and affect regulation: the dynamics, development and cognitive consequences of attachment - related strategies [J]. Motivation & Emotion, 2003 (2): 77-102.

[33] BOWLBY J. Attachment and loss [M]. New York: Basic Books, 1982: 19-21.

[34] MIKULINCER M, PHILLIP R S. Can't buy me love: an attachment perspective on social support and money as Psychological buffers [J]. Psychological Inquiry, 2008 (3): 167-173.

[35] CLARK M S, AARON G, EMILY H, et al. Heightened interpersonal security diminishes the monetary value of possessions [J]. Journal of Experimental Social Psychology, 2011 (2): 359-364.

[36] KEEFER L A, MARK J L, ZACHARY K R, et al. Attachment to objects as compensation for close others' perceived unreliability [J]. Journal of Experimental Social Psychology, 2012 (4): 912-917.

[37] LASTOVICKA J L, NANCY J S. Truly, madly,

deeply: consumers in the throes of material possession love [J]. Journal of Consumer Research, 2011 (2): 323 - 342.

[38] HEYLEN L. The older, the lonelier? risk factors for social loneliness in old age [J]. Ageing and Society, 2010 (7): 1177 - 1196.

[39] CARSTENSEN L L, FUNG H H, CHARLES S T. Socioemotional selectivity theory and the regulation of emotion in the second half of life [J]. Motivation and Emotion, 2003 (2): 103 - 123.

[40] CARSTENSEN L L. Social and emotional patterns in adulthood: support for socioemotional selectivity theory [J]. Psychology and Aging, 1992 (3): 331 - 338.

原载于《中国流通经济》2018 年第 11 期

经贸论坛

中国商业：回归主流*

荆林波**

（中国社会科学院财贸所，北京市 100836）

摘　要：本文认为，中国经济要告别失衡增长，逐步走向均衡发展，给中国商业回归主流提供了巨大的契机。一是扩大内需给我国商业带来巨大商机；二是城际间的交通基础设施建设有利于推动城际间的商业发展；三是经济结构调整提供巨大商机；四是城镇化给商业提供巨大市场空间。新一代年轻人特别是“先富起来”的那一部分人将促进消费增长，促进我国商业更加发展。

关键词：中国商业；均衡发展；扩大内需；商业发展

中国经济要告别失衡增长，逐步走向均衡发展。在这个经济发展方式转变的历史时期，给中国商业回归主流提供了巨大的契机。

一、扩大内需给我国商业带来巨大商机

诚然，在“三驾马车”中，消费并不是中国经济的核心动力，尤其是2009年为了保增长，我们更多地倚重于投资的拉动，尤其是“铁公机”等基础设施的投入（见表1）。

表1　　我国消费率的变化情况

	六五	七五	八五	九五	十五	十一五
消费率（%）	66.4	63.9	60.1	60.2	56.8	49.2
居民消费率（%）	51.8	50.2	45.5	45.8	41.6	35.7
农村居民消费率（%）	31.7	26.9	14.6	14.5	12.2	9.2
城镇居民消费率（%）	20.0	23.3	19.5	28.8	29.4	26.6
政府消费率（%）	14.6	13.6	14.6	14.5	15.2	13.4

资料来源：原始数据来自国家统计局历年统计，作者计算相关比值。

我国的消费率已经从“六五”期间的66.4%一路下滑到“十一五”期间的49.2%。因此，中共十七届五中全会的公报和建议提出：坚持把经济结构战略性调整作为加快转变经济发展方式的主攻方向，建立扩大消费需求的长效机制，调整优化投资结构，加快形成消费、投资、出口协调拉动经济增长的新局面。可以预见我国国内消费会逐步成为经济发展的一个核心动力。表2展示了我国社会消费品零售总额的变化状况。

---

* 本文系中国社会科学重大课题“‘十二五’期间扩大消费若干重大问题及政策研究”和教育部资助省部共建人文社科重点研究基地项目“未来二十年中国流通产业发展战略——若干重大问题及政策研究”（项目编号：10JJD790023）的阶段性成果。

** 荆林波（1966—），男，经济学博士，博士生导师，中国社会科学院财贸所副所长，主要研究方向为流通经济、电子商务等。

表2　我国社会消费品零售总额与增长率

年份	社会消费品零售总额（亿元）	增长率（%）
1980	2140.0	18.9
1985	4305.0	27.5
1990	8300.1	2.5
1995	23613.8	26.8
2000	39105.7	9.7
2003	47602.1	9.1
2004	53950.1	13.3
2005	67176.6	12.9
2006	76410.0	13.7
2007	89210.0	16.8
2008	114830.1	22.7
2009	132678.4	15.5
2010	154554.0	18.4

资料来源：国家统计局，相关年份统计。

2010年全年社会消费品零售扣除价格因素，实际增长14.8%。按经营单位所在地分，城镇消费品零售额133689亿元，增长18.8%；乡村消费品零售额20865亿元，增长16.1%。按消费形态分，餐饮收入17636亿元，增长18.0%；商品零售136918亿元，增长18.5%。[1]

有的学者希望建立起消费主导型经济，尽管这个目标在短期内难以实现，但是毕竟是未来中国潜在经济增长与发展的一个重要支点。

依据柯布－道格拉斯方程推导出的消费率决定理论模型是内生决定模型。与凯恩斯的消费者需求理论模型不同，该模型基于经济运行系统，从生产决定系统和经济增长角度在理论上揭示了消费率的决定机理。该模型显示出消费率与生产技术水平密切相关；并揭示出了在生产技术水平一定的条件下，消费率与经济增长率、资本存量、有效劳动力增长率、净出口和通货膨胀的决定和影响关系。因此，依据该模型测算出的给定技术水平下的理论消费率是最优消费率，是消费率合理区间确定的基础和判定实际消费率高低的基准。[2]我们推算了“十二五”期间我国的消费率理论值，如表3所示。

表3　不同时期消费率实际值与理论值比较[2]

九五			十五			十一五			十二五		
实际值	理论值		实际值	理论值		实际值	理论值		实际值	理论值	
	封闭	开放		封闭	开放		封闭	开放		封闭	开放
60.2	69.6	66.5	56.8	62.8	59.81	49.2	54.7	48.4	—	60.34	57.84
36.64	30.4		40.26	37.22		45.01	45.35		—	39.66	

二、城际间的交通对商业格局的影响

各地的城市群发展的理念和路径将有助于进一步统筹城乡的发展，尤其是城际间的基础设施的建设将有利于推动城际间的商业发展。在“十二五”期间，约有12000亿元到16000亿元的地铁投资，这些轨道交通设施建设将改变城际间的交通格局，改善城市居民的出行质量，尤其是大城市的综合交通枢纽的建设将发挥更大的疏导作用，而对于商业企业而言，则有可能积聚更多的人气，包括城市地下空间的开发与利用。

三、经济结构调整提供的巨大商机

要把加快建设现代产业体系作为结构调整的关键环节，作为强外需与扩内需的重点任务，作为促进供需平衡增长的重要结合点。各地区、各部门要进一步提高认识，切实把思想统一到决策和部署上来，转变发展观念，拓宽发展思路，着力解决存在的问题，把现代产业体系提高到一个新的水平，推动经济社会走上科学发展的轨道，促进国民经济又好又快发展。尤其是要加快发展服务业，提高服务业在三次产业结构中的比重，尽快使服务业成为国民经济的主导产业，是推进我国经济结构调整、加快转变经济增长方式的必由之路，是有效缓解我国能源资源短缺的瓶颈制约、提高资源利用效率的迫切需要，是适应对外开放新形势、实现综合实力整体提升的有效途径。总之，我国现代产业体系的建设与发展不仅关系到如何满足日益扩大的城镇居民消费需求，而且关系到如何实现产业结构的调整。也就是说，加快建设现代产业体系是扩大城镇居民消费需求的重要增长点，也是经济结构调整的重要着力点。

四、城镇化给商业提供的巨大市场空间

如果说，改革开放的三十年，我国的经济发展得益于工业化的发展，那么，未来的“十二五”期间乃至更长的时间，我国的经济发展应当得益于城市化的发展，更为准确地说是城镇化的发展。

我们对比了我国与世界的一些情况（见表4），尤其是城市化的指标，我国只有43.1%，低于世界的平均水平49.9%，更低于发达国家的77.1%。

表4　2008年我国经济与世界的对比

	世界	发达国家	中国
人均GDP（美元）	9173	41980	3678
人均GNI（美元）	8613	41168	2940
贫困率%（2005年）：每天小于2美元	—	—	36.3
贫困率%（2005年）：每天小于1.25美元	—	—	15.9
储蓄率（%）	23.9	19.5	54.3
城市化率（%）	49.9	77.1	43.1

资料来源：《2010年国际统计年鉴》，国际货币基金组织《世界经济展望》，世界银行《世界发展指数WDI》，联合国发展署《人类发展报告》。

所以，我们寄希望于我国城镇化的提升带动整个经济的发展，这里涉及：我国城镇化整体水平的提高，包括城镇化提升过程中的城镇建设，不仅仅局限于城市建设，而且包括居民商业设施的建设。它涉及如何构建城市新形象，提高城市生活质量，塑造城市新地标，以及城市商圈的再造与提升。比如，城市综合体（HOPSCA）[①]的建设逐步成为当今乃至未来一个新的投资热点。如今，地方政府纷纷与地产商结盟加快了城市综合体的建设，万达集团[②]、中粮集团、银泰集团等本土的企业都开始加快了各地的圈地，连做住宅为主的万科集团也开始涉足商业地产，同时一些外资背景的地产商（如新加坡凯德置地）开始加入“抢地”的行列。随着一线城市的开发空间缩小，现在投资的目标逐步向二、三线城市聚集。比如，南京中商决定斥资91亿元在淮安、徐州两地兴建大型城市综合体项目。我们汇总了一些城市的开发状况如表5所示。

表5　我国部分城市的城市综合体的开发数量与状况

城市	城市综合体发展状况
北京	以建设国际商贸中心为主线，全力提升现代化、规范化、特色化和国际化水平，推动首都商务科学发展再上新台阶。北京的城市综合体最早是国贸嘉里中心，主要是外资和港资进来做的。在建与规划中的城市综合体超过30个
上海	以提高全球资源配置能力为着力点，全力推进国际金融、航运和贸易中心建设，不断提高经济综合实力，全方位提高对内对外开放水平，全面提升经济中心城市的国际地位，为2020年基本建成国际经济、金融、贸易、航运中心奠定坚实基础
天津	中粮集团、金融街控股、保利集团、万达集团、仁恒置地等近两年在天津投资。更有十余个大型综合体项目在2010年集中亮相
济南	“十二五”期间建设16个，总用地40平方千米，可开发建筑面积约7000万平方米。其中老城区规划城市综合体6个，东部新区4个，西部新区2个，滨河新区4个
杭州	确立了“与世界名城相媲美的‘生活品质之城’”的宏伟目标，明确了打造“20大新城”“100个城市综合体”的重大规划，已经完成41个
成都	在建或已立项的城市综合体超过66个，总体量已近1000万平方米，大都将在近两年内陆续完工
昆明	开发规划的综合体项目达12个之多
合肥	在建的城市综合体超过20个
广州	根据第一太平戴维斯最新发布的统计数据显示，2011年广州新增高端商业（包括甲级写字楼和优质商业中心）将超过200万平方米，其中，广州零售商业市场将迎来供应井喷期，2011年全市或将有139万平方米的购物中心投入市场，其中62%集中在天河区，21%的面积位于番禺

城市综合体建设热潮的背后是：住宅地产的开发日益受到政府的控制与打压，而商业地产中的城

市核心地段的土地资源日益稀缺，同时土地开发成本昂贵，因此，不断刷新各地土地地价的“新地王”只能与“城市综合体”结盟，这一组合的背后也有地方政府炒作土地的冲动，地方政府吸引投资的动机一方面是依靠城市综合体提升城市品位，营造浓厚的商业氛围；另一方面在于可以通过城市综合体大体量的出让土地来获得土地交易的级差收入，增加地方财政收入。当然，其合理的解释在于国内住宅地产与商业地产的价值倒挂，如今，商业地产的热炒，在某种程度上可以说是商业地产价值的理性回归。

此外，“80 后”的消费促进我国商业的发展，特别是“Y 一代”（千禧一代）所带来的消费增长；调整收入结构对我国商业的现实推动，包括城市的消费与农村的消费，都会逐步增长。当然，“十二五”期间，我国商业还面临诸多不确定因素，包括开局年份的 CPI 的问题、政府换届带来的投资冲动问题、食品安全对消费领域的影响、法制化逐步完善的问题、企业之间的竞争白热化（2010 年的国美与苏宁之争，腾讯与 360 之争，都说明企业之间的竞争日益激烈），同时，我国面临着许多发达国家不曾经历的“未富先老”的问题，我们需要不断完善我国的社会保障体系，解决老龄化社会面临的潜在问题。

注释：

①城市综合体（HOPSCA）是指：Hotel（酒店）、Office（写字楼）、Parking（停车场），Shopping mall（购物中心），Convention（会议中心）和 Apartment（公寓）。

②万达集团董事长王健林更是直言在房地产开发企业之中，“做住宅地产是小学生；做商务地产、写字楼、度假村等是中学生；做商业地产是大学生；做城市综合体是研究生”。

参考文献：

［1］马建堂. 2010 年国民经济运行态势总体良好［DB/OL］. http：//www. stats. gov. cn/tjsj/zxfb/201101/t20110120_ 12689. html.

［2］荆林波，王雪峰. 消费率决定理论模型的推导和应用及“十二五”期间抑制消费率持续下滑的对策［Z］. 2011.

原载于《中国流通经济》2011 年第 7 期

“入世”十年：零售业对外开放初步考察

宋　则*

（中国社会科学院财经战略研究院，北京市 100836）

摘　要： 改革开放以来，在对我国零售业取得的巨大成绩的认识中，存在着对外资作用一边倒赞美的现象，对此我们应有清醒的认识，不仅要认识到外资对我国零售业发展的正面效应，更应该深刻理解外资对我国零售业发展的负面效应，取消外资在税收、市场准入、外贸经营权等方面的超国民待遇，地方政府要避免因追求政绩而导致的盲目引资，各界人士要摆脱根深蒂固的轻商情结，并且必须认识到零售业开放虽然最先影响到零售业，但最终必然会影响到制造业的发展。“十二五”期间，应该抓住机遇构建内外贸一体化、城乡一体化、批发零售物流配送一体化的商贸物流渠道体系网点，实施国外抢滩、国内整合的“两头扩网”战略，摆脱传统的“制造业思维”模式，树立“渠道是稀缺资源”“渠道是经济命脉”的新理念、新思维，充分发挥商贸物流业影响力，推动流程变革和业态创新，将培育、构建内外贸一体化、城乡一体化的自主品牌、自主渠道纳入国家“十二五”规划。

关键词： 外资；零售业；效应；一体化

一、辩证地看待外资对我国零售业发展的作用

在加入世界贸易组织10周年之际，各行各业都在回顾、评估和盘点“入世”以来的利弊得失。在充分肯定对外开放巨大成就的同时，其间也不乏较大的分歧和争论。实事求是地讲，这些年来，哪些变化主要是由国内改革带来的、哪些变化主要是由对外开放带来的是有区别的，不能一锅煮，不能都拿“入世”说事儿，需要具体分析，需要识别、甄别清楚。这是因为，三十多年间，我国商贸流通服务业得到了快速发展，无论有没有对外开放和外资介入，这都注定是不可遏止的大势所趋，外资进入只是起到了顺水推舟的作用，加速了这一进程。目前的“入世”10年回顾点评言论大都是“一边倒、简单化、一窝蜂”的赞美之词，而少有深入务实的讨论。

幸好还有权威机构没有这么做。在巨大成就和光辉业绩“大盘点”的时刻，2011年12月11日国务院新闻办公室发表的《中国的对外贸易》白皮书对此作出了严谨、系统、周全的总结和点评。白皮书对服务贸易着墨不多，尤其是对其中零售业对外开放的辉煌成就只字未提，对外资进入国内零售业的丰功伟绩、利弊得失和正负面影响更是避而不谈，而对加工贸易、货物贸易的成就和贡献真可谓不厌其详。这绝不是偶然的疏忽遗漏，恰恰折射出了零

* 宋则（1951—），男，辽宁省凤城市人，中国社会科学院财经战略研究院研究员，博士生导师，国家商务部专家，中国物流学会副会长，主要研究方向为产业经济学。

售业在“开放的成就”方面的确有些“例外”，原本就是“无话可说”，完全不必“没话找话”“自吹自擂”。

白皮书这样处理并不意味着零售业对外开放一无是处，不容否认国内零售业对外开放也包含积极的一面。其中，“入世”前10年的“预开放”以及“入世”后10年的“全面开放”，都展示了我国零售业强大的影响力和成长力。跨国集团的大规模进入为国内零售业发展带来了巨大压力，同时也增加了新元素，拓宽了视野，增长了见识，积累了经验，激活了机制，从而在整体上提高了居民生活质量，促进了消费总量的增长和消费结构更新，并带动了产业结构升级。可以说，外资介入下的国内零售业变革率先促进了经济结构的市场化调整，提高了消费的贡献率和动员能力，推动了我国消费生活方式和消费资源获取方式从票证化向市场化的历史性转变。当然，“内因是变化的主要根据”。这些积极变化不能都算在“对外开放”的账上，更不能算在“外资企业”的账上，一大批内资零售企业在常常遭遇不公平待遇的困境中自强不息、发展壮大，这才是取得成绩和巨变的主导力量。

至于存在消极的一面，更是不容粉饰。主要表现是，恰恰从20年前“预开放”的1992年开始，我国服务贸易中零售业的逆差急剧扩大，与商品货物贸易顺差稳步扩大形成了强烈对比，陷入了“服务贸易悖论”，即壮大国内服务业是增强国际服务贸易的前提和后盾。但是，在国内服务业原本弱小的情况下，大幅度开放服务贸易势必激化与壮大国内服务业的矛盾，一段时期内陷入左右为难的窘境，出现服务业外资挤压内资、遏制成长，从而使服务贸易的逆差越来越难减少。正是在这种背景下，出现了零售业“国际竞争国内化”的被动局面。因此，就服务贸易中的零售业而言，我国在海外的商业存在是逆差，是赤字，国际影响力是负数；同时，零售业开放使国内零售企业发展壮大在一定程度上遇到了克星，受到了挤压。根据我国连锁经营协会的最新报告，连续多年，外资零售业势头始终强劲，百强企业中主要经营大型超市业态的外资企业已逐渐占据主导地位。“2010年，沃尔玛等主要5家外资大型超市新增店铺140家，新开店数比上年增加了22%。外资企业总体保持较快的发展速度，且开店和销售增幅基本保持同步。2010年，店铺增幅超过20%的外资企业达到6家（2009年为2家）。内资企业的开店速度和销售增长普遍低于外资企业。”2011年，我国连锁经营协会提供的统计数据显示，目前，在全国范围内，外资超市的市场份额已经逼近47%。

二、片面重视外资对我国零售业发展作用的原因及后果

导致这种局面的直接原因，是不少地方政府和相关机构对引进外国商业资本倾注了过多的热情。鉴于零售业渠道命脉的影响力和本土化特征，按照国际惯例，任何世界贸易组织成员开放零售业的态度和立场都无一例外的异常谨慎。开放零售业通常只是“承诺”，甚至只是姿态，充其量只给予国民待遇，并且还要实施种种有利于自己的技术壁垒，纳入强硬的本土法律和规划以便“严加看管”。即使是口头上大讲零售业国际化的国家，骨子里也从来都是千方百计去“化”别人，而绝不肯轻易被别人“化掉”。至于外资是否进入，能否发展，全看其自身的“造化”和运气，别指望得到任何额外的便利与好处。在这个问题上，资深世界贸易组织成员堪称典范。日本从来都承诺开放零售业，欢迎外来投资，但没有哪个国家的零售企业真正在那里长期站住脚。只可意会不可言传、心照不宣的奥秘就在于，各世界贸易组织成员不会拿零售业开放当作儿戏去向自己的“上级”邀功请赏，向自己的国人彰显政绩，更不会为此敲锣打鼓主动邀人入伙、大肆炫耀、四处张扬。

突出表现，一是许多城市中心的商业地段被让给外资企业，有的地方政府甚至将原来一些国有商业企业所在黄金地段的店铺拆了以后让给外资企业，从而使中央政府一再强调的商业网点规划变成了挤压国内企业、给外资“腾地方、送网点、圈地盘”的规划。

二是超国民待遇主要体现在税收、市场准入、外贸经营权的优先获取等方面。其中，税收优惠问题最为突出。税率并轨只是近年的事，而在此前的很长时期内，由于减免税优惠和费用扣除政策的不同，内资企业所得税率为33%，外资企业所得税率

大约15%，二者相差一倍多。这既导致中外企业竞争上的不平等，造成外资企业通过各种避税手段转移利润，明显有违税收最基本的平等原则，也不符合世界贸易组织倡导的自由贸易和平等竞争原则。对外资企业的特殊税制原本就是出于改革开放初期的吸引外资，然而对于外资企业这种长期的“超国民待遇”留给我国的好处似乎与人们的初衷渐行渐远，它的负面效应则不断凸显出来。

对于零售行业来说，现行所得税制实际上构成了对内资企业的逆向歧视，这种歧视对于前面有狼后面有虎的我国零售企业来说无疑是致命的。超国民待遇、利益廉价让渡使外资有恃无恐地进行恶性竞争，以低价收购、占压资金等方式欺压国内众多制造商和供应商，恶化了国内竞争环境。这种态势无异于又一个“外资大跃进”。其中，内资连锁零售企业在经济存量上虽然仍占多数，但增长速度、核心份额的增长态势和可持续盈利能力，已经远远落后于在华的大型外资连锁零售企业。

导致这种局面的根本原因是国内改革和对外开放的指导思想，在国内经济中“重生产，轻流通”，在对外贸易中“重货物贸易，轻服务贸易”。在讨价还价的对外谈判中轻易出卖了零售业，导致不平等的单向开放，致使外资长驱直入，造成了无法治愈的深层伤害。直接后果是，外资挤压使国内始终没有形成高效、强大、像样的零售业，从而拉大了各种差距，自主渠道、自主品牌始终健全、强大不起来，统一开放竞争有序的市场体系和高效畅通的商贸流通体系始终难以形成，效率低下、成本高昂始终是流通领域的顽疾，以至于我国不得不在“十二五”规划时期加紧“补课”、加紧补救。应该说，三十多年来，我国零售业的快速发展和巨大成就始终是主流。目前最突出的问题是，传统业态资源过剩，新型业态发展虽快但规模过小，大型企业过少，国际化企业空缺。国内零售业难以壮大，“走出去”更是天方夜谭、凤毛麟角。本国零售业拼数量，少创新，落后局面远未根本改变。

三、零售业对外开放必须确定合理的目标与标准

总体而言，我国零售业的对外开放实在算不上圆满，不应估计过高。这就要求，一是对外资在零售业的情况进行全面准确评估，仅仅凭借10年的实践是远远不够的，需要更大历史跨度的检验。二是必须明确对外开放本身不是目的，而是手段，终极目的和标准应当是有利于社会主义市场经济体制与公平竞争市场环境的生成和巩固，有利于国内流通企业特别是中小企业的健康快速成长，有利于零售业资源以市场化为基础高效合理配置，有利于我国网络状自主渠道资源的不断壮大，有利于国民经济产业结构优化、流程优化、交易成本降低和就业增长，有利于国家经济安全和城乡居民得到实惠。这些年，由于种种原因，距离这些目标还有很大差距，有时甚至背道而驰。三是尤其要关注伴随零售业影响力提升而出现的“影响力滥用”这一国际化新情况、新动向。外资企业在我国骄横、霸道的案例数不胜数，公众有目共睹。

特别需要指出，这些年来，外资在中国零售业“事实上不设防”的奇特状况在全世界独一无二，外资在中国最具成长性的主流业态的超速扩张在全世界绝无仅有。对于零售业的开放，许多事情还需要冷静客观地具体分析，而某些关于“越开放就越有利、就越安全”的观点失之笼统，“外资无忧论”“欢迎并购论”显然盲目乐观，十分危险。“入世”前后直至当前，外资在零售业的超速扩张已经越来越偏离对外开放的初衷和期望，不少苗头和动向没有引起高度警惕，后续应该及时作出与时俱进的政策调整，至少要把国内外企业公平竞争、公平对待的政策真正落在实处。

四、外资进入零售业的直接影响是国内零售业，但最终影响的是制造业

外资进入零售业，首当其冲受到影响的当然是国内零售业，但最终是制造业。由于忽视现代零售业的强大功能，人们对外商进入我国零售业的后果缺乏应有的警觉，认为这不过是零售业内部的事情，最多不过丢失一部分零售业的市场份额，倒闭一批经营不善的商业企业，无伤大局。其实不然。目前的实际情况显示，外资企业拥有的巨额订单、大规模采购优势虽有促进外贸出口的短期作用，但也存在“影响力滥用的垄断”，即凭借网状流通渠道优

势和定价优势向制造业终端，甚至向中上游产业链实施纵深控制。外商所给出的批量和价格“订单”事关众多制造商的销路与存亡。外商已经发起的大规模进入，绝不仅仅是我国零售业的自身命运问题，更将主要牵涉和控制到我国大大小小制造商们的产供销命脉，直至向产业链的上游延伸。因此，壮大国内零售业十分迫切，战略意义深远。对外开放的大政方针必须毫不动摇，但我国在对外开放、世界经济一体化过程中，理应在世界贸易组织框架下就国内零售业和制造业的后续发展以及网状渠道资源配置作出独立自主的政策安排，创造公平竞争的市场环境。

五、彻底抛弃轻商情节，改变外资进入零售业“事实上不设防”的状况

这些年，引进外资的正面效应主导时期已经结束，负面效应开始上升到了值得高度警觉的主导方面，应对外资进入零售业的基本判断进行相应调整。从20世纪后期连锁超市（最初被称作“自选商场”）诞生算起，我国大体用了15年的短暂时间，历经了发达国家零售业态150年的沧桑变迁，新兴零售业态如便利店、折扣店、超市、专卖店、大卖场、购物中心、网上商店等，均已在我国出现。我国国民经济和消费增长由此受益匪浅。

随着时间的推移，这些原来迫切需要的经验、方式和技术，目前在我国已经不再是“问题”，我国自己的商贸零售业虽然还有诸多前进中的困难，但毕竟今非昔比，获得了跨越式发展，尽可以一显身手、大有作为了。而与此同时，跨国集团基于我国举世罕见的特殊政策背景和过度宽松环境下的超常规发展，已经对我国零售业、制造业的后续发展和扩大就业产生了日益明显的消极影响。这个客观存在的重要转折意味着，作为对外开放“硬币”正面，其政策初衷或正面效应已经基本实现，完成使命。而作为这枚硬币自始至终都存在的另一方面，即负面效应则已经上升为值得关注的主要问题。

我国从改革开放初期直至世纪之交，商贸零售业集中大面积引进、模仿和消化吸收国外管理经验、流通方式和实用技术的阶段已基本完成，用市场、空间换技术、换管理、换经验的正面效应已经出现拐点并加速衰减。我国改革开放的基本国策不应改变，但具体政策必须与时俱进、合理调整。

进一步清除“重生产，轻流通”的传统影响。种种失误的总根源在于根深蒂固的计划经济思维和重化工业思维，在于骨子里改不掉的“重生产，轻流通”情结。改革之初，最早放开的是国有商贸零售业而不是国有制造业，骨子里的缘由是轻商；20世纪80年代“多渠道，少环节”的误导使市场经济的要害批发业迅速萎缩，骨子里的缘由是轻商；20世纪90年代培育市场重点转向要素市场后，便以为商贸零售业再无话可说、无事可做，再次导致零售业发展滞后，骨子里的缘由是轻商；“入关”“入世”谈判让步最多的是零售业，用零售业的让步换取别的谈判筹码，骨子里的缘由是轻商；新世纪“入世”过渡期零售业主动提前领先于制造业的大幅度开放，骨子里的缘由还是轻商；而直至近期，外资并购装备制造业立即备受关注，高度警觉敏感，这与面对零售业外资并购的迟钝麻木，形成了鲜明对照，骨子里的缘由还是轻商。轻商在我国真可谓习惯成自然地一脉相承。

因此，研究和制定政策要对外资进入零售业给予高度警惕，调整政策思路，摒弃根深蒂固、潜移默化、与时俱进的“轻商”传统，引进外资一定要充分考虑首先给我国本土企业一个公平待遇，一定要创造公平竞争的环境氛围，彻底改变对外资进入零售业“事实上不设防”的世界罕见做法。

六、构建内外贸一体化、城乡一体化、批发零售物流配送一体化的商贸物流渠道体系网点，实施国外抢滩、国内整合的“两头扩网”战略

我国需要彻底改变“内战内行、外战外行”的被动局面，自下而上、做强做大国内一批企业，单向开放要转变为双向开放，必须“走出去”一批企业，主动出击才有产业安全和经济安全可言。

总结经验教训可以发现，利润是一切可持续发展的现实基础。持续的经济危机来临才使人们深切感到，自主渠道就是收入，自主品牌就是利润，渠道安全才有经济安全。纵观世界，“有本事的人赚

别人钱，没本事的人送别人钱”。在国际市场上，我国为什么总是“买啥啥贵，卖啥啥贱”？其中的重要原因就是没有海外的自主购销渠道，采购分销网络渠道这个命脉掌握在别人手里，零售业的海外影响力是负数。重工轻商，结果就是十分利我国只有其一，90%的利润流失海外。因此，从战略规划角度看，我国需要倒过来思维，以渠道品牌为中心，以现代服务业为基础，在下一个30年，应努力“颠倒乾坤”，实现由传统工业资本主导向由商业资本主导转变，实现“肥水不流外人田”，利润从1∶9向9∶1转变。从近期实战角度看，我国必须拥有内外贸一体化的自主购销渠道，才能灵活运用国内外两个市场，才能拥有自主品牌，掌握自己的命运，实现就业和利润最大化。我国要走向世界、实现“自主品牌万里行”，迫切需要“自主渠道万里长”。若要自主品牌商品销往世界各地，首先要自主分销网点渠道遍布世界各地。

持续的国际金融危机和经济危机有可能给我国带来转机。实际上，目前国外越是困难，对我国物美价廉商品的依赖就越强。我国此刻商品出口受阻、订单下降，在一定程度上是由原来外资主导的资金链、供应链和购销渠道损毁所致。而外资主导的流通渠道损毁正是我国商贸物流企业“走出去”、抓紧培育自主分销网点来取而代之的重要契机。从长远看，我国巨大的商品输出必须同巨额的商业资本输出相匹配。只有这样的外贸战略和政策才是完整的，服务贸易逆差才有望扭转，有效益的商品出口才可望回升。

将商贸物流渠道建设纳入国家“十二五”规划的基本思路是：抓住机遇构建内外贸一体化、城乡一体化、批发零售物流配送一体化的商贸物流渠道体系网点，实施国外抢滩、国内整合的“两头扩网”战略。

国外抢滩。目前，我国商人在海外大多数属于小散差，不成气候。近年来浙江商人摊位制小商品批发市场模式是我国模式在海外的简单延伸，国际化、现代化大型零售、批发企业的海外探索几乎为零。针对这种状况，“十二五”期间，商贸物流领域的对外开放重心要从吸引外资“请进来”转变为推动内资“走出去”，从委托代理出口为主转变为自营出口为主，促使国内大型商贸物流企业按照产业链和供应链的思路向外延伸，实施渠道接管、销售终端前移，用我国企业的全程自主分销取代外商主导的低价采购，逐步用自主品牌取代加工贴牌，打一场持久的、系统化的产业链、供应链、渠道、价格和品牌的争夺战，逐步掌控海外的主动权、主导权。

为此，①国内涉外企业要停止在海外的内斗自残，改变“内战内行，外战外行”的消极被动局面，联手抱团“走出去”，增加海外投入，在国外抢滩登陆、开辟大规模由供应链支撑的采购分销窗口和基地网点。②要重视软实力，深入研究各个目标国的投资环境和文化背景，借鉴外国公司在华投资及其本土化的经验，借助海外华人、华商形成的商贸物流增长点和影响力，广泛联络在海外已经站住脚、本土化的运输服务贸易场站、批发市场、工商企业、商务办事机构、中介服务机构等商贸物流据点和大批浙商、粤商及海外华商等工商、金融界人脉，在海外直接投资、收购兼并、代理转自营。③要打破内外贸分割的局面，促进原来体制分治造成的内贸企业和外贸企业之间的合资合作，培育一批内外贸一体化的现代企业集团，追踪国际动态，引导产业方向，促进国内商贸物流企业走向世界。④为促进商品内销和外销之间的灵活转换，降低购销风险，要推动目前权宜之计的“外贸大集”常态化，积极探索外贸企业建立内销机制和内销风险基金。与此对应，内贸批发、零售企业也要建立针对出口转内销的采购机制和采购风险基金。⑤主管机构要具体研究“走出去”的商贸物流企业所应具备的条件、潜质、方式和鼓励政策，积极创造企业走出去的国际环境。即使走出去有具体困难，大格局暂时难以改变，也要逐步提高商贸物流领域的市场集中度，千方百计强化我国工商企业自主定价能力，强化在价格、品牌、利润、标准等方面的话语权，为日后走向世界创造条件。

国内整合。国内企业做大做强是走出去的重要基础。“十二五”期间，要结合已经出台的产业调整和振兴规划，整合结构，提升国内商贸物流资源的质量。要加强对内开放、深化改革，彻底改变“流通渠道行政化”的传统隶属格局，打破条条块块的部门分隔、地区封锁，推动商贸物流资源和企业的横向性、市场化流动，实现跨部门、跨地区、跨所有制的高效重组。①从大宗分类产品看，要根据工业生产资料、工业消费品和农产品生产、消费和流通的特点，切实建立以大型骨干领军企业为主导，以中小企业加盟、联盟、标准化、规模化、连锁化、品牌化为基础的工业品批发流通体系、消费品零售服务体系和农产品畅销体系。②从空间布局看，要构建城乡一体化、内外贸一体化、批发零售物流配送一体化的商贸物流渠道网点。为此，要借助万村千乡市场工程和家电下乡等契机，重点组织实施针对广大农村网点缺失的“覆盖战略”；针对二、三线城市商业资源小散差的局面，重点组织实施提高市场集中度的“补强战略”；针对国内外影响力巨大的特大城市，重点组织实施能够引领商贸物流业未来与发展方向的“创新战略”。

总之，我国应当走出陈旧的“传统制造业思维”，牢固树立“渠道是稀缺资源”“渠道是经济命脉”的新理念、新思维，充分发挥商贸物流业影响力，推动流程变革和业态创新，将培育、构建内外贸一体化、城乡一体化的自主品牌、自主渠道纳入国家“十二五”规划。而由出口方式转变、适度内需替代和消费支撑，有望率先在我国催生新一轮自主渠道变革，并进而影响世界。

原载于《中国流通经济》2012年第3期

新丝绸之路经济带与中欧经贸格局新发展*

——兼论跨亚欧高铁的战略价值

黄卫平**

（中国人民大学经济学院，北京市 100872）

摘　要： 新丝绸之路经济带建设，既是中国面向欧亚内陆开放的新战略，又是涉及中欧乃至亚欧大陆相关国家与地区共同利益的发展战略，必将推动国际区域合作，改变中欧经贸格局。跨亚欧高铁是新丝绸之路经济带建设的主要交通载体，对于高铁的投入、客货运比率、安全性等问题，都应高度重视。新丝绸之路经济带战略和“高铁外交”需要与相关国家展开合作，通过国际合作在发展中解决相应的问题，实现中欧与新丝绸之路经济带周边国家与地区的共赢。

关键词： 中欧经贸；新丝绸之路经济带；跨境高铁

一、引言

2013 年 9 月，习近平主席在出访哈萨克斯坦期间，首次提出了建设新丝绸之路经济带的构想（以下简称“新丝路倡议”）；2014 年 5 月在亚洲相互协作与信任措施会议（简称“亚信会议”或“亚信峰会”）上，中国领导人再次倡导加快推进丝绸之路经济带和 21 世纪海上丝绸之路建设。在 2014 年 11 月举行的亚太经济合作组织（APEC）峰会上，习近平主席细化了“一带一路”倡议，此后，中国提议建立丝路基金，“一带一路”建设已经成为世界经济中一件有意义的事情。中国重提丝绸之路，其旨显然并不在克隆这条“源自汉、盛于唐”的丝绸之路，而是赋予丝绸之路全新的内涵。从这个视角观察，丝绸之路之于新丝路战略，更多的是具有象征意义的，它准确而形象地表达了中国重视发展与中亚、俄罗斯、伊朗、土耳其乃至欧洲经贸关系的国家战略。在中欧贸易进入崭新发展时期的今日，新丝路战略既是中欧经贸往来从量变到质变的一个飞跃，也是激活持续几千年“中国向西、欧洲向东”欧亚梦的构想，既是中国与欧洲实现双赢的战略选择，也是中欧与中亚地区、海湾与阿拉伯地区、俄罗斯、伊朗、土耳其实现多边共赢，为中国赢得更大发展空间的战略选择。

公元前 139 年与公元前 119 年，张骞受命于汉武帝两度出使西域拓展丝绸之路。通常所说的丝绸之路，是指向西延伸的陆上丝绸之路，即西汉时张骞和东汉时班超出使西域开辟的以长安（今西安）、洛阳为起点，经甘肃、新疆，到中亚、西亚，并联结地中海各国的陆上通道，这条商路总长大约 7000 公里，以丝绸制品与贸易为主，故名丝绸之路。广义的丝绸之路除了这条西北陆上丝绸之路外，还包括南方陆上丝绸之路与海上丝绸之路。南方陆上丝

---

* 本文受欧盟委员会教育与文化总司让·莫内项目办公室“让·莫内教授项目”（2012—2015 年）的资助。

** 黄卫平（1951—），男，北京市人，中国人民大学校务委员、世界经济研究中心主任，二级教授，博士生导师，兼任中国世界经济学会、中国国际贸易学会、美国经济学会、欧盟经济研究会常务理事，中美经济学教育交流委员会执行主任，中国太平洋经济合作委员会委员，享受国务院政府特殊津贴专家，主要研究方向为世界经济、经济发展、国际商务、中国改革与开放。

绸之路也称蜀身毒道，是指中国古代从四川成都出发，经贵州和云南，进入缅甸和泰国，最终达到印度的通商孔道，其总长大约2000公里，是中国古老的国际通道之一；海上丝绸之路是指古代中国与外国交通贸易和文化交往的海上通道，繁荣于宋元。丝绸之路一词最早出自德国地理学家费迪南·冯·李希霍芬1877年出版的《中国》一书。

本文论及的“新丝路”特指西向的陆上丝绸之路，本文将新丝路战略与中欧经贸格局发展结合起来观察与研究，兼论跨亚欧高铁在这一过程中的作用。

二、相关研究回顾

鉴于本文从新丝路战略的角度研究中欧经贸发展，故文献回顾包括中欧经贸与新丝路两个方面。

有关中欧经贸研究的相关文献都关注到一个事实，即中欧经贸保持良好的增长势头，在经贸领域的合作不断加深；但是，双方在知识产权保护、环保、新兴产业等领域分歧有所扩大。

20世纪90年代以来，中国一直是欧盟反倾销的主要对象国之一。2013年以来，中欧贸易摩擦不仅没有下降，反而不断上升。王莉[1]认为，中国与欧盟拥有共同利益，双方都把对方视为重要贸易伙伴，双边经贸关系的发展势头良好；但是，经贸摩擦不断。姚铃[2]认为，欧元主权债务危机对中欧经贸合作的外溢影响将进一步显现。

对于中欧进一步加强合作的问题，有的研究已经注意到应该从战略视角审视中欧关系，建议全面提升中欧关系。韩秀云[3]认为，欧洲应从战略高度认识中欧贸易的重要性，中国应加强与欧洲在高科技和新兴产业领域的合作。牟岚[4]提出加强与欧盟进行自由贸易区谈判。李罡[5]认为中欧关系需要全面升级，并提出在经贸、人文社会、科技、金融货币、全球治理五个方面加强合作。

对于新丝路战略，有的从国内区域经济发展的视角进行研究，有的从国际区域经济合作的视角进行研究，本文主要关注后一部分的研究。陈玉荣、汤中超[6]认为，新丝绸之路经济带的构建，将为沿线国家经济发展带来新的历史契机，符合相关国家的利益；但这一倡议有待补充具体内容。郭田勇、李琼[7]注意到了新丝路战略对中亚地区的推动作用，认为这对中国和中亚五国来说都是一次难得的机遇。白永秀、王颂吉[8]认为建设新丝绸之路经济带不仅有助于加强区域经济合作、促进世界经济发展，而且有助于保障战略安全，同时也关注了新丝路战略对于地缘政治的影响。冯宗宪[9]将新丝路不仅与中亚而且与欧洲联系起来考虑，提出将新丝路国外路段划分为三个地段，即中亚地段，南亚地段，中东欧地段以及相关的俄罗斯和西欧、北欧地段。梅兆荣[10]认为，作为欧盟内与中国最大贸易伙伴的德国在中欧关系中的作用与地位特殊，并提出中德关系是中欧关系的重中之重。

分析研究如上文献，得出的主要结论是，业已取得良好发展的中欧经贸关系，只有站在新的战略高度，开辟中欧未来发展的方向，才能走出中欧经贸摩擦的死胡同，而新丝路战略有助于开创中欧经贸新格局。

三、中欧经贸关系寻找新突破的基础

自2004年中欧建立全面战略伙伴关系以来，经贸往来日趋密切，合作领域不断扩大，欧盟一跃成为中国第一大贸易伙伴，中国也稳居欧盟第二大贸易伙伴之位，中欧贸易额已经超越中日、中美贸易额，中欧经贸关系成为双边最重要的经贸关系。目前，德、荷、英、法、意是中国在欧盟主要的五个贸易伙伴，英、德、法、荷位居欧盟投资中国前四位，中欧贸易额不断创历史新高，因此，中欧双边经贸合作的领域与范围不断向纵深发展、从经贸合作向全面合作推进是有基础的。

图1显示，中欧贸易在2004—2007年逐年上升，于2008年达到阶段性高峰。由于2008年国际金融危机的冲击，中欧贸易在2009年出现滑坡，其后再度恢复增长，2013年中欧贸易额高达7299多亿美元，2009—2013年，双方贸易增长了71%，欧盟持续成为中国第一大贸易伙伴。

图2显示，中欧贸易额与中美贸易额有同步增减的特点，但是，中欧贸易额一直超越中美贸易额。2008年以来，中欧贸易额占中国进出口总额的比重平均为19%，中美贸易额占中国进出口总额的比重平均为13%，两者差距为6个百分点。

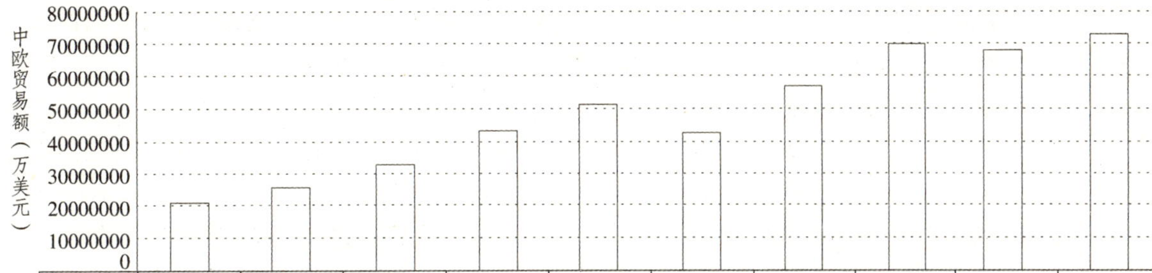

年份	2004	2005	2006	2007	2008	2009	2010	2011	2012	2013
贸易额（万美元）	21138553	26205911	33022655	42752139	51148109	42669501	57305809	70074597	63308895	72991554

图 1　2004—2013 年中欧贸易额

数据来源：国家统计局。

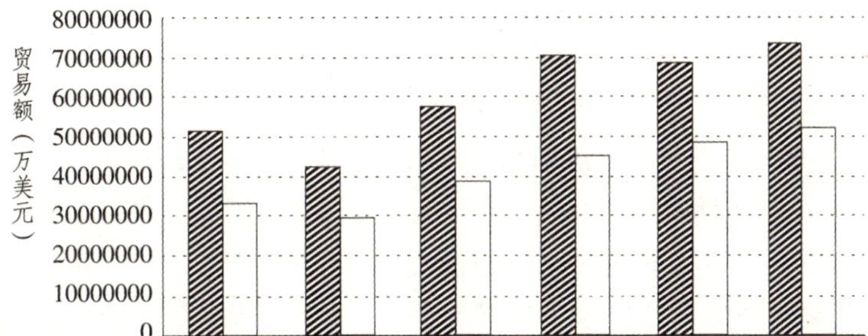

	2008 年	2009 年	2010 年	2011 年	2012 年	2013 年
中欧进出口总额（万美元）	51148109	42669501	57305809	70074597	68308895	72991554
中美进出口总额（万美元）	33374348	29826260	38538529	44658227	48467425	52087463

图 2　中欧与中美贸易额比较（2008—2013 年）

数据来源：国家统计局。

综上所述，中欧贸易额已经具有相当大的规模，中欧经贸往来已经步入成熟与稳定发展阶段，中欧具备了携手规划未来更成熟的合作与发展的条件。

随着欧洲逐步走出主权债务危机，落实《2020 年欧洲发展战略》，以及中共十八届三中全会确定我国全面深化改革的战略目标，中欧双方都认识到进一步加强全面合作、寻找新的增长点的重要性。一个强大的欧洲有利于中国的发展，一个强大的中国同样有利于欧洲的发展。

正是在这样的背景下，应欧洲理事会主席赫尔曼·范龙佩和欧盟委员会主席若泽·曼努埃尔·巴罗佐邀请，习近平主席于 2014 年 3 月 31 日至 4 月 1 日对布鲁塞尔欧盟总部进行访问。中欧共同发表了《关于深化互利共赢的中欧全面战略伙伴关系的联合声明》，表示中欧肩负着继续拉动世界经济增长、实现共同繁荣的重要责任，强调共同维护开放型世界经济，反对保护主义，推动从经贸合作入手的全面合作，中欧双方一致同意共同打造未来 10 年和平、增长、改革、文明的伙伴关系。该声明的其中一个亮点是“双方决定共同挖掘中国丝绸之路经济带倡议与欧盟政策的契合点，探讨在丝绸之路经济带沿线开展合作的共同倡议”，并将中欧交通运输合作列为战略目标。自此，新丝路战略与中欧全面战略伙伴关系的结合，通过中欧双边认可的法律文件形式确定下来。

四、新丝路战略是中欧共同利益的理性选择

回顾亚欧交往的历史，“中国向西，欧洲向东，打通亚欧大陆通道”一直是各自的梦想。新丝路战略价值体现在如下三方面。

1. 新丝路战略符合中欧共同利益

对于中国而言，丝绸之路意味着繁荣、稳定、文明、进步。自张骞通西域以来，通过丝绸之路，中国的凿井、冶铁等技术传到西方；中亚的葡萄、

黄瓜、胡萝卜、大蒜等农作物，罗马的毛织品、玻璃等手工业品和杂技，以及印度的宗教传入中国。丝绸之路不仅是中国联系西域、中亚的重要商道，也是整个古代中外经济、文化交流的国际通道，推动了中西贸易、文化、人员往来。国力盛衰与丝绸之路的兴衰呈正向关系。汉唐盛世，丝绸之路驼铃喧嚣；在乱世及羸弱年代，丝绸之路鞍马罕见。对于欧洲人而言，寻找通向东方的道路一直是他们的梦想。15 世纪横跨欧亚的奥斯曼帝国控制、阻断了欧亚大陆交通线，欧洲才从陆上转向海洋寻找通往东方的通道，自此开启了欧洲的大航海时代。

新丝路战略描述了进一步密切中欧全面战略伙伴关系，加快拓展国际区域经济合作，最终建立亚欧大陆通道的宏伟蓝图。中欧携手推进新丝路战略，打通亚欧陆上交通，基于短期视角观察，不仅有助于在现有基础上将中欧贸易提升到一个新的高度，而且有助于推动丝路经济带周边国家的区域合作；基于长期视角观察，新丝路是欧洲复兴及中欧两个古老文明焕发活力的复兴之路，新丝路战略符合中欧及周边国家的共同利益。

2. 新丝路战略是中国全面开放的必然选择

世界贸易组织秘书处的统计数据显示，2013 年，中国货物出口额 2.21 万亿美元，进口额 1.95 万亿美元，进出口总额 4.16 万亿美元（折合人民币 25.83 万亿元），已成为世界第一货物贸易大国。据理，中国应该在亚太区域贸易合作及经济一体化进程中扮演主要角色，但是，美国主导的跨太平洋战略经济伙伴关系协议（Trans - Pacific Partnership Agreement，TPP）刻意排挤中国。2011 年 11 月 10 日，日本正式决定加入该谈判，而中国没有被邀请参与该谈判。

从目前的发展态势分析，即便中国最终被跨太平洋战略经济伙伴关系协议吸纳，在美日联手挤压下也较难发挥主导作用，这为持续发展的中国对外贸易增添了不确定因素。因此，在继续对跨太平洋战略经济伙伴关系协议采取开放态度的同时，中国提出新丝路战略，推动亚欧大陆的国际区域经济合作，这不仅是冲破美国重返亚太、围堵中国的明智决策，而且是实现中国从贸易大国到贸易强国，推动全面改革与全方位开放战略的必由之路。中国对外贸易也将随着新丝路所推动的国际区域经济合作的出现而赢得可持续发展的未来。

3. 新丝路战略助推欧洲复兴

新丝路战略对于欧洲的意义不仅仅在经济上。经过两次世界大战，欧洲经济的霸主地位也被美国取代，一度沦为美国繁荣的陪衬。发端于欧洲煤钢联盟、经过欧洲共同体的磨合、并最终建立的欧洲联盟承载着欧洲复兴之梦，但并非一帆风顺。1991 年 12 月，欧洲共同体马斯特里赫特首脑会议通过《欧洲联盟条约》（通称《马斯特里赫特条约》，简称《马约》）。1993 年 11 月 1 日，《马约》正式生效，欧盟正式诞生。1999 年 1 月 1 日，欧元正式诞生。在欧元推出的两个月后，美国牵头打响了科索沃战争，从 1999 年 3 月 24 日持续至 6 月 10 日，共 78 天。这场发生在欧洲境内的战争使得欧元兑美元大幅度下跌，也让意欲减少美元外汇储备而转向欧元的国家抱持观望态度。2008 年，在发端于华尔街的国际金融危机冲击下，美国第四大投资银行雷曼兄弟按照美国公司破产法案的相关规定，于 9 月 15 日提交了破产申请，成为美国有史以来倒闭的最大跨国金融公司。对于美国为何要救以美资为主的房贷美、房利美而不救以欧洲资金尤其是德国资金为主的雷曼兄弟，欧洲人心知肚明却有口难言。

所有迹象显示，与当今世界霸主美国携手的欧洲复兴之路历经坎坷，欧洲只有开辟一条属于自己的复兴之路，从战略高度看待与推进中欧合作，才能重振欧洲经济，再铸昔日辉煌。

五、新丝路战略是国际区域经济合作的新尝试

输油输气管道、跨境高速公路、高速铁路、信息网络、飞行航路是新丝路的主要载体，其中，跨亚欧高铁是新丝路的重要标识，发挥着重要作用。新丝路战略一方面覆盖国际贸易、国际技术合作、国际投资合作、国际区域经济合作等多个领域；另一方面，既有中欧建立跨亚欧大陆区域经济合作的远景，又有中国与中亚五国、伊朗、俄罗斯等建立多边或双边国际区域经济合作的近期目标，最终将形成一个多层次、多模式的国际区域经济合作架构。

高铁在新丝路战略所导向的国际区域经济合作中扮演着重要角色。

1. 高铁改变国际运输格局，促进所经过区域的资源更有效地进行配置

贯通中欧的新丝路覆盖中亚五国、伊朗、俄罗斯、土耳其，高铁降低了所经过地区人、财、物的流动成本，通过高铁的“线”带动区域经济发展的“面”，最终形成新丝路经济带。

（1）从运输角度观察。

与海运比较，陆运的运量少、成本高，在客运方面的优势也被空运所取代，使得亚欧大陆桥贸易长期发展缓慢。但是，国际运输的这种局面随着高铁技术的发展正在逐步改变，高铁的速度与运载量突破了陆上运输的发展瓶颈，在国际运输上的竞争优势日渐凸显。高铁在中短途客运与货运方面对空运具有替代效应，在长途货运方面与海运有互补效应。加之，全球内陆国家绝大多数位于欧亚大陆，位居亚欧大陆中心区域的中亚五国对陆运的依赖超过其他国家，远离大西洋的东欧国家也希望开辟通往中东与远东的陆上交通运输线，中欧新丝路经济带对高铁运输存在潜在的庞大需求。

（2）从贸易角度观察。

形成国际贸易的其中一个原因是地区差异、禀赋差异。联合国开发计划署在一份关于中亚贸易发展的报告中称，中亚五国外贸出口对原材料的依赖性增加，哈萨克斯坦、土库曼斯坦和塔吉克斯坦三国的能源、矿产、棉花和金属已占其出口总额的90%。中国与中亚五国在经济结构与对外贸易商品结构上具有较强的互补性，中国的纺织、服装、轻工与电子产品在中亚具有较强的竞争力，中亚五国能源出口中国是运输成本最低、规模效应最大的选择。中国与中亚五国乃至新丝路所经过的伊朗、俄罗斯等国在产业结构、商品结构、贸易结构上都存在互补性，因此，通过国际区域合作推动相互之间的贸易有利于各方利益。

2. 中国高铁向境外延伸已经具备条件，贸易互补奠定了国际区域合作的基础

（1）中国高铁技术成熟，具备向境外规模发展与投资的条件。

2005 年以来，中国开始大规模引进并自主开发高铁技术，吸收了法国阿尔斯通公司、德国西门子公司、加拿大庞巴迪公司和日本川崎公司的技术，自主研制出时速超过 350 公里的高速列车，代表着中国的高科技实力与经济实力。中国在高铁领域的科技优势与生产实力处于世界领先地位，申请的高铁技术专利已经达到 2000 件以上。在全球高速铁路技术专利申请中，中国的申请占据 70%，其后依次为日本、美国和欧洲地区，分别占 13%、8%、7%。除此之外，中国高铁之所以在国际上具有竞争力，主要因为其高科技与实用性的完美结合。中国高铁的特点是速度快、运行稳定、成本相对较低。2014 年 7 月，世界银行驻中国代表处在一份关于中国高铁建设成本的报告中指出，中国高铁的加权平均单位成本，时速 350 公里的项目为 1.29 亿元/公里，时速 250 公里的项目是 0.87 亿元/公里，这远远低于每公里 3 亿元以上的国际高铁建设成本。因此，中国不仅有技术能力而且有经济实力将高铁修到国外。

（2）中国与中亚五国经贸往来密切，奠定了以高铁为纽带的区域经济合作基础。

中欧携手共建贯通亚欧大陆的交通动脉——新丝路的第一步，是中国打通与中亚五国的经贸通道，中亚五国成为新丝路战略迈出国门的关键。中亚五国包括哈萨克斯坦、吉尔吉斯斯坦、塔吉克斯坦、乌兹别克斯坦和土库曼斯坦。1992 年中国与中亚五国建交之初，双方贸易额仅为 4.6 亿美元，而 2012 年这一数字达到 459.4 亿美元。目前，中国已成为哈萨克斯坦、土库曼斯坦的第一大贸易伙伴，乌兹别克斯坦、吉尔吉斯斯坦的第二大贸易伙伴，塔吉克斯坦的第三大贸易伙伴（见表 1）。

表 1　2012 年中亚五国在与中国进出口贸易中所占份额

哈萨克斯坦	土库曼斯坦	吉尔吉斯斯坦	乌兹别克斯坦	塔吉克斯坦
56%	23%	11%	6%	4%

数据来源：国家统计局。

目前，中国境内兰州到乌鲁木齐的高铁已经通车，连接中国西部与中亚国家的高速铁路网正在筹建之中，最终会与欧洲铁路网连接。建成后的高铁客运速度高达 300 公里/小时，货运速度高达 200 公里/小时，将把中国乌鲁木齐与中亚的哈萨克斯坦、

乌兹别克斯坦、土库曼斯坦等国连接起来。另外，中国与伊朗、巴基斯坦就铺设高铁线也正在商谈中。

六、跨境高铁的态势（SWOT）分析

运用态势分析模型对跨亚欧高铁进行分析（见表2）研究的结论是：跨亚欧高铁的风险与机会并存，有必要关注如下几类问题。

1. 关注高铁投入与产出

从短期角度看，跨境高铁建设投入大、收益小，需要协调不同国家的意见，统一高铁的技术标准，沿线国家的铁路轨距是否相同，货物运输是否安全，边检手续是否便捷，这不仅涉及硬件的对接问题，而且需要政策的配合与软件的支持，使得高铁建设前期工作难度增加；但是，从一个较长的时期看，高铁所带来的直接经济效益与间接的文化、发展效应是明显的。正确处理跨境高铁建设短期与长期的关系，通过科学调研确定跨境高铁建设方案是关键。一方面，可以避免由于跨境高铁建设存在难度而放弃发展；另一方面，也能够避免由于预期高铁建设带来稳定的效益而盲目进行大规模投入。

表2　　跨亚欧高铁的态势分析

内部能力 外部因素	优势 1. 技术含量高 2. 运行稳定 3. 成本低	劣势 1. 投入较大 2. 协调不同国家 3. 对管理要求高
机会	优势与机会	劣势与机会
1. 亚欧大陆经济发展对高铁有需求 2. 欧洲、中亚与中国经贸合作关系助推高铁发展	1. 提升中欧合作层次 2. 建立亚欧区域经济合作	1. 加强跨国协调与合作 2. 分阶段投入与建设
风险	优势与风险	劣势与风险
1. 安全运行风险 2. 恐怖袭击风险	1. 通过高铁带动区域合作 2. 致力于消除贫困和愚昧	1. 培训高铁管理人才 2. 加强国际合作，打击恐怖活动

2. 把握好高铁客货运比率

新丝路跨境高铁的第一步是中亚五国的高铁建设。中亚五国的总面积为400万平方公里，总人口为5000多万人。面对这样的条件与市场需求，既要从当下也要从长远的角度认真研究高铁客货运的合理比率。

3. 重视高铁运行的安全性

跨境高铁在运行与维护上对安全性要求更高，加之高铁在地面运行，较海运与空运更易招致恐怖袭击，因而需要加强国际合作以打击恐怖活动。当然，随着高铁的兴建，区域经济的发展，文化的传播，文明的交流，滋生恐怖主义的贫穷与落后的经济基础将最终发生变化，目前的问题是如何在这一转变过程中保障跨境高铁的安全运行。

七、结论

本文经过分析研究，得出以下结论。

1. 中欧经贸发展到目前阶段需要有新突破

从经济、历史、文化、地缘政治、全球格局的综合视角观察，新丝路战略顺应中欧经贸发展大趋势，符合中欧双方的根本利益；新丝路战略是中国致力于发展与亚欧经贸往来的国家战略，充分体现了中国重视将中欧全面战略伙伴关系提升到更高的合作层次。从这个角度理解，新丝路战略又不仅是中国的发展战略，而且是符合相关国家利益的国际区域经济合作战略，这种“以线带面”（以新丝路建设带动丝路经济带的发展模式）的战略价值早已超越了经济层面，对强化上海合作组织功能、提升中欧合作水平、建立国际经济新秩序、撬动世界格局都具有不可低估的作用。

2. 高铁在新丝路战略中扮演着重要角色

高铁将拉近中欧陆上运输的距离，改变所经过国家与地区之间人员、物质的流动模式，从而极大地提高人、财、物的流动效率，降低资源配置的成本，必将带来一轮新的投资热潮，推动经济发展。同时，跨亚欧高铁开启了中国对外投资与合作的新模式。将高铁延伸到境外，也体现了中国愿意与其他国家分享高铁成果及精诚合作的精神，有助于拓展中国对外投资的新领域，推动中国与高铁所经过国家的深度合作。

3. 对于跨境高铁的投入、客货运比率、安全性等问题，都应予以高度重视

跨境高铁建设风险与机会并存。中国新丝路战略和“高铁外交”需要与相关国家展开合作，通过国际合作在发展中解决相应的问题。

综合上述分析，以高铁为标志的新丝路经济带发展战略，将开创中欧经贸新格局，实现中欧双赢，推动中欧与新丝路经济带周边国家与地区共赢，同时，也有利于中国实施走出去战略，互联互通，继而使人民币在更大范围使用，中国在更高层次实施开放战略。

参考文献：

［1］王莉．中欧经贸关系发展趋势及应对［J］．学术探索，2013（4）：34－39.

［2］姚铃．中欧经贸合作面临严峻考验［J］．中国经贸，2013（1）：48－49.

［3］韩秀云．中欧贸易现状及问题分析［J］．国际贸易，2013（2）：47－50，53.

［4］牟岚．欧盟贸易政策的发展趋势及对中欧经贸关系的影响［J］．特区经济，2014（1）：84－86.

［5］李罡．中欧关系全面升级［J］．经济，2014（3）：60－62.

［6］陈玉荣，汤中超．经济全球化背景下的“丝绸之路经济带”国际学术研讨会综述［J］．国际问题研究，2014（1）：126－132.

［7］郭田勇，李琼．“新丝绸之路”的经贸金融战略意义［J］．人民论坛・学术前沿，2014（4）：64－70.

［8］白永秀，王颂吉．丝绸之路经济带的纵深背景与地缘战略［J］．改革，2014（3）：64－73.

［9］冯宗宪．中国向欧亚大陆延伸的战略动脉——丝绸之路经济带的区域、线路划分和功能详解［J］．人民论坛・学术前沿，2014（4）：79－85.

［10］梅兆荣．德国重新崛起之道及其在欧盟及中欧关系中的地位［J］．德国研究，2013（1）：4－11，124.

原载于《中国流通经济》2015 年第 1 期

“一带一路”背景下我国海陆联运建设与发展

张　滨[1]，黄　波[1、2]，樊　娉[1、2]*

（1. 吉林大学珠海学院，广东 珠海 519041；2. 澳门科技大学，澳门 999078）

摘　要：“一带一路”背景下，要实现互联互通，交通运输行业实际上起着基础和支撑作用，而将陆上丝绸之路和海上丝绸之路有效衔接的交通运输方式——海陆联运的建设与发展，必将成为“一带一路”倡议的重要一环。目前，我国海陆联运在建设与发展过程中仍存在诸多问题，如码头基础设施与技术装备落后，海陆运输衔接困难，交通运输能力不足等。因此，应积极发展现代港口物流，规范多式联运市场，继续完善水陆交通网络，加快信息技术应用，完善相关法律法规，为“一带一路”倡议的全面实施提供有力保障。

关键词：一带一路；海陆联运；交通

一、研究背景和意义

2013 年 9 月、10 月，习近平总书记在出访中亚四国及印度尼西亚、马来西亚期间，分别提出“丝绸之路经济带”和“21 世纪海上丝绸之路”的战略构想，简称“一带一路”倡议。

“一带一路”起于中国，途经中亚、西亚、南亚和东南亚地区，辐射欧洲。东连亚太经济圈，西牵欧洲经济圈；总覆盖人口约 44 亿人，占世界总人口的 63%；沿线国家经济总量约 23 万亿美元，占全球经济总量的 29%。[1] 详情如表 1 所示。作为“世界上跨度最长的经济大走廊”“世界上最具发展潜力的经济合作带”，目前，“一带一路”建设已被列为 2015 年我国优化经济发展空间格局重点实施的三大战略之首。

表 1 中的“一带一路”沿线国家，大多处在工业化初期阶段。大部分国家和地区过分依赖煤炭、矿产等初级能源，这为中国能耗资源尤其是煤炭资源的出口提供了广阔的市场。进口方面，沿线国家能源种类丰富，贸易互补性非常强。另外，各国劳动力市场与产业结构也具有明显差异，亟待各国之间进行深度合作。可以说，“一带一路”在为我国开辟新的进出口市场，拓宽贸易空间，加快产业转型升级，协调区域发展，拉动新一轮经济增长等方面具有重大意义。

表 1　“一带一路”沿线国家和地区经济指标一览

国家（地区）	人口（万人）	面积（万平方千米）	GDP（亿美元）	人均 GDP（美元）
塔吉克斯坦	571.9	14.3	85.08	1044
马尔代夫	33	0.03	23	6764

* 张滨（1965—），男，天津市人，吉林大学珠海学院教授，主要研究方向为物流与供应链管理、世界经济与区域经济；黄波（1988—），女，蒙古族，内蒙古自治区赤峰市人，吉林大学珠海学院教师，澳门科技大学商学院博士生，主要研究方向为物流与供应链管理、供应链金融；樊娉（1985—），女，湖北省天门市人，吉林大学珠海学院教师，澳门科技大学商学院博士生，主要研究方向为物流与供应链管理。

续表

国家（地区）	人口（万人）	面积（万平方千米）	GDP（亿美元）	人均 GDP（美元）
斯里兰卡	2048.3	6.5	671.82	3161
印度	125200	297.3	18800	1504
蒙古国	284	156.6	115	3971
韩国	5022	10	13000	24328
荷兰	1068.4	4.1	8001.7	47633
法国	6602.8	55.1	27300	42999
德国	8062.1	35.7	36300	44999
比利时	1120	3	5681.16	45383
俄罗斯	14300	1709.8	21000	14818
印度尼西亚	25000	190.4	8683.46	3509
马来西亚	2971.7	32.9	3124.35	10547
土库曼斯坦	524	49.1	418.51	7111
哈萨克斯坦	1703.7	272.4	2244.15	12843
乌兹别克斯坦	3024.1	44.7	567.96	1867
吉尔吉斯斯坦	820.7	19.9	72.26	1280
中国	135700	960	92400	6747

数据来源：中国金融四十人论坛（CF40）专题研究。

当前，“一带一路”倡议已然成为国内外较为关注的经济话题之一。这是怎样的新战略？目前进展现状如何？参与省份怎样抓住机遇，科学制订规划方案？一系列热门问题接踵而来，引发学术界与政府的良好互动，国内学者对此研究颇为火热，部分学者观点如表 2 所示。

表 2　部分学者关于“一带一路”的观点

作者	发表时间	主要内容或观点
袁新涛[2-3]	2014 年	沿线国家深化合作，互信互助，努力打造亚欧利益共同体
肖琳[4]	2014 年	中国从海陆两向加快经济发展，既要承袭历史上丝绸之路“富邻睦邻”的传统，又要考虑“立足亚太，稳定周边”的现实条件
张莉[5]	2014 年	“一带一路”建设不是项目，各地区要根据地区特点、历史基础，创造性地发展；同时要防止不切实际的规划与建设
张开城[6]	2014 年	历史和现今都决定了广东在 21 世纪海上丝绸之路建设中的重要地位；广东要充分利用自身的地理优势和资源优势，在文化、经济、外交等方面构建对外开放新格局，建设海洋强省
戴东生等[7]	2014 年	宁波构建海陆联运枢纽的时机已经成熟，应在港口联盟建设、海铁联运发展、跨境物流服务等方面加大工作力度
安宇宏[8]	2015 年	通路、通航和通商是“一带一路”的发力点，打造顺畅的交通动脉是第一位的
苗杨等[9]	2015 年	“一带一路”倡议为西藏经济的崛起带来机遇；西藏的“一带一路”建设涉及贸易、能源、物流、旅游、金融等多个领域

目前，研究者从宏观角度对“一带一路”是什么、面临的挑战与机遇等进行了详尽论述。有的省份还针对自身特点、实际情况，提出响应“一带一路”倡议的具体措施。笔者认为，“一带一路”倡议是中国在国际化进程加快的背景下提出的，要实现互联互通，必须有交通的支持，没有交通运输，就没有人与物的流动，丝绸之路也就难成经济带。因此，在整个战略规划与建设过程中，交通运输行业起着基础和支撑作用。而有效衔接陆上丝绸之路和海上丝绸之路的交通运输方式——海陆联运的建设与发展，就必将成为“一带一路”倡议的重要一环。

作为国际多式联运的主要形式，海陆联运具有价格低，运输方便、灵活、稳定等特点。在国内、国际货物运输量急剧增长的今天，公路、铁路、水路、码头、港口等交通设施的完善，可以为中国中西部内陆地区与沿海地区、中国与中西亚和东盟等沿路沿线国家提供游客与货物通过、到发、换乘与换装等作业服务。可以说，在“一带一路”倡议中，海陆联运的建设与发展已成为连接国内与海外，拓展城市发展空间及辐射范围的重要一环。因此，如何加强海陆交通枢纽设施建设，完善海陆交通网络等问题，已成为“一带一路”建设过程中亟待解决的重大问题。

本文从海陆联运建设与发展的角度出发，根据目前国内海陆联运的现实条件，分析其存在的问题，并提出相关建议，为“一带一路”海陆联运建设发展建言献策。

二、我国海陆联运发展现状

20 世纪 80 年代初期，我国的外贸业务开始采用国际多式联运方式。[10]随着对外开放程度的加深，多式联运的业务形式越来越丰富，其中使用较为频繁的便是海陆联运。现今，国内的海陆联运发展表现在以下几个方面。

1. 交通线路不断完善

目前，我国“三横四纵”的铁路网络体系发挥着重要作用。2010—2014 年，我国铁路营业里程年均增长率达到 5.27%，其中，2014 年年底铁路运输线路长度达 11.21 万公里，比上年末增长 8.7%（见表3）。同时，我国铁路建设逐步以扩大西部路网规模为主。《2014 年交通运输行业发展统计公报》显示，截至 2014 年年底，我国西部地区铁路营业里程达到 4.4 万公里，相较上年增长 10.2%，高于全国铁路建设速度，逐步形成了西部铁路网骨架。不断完善中的铁路网结构，是提高地区经济发展适应能力，进而推动“一带一路”倡议实施的必然条件。

表 3　2010—2014 年各种运输方式运输线路长度变化

年份	运输线路长度（万公里）		
	铁路营业里程	公路里程	内河航道里程
2010	9.12	400.82	12.42
2011	9.32	410.64	12.46
2012	9.76	423.75	12.50
2013	10.31	435.62	12.59
2014	11.21	446.39	12.63

数据来源：2010—2013 年数据来源于国家统计局；2014 年数据来源于中国物流与采购联合会。

公路方面，2007 年，我国“五纵七横”的国道主干线即已贯通，西部开发的 8 条省际通道已基本完成。到 2014 年年底，我国公路里程达 446.39 万公里，比 2013 年增加了 10.77 万公里。2010—2014 年，公路营业里程年均增长率达到 2.73%（见表3）。值得一提的是，近年来，中西部地区交通得到了大幅度改善，为接下来的海陆联运建设提供了有力的保障。如青（岛）兰（州）高速已成为连接东部沿海与西部省区的重要桥梁，是西部地区向东的重要出海通道。包茂高速极大地缩短了广东与中西部、广西与西南内陆的距离和通行时间，成为西部内陆向南的重要出海口。根据《深入实施西部大开发战略公路水路交通运输发展规划纲要（2011—2020 年）》，到 2015 年，我国西部地区高速公路总里程将达到 3.6 万公里。不断完善的公路交通线路，将助力“一带一路”倡议的全面实施。

作为海路联运的另一重要交通方式，我国水运建设也平稳发展。2014 年年底，我国内河航道通航里程达 12.63 万公里，比上年增加 427 公里。2010—2014 年，年均增长 0.42%，总体增速较缓。根据《2014 年交通运输行业发展统计公报》，目前我国各水系航道里程中，长江水系、淮河水系和珠江水系位居前三，分别为 64374 公里、17338 公里和 16444 公里，占全国的 86.66%，三大水系在水运交通中占据绝对优势。全国航运主通道达标率为 85%，五级以上航道里程达到 3 万公里。

2. 公海联运仍是海陆联运的主要方式

根据表 4，2010—2014 年，铁路、公路、水路货运量年增长率分别为 1.25%、8.02%、12.09%（见表4）。其中，2013 年公路货运总量已达到 307 亿吨，2014 年达到 333 亿吨，约是铁路货运总量的 8.7 倍。此外，表 5 中，公路的货物周转量年增长率达到 8.9%。

水路货运量增长也十分显著。2014 年接近 60 亿吨，相较上年，同比增长 6.9%，增幅明显（见表4）；我国水路的货物周转量年增长率达到 7.91%（见表5）。

表 4　2010—2014 年各种运输方式货运量变化

年份	货运量（万吨）		
	铁路	公路	水路
2010	364271	2448052	378949
2011	393263	2820100	425968
2012	390438	3188475	458705
2013	396697	3076648	559785
2014	381334	3332800	598300

数据来源：2010—2013 年数据来源于国家统计局；2014 年数据来源于中国物流与采购联合会。

表 5　2010—2014 年各种运输方式货物周转量变化

年份	货物周转量（亿吨公里）		
	铁路	公路	水路
2010	27644. 13	43389. 7	68427. 5
2011	29465. 79	51374. 7	75423. 8
2012	29187. 09	59534. 9	81707. 6
2013	29173. 89	55738. 1	79435. 7
2014	27530. 19	61016. 62	92774. 56

数据来源：2010—2013 年数据来源于国家统计局；2014 年数据来源于中国物流与采购联合会。

目前，国内公路、水路运输发展速度较快，货物周转量增幅显著。我国海陆联运仍以公海联运为主。这主要受我国铁路运输能力和管理体制的影响，目前，国内铁路相关联运的形式呈现出逐年下降的态势。[11]铁路货运量为 38. 13 亿吨，相较上一年下降了 3. 9%，2014 年，铁路的货物周转量由 2013 年的 29174 亿吨公里下降为 27530 亿吨公里，下降 5. 6%。海铁联运的巨大运输潜力难以得到发挥。

3. 港口建设发展迅速

港口是联系内陆腹地和海洋运输的一个天然界面，是水陆交通的集结点和枢纽。近年来，我国码头建设发展迅速，尤其是集装箱码头、深水航道和大型深水泊位建设。截至 2014 年年底，全国港口完成货物吞吐量 124. 5 亿吨，比上年增长 5. 8%。其中，沿海港口完成 80. 3 亿吨，内河港口完成 44. 2 亿吨，分别比上一年增长 6. 2% 和 5. 0%（见表 6）。

表 6　　2010—2014 年我国港口货物吞吐量变化

年份	港口货物吞吐量（亿吨）		
	沿海港口	内河港口	总计
2010	56. 4	32. 9	89. 3
2011	63. 6	36. 8	100. 4
2012	68. 8	39. 0	107. 8
2013	75. 6	42. 1	117. 7
2014	80. 3	44. 2	124. 5

数据来源：中国物流与采购联合会。

根据交通运输部统计公报分析，2014 年，国内主要港口货物吞吐量排行中，已有 10 个港口的货物吞吐量超过 3 亿吨。其中，宁波—舟山港突破 8 亿吨，货物吞吐量达到 80978 万吨，较 2012 年增长 8. 8%，在货物吞吐量方面排名世界第一。同时，2014 年，我国共有 11 个港口的集装箱吞吐量达到 500 万 TEU（20 英尺标准集装箱）。其中上海港集装箱吞吐量达 3362 万 TEU，在 2011 年 3174 万 TEU 和 2012 年 3253 万 TEU 的基础上稳步增长，取代新加坡成为全球第一大集装箱港口。目前，我国已初步形成环渤海地区、长江三角洲和珠江三角洲地区三大港口群。

此外，为适应进出口贸易的快速发展，我国加快了长江三角洲、珠江三角洲以及渤海湾港口群的建设。近几年，相继建成了一大批具有专业水准和现代化水平的深水码头。内河、沿海和远洋的船队规模也逐年扩大，船舶整体技术水平不断提高。目前，中国对外开放港口数量已增至 130 多个，航运主通道达标率为 85%，五级以上航道里程达到 3 万公里，港口机械化率较目前提高 30%。具有快速和门到门运输特性的集装箱水路运输也得到快速发展。

三、我国海陆联运面临的问题

相较于发达国家，我国多式联运业务起步较晚，差距较大。

1. 码头的技术装备与基础设施相对落后

在我国，尤其是以内河港口为代表的中小港口，总体等级较低，大部分仍以杂货码头和多用途码头的条件来装卸集装箱。码头的技术装备和基础设施落后，根本无法满足集装箱机动驳船深水化和快速化的要求。另外，码头内部联结外部铁路、货场以及中转站等的装备设施严重不足，导致综合运输服务能力较差，海陆联运效率低下。再者，由于我国码头、公路、桥梁、起重设备不配套，导致绝大多数集装箱货物无法真正实现“门到门”的运输，只能被动地在卸货港进行拆箱作业，进而转运，最终造成的货损货差反而比普通件杂货的运输比例还要大，导致运输成本大大上升。

2. 海陆运输衔接困难

①目前国际联运体制不完善。铁路方面，《国际铁路货物联合运输协定》与《铁路货物运输国际公约》各自使用一套体系，没有统一运单，致使中欧贸易货物运输衔接困难；公路方面，也存在公约差异的问题，如欧洲的《国际公路货物运输合同公约》在俄罗斯等国家就不被使用，中国与中亚的公

路过境运输也存在着大量制度问题。②我国运输代理市场不规范，企业水平参差不齐，仍存在层层代理、多次分包、价格混乱等不规范现象。联运作业的地域广泛性致使参与者过多，从内陆的货代、船代、铁路运输部门到沿海的船公司、多式联运经营人和国际货运代理人，整个多式联运的环节繁多，缺乏统一的多式联运承运人，阻碍了多式联运的可持续发展，不利于成本降低和竞争力提高。多层级的联运人还加大了货物中转的成本，一定程度上削弱了我国进出口贸易的竞争优势。

3. 铁路运输能力仍然不足

海铁联运是海陆联运的重要组成部分。但受我国铁路运输能力和管理体制的影响，目前国内铁路相关联运呈现出逐年下降的态势。海铁联运的巨大潜力无法发挥。相较于飞速发展的海运集装箱业务，铁路的集装箱运输发展缓慢，尤其是在以国际集装箱为主的海铁联运业务中，其所占的比重更是偏低。近年来，国内铁路运输虽然在绝对运量上有所上升，但在联运工具使用比例上却逐年萎缩，一度停留在1%之下，甚至在2005年只占到0.3%。[12]同时，国内海铁联运的换装作业效率低下也是制约海铁联运发展的重要因素。在我国，海铁联运换装作业集装箱码头在港口，但铁路站场主要位于城市，一般情况下，铁路集装箱站场与集装箱码头相隔几十公里甚至上百公里，场站与码头之间的换装作业就需借助集卡来完成，大大限制了海铁联运的发展。

4. 海陆联运手续繁杂、收费繁多

在我国，海陆联运还没有完全规范化与法制化。出入境货物通关程序、税收征管、企业管理、货物验收等还存在很多制度上的缺陷。海陆联运手续繁杂、收费繁多现象普遍存在，极大地限制了货物的中转效率。例如，国内货物中转手续相对繁杂，海运中转申请人要向进境地海关提交中转货物纸质仓单，并且要根据不同的指运地录入中转货物的相关数据，最后打印出中转申报单。相较国内的繁杂手续，我国香港自由贸易港则存在减免单税、无须单证、手续简单等诸多优势，与国内中转业务形成明显对比。此外，国内部分管理部门还存在收费项目繁多、服务差、无法完全实现货物跟踪等问题。

5. 各海关关区间的合作有待加强

海陆联运一般涉及多个关区业务，因此，各关区之间是否具备良好的协调性，直接影响海陆联运的效率与成本。改革开放以来，为了促进区域间贸易发展，国内海关关区之间陆续开展了一些合作。例如，青岛海关和济南海关签署了《合作备忘录》，旨在依托山东省有利的区域位置，促进中日韩区域贸易发展；青岛海关还与西安海关、兰州海关签署了《合作备忘录》，为陕西、山西的内陆企业在山东出关提供便利通关服务。陕西、山西企业进出口货物由原来的“二次报关”“二次验放”变为“一次报关”“一次验放”，简化了转关、跨关的相关手续，大大提高了出关效率；东北地区的沈阳海关、满洲里海关、长春海关、哈尔滨海关也先后与大连海关合作，实行“一次报关”“一次验放”，简化出关手续，提高东北地区进出关效率；广州海关与南宁海关合作，推出了“多点报关”“口岸验放”的通关新模式，模式推广后，企业在广州白云机场进出口的货物，可以在桂林海关和南宁海关办理报关手续，而货物到达白云机场后，再由白云机场海关办理货物验放手续，提高了报关的灵活性。

目前，我国各个关区之间的合作交流成果显著，但伴随着“一带一路”倡议的强力推进，现存的关区合作明显不能满足新一轮的战略需求，新一轮的跨关区合作在业务深度和区域广度上还需要不断创新和完善。以“一带一路”经济带为主线的各关区合作新模式亟待建立。

四、我国发展海陆联运的建议

针对上述问题，对我国发展海陆联运的建议如下所示。

1. 向现代港口物流转型

目前，伴随现代港口物流的发展，人们已不再把港口单纯看作一个货物中转、搬运和运输的场所，而是在现代物流理念的指导下，整合社会中的物流资源，使港口成为集储存、流通加工、分拨配送为一体的枢纽设施，并能够提供公路、铁路、水路、航空一体化的运输服务。这就需要政府对资源进行统一规划，综合治理。对港口内外的土地、交通工具和其他基础设施统一开发。有效利用政府间贷款和国际金融组织的贷款，建设港口和工业园区，实施高效、安全、便捷的船务运输管理。要积极吸引民间资本投入，完善码头、堆场、道路、环保、支持保障系统等港口配套设施。需要鼓励、推动企业自主经营，发挥企业自营优势。需要持续借鉴中国香港、新加坡、鹿特丹等港口的发展模式与经验。如对保税仓库和货物分拨中心进行储运和再加工，提高货物的附加值；在扩大物流中心规模的同时，着重提高专业化程度，除满足配送、仓储等基础服务外，增设卡/纸板包、入库管理、吊运物资、公证验货、管理部门现场办公等增值服务；将原本分散的码头运输、储存、装卸、搬运、包装等物流作业环节进行集中处理，转变为“一条龙”服务，充分发挥聚合资源的整体竞争优势。

2. 规范多式联运市场

面对分散无序的多式联运市场，我国需要进一步规范现有运输代理业。①船公司、铁路、公路、港口等相关部门共同协商，成立经济联合体多式联运经营人，借助各自优势，有效配置各方资源，形成规模效应，实现资源的高效运作。②作为联运的重要承接人与参与者，多式联运经营人的业务素质将直接影响联运工作的成败。因此，政府、教育机构、企业等各方主体都需要积极扶持和大力培养专业的多式联运经营人员，促进多式联运的健康发展。通过铁路、公路、水路、空运等多种运输线路的有效对接，实现海路联运驱动效益。③对目前的多式联运管理制度进行有效变革，完善综合交通管理体制，避免出现多部门管理，权责不清的情况，简化联运手续，真正做到各运输方式之间的无缝衔接。

3. 继续完善海陆交通网

①改革铁路政企不分的计划管理体制，实现运营方式的路网分离。深化港航企业与铁路部门之间的合作，港口企业主动参与集装箱铁路场站建设，以资本为纽带，共同发展海铁联运枢纽；提高航运和铁路运输的无缝换装作业效率；发挥铁路联运和内河联运的巨大潜力，逐步完善多通道、多选择方式的海陆联运网络。②继续扩大新亚欧大陆桥覆盖范围。新亚欧大陆桥东起我国的连云港，途经陇海铁路、兰新铁路、北疆铁路，到达中亚、西亚直至欧洲。但目前，新亚欧大陆桥尚未完全覆盖我国沿海经济较为发达的长江三角洲地区和珠江三角洲地区。因此，新一轮的大陆桥支线建设势在必行。③不断完善全球航线网络。增设新的航线，如增加东盟国家港口的航线。建设邮轮码头，积极吸引国际大型邮轮停靠，建立“海上丝绸之路”旅游圈。加快推进“海上驿站”的规划与建设，为“海上丝绸之路”提供安全通道。

4. 加快先进信息技术在海陆联运中的应用

①借助现有的信息资源，运用互联网络和电子数据交换（EDI）技术为客户提供信息服务。如货物的跟踪与动态查询、货物交接单业务办理和船期预告、泊位使用等通关业务办理，实现信息共享，提高货物中转效率，简化通关环节。②建立涵盖多种与货柜港相关服务窗口的现代化港口网站，为航运业提供一站式电子商贸平台。推行数码贸易运输网络系统，加强同业间的信息交流。③借助物流中心和保税港区，合理搭建电子商务平台，积极培育贸易主体，不断完善信息与结算业务，逐步建立一个针对“海上丝绸之路”沿线国家服务的跨境电子商务平台，建立一个专门服务于“海上丝绸之路”的跨境保税仓，最终形成一个完备的跨境供应链物流中心。

5. 健全海陆联运法律法规

众所周知，多种运输工具之间的高效、无缝衔接是海陆联运的根本保障。这种有效衔接不单指硬件标准上的国际化，更体现在制度上的有效衔接和各部门的默契配合。[13]随着“一带一路”倡议的全面实施，法律法规是不可缺少的一部分。国家和各级地方政府也应在基础设施建设方面制定相关的鼓励措施，积极吸引民间资本注入，努力完善集装箱运输发展的相关政策，在办理业务的价格、征税比例、贸易补贴、信息发布和政策宣传等方面给予鼓励和扶持。只有法律制度完善起来，才能使海陆联运建设快速健康发展。

6. 探索关区合作新模式

各个关区之间紧密协作，对于缩短进出口中转时间，降低中转成本，提升海陆联运运行效率具有重大意义。“一带一路”包括陕西、甘肃、青海、云南、江苏、浙江、广东、福建、海南等18个国内省份，未来还将有更多的省份加入，“一带一路”倡议辐射面之广、参与主体之多都对现行的关区合作机制在深度和广度上提出了挑战。“一次报关，一次验放”“属地通关，口岸验放”“快速通关”等模式有待在更大范围内推广，以“一带一路”为区域主线，以中转便利、运作灵活、成本低稳为服务标准的新一轮跨关区合作模式亟待建立。

参考文献：

[1] 龚雯，田俊荣，王珂．新丝路：通向共同繁荣［N］．人民日报，2014－06－30（1）．

[2] 袁新涛．“一带一路”建设的国家战略分析［J］．理论月刊，2014（11）：5－9.

[3] 袁新涛．丝绸之路经济带建设和21世纪海上丝绸之路建设的国家战略分析［J］．东南亚纵横，2014（8）：3－8.

[4] 肖琳．海陆统筹共进，构建“一带一路”［J］．太平洋学报，2014，22（2）：2.

[5] 张莉．“一带一路”战略应关注的问题及实施路径［J］．中国经贸导刊，2014（27）：13－15.

[6] 张开城．21世纪海上丝绸之路建设的广东响应［J］．南方论刊，2014（7）：9－13.

[7] 戴东生，邓雪．宁波构建21世纪“海上丝绸之路”海陆联运枢纽的路径分析［J］．宁波通讯，2014（19）：42－43.

[8] 安宇宏．“一带一路”战略［J］．宏观经济管理，2015（1）：82.

[9] 苗杨，蒋毅．融入“一带一路”战略构想 推动西藏跨越发展［J］．当代世界，2015（1）：71－72.

[10] 刘秉镰，林坦．国际多式联运发展趋势及我国的对策研究［J］．中国流通经济，2009（12）：17－20.

[11] 杜馨仪，王超敏．中国发展国际多式联运的思考［J］．经营管理者，2014（8）：99.

[12] 何静，孙有望，刘小卉，等．我国港口海铁联运经济运距及合理分担率研究——上海洋山港海铁联运实例研究的启示［J］．价格理论与实践，2009（6）：67－68.

[13] 王国才．基于多式联运的国际物流运作模式研究［J］．中国流通经济，2003（5）：18－20.

原载于《中国流通经济》2015年第6期

经济法学

商品零售中滥用优势地位行为的法律调整

——兼评《反不正当竞争法（修改稿）》之完善

刘继峰*

（中国政法大学民商经济法学院，北京市 100088）

摘　要：滥用优势地位行为通常表现在交易中具有优势地位的一方违背正常的商业习惯和规则，设定并迫使交易对方接受不公平、不合理的交易条件。滥用优势地位不同于滥用市场支配地位，是一种场所依赖所产生的交易地位不平等的现象，在法律属性上应属于不正当竞争行为。在行为类型上，滥用优势地位包括企业对个人优势地位的滥用和个人对个人优势地位的滥用，应将未经消费者邀请的上门推销明确列入滥用优势地位之中。

关键词：滥用优势地位；法律调整；反不正当竞争法；完善

一、问题的提出

在我国，自改革开放以来，被长期压制的产能被快速地释放出来，并一定程度上在某些领域形成了产能过剩的状况。一些过剩产能往往无法短时间内得到消解，在过剩商品的推销中，形成了末端商品市场“供求关系倾斜”的普遍性现象，由此形成了上下游交易时的不平等地位：一方处于优势地位，另一方处于劣势地位。一方明知是不合理但又不得不接受交易对方提出的不公平交易条件，这就产生了滥用优势地位行为。实践中，大型零售商不合理地向供应商收取所谓的“通道费”是最典型的表现。

一直以来，如何规制这种滥用优势地位的行为，多数论者寄希望于《反垄断法》，但《反垄断法》实施5年来迄今仍未出现一例此类“滥用”的案件，同时，这种“滥用”的现象也没有得到根本性纠正。有关部门只得采取临时性的“清理整顿”来应对这种市场乱象。[①]这说明依据《反垄断法》来规制此种行为没有显现应有的效果，但原因应该不是出在法律制度上，因为《反垄断法》第17条明确规定了滥用市场支配地位行为。另外，靠暂时的“清理整顿”能否根除这种行为？答案基本上是否定的。

有制度但无法发挥作用，仍需要靠“政治动员”来解决，表明制度的对应性不够，而制度的对应性不够往往产生于对制度性质的认识不够清晰。从五部委2011年12月发布的《清理整顿大型零售企业向供应商违规收费工作方案》中即可看出这一点。该方案的制定是依据《合同法》《价格法》《反不正当竞争法》《反垄断法》《价格违法行为行政处罚规定》《零售商供应商公平交易管理办法》《零售商促销行为管理办法》《关于商品和服务实行明码标价的规定》等法律法规和部门规章，那么，其行为的属性自然被看成集合同行为、价格行为、不正当竞争行为、垄断行为于一身的复合行为。

事实上，涉及合同（法）和价格（法）等内容仅仅是行为的表象，这些内容不决定行为的性质。另外，滥用优势地位不同于滥用市场支配地位，不应该属于《反垄断法》调整的行为，而应是《反不

* 刘继峰（1968—），男，黑龙江省佳木斯市人，中国政法大学民商经济法学院教授，硕士生导师，主要研究方向为经济法。

正当竞争法》规制的对象。因此，解决上述市场乱象，需要《反不正当竞争法》进行全面、准确的回应。

目前，正在修改的《反不正当竞争法》初步回应了这个问题，修订草案第15条规定了禁止通过滥用优势地位开展不正当的商业行为，行为类型包括不正当地要求交易相对人为其提供经济利益；不正当地要求交易相对人购买其指定的商品或者服务；不正当地限制交易相对人的经营活动；不正当地要求交易相对人接受其他不合理的交易条件。显然，修订草案重点解决了行为的基本类型问题，而未详细规定认定这种不正当竞争行为的基本条件：优势地位的认定标准是什么？具有优势地位主体的何种行为才属于“不合理”“不正当”？此外，滥用优势地位的行为是否仅针对我国市场上的零售商对供应商的关系？探讨这些问题对进一步完善我国《反不正当竞争法》具有理论意义，对及时规制“通道费”等现象也具有重要的实践价值。

二、优势地位的认定标准

滥用优势地位行为通常表现在交易中具有优势地位的一方违背正常的商业习惯和规则，设定并迫使交易对方接受不公平、不合理的交易条件。滥用优势地位不同于滥用市场支配地位。具体而言，两者的区别主要如下所示。

第一，认定标准的差异。《反垄断法》中考察市场支配地位的主要因素是市场份额、控制销售市场和原材料、财力和技术条件等，由这些条件来认定市场支配地位，主要是从整个行业甚至整个产业角度来描述的某主体是否具有市场支配地位，它涉及这个行业（产业）的主要或所有的竞争者。而优势地位的认定不需要对整个市场进行评价。换言之，市场支配地位的认定是相对其竞争对手而言的，考察横向经济关系；而优势地位的认定是相对其交易对手而言的，考察纵向经济关系。

第二，表现形式不同。市场支配地位通常表现为控制其所在行业的市场结构状态，这种状态在一定时期是稳定的，其支配地位不仅仅针对某一个交易人，而是针对几乎所有的交易人而言的；优势地位只是相对于特定交易相对方才存在，如果交易关系不存在了，交易人的优势地位可能也就不存在了。[1]在这个意义上，优势地位与其说是市场优势地位，毋宁说是相对优势地位。

第三，判断方法不同。判断一个企业是否拥有市场支配地位，首先要划定相关市场，然后再综合考察其自身的财力、技术能力以及进出该相关市场的难易程度等因素；而判断企业是否享有优势地位则主要考察的是该企业在进行交易活动中是否对交易对手形成了某种程度的交易依赖性。其体方法包括市场份额法、CRX法和HHI法。②这种依赖性的形成状况包括在供大于求的情况下，生产者会在产品流通中形成对销售者一定的依赖关系，销售者的地位优于上游的生产者，甚至下游的销售者的地位也优于上游的销售者。在我国市场上，作为生产者的中小企业依赖大型零售商拥有的强大销售渠道，需要交纳所谓的进店费、上架费等就是这种依赖关系的典型表现。相反，在供不应求的情况下，生产者的优势地位则高于销售者。另外，长期合同关系也能产生相对优势地位。在供需双方之间建立商业往来关系过程中，当一个经营者与另一个经营者缔结了涉及经营基本事项的长期契约关系时，则会有针对性地在资本投资、技术发展、人员培训、商业信誉以及客户网络等方面投人主要资源，在已经适应了供货渠道与模式的情况下，就形成一种需方对于供方的依赖状态。同样，长期销售合同也是如此，上游经营者会形成对下游经营者的依赖。

企业在交易中优势地位的形成，是由“供求关系倾斜”导致的。至于倾斜到何种程度才能成就交易中企业的优势地位，这涉及“优势地位的认定标准”。对此，法国竞争法学者贝达蒙（M. Pedamon）给出了一个初步的判断标准。他认为，“如果一个企业拒绝与另一个企业进行交易而致使后一个企业在另行选择交易对象时缺乏足够和合理的选择性，那么前一个企业就具有交易中优势地位”。[2]也就是说，选择的足够性和合理性是判断企业间依赖关系存在的标准。

这里的“足够性和合理性”是指是否有交易上的充分选择及选择的可行性。一般而言，完全限制交易对方的选择权往往做不到，滥用优势地位行为往往会在行使选择权时增加交易对方的转换成本，进而使其产生选择的障碍。

相比较而言，滥用市场支配地位是滥用市场权力，而滥用优势地位是利用场所的优势而产生的滥用。一个企业具有优势地位，其得以形成这种特殊地位的基础是交易对方对交易人存在的场所依赖。因场所优势，使处于劣势地位的一方增大了产品或服务的转换成本。转换成本是指顾客从已经接受的产品（服务）提供者转向另一个替代性产品提供者时所产生的一次性交易成本。理论上，竞争市场上的交易人本应有选择自由，但产品之间的转换成本过高的话，消费者就会被锁定（locked in）在某一个产品上，被锁定的顾客不得不忍受产品价格提升到竞争水平之上直至达到转换成本的高度。

农产品、加工食品、日用工业品的供应商对大型超市、连锁店、百货店等大型零售商的采购中心的依赖实际是场所依赖形成的转换成本阻碍。在供应商已经进驻零售商的场所后，零售商向供应商索取通道费，供应商所拥有的商业对抗方法是更换新场所，但更换新场所的成本太高。由此零售商就利用了自己的场所优势地位获得了不当利益。若不能按照买方所开条件交易，就会失去机会，供应商也没有足够和合理的选择机会去发现其他的买者。

所以，优势地位的认定标准是基于场所依赖而形成的转换成本。如果转换成本很小，交易对方可以很容易地“抬腿就走”，那么，交易方就不具有优势地位，如果基于转换成本而被“锁定”在确定的场所中，则交易方具有优势地位。

三、滥用优势地位行为类型的扩展

2006年商务部等五部委发布了《零售商供应商公平交易管理办法》，对零售商滥用优势地位的行为进行了归纳，较为详细地列数了零售商和供应商两者的不公平交易的行为表现。

《零售商供应商公平交易管理办法》第6条～第13条规定，根据不公平交易的内容是否直接体现为资金，可以将行为的类型分为强迫交易对方支付（或索取）不合理的费用和向交易对方施加不合理条件两种类型。前者在商品流通实践中表现为零售商收取或变相收取的各种费用，这又可以根据是否有事先的约定划分为合同中约定的收费、合同之外的其他收费和间接收取的费用。合同中约定的收费如进场费，包括上架费、月返费、广告费、促销费、年节费、毛利补差等；合同之外的其他收费，包括条码费，端头费，促销活动中的条幅、花篮、空飘灯箱、DM（直销）广告、人员管理等费用，如当年上海家乐福向供应商炒货企业索取的费用有17项之多；[3]间接收取的费用如零售商要求供应商派遣人员到零售商经营场所从事与该供应商所供商品无关的销售服务工作，且派遣人员所需费用由供应商承担。后者在商品流通实践中常表现为与供应商签订特定商品的供货合同，双方就商品的特定规格、型号、款式等达成一致后，又拒绝接收该商品；要求供应商承担事先未约定的商品损耗责任；事先未约定或者不符合事先约定的商品下架或撤柜的条件，零售商无正当理由将供应商所供货物下架或撤柜；销售额为销售返利的前提，但未完成约定销售额向供应商收取返利；强迫供应商购买指定的商品或接受指定的服务。

令人遗憾的是，由于《零售商供应商公平交易管理办法》仅仅从行业部门管理的角度规范零售商优势地位，没有对这种行为的法律性质进行归类，对滥用优势地位行为主体——零售商与供应商的归纳也相对狭窄。有必要确定滥用优势地位行为的性质和扩展行为主体及其行为的类型。

首先，基于优势地位不同于市场支配地位，应该将滥用优势地位放置于《反不正当竞争法》中，而不是由《反垄断法》规制。

这种安排可以体现以下制度优势。第一，略去了认定滥用市场支配地位行为的苛刻的前提条件。认定滥用市场支配地位需要确定相关主体拥有市场支配地位，而是否拥有市场支配地位除了推定的情形外，认定的情况非常复杂。如果将滥用优势地位划归滥用市场支配地位，因前置性问题的存在，将大大加重认定这种行为的难度，进而影响规制的效率。第二，发挥补充性调整的功能。早期的垄断行为主要是协议和经营者集中（合并），滥用市场支配地位的出现补充了协议与合并调整的不足，滥用优势地位又补充了滥用市场支配地位的不足。

其次，滥用优势地位还应该包括交易中个人对个人滥用优势地位。

商务部等部门关注到了零售商对供应商的滥用优势地位行为，《零售商供应商公平交易管理办法》

禁止违规收费和附加不合理条件，尤其是大型零售商对产品供应商的优势地位。但是，基于场所依赖和转换成本的阻碍，滥用优势地位行为不仅产生于企业对企业的优势地位，还涉及作为经销商的企业与作为顾客的个人或个人对个人在交易中产生的优势地位及其滥用问题。实践中，这种滥用的典型表现形式是上门推销。

上门推销是由推销人员携带产品的样品、说明书和订单等走访顾客以推销产品的形式。这种推销形式，可以针对顾客的需要提供有效服务，方便顾客，故为顾客所广泛认可和接受。此种形式是一种积极主动的、名副其实的推销形式。但对顾客而言，可能产生诸多烦扰甚至带来一定的损害，实践中，一种情形是欺骗式销售，假冒公用企业的人员变相推销产品，如假冒燃气集团的工作人员，以维修为幌子推销燃气产品、冒充消防人员上门推销灭火器等。另一种情形是利用顾客的非理性推销产品，由于上门推销大都缺少在商场购买时同类产品的直接比较，客户的购买行为往往会存在不理性成分。即便客户不作出购买行为，上门推销也会打扰客户的正常工作或家庭生活。

但业界对上门推销经常无条件地给予肯定，甚至将其作为一种企业发展壮大的必由之路。上门推销因直接同顾客接触，决定了销售人员具有了某种场景优势。一方面，推销员的单方描绘会强化说者的语言力度；另一方面，当一个家庭主妇在自家门口面对两个推销人员喋喋不休地宣讲自己的产品优点时，断然回绝是有一定心理压力的。

值得关注的一个现象是，正在修改的《消费者权益保护法》有将上门推销单一化、合法化的趋向，按照《消费者权益保护法（修改稿）》第9条（消费者的反悔权）的规定，“对通过电话销售、邮售、上门销售等非固定场所的销售方式购买的商品，消费者有权在收到商品后30日内退回商品，并不承担任何费用，但影响商品再次销售的除外。”这里，基于对反悔权新亮点的关注，上门推销的法律性质问题似乎已被掩盖，但这是个不容回避的问题。

将上门推销归入滥用场所优势的行为，其法理依据体现在如下方面。

第一，向交易对方施加了不正当的心理强制。在竞争机制正常发挥作用的情况下，交易人可以对不同经营者供应的场所、商品或服务进行自主的比较，以决定购买或利用哪个经营者的场所、商品或服务。经营者在争夺顾客交易机会的过程中，可以通过种种方式和手段，对交易人的交易决定施加适当与合理的影响，但经营者不得以胁迫的方式，强迫交易人与自己发生交易关系。胁迫可以是一种心理上的强制，受到胁迫的顾客，心理上处于某种窘境或困境，这时他已无法对经营者提供的商品或服务作出独立、自主的比较，而是出于尽快摆脱窘境或困境的考虑，在违背自己意愿的情况下同经营者进行交易。

在未经邀请的上门推销中，当经营者的推销人员突然出现在顾客的家门口时，顾客就处于一种进退两难的境地，是让推销员进来呢，还是将推销员拒之门外？放他进来，不知道他会喋喋不休地讲多久？将他拒之门外，是否不太礼貌？在这种情况下，这个顾客很可能为了尽快摆脱推销员的纠缠或早点将其请出家门，而接受本来不愿答应的交易条件。

换言之，假设不存在经营者施加的心理强制性影响，顾客本来根本不会购买，或者不愿意在这个时候购买，或者不愿意向这个经营者购买；假设不存在强制性影响，顾客至少会对经营者的要约进行认真、充分的考虑和鉴别。在德国，联邦最高法院曾认为，经营者向顾客施加强制性影响，使顾客陷入某种窘境或困境的胁迫行为，属于违反善良风俗的不正当竞争行为。[4]

第二，骚扰。经营者没有经过顾客邀请而直接进入顾客的场所推销商品或服务，既是违背商业道德的行为，也是违法行为。这里的“进入”是广义的，包括没有经过允许，经营者给顾客打电话推销广告，因为经营者直接向私人打电话宣传其商品的行为是对个人私生活领域的不当干涉。也包括经营者仍向已明确表示拒绝的消费者寄发广告宣传材料，如将这些广告材料直接投入消费者信箱或邮箱的行为。一般来说，消费者可以在信箱上标贴相应的字样（如“谢绝广告”），如果经营者置消费者的这一要求于不顾，仍然有计划地反复投寄广告材料，则构成非法骚扰行为。还包括直接进入顾客的场所（或居所）进行上门推销。这里又可以进一步分为直接上门推销和在未经顾客请求或订购的情况下，径直向顾客寄送商品。在后一种情况下，消费者的意思自由受到严重侵害，而且消费者在收到商品后即陷入一种进退维谷的两难境地：要么保留商品并且支付价金，要么将该商品寄回去。如保留产品，一来可能并不需要这种商品，二来也不知道它的价格和质量情况；如寄送回去，则既要支付邮寄费用，又要花费时间。在德国这些行为都构成不正当竞争行为。

因此，上门推销应该分为合法的和违法的两种情况，合法的上门推销其前提条件是客户的邀请。如果没有这个条件，就应该属于不正当竞争行为。

综上，在现有制度的基础上，对滥用优势地位的法律规定可以从两个方面进行完善，第一，明确认定优势地位的标准，即确立是否有“合理的转换成本”标准；第二，在行为的实施主体及行为类型上，包括企业间的滥用优势地位，还包括个人间的滥用优势地位，即需要对上门推销行为作出明确的规定：没有经过顾客允许而直接寄送产品或上门销售，或已为顾客拒绝仍向顾客投送商业广告的，构成不正当竞争行为。

注释：

① 2011 年 12 月 19 日商务部、国家发展和改革委员会、公安部、国家税务总局和国家工商行政管理总局联合发布《清理整顿大型零售企业向供应商违规收费工作方案》，决定自 2011 年 12 月至 2012 年 6 月在全国集中开展清理整顿大型零售企业向供应商违规收费工作，有 6 类收费将被叫停。

② CRX 中 X 一般取 4，如果一个相关市场中 4 家企业的市场份额之和大于 75%，一般就认定是高度集中的市场。HHI，也称为赫芬达尔指数，是市场上所有企业的市场份额的平方和乘以一万。

参考文献：

［1］王为农，许小凡．大型零售企业滥用优势地位的反垄断规制问题研究——基于双边市场理论的视角［J］．浙江大学学报（人文社会科学版），2011（5）：138－146.

［2］吴小丁．大型零售店“进场费”与“优势地位滥用”规制［J］．吉林大学社会科学学报，2004（5）：119－125.

［3］于立，吴绪亮．产业组织与反垄断法［M］．大连：东北财经大学出版社，2008：95－96.

［4］邵建东．德国反不正当竞争法研究［M］．北京：中国人民大学出版社，2001：67，70.

原载于《中国流通经济》2012 年第 6 期

我国众包物流的法律治理

彭　幸*

（北京物资学院法学院，北京市 101149）

摘　要：众包物流模式是互联网经济和共享经济在物流领域有机结合的典型范例，在同城配送中发挥着重要作用。由于众包物流在法律关系的主体和内容方面具有较大的特殊性，导致其中的法律关系体系相对复杂。从我国众包物流的现状来看，伴随着这一模式的迅速发展，其所面临的多元法律风险日益凸显，包括民事违约责任、劳动关系的认定以及物品验视、行政管理等问题。要突破司法实践中存在的相关行政、民事、劳动和刑事困境，必须根据不同法律关系的性质逐步实现对众包物流模式的法律治理。具体而言，应加强众包物流行政监管，明确众包物流的行政监管机构，细化行政监管内容，建立诚信体系和信息保护机制，明确众包物流中的劳动法律关系。在此基础上，通过规范化管理和针对性侦查的方式防范众包物流中的毒品犯罪行为。

关键词：众包物流；“闪送”；物流监管；劳动关系；毒品犯罪

一、引言

自“十三五”以来，我国快递业平均每年保持着100亿件的增幅。[1] 2018年，我国快递业同城业务量累计完成114.1亿件，同比增长23.1%。[2]随着互联网技术的突破性发展，我国电商市场趋向成熟，物流同城业务规模迅速扩大，不断刺激和加速以“闪送”为代表的众包物流模式的繁荣。众包物流是基于共享经济思想和互联网平台，将物流配送服务工作外包给社会上闲置的不特定大众服务人员的一种物流模式。[3]这一模式的提出为解决终端物流配送资源短缺与市场需求波动造成的困境提供了创新思路。[4]它借助成熟的移动网络技术改变了传统的配送模式，具有成本低、效率高、速度快的优点，被视为“互联网＋物流”的优秀实践方式之一。[5]目前，国内从事众包物流的平台主要包括闪送、达达、蜂鸟、人人快递和京东到家等，而国外主要从事众包物流的公司有WunWun、Postmates、Manyhip和Zipments等。[6]这些众包物流平台大多针对同城的末端物流配送业务，在很大程度上迎合了同城物流的效率要求。然而与传统物流方式不同，众包物流在促进物流降本增效的同时也因其特殊性而面临更加突出的法律风险。本文以此为背景，基于对众包物流中的法律关系特殊性和法律风险的分析，试图寻求我国众包物流行业发展的法律对策。

二、众包物流模式法律关系的特殊性

众包物流的各类主体之间存在多种法律关系，且相互交织。具体而言，众包物流的参与主体之间主要存在行政法律关系、民事法律关系、劳动法律关系和刑事法律关系，各类法律关系因众包物流模式的特点而呈现出主体和内容上的特殊性。

---

* 彭幸（1989—），女，河南省信阳市人，北京物资学院法学院教师，法学博士，主要研究方向为国际民事诉讼法、民事程序法。

（一）众包物流法律关系主体的特殊性

参与众包物流活动的主体主要包括物流平台企业和实际承运方、使用方（发货方和收货方）三方主体。以“闪送”为例，其所涉及的主体包括“闪送”平台企业北京同城必应科技有限公司、平台“闪送员”以及使用“闪送”平台进行寄收业务的发货方和收货方。众包物流的运营模式如图1所示，与传统物流模式相比，众包物流模式的各方主体具有非常鲜明的特点。

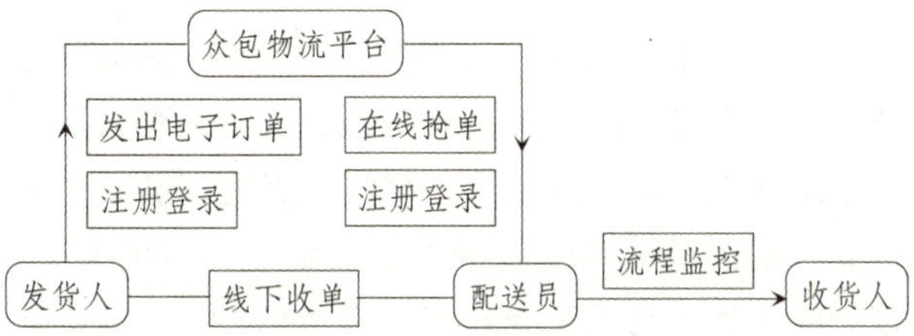

图1　众包物流的运营模式

首先，众包物流平台与传统物流企业有较大区别，其在物流中的法律性质也更为特殊。在众包物流语境下，作为承运人的物流平台将原本由专业配送员或者第三方物流公司完成的配送任务经由众包物流平台形成信息共享，由企业之外的公众群体完成，实际承运人为不特定的配送员。因此其合同主体相对较为复杂，合同内容具有广泛性和复杂性。[7]此时，物流合同的主体到底是寄件人与物流平台还是寄件人与配送员，是普通的物流合同关系还是委托代理关系，这对于发生违约行为后的追责有重要影响。合同的主体不同，法律责任的承担主体就不同，实际使用方的民事权益主张对象也随之改变。

其次，众包物流中的配送员成为特殊的法律关系主体。通常而言，物流企业通过招聘、签订劳动合同的方式招募快递配送人员，企业与员工的劳动关系相对稳定。但众包物流中执行配送任务的人员并非专职配送人员，而是通过较低的标准成为物流配送人员的不特定的社会主体。其招募条件较为宽松，而且不对配送员的工作时间、工作地点和接单频率提出要求。例如，在“闪送”平台，仅需拥有手机、汽车或电动车等交通工具即可通过手机软件验证成为“闪送员”，且配送员的“工作时间灵活，工作区域自由不受限”①，这在客观上增加了界定平台和配送员法律关系的难度。无论是从对接众包物流平台还是对接使用方的角度，众包物流的配送方都与传统快递行业专职配送员有较大区别。

（二）众包物流法律关系内容的特殊性

众包物流领域存在多种法律关系，因其主体的特殊性而在权利义务内容上呈现出更加多元的形态。

具体而言，在民事法律关系层面，众包物流平台与使用方之间的合同关系认定、使用方与配送员之间实际的运输责任承担比传统物流模式更复杂。其原因在于众包物流平台并不实际承担配送任务，而通过给使用方提供信息共享平台、招募配送员为其提供配送服务。相对于使用方而言，平台需提供信息发布渠道、扩大配送服务范围、保障配送安全并承担相应的民事责任；相对于配送方而言，平台要制定服务细则、提供充足订单及服务指引，并保障交易钱款到账。但众包物流平台在迅速增加配送员数量、允许其享有自由工作时长、工作地点和工作模式的同时，也压缩了配送员的民事权利，例如配送员目前并不实际享有“五险一金”等社会福利。与之相应的，这一用工形式使平台与配送员的法律关系发生了微妙的变化。

在刑事法律关系层面，众包物流三方主体的权利义务内容受到了限制。众包物流中配送员自主接单并运送物品，平台提供的验视和配送工具较少，依靠配送员个人的验视方式不足以审查寄送物品是否属于违禁品。由于缺乏相应的工具和手段，不能保障很好地履行对寄送物品的审查义务。事实上，众包物流使用方的合法寄送义务没有得到切实履行，实践中已经出现大量利用众包物流方式寄送毒品的现象。

众包物流模式同样存在行政监管的内容差异。一是监管对象的特异性。众包物流模式与传统物流企业运营模式的区别体现在其发挥作用的方式上，即通过招募配送员、构建配送信息交换平台、提供双方信息和物流追踪等发挥作用。因此其行政监管的对象不再局限于物流企业，而应包括物流企业和配送员。二是监管方式的要求不同。物流行业的行政监管通常包括事前监管与事中监管。众包物流所采取的O2O模式需要更加多元的监管方式，这对行政机构的监管手段提出了更大挑战，配送过程也成为监管内容的重要环节。

概言之，众包物流模式将配送任务通过互联网平台分包给不特定的社会主体，并由其对配送人员进行管理。这一模式下的法律关系主体和内容都发生了一定的变化，尤其是配送员与物流平台通过特殊的用工模式使彼此的民事、劳动法律权利和义务增加了新的内容。基于其特殊性，对众包物流的行政监管和刑事侦缉工作还需要提高针对性，更新对众包物流法律关系的认知，进而强化新型业务模式的法律监管。

三、我国众包物流面临的司法困境

近年来，涉及众包物流的诉讼案件数量逐年上升。以“闪送”为例，其相关的司法案件数分别为1件（2015年）、10件（2016年）、46件（2017年）和87件（2018年）②，可见近两年来“闪送”相关的司法问题骤增且亟须解决。其中，以利用“闪送”平台运送毒品和其他违禁品的刑事犯罪案件、以配送过程中发生的交通事故是否应当认定为工伤和误工费争端为主的劳动争议案件，以及因配送延误、物品短少与损坏引起的民事合同争议案件为主。对其他众包物流平台的检索也显示出相似的结果，“蜂鸟”“点我达”“人人快送”“UU跑腿”平台相关案件的案件时间和案由比例与“闪送”相当，均呈现出2016年开始、2017—2018年案件剧增的态势，且以毒品犯罪、交通事故工伤认定、民事合同争议为主要的案由。

（一）合同关系中的民事违约责任问题

目前，众包物流存在的主要民事法律风险为用户个人隐私泄露风险和时效性违约送达问题。一方面，一对一的服务模式进一步扩大了互联网经济中的隐私泄露风险。不特定的配送主体与专职配送人员在客户隐私保护方面的意识存在差异，隐私保护有效性还有待强化。众包物流在比一般快递更方便和快捷的同时，使用方的家庭住址、办公地点、样貌特征等隐私也更容易被记载。如果无法解决消费者普遍重视的个人信息保护问题，将大大影响今后众包物流的推广。[8]另一方面，以“闪送”为代表的众包物流模式在竞争中的主要优势是物流的时效性，但如广告用语中的“同城1小时速递”常常无法达成。较高的时效要求和实际运力不足的矛盾构成了潜在的合同违约风险。

（二）平台与配送员的劳动关系认定争议

众包物流中平台与配送员的关系相对模糊，传统的劳动关系难以适应“互联网+平台”的新型用工模式。[9]在众包物流中，平台和配送员之间的法律关系认定难点在于二者是“合作关系”还是“劳动关系”。尤其是目前众包物流主要针对同城物流市场，配送员多采用自行车、电动车、摩托车等非专业的交通工具，在较短送达时限的刺激下，发生交通事故的概率很高。在此背景下，劳动关系的认定对于发生交通事故之后的责任认定和事故赔偿、医疗费用承担等都意义重大。如果二者之间劳动关系成立，则配送员可以获得工伤认定和相应的赔偿，反之配送员需独立承受较大的经济负担。但此类案件的劳动关系认定尤其困难，主要体现在：一是通常平台以格式条款的方式约定双方为合作关系，试图排除劳动法律关系的认定；二是配送员工作形式比较自由，难以判断二者是否具有劳动法律关系所应有的稳定性和从属性；三是配送员的收入性质模糊，平台所主张的“收益分成”是否为劳动报酬尚存争议。这些具体问题成为对配送员和物流平台之间法律关系界定的难题。

实践中，众包物流的各方主体往往各执一词。配送过程中因交通事故受伤的配送员主张双方构成劳动关系，而众包物流平台则极力否认。例如，“闪送”公司即在其闪送员注册环节以格式条款《闪送员合作协议》的方式表明二者之间是“合作关系”，不存在劳动法律关系，也不受劳动法律法规的调整。③而在司法案例中，法院对众包物流平台所主张的“合作关系”有不同的判断。北京市海淀区人民法院在李某与北京同城必应科技有限公司劳动争议案④（以下简称“李某案”）中指出：“基于劳动法之性质，当事人不可以协议约定的方式排除劳动法之适用。”该法院经审理认为，尽管“目前北京同城必应科技有限公司与李某之间的劳动关系，缺乏完全吻合的法定工时形式与其匹配，亦缺乏完全适应的社会保险制度”，但“不能因为相关配套制度尚不完善而拒绝向劳动者提供基本权利之救济——如李某要求确定劳动关系从而获得工伤保险待遇之基本权利。”因此，最终法院确认配送员与物流平台所属公司之间存在劳动关系。而部分司法案例则否定了二者之间存在法律上的劳动关系，例如刘某与中华联合财产保险股份有限公司北京分公司、北京同城必应科技有限公司等机动车交通事故责任纠纷案⑤、马某与某某、北京同城必应科技有限公司生命权、健康权、身体权纠纷案⑥中，法院不支持“闪送”配送员与闪送公司之间存在劳动关系。司法实践中的这些争议涉及平台和配送员的切身利益，迫切需要从劳动法律层面加以明确。

（三）专人直递中的毒品犯罪

根据北京市朝阳区法院的统计，自2013年首次审结利用快递进行毒品犯罪案件开始，涉案毒品数量增长较快。[10]在王某走私、贩卖、运输、制造毒品案⑦，胡某、高某走私、贩卖、运输、制造毒品案⑧，鲍某走私、贩卖、运输、制造毒品案⑨等案件中，犯罪嫌疑人多次将冰毒等毒品贩卖给他人，并通过快递“闪送”的方式将其运送至吸毒者手中。对其他众包物流平台的检索也显示出相似的结果，涉及大量利用众包物流平台运输毒品的刑事犯罪行为。

与普通快递方式相比，众包物流寄递方式的特殊性使其存在更大的隐患，所暴露出来的刑事法律风险也更加突出。具体而言，一是对运毒的事前监管较为困难。众包物流通常采取“线上下单、线下配送”的方式，且由专人直递，取消了分拣等环节，因此对其配送内容物的监管难以实现。尽管《中华人民共和国邮政法》等法律已经规定禁止邮寄违禁物品，并应实行严格的验视制度，但该规定在现实中并未得到严格遵守。[11]二是众包物流模式加剧了毒品犯罪的查处难度。当前毒品犯罪的特点之一就是交易方式越来越隐蔽，调查取证的难度较大。[12]犯罪分子利用众包物流线上交易、线下交付的方式出售和接收毒品时常采用匿名方式，存在交易方式隐蔽、交易主体不清等问题。例如，通过“闪送”寄送和购买毒品的犯罪嫌疑人通常在平台留下虚假的身份信息和联系方式，取件和送达地址也比较模糊，给案件的侦破带来很大困难。⑩三是众包物流模式运送效率高、流程可控性强，因此犯罪分子利用其运送毒品的主观意愿更强。北京市朝阳区法院的数据显示，犯罪分子多选择配送效率高、时效快的物流企业；在2017年审理的18件案件中，7起案件被告人使用了“同城1小时送达”的闪送，5起案件被告人使用了顺丰速运。[13]事实上，利用众包物流模式运输毒品已经导致了较大的社会问题，无论是司法部门、刑侦部门还是普通民众，都应当积极防范相关毒品犯罪。

（四）行政监管缺失导致的行政管理难题

除已经显现的刑事和民事司法风险外，众包物流行业还面临着行政监管不足的问题。物流行业的共享经济发展处于起步阶段，政府行政监管和相关法律法规的出台有一定的滞后性，当前监管还存在一些漏洞，并在一定程度上阻碍了众包物流的发展。[14]

其一，众包物流的行政监管机构不明确。我国对物流行业的行政监管采取多部门混合监管模式，分别由交通、邮政、物资、仓储等不同的主管部门管辖，容易导致各管理部门之间的“权力交叉、职能错位、沟通协调效率低等问题”。[15]尤其是以众包物流为代表的新兴物流模式不仅涉及线上与线下的配合，更关涉食品、药品等特殊物品的即时寄递，其直接监管机构以及不同监管机构之间的协调关系还未得到明确。

其二，众包物流相关立法滞后。总体而言，我国当前的物流立法存在系统性和专门性缺失、法律位阶较低、法律效力不强、物流立法相对滞后等问题。[16]而且，现行物流法律法规未针对众包物流的特殊需求作出回应。例如，众包物流中违禁品、危险品寄送的规范化不足。众包物流采用的专人直送方式在减少物流中间环节、提高物流时效的同时也削弱了监管力度。尤其是对于配送标的物的检查和管理不足，难以保证相关人员的人身安全，形成了配送危险物品的潜在社会风险。另外，缺乏对配送员快递从业资质的要求。根据《中华人民共和国邮政法》第五十一条第一款的规定：“经营快递业务，应当依照本法规定取得快递业务经营许可；未经许可，任何单位和个人不得经营快递业务。”交通运输部2009年通过的《快递业务经营许可管理办法》也规定，必须有相当比例的快递从业人员具有快递业务员职业技能资格证书。而以“闪送”为例，出于业务发展的迫切性考虑，其招募配送员只需经过“下载 App—注册审核—简单培训—考核”几个步骤，且各步骤的要求极低。显然，在当前众包物流行业中还缺乏相应的准入机制。

四、我国众包物流的法律治理方案

针对众包物流实践中存在的不同类型的法律风险，不仅要从国家治理的角度提出立法建议，还亟须从物流行业降本增效的角度提出行业发展的合规对策。对此，有必要以多元途径建立立法与司法、行政监管与行业自律的协同机制，稳步推进我国众包物流的法制化建设。

（一）加强众包物流的行政监管

行政机构的有效监管是促进我国众包物流模式健康发展的有力保障，也是维护众包物流模式持续成长的重要推力。面对当前这一领域行政监管不足的局面，可从以下几个方面加以完善。

1. 明确众包物流的行政监管机构，加强相关行政主体的协调与合作。在我国，交通运输部、国家邮政局、商务部等部门对众包物流都有各自的监管权限，但各机构的监管权责不够清晰。根据《国务院办公厅关于推进电子商务与快递物流协同发展的意见》（国办发〔2018〕1 号）的要求，商务部、交通运输部、国家邮政局会同相关部门负责健全协同共治管理模式。而根据国务院在 2018 年公布施行的《快递暂行条例》第五条的规定：“国务院邮政管理部门负责对全国快递业实施监督管理。国务院公安、国家安全、海关、工商行政管理等有关部门在各自职责范围内负责相关的快递监督管理工作。”可见，国家邮政局是快递行业的主要监管部门，国务院公安、国家安全、海关、工商行政管理、出入境检验检疫等部门则在其相应职权范围内进行监管。因此，各部门均应在众包物流等新型物流模式中充分发挥监管作用，并进一步加强各机构之间的职能协作，针对众包物流主体和内容的特殊性进行有效管理。尤其要明确国家邮政局对众包物流平台的线上监管义务和对配送员的事中监管权限。

2. 进一步细化众包物流行政监管的内容，提高法律规范的针对性。具体而言，对以“闪送”为代表的众包物流进行监管的内容应同时包含资质监管和服务监管。资质监管必须明确众包物流平台和配送员的从业资质，服务监管则应注重对众包物流的服务水平、服务方式的管理，并采取事中监管和事后监管相结合的方式。尤其是当前众包物流的配送员从业频次不一、培训不足、服务理念相对落后，众包物流行政监管更应注重对众包物流平台的事前监管和事中监管，加强对相关人员从业资质的限制和服务内容、服务流程的监管。

3. 行政监管与物流行业监管相结合，确立物流行业的进入和退出机制。除了通过物流法律法规明确相应的准入制度之外，还应加强物流行业协会的制度建构，实现行政监管和行业监管的有机结合。具体而言，一方面，行业协会应协同物流监管平台，建立规范化的行业标准；另一方面，行业协会还应进一步加强对相关人员的资质培训并提升配送员的服务意识，帮助配送员提高配送水平、减少配送风险。

（二）保护参与主体的民事权利

众包物流的发展过程中产生了时效性违约责任问题，且存在较大的信息泄露风险。而众包物流模式的迅速发展更加需要完善其诚信体系、责任制度和信息安全保障机制，切实保障相关民事主体的权益。

1. 众包物流应建立相应的诚信体系。2018 年，《国务院办公厅关于推进电子商务与快递物流协同发展的意见》（国办发〔2018〕1 号）提出：“引导电子商务、物流和快递等平台型企业健全平台服务协议、交易规则和信用评价制度”。具体而言，众包物流应建立相关诚信体制，健全交易规则并实行有效的信用评价制度。其诚信体系包含对众包物流平台、使用方和配送方三方主体的信用要求和追责机制。对于众包物流平台而言，在提供准确交易信息和制定合理的配送规则前提下，可以采取平台信用赔付和连带赔偿的方式确立其责任承担模式；对于配送员的失信风险，可以采取平台诚信监察、积分降级制、罚款和预赔偿、强制退出平台等方式，在提醒配送员依法配送的同时可通过平台财产锁定的方式为违约行为提供担保；对于使用方则采取预付款和注册信息验证等方法。同时，考虑到众包物流中的民事纠纷通常标的额较小、争议不大，在纠纷发生后可以采用民事速裁程序或简易程序的方式获得司法救济。

2. 应做好使用方与配送方的双向信息保护。为了保护配送员和发货方、收货方的个人隐私，以“闪送”为代表的众包物流平台在信息保护方面还需投入精力。在通过培训、普法等方式提升配送员个人素质的同时，可采取“隐私面单”“中间号”等多种形式保障双向信息安全。在此基础上，有必要明确相关的法律责任。根据《快递暂行条例》的规定，对于“出售、泄露或者非法提供快递服务过程中知悉的用户信息”“发生或者可能发生用户信息泄露的情况，未立即采取补救措施，或者未向所在地邮政管理部门报告”的，依法进行处罚。但是，以上规定对众包物流等互联网经济中的信息保护还不够充分，除该行政处罚外还应要求侵权方对被泄露信息者进行民事赔偿，并在情形非常严重时依法追究相关主体的刑事责任。

（三）明确平台与配送员的法律关系

厘清配送员与众包平台之间的法律关系，是当前众包物流各主体间法律关系认定的首要任务，其关键在于甄别其是否符合我国《劳动法》的相关规定。目前对劳动关系的认定我国采用的是单一调整模式，只要按照现行认定标准判定属于《劳动法》中的“劳动者”，就应受《劳动法》的保护，适用《劳动法》中的所有规则；反之则不适用《劳动法》的规则。[17]

在众包物流中，尽管各方各执一词，但可以从以下几点进行判定。首先，明确众包物流合作条款在劳动关系认定中的作用。在司法实践中，“闪送”等众包物流平台都采取格式条款的形式约定其与配送员是“合作关系”。该条款在司法实践中具有重要的证明效力，但双方主体之间的格式条款不应排除劳动法律的强制适用。其次，双方是否构成劳动关系应当依照法律的规定认定。具体而言，目前我国劳动关系认定主要根据《关于确立劳动关系有关事项的通知》（劳社部发〔2005〕12 号）的规定进行。在配送员未与平台签订劳动合同的情形下，需参照与工作内容相关的凭证予以认定。最后，在众包物流用工模式中的劳动关系认定需要综合分析多种因素。考虑到众包物流平台配送员的随机性和差异性，在认定特定配送员个体与平台的劳动关系时，必须结合该配送员的工作时长、工作内容完成情况、收入来源的稳定性等具体分析。例如在前文所述的李某案中，法院虽然确认了二者的劳动关系，但仍强调该案的认定“并不代表所有注册的闪送员与北京同城必应科技有限公司之间均具有劳动关系”⑪。若配送员进行配送的相关因素都无法证明双方劳动关系所应具有的从属性时，二者之间的劳动关系将无法得到支持。

（四）防范众包物流中的毒品犯罪

利用“闪送”等众包物流平台作为运输毒品的新方式，不仅增加了打击毒品犯罪的难度，还暴露出我国快递行业建设中的漏洞。对此，应在加强众包物流规范化管理的同时，进一步提高打击互联网毒品犯罪的针对性。

1. 加快我国快递实名制的进程。在利用“闪送”等众包物流平台运送毒品的案例中，犯罪嫌疑人多次利用平台注册和监管漏洞，填写虚假或模糊的身份信息和收货信息，扰乱毒品犯罪侦查。对此，在采用快递实名制的基础上，还可以采用人脸识别等身份验证方式，使互联网经济背景下衍生的众包物流与人工智能技术相结合，在提高物流效率的同时提升交易安全性，强化监督管理效果。而且，快递实名制能够增加寄件人通过快件交易的心理压力，从而遏制其犯罪行为。[18]

2. 加强物流从业管理，提高配送员的禁毒意识。实践表明，禁毒意识较高的配送员对于发现和抓捕毒品犯罪分子有积极作用。[19]在众包物流平台加强对配送员相关培训的基础上，应严格执行包裹的验视和核查程序。快递员对快递进行验视是配送的必要过程，既可以对犯罪分子形成心理威慑，也能够帮助及时发觉和避免毒品犯罪的发生。

3. 众包物流平台应积极保存和提供相关刑事犯罪的电子证据。毒品犯罪中最直接、最常见的证据通常是所涉及的毒品，而在利用众包物流等互联网方式进行毒品犯罪的案件中更应该关注相关的电子证据，它们是认定犯罪行为和犯罪嫌疑人的主要材料，也是对犯罪嫌疑人定罪量刑的重要依据。[20]如果“闪送”等众包物流平台能够在侦破毒品犯罪中提供必要的信息，在符合刑事侦查、取证要求的前提下，为公安部门提供犯罪嫌疑人的信息以及涉案订单信息等，就有助于提高犯罪侦查效率。

4. 转变互联网毒品犯罪的侦查模式。与众包物流平台采用的O2O模式相适应，利用“闪送”等平台进行的毒品犯罪需线上与线下相结合。在防范此类案件发生方面，一方面可以通过管控线上交易的方式强化对众包物流订单的监控，打击和控制线上通信工具中的毒品贩卖过程，通过对网络环境清流来减少犯罪分子的利用途径；另一方面要对线下流通环节的毒品配送进行监查，对主要的众包物流平台展开缉毒调查，强化行业管理。

五、结语

“互联网、移动互联、大数据、云计算、物联网、人工智能等将与物流业深度融合，为物流业发展带来更多可能”。[21]在互联网和共享经济空前繁荣的时代背景下，如何促进新型业务模式的发展并有效推进其法治化建设是一个重要议题。以“闪送”为代表的众包物流模式是新时期共享经济趋势下一种新的物流模式，它在充分利用互联网的基础上有效发展了现代经济，符合人们对时效性的追求，也更适应现代社会多元化、个性化的需求。但众包物流在迅速发展的同时也带来很多新的问题，需理性审视其存在的多种法律风险，针对其中的行政、民事、劳动和刑事司法困境提出相应的完善对策，加强行政机构、行业协会、物流企业和物流参与者的协作，促进我国新时代智慧物流的健康发展。

注释：

①闪送员招募条件参见 http：//www. ishansong. com/recruit/。

②资料来源于 http：//wenshu. court. gov. cn/list/list/?sorttype = 1&number = WPVL2ZCN&guid = 385553d9 - 64c3 - 4b897f56 - a55f8504457a&conditions = searchWord + QWJS + + + % E5% 85% A8% E6% 96% 87% E6% A3% 80% E7% B4% A2 :% E9% 97% AA% E9% 80% 81。

③资料来源于 http：//www. ishansong. com/shansonger-Agreement。

④参见（2017）京 0108 民初 53634 号判决书。

⑤本案案号为（2017）京 0102 民初 10084 号。

⑥本案案号为（2017）京 0105 民初 30963 号。

⑦本案案号为（2017）沪 02 刑终 1257 号。

⑧本案案号为（2017）川 01 刑初 323 号。

⑨本案案号为（2018）沪 0101 刑初 202 号。

⑩例如，在季某犯贩卖毒品案［（2017）沪 0101 刑初 716 号］中，犯罪嫌疑人利用闪送运送毒品的收货地址为“上海市长宁区临虹路广顺北路路口 S 处”；陈某某犯贩卖毒品案［（2018）沪 0110 刑初 815 号］中，收货地址为“杨浦区宁国路×××号兴荣温德姆酒店”；樊某某犯贩卖毒品案［（2018）沪 0120 刑初 330 号］中，收货地址为“奉贤区南桥镇阳光一期 68 号楼梯口”等，给锁定和抓捕犯罪嫌疑人造成了一定困难。

⑪参见（2017）京 0108 民初 53634 号判决书。

参考文献：

［1］赵文君．我国快递年业务量突破 500 亿件，连续五年居世界第一［EB/OL］．（2018 - 12 - 28）［2019 - 03 - 16］. http：//www. xinhuanet. com/fortune/2018 - 12/28/c_ 1210026369. htm.

［2］去年快递行业成绩亮眼，呈头部加速集中趋势［EB/OL］．（2019 - 01 - 17）［2019 - 03 - 16］. http：//www. xinhuanet. com/finance/2019 - 01/17/c_ 1210040372. htm.

［3］王文杰，孙中苗，徐琪．考虑社会配送供应能力的众包物流服务动态定价模型［J］．管理学报，2018（2）：293 - 300，316.

［4］邱洪全．基于 TAM 模型的众包物流大众参与行为影响因素［J］．中国流通经济，2018（4）：110 - 119.

［5］解筱文．中国铁路应打造众包物流的“国家队”［EB/OL］．（2018 - 08 - 01）［2019 - 03 - 16］. https：//www. jiemian. com/article/2347430. html.

［6］梁晓蓓，黄立霞，江江．众包物流接包方持续参与意愿影响因素研究［J］．商业经济与管理，2017（7）：5 - 15.

［7］邹晓美，高泉．第三方物流合同法律关系与法律适用［J］．中国流通经济，2007（4）：61 - 64.

［8］孙坳，何明珂．基于结构方程模型的众包物流风险识别与分析［J］．管理现代化，2017（6）：105 - 109.

［9］徐增鹏．关于闪送平台劳动关系认定的思考［J］．中国法律评论，2018（6）：130 - 132.

［10］法院向国家邮政局发出司法建议 督导快递业落实寄件实名制［EB/OL］．（2018 - 06 - 27）［2019 - 03 - 16］. https：//baijiahao. baidu. com/s? id = 1604379288710488441.

［11］叶祝颐．“毒快递”事件考验物流监管［N］．人民法院报，2015 - 10 - 11（002）．

[12] 陈侃．闪送：不要成为毒品交易顺风车［J］．检察风云，2018（17）：16－17.

[13] 朝阳法院建议国家邮政局加强监管遏制毒品犯罪“快递化”［EB/OL］．（2018－06－26）［2019－03－16］．http：//cyqfy. chinacourt. org/public/detail. php？ id＝3217.

[14] 刘玲．共享经济视角下物流业的移动互联服务创新策略［J］．商业经济研究，2018（14）：97－99.

[15] 薛丽．“互联网＋”视域下物流业监管体制变革创新研究——以山东临沂为例［J］．经济体制改革，2017（5）：69－75.

[16] 马晓燕．论我国物流立法的基本思路和法律体系构建的基本框架［J］．求索，2011（9）：153－155.

[17] 谢增毅．我国劳动关系法律调整模式的转变［J］．中国社会科学，2017（2）：123－143，208.

[18] 郑佳宁．快递实名收寄制下用户个人信息的法律保护［J］．湖北社会科学，2016（6）：156－161.

[19] 刘传红．闪送毒品?！殊不知闪送员慧眼识毒［EB/OL］．（2018－11－30）［2019－03－16］．http：//www. rmfz. org. cn/contents/10/173436. html.

[20] 徐浩．利用网络进行毒品犯罪案件中的电子证据研究［J］．犯罪研究，2012（3）：63－66，88.

[21] 魏际刚，温明月，李曜坤．物流业要既补短板又抓机遇［EB/OL］．（2018－12－07）［2019－03－16］．http：//www. gov. cn/zhengce/2018－12/07/content_ 5346412. htm.

原载于《中国流通经济》2019 年第 4 期

他山之石

日本绿色物流发展的状况及启示*

翁心刚　姜　旭**

（北京物资学院，北京市 101149）

摘　要：绿色物流是现代物流发展的必然趋势，是实现经济社会可持续发展的重要内容之一。以科学发展观为指导，推动绿色物流发展已经成为我国21世纪现代物流发展的重要课题。日本通过发展绿色物流与实施绿色服务标准，使物流活动变得更加顺畅、有序、高效，为维持日本经济社会可持续发展提供了重要保障。为推动我国绿色物流发展，应借鉴日本政府推动绿色物流发展的有益经验，结合我国绿色物流发展实际，在制定我国绿色物流发展长期战略目标、中期规划目标及近期目标的同时，构建绿色物流系统动力，完善绿色物流管理体制，完善物流环保法规，实施绿色物流税收政策，加强生态物流系统建设，构建新型环保的生态物流系统，大力发展多式联运，建立企业联盟运作模式。

关键词：日本物流；绿色物流；循环经济；可持续发展

一、引言

在日本，绿色物流的推行不仅是企业的事情，政府在其中也发挥着强有力的助推作用。日本政府非常重视绿色物流法规的制定和执行，直接对绿色物流运行进行管理。日本在最新修订的2009年《综合物流施策大纲》中指出，要构筑具有国际竞争力的物流市场，创建能够减轻环境负荷的物流体系和循环型社会。

二、日本通过制定相关制度发展绿色物流[1]

日本政府对绿色物流业除进行具体规划和提供强大资金支持外，还非常注重为绿色物流业发展提供良好的制度保障，通过制定一系列政策来控制污染并加强政府部门的监管作用。

20世纪60年代，日本政府开始重视调整流通政策，并制定了物流相关职能方面的法规。1966年制定了《流通业务城市街道整备法》，提出将集中在大城市中心的流通设施向已经整备好的外围地区集中搬迁，以提高大城市流通机能并使道路交通流畅，维持与提高城市机能。

1990年12月开始实施的《货物汽车运输事业法》和《货物运输代理事业法》是规范汽车运输事业行为的法律，统称“物流二法”，替代了连续实施长达40多年的30部与物流产业有关的法律。《货物汽车运输事业法》放松了准入规制，把由日本政府批准的方式改为许可制，并改善了对经营区域的

* 本文系国家发展和改革委员会立项、中国物流与采购联合会委托、北京物资学院承担的获得北京物资学院2009年度重大项目科研基金资助的课题“绿色物流发展研究”的部分研究成果。

** 翁心刚（1961—），男，北京市人，经济学博士，北京物资学院副校长，教授，中国物流学会副会长，中国物流技术协会副理事长，主要研究方向为物流管理、供应链管理；姜旭（1972—），男，内蒙古自治区包头市人，留日经济学博士、博士后，北京物资学院物流学院副教授，中国物流技术协会副秘书长，中国物流学会理事，主要研究方向为物流空间学、物流经济学、日本物流研究。

规制。《货物运输代理事业法》改变了旧的规制，取消了承接运输代理业务企业自己不能进行货物运输的规定。“物流二法”对日本物流业发展起到了极大的推动作用。

1992年，日本政府公布了《汽车氮氧化物限制法》，并规定了允许企业使用的五种货车车型，同时在大都市特定区域内强制推行排放量较低货车允许行驶的规制。1992年，在绿色包装实施方面，日本政府起草《能源保护和促进回收法》。

1997年，为应对地球温室效应、大气污染等各种环境问题，《联合国气候变化框架公约》第三次缔约国会议通过了《京都议定书》，根据该议定书规定的标准，日本需要解决汽车二氧化碳排放超量问题。

2001年1月，为鼓励提高资源利用效率并减少浪费，日本政府实施了《实用电器再循环法》。该法规委托家电生产商回收空调、电视机、电冰箱、洗衣机四种家用电器。

鉴于高效、便捷、低成本物流体系对国民经济与产业发展的重要性，日本于1997年、2001年、2005年和2009年，由经济产业省和国土交通省共同制定了四次《综合物流施策大纲》，这是内阁会议通过并颁布的关于日本物流业的纲领性政策文件。这些文件把绿色物流作为整个经济的重要基础加以考虑，其目标并不局限于行业自身。

三、日本绿色物流的发展

1. 重视制定绿色物流的具体目标值

日本除在传统的防止交通事故、抑制道路沿线噪声和振动等方面加大政府部门监管和控制作用外，还特别制定了通过控制货物托盘使用率、货物在停留场所滞留时间，来降低对环境造成的负荷等具体目标值。1989年，日本提出了10年内3项绿色物流推进目标，即氮氧化物（NO_x）排出量降低30%，颗粒物（PM）排出量降低60%，汽油中硫成分含量降低10%。1993年，要求企业必须承担更新旧车辆、使用符合环境标准的新式货车的义务。2010年，制定了长距离杂货运输中铁路、内航海运利用率提高到50%的目标。

2. 加强绿色物流管理的各项具体措施

为解决地球温室效应、大气污染、交通拥挤、能源限制等问题，日本物流业积极在干线运输方面推动模式转换，由汽车转向对环境影响较小的铁路和海上运输，构建干线共同运行系统，在都市内运送方面推动共同配送体系及节能行驶。特别是推行多种运输模式灵活转换的复合联运，发挥公路、铁路运输和海运等各自的优势，对货物进行多种形式的联合运输。日本政府采取了普及低公害车辆、强化机动车尾气排放管制、实行柴油低硫化等一系列有效措施。

3. 建立适应环保要求的新型物流体系[2]

通过物流业运输体制变革，建立高效合理的物流模式，完善运输和配送方面的环境建设，从机制、效率、体系上解决公路运输对环境的压力，构筑环境负荷较低的物流体系。通过构建完整的静脉物流系统，促进各种废弃物的回收和利用，节约自然资源，发展循环型再生资源。

4. 通过各种合作形式强化绿色物流的实施[3]

为提高物流效率，日本成立了支援合作的项目“绿色物流合作会议”，并采用发送补助金、制定二氧化碳排放量计算方法，来增进货主、物流企业间的协调合作。另外，为推动绿色物流合作推进事业，日本制订了引导城市内物流效率化运作的城市内物流整体方案。通过促进物流网点设施的综合化及流通业务的效率化，降低环境负荷，提高地区活性。通过绿色物流合作推进事业，多方位支援提高物流效率化，降低二氧化碳排放量，以达到推进物流效率化、低成本、减轻环境负荷的目的。

四、日本绿色物流的实施情况

1. 加强环境保护，构筑循环型社会

为节约资源，日本制定了再生资源法规，对可利用资源进行再生利用，在实现资源再循环的过程中构筑了一个适应环保要求、环境负荷小的新型物流体系。通过货主、物流企业等方面的合作，实施降低环境负荷的措施，在确认取得一定成效后，由政府发送补助金。

2. 构筑符合社会效益的物流系统

日本按照《京都议定书》的标准，规定了汽车废气排放量，执行了抑制温室效应、减少废气排放

的要求，推进汽车的低公害化。首先，提高运输工具单位燃料能量利用率，从提高卡车运输效率出发，推进车辆的大型化、信息化与共同利用化，改善干线公路质量，加强环线公路建设，消除交通堵塞。其次，增强了铁路运力，缩短了运行时间，实现了各种运输工具间的运力转换和衔接。同时，扩大环境负荷小、运力大的铁路和海运的货运比例。此外，加强对汽车废气等污染源排放量的管理，开发、普及环保型汽车，提高卡车装载量和运输效率。通过选择对环境影响较小的运输工具，使货主与物流企业自觉减少二氧化碳排放量，降低对大气的污染和对环境的影响。通过环线公路的不断建设，扩大交通能力，实施交通量管制。为减少城市市区卡车通行量，不断发展城市铁路。在此基础上，构筑静脉物流系统，实现循环型社会政府与地方公共团体的协作，合理配置再生资源物流据点。另外，对可利用资源进行再生利用，实现资源、生态与社会经济的良性循环，建立适应环保要求的新型物流体系，实施应对地球温暖化的对策。[4]

3. 降低运输工具单位能耗的对策

充分运用绿色环保税收制度，促进低耗油车辆的利用。为提高卡车运输效率，不断推动运输车辆大型化和拖车化运输方式。通过义务安装大型卡车速度控制装置，降低大型卡车燃油费。另外，通过引进节能高效的环保生态运输工具，鼓励开发新一代超级环保生态运输工具。此外，为控制废气排放量，在整个物流系统中使用低排放量的燃料油用于国际航班和远洋轮船。

4. 充实社会资本

全面完善物流基础设施建设，使绿色物流发展具有坚实的依托和优越的发展条件。不断提高公路质量，加大桥梁承重，适应运输车辆大型化发展的需要。加强国际海运集装箱货物转运站和多功能国际货物中转站建设，缩短进出口货物陆地运输距离。

5. 推进运输方式的转换[5]

在铁路货运方面，增强主要铁路干线的货运能力，缩短运输时间，提高装卸作业效率，铁路货运企业不断提供让客户满意的服务。为调动铁路货运企业积极性，改变传统经营方式，实现日本铁路货运株式会社的完全民营化。在沿海航运方面，充分运用日本运输设施整备事业部所制定的船舶共建制度，大量建造可以转换运输方式的船舶，加强内外贸货物中转站建设，适应多式联运发展的需要。另外，为提高市内运输效率，减轻环境负荷，避免过路卡车进入市区，能利用轮船和铁路运输的货物就不再使用卡车运输。同时，充分发挥城市外围港口的作用。

6. 提高民间企业环保意识

为促使货主和物流企业自觉控制二氧化碳排放量，减轻环境负担，日本政府提出了物流对环境的影响以及两者之间的协调问题，并编制和普及指导手册，让物流企业进行自我评价。另外，注重货主与物流企业的协调运输，共同提高效率，鼓励使用低耗油运输车辆，设定降低二氧化碳排放的指标，促使物流企业遵照执行。

7. 提高卡车运输效率

在卡车运输方面，不断推行共同运输和配送，加强物流基地建设，提高汽车运输业魅力，促进运输方式的自行转换。这样做也有利于提高城市物流效率。

8. 降低卡车废气排放量

为减少卡车污染物质排放量，通过强化规制，普及低公害、绿色环保车。同时，在充分运用环保税收制度的同时，支持建设低公害燃料供给设施，普及电动汽车共同利用系统。实行轻质油的低硫化，改善原有运输车辆管理对策，促进柴油微颗粒去除装置的加装和低硫轻质油的利用。另外，还推广生态环保型驾驶方法（如在卡车装卸货物时关闭发动机等），减少柴油车辆的颗粒物（PM）排放量。此外，利用汽车氮氧化物（NO_x）改造法，对车辆种类进行限制。

9. 城市交通畅通化

为改造环线公路，避免过路车辆通过市区，消除城市交通瓶颈，在改进交叉路口和过道口运行能力的同时，将集中在住宅区的过密交通转移到设备地带，试行并排道路差别收费制、环保道路拥挤税等交通流量管理对策。通过调节地区汽车流量，利用环境负荷小的小型卡车运输，推行共同集货和配送。在此基础上，调整物流基地布局，把流通业务设施集中到一起，并将物流基地选在城区外围的环线公路两侧，避免卡车过多地进入市区，以更好地控制市区交通总量。为使市区交通顺畅，在市区大型建筑物内设置货物装卸场所，充分利用繁华商业区公用货场，使用路边停车场供卡车装卸货物，停车规定也考虑到了方便物流作业等方面的因素。在城区建筑物布局中，以消除阻塞、确保物流通畅为基本方针，除在城市建筑内设置货物装卸场所、在商业中心区开辟公用货物装卸区、允许路边停车场装卸货物外，还在城区结构设计方面，充分考虑商业区货物搬进搬出难易程度等方面因素，保证城市物流的通畅性。

综上所述，日本绿色物流的发展表明，日本政府非常清楚日本绿色物流应该在什么方向上进行发展，日本政府管理的侧重点已经从经济规制转向社会环境规制，并强调相关部门要联合协作，共同提高绿色物流系统效率。

五、借鉴

随着日本绿色物流的发展、绿色服务标准的实施，物流活动变得更加顺畅、有序，效率不断提高，物流业成为维持日本经济社会可持续发展的一个重要保障和条件。我们应结合自身绿色物流发展实际，借鉴日本政府在推动绿色物流发展方面的有益经验，推动我国绿色物流发展。

1. 我国绿色物流发展目标

绿色物流发展目标分为长期战略发展目标、中期规划目标及近期目标三个层次。

（1）长期战略发展目标。建立与可持续发展和绿色发展相适应的完善的管理制度和物流运行体系，赶上世界先进国家的发展水平。

（2）中期规划目标。基本步入绿色物流发展轨道，形成能够按照可持续发展和绿色发展要求，优化物流运行系统的制度和机制，全面掌握绿色物流运行技术和方法。

（3）近期目标。加大绿色物流研究力度，初步构建推动绿色物流发展的体制和机制，形成推动绿色物流发展的强大动力，在某些重点领域有所突破。

2. 我国绿色物流发展举措

（1）构建绿色物流系统动力。

这个动力来自三个方向的拉动和制约。

——绿色物流利益的驱动。企业通过实施绿色物流可以提高顾客价值并改善环境行为，有利于塑造良好的企业形象，提高企业竞争力。

——绿色物流成本的推动。企业实施绿色物流可以减少浪费，降低能耗，节约企业物流成本。但是，进行环境治理会增加企业成本，当所增加的成本大于所节约的成本时，成本就会成为绿色物流发展的阻力。

——来自各种规制的物流环境限制的压力。构建绿色物流系统的目的在于促使企业积极实施绿色物流。因此，政府在制定相关政策的时候，除了要发挥规制的导向作用外，还要给予适当的财政支持。只有当绿色物流所带来的收益大于治理的成木时，企业才会主动从事绿色物流活动。

（2）完善绿色物流管理体制。

要强化各部门、各行业、各地区之间的协作与配合，强化各部门协调发展的意识。要成立一个专门的物流管理机构，构建统一的系统规划和整体发展战略，使绿色物流的发展形成真正的社会化大物流系统，集约资源配置，提高物流系统的整体效率。

（3）完善物流环保法规。

我国自20世纪90年代以来，在治理环境污染方面制定并颁布了一些政策和法规，主要包括《中华人民共和国环境保护法》《中华人民共和国环境影响评价法》《中华人民共和国水污染防治法》《中华人民共和国固体废物污染环境防治法》《中华人民共和国环境噪声污染防治法》和《建设项目环境保护管理条例》等。但直接针对绿色物流的立法还比较滞后，与绿色物流的发展不相适应。制定绿色物流法规、完善物流法律体系是发展我国绿色物流产业的关键。

（4）实施绿色物流税收政策。

在促进绿色物流发展的政策中，财税政策是最主要的手段。根据政策所要达到效果的不同，绿色物流财税政策可以分为两大类：一类是促进绿色物流发展的财税政策，旨在鼓励市场主体进行能效投资、节能技术研发、新能源投资的财政补贴、预算拨款、税收减免以及贷款贴息等；另一类是抑制高碳生产和消费行为的财税政策，旨在提高能源使用成本、鼓励节能降耗、控制温室气体排放的能源税、碳税、环境税等。

（5）构建新型环保的生态物流系统。

第一，生态物流系统。现代物流的发展已经从单纯的仓储运输发展到了综合物流服务体系。为此，现代物流必须转变发展模式，以生态化、集约化为特色，加强生态物流系统构建。

第二，实现零包装。零包装并非不要包装，而是要在简化、减少包装的同时，使用可利用、可降解的包装材料。通过调整税收政策，限制过度包装，通过产品责任立法等措施，强化企业环保意识，从源头上减少包装材料的产生量。

第三，实现零排放。一方面，要控制生产过程中的废弃物排放直至减少到零；另一方面，要将那些不得已而排放出来的废弃物进行资源化处理，最终实现不可再生资源的可持续利用。实现零排放的具体措施包括：一是实现货运动车组的运输模式；二是建立地下物流系统；三是推进坑口电站的建设。

（6）大力发展多式联运。

要注重加强各种运输方式的衔接，加快完善综合交通运输网络，大力发展多式联运。通过吸取铁路、公路、水运、航空等基本运输方式的长处，把它们有机结合起来，实行多环节、多区段、多运输工具相互衔接进行商品的综合化、一体化运输，特别是以集装箱作为连接各种工具的通用媒介，促进复合直达运输的发展。通过实施公路、铁路、水运等运输模式的一体化运输，全面建立环保型多式联运的经营理念，并把所有的集装箱和托盘等货运设备全部通用于公路、铁路、水运，提高物流服务效率。

（7）建立企业联盟运作模式。

随着整个社会环保意识的不断提高，为适应循环经济发展战略，货主和物流企业要通过联盟运作模式来提高竞争优势。绿色物流企业联盟是相关企业具有相同属性的市场，生产、销售、回收工艺及技术也具有相似性，因此为避免重复投资，应推动实现同行业资源共享，充分利用共享资源，减少环境污染，形成绿色物流企业联盟。通过企业联盟内部成员间的协作，降低运作成本，缩短物流处理时间，提高对客户的服务响应速度。

参考文献：

[1] 唐泽丰. ロジスティクスと環境［M］. 东京都：（株）成山堂書店，2001：8－18.

[2] 芦田诚. 交通と物流［M］. 东京都：中央经济社，2006：197－201.

[3] 下村博史. 図解成功するグリーン物流［M］. 东京都：日刊工业新闻社，2008：86－104.

[4] 铃木邦成. 産業廃棄物処理と静脈物流［M］. 东京都：日刊工业新闻社，2009：76－89.

[5] 长谷川勇，齐藤伸二. 物流効率化を促進する環境調和型ロジスティクス［M］. 东京都：中央经济社，2005：67－82.

原载于《中国流通经济》2011 年第 1 期

韩国《流通产业发展法》及其对中国的启示

张丽娜*

（对外经济贸易大学，北京市 100029）

摘　要：韩国流通产业虽然不是世界上最先进的，但由于市场开放较早，在流通产业法律规制方面走在了中国的前面。国内市场开放后，随着流通产业结构的改变，韩国出台和修改了相关法律，并根据产业发展阶段作出相应调整，以此促进流通产业现代化。中韩两国在流通市场开放和发展过程中具有很大的相似性，韩国《流通产业发展法》至少在以下几方面给我国流通产业立法提供了参考：一是促进流通产业政策法律化；二是加强对大规模商业网点的规制；三是建立培养流通管理专业人才的制度；四是设立流通纠纷调解委员会；五是规定严格的法律责任。

关键词：韩国；流通；《流通产业发展法》；流通立法

自2005年我国商务部在《建立健全我国市场流通法律体系框架》中提出市场流通基本法以来，制定市场流通基本法一直是各界关注的话题。但时隔几年，受各种因素影响，市场流通基本法仍然没有正式出台。由于基本法的长期缺位，整个流通领域立法的步伐被阻碍，内贸流通业也一直处于不被重视的边缘状态，许多基础工作未能展开。为解决这一问题，商务部条约法律司目前正着力酝酿制定市场流通业的基本大法，已连续召开数次战略专家小组研讨会征求制定意见并开始着手起草《市场流通基本法》草案。虽然专家们在应该统一立法还是单独立法、应该制定法律还是条例方面，存在一定的分歧，但加强流通产业法律规制，促进流通产业基本制度法律化已成为大家的共识。

起草《市场流通基本法》离不开对发达国家法律的借鉴。作者考察了发达国家流通产业立法的情况，大体可分为两种类型：一种是无基本立法，如美国、欧盟成员国、日本等都没有针对流通产业全行业的基本法，也没有针对整个产业的促进法或振兴法，而是以零散的状态存在于不同的法律法规或国家政策之中；另一种是有基本立法，韩国是唯一拥有针对流通产业全行业基本法的国家。

之所以会形成大多数国家都不专门制定流通产业基本法的局面，主要原因有三个。其一，从西方经济学角度看，其研究角度和研究传统中均没有形成专门的流通经济学，在西方经济学家看来，整个市场都是流通的，市场法就是流通法，没有专门的流通产业经济学。这种传统反映到法律层面上就是这些国家基本没有专门的流通产业基本法。其二，成熟的市场经济国家中市场机制无所不在，能够充分发挥其“看不见的手”的作用。因此，无须制定以促进为目的的基本法律，产业政策虽然存在，但并不占据主要地位，且针对性大都很强，只针对市场经济中的某类经营主体、某个非常具

* 张丽娜（1975—），女，辽宁省庄河市人，对外经济贸易大学法学院博士生，主要研究方向为经济法、竞争法、流通及物流法律等。

体的行业或刚刚出现的新兴产业。其三，由于流通产业涉及多个具体行业，其经济特点各不相同，有些甚至差异很大，较难放在一起规制。[1]因此，除韩国外，其他市场经济发达的国家都还没有针对流通产业的基本法。

研究韩国流通产业发展的历史，可以发现它的发展轨迹与其他国家明显不同。1996 年以前，韩国流通产业主要局限于国内市场范围，法律对市场设置、外资进入进行了诸多限制。但根据 1993 年关税及贸易总协定乌拉圭回合谈判达成的协议，1996 年 1 月 1 日起韩国正式全面开放了国内流通市场，政府发表了“三阶段流通市场开放计划”，1996 年废除外商投资综合零售业必须“限制营业面积与商店数量”的有关规定。随着流通产业的对外开放和新业态的出现，韩国流通业发生了重大的转变，国际流通企业相继进入韩国市场，发达国家零售业态的代表——便利店和以低于通常价格为代表的折扣店的出现，改变了韩国流通业的结构。随着折扣店、便利店、无店铺销售点数量的急剧增加，百货店和小规模零售业店铺数量逐渐减少。[2]政府为实现流通产业现代化，通过各种政策法规对流通产业进行规范，使之与国际接轨，为新业态的引进与发展扫除障碍。例如，1997 年颁布的《流通产业发展法》规定大规模店铺的开设由原来的许可制改成登记制，大大放松了对大规模店铺的管制；1998 年修改的《吸引外国人投资促进法》允许外国人拥有不动产，完全消除了限制外国投资的法律壁垒。

我国作为经济后发展国家，经济发展过程和流通产业演进及法律规制与韩国具有一定的相似性。特别是 2004 年以后，我国零售市场开始对外开放，国外新型业态大量进入，同时国内零售企业向大型化、连锁化方向发展，并随之引起了本土企业与外资企业、大企业和小企业之间的矛盾。这种情况与韩国 1996 年开放流通市场时极为相似。因此，韩国有关流通产业的法律规制对我国具有一定的借鉴意义。本文试图通过对韩国《流通产业发展法》进行分析，给我国流通产业法律规制研究提供参照，对促进我国流通产业相关立法具有重要意义。

一、韩国《流通产业发展法》的演变历史及主要内容

1. 演变历史

（1）《市场法》。

韩国《流通产业发展法》的前身是1961 年制定的《市场法》，其目的在于通过适当地经营市场，促进商业现代化，推动国民经济健康发展；其主要内容是，要开设市场，必须经过首尔特别市市长或道知事（相当于中国的省长）的许可，地方自治团体和公益法人可以开设，不需要经费的农渔村的定期市场只有地方自治团体才可开设。1981 年修改后，1986 年随着《批发零售业振兴法》的制定而废止。

（2）《批发零售业振兴法》。

该法的主要内容是如果开设一定规模以上的市场或百货店、购物中心等大规模零售店或批发中心，必须得到市长或道知事的许可。并增加了关于分期付款销售、财务保证分期付款销售、上门推销、邮购等新规定。1997 年随着《流通产业发展法》的制定而废止。

（3）《流通产业现代化促进法》。

该法由经济计划院于 1980 年制定。当时与流通有关的法律有十多部，但没有形成相互综合与协调的制度体系，法律的作用没有充分发挥出来，因此为扩大对流通部门的投资，系统促进产业发展，改善流通产业，促进其现代化，制定了该法。

主要内容是为促进流通产业现代化，培育农水产品和工业品的批发、零售、运输、保管、包装等关联产业，经济计划院长官应制订流通产业现代化基本计划，有关部门长官据此每年制订和实施流通产业现代化基本计划，市长、郡守根据基本计划和实施计划，制订指定流通园区的计划，并向建设部长官提交申请，建设部长官依照城市计划决定是否批准，据此国家、地方、自治团体等就可以建设流通园区。并且，国家、地方、自治团体还可向流通企业和实施流通园区事业的单位提供必要的资金援助和融资。

该法 1997 年由于《流通产业发展法》的制定而废止。但该法关于流通园区建设的部分被包含到了《流通园区开发促进法》中。

(4)《流通产业发展法》。

为实现流通产业振兴与均衡发展，韩国政府于1997年4月制定并开始实施《流通产业发展法》。该法主要包括流通产业发展计划、振兴流通产业的具体政策、流通产业竞争力强化、流通产业发展基础的构建、流通效率的提高、商业交易秩序的确立、处罚规定等。制定的目的是扩大对流通产业的支持，改善经营条件，放宽对流通产业的规制，增强流通产业竞争力，通过扶植强化占流通产业绝对比重的中小流通企业的自主竞争力，应对急速变化的流通环境，构建持续发展的基础措施。

主要内容是知识经济部长官（当时是通商产业部长官，相当于中国的商务部部长）每五年经与有关中央行政长官协商后制订流通产业发展基本计划，并每年制订和实施计划。开设市场、大型商店、大规模零售店、批发中心等大规模店铺时，由原来的许可制改成登记制。大规模店铺开设登记后，香烟零售商的指定等通过法律拟制视为得到许可，大大放松了对大规模店铺开设的规制。为扩大流通教育，流通企业等设立流通专门学院时，可得到必要的支持，销售师名称变更为销售管理师。[3]

自1997年制定至今，除当中涉及其他法律的修改外，还有7次针对本法的修改。本文仅对改动较大的几次修正案进行介绍。为强化流通产业的市场竞争，吸引外国人投资，在本法制定后的两年即1999年就进行了第一次修改，进一步减少给流通企业造成负担的各种规制，同时为了给大规模店铺开设者提供便利，加速流通基础设施建设，在大规模店铺开设登记和指定共同集配送园区时，扩大了一并处理的认可、许可范围，集配送中心也可设置销售设施。

随着流通业态和流通方式的多样化，流通环境发生了急剧的变化，要求对新的流通业态进行支持，增强流通产业的竞争力，因此2003年7月对《流通产业发展法》进行了全面修改。同时，韩国政府也希望通过引入物流设备认证制度和共同集配送中心开发，来促进地区制定制度，提高物流效率，为改善流通结构打下制度基础。这次修改新设了高速发展的无店铺销售业的业态定义，使制定和实施增强无店铺销售竞争力政策成为可能。同时，为促进多个流通企业或制造企业共同使用的集配送设施的集体设置和有效配置，经过市长、道知事推荐和有关中央行政机关长官协商，可指定共同集配送中心开发促进地区。在该地区安装或转移的集配送设施，可给予资金等支援。为调解大规模店铺和邻近地区批发、零售企业或居民之间的纠纷，在市、道或市、郡、区设立各级流通纠纷调解委员会，流通纠纷调解委员会根据纠纷当事人的调解申请制作调解方案并提交给纠纷各方。如当事人接受调解方案，视为当事人对调解书内容达成一致。

2005年进行了第三次修改。为加速中小流通企业结构调整和增强竞争力，增加了一些规定，使产业资源部长官和地方自治团体长官对中小流通企业团体共同设立或运营的中小流通共同批发物流中心进行行政、财政上的支持。另外，在产业资源部设置流通产业发展审议委员会，审议流通产业发展基本计划和各年度实施计划，完善了产业资源部长官指定物流设备认证机关的制度。

流通产业虽然在地区经济中占有相当大的比例，对活跃地方经济至关重要，但由于地方自治团体对流通产业关心不足、整个流通产业政策协调机制没有形成、对中小流通企业财政支援不足等原因，导致地区中小流通企业竞争力得不到提高。因此，2006年对该法进行了第四次修改，强化了制定、实施基本计划和施行计划时对中小流通企业的支持，对中小流通共同批发物流中心增加了行政、财政上的支持等内容。随后，本法先后于2008年、2009年进行了部分条款的修订。

但随着大规模店铺和传统市场的矛盾越来越尖锐，为保存地方中小流通企业，在2010年11月最新的修定案中规定，当地自治团体条例可在传统市场或传统商业街边界之外半径500米以内指定传统商业保存区域，在这个区域内登记大规模店铺或准大规模店铺要受到限制或被附加条件。经营大规模店铺的公司或其关联公司（如在传统商业保存区域内开设直营店铺等准大规模店铺）应向市长、郡守、区厅长等各级行政长官登记，即增加了指定传统商业保存区域的规定，对大规模店铺的登记制进行限制，并把开设登记制的适用范围从以前的大规模店铺扩大到准大规模店铺，但这些修改内容是暂时的，从该法实施日开始只有三年的效力。

从《流通产业发展法》的制定到其修正案，可以看到它的发展轨迹。先是逐渐放宽了对大规模店铺的限制，同时将实现中小零售业现代化的政策也列入法律中，希望提高流通产业效率，促进大规模店铺和地方性中小零售业均衡发展。但是，由于前期的修订案放宽了对大规模店铺的限制，大规模店铺数量迅速增加，削弱了地方性中小零售业的竞争力，使商品交易市场规模缩小，并导致地方资金大量外流，使地方经济状况恶化。市场完全开放后，新业态的大量进入给传统业态带来了很大冲击，使零售市场的业态发生了结构性变化。为改变这种状况，法律作出了纠正，新近的修正案就表明政府开始限制大规模店铺的扩张，法律向传统的中小流通企业倾斜。

2. 主要内容

（1）明确规定了流通产业的定义。

这部法律的目的在于谋求流通产业的效率振兴和均衡发展，建立健全的商业交易秩序，保护消费者权益，促进国民经济的发展，并明确规定了流通产业的定义：流通产业是指农、林、畜、水产品（包括加工品和配料）、工业品的批发、零售和为了经营以上业务而进行的保管、配送、包装，还有以提供与此相关的信息、服务为目的的产业。但农水产品批发市场、农水产品联合市场、民营农水产品批发市场和农水产品综合流通中心及家畜市场不适用本法。

（2）流通产业发展计划。

韩国的流通产业发展计划按级别可划分为中央和地方两级。首先，知识经济部长官必须每五年经与有关中央行政机关的长官协商，制订流通产业发展基本计划（以下称“基本计划”）。基本计划应包括流通产业发展的基本方向，预测流通产业国内条件的变化，流通产业现状及评价，流通产业各地区、各类别的发展方案，各产业、各地区流通功能的效率化与提升方案，预测流通专业人才扶植及设施等的供需变化，中小流通企业结构改善和竞争力提高方案，维持大规模店铺与中小流通企业及中小制造企业之间健全商业秩序的方案，其他流通产业管制放宽和制度改善的方案等内容。此外，知识经济部长官应根据基本计划，每年与中央行政机关长官协商后制订流通产业发展实施计划（以下称“实施计划”）。其他相关中央行政机关长官有义务向其提供帮助，提供必要的资料，而且知识经济部长官和有关中央行政机关长官应实行实施计划中各自管辖的事项，并努力确保必要的财政资源。

其次，在地方层面，市、道知事应根据基本计划和实施计划听取市长、郡守、区厅长的意见，制订各地区的实施计划并实施。地区实施计划应包括的内容与知识经济部长官的基本计划大体一致，只不过涉及的是本地区的相关事宜。除自上到下的纵向计划外，知识经济部长官为增强流通产业竞争力，还可以对连锁企业、无店铺销售业和其他产业制定和实施发展政策，地方各级政府可以制定实施活跃传统市场和其他有利于中小流通企业的政策并给予必要的行政和财政支持。

为了让知识经济部长官更好地制订基本计划和实施计划，法律还规定知识经济部长官可对流通产业进行实际调查，在必要情况下，可向相关中央行政机关长官、地方自治团体长官、公共机关长官、流通企业及相关团体要求必要的资料，接到请求的相关中央行政机关长官等没有特别理由必须回应。

（3）大规模店铺的规制。

《流通产业发展法》对流通业态的规制涉及卖场、大规模店铺、临时卖场、连锁业、商业街、专业商街基地等，但单列了“大规模店铺”一章，专门规制大规模店铺的开设和相关规定。鉴于大规模店铺占流通业各种业态的比重较大，本文主要论述关于大规模店铺的规定。根据该法第二条第三款的规定，大规模店铺指同时满足以下三个条件的卖场：一个建筑物或相互连接的两个以上建筑物内设置成一个商铺或分成多个商铺的卖场，卖场定期营业，卖场面积为3000平方米以上。大规模店铺的开设人在开始营业前应按照知识经济部长官的规定向市长、郡守、区厅长登记，休业或停业也必须申报，如果大规模店铺开设人无正当理由在一年内没有开始营业，或者无正当理由连续休业一年以上，行政长官可以撤销其登记。大规模店铺开设人的义务包括：确立商业交易秩序；保护消费者安全，迅速处理消费者和邻近地区居民的损害和不满；其他维持和管理大规模店铺的必要业务。

应特别指出的是，为调整大规模店铺和邻近地区批发、零售企业之间的纠纷，以及大规模店铺与邻近地区居民之间有关生活环境的纠纷，法律规定各级行政机关设立流通纠纷调解委员会，对纠纷进行调解。

（4）流通产业发展基础的建设。

包括流通信息化、流通标准电子文书及流通信息的安全、流通专业人才培养、流通管理师管理、流通产业国际化促进等内容。

在流通信息化方面，知识经济部长官为促进流通信息化并扩大流通部门的电子交易基础，应制定并实施包括流通标准码、流通标准电子文书、销售时点信息管理推广等内容的流通信息化政策。

在流通标准电子文书及流通信息安全方面，规定任何人不得伪造或变造流通标准电子文书，不得使用或流通伪造和变造的电子文书；提供流通信息化服务者不得公开流通标准电子文书或计算机等信息处理系统中文件记录的流通信息；提供流通信息化服务者应在规定期间内保管流通标准电子文书。在网络交易极为发达的今天，这些规定为网络信息安全提供了法律保障。

为培养流通专业人才，知识经济部长官要进行针对流通产业从业者或促进流通产业就业的教育和进修事业，还要开发和推广先进流通技术。当政府捐助的研究机关、大学进行流通产业教育项目时，知识经济部长官可以在预算范围内给予一定的财政支持。并且在求同企业或团体进行促进流通产业国际化的国际交流活动、召开国际会议时，知识经济部长官也可给予资金援助。

此外，韩国还确立了流通管理师制度，他们的职责主要是致力于流通经营、管理技术的改善，与流通经营、管理相关的计划、调查、研究，与流通相关项目的判断、评价，进行与流通有关的商谈、咨询等。要成为流通管理师，必须通过知识经济部长官实施的流通管理师资格考试。对聘用流通管理师的流通企业和流通企业团体，比其他流通企业和团体优先得到资金援助。

（5）确立商业交易秩序。

为调解大规模店铺与邻近批发、零售企业之间，以及大规模店铺与邻近地区居民之间有关生活环境的纠纷，该法律规定在特别市、直辖市、道及市、郡、区分别设立流通纠纷调解委员会，委员会由包括一个委员长在内的11人以上15人以下的委员组成。委员会由法官、检察官或律师，商工会议所职员，消费者团体代表，流通产业领域专家，居住在当地的消费者或者当地负责批发、零售相关业务的公务员组成。纠纷当事人可以向各级纠纷调解委员会申请调解，委员会作出调解方案后向当事人通报，如果当事人接受调解方案，在调解书上签字盖章，视为当事人之间就调解书上的内容达成协议。如果委员会认为纠纷的性质不适合调解或当事人为了不正当目的申请调解，可拒绝调解。当然，如果一方当事人对申请的调解程序提起诉讼，委员会应中止调解并向当事人通报。

（6）附则和罚则。

附则中规定了知识经济部长官和地方行政长官在撤销相关店铺登记或资格认证时，应先举行听证会，然后才能进行处分。

罚则规定了四种惩罚措施：一是对伪造或变造流通标准电子文书及使用、流通伪造或变造电子文书者，处10年以下有期徒刑或1亿韩元以下罚款。二是关于大规模店铺的罚则，对未登记而开设大规模店铺或用虚假及其他不正当手段进行大规模店铺开设登记者、未申报而执行大规模店铺开设业务者、用虚假及其他不正当手段进行大规模店铺开设业务执行申报者，处一年以下有期徒刑或3000万韩元以下罚款。此外，还针对未进行大规模店铺变更登记等六种违法行为处500万韩元以下罚款。三是对未按法律规定保管流通标准电子文书者处一年以下有期徒刑或1000万韩元以下罚款。四是对将储存在流通标准电子文书或计算机等信息处理系统中的流通信息公开者，将处1000万韩元以下罚款。应该说，惩罚是相当严厉的，违反法律规定，不但会面临高额罚款，还可能有牢狱之灾。

二、对中国的启示

从韩国《流通产业发展法》的变迁过程可以看到，其发展并非一帆风顺，首先是放宽了对大规模店铺的管制，同时将实现中小零售业现代化的政策也列入法律，目的是使大规模店铺和地方性中小零售业均衡发展，但效果并不明显。最近的修改案表明，政府为扶植中小企业发展，逐渐开始限制大规模店铺。我国在制定流通产业的基本法时，有必要借鉴国外先进的立法经验，结合我国具体实际，建立并完善我国相关法律体系。韩国《流通产业发展法》给我们提供了很好的借鉴。我国在制定流通产业基本法时可采取法律或条例的形式，也可单独立法或统一立法，但在内容上有几点可为我国提供参照。

1. 促进流通产业政策法律化

韩国《流通产业发展法》的特色之一就是将制定流通产业发展规划的产业政策以法律的形式表现出来。

中华人民共和国成立以来，我国一直实行“五年规划纲要”的经济指导模式，每五年制定一个总的国民经济和社会发展规划纲要，作为指导下一个五年经济工作的纲要，但没有针对流通产业的发展规划。我们有必要学习韩国的模式，根据国家宏观经济政策和经济发展状况，以法律的形式制定流通产业发展纲要和规划。流通产业发展纲要和规划在整个流通业态的法律制度体系中占有纲领性的地位，是各类业态在设立、变更、重组、机制转换和终止等活动中的法律依据和政策指导，为流通业态投资结构指引方向。[4]

具体来说，应由商务部负责某段时期的流通产业发展规划，并在全国范围内组织实施。规划可分为流通产业基本发展规划和专项促进计划，以针对某一特殊的行业或流通业态作出特别规定。规划公布实施后，为监督和评价各级政府规划实行情况，应成立专门机构或委托行业协会对发展规划执行情况进行定期跟踪与反馈。

2. 加强对大规模商业网点的规制

近年来，我国大型零售业蓬勃发展，但商业网点发展规制存在缺失和疏漏，主要表现在：一是规制不健全，缺乏专门针对零售企业进入及行为的可操作性规制；二是规制不清晰，由于零售业所涉及的管理部门较多，城市规划、工商、商务、环保等部门会按照各自的职能制定并执行相关政策。我国在商业网点发展方面一直缺乏专项法律法规，这与我国流通企业蓬勃发展的情况极不相称。[5]实践中，商务部已经发布《城市商业网点规划条例》征求意见稿，但由于该条例涉及众多利益，各方意见不一，还没有正式颁布实施。

实际上，对大规模店铺的发展加以规制已经成为国际惯例，日本、法国专门设立了商业网点建设法律，美国虽然没有专门的法律，但将商业网点建设管理权限赋予了地方，设立专门机构负责商业网点的规划工作。[6]同样，如前文所述，韩国也对大规模店铺作出了详细规制，面积达到3000平方米以上的大规模店铺开设应向各级行政机关登记，休业或停业也须申报，如果大规模店铺无正当理由在一年内没有开始营业、无正当理由连续休业一年以上或申请人存在登记不合格事由的，行政长官可撤销其登记。大规模店铺开设人还要承担维持和管理大规模店铺的必要义务。违反以上义务的，还要面临处罚。最新的修订案也对大规模店铺开设作出了种种限制。这些规定都为中国的大规模店铺管制提供了参考。

当前，我国大规模店铺的发展给中小零售企业造成了巨大的压力；大规模店铺的无序发展给交通和环境造成了巨大的压力，开始影响周边居民的生活质量；海外零售企业向中国市场的大规模扩张也加剧了零售业的激烈竞争。鉴于此，我们应尽快制定出台《城市商业网点规划条例》，避免大规模店铺建设过热造成资源的极大浪费。

3. 建立培养流通管理专业人才的制度

我国专家有关流通业法律规制的讨论主要局限于立法执法等层面，很少提及流通专业人才的培养。要发展一个产业，没有专业人才的参与是不可能的，从这个角度讲，建立促进流通专业人才培养的制度也是完善广义的流通产业法律法规的一部分。培养专业人才可以从鼓励社会资源办学，增加对流通学校的财政援助，开展流通领域职业资质培训与认证，鼓励行业协会举办研修、培训活动等方面着手，其中最为重要的当属职业资格认证。以国际物流师制度为例，自2003年国家劳动和社会保障部颁布实施《物流师国家职业标准》以来，经过几年的发展，已经形成了国际物流师培训、考试、认证等一系列制度，为提高我国物流管理人才素质，满足物流企业岗位要求，促进物流事业发展作出了重要贡献。

韩国流通管理师制度给我们树立了一个样本，可借鉴韩国流通管理师资格认证体系，建立适合中国国情的流通管理师认证制度，相信可以像国际物流师认证制度一样推动流通产业的发展。

4. 设立流通纠纷调解委员会

一般提到纠纷，大部分人想到的是通过诉讼或仲裁的方式解决，但商业流通行业业态较多，成分复杂，纠纷类型多种多样，尤其是国内案件多，中小企业纠纷多，但合同标的额较小。如果都通过诉讼或仲裁解决经济纠纷，难度较大。

在欧美经济发达国家，用调解等多元化方式解决商事纠纷已经相当流行，争议调解成功率达80%以上。相对来说，调解可节省时间和费用，经济纠纷先行调解很受企业欢迎。

据调查，在我国每年通过诉讼或仲裁解决的几万起商业流通领域纠纷中，争议金额在百万元以下的占多数，大多发生在连锁超市与供货商，百货零售与经销商，特许经营与加盟企业，批发市场交易商与市场、网上购物等无店铺销售买卖方，商家与店铺业主之间。纠纷类型主要是购销合同、租赁合同、代理合同、货物质量纠纷及款项交付纠纷等。这些中小企业居多、争议金额较小、情况庞杂的纠纷，如果都选择仲裁，可能难以实现；如果都选择诉讼，司法部门也感到很头疼。因为诉讼或仲裁受理程序时间较长，对涉及蔬菜等时令性商品、易损耗食品、网上交易等争议案件，行业普遍希望采取调解等更加快捷的方式解决。[7]

目前，我国还没有专门针对流通行业纠纷调解的机构，笔者在网上搜索了一下，发现1989年11月23日商务部发布的《商业经济纠纷调解试行办法》规定由各级商业主管部门的法制机构主管商业经济纠纷调解工作。在管辖权方面，规定商业经济纠纷当事人可协商确定由一方最直接的上级主管部门调解，或协商确定由愿意接受调解申请的第三方调解机构调解。协商不成时，当事人双方有共同上级主管部门的，由最直接的共同上级主管部门的调解机构调解；没有共同上级主管部门的，由被申请人一方最直接的上级主管部门调解，在全国有重大影响或争议金额在1000万元以上的商业经济纠纷，由商务部的调解机构调解。但在实践中，该办法并没有得到有效执行，大部分纠纷还是通过诉讼和仲裁解决的。

反观韩国流通纠纷调解委员会制度，它的这种从社会各界推选代表组成纠纷调解委员会的做法并不适合中国。笔者认为，可以尝试在现有仲裁机构中成立专门调解商业流通领域纠纷的调解中心，以提高纠纷调解的效率。实际上，中国国际经济贸易仲裁委员会商业专业委员会正在建议有关部门成立类似机构，如果能够建立起来，就可以通过行业内的协商调解，处理一些交易额较小的争议，减轻诉讼和仲裁的压力，建立和谐商业，维护诚实守信的市场秩序。

5. 规定严格的法律责任

流通产业的法律调整和法治化能够在多大程度上收到效果还取决于法律规定是否完善。有学者建议，制定《流通产业促进条例》时不设法律责任条款，但一个法规不设法律责任条款，会影响这个法规的实效。以我国2002年通过的《中小企业促进法》为例，它是我国产业政策法中少有的高层次立法，其基本内容也较为合理有效。但它存在一个明显的不足，那就是缺少法律责任的规定。尽管这类“促进法”的法律不像直接规范市场行为的法律那样具有非常具体的法律责任制度，但也不至于一个条款都没有，甚至没有体现经济法特色的奖励条款。这样的法律很难对政府行为起到约束和控制作用。[8]因此，在制定《市场流通基本法》时，有必要借鉴韩国《流通产业发展法》的模式，规定严格的法律责任，以增加违法成本，对违法者形成威慑。且法律责任应规定得尽量详细，分成不同的层次，以便更具有操作性。

鉴于流通产业所涉及行业的多样化，笔者认为，在制定《流通产业基本法》时要遵循一个宗旨，即内容不求面面俱到，应注重在流通产业总体规划和流通领域各行业共性方面进行规制，至于各个行业的特殊规定应交给行政法规和部门规章，最终形成以具有稳定性、权威性的法律为主，以各种法规、政策为辅的立体、全方位流通管理制度体系。韩国《流通产业发展法》就体现了这一宗旨。我国如果制定流通产业基本法，也可遵循上述宗旨，以免基本法内容与现有的《合同法》《反垄断法》《反不正当竞争法》和《消费者权益保护法》相冲突。

参考文献：

[1]《流通产业促进条例》研究［R］. 对外经济贸易大学竞争法中心，2010：46.

[2] 王京刚. 韩国流通业与物流发展现状［J］. 市场周刊，2008（3）：40－41.

[3] 朴敏圭. 流通产业发展法［M］. 首尔：Wooyong出版社，2007：89－92.

［4］尚珂，赵兵．我国流通领域法律体系研究［J］．中国流通经济，2005（8）：38－41．

［5］刘建民，等．商品流通法律规制研究［M］．上海：复旦大学出版社，2009：122．

［6］高泉，邹晓美．我国城市商业网点规划法制建设问题研究［J］．中国流通经济，2009（5）：78－80．

［7］商业流通业纠纷 打官司不是唯一途径［EB/OL］．（2009－6－10）［2010－12－10］http：//www.linkshop.com.cn/web/archives/2009/114003.shtml.

［8］王先林．产业政策法初论［J］．中国法学，2003（3）：110－116．

原载于《中国流通经济》2011 年第 5 期

美国物流业发展现状分析

李作聚*

（北京财贸职业学院信息物流系，北京市 101101）

摘　要：美国物流业发展水平很高，物流业发展环境优良，物流基础设施与自然资源条件良好，供应链和物流运作管理协同高效，第三方物流运营管理水平先进，客户关系良好，物流管理研究注重方法应用与数据分析，物流教育培训体系比较完善。美国物流模式强调“整体化的物流管理系统”，以整体利益为重，冲破按部门分管的体制，从整体进行统一规划管理。美国供应链管理模式的运用、先进信息技术平台下政府部门的大力支持、专业化物流企业的积极配合，促进了美国物流运作效率的高效化和物流成本的最优化。这些都是值得我们借鉴的地方。

关键词：美国；物流业；发展环境

美国物流业运作与管理的高水平，得益于市场全球化产生的庞大物流需求。美国有着宽松有序的物流发展环境、良好的物流基础设施、较强的第三方物流企业全球物流服务管理能力、先进的物流技术、职业素养良好的职工等。2010 年美国物流成本占 GDP 的 8.3%。

一、美国经济发展状况

美国是全球最大的国民经济体。2011 年，美国实际 GDP 初次估值为 133134 亿美元，同比增长 1.7%，如图 1 所示。2011 年，美国年中总人口为 31204.0 万人，人均名义可支配收入为 37035 美元，同比名义增长 3.4%，人均名义 GDP 达到 42666 美元。2011 年，美国最终消费支出为 132701 亿美元，美国个人消费支出为 107226 亿美元，占总消费支出的 80.8%，拉动 GDP 增长 1.3 个百分点。巨大的消费量带来了对物流业的巨大需求。

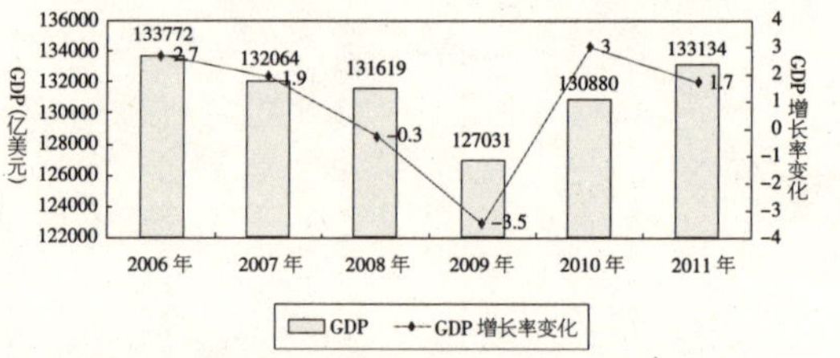

图 1　美国 GDP 及其增长率变化情况

从货物和服务进出口方面看，2011 年美国出口金额共计 21031 亿美元，进口金额共计 26611 亿美元，其中货物方面达到 7371 亿美元的逆差，服务业达到 1791 亿美元的顺差。[1] 美国近五年的进出口金额如图 2 所示。

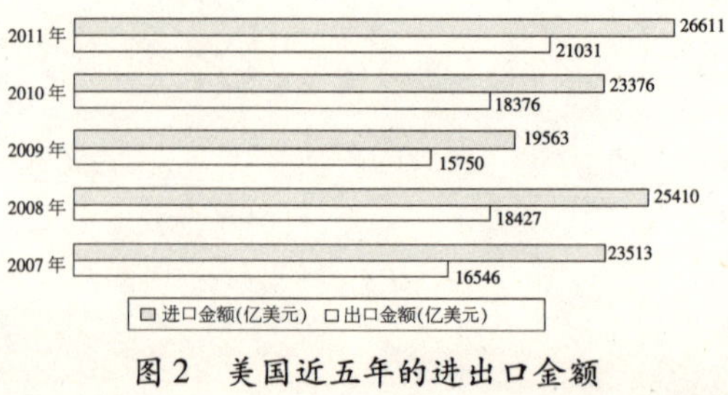

图 2　美国近五年的进出口金额

* 李作聚（1972—），男，河南省商丘市人，北京财贸职业学院信息物流系副教授，主要研究方向为物流管理、供应链管理。

单从货物方面来看，2011 年出口金额比2010 年增加了 2023 亿美元，其中工业补给及材料和生产资料出口金额增加了 1525 亿美元；2011 年进口货物金额比 2010 年增加了 2938 亿美元，其中工业补给及材料和生产资料进口增加额达到了 2155 亿美元。单从服务方面来看，2011 年美国服务输出金额是 6049 亿美元，进口金额是 4259 亿美元，其中在商业和私人服务业技术服务方面所占比重最高。货物进出口增加金额构成如图 3 所示。

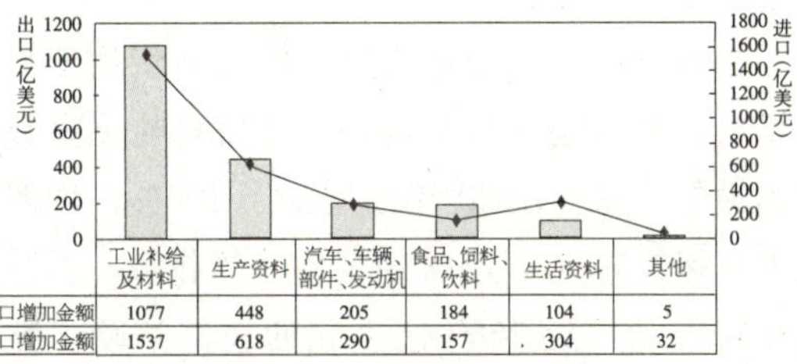

图 3　货物进出口增加金额构成

这些数据表明，国际贸易进出口总额的增加，促进了美国国际物流业的发展，特别是提高了基于供应链管理的全球化物流运作管理水平。

二、美国物流业发展现状

1. 总体状况[2]

2010 年，美国企业物流成本 1.21 万亿美元，占美国名义 GDP 的比例为 8.3%，比除了 2009 年之外的过去 9 年内的比例都低。物流成本及其占 GDP 的比例如图 4 所示。

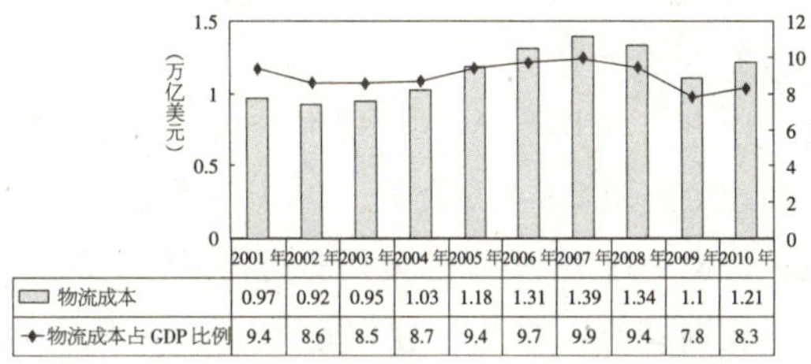

图 4　物流成本及其占 GDP 的比例

从物流成本构成看，2010 年运输成本比上年增加了 10.5%。其中，运输模式比例占 78% 的汽车运输落后于其他运输模式，仅增加了 9.3%，铁路运输成本飙升了 21.8%，水路运输成本上升了 14.1%，仓储成本增加了 10.3%。2010 年美国企业物流成本构成如表 1 所示。

表 1　　2010 年美国企业物流成本构成

<table>
<tr><th colspan="2">内容</th><th>项目</th><th>数值（十亿美元）</th><th>总和</th><th>比值</th></tr>
<tr><td colspan="2" rowspan="3">持有成本</td><td>利润</td><td>4</td><td rowspan="3">396</td><td rowspan="3">上升 10.3%</td></tr>
<tr><td>税收、废弃、贬值、保险</td><td>280</td></tr>
<tr><td>仓储</td><td>112</td></tr>
<tr><td rowspan="7">运输成本</td><td rowspan="2">汽车运输</td><td>城市间的汽车运输</td><td>403</td><td rowspan="2">592</td><td rowspan="8">上升 10.5%</td></tr>
<tr><td>本地汽车运输</td><td>189</td></tr>
<tr><td rowspan="5">其他运输</td><td>铁路运输</td><td>60</td><td rowspan="5">168</td></tr>
<tr><td>水路运输</td><td>33</td></tr>
<tr><td>油管运输</td><td>10</td></tr>
<tr><td>航空运输</td><td>33</td></tr>
<tr><td>货运代理</td><td>32</td></tr>
<tr><td colspan="3">托运人相关成本</td><td>9</td><td>9</td></tr>
<tr><td colspan="3">物流管理成本</td><td>47</td><td>47</td><td>—</td></tr>
<tr><td colspan="3">总物流成本</td><td>1212</td><td>1212</td><td>上升 10.4%</td></tr>
</table>

库存和销售比率于2009年年初达到1.48，2010年年末回落到1.21左右，数据表明经济仍处于恢复期。在目前的经济与市场环境下，消费者倾向于购买价格低的产品和折扣品，零售商也了解到消费者关注更多的是所需要的，而不是想要的，于是生产商和供应商在物流管理策略方面，采取了精益生产、延迟订单和相应的库存管理策略，以避免商品积压与物流成本增加过多的现象。

2. 物流设施状况

（1）高速公路。[3]

2011年，美国有644万公里的公共道路网络，其中高速公路达26.4万公里，2011年承担了重161亿吨、价值超过14.9万亿美元的货物运输。2011年年底，我国高速公路总里程仅达8.5万公里，单从数值上看，我国与美国的差距还很大。

对于美国的高速公路建设资金，法律规定联邦政府出90%，州政府出10%。其中联邦政府的资金一部分由“联邦公路信托基金”提供，这个基金的87.6%来自美国政府征收的机动车燃油税，另一部分资金的来源是大型车辆的销售税和使用税等。由于卡车对道路的磨损更大，因此征税更多。目前，联邦政府对卡车使用者征收12%的消费税，每年还要额外征收使用税，对超过40磅的轮胎征收消费税。州际高速公路的建设与基金收入挂钩，收多少钱，办多少事，不靠借钱办事。这种由政府主导的投资运营模式，一方面可以减少地方上的资金压力，另一方面也减少了针对使用者的“二次”高速公路收费，提高了交通效率。

美国收费高速公路所占比例较小，收费公路仅占公路总里程的0.1%，占高速公路的8.8%。2008年此项收入是298亿美元，其中79%来自各州的收费站。公路死亡事故率很低，2011年每10亿英里的车辆行驶里程死亡率数值为1.15，创历史新低。但是，每年消耗在汽油和时间上的成本损失达到1010亿美元。

（2）铁路。

美国铁路营业里程居世界第一位，现有本国铁路260423公里，其中一级铁路为212742公里，轨道延长里程为354813公里，另外还有美国拥有使用权，但不在美国境内修建的铁路有23112公里。

美国铁路主要由7家一级铁路货运系统、21家区域铁路货运系统和537家地方铁路货运系统营运。2010年实现收入596亿美元，比上年增加收入102亿美元，一级铁路营运收入占上年的90%。铁路服务的内容主要是货物运输，占65%的比例，其次是多式联运服务，占28.3%，客运只占5%的比例。所运输的商品主要包括原材料、消费品、乘客等，其中煤所占的比例最大，为45%，[4]而通过多式联运运输的集装箱数量增加最快，特别是从加利福尼亚州到伊利诺伊州沿线增加更快，这表明美国从亚洲进口了大量的商品。

2010年，美国货运铁路运输一吨货物消耗一加仑燃料，平均运行484英里，每加仑吨英里数是卡车运输的4倍，比20年前增加了106%。同时，还比卡车运输减少了75%的温室气体排放。另外，货运铁路带动了近2650亿美元的经济活动，维持了120万个工作岗位。铁路在降低高速公路拥堵、维护、建设成本等方面具有较好的成本优势。

美国铁路运输采用了大量的新技术来保证安全性，如安装复杂的探测器，检测轨道上运行车辆的缺陷，使用探地雷达识别地下存在的湿度过重问题，使用专用轨道车检测轨道缺陷等。在2010年之前的20年内，火车事故率下降了77%，火车职工受伤率下降了82%，道口碰撞率下降了81%。[5]

在2004—2008年的五年内，柴油价格年均递增154%，2009年美国经济衰退，柴油需求降低，随着2010年经济的逐步复苏，柴油价格比上年上涨了26%。特别是随着2012年第一季度汽油价格的上涨与运输需求的增加，铁路运输越来越成为具有成本优势的一种运输方式。

（3）航运。

美国是个河流湖泊众多的国家，共有26个大小水系，可通航河道总长4.2万公里，五大湖的湖岸线4296公里，远洋船舶可经由圣劳伦斯深水航道驶入五大湖区，还有贯穿美国的密西西比河系。这些自然条件为美国水上运输的发展提供了得天独厚的自然条件。

内河运输适合运输散货和低价值的原材料，比如煤、石油、农产品和其他散货。每年运输货物达6.3亿吨，总价值超过730亿美元。水上运输效率高，平均每加仑燃料可使卡车运输95公里，可使铁路运输325公里，可使驳船运输827公里。内河运输在降低碳排放、温室气体排放、环境污染、事故、噪声等方面，都具有很大的优势。

2010年美国航运对外贸易量超过13亿吨，与上年相比增加了8.6%，贸易额增加了23.3%，达到1.4万亿美元，进出口增加额均超过23%。美国水运对外贸易量如表2所示。

表2　　　美国水运对外贸易量

单位：千吨

年份	出口	进口	总对外贸易
2008	485822	902280	1388102
2009	451822	769814	1221636
2010	521679	783255	1304934

（4）机场。

美国航空公司在营运收入与运送旅客英里数方面排名世界第三，它有五大枢纽，分别是达拉斯/沃斯堡（DFW）、芝加哥奥黑尔（ORD）、迈阿密（MIA）、洛杉矶国际机场（LAX）和纽约肯尼迪国际机场（JFK）。目前，美国有四大航空公司，它们分别是美国西北航空公司、美国联合航空公司、美国大陆航空公司、达美航空公司，2012年四大航空公司市场占有量将达到82%。

2009年之前的五年内，美国航空运营收入逐年增加，从2004年的1346.60亿美元增长到2008年的1861.19亿美元，年均增长7.64%。由于金融危机的爆发，2009年美国航空业回到了2005年的收入水平。2010年开始，经济开始复苏，2011年空中旅行服务的出口达到历史最高的赢利顺差367亿美元。2000—2010年，航空业消耗了不到21亿加仑的燃料，运送量达到了整个运输业务量的15%。

另外，民用航空也是美国城市间旅行最为安全的出行方式，2010年每10万小时的飞行事故率和死亡率分别为0.159起和0.006人。[6]

3. 物流技术

美国物流企业的物流设备大部分都实现了高度的机械化和计算机化，正在向信息化（采用无线互联网技术、卫星定位技术、地理信息系统、射频识别技术）、自动化（自动引导小车技术、搬运机器人技术）、智能化（电子识别和电子跟踪技术、智能运输系统）、集成化（集信息化、机械化、自动化、智能化于一体）方向发展。先进的物流技术促进了物流企业的规模化、网络化发展。

美国物流技术的应用还体现为效率性、安全性、绿色性。例如，在储存和制冷货车运输业，经营者投资使用电子稳定控制系统来防止倾翻，有效控制制动系统和发动机转速。使用电子跟踪装置、车辆监控系统、计算机系统快速定位司机位置来提高周转率；监控车辆速度、加速度、刹车、易腐货物的温度和湿度；使用预警技术，即当车辆快速接近时软件系统利用雷达技术提前通知驾驶员，并且发动机电脑根据发动机性能趋势预测部件的故障，这些信息可让驾驶员采取有效的驾驶措施和方法来提高燃油的使用效率。在仓储业货物处理活动中，推广使用语音识别技术、射频识别技术等前沿技术，来降低成本。目前，一个被动式的射频识别标签的价格是7美分（亚洲是30美分），价格和技术逐渐广为接受。射频识别技术也得到了美国国防部、沃尔玛公司、食品和药品管理局等组织的大力支持和推广。全球射频识别技术的市场预计2016年达到260亿美元，比2006年增加30亿美元。

4. 物流发展政策[7]

美国各行业都有健全的法律政策保障体系，这些法律和政策很好地促进了行业的健康发展。就物流行业而言，目前美国没有制定专门的法规，而是沿用原来各行业已经制定的法律制度，来实现对物流业的监管。如从事铁路、公路、航空及内河运输者，必须遵守汇编在美国法典中的《运输法》，从事海上运输者则必须遵守美国法典中的《航运法》等。

美国对整个物流业的宏观管理以市场法律规制为主，以行政政策、措施及规划为辅。美国政府在物流宏观管理方面，主要以运输业为中心进行立法，美国的陆路交通法规体系主要包括公路法系统和运输法系统，美国的水运交通法规体系主要包括贸易运输法系统、船舶法系统、船员法系统、航道法系统、港口法系统、海上安全法系统和海事审判法系统。

在物流高度发达的经济社会环境下，美国政府不断通过宏观政策的引导来确立以现代物流发展带动社会经济发展的战略目标，其近景、远景目标十分明确。在法律上放宽对物流市场准入的管制，注重对物流企业的规范运作进行监管，特别是对与物流发展相关的环保与安全性方面的管理日益加强。例如，通过《运输安全法》《清洁空气法》《清洁水法》《资源保护和恢复法》等，尽量减少物流业发展对自然环境和生产生活安全造成的威胁。

5. 第三方物流的发展

面对全球整体低迷的经济发展环境，企业为减少成本压力，越来越依赖第三方物流企业来化解风险和降低不稳定性。这是因为，托运人（客户）认为，第三方物流企业可为其提供基于全球范围的战略和运营价值，物流与供应链管理的核心能力可为其全球业务取得成功作出关键贡献，且75%的人认为，第三方物流企业能够采取新方法和革新思路来提升物流效力。

目前，托运人（客户）主要外包交易、操作和重复性的业务，很少外包战略、面向客户和信息技术（IT）方面的业务。调查显示，国际运输占外包业务的比例最大，国内运输、仓储、货代、反向物流等的外包比例依次下降，因此降低运输成本是双方面临的最大挑战。

通过使用第三方物流企业，托运人（客户）的成本和服务得到了改进，与第三方物流企业建立了良好的关系，彼此采取了更为细致的评价指标，如库存成本降低、订单满足率、订单准确度等。调查也发现，64%的承运人要增加第三方物流服务。另外，随着市场的变化，也出现了选择第三方物流企业的新要求，如燃油效率和碳排放指标正在成为选择第三方物流企业时所要考虑的非常重要的一个方面。

但是，双方合作过程中存在的问题是，第三方物流企业在信息技术方面仍然与承运人的需求存在差距，仅有54%的人对当前第三方物流企业的信息技术表示满意。

三、美国物流业发展特点分析与启示

美国物流模式强调整体化的物流管理系统，这是一种以整体利益为重，冲破按部门分管的体制，从整体进行统一规划管理的方式。特别是供应链管理模式的运用，以及先进信息技术平台下政府部门的大力支持与专业化物流企业的积极配合，促进了美国物流运作效率的高效化、物流成本的最优化。纵观美国物流行业发展的历史，总体上表现出以下几个特点。

1. 美国物流业有良好的物流发展环境

在不同的经济发展环境下，美国政府能及时制定和发布法令，来刺激和保证经济的发展。例如，为摆脱2009年的经济萧条状况，刺激经济发展，美国2009年2月17日发布了《2009年美国经济复苏和再投资法案》。该法案包括促进基础设施现代化、加强能源独立性、发展教育机会、保存和改善百姓负担得起的医疗照顾、提供税收减免等措施。该法案是美国自大萧条时期以来史无前例的举措，以刺激经济发展，创造就业。例如，在作为经济生命线的物流运输业方面，该法案可保证运输业致力于环境质量的提升、交通能力的扩大与现代化，投资扩大机场容量与提升安全性，同时投资道路建设和修复，确保公路、桥梁、港口的安全等。政策的制定为保证物流行业发展、刺激消费增长、创造就业需求与恢复经济增长，创造了条件和发展环境。

尽管美国没有制定针对物流业的专门法规，但通过各种适用于不同物流业务环节的法律，对物流业进行管制，对整个物流业的宏观管理以市场法律规制为主，以行政政策、措施、规划为辅。在法律上放宽对物流市场准入的管制，注重对物流企业的规范运作进行监管，特别是对与物流发展相关的环保和安全方面的管理日益加强。

目前，我国有关物流的法律法规主要表现为由不同国家机关依法制定的各种具有不同法律效力的规范性文件，如《铁路法》《航空法》《海商法》《公路货物运输合同实施细则》《海港管理暂行条例》《公路管理条例》《航道管理条例》等。尽管这些法律法规对物流业的发展起到了十分重要的促进和保障作用，但存在的问题是，至今还没有一部专门而系统的调整物流法律关系的部门法，我国现行直接具有操作性的物流法律法规层次较低，法律效力不强，从时效性上来看，我国物流法律法规相对滞后。因此，为适应我国加入世界贸易组织后物流国际化发展的需要，应对现有许多计划经济体制下颁布的法律法规及时进行修改。

2. 物流基础设施与自然资源条件良好

据统计，美国公共机场有5324个，私人机场有13774个，其中提供运输航空服务的约有500个机场，提供通用航空服务的有18000个机场（美国的通用航空机场提供抢险救灾、农林作业、航拍航摄，主要为私人、商务、公务的包机飞行），通过飞机可以快速、安全、方便地到达美国各城市。从轨道交通设施来看，美国拥有运量大、速度快、安全可靠、准时、舒适的轨道交通运输系统，其轨道交通运输量占公交运量的50%以上，有些城市甚至达到了70%以上。美国有天然的海港，纽约港是北美洲最繁忙的港口，也是世界天然深水港之一，吞吐量在一亿吨以上，每年平均有4000多艘船舶进出。良好的基础设施和自然条件，为美国物流业的发展提供了坚实的资源基础。另外，美国在进行物流基础设施规划时，体现出了发展的长远性，如在规划建设公路时，中间带都很宽，其目的就是为以后的发展留下空间。

近几年，我国基础设施发展迅速，特别是铁路运输、公路运输都取得了长足的进步，但各种运输方式还没能实现无缝对接。另外，铁路运力不足、公路运输成本超负荷等，都影响了我国物流业的发展，这也说明我国在管理制度上应该进行改革。

3. 供应链和物流运作管理体现协同高效

美国物流企业积极推动供应链的集约化、协同化发展。目前，美国已经处在了开发供应链管理技术和流程的前沿。一些公司，如苹果、沃尔玛、戴尔等，已经展示出了它们管理全球供应链的能力，利用自身的主导地位，展开连横合纵式的并购，大力拓展国际物流市场，实现全球化的供应链管理，赢取了较大的市场份额。

美国具有高效的物流运作体系，从运输管理体系的角度看，其显著的特点是运输方式多，技术发展水平高，各种运输方式的货运周转量大，且货物交换范围大，区域分工明显，货物在整个物流过程中要经过多次装运和共同配送，并广泛地实现多式联运。通过共同配送减少了社会车流总量，减少了闹市卸货妨碍交通的现象，改善了交通运输状况。通过集中化处理，有效提高了车辆装载率，节省了物流处理空间和人力资源，提升了商业物流环境，取得了最大的效益。高效的物流运输系统为美国现代化物流的发展提供了优良的基础保障。

目前，我国物流企业供应链运作的能力和水平有限，这是由多种原因造成的，如缺乏世界性的高质量服务产品，缺少战略性的合作企业，自身物流运作管理水平及整合能力低下。

4. 第三方物流企业具有先进的物流运作管理水平及良好的客户关系

先进的信息化技术和运作管理水平是美国物流业发展的典型特征。美国的第三方物流已经从提供运输、仓储等功能性服务向提供咨询、信息、管理服务延伸，致力于为客户提供改进价值链的解决方案，与客户结成风险/利益共享的战略合作伙伴关系。2012年第16届第三方物流年度研究调查报告显示，第三方物流企业可为客户提供支撑全球业务的战略管理和物流运作。同时，客户认为，物流管理和供应链管理是其业务成功的主要因素，还有75%的客户认为，第三方物流企业能提供创新的方法来提升物流运作效率。报告也显示，88%以上的企业认为双方的关系很成功，具体体现在开放、透明、沟通良好、灵活、弹性等方面，但双方利润共享与合作方面的数据有所下降。

伴随着我国经济的快速发展，第三方物流企业也取得了快速的发展，一些企业（如中远物流）在信息技术和物流设备方面已经走到了前列，并且具备了一定的全球物流管理能力，但仍然存在一定的差距：一是物流市场需求不足；二是第三方物流企业自身管理能力有待提高，特别是在一站式的全球物流服务方面更是如此；三是基于全球物流运作与战略发展的能力和经验缺乏，很多企业规模较小，技术和设备也比较差；四是彼此之间的合作关系较弱。

5. 物流管理研究注重方法应用与数据分析

美国物流理论研究方法比较多样，其中案例研究、调查方法使用较多。目前，在实证研究过程中，描述性的数据分析方法较少，更多使用结构方程模型（SEM）、评定模型（Logit Model）、路径分析等较为先进的数据分析技术，还有的使用假设性检验、偏差检验、可靠性和有效性检验等技术方法，如假设性检验方法在《企业后勤学》杂志（*Joural of Business Logistics*，JBL）中的使用比例高达37.36%。[8]物流研究的趋势是从探究性研究向模型建立与检验方面转变，通过模型建立与数据分析，来提出物流运作合理化方法与管理的改进方向。

另外，美国的物流研究还体现在应用性和微观性上，研究对象比较具体，紧密结合市场的实际需求和发展趋势。同时，物流发展环境相关数据非常多，在美国的政府网站都可免费得到。物流发展环境的数据采集、数据存储、数据分析、数据应用渠道十分顺畅。

目前，我国有关物流的研究大多体现在宏观方面，有关微观或个体企业的调研、数据分析等较少，加之对数据分析方法缺乏了解，更增加了目前多数人对物流研究定量分析的难度。只有学会应用定量的技术方法，对自然界中的现象和事物进行分析，才能准确把握其发展规律。

6. 物流教育培训体系比较完善

美国物流人才教育培训体系比较完善，建立了多层次的物流专业教育，包括研究生、本科生、职业教育等。许多著名的高等院校都设置了物流管理专业，并为工商管理及相关专业的学生开设物流课程，如密歇根州立大学、西北大学等。以密歇根州立大学的物流教学为例，该校重在整个供应链管理知识体系的教学，知识全面，案例分析法教学与团队学习训练较多，学生综合能力强。在物流管理委员会的组织和倡导下，美国全面开展物流在职教育，建立物流业职业资格认证制度，如仓储工程师、配送工程师等。所有物流从业人员必须接受职业教育，只有经过考试获得上述工程师资格之后，才能从事相关的物流工作，且2~3年后需再次回到学校（如社区大学）学习合格后，才能回到工作岗位。另外，很多高校和职业院校大量开展网上课程培训，并与学位和资格证书挂钩，大大完善了培训体系。

我国自开设物流专业以来，基本上形成了既包括本科以上、高职、中专教育，也包括自考、社会培训等在内的较为完善的培训体系，但与美国的物流教育相比，我国物流高等教育的教学内容应该适时更新，知识体系应该更加系统，教学方法应该更加多样，对学生综合能力的培养应该被放在首位。另外，目前我国网上物流培训发展得还比较缓慢，同时需进一步加强物流资格证书的认证、考核、管理等工作，提升物流行业的从业门槛。

参考文献：

[1] International Trade in Goods and Services [EB/OL]. [2012-02-10]. http://www.esa.doc.gov/economic-indicators/2012/02/us-international-trade-goods-and-services.

[2] 22nd Annual State of Logistics Report [EB/OL]. [2011-08-01]. http://www.logisticsmgmt.com/images/site/LM1107_StateofLogisticsRpt.pdf.

[3] Our Nation's Highways: 2011 [EB/OL]. [2012-07-28]. http://www.fhwa.dot.gov/policyinformation/pubs/hf/pl11028/.

[4] Rail Transportation in the US: Market Research Report [EB/OL]. [2012-07-30]. http://www.ibisworld.com/industry/default.aspx? indid=1133.

[5] Safety [EB/OL]. [2012-07-29]. http://www.aar.org/Safety.aspx.

[6] Transportation: Air Transportation Fatalities and Complaints [EB/OL]. [2012-07-28]. http://www.census.gov/compendia/statab/cats/transportation/air_transportation_fatalities_and_complaints.html.

[7] 南玉霞．美国物流法律制度特点及对我国的启示[J]．物流技术，2010 (13)：203-205，208.

[8] AMIT SACHAN. Review of Supply Chain Management and Logistics Research [J]. International Journal of Physical Distribution & Logistics Management, 2005: 35 (9/10): 664-705.

原载于《中国流通经济》2012年第11期

中美日法农产品流通现代化关键指标之比较*

涂洪波**

（华中农业大学经济管理学院，湖北 武汉 430070）

摘 要：美国、日本、法国等发达国家的农产品流通现代化是一个伴随农业现代化与流通业现代化的共生过程，经过长期发展，已经达到了相当高的水平，其农产品流通现代化模式比较具有典型性。我国的农产品流通现代化是一个追赶世界先进水平的动态过程，比较我国与美国、日本、法国农产品流通现代化水平存在的差距，有助于我们更加清楚地认识我国农产品流通现代化的发展阶段和努力方向。对农产品流通现代化的一些关键评价指标进行比较后发现，中美、中日、中法在农产品流通规模与效益水平、流通组织与经营方式现代化、流通设施与技术现代化、流通体制现代化四个方面均存在较大差距，应当成为我国农产品流通现代化今后重点改进的方向。

关键词：农产品流通；现代化；关键指标；国际比较

发达国家的农产品流通现代化是伴随着农业现代化和流通业现代化的一个共生过程，经过几十年的发展，其现代化达到了相当高的水平，其中美国、日本、法国的农产品流通现代化模式比较具有典型性，通过比较中美、中日、中法农产品流通现代化水平的差距，可以对我国农产品流通现代化发展有一个清醒的认识。

一、中美日法农产品流通规模与效益水平的比较

目前，美国是世界上经济最发达的国家，1960年前后，美国全面实现了农业的一体化与现代化，农工商一体化是美国农业现代化的标志。虽然美国人口只占世界人口总量的4.5%左右，但美国生产的主要农产品总量却在全世界遥遥领先，农业劳动人口占全国劳动人口的2.5%左右，农业劳动生产率很高，居世界最高水平。美国的农工商一体化经营具有两个鲜明的特征：一是以家庭农场作为基本单位，从绝对地位看，美国家庭农场的比例已经上升至89%，且拥有83%的耕地面积，80%的农场销售额；二是农业及相关领域出现了大批农业服务公司或组织，促进了农业一体化的进程。销售合作社是农业服务组织，在美国存在的历史最长，数量最多，实力也最雄厚，销售合作社的营业额占整个合作社营业额的52%，大多数销售合作社实行专业化经营，只经营一种产品，极少数经营两种及两种以上的产品。[1]美国的农工商一体化与销售合作社使农产品流通现代化达到了很高的水平。美国农产品产量大，种类多，且全国各地中转频繁。2004年，美

* 本文系国家社科基金重点项目“中国特色农业现代化之路”（项目编号：08AJY020）的部分研究成果。

** 涂洪波（1966—），男，湖北省武汉市人，武汉工程大学副教授，华中农业大学博士生，主要研究方向为流通经济、农产品营销。

国粮食作物的周转量列当年货物运输周转量的第二位，食品及油脂排第四位。如果按照货运量计算，粮食的货运量也高居第五位。由此可见，农产品物流在美国物流体系中占有非常重要的地位。[2]因此，我们大致可以根据美国流通业发展的平均水平来推测美国农产品流通现代化的水平。根据《国际统计年鉴2002》的数据，2000年美国批发零售业与货运业增加值占GDP的比重为22.72%，我们测算的2009年我国农产品流通业增加值占GDP的比重仅为2.45%。[3]美国流通业就业人员占总人口的比重为10.09%，我们测算的2009年我国农产品流通业劳动力就业人口占乡村就业人口比重的平均值为8.16%。[4] 1990—1998年美国批发和零售业库存总额平均只占销售总额的1.14%，而我们测算的2009年我国农产品流通业库存率高达32.47%。[5]美国跨国连锁公司（如沃尔玛）流动资本年均周转20次左右，而我们测算的我国限额以上农畜、食品批发企业总资产周转次数仅为1.8次。[6]在流通成本方面，仅以果蔬产品为例，美国的耗损率仅为1%~2%，我国为25%~30%，流通成本较高。[7]

由于地域特征和历史原因，日本和我国农业生产规模普遍都比较小，农产品物流主要借助批发市场完成。作为农产品流通中最大的通道及枢纽，批发市场可以满足买卖双方扩大运销规模与交易空间、节省交易成本的需求，是解决小规模农业生产与大市场、大流通之间矛盾的客观场所。日本经济经过20世纪六七十年代的“奇迹”式发展，农产品流通现代化水平已处于世界前列。2007年，全日本共有88个由中央财政与地方财政投资的中央批发市场，年成交金额达6兆2000万日元，1513个多元化投资的地方批发市场，年成交金额达5兆1800万日元。经由日本批发市场流通的蔬菜占81%，果品占72%。[8]尽管日本农产品流通环节多，但由于依靠政府的政策扶持、先进的管理手段、一流的物流技术，农产品流通效益相当显著。根据中国物流与采购联合会的分析，2009年日本农副食品加工业物流费用率为9.12%，比我国低3.78个百分点，而2008年中日农副食品加工业物流费用率的差距为2.32个百分点，我国农副食品加工业物流效率与日本的差距有所扩大。我国农副食品加工业物流如能达到日本的水平，2009年我国农副食品加工业物流可节约近30%的物流成本。[9]根据《国际统计年鉴2002》的数据，2000年日本批发零售业与货运业增加值占GDP的比重为21.15%，远高于我国2009年农产品流通业增加值占GDP比重的平均值2.45%。日本流通业就业人员占总人口的比重为11.72%，也高于我国2009年的平均值8.16%。1990—1998年日本批发和零售业库存总额平均只占销售总额的1.29%，日本批发零售业流通资本平均周转次数为15~18次。[10]

法国被称为“欧洲的中国”，农业的情况与我国相似，但“二战”后不到30年的时间，法国就迅速实现了以机械化、电气化、化学化、良种化为主要特征的农业现代化。目前，法国的农产品不仅能满足自己的需要，而且大量出口，是世界上粮食和农产品出口较多的国家之一，出口量仅次于美国，在欧盟国家中位居第一。法国农业人口的比例从1949年的25.4%下降到20世纪70年代末的8.4%，仅1960—1978年，就有约一半的农业劳动力离开农村，至2006年农业人口只占全部人口的6%。法国农业合作社对法国农产品流通现代化的作用不可替代。法国的农业合作社产生于19世纪末期，20世纪80年代以后，合作社规模逐步扩大，数量减少，经营内容从共同购买生产资料、销售农产品、获得技术和信息等方面的服务扩展到加工、储藏、销售领域。[11] 2004年，法国有3500个各类农业合作社，全国40.6万个农户中有90%为合作社成员。农业合作社在法国农业和食品业领域占据着举足轻重的地位，合作社收购了全国60%的农产品，占据了食品加工业产值的40%，全法国40家较大的乳品企业中有25家是合作社。在葡萄酒行业中，全法国有867个葡萄酒酿制合作社，其葡萄酒产量占全法国总产量的52%。法国通过3500个合作社就带动了近90%的农户，形成了670亿欧元的产值。[12]法国2000年批发零售业与货运业增加值占GDP的比重为20.33%，法国家乐福公司的资本年均周转20~30次，[13]均大幅度超过了我国。

二、中美日法农产品流通组织与经营方式现代化水平的比较

美国的农业早就实现了高度的产业化，农产品

流通体系非常发达，流通组织形式多种多样且功能十分完备。主要的农产品流通组织包括各种私商（主要指批发商、零售商、代理商、经纪人、农产品加工商等）、农场主参加的各种专业销售合作社、民间协会、农业公司、政府农产品信贷公司，其中各种私商是农产品流通的主体，约占销售总额的60%。美国78.5%的农产品物流通道为生产者—配送中心—各种零售商—消费者，经由批发市场销售的农产品只占交易总量的20%，可见美国农产品物流的一个显著特征是：渠道短、环节少、速度快、成本低、效率高。[14]而我国农产品运销与发达国家不一样，目前我国农产品流通的主体主要是农户和进行农产品批发与零售的个体户，农业企业非常少。我国的农产品生产主要是以农户为单位进行的，经营规模较小，户均经营耕地面积7.94亩，户均销售粮食1047.34公斤，猪肉97.62公斤，禽蛋55.48公斤，是世界上“最小的农户”。以家庭为单位进行农产品生产经营，并不是我国独有的，而是全世界的普遍现象，如日本农户的经营规模也非常小，不同的是发达国家的农户大多加入了各种各样的合作经济组织或协会，组织化程度较高。而在我国，合作经济组织发展缓慢，并没有成为农产品营销中的重要主体，没有发挥出应有的作用，农业企业发育也不成熟，企业数量少，规模小，农业企业在农产品流通中的主导地位尚未形成。据调查，我国农产品经由批发市场的流通率也高达70%～80%，[15]但集体组织运销的蔬菜只占蔬菜总量的7.8%，加上农户联合运销的也只占12.9%，农民自己运销的占70.1%。[16]

农产品流通连锁企业的统一配送率是农产品流通现代化的重要标志。根据宋则的计算，2003年我国连锁企业实行集中采购、统一配送的比例达到89.69%，[17]根据我们的测算，2009年我国食品、饮料及烟草制品专门零售连锁企业统一配送商品购进额占整个限额以上批发零售企业购进总额的比重仅为27.24%，而美国著名的大型连锁超市沃尔玛统一配送的比例高达80%。[18]在流通人员素质方面，根据调查，美国物流管理者中约92%的人有学士学位，41%的人有硕士学位，22%的人有正式的仓储工程师、配送工程师等资格证。[19]长期以来，美国政府重视对农业、公共农业研究开发和农村教育项目的投资，1998年推行旨在提高农民素质的“新农民计划”，提高了农民的素质。高学历的人才结构支撑着美国农产品物流的高效运转，也使农产品物流逐渐成为美国增长较快的产业，形成了包括生产、运输、配送、销售、售后服务的完整的产业体系。根据我们的测算，2009年我国从事农产品流通的人员中，具有中专以上学历的技术人员的比例为8.77%。我国农业劳动人员除文化素质低外，还普遍存在缺乏竞争意识的问题，自我增强意识也很薄弱，小农思想严重，缺乏团队精神。

日本农产品流通方式主要呈现出以下特点：①流通渠道环节多，流通成本较高。其流通过程表现为“生产者—上市团体—批发商—中间批发商—零售店—消费者”，其利润分配也不均衡。②流通规范化、法制化、效率高。[20]日本农产品流通的主体是农协。日本农协利用自己的组织系统，将农民生产的农产品集中起来进行销售，交易方式以拍卖为主，在大阪中央批发市场通过拍卖成交的果蔬比例高达90%以上。日本的连锁经营是20世纪20年代末从欧美引进的，经过80多年的发展，达到鼎盛阶段，已经成为连锁经营第二大国。目前，零售业中有店铺经营的商家70%以上是通过物流、加工中心统一配送的，且90%以上的大型杂货店都有自己的物流配送中心。目前，日本农民中具有高中以上文化程度的占75%，大学生占6%，与我国接近，但日本农协对农民在经营上的指导是全面和长期的，弥补了农民现代经营意识与组织管理方面的不足。[21]

法国农产品流通组织主要是产、供、销一体化的农业合作社加公益化的大型批发市场，流通方式以公开拍卖为主要特点。法国的家乐福超市在中国并没有实行统一配送，但在其本土统一配送的比率却高达80%，且第三方物流的应用还超过了美国。[22]现在的法国农民一般都具有农业技术高中或农业专科大学的文化程度，有文化，懂科学，善经营，他们对发展本国农业起了决定性作用。法国也特别重视对物流人才的培训工作，通过初始的或服务过程中的培训，每年都培养出成千上万的物流专门技术人才，从叉车司机到物流师，再到IT网络工程师，应有尽有。因此，法国劳动力素质较高，生产效率很高，其小时成本比北

欧国家要低15%～40%。[23]、[24]

在我国，无论是农产品批发市场和农贸市场，还是零售商和便利店，现货交易仍然是农产品市场最主要的交易方式。在全国4000多家农产品批发市场中，98%以上都是传统的现货与对手交易，竞价拍卖、会员制与远期合约交易方式还处于萌芽阶段，代理、电子结算、网上交易等先进的交易方式尚不普遍，其中采用电子商务技术进行农产品交易的农村批发市场和农贸市场只占9.23%，加入农业部信息网的批发市场中仅有20多家实行了电子收费与电子结算。尽管在一些产品购销契约中，产品交换与货款结算间普遍存在时间差，但仍以现金结算为主。[25]

三、中美日法农产品流通设施与技术现代化水平的比较

美国的交通运输设施十分完备，公路、铁路、水路四通八达。高速公路遍布城乡，公路呈网状结构，能够直接通往乡村的每家每户。铁路运输也十分方便，一些农产品收购站和仓库、加工厂建有专门的铁路线。如东部的饲料企业把从中西部运来的玉米经铁路直接卸到企业车间生产线，既提高了市场运营效率，又节省了玉米储藏和装卸搬运的费用。美国通信设施和网络发达，储运设备机械化水平高，仅粮食装卸输送设备就有螺旋式输送机、可移式胶带输送机、低运载量斗式提升机等。[26]仅以公路为例，2007年美国乡村公路密度为每百平方千米69公里，我国为每百平方千米32.49公里，美国是我国的两倍多。

为扶持物流产业发展，日本采取了一系列宏观政策，从自己的国情出发，大力进行物流现代化建设，在大中城市、港口、主要公路枢纽都对物流设施用地进行了合理规划，在全日本范围内开展了包括高速公路网、新干线铁路运输网、沿海港湾设施、航空枢纽港、流通聚集地在内的各种基础设施建设。[27]2007年日本乡村公路密度达到了惊人的每百平方千米316公里，为世界第一，几乎是我国的10倍。

法国的地理位置非常好，希望为欧洲客户提供最佳服务和响应速度的外国企业已经选择法国作为自己在欧洲的物流平台。法国的陆运、空运、河运、海运交通都是围绕这个目标进行组织的。无论选择哪种运输方式将货物运往欧盟，法国总是能够为各种进出口货物的处理提供技术最佳、效率最高的多种跳板。[28]2007年法国乡村公路密度为每百平方千米172公里，是我国的好几倍。

现代人对生活质量的追求不断提高，对农产品保鲜度的要求也不断提高，这就对农产品运输效率和流通过程中的保鲜条件提出了更高的要求。发达国家果蔬损失率的平均水平已经控制在5%，美国的蔬菜水果物流最为典型，产品可一直处于采摘后生理需要的低温状态，并形成了一条冷冻链：田间—采后预冷—冷库—冷藏车—运输—批发站冷库—超市冷柜—消费者冰箱。水果蔬菜在物流环节的损耗率仅为1%～2%。此外，许多国家的加工和包装技术都非常先进，如日本在港口附近就有加工工厂，在从其他国家进口的农产品（如从中国进口的蔬菜等）到达港口之后，马上运到加工工厂进行加工和包装，然后运送到超市或直接运到居民家里，这个过程大大增加了农产品的附加值。日本生鲜农产品流通设施与技术已经处于世界领先水平。日本生鲜农产品流通保鲜有四大特点：一是在重视腐烂控制的同时，重视品质与外观的保鲜；二是追求无公害保鲜，在保鲜过程中尽可能实施无农药或低毒药剂处理，通过对人体健康安全及环境污染少的低温、装运、清洗、包装等技术的改进来提高保鲜效果；三是重视流通保鲜中的基础设施及机械化、自动化建设，通过高水平、高技术的整体设施及机械化作业的配套改进，实现流通保鲜的高水平和自动化；四是在重视运输保鲜的同时，也重视销售及售后保鲜。[29]目前，中国只有10%的肉类、20%的水产品、少量的牛奶和豆制品进入冷链系统，80%以上的农产品物流仍是自然物流，导致水果蔬菜的损失率为20%～30%，粮油类约为15%，蛋类约为15%，肉类的干耗损失率约为3%。[30]

美国是物流业发达的国家之一，其中信息技术对美国现代物流起到了巨大的支撑作用。美国物流业信息化在各个行业的大规模深入普及发展得益于政府对信息化的支持。例如，美国农业受到联邦政府的保护，农业投入较大，农产品物流中农业信息技术含量很高。联邦政府认为，在农业生产中，数

据和信息的收集与传播、知识的创新与共享，对国际物流业的发展是非常重要的。这些都促使物流业向信息化、自动化及决策上的智能化（如专家系统的应用）方向发展。据统计，美国约有300个信息服务系统可为农户提供农业信息，各种信息咨询公司、农业网站也成为农民了解农产品市场信息的重要途径。芝加哥期货交易所是农产品信息的主要来源，农户、农业企业、消费者都可通过这里了解农产品价格变化、市场行情等信息。设立在肯塔基州的美国首个农用视频电脑系统，存储了大量的农业新闻和农业科技信息，并实时播报市场价格，广大农户通过个人电脑就能方便地获取上述信息。农业网站（directag. com）的数据显示，美国58%的农民拥有个人电脑并掌握上网技术，从事网上交易农民的比例高达16%，农产品网络贸易量占全美国电子商务交易总量的8%。[31]农业信息的丰富和电子商务的发达，为实现规模化、集成化的农产品物流奠定了基础。

日本农产品流通信息化程度高，促进了商流和物流的分离。发达的全国交通网、有效的保鲜设施、快速的信息处理网络，为日本农产品实现货畅其流创造了良好的条件。从20世纪80年代起，日本开始进入信息化时代，发达的计算机技术使农产品流通信息化有了很大进展。日本的批发市场装备了完善的信息设施，实现了与整个日本乃至世界主要批发市场的联网，发挥着集中市场信息的信息中心功能，交易双方实行只看样品的信息交易，不必现场看货和实物交易，而实物则由产地直接向批发市场、集配中心、超级市场等运送，做到了商流、物流的分离。在农产品特别是鲜活农产品零售服务方面，电子网络销售近年来在日本十分盛行。消费者只需发送一个电子邮件，运输公司就可及时送货上门，保证质量，第三方物流起着重要作用。[32]

目前，法国农业部门从上到下都各自具备信息数据库以及计算机局域网和广域网，且省农业部门一般配置有计算机及服务器等设备。其中，非政府组织（如中央农业商会和营利性信息机构等）也建有各自的信息数据库、计算机局域网和广域网。大多数专业技术学校配备有计算机室，给学生、农场主讲授计算机操作技能以及上网查询信息的方法。政府曾免费向农民提供“迷你电脑”，便于农户查询气象预报、交通信息及行业、商业数据等。政府将普及互联网行动与农村文化娱乐活动联系在一起，建立了“因特网接力点”项目，使每个青年农民都可以上网获取信息，或者进行工作、娱乐，以此达到提高农民信息技术素质的目的。[33]我国农业部一项对1000个中国农村固定观察点农户信息使用情况的调查显示，在中国，能够通过互联网获得市场和技术信息的农村家庭只占0.18%，会使用信息技术进行农产品交易的农户更少。[34]

四、中美日法农产品流通体制现代化水平的比较

市场集中度是反映农产品流通体系现代化水平的关键指标。美国零售业集中程度高，大型零售集团通过规模化经营在国内零售行业中占据统治地位，超市是鲜活农产品零售的主要渠道，占生鲜农产品销售总额的80%以上。[35]而我国农产品经超市销售的只占总销售量的1/3。美国超市大力推行直销流通模式，通过与优质农户签订固定合同，超市直接从农户手中采购农产品，既保证了农产品的质量，又压缩了流通环节，大大缩短了产品由出产到销售的时间。且大型超市一般都拥有自己的配送中心，有利于控制运输成本，还能对产品质量进行严格追踪。美国农产品批发经营呈现出大型化、规模化的特点，中小批发市场较少。以美国水果蔬菜批发市场为例，在一个市场中批发商有50家左右，但每个批发商的经营规模都比较大，可为数量众多的超市、连锁店、中小零售商及食品加工企业提供批量大、品种齐全的商品和原材料。如美国东部最大的马里兰水果蔬菜批发市场，只有21家批发商，却能够为马里兰及其周围的5个州提供水果、蔬菜和水产品。美国西部的洛杉矶水果蔬菜批发市场，有25家批发商，经营着500多种水果、蔬菜，能满足美国及世界各地的需求。[36]而根据我们的测算，2009年中国粮油亿元以上批发市场的销售额只占限额以上粮油批发和零售销售额的27.07%，也就是近三成，与美国市场的集中度相比尚有50%的差距。

除美国外，日本、法国农产品流通的市场集中度也很高。前文曾提到，在日本批发市场从事蔬菜果品交易的客户中，通过农协或其他组织的上货量

各占蔬菜和水果上货总量的59%和66.5%；在法国，10家农产品超市蔬菜和水果的销售额分别占全国销售总额的55.7%和59.3%。[37]

由于农业生产和农产品自身的特殊性，各国政府对农业生产和流通领域政策的作用普遍比较重视。为使农产品流通保持协调、灵活、高效运转状态，提高农产品交易效率，各国都建立了完备的法律法规及市场条例，对农产品流通进行规范。美国政府不直接干涉农民的生产经营活动，但对农产品物流实行积极的调控。政府通过制定相应的法律法规，加快企业改革，完善市场体系，规范物流市场秩序，为农产品物流发展创造了良好的外部环境。此外，美国政府还提供权威的信息服务，美国农业部约有10万人专门从事农业信息统计工作，对各地农场种植作物的品种、面积、长势、产量等进行长期追踪，采集的信息经过汇总处理，由政府定期向社会发布，从而指导农户的生产经营活动。美国也制定了一套《商品交易法案》，对商品流通的每一个环节进行规范。随着经济的发展，1974年美国又对该法案进行了大的修改，到1992年又进行了4次修订补充，其中将依靠不公开情报进行内幕交易定为重罪。这些国家有法可依，执法严谨，有效保护了正常贸易者的利益，确保了竞争的公平性，维护了自由而高效的流通秩序。

1921年日本颁布了《中央批发市场法》，将中央批发市场的开设、管理、交易等纳入了法治轨道。随着经济的发展和批发市场地位的日益提高，1971年日本又将《中央批发市场法》改为《批发市场法》，将地方批发市场也纳入法制轨道。之后每隔5年修订一次，各地方政府和有关部门也依据该法制定了一系列的地方法规，如《食品流通审议会令》等。

法国农产品市场体系比较健全，管理规范严格，商业化程度很高，大部分农产品通过公平有序的竞争方式在批发市场成交。其具体做法是：农业合作组织将所属社员的产品集中起来，通过大型批发市场以公开拍卖的现代化销售方式进行销售。关于农产品批发市场建设和管理的政令自1953年建立后就没有停止过修改和完善。[38]

长期以来，受城乡二元经济结构和农村生产力水平较低的制约，我国城乡之间、农工之间、区域之间的农产品流通处于封闭、割裂的状态，市场发育不健全，流通组织与管理、流通基础设施与技术、流通方式等仍然非常原始，农产品流通的城乡、农工、区域一体化进程非常缓慢，内外贸一体化程度非常低，内贸自身的管理并未实现统一，粮、棉、油、烟、药、盐等仍然分散在多个管理部门，农产品流通产业管制非常复杂，涉及工商、城市规划、发展与改革、质检、农业、卫生、交通、税务以及行业协会等诸多管理部门，造成政出多门，相互掣肘，用行政、部门管理代替行业管理，农产品流通的体制与机制阻碍了农产品流通现代化的实现。

参考文献：

[1] 祁春节，刘双，王亚静，等．国际农业产业化的理论与实践［M］．北京：科学出版社，2008：87－102.

[2] 边胜男．美国农产品物流的发展及对中国的启示［J］．世界农业，2010（12）：21－23.

[3]、[4]、[5]、[6] 涂洪波．农产品流通现代化评价指标的实证遴选及应用［J］．中国流通经济，2012（6）：18－23.

[7] 李丽．我国流通技术应用现状与展望［J］．中国流通经济，2010（2）：23－26.

[8]、[21]、[27]、[32] 黄勇，易法海，杨平．国外农产品物流模式及其经验借鉴［J］．社会主义研究，2007（3）：133－135.

[9] 胡焓．2010年农副食品加工业物流成本分析［EB/OL］．［2011－05－16］．http：//www. chinawuliu. com. cn/lhhkx/201105/16/128834. shtml.

[10]、[13]、[17]、[18]、[22] 宋则，张弘．中国流通现代化评价指标体系研究［J］．商业时代，2003（11）：2－3.

[11] 刘养洁，王志刚．法国农业现代化对我国农业发展的启示［J］．调研世界，2007（7）：39－41.

[12] 全国人大农业与农村委员会代表团．法国农业合作社及对我国的启示［J］．农村经营管理，2005（4）：43－46.

[14]、[20]、[37] 孙剑，李崇光．美国和日本主要农产品营销渠道比较［J］．世界农业，2003（3）：33－35.

[15] 贾敬敦，王炳南，张玉玺，等．中国农产品流通产业发展报告（2012）［M］．北京：社会科学文献出版社，2012：251.

[16] 周发明．中外农产品流通渠道的比较研究［J］．经济社会体制比较，2006（5）：117.

[19]、[23] 王中军．国外农产品物流的经验简述

[J]．世界农业，2007（4）：8－9.

[24] 孙烨．欧盟农产品流通体制的特征及启示[J]．调研世界，2003（2）：47－48.

[25] 罗二芳．重庆市农产品流通发展研究[D]．重庆：重庆工商大学，2010：15.

[26]、[31] 张倩．国外农产品物流业现状[J]．世界农业，2004（11）：11－13.

[28] 贺峰．世界农产品物流的比较分析[J]．世界农业，2006（5）：21－24.

[29] 张俊巧．日本生鲜农产品流通实施技术及其配套建设[J]．世界农业，2008（9）：63－65.

[30] 喻占元．中外农产品物流比较及发展对策研究[J]．乡镇经济，2009（2）：119－122.

[33] 肖黎，刘纯阳．发达国家农业信息化建设的成功经验及对中国的启示——以美日法韩四国为例[J]．世界农业，2010（11）：16－20.

[34] 严小青．中美农产品物流信息化比较研究[J]．世界农业，2010（12）：8－13.

[35]、[36] 董晓霞，汤松．国外超市生鲜经营发展的影响及对中国的启示[J]．世界农业，2008（3）：1－2.

[38] 马根喜．法国农产品批发市场建设情况介绍[J]．中国市场，2007（11）：74－77.

原载于《中国流通经济》2013年第1期

日本物流管理及关键绩效指标

[日] 林克彦[1] 著，郑可人[2] 译*

(1. 日本流通经济大学，日本 茨城县 301－8555；2. 北京物资学院商学院，北京市 101149)

摘　要：面对日益激烈的顾客服务竞争以及物流管理中日益暴露的矛盾，为更好地了解企业自身经营状况，评估企业在行业内所处的位置，更好地评价企业业绩，更好地分析原因，更好地进行决策及综合管理，当前很多日本企业在进行物流管理时，开始采用物流关键绩效指标来改善物流服务水平，并对其进行定量管理。通过物流管理提高效率，成为当前日本企业最为重要的课题。研究发现，企业经营与物流管理之间存在十分密切的关联，在制定物流管理关键绩效指标体系时，应重视其与经营指标的关联性，在进行物流成本管理、顾客服务管理的过程中，尽量实现目标的指标化，对业绩进行检验并修订计划，通过制定关键绩效指标进行相应的管理。

关键词：日本；物流管理；关键绩效指标

通过物流管理提高效率，是现代日本企业的重要课题。日本企业在进行物流管理时，以前多把重点集中到如何降低物流成本上，最近很多企业采用物流关键绩效指标（KPI）来改善物流服务水平，并对其进行定量管理。本文主要分析日本企业物流管理以及关键绩效指标（Key Performance Indicator，KPI）的背景、管理体系和主要指标。

一、物流管理的重要性

1. 激烈的顾客服务竞争

随着消费市场的日渐成熟，顾客在购买商品时大多要求购买方便，需求也更加多样化。另外，由于日本经济不景气，消费者倾向于购买低价商品。在这样的背景下，企业的物流管理变得更加重要。因此，从消费者视角出发分析企业物流管理显得非常重要。

消费者从便利店、超市及百货店购买商品时，首先要对商品的特性进行比较和选择。对消费者来说，商品质量、外观设计、技术规格等特性以及商品价格是关注的重点，此外商品购买的方便性和商品配送也是其主要关注点。

以购买电脑为例，电脑的产品特性包括中央处理器（CPU）的种类和处理速度、硬盘容量、内存容量等内容。消费者可以查阅产品说明书，根据自己的需要对其功能进行比较，在确定符合自身要求的商品种类后，再比较其价格，最后确认选定的电脑能否在柜台立即购买，是否存在缺货的情况，何时能买到，何时能快递到家等，后面这些因素也非常重要。

因此，体现商品价值的因素并不仅局限于商品的基本特性，购买的方便性、购买时的服务态度、商品的快递和安装、售后服务等也是非常重要的因素。这些服务称为顾客服务。

---

* 林克彦（1959—），男，日本东京都人，工学硕士，日本流通经济大学教授，主要研究方向为现代物流学、国际物流学；郑可人（1965—），男，湖南省江华县人，北京物资学院商学院副教授，博士，主要研究方向为国际会计。

顾客服务有一部分由物流系统提供，如商品购买与取得是否方便，根据销售信息确定产供销的协调配合、库存管理以及迅速配送等，柜台或电话服务的态度和售后服务，包括物流服务在内的各项服务的提供等。良好的顾客服务不仅可以实现商品自身的价值，还可以获得顾客满意并增加商品的附加价值。

随着日本消费市场的日渐成熟，消费者对各种商品的需求基本趋于饱和，加之经济不景气的影响，消费需求整体出现停滞状况。在成熟市场的竞争中，向指定地点按时配送货物变得更加重要。在最近的网络销售中，当日配送业务非常普及。亚马逊公司推出当日送达服务，雅虎公司、乐天公司等紧随其后，竞争非常激烈。由此可见，在企业物流管理中，顾客服务相当重要。同样，在消费市场竞争中，以准时（JIT）配送为基础的企业物流已经相当普遍。

2. 物流管理中的矛盾

顾客服务中所耗费的成本就是物流成本。物流成本与顾客服务水平是相互矛盾的。在同一物流系统中，顾客服务水平提高，物流成本就会上升。物流成本随顾客服务水平的提高而增加，当顾客服务水平超过物流系统效率上限时，物流成本就会大幅增加。

另外，顾客服务水平提高时，尽管销售收入会增加，但增加到一定程度后就会达到饱和。这是因为，顾客需求得到满足后，无论如何提高顾客服务水平，其对增加销售收入的作用也会越来越小。

因此，在进行物流管理时，一定要注意到这一矛盾，要根据顾客或消费群体的不同，分别进行物流管理，对矛盾双方的平衡兼顾是重要环节。为此，有必要在管理上采用定量管理指标，即引入物流管理关键绩效指标（KPI）非常重要。

二、引入物流管理关键绩效指标的必要性

1. 不能计量就不能管理

在企业经营管理中，“不能计量就不能管理”，充分说明了计量管理的重要性。在美国，为了在数量上进行管理，在物流领域通过引入管理会计方法，推行物流作业成本法（Activity Based Costing, ABC），在物流服务中提出了物流关键绩效指标（KPI）。日本企业参考这些方法，综合考虑日本国情进行了普及和推广。

首先是物流成本的计算。20 世纪 70 年代，物流第三利润源泉说在日本逐渐推广。受此影响，日本中小企业厅等陆续制定了一系列物流成本计算手册以及其他一些指导性文件，计算物流成本的方法得到普及。近年来，为精细计算物流成本，物流作业成本法（ABC）也得以推广，按照不同的作业分解费用，按照顾客级别或服务水平的不同分别计算费用，不同的顾客服务成本能够比较容易地计算出来。

与物流成本相比，日本顾客服务水平的计量与管理相对滞后。这是因为，处于末端的顾客需求较为强势，不能定量的因素也比较多。另外，在日本的商业习惯中，供货方负担运输费用，购货方享受服务，此时价格机制难以影响顾客服务水平。

但是，随着顾客服务成本的不断提高，其对企业经营指标的影响也越来越大。企业开始关注顾客服务水平与物流成本之间的矛盾关系，对两者进行计量与管理的企业也多了起来。

另外，最近很多企业开始专注于核心竞争力，将多余的功能进行外包，这也促进了关键绩效指标的使用和普及。企业要将物流作业外包给第三方，就必须对顾客服务水平与物流成本进行恰当的管理。

2. 物流管理关键绩效指标引入的状况

根据日本物流系统协会的调查，9% 的企业已经开始使用物流管理关键绩效指标，部分使用的企业占 25%，两者加起来约占 1/3。另外，计划使用的企业有 4%，还有 22% 的企业正在研讨中。总之，已经使用、今后准备使用、今后可能使用物流管理关键绩效指标的企业已经超过了 50%。

引入物流管理关键绩效指标的目的有六个，具体如下所示。

第一个目的是了解本企业的经营状况。企业在进行物流管理时，首先必须掌握企业自身的经营状况。多数情况下，企业需要通过公布反映经营状况的计量数据，各部门才能明确业绩动向和需要改善的问题。

第二个目的是了解本企业在行业内所处的水平。为了在行业内维持和扩大本企业的市场占有率，将本企业经营状况与行业平均水平进行比较，明确自

身所处水平。日本物流系统协会目前正在对会员企业进行相关调查，并收集反映相关数据的指标。

第三个目的是进行业绩评价。为了合理评价物流部门的业绩，有必要计量和评价物流部门对企业经营指标的贡献程度。在进行业绩评价时，不仅包括物流部门的贡献程度，还包括其他各部门的贡献程度。

第四个目的是进行决策。经营管理者为了准确进行经营决策，有必要按照月或其他频次适时掌握正确的数据。部分先进企业的管理者已经开始对关键绩效指标进行定期检查，对企业经营产生了积极效果。

第五个目的是分析原因。物流成本等财务指标只反映经营结果，而在分析成本增加的原因与对策时，还要通过非财务指标进行分析。关键绩效指标中不仅有财务相关指标，而且包括反映原因的相关指标。分析这些指标就能找出原因，改善经营状况。

第六个目的是进行综合管理。对物流管理需要进行跨部门的管理。如果各部门各自为政，物流管理就是一句空话。在物流领域，在对各部门进行综合管理方面，物流管理关键绩效指标可以发挥非常重要的作用。

三、物流管理关键绩效指标体系

1. 企业经营与物流管理

从经营目标与物流管理的关系看，提高顾客服务水平能够增加销售收入，通过降低物流成本和生产成本，能够降低整个企业的成本。

在资金运用方面，通过压缩库存可以减少对流动资金的占用。因此，仓库中存放产成品、半成品、原材料等就是一种浪费。另外，生产出来的产品如果不能销售出去，就不能收回现金，企业现金流就会出现问题。

企业通过物流业务外包和共同配送，可以减少自有卡车、仓库等设施的数量，从而减少这方面占用的固定费用，实现社会化公共服务。

2. 物流管理期间与周期

与其他领域的管理一样，物流管理也需要按照一定的时间制订中长期计划、年度计划、月度计划等，并按照这些计划付诸实施。长期计划与企业战略因素相关，短期计划与企业日常业务运营相关。在确定物流领域的服务目标时，要综合考虑企业整体的管理目标。

在构筑投资额巨大的物流系统时，需要制订与中长期经营目标相一致的计划。最近，为削减库存，日本有很多企业正在进行物流节点的集约化以及中转型物流中心建设。

按照期间制订计划，需要按照 PDCA 周期反复进行修订。这里的 PDCA 是计划（Plan）、实施（Do）、检验（Check）、改善（Act）等几个英文单词首字母的缩写。

在上述周期中，尽量实现目标的指标化，对业绩进行检验并修订计划，也是重要环节之一。因此，很多企业在物流管理中，都倾向于制定关键绩效指标（KPI）并进行相应管理。

3. 关键绩效指标体系

不管何种领域，在制定关键绩效指标时，都有必要综合考虑企业的经营指标，并与之形成一种相互关联的体系。

其中，最基本的经营指标——总资产利润率（ROA）与物流管理具有直接关系，在设定物流关键绩效指标时，可综合考虑直接影响总资产利润率的相关因素并与之相关联。

平衡计分卡（Balanced Score Card，BSC）也是比较具有代表性的评价指标体系之一，其基本特征是从财务、顾客、内部业务流程、机构、学习和成长等几个方面评价企业经营状况，特别是内部业务流程与物流管理具有很大的关系。

供应链运营参考模型（Supply Chain Operation Reference Model，SCOR）是美国供应链协会开发的一个评价指标体系，它从顾客所需的信赖性、灵活性、反馈性以及与经营业绩相关的成本和资金利用情况等方面，制定并定义了关键绩效指标体系及其相关内容。

日本物流系统协会参考了上述事例，提倡在制定物流管理关键绩效指标体系时，要重视其与经营指标的关联性。

四、物流成本的管理

1. 传统物流成本与现代物流成本

传统物流成本是在运输、保管、流通加工、物流活动中发生的成本，在企业财务会计上，传统物流成本只反映企业对外部物流企业支付的成本。但是，如果引入管理会计方法，对本企业的仓库以及自有卡车运输等所从事的物流活动，也可以计算出相应的成本。

与此相对应，现代物流成本除包含传统物流成本外，还包括广义的顾客服务成本，诸如缺货导致的销售机会损失、采购批量大小尺寸等导致的设备更换成本等，其成本形式多种多样。

现代物流成本除传统物流成本之外，还包括哪些费用，因分析目的不同并没有较为统一的学说。另外，诸如销售机会损失等很多费用还难以计量。

2. 物流成本的管理

物流第三利润源泉说是日本企业开始注重物流的契机，即降低物流成本是继增加销售收入、降低制造成本之后，可以增加利润的第三条途径，因此其作用越来越受到重视。

但是，在销售收入增加的同时，也会伴随着成本的增加，因此其增加利润的空间有限。与此相比，降低物流成本能够直接增加利润，与大幅度增加销售收入具有同等效果。一般来说，这种效果被称为物流成本的杠杆效应。

在企业经营活动中，通过引入管理会计手法来降低物流成本的物流管理方法得到了越来越多的推广。日本通商产业省1992年公布了《物流成本计算活用指南》，促使很多企业开始重视并计算自营运输、保管、包装等物流活动耗费的成本。

3. 物流成本的现状

根据日本物流系统协会的调查，物流成本在销售收入中所占的比例呈现出逐年降低的趋势（由于各调查年度调查对象和答复数的不同，严格来讲统计值难以比较）。但是，近年来出现了平移倾向，且2010年以后稍有上升趋势，2011年为4.90%。

从行业来看，零售业的网络销售、便利店，制造业的食品（冷藏）、烧制窑业及土石业等行业所占比例较高。与此相比，经营高价商品的行业所占比例较低，这反映了不同行业的特点。

从物流功能来看，运输费用为58%，所占比例最大，这反映了物流对多批次小批量及准时制（JIT）等快速运输功能的依存度。

从支付形态来看，企业自营物流费用逐渐降低，这反映了物流外包的趋势。另外，向物流子公司支付（这是日本的特点）的比例也降低了，为14.4%。

从不同领域来看，销售物流占到了71%，这反映了销售费用包括物流费用这一商业惯例。

4. 降低物流成本的策略

从企业降低物流成本策略的实施情况（主要指过去一年来实施各项降低成本策略的企业数量，可重复回答）来看，回答“降低库存”的企业最多，其次是回答“提高装载率”和“更改运输配送路线”的企业。另外，回答“更改物流据点”“提高保管效率”等的企业也比较多。

5. 物流作业成本法

按顾客进行管理时，从总额上对物流成本进行管理是不够的。在多频次小批量的供货中，按件计量、按箱计量等的物流成本是不同的，传统的物流成本计算方法无法正确计算更为细化的物流成本。

为了按照不同的顾客服务来计算物流成本，作业成本法（ABC）受到了关注，日本中小企业厅制定并公布了物流ABC计算手册，近年来引入作业成本法的实例有所增加。作业成本法计算方法如下：将管理的最小单位设定为一个作业，将各作业本身所耗费的费用直接计入，统计人工费、场地费等基本成本，并按照费用科目分别进行汇总，然后将这些基本成本在不同的作业之间按照一定的比例进行分配。

五、顾客服务的管理

1. 顾客服务关键绩效指标管理

顾客服务包含很多构成要素。日本物流系统协会通过对企业实际采用的关键绩效指标进行调查，对物流管理关键绩效指标（包括物流成本）进行了标准化处理。在这个标准化的关键绩效指标体系中，由于系统的限制和商业惯例的影响，那些作为交易条件已经定型的指标也包含在其中。

2. 企业的不同重要指标

前面提到的物流管理关键绩效指标大多为标准指标，由于行业不同，企业实际使用的指标各有差异。另外，对于企业来说，同时管理繁多的关键绩效指标未必能提高效率。为此，很多企业均倾向于采用少数适合本企业需求的关键绩效指标，并进行重点管理。

根据日本物流系统协会的调查，企业最重视的指标有销售收入中物流成本的比率、库存天数、发货出错率三个。特别是食品制造业、电气机械制造业、运输工具制造业都倾向于重视与库存相关的指标。

在设定好顾客服务关键绩效指标后，需要参考过去的实际业绩以及其他企业的实践等，确定目标水平进行管理。通过分析业绩，比较目标水平，促进顾客服务的改善，并在这个过程中推行 PDCA 周期管理。对于不能定量的顾客服务，如配送员以及负责接受订单的人员，对于其待客态度，有必要通过问卷调查和顾客访问的形式进行管理。

3. 物流管理关键绩效指标与经营指标

物流管理关键绩效指标是经营指标的下级指标，两者之间应具有直接的因果关系。为了更加直观地反映两者之间的关系，有必要将繁杂的物流管理关键绩效指标合成为一个综合指标。日本物流系统协会的调查发现，各企业的物流指标可以根据在行业中所处的“高位”“中位”“低位”以及“无法回答”等选项，按照对应的分数进行合计，将得分作为物流综合指标。

从这个物流综合指标与经营指标的相互关系来看，两者具有较高的相关性。也就是说，物流综合指标越高，其经营指标也越高。

4. 日本顾客服务的特征

与其他国家相比，日本顾客服务水平较高，物流成本也相对较高。其原因包括交易习惯的差异、消费者嗜好的差异、狭小的国土、生产流通体系中多采用准时制（JIT）等。

在日本的商业惯例中，商品价格包括运费等物流成本，购货方即使对送货条件提出苛刻要求，也不用负担物流成本，致使顾客日趋苛刻。

日本消费者的偏好各异，对细小差别较为敏感。从便利店的迅速发展可以看出，在石油危机后的稳定发展时期，顾客对便利性的需求程度较高，因此顾客服务中多频次小批量的服务较多。

由于国土狭小，地价高企，促使企业必须有效利用店铺以及工厂的土地，大城市的店铺内堆积货物的后场面积极端狭小，只能依靠小批量配送来保证货架上售罄的商品能够得到及时补充。

在生产、流通领域，很多企业采用看板方式将降低库存发挥到极致，在供货上实施了准时制（JIT），在流通领域也同样采用了相应的方法，供应链整体降低库存的倾向越来越明显。

由于以上原因，多批次小批量配送及准时制（JIT）运输较为普及。但是，高水平的顾客服务却带来了物流成本的增加，当经济不景气时，其消极作用愈发明显。在此背景下，在顾客服务中引入关键绩效指标进行管理的企业就多了起来。

另外，近年来由于信息技术的发展，廉价好用的关键绩效指标系统得到了普及，利用手持终端和条码管理系统、移动通信确定位置的精密关键绩效指标系统等，可以很容易地取得和管理相关数据，且各软件系统开发商为争夺客户，在开发让客户满意的关键绩效指标系统方面进行着激烈的竞争，这又促使更多的企业采用关键绩效指标。可以预计，在物流管理中，关键绩效指标的作用将越来越重要。

原载于《中国流通经济》2013 年第 3 期

中日流通体制比较与启示

路红艳[*]

（商务部国际贸易经济合作研究院，北京市 100710）

摘　要：日本流通业的发达在很大程度上得益于其建立了适应日本经济发展的流通体制。目前，我国与日本虽然都是政府主导的经济发展模式，但在流通管理体制、企业所有制、流通渠道组织体制等方面还存在较大差距，应通过对比差异，厘清我国内贸流通体制存在的问题，着力寻找我国流通体制改革的突破点，建立与我国经济发展相适应的新型流通体制和机制。

关键词：管理体制；混合所有制；大流通；大批发

在新一轮经济体制改革中，流通体制改革已成为理论界和政府部门讨论和研究的热点问题，所有讨论的焦点几乎都集中到要解决我国流通发展中的深层次矛盾和问题，必须要破除体制机制障碍，但对于新一轮流通体制改革到底要“改什么”“如何改”还没有明确的提法和清晰的路线图。中国作为社会主义经济体制国家，仍处于由计划经济向市场经济体制转轨阶段，政府在流通业发展中发挥着不容忽视的作用。与中国相似，日本虽然是一个高度发达的市场经济国家，但与欧美等国家或地区不同，强调政府对经济的干预，形成了政府主导型经济发展模式。鉴于这种相同的政府主导经济发展的背景，本文通过比较中日流通体制的差异，寻求我国流通体制改革的着力点，以期为顶层设计、量身定制中国流通体制改革方案提供有益参考和借鉴。

一、中日流通体制现状与差异

日本是世界上流通业发达的国家之一，其流通业产值占日本 GDP 的 14.2%。在 20 世纪 60 年代到 90 年代，顺应经济全球化和贸易自由化、国内消费升级、新技术革命等趋势，日本先后经历了两次“流通革命”，逐步构建了流通管理机构职能定位明确、中央政府与地方政府之间政令畅通、流通法律和信用制度完善健全的管理体制，推动了连接国内国际两个市场的现代流通体系发展。

1. 流通管理体制：“法制型”与“人治型”体制差异

（1）中日流通管理体制的共性特征。

日本通过两次“流通革命”创新管理制度，建立了以跨部门垂直型政府管理机构为主导、协会组织为辅助、法律制度为保障的流通管理体制。中国改革开放以来流通体制多次改革调整，以商务部成立为标志，也逐步构建了现行的跨部门联合分工管理的流通管理体制。二者存在一定共性。

第一，中日两国都建立了跨部门管理体制。我国与日本流通业管理机构都较为复杂，对于不同商品不同环节由不同部门管理。在日本，经济产业省是流通业最核心、最综合的管理部门，其下属商务信息政策局主要负责日本法律所规定的划归经济产

[*] 路红艳（1976—），女，吉林省梨树县人，商务部国际贸易经济合作研究院副研究员，经济学博士，主要研究方向为市场流通、服务经济。

业省管理事项，包括商业网点管理、商品市场交易以及商品投资监督管理、零售业和批发业管理、商业环境改善等事务。[1]其他部门针对不同商品对流通领域进行管理，如国土交通省负责货物运输、物流事务，农林水产省负责农林水产品的生产和流通管理事务，厚生劳动省负责医药品和保健品流通管理事务，财务省负责烟草、盐的流通管理事务。与日本相似，我国流通领域管理涉及商务部、国家发展改革委、农业部、工商总局、交通部等十多个部委，也是典型的跨部门管理体制。其中，商务部是流通业的主管部门，承担着流通业的行业管理工作，其他部门针对不同流通领域和环节对流通业进行分段管理，[2]如国家发展改革委负责现代物流业发展规划、粮食流通等，农业部负责农产品生产与流通，工商总局负责流通领域商品质量和流通环节食品安全的监管等。

第二，中日两国都注重运用法律手段对流通业进行管理。在流通业发展过程中，我国和日本都十分重视法律和标准体系建设。在日本，无论是商业网点建设，还是烟草、酒类、成品油、粮食等特殊行业的商品流通，都有相应的法律制度，如《反垄断法》《防止不正当竞争法》《批发市场法》《大规模零售店铺立地法》《烟草基本法》《酒税法》《药事法》等。[3,4]尽管与日本相比，我国流通领域法律体系建设相对滞后，但自商务部成立后，十分重视法律在流通业管理中的作用，着力推进流通领域法律体系建设，目前已经制定了包括《反垄断法》等在内的四十多部法律法规，发布了七百多项流通领域的标准，推动流通领域管理正在从“人治”向“法治”转变。

（2）中日流通管理体制的差异。

尽管在流通管理体制整个构架上，我国与日本存在很大的相似性，但在管理职责、组织层次、法律健全程度等方面还存在较大差异（见表1）。

①流通管理机构职责分工不同。

由于日本法律体系比较健全，各流通管理部门职能均能按照法律赋予的职能行使，实现了流通管理机构职能分工和协作配合一体化，使得各流通管理部门业务既相互衔接，又便于各司其职，在分工明确、责权清晰的前提下履行自己的职责。与之相比，我国流通领域管理部门按照职能对流通领域不同环节进行切块管理，由于部门利益、权责界限不明、管理缺乏法律依据等原因，流通领域某一环节经常出现商务、工商、质检、卫生等部门多头管理、职责交叉、管理脱节等问题。这是我国流通领域市场秩序混乱的主要原因之一。

日本“大流通”对应的是“大部门”的管理体制。经济产业省是日本重要的三个行政部门之一，集工业、流通、资源能源以及外贸管理于一身，能够很好地统筹生产与流通、内贸与外贸发展。例如，日本制造业也归经济产业省管理，由其下属制造产业局负责管理钢材、机械、汽车、纺织等商品生产及流通交易，这种制造业与流通业划归统一部门管理的做法，能够很好地协调生产与流通的关系，推动形成内外对接的流通渠道。而我国目前形成的是“大流通—小部门”管理的体制，商务部作为流通领域主管部门，仅分管内外贸工作，职能有限，难以协调工业和信息化部、国家发展改革委等部门推动各行业生产与流通环节有效对接。这是我国流通渠道建设滞后于制造业发展、造成“中国制造”国内比国外贵的原因之一。

②流通管理机构组织层次不同。

日本从中央到地方实行自上而下的垂直管理体制。在纵向管理上，经济产业省在日本地方设置有跨市县的9大区域分支机构，负责区域流通业规划和发展，地方政府职能主要是配合经济产业省对《大规模零售店铺立地法》等相关法规进行具体实施。[5]这种垂直型管理体制不仅保障了国家政策在地方的贯彻实施，而且也打破了地方保护主义，有利于全国统一市场的形成。我国流通管理体制从中央到地方实行的是平行管理，地方商务部门隶属于地方政府，受地方政府约束，由于地方利益驱使，这种平行管理体制不仅导致很多中央的政策到地方上落实不下去，而且难以打破地方行政垄断。这是我国地方保护主义严重、市场分割、流通企业跨区域发展成本较高的原因之一。

表1　　中日流通管理体制差异比较

	日本	中国
主管机构	经济产业省——中央国家机关中的“大部门”，权限大	商务部——中央国家机关中“小部门”，权限小

续表

	日本	中国
管理职能	依据法律行使各部门职能、分工协调	各管理机构职能交叉重叠，对流通领域实行分段管理
组织结构	自上而下垂直管理	平行管理
辅助组织	具有独立法人资格的行业协会	半官方机构
管理制度	法律、标准和信用制度完善	法律、信用制度建设滞后

日本对企业的监管实行行业协会组织辅助管理模式。除政府管理机构外，发达的行业协会、团体等外围组织是日本重要的流通管理机构。在日本流通领域，有全国商品交易所联合会、日本特许经营协会、日本商品投资销售业协会、日本购物中心协会、店铺系统协会、全国超市协会等众多经济团体、协会和商会等民间组织，[6]它们从维护行业利益角度出发，协助监督流通企业的经营行为，制定行业标准，维护市场秩序，并对流通政策的修改和完善提出建议和意见。我国流通领域虽然也已建立了中国连锁经营协会、中国商业联合会、中国饭店协会等相关行业协会、商会，但由于立法滞后，行业协会的社会地位和职能始终没能在法律上得到明确，很多行业协会都具有半官方性质，是政府的附属组织，而且人员大都是一些退居二线或者离退休的老同志，行政化色彩浓厚，职业化水平较低，在服务企业方面还与日本同类行业协会存在较大差别，没有发挥其应有的职能。

③管理制度健全程度与执行力度不同。

一是日本流通领域法律体系更为完备。早在日本“第一次流通革命”之前，日本流通业的立法就已开始，20 世纪三四十年代以来，日本流通业已经完成了从《第一次百货店法》《第二次百货店法》到《大规模零售店铺法》和《大规模零售店铺立地法》的修改和完善。日本流通领域法律不仅健全，而且细致，条法很多，几乎在任何流通领域都可以找到相关法律。虽然我国已把法律体系建设作为推动流通业发展的重要手段，但现有法律体系还不健全，大多数法律法规包括《反垄断法》都是近 10 年之内制定的，许多重要的流通领域仍存在立法空白，且已出台的法律法规多是中央部委、地方政府制定的管理办法、管理条例，如《外商投资商业领域管理办法》《商业特许经营管理条例》《拍卖管理办法》等，法律层级较低，法律效力不高，难以起到规范市场经营主体、维护市场秩序的作用。

二是日本流通领域执法较为严格。日本不仅法律体系完备，而且执法严密，对违法企业予以罚款乃至停业处罚，形成企业重视商业信誉、诚信经营的行政管理体系。而我国由于多头管理、职责不清、立法不完备、寻租现象等诸多原因，流通领域执法不严问题较为突出，有些法律束之高阁。

三是日本流通领域信用制度较为完善。信用制度建设是日本流通管理的重要手段。日本建立了以行业协会为依托的会员制征信模式，由行业协会为主建立信用信息中心，通过内部信息用信息共享机制实现征集和使用信用。这种协会信用信息中心不以盈利为目的。目前，日本个人信用体系基本由银行业协会、信贷协会和信用产业协会覆盖，为促进三大协会信息共享，日本还建立了三方协议会，通过信用信息网络系统实现信息共享。由于我国信用立法滞后和部门分散管理，现有信用信息分散在银行、工商、税务、海关、财政、质检等诸多部门手中，如工商行政管理部门的企业注册和年检信息、税务部门的企业纳税信息、法院的诉讼记录等，各部门建立的信用数据档案系统相互封闭，没有形成行业内的信息共享机制，缺乏集中统一的信息管理系统，对违法违规行为的处罚缺乏有效信息支持。正因为如此，导致我国流通领域信用缺失、制假售假、商业欺诈等现象屡见不鲜。

2. 流通企业所有制：自发型与改制型“混合所有制”的差异

企业所有制变革是流通体制改革的重要内容，流通企业所有制及其演变的状态决定着流通业的发展，是深化流通体制改革的关键问题之一。在流通企业所有制改革方面，我国与日本都进行了以股份制为主的产权制度改革，形成了以中小流通企业为主体的流通组织体系。但由于两国所有制基础不同，即日本是以私有制为基础的混合所有制，而中国是坚持以公有制为主体、多种所有制共同发展的模式，决定了中日两国流通企业所有制结构和企业间组织形式存在较大差异。

（1）日本自发成长型流通企业混合所有制模式。

在日本，除少数领域，如粮食、烟草等国有经济占有一定成分外，其他领域几乎是完全市场化的，大多数流通企业从一开始走的就是自发建店—建立股份制公司（株式会社）—形成混合所有制企业的模式。日本混合所有制流通企业有两大特点：一是企业法人间相互持股。流通企业集团内部各公司之间相互持股和企业集团之间相互持股，其治理结构是董事会成员主要来自流通企业内部，决策与执行由内部人员承担，外部的监督和约束主要来自持股法人与主银行。二是商业资本与金融资本有机结合。日本混合所有制流通企业大多由日本银行、商社之间相互持股，[7]如三菱商事、三井物产、伊藤忠商事、住友商事等综合商社在日本被称为“第二银行”或“影子银行”，具有投资银行和对关联中小企业的融资功能。日本流通企业这种法人持股的混合所有制模式，通过企业内部和企业间相互持股结成资本联系纽带，有利于形成较为稳定的产权结构，抵制经营风险，促进流通企业长远发展。这是日本内外贸一体化的综合商社形成和发展的重要基础。

（2）中国改制—开放型流通企业多种所有制模式。

与日本流通企业自发成长模式不同，中国流通企业的成长主要有两个路径：一是计划经济体制下形成的国有流通企业的改制模式。在国家国有企业改制、重组的推动下，国有流通企业通过股份制改革调整产权结构、完善公司治理结构和经营机制，基本实现了国有流通企业股权多元化改革，形成了类似于日本流通企业的混合所有制形式。但这种国有流通企业改革后建立的股份制公司，没有形成真正意义上的法人互相持股的“混合所有制企业”，民间资本、金融资本没有参与到国有流通企业改革重组中，不同所有制企业之间竞争多于合作，内部紧密协作的大型流通企业集团还没有形成。二是市场经济条件下民营流通企业和个体经济自主发展模式。在20世纪80年代国家大力发展民营经济、个体工商户和推动国有中小商业企业“改制转租”的放开搞活政策推动下，民营流通企业迅猛发展，逐步发展成为流通领域重要的市场主体，形成了苏宁、国美、永辉等一批竞争力较强的股份制民营流通企业，但总体上多数中小民营流通企业仍然采取家族制、合伙制等形式进行经营，产权结构相对单一，治理结构不合理，企业在经营、管理、融资等方面面临较大风险。

3. 流通渠道组织体制：批发商主导与批发商缺失的差异

在我国计划经济向市场经济体制转轨过程中，打破了计划经济体制下“三固定”和“四级流转”的流通体制，逐步建立了“三多一少”的开放式流通模式，在这一过程中，我国与日本流通业市场化相似，都出现了批发商功能弱化趋势，但由于批发体系转型方向不同，批发商在中日两国商品流通渠道中的地位以及批零关系却形成了截然不同的结果。

（1）日本“小生产—大批发—小零售”的流通渠道组织结构模式。

日本在制造和流通领域虽然不乏大型企业集团，但却是一个典型的中小企业与大企业协作发展的国家。在日本“第二次流通革命”期间，尽管受生产商与零售商双重挤压的影响，日本批发商曾出现弱化趋势，但通过创新组织方式、拓展资金信用担保和物流功能等，日本批发商实现了从为生产商服务向为零售商服务，从批发功能向集批发、信息、物流等系统功能转型，形成了由专业批发商、综合批发商、连锁批发商等多种形式组成的多级批发体系，[8]其中以综合商社为代表的综合批发商，如伊藤忠商事、住友商事等成为日本流通渠道的重要力量，不仅承担原材料进口业务，还负责商品采购批发、仓储物流、市场信息收集与处理以及金融服务等业务，成为联系生产商与零售商、构建“小生产—大批发—小零售”流通组织模式的核心环节。这种具有综合功能的大型批发商的成功转型，不仅使日本从制造到流通领域企业之间形成了稳定的紧密协作关系，而且带动进出口贸易，促进了内外贸市场一体化发展。

（2）中国“大生产—小批发—小零售”流通渠道组织结构模式。

20世纪80年代，在我国“三多一少”流通渠道改革和“去批发化”浪潮的推动下，流通领域出现了批发功能弱化的趋势。这表现在国有批发企业逐渐从大部分行业退出，主要集中在资源、能源等生产资料批发行业，且大部分企业都实现了向产业链上游拓展，如中粮集团、五矿集团、中化集团等大型国有企业均逐步发展成为业务多元化的综合性企业集团。[9]与此同时，大量中小民营企业、个体经营户涌入国有企业逐渐淡出的工业消费品批发领域，形成了以专业市场为载体、为品牌制造商服务的地区代理商、经销商。这些代理商、经销商在功能上只负责商品销售，金融、物流、信息等功能不足，且规模较小，缺乏全国性、综合性、内外贸一体的大型批发商，形成了与中国作为世界制造业大国和消费市场不相匹配的“大生产—小批发—小零售”的流通组织模式。这一方面使“中国制造”的流通渠道控制权和定价权被掌控在国外品牌商和批发商手中，另一方面也使国内零供矛盾突出，流通效率低下。

二、借鉴日本经验推进我国内贸流通体制改革

流通体制改革是我国经济体制改革的重要组成部分，关系到未来我国经济结构调整和经济可持续发展。应积极借鉴和扬弃日本经验，结合我国国情，按照“统筹设计、重点突出、循序渐进、分步到位”的原则，推动流通体制改革创新，侧重迈小步、积大步，在一些关键环节上取得突破，着力建立适合我国经济发展的新型流通体制和机制。

1. 构建适应“大流通”的“大部门”管理体制

“大流通”意味着从生产到流通再到消费、从国内到国际市场的有效对接和商品顺畅流通，“大流通”需要“大部门”来统筹协调和管理流通领域各环节相关事务。针对我国流通业主管部门——商务部权限较小，难以协调中央横向部门以及地方政府主导流通业发展的问题，应加快从纵横两个方向推进流通管理机构改革，转变政府职能，构建职责清晰、上下贯通、分工协调的流通管理体制。

（1）推进大部制改革，优化调整流通管理机构。

根据我国国务院机构改革调整方向，在横向上，可以考虑探索两套改革方案。一是将商务部、海关总署、工商总局、食药监局、质检总局合并，在条件成熟时，也可以将工业和信息化部并入商务部，组建类似日本经济产业省的大商务部，负责统筹协调流通业发展相关事务和产业政策，并赋予其相应的流通领域立法权和执法权。二是由国务院成立流通产业协调监督委员会，负责协调商务部、国家发展改革委、交通运输部、农业部、工商总局、食药监局等相关部门对流通领域的管理事务，并负责相关流通法律法规制定、修改和执法工作。同时，在纵向上，根据我国区域经济发展格局，借鉴日本中央到地方垂直管理体制经验，探索设立京津冀、长三角、珠三角等区域分支机构，负责统筹协调区域内及区域间流通事务，打破地方保护和市场分割。

（2）转变流通管理机构职能，明确政府与市场的界限。

在新一轮流通体制改革中，要正确处理政府与市场的关系，充分发挥市场对流通资源配置的决定性作用。未来流通管理部门要着力完善三大职能。一是宏观规划调控职能。要加强石油、粮食等重要物资的宏观调控，推动研究界定公益性流通基础设施的类别，加快推进具有全局性、战略性、民生性的公益性流通基础设施建设。二是产业引导职能。要通过制定和完善流通产业政策，培育具有竞争力的流通企业，引导新型流通业态发展。三是市场监管职能。运用法律手段整顿市场秩序，建立商业诚信，营造良好的流通业发展环境。[10]同时，流通管理部门要改变过去对流通领域管得太多、管得太细的做法，放弃抓“工程项目”的“头痛医头、脚痛医脚”的短视性行为。

（3）加快培育中介组织，探索政府与社会共同治理新模式。

对于以民营、个体经济经营为主体的流通业，行业协会的发展至关重要。要按照中共十八届三中全会的精神，加快培育行业协会、商会、社团等流通中介组织，探索流通业政府与社会共同治理模式。一是加快将中介组织从政府行政机构中剥离出去，完善监管、自律等职能，培育具有独立法人资格的行业协会、商会等中介组织，把流通中介组织转换成专业的社团组织，不再隶属于行政部门。二是推动流通中介组织专业化发展，对行业协会、商会进行年轻化、职业化整合提升，增强中介组织凝聚力、影响力。三是支持行业协会以购买政府服务的方式为政府和企业提供服务，鼓励行业协会参与相关标

准的制定、资格认证审查、质量检测等工作，帮助企业解决困难，并将企业问题和意见及时向政府反映，充分发挥其作为政府和企业之间的桥梁与纽带作用。

2. 立足长远建立健全流通法律和信用制度体系

健全的流通法律制度是流通体制改革的关键。流通领域立法不是一蹴而就的事情，需要放眼长远，进行谋划设计，要按照中共十八届三中全会建设法治国家的要求，围绕我国流通业长远发展，分步骤、分阶段逐步加快推进流通法律和制度体系建设，推动流通业发展由“人治”向“法治”转变。

（1）加快市场流通立法，明确流通管理机构职能。

尽管目前我国颁布的流通领域的管理办法不断增多，但统领流通领域的上位法——《市场流通法》迟迟没有出台。要借鉴日本经验，研究出台《市场流通法》，明确流通领域管理机构及相关职能，使流通管理机构树立依法行政观念，认真履行宪法和法律赋予的职责，严格按照法定权限管理流通领域相关事务。同时，规范部门、行业管理办法、规章的法律效力和执法力度，形成《市场流通法》统领的流通法律框架体系，对现有的行业管理办法、部门规章，如《外商投资商业领域管理办法》《商业特许经营管理条例》等，根据情况变化进行及时修改和补充，适时升级为国家颁布的法律，提升法律层级和法律效力，确实保障流通业健康发展。

（2）加快填补法律空白领域，健全流通法律体系。

我国流通领域法律空白还较多，特别是随着电子商务等新型业态的出现和发展，现有法律法规已不能覆盖这些新业态、新模式。因此，要加快研究流通领域现存的立法空白区域，加快建立健全流通法律体系。一是借鉴日本《大规模零售店铺立地法》《振兴城市中心街区法》和《都市计划法》，加快推进商业网点规划立法，推动我国新型城镇化进程中不同城市、城镇商业网点布局和优化，在城市规划、环保、交通等基础设施建设中充分考虑商业网点建设的影响和配置。二是加快电子商务网购、电子商务线上与线下融合发展等领域立法，保障消费者消费安全。三是借鉴日本中小企业相关法律，积极研究支持中小流通企业发展法律法规，规范大型零售企业、供应商的行为，促进中小流通企业快速成长。[11]

（3）加强流通领域信用制度建设，推动诚信体系建设。

在我国社会信用体系建设中，要把流通领域信用制度建设作为重点，着力构建信息共享、分类监管的流通业诚信体系。一是加强商务、税务、海关、工商、质检等部门信息化基础设施建设，推进主体信用、税务管理、贸易结算等信息资源集成，实现多部门信息共享和数据交换。二是建立健全专业市场、互联网、流通企业和个人“四位一体”的征信平台，逐步扩大征信范围、整合相关部门的信用信息数据资源，建立平台运行维护管理制度，确保信用信息的精准、有效和安全，并依法向社会有序开放。三是建立守信激励—失信惩戒机制，对企业和个人进行信用评估，区分不同信用等级，根据信用等级实施优惠、便利或者严格限制、不予许可等措施。

3. 进一步推进流通企业混合所有制改革

在构建开放型经济体制下，在进一步加大对外开放的同时，要加快对内开放步伐，鼓励民营流通企业、个体经营户参与流通企业改革，提升流通企业竞争力。

（1）推进国有流通企业混合所有制改革。

目前，我国国有流通企业主要集中在石油、粮食等生产资料流通领域，今后要以石油、粮食、烟草等领域市场化改革为方向，鼓励国有流通企业引入战略投资者，支持民间资本参与国有流通企业改革重组，大力发展国有资本、集体资本和非公有资本等交叉持股、相互融合的混合所有制流通企业。同时，要鼓励有实力的股份制流通企业，通过境内外多层次资本市场进行IPO上市。鼓励混合所有制流通企业实行企业员工持股，形成资本所有者和劳动者利益共同体，激发各类市场主体发展活力。

（2）扶持中小民营流通企业创新发展。

中小民营流通企业是我国流通业的市场主体，占我国流通企业总数的90%以上。在新一轮流通体制改革中，要借鉴日本扶持中小流通企业发展经验，充分发挥市场机制的决定性作用，创新中小民营流通企业发展机制。一是不断推进现代企业制度改革，加快股权重组步伐，搭建产权交易平台，培育职业经理人队伍，改变家族式的管理方式。二是鼓励中小民营流通企业之间加强合作，组建企业联合体，引入现代公司治理机制。三是继续推进中小民营流通企业服务体系建设，打造中小民营流通企业公共服务平台，促进中小民营流通企业发展。

4. 建立适应“大流通”的“大批发”流通组织体系

“大流通”需要“大批发”体系支撑，要加快培育大型批发商，完善批发商融资、物流配送等能力，提升批发商在整个渠道中的主导地位，协调供应链上游生产企业和下游零售商之间的关系，推动“大生产—小批发—小零售”的流通组织模式向“大生产—大批发—小零售”流通组织模式转型。

(1) 引导和培育大型化、国际化的专职批发商。

鼓励国内有实力的批发商和代理商通过兼并、收购等方式做大做强，发展主营批发业务，增强物流、融资能力，拓展分销网络，培育批发商品牌，促进其向现代化专职批发商转型。鼓励有实力的外贸进出口公司向大型批发商、代理商转型。外贸进出口公司既与众多的外贸生产企业有着密切的联系，又与国外的进口商有着长期的业务关系，通过加强物流能力、融资能力、销售网络建设和当地人脉关系，促进其向大型国际化的批发商、代理商转型。[12]

(2) 建立以供应链管理为核心的批发—零售协调组织模式。

在经济全球化趋势下，供应链一体化已成为制造业和服务业融合发展的重要趋势。应运用供应链管理理念，鼓励有条件的流通企业通过连锁分销、电子商务、加工配送、物流服务等现代流通模式，积极向产业链两端延伸，通过“物流+贸易”“物流+贸易+金融”的业务模式，推进流通企业向贸易服务商和供应链一体化方向发展，实现制造商、批发商、零售商向产销联盟转型，探索形成大型批发商主导的批发—零售协调组织模式。

总之，流通体制改革是系统工程，不仅涉及流通管理体制、企业所有制和流通渠道变革，而且需要财税、土地、金融等相关领域配套改革，只有通盘考虑，长远设计，脚踏实地推动相关改革，才能彻底解决我国流通领域现存的诸多问题，构建与我国经济发展相适应的现代流通体系。

参考文献：

[1]、[3]、[5]、[7] 张岩．日本流通体制变革研究［M］．北京：经济管理出版社，2007：178－180.

[2]、[11] 依绍华．流通体制改革战略思路与对策研究［J］．财贸经济，2013（5）：71－75，46.

[4]、[6] 孙前进．日本现代流通政策体系的形成及演变［J］．中国流通经济，2012（10）：13－18.

[8] 谢莉娟．日美工业品流通体系的模式比较与启示［J］．商业经济与管理，2012（3）：11－18.

[9] 关利欣，路红艳．中国工业消费品流通渠道建设研究——基于制造业转型与消费升级的视角［M］．北京：中国商务出版社，2012：124－126.

[10]、[12] 宋则．推进国内贸易流通体制改革 建设法制化营商环境［J］．中国流通经济，2014（1）：15－23.

原载于《中国流通经济》2014年第11期

韩国物流法律制度建设对中国的启示*

苏 帅[1] 崔锡范[2**]

(1. 山东政法学院商学院，山东 济南 250014；2. 韩国济州汉拿大学中国经济贸易系，韩国 济州 690708)

摘 要：韩国的法律包括成文法和不成文法，其立法模式是分别立法模式，以全物流行业统一立法为主，辅以各领域的专门法律法规，在相关法律中充分考虑新形势的发展，将绿色物流的要求反映在法律中，推动物流的亲环境化、绿色化。中国物流的法律体系分散于物流各个环节的法律、法规、国际条例以及各种技术规范中，缺乏系统性和协调性，法律效力不强，立法滞后且缺乏国际视野。中国应推动物流法律法规的标准化，建立独立统一的物流部委，加快物流相关法律的修订，以适应时代发展需要。

关键词：中韩物流；法律制度；物流政策基本法；绿色物流

改革开放后，中国逐渐成为世界制造基地，许多制造企业和物流企业开始进入中国市场，随之而来的是，物流需求量逐年增长的同时物流业也面临着更加复杂的国际环境。相对韩国20世纪70年代开始发展物流业，中国物流业起步较晚。随着中国对外开放的不断深入，物流业总体规模增长快速，但是物流效益依然低下，这一事实不可否认。除了港口基础设施、内陆运输设施等硬件条件不足以外，还有一个较大的原因是法律制度上的不健全。中国物流法律法规政策种类繁多、统一性不足、相对复杂等特点，使得物流从业人员以及进军中国的外资企业常常陷入混乱的境地。当然，韩国在2006年修订《物流政策基本法》之前，也曾发生过类似法律制度混乱的现象。韩国《物流政策基本法》是一部统一的基本法，对物流业起着总纲的作用，中国对此可以借鉴和参照。本文通过介绍韩国与中国物流法律法规政策的基本现状，把握中国物流相关法律法规制度的问题，归纳韩国物流法律制度的启示，对中国物流法律制度的完善提供参考，促进中国物流法律体系的建设，并为进入中国的外资企业提供法律方面的理论性帮助。

一、韩国物流业的基本概况

随着经济大开发，韩国物流业从20世纪70年代开始起步，近10年发展迅猛。韩国独特的三面环海地形使韩国的海上运输业在国际贸易中发挥着重要作用，与此同时也加快了韩国海上运输业自身及相关物流产业的快速发展。而韩国的内陆运输中，公路运输占据主体地位；近年来，航空运输发展显

---

* 本文系中国物流学会2014科研项目“中韩自贸区物流合作研究”（项目编号：2014CLSKT3－132）的中期研究成果，并获得韩国研究财团“中国研究”（项目编号：NRF－2009－413－B00011）的资助。

** 苏帅（1982—），男，湖南省长沙市人，山东政法学院商学院副教授，中韩经贸研究所所长，韩国经营学博士，主要研究方向为中韩经贸和流通经济；崔锡范（Seok－Beom Choi）（1956—），男，韩国人，韩国济州汉拿大学中国经济贸易系教授，经营学博士，主要研究方向为中国经济贸易。

著，需求量不断增长，相关的服务产业也不断成长。

韩国物流业最鲜明的特点是市场的零散性。2012 年，韩国运输业企业数达 34.4 万余个，[1]除了韩进、CJ、GLS 等大型企业之外，其他大多为小型物流企业，这些小型物流企业占据了市场的主体地位，这种零散的特性导致了物流作业效率的降低。另外，近年来，韩国内陆运输中的公路运输比重上升，交通堵塞、油价上涨、从业人员罢工等一系列问题的产生，可以反映韩国物流业在快速发展的同时存在的一系列尖锐问题。

据韩国海洋水产开发院的数据统计，2008 年，物流业从业人员约为 160 万名，物流总额为 230 兆韩币，[2]约为 1.3 万亿元人民币（实时汇率换算）。韩国经济统计局2010 年曾预测，2012 年的运输业总额可达 141.6 兆韩币，约为 0.81 万亿元人民币（实时汇率换算），按可比价格计算，比 2008 年增长 4%。[3]

从韩国物流业的成本来看，2000 年到 2007 年，物流成本年增长率约为 5%，2007 年物流总费用为 117 兆韩币，约为 0.67 万亿元人民币（实时汇率计算），社会物流总费用与 GDP 的比率约为 12%，①与 2000 年的物流成本额度相比变化明显（物流成本：77 兆韩币，占 GDP 比率：13.33%）。[4]

二、韩国物流法律法规概况

1. 韩国法律的渊源

韩国的法律包括成文法和不成文法，不成文法包括习惯法和条例等，成文法包括宪法、法律、具有法律效力的总统命令（包括紧急财政命令、紧急经济命令和紧急命令）、条约、行政立法（包括总统令、总理令和部令）、自治法规（自治条例和自治规则）、国会规则、大法院规则、宪法裁判所规则、中央选举管理委员会规则等。韩国法律是由立法府国会制定的，法律内容不得违反宪法，而法律必须经国会通过。

总统令是韩国总统就法律委任给自己的事项和为了法律的执行而发布的命令，而国务总理或行政各部长官就其管辖事务经法律或总统令委任或依职发布总理令或部令。韩国的总统令和中国的行政法规相对应，而总理令、部令和中国的部门规章相对应。在韩国，地方自治团体议会所制定的法令称为条例，这些条例的内容不得与法律相冲突，其位阶处于总统令、总理令和部令之下。[5]

2. 韩国物流法律制度体系

韩国的交通运输部和海洋水产部主要管辖物流相关事宜，包括物流法律法规的实施管理、制定物流相关的部令、促进物流业和谐发展。只有医药品物流相关的法律制度由保康福利部管辖。

韩国物流法律法规体系可以分为 6 大板块。一是《物流政策基本法》及实施令和实施规则，二是《关于物流设施的开发及运营法》及实施令和实施规则，三是《关于物流仓储业注册及优秀企业认证的规则》，四是《关于医药品物流合作构建及运营的规定》，五是《关于综合物流企业认证的规则》，六是《可持续物流发展法》及实施令和实施规则等。[6]

3. 韩国物流法律制度现状

2007 年，原《货物流通促进法》修订并重新命名为《物流政策基本法》，原《物流园区开发促进法》全面修订为《关于物流设施的开发及运营法》，并于 2008 年 2 月起施行。[7] 2013 年，韩国对《关于物流设施的开发及运营法》《物流政策基本法》《可持续物流发展法》等法律法规进行了大规模的修订。值得指出的是，2013 年，在世界各产业频繁出现“绿色”“亲环境”等热点词汇的背景下，韩国意识到了国际发展新趋势，力争物流业可持续发展，大力发展环保型物流，在物流相关法律法规中增加了“低碳”“亲环境”等字眼。

4. 韩国《物流政策基本法》

各国的物流立法和法律体系可以归纳为两种模式，即分别立法模式和统一立法模式。韩国法律建设受日本文化影响较大，选择了类似日本的统一立法模式。该模式以全物流行业统一立法为主，并辅以各领域专门法律法规的模式。所以《物流政策基本法》是韩国物流业法律体系的总纲，是作为其他物流法律法规政策的“基石”。

《物流政策基本法》共 7 章，73 个小节。该法旨在提高物流体制的系统化，强化物流产业的竞争力，促进物流的国际化、先进化，明确国内外物流政策及计划的确立、施行和支援，以实现国民经济发展为主要目的。该法不是对特定运输方式和运输物的具体规定，而是对物流相关产业部门进行整体综合性的规范。

《物流政策基本法》的前身是《货物流通促进法》，1991年制定，经过数次的修订，直到2007年，物流业环境快速变化，20余个物流相关法令过于分散，为了弥补法律政策之间系统性的不足，强化中央对物流的管理以及对环保型物流的发展，对作为上位法的《货物流通促进法》进行了全面的修订，并更名为《物流政策基本法》。[8]

2013年，《物流政策基本法》再次修订，变更内容总结为两点，一是政府管辖机构的二元化，二是环保型物流概念的引入。

（1）政府管辖机构的二元化。

2013年，韩国总统更替，政府重组，原国土海洋部划分为国土交通部和海洋水产部。所以《物流政策基本法》也由原来单一政府管辖转变为两个政府机构共同管制、施行，实现权力二元化。此外，地方政府制定相关规章制度时需要与上述两个中央部门长官进行商议，以确保地方性政策制度准确性的同时，也给予中央部门行政、法规管理上的支持，避免了权力过于集中。

（2）环保型物流概念的引入。

《物流政策基本法》第11条“国际物流基本规划的树立”有关国际物流的促进和支援的事项中包含了环保型物流活动的促进和支援的事项，第59条中“现存的物流设施装备”变更为“环保型的物流设施和装备”，同时，“运输手段”追加了“环保型”的字眼，即变更为“环保型运输手段”。从韩国物流法律相关调整中可以看出，韩国积极推动物流的亲环境化、绿色化，促进物流业资源的有效利用，加大环境的保护力度，实现其新的经济增长效益。

三、中国物流业现状

中国物流整体状况可以从物流市场结构和最新统计数据来分析。

中国物流市场整体呈现由低到高的金字塔形结构特征，处于金字塔最低端的是数量众多的零担专线②（部分地方称为托运部、货代等）。中型客户群及中端市场的供给主体处于金字塔中部，是具有一定规模和网络优势的中型物流企业（包括快递、零担以及部分综合物流企业）。大型生产及商贸企业处于金字塔顶端，是集约、多样化物流需求的供给主体，也包括少数规模化的零担、快递及综合物流企业。此类企业在全国建立了完善的物流及运输网络，通过信息技术对整个网络进行有效调整、优化和整合，最大限度地发挥网络化、集约化、规模化的优势，通过不断延伸其服务范围，逐步向客户企业提供一体化的供应链物流管理服务。[9]

从数据上看，近年来，中国物流业发展总体保持平稳增长的态势，2012年全年社会物流总额为177万亿元，按可比价格计算，同比增长9.8%，增幅较上年同期回落2.5个百分点；全国物流业增加值为3.5万亿元，按可比价格计算，同比增长9.1%，增幅比上年同期有所回落。另外，中国的物流运作还属于粗放式，物流成本依然很高，物流成本未得到显著降低。2012年，全国社会物流总费用约为9.4万亿元，同比增长11.4%，社会物流总费用与GDP的比率约为18%，同比提高0.2个百分点。[10]

四、中国物流的法律制度

1. 中国物流的法律制度体系

中国物流的法律制度体系总体上体现为分散于物流各个环节的法律、法规、规章、国际条例、国际惯例以及各种技术规范、技术法规中，没有形成一部独立完整的物流法律体系。

中国物流法律制度按照制定主体可以分为国家立法机构、国务院、国务院各部委和地方政府。最高国家立法机构全国人民代表大会及其常务委员会制定国家级法律，地方性人民代表大会及其常务委员会制定地方性法规。国务院制定行政法规，国务院各部委制定规章制度，地方政府根据地域的发展状况制定地方规章。

从中国现行物流立法的内容和范围看，主要包括：①调整物流活动主体与市场准入方面的法律规范。如《公司法》《中外合资经营企业法》《关于开展试点设立外商投资物流企业工作有关问题的通知》等。②调整物流经营活动的法律规范。其中广泛适用于物流活动各环节的法律主要有《民法通则》《合同法》等，但更多的是适用于物流某一环节的法律规范，如运输、装卸、仓储、包装、流通加工、信息处理等各环节的法律规范，包括《民用航空法》《海商法》《铁路货物运输管理规则》等。③调整物流作业的技术规范和标准，如《集装箱名词术语》（GB/T 1992—1985）、《包装术语基础》（GB/T 4122.1—1996）、《物流术语》（GB/T 18354—2001）等。④调整物流基本建设方面的法律规范，如《港口法》《铁路法》等。⑤调整物流市场监管方面的法律规范，如《对外贸易法》《海关法》《反不正当竞争法》等。[11]

2. 中国物流法律制度现状

2009年国务院印发的《物流业调整和振兴规划》（以下简称《规划》），是目前中国层级最高、内容最全面的物流专项基础性法律规范，规划明确了"建立现代物流服务体系，以物流服务促进其他产业发展"的指导思想和发展目标。《规划》的发表实施，进一步提升了物流行业的地位，明确了将来一段时间内中国物流行业发展的目标和措施，使中国的物流立法迈出了关键性的一步。

2011年，中国多项物流业发展的政策相继出台。3月，全国人大通过《"十二五"规划纲要》突出强调"大力发展现代物流业"，共有20多处提及物流业发展。8月，《国务院办公厅关于促进物流业健康发展政策措施的意见》印发，业内称为"物流国九条"，涉及税收、土地、交通、管理体制、资源整合、技术创新与应用、资金投入、农产品物流和组织协调九大问题。12月，国务院办公厅颁发《关于印发贯彻落实促进物流业健康发展政策措施意见部门分工方案的通知》，把上述意见细化为47项具体工作，落实到31个部门和单位。[12]值得指出的是，意见中把农产品物流业发展放在优先位置，加大政策扶持力度。另外，2012年，商务部颁布了《商务部关于推进现代物流技术应用和共同配送工作的指导意见》，2013年，交通运输部在《关于交通运输推进物流业发展的指导意见》中对加快转变交通运输发展方式、推动行业转型升级提出了若干意见。

3. 中国物流法律制度的问题

（1）物流法律规范缺乏系统性和协调性。

物流所涉及的领域和环节众多，中国物流相关的法律规范分散于物流活动的各环节中。立法时，涉及交通、铁道、航空、邮政、海关、工商等众多部门的利害关系，造成法规众多而分散的局面，缺乏统一性、系统性。制定物流规章制度时，部门多各自为政，缺乏组织性，实施时可能出现相互冲突的严重问题。这加大了建立统一、安全、开放的全国性物流系统的难度，阻碍物流业健康快速发展。

（2）现行物流法规效力不强。

从法律效力来看，目前中国物流领域内的法律制度属于法律、行政法规层次的数量不多，而大多表现为由各部门、各地方制定的规章制度和地方性法规，效力层次较低，法律效力不强，而且有些规范明显带有部门分割、地方保护等色彩，这不仅成为中国物流业发展的障碍，也制约了中国物流企业以及外资企业的发展。对物流经营者来说，无法满足中国内部日益增长的物流需要。对管理者而言，物流企业自身的管理和监督缺乏相关的法律依据。

（3）物流立法相对滞后，缺乏国际视野。

中国现存物流相关法律大多是在中国改革开放时期制定的，这些法律能否适应时代发展的需要是必须正视的问题。另外，在贸易快速发展、物流业需求激增的背景下，中国物流产业与国际发达水平还有很大的差距。其中重要的表现就是物流相关法律无法适应新形势的发展需要。例如，"绿色物流"已成为全球物流业发展趋势，③而中国目前有关绿色物流的规定不系统、不具体、不协调，主要分散在不同的法律规范中，如《中华人民共和国环境保护法》《中华人民共和国大气污染防治法》《中华人民共和国清洁生产促进法》《中华人民共和国固体废物污染环境防治法》《中华人民共和国环境噪声污染防治法》《废弃电器电子产品回收处理管理条例》等，[13]而非在物流相关法律法规中作出调整。所以中国要加快物流立法的更新，以适应物流环境的发展变化。

五、韩国物流法律制度对中国物流法律制度建设的启示

1. 物流法律法规的标准化

在中国物流业高速发展的背景下，物流技术及制度发展滞后的众多原因之一是物流相关法律制定

的分散性，中国需要建立一部统一的物流法，作为相关法律政策制定的标准，以确保物流相关法律法规之间的统合性，这可以参照韩国的《物流政策基本法》。中国物流的立法程序已经启动，不久会有一套完整的物流法律，统一的物流法是大势所趋。但是在制定的过程中，要结合本国国情，稳健有序推进，不断梳理和完善现行有效的物流法律法规体系，待物流业发展成熟之际，制定一部高位阶的《物流基本法》。

2. 设立独立统一的物流部委

针对物流法规制度效力低下的问题，除了加大制定立法效力较强的法律、行政法规外，还需要加强部门性规章和地方性规章的规划。韩国物流相关法律法规管理主要由国土海洋部负责，少数为海洋水产部与国土交通部共同管制。物流业涉及交通、工商、税务、金融等多领域，中国涉及物流的部委众多，它们都可以颁布物流方面的规章制度，使得规章的效力相对减弱。应在现有部委之外设立一个独立统一的物流部委，类似韩国的国土交通部，加大物流相关规章制度的制定、更新和执行，强化物流规章制度的法律效力，并加强对地方政府规章制定的监督。

3. 加快物流相关法律的修订，适应时代发展需要

与韩国不同，中国物流大部分法律法规是在计划经济向市场经济体制过渡过程中沿用下来的，对于环境保护及可持续发展的新理论还没有作出及时反应。并且，当前中国国内对于环境保护意识还相对薄弱，即使加强对环境保护的制度规范，但是如果不从法律出发，这些规章制度的效力也会受到影响。各级政府及相关企业都应加强对“绿色物流”这一概念的认识，加强相应政策的扶持，促使物流业适应时代发展的需要。

注释：

①物流总成本占 GDP 的比重越低说明物流总成本越低，反之，说明其物流总成本越高。

②一种以单一或少数几条线路为载体的零担经营模式。

③据中国《物流术语》，“绿色物流”定义为，在物流过程中抑制物流对环境造成危害的同时，实现对物流环境的改善，使物流资源得到充分使用。

参考文献：

［1］Transportation Industry Research' Provisional Result on the Basis of 2012［R］. Statistics Korea，2013.

［2］、［4］CHUNG H D，LEE S H. A Study of the Spill－over Effect of Logistics Industry Korea［J］. Logistics Review，2011（1）：131－153.

［3］LEE S W，KIM G S，et al. A Study on Advancement of Logistics Industry in Korea［R］. Policy Research，2010：102－106.

［5］马光．韩国法的渊源［J］．当代韩国，2009（2）：35－38，24.

［6］韩国法令信息中心，www. law. go. kr，2014.

［7］KIM K M. Newly Constructed Logistics Policy Starting next Feb［J］. Monthly Maritime Korea，2007（9）：34－39.

［8］NOH H S. Establishment Way of Framework Act on Logistics Policy Through Wholly Revision of Freight Distribution Promotion Act［C］. 13th Korea Logistics Innovation Conference，Ministry of Load Infrastructure and Transport，2007.

［9］李春旭．浅谈我国现代物流业发展中存在的问题及对策［J］．东方企业文化，2012（8）：113.

［10］佚名．2012 年全年社会物流总额分析［EB/OL］．（2013－02－19）［2014－09－21］. http：//www. chinairn. com/news/20130219/14525646. html.

［11］邹晓美．我国物流立法存在的问题及其完善对策——以《物流业调整和振兴规划》为视角［J］．中国流通经济，2010（6）：65－68.

［12］中国物流与采购联合会．中国物流年鉴（2012）［M］．北京：中国财富出版社，2012：37－38.

［13］于皓月，李文华．我国绿色物流法律制度研究［J］．中国市场，2012（2）：43－45.

原载于《中国流通经济》2015 年第 2 期